아침놀

세창클래식 015

아침놀 —도덕적 선입견에 대한 생각들

초판 1쇄 인쇄 2022년 10월 17일
초판 1쇄 발행 2022년 10월 25일

–

지은이 프리드리히 니체
옮긴이 이동용
펴낸이 이방원
편 집 송원빈 · 김명희 · 안효희 · 정조연 · 정우경 · 박은창
디자인 양혜진 · 손경화 · 박혜옥 **마케팅** 최성수 · 김 준 · 조성규

–

펴낸곳 세창출판사

신고번호 제1990-000013호 **주소** 03736 서울시 서대문구 경기대로 58 경기빌딩 602호
전화 02-723-8660 **팩스** 02-720-4579 **이메일** edit@sechangpub.co.kr **홈페이지** http://www.sechangpub.co.kr
블로그 blog.naver.com/scpc1992 **페이스북** fb.me/Sechangofficial **인스타그램** @sechang_official

–

ISBN 979-11-6684-133-0 93160

ⓒ 이동용, 2022

이 책에 실린 글의 무단 전재와 복제를 금합니다.

아침놀

– 도덕적 선입견에 대한 생각들

프리드리히 니체 지음

이동용 옮김

세창클래식 015

세창출판사

옮긴이 서문

잠언으로 철학 하기, 이것이 니체가 이끄는 철학의 길이다. 그의 『아침놀』은 잠언으로 철학 하는 정수를 보여 준다. 잠언이라는 글의 형식은 바로 이전에 쓰인 『인간적인 너무나 인간적인』부터 등장했다. 니체가 잠언으로 글을 쓰게 된 가장 큰 이유는 기존의 철학자들이 논리를 지향했지만, 그런 논리로는 삶의 문제를 제대로 다룰 수 없다는 비판적 의식에 기인한다.

"논리적 충동은 결코 자기 자신을 향하지 못했다"(『비극의 탄생』, 107쪽), "비논리적인 것에서 좋은 것이 많이 생겨난다"(『인간적인 너무나 인간적인』 제1권, 54쪽) 등의 주장에서 엿보이듯이, 니체는 논리를 지향하기보다 자기 자신을 향하는 글을 요구했고, 그런 목적의식을 위해서는 비논리적인 것이 더 낫다고 판단했던 것이다.

니체는 『아침놀』의 구성을 모두 다섯 권으로 나눠 놓기는 했지만, 그것을 잠언이라 불리는 벽돌들을 가득 실어 놓은 수레가 다섯 대 있다고 간주해도 될 것 같다. 그것들을 한데 모아 어떤 건축물을 쌓아 올릴 것인지는 독자의 능력과 취향에 달려 있다. 누구는 그것들을 가지고 멋진 궁전을 만들 것이고, 또 누구는 멋진 탑을 쌓아 올릴 수도 있을 것이다.

니체의 언어에 영향을 받아 전개된 사상들은 실로 다양하다. 심리학, 해석학, 의사소통이론, 신화학, 다다이즘, 아방가르드, 포스트모더니즘, 초현실주의, 구조주의, 해체주의, 분석철학, 담론이론 등, 아니 현대 철학 전체가 니체의 영향하에 있다고 말해도 과언이 아니다. 소위 해석은 자유니까, 그 결과물 또한 개인적인 능력과 취향에 따라 자유로운 형식 속에서 일궈질 것은 당연한 이치이다.

『아침놀』을 읽으면서 더 이상 '차례'에 대한 논쟁은 없기를 바라는 마음 간절할 뿐이다. 『아침놀』의 원문에서처럼 '차례'를 아예 무시하고 없애도 상관없다. 그래도 습관은 무서운지라 한 권의 책 속에 차례가 없으면 안 될 것 같아, 평범한 다른 책들처럼 시작하는 자리에 차례를 밝혀 놓기는 했다. 이 점을 유의해 주기 바란다.

그래도 누구는 이렇게 물어 온다. 『아침놀』을 어떻게 읽어야 하냐고. 니체는 잠언으로 글을 썼다. "피와 잠언으로 글을 쓰는 사람은 그저 읽히기를 바라지 않고 암송되기를 바란다"(『차라투스트라는 이렇게 말했다』, 63쪽). 읽는 것에 만족하지 말고 암송까지 한다는 마음으로 독서에 임해 보자. 그가 원했던 대로 따라 해 보자. 모방은 배움의 첫걸음이니까. 그때그때 주어지는 잠언에 몰두해 보자. 그냥 니체의 말에 푹 빠져 보자. 그의 잠언으로 꿈꾸리라 하는 다짐도 해 보자. 그러면 잠언의 바닷속에서 수영하는 법을 배우게 될 것이다.

『신곡』에서 단테를 인도했던 베르길리우스처럼 지옥으로 이끌지도 모를 일이다. 늘 첫 여행지는 지옥처럼 힘들 것이라는 사실만 염두에 둔다면 더 큰 낭패는 없을 것이다. 최악의 상황을 제대로 알고 마음의 준비까지 해 둔다면 당황스러운 일은 없을 것이다. "다른 사람의 피를 이해한다는 것은 쉬운 일이 아니다"(『차라투스트라는 이렇게 말했다』, 63쪽). 익숙하지 않아서 '힘들다!' 혹은 '어렵다!'는 말이 턱 밑까지 차오를 것이다. 어쨌든 처음은 지옥에 처한 것처럼 난감할 것이다. '어떡하란 말인가?' 하는 원망과 한탄의 소리를 쏟아놓을 수도 있다. 사막에 내버려진 기분이 들 수도 있다.

배움은 쉽지 않다. 힌두교에서 '금욕고행'으로 번역하는 '아스케제Askese'라는 말은 원래 '훈련'을 뜻한다. 하고 싶은 것을 금하고 잘 못하는 것을 기어코 찾아서 자발적 의지로, 쉽게 말해 마음대로 행동에 옮길 수 있을 때까지 배움에 임한다는 뜻이다. 잘할 수 있는 것을 하고 있다면 그것은 배움의 길이 아니다. 하지만 무엇이 되었든 간에 배우고 익히면 기쁜 날이 올 것이다. 지옥에서도 잘할 수 있으면 놀 수 있다. 시시포스처럼 하데스를 속이고 놀 수도 있는 것이다.

우리가 지금 임하는 이 독서 여행은 아무리 힘들어도 결국에는 연옥을 거쳐 천국까지 당도할 것이다. 두려워하지 말자. 혹은 허무주의라는 파도가 덮쳐 올 수도 있다. 모든 것을 허무하게 쓸어 버릴 수도 있다. 믿고 있던 신까지도 죽일 수 있다. 그래도 두려워하지 말고 대처해 보자. 파도를 타며 신나는 기분을 만끽해 보자. 파도 위에서 신명 나는 춤이라도 춰 보자.

신명神明은 안에서 밖으로 드러나야 하는 것이다. 신의 속성이 내 안에 있다. 그것이 밖으로 드러나면 신나는 것이 된다. 하지만 반대로 신이 밖에서 안으로 들면 신들린 사람이 되고 만다. 그는 정상이 아닌 사람인 것이다. 제정신이 아닌 사람인 것이다. 정말 미친 사람이 될 수도 있다. 니체는 웃고 즐기는 철학을 전하려 했다. 니체가 가르치는 길을 따라가며, 스스로 신이 된 기분으로 모든 것을 발아래 둬 보자.

하루를 살아도 신처럼 살아 보자는 얘기다. 모든 것을 발아래 두기! 힌두교의 춤추는 여신 시바처럼 무지를 짓밟고 춤을 춰 보자. 자기가 누군지도 모르는 그런 경지에서 무아지경이 펼쳐지는 것이다. 별들이 무대가 될 때까지 오르고 또 올라가 보자. 절대 포기하지 않으리라! 죽을 때까지 죽지 않으리라! 이것을 지금부터 좌우명으로 삼고 독서에 임해 보자. 그 모든 것을 하나씩 또 조금씩 실천해 가면서 세상을 한번 관찰해 보자. 그때 어떤 세상이 보이는지 스스로 체험 한번 해 보자. 스스로 신이 되어 보자.

2022년 10월 수유리에서

이 동 용

아직도 밝아 오지 않은
아침놀이 너무나 많다.

리그베다*

* 『리그베다(*Rigveda*)』는 흔히 베다라고 하는 인도의 고대 종교문헌의 일부를 이루고 있는, 특히 찬가 형식으로 쓰인 시편을 일컫는 개념이다. 베다가 만들어진 연대는 대체적으로 기원전 1500-1200년경으로 추정한다. 특히 리그베다는 가장 오래된 찬가 중의 하나로 알려져 있다.

Oscar-Claude Monet, 〈인상, 해돋이〉, 1872

차례

* 사실 『아침놀』 원문에는 '차례'가 없다. 드그뤼터 출판사는 편집상의 편리함을 위해 니체 전집 제3권에 『아침놀』 외에 『메시나의 전원시』, 『즐거운 학문』을 함께 모아 놓았고, 책 마지막 부분에, 특히 『아침놀』에 해당하는 부분에 서문, 제1권, 제2권 하는 식으로 차례를 밝혀 놓았다. 그 얘기는 니체가 직접 편집에 관여한 책에는 이런 '차례'가 큰 의미를 갖고 있지 않았다는 얘기다. 한 예로 아나콘다 출판사 판본에서는 니체의 원문처럼 아예 '차례'를 빼놓고 편집을 단행하기도 했다. 사실 각 권에는 길이도 다양하고 주제들도 서로 연관성이 없는 잠언들이 가득 들어 있을 뿐이다. 거기서 각 권의 제목에 해당할 수 있는 주제어를 찾아내는 것은 거의 불가능하다고 보아도 된다. 그런데도 불구하고 일반 독자는 각각 다섯 권으로 나눠 놓은 데는 뭔가 이유가 있겠지, 어떤 의도가 있겠지 하고 의혹을 품은 시선으로 바라본다. 하지만 그것은 "정말 순진한 우매함이며 이상주의에 불과"(『이 사람을 보라』, 129쪽)하다.

일러두기

- 『아침놀』은 1881년 7월 초에 출판되었다. 이 작품은 대체적으로 『인간적인 너무나 인간적인』(1878-1880), 『즐거운 학문』(1882)과 함께 중기의 자기 내면으로 들어가는, 특히 '권력' 내지 '힘'으로 번역되는 사상을 대변하는 것으로 평가받고 있다. 이번 번역은 조르지오 콜리(Giorgio Colli)와 마치노 몬티나리(Mazzino Montinari)에 의해 편집되고 베를린의 드그뤼터(de Gruyter) 출판사가 펴낸 *Kritische Studienausgabe* 전집의 제3권에 실린 텍스트를 저본으로 이뤄졌다. 해설(혹은 주석)에 인용된 문구들은 도서출판 책세상 판본을 참고했다. 예외적으로는 두 권이 있는데, 『이 사람을 보라』의 경우는 세창출판사 판본(이동용 옮김)을, 그리고 『권력에의 의지』의 경우는 청하출판사 판본(강수남 옮김)을 사용했음을 밝혀 둔다.
- 특히 독일어로 해당 단어가 있음에도 불구하고 라틴어를 사용한 부분은 번역에도 그런 어감을 살리기 위해 라틴어를 그대로 남겨 두었다.
- 이 책의 모든 주석은 옮긴이가 작성한 것이다.

서문

1.

이 책에서 사람들은 '땅속에서' 일을 하고 있는 한 사람을 발견하게 될 것이다. 그는 굴을 뚫고, 흙을 파내며, 아래로 파고들어 가는 사람이다. 그렇게 깊은 곳에서 이루어지는 일을 위한 눈을 가진 사람들이라면 얼마나 그가 천천히, 신중하게, 부드럽지만 가차 없이 전진하는지 보게 될 것이다. 그는 오랫동안 빛과 공기 없이 지내면서도 힘들다는 소리 한마디 내뱉지 않는다.[1] 사람들은 그가 어둠 속에서 행하고 있는 자신의 일에 스스로 만족하고 있다는 사실도 알게 될 것이다. 어떤 믿음이 그를 인도하고 있고, 또 위로를 해 주고 있다는 것이 보이지 않은가?[2] 그는 어쩌면 자기 자신의 기나

1 니체의 철학은 흔히 허무주의로 불린다. 니체는 허무주의를 설명하려고 애를 썼지, 삶이 허무하다는 말을 한 것은 아니다. 허무함을 감당할 수 있는가? 그것이 문제다. 모든 것을 바쳐 사랑했던 것에서 사랑의 마음을 거둬들일 수 있는가? 희망을 걸었던 모든 것에서 그 희망 자체를 포기할 수 있는가? 밖으로 향했던 시선을 자기 자신에게로 향하게 할 수 있는가? 그것이 가능한 독자라면 니체의 철학은 도움의 손길을 내밀 것이다. 그의 이런 허무주의적 이념은 불교의 이념 중의 하나인 사바세계와도 비교가 가능하다. 참고 견뎌야 하는 세계가 그것이다. 연꽃처럼 깊이를 알 수 없는 그 어둠 속에서 두려움과 불안을 모두 견뎌 내고 끝내 수면 위에 도달하여 꽃으로 피어나는 그런 과정과 같다. 힘든 삶은 오히려 인식의 조건이 될 뿐이다. 깨닫고 싶으면 고통을 감사히 받아들일 줄 알아야 한다는 얘기다.

2 니체가 철학하는 방식이다. 모든 것을 버리면서도 버리지 않는 것이 하나 있다. 그 하나를 빛 속에 내놓기 위해 모든 어둠을 거둬들인다. 모든 것에 대해 허무하다는 인식을 허락하면서도 스스로 위로의 가능성을 찾아내고야 만다. "내가 아무것도 희망할 수 없는 곳, 모든 것이 너무나 명백하게 종말을 가리키는 곳에서 희망을 걸었다"(『비극의 탄생』, 20쪽). 기존의 희망은 거둬들이고, 모두가 절망하는 곳에

긴 어둠을 갖고자 하는 것이 아닐까? 자기 자신에 대해 이해가 안 되는 것들, 숨겨진 것들, 수수께끼 같은 것들을? 왜냐하면 그는 스스로 결국에는 자기 자신의 아침을, 자기 자신의 구원을, 자기 자신의 아침놀을 가지게 될 것도 알고 있기 때문에?[3] … 확실하다. 그는 되돌아올 것이다. 그 아래에서 그가 무엇을 원하는지 묻지 말라. 트로포니오스[4] 같은 이 땅속의 인간이 다시 '사람이 되었을' 때, 그는 스스로 그것을 너희들에게 말하게 될 것이다. 그와 같이 그토록 오랫동안 두더지처럼 또 혼자서 지내 보았다면, 사람들은 침묵하는 것을 완전히 잊게 된다.[5] — —

2.

잘 견뎌 주는 나의 친구들이여, 사실 내가 저 땅속에서 무엇을 하려 했는지 이 뒤늦은 서문에서 그대들에게 말하고자 한다.[6] 이 서문은 자칫하면 죽

서 새로운 희망을 가질 수 있는 능력이 니체와 친해질 수 있는 힘을 제공해 준다.

3 스스로 구원자가 될 수 있는가? 자기 삶을 위한 구원자가? 니체는 그 구원자가 되는 길을 가르쳐 주고자 한다. 쉽지 않은 길이다. 누군가를 향한 신앙심을 거둬들이고 스스로 자기 삶의 주인이 되고 구원자가 된다는 것은 많은 것을 포기해야만 가능한 일이다. 아니 전부를 포기하는 허무주의를 감당할 수 있을 때에야 가능한 일이다. 신을 믿음으로써 자신이 구원된다는 식의 수동적이고 의존적인 발상은 허무주의의 것이 아니다. 반대로 니체는 능동적이고 적극적인 허무주의, 즉 스스로 삶을 책임지고 스스로 자기를 구원할 수 있는 자만을 요구한다. 신 대신 자기 자신을 선택할 수 있는가? 쉽지 않은 선택이다.

4 트로포니오스(Trophonios)는 그리스 신화에서 지하의 제우스라는 별명을 가진 신이다. 그는 굴을 뚫고 위로 올라갈 수 있도록 사다리를 만들어 주어 결국에는 지상으로 올라갈 수 있도록 길을 열어 주고 인도하는 신이다.

5 『인간적인 너무나 인간적인』에서 니체는 "우리는 침묵해서는 안 될 경우에만 말해야 한다. 그리고 극복해 낸 것에 대해서만 말해야 한다"(『인간적인 너무나 인간적인』 제2권, 9쪽)고 주장했다. 즉 오랫동안 땅속에서, 또 어둠 속에서 일을 하고 나면 침묵은 잊게 되고 마침내 극복해 낸 것에 대해 말을 할 수 있게 된다는 것이다. 허무주의를 감당하고 나면 무엇을 극복해 냈는지 증언을 할 수 있게 된다는 얘기다.

6 『아침놀』의 초판은 1881년 7월 초에 출판되었고, 이 서문은 1886년 가을에 집필되었다. 5년이란 세월

음을 애도하는 글이나 조사弔詞가 될 뻔했다. 나는 되돌아왔다. 그리고 그곳에서 벗어났다. 그렇다고 해서 내가 그대들에게 동일한 모험을 요구한다고 믿지는 말라! 또 똑같은 고독을 요구하는 것도 아니다! 왜냐하면 그런 식으로 자기 자신의 길을 걷는 사람은 아무도 만나지 못하기 때문이다. '자기 자신만의 길'은 어쩔 수 없이 그런 결과를 맞이하기 마련이다. 그를 돕는 사람은 아무도 오지 않는다. 마주치는 위험, 우연, 악의, 궂은 날씨와 같은 모든 것을 그는 혼자서 감당해야 한다. 그는 자신의 길을 자신을 위해 가지고 있을 뿐이다. 그리고 당연한 소리지만, 자신의 괴로움과 경우에 따라서는 압박감까지도 '자기 자신을 위해' 가지는 것이다. 그는 친구들에게도 어디에 있고 어디로 가는지 밝힐 수 없다. 그들이 '뭐라고? 어쨌든 그가 가고 있다고? 그가 아직도 하나의 길을 갖고 있다고?'라고 가끔 물어도 대답해 줄 수가 없다. 그 당시에 나는 아무나 할 수 있는 일이 아닌 어떤 것을 시도했다. 나는 깊은 곳으로 내려갔다. 나는 땅속으로 구멍을 뚫었다. 나는 낡은 신념을 조사하기 시작했다.[7] 말하자면 우리 철학자들이 수천 년 동안 가장 확실한 땅 위에 세워 놓았다고 생각해 왔던, 바로 그 땅을 파기 시작했다. 지금까지 모든 건축물이 무너졌어도 또다시 팠다. 나는 도덕에 대한 우리의 신념을 파내기 시작했다. 그런데도 그대들은 나를 이해하지 못하는가?

이 흘렀다. 1886년은 시가 담겨 있는 철학서 『즐거운 학문』(1882)과 니체의 대표작으로 평가되는 『차라투스트라는 이렇게 말했다』(1883-1885)의 출판이 완료된 상태였고, 후기 철학의 시작을 알리는 『선악의 저편』도 출판되는 연도였다. 이미 니체는 모든 철학적 이념에 있어서 완성에 도달한 상태였다.

7 생각하는 존재에게 생각은 자유로워야 한다. 그런데 생각이 어느 하나의 형식으로 굳어질 때 생각하는 존재는 자신의 생각에 종속되고 마는 현상이 벌어지고 만다. 그런 틀에 박힌 생각이 삶을 힘들게 한다. 이런 입장에서 니체는 "진리의 적들. — 신념은 거짓말보다 더 위험한 진리의 적이다"(『인간적인 너무나 인간적인』 제1권, 391쪽)라는 말을 남겼던 것이다. 진리를 깨닫고 싶다면 거짓말도 경계를 해야 하겠지만 신념에 대해서는 더더욱 적대의식까지 가져야 한다는 것이다.

3.

지금까지 선과 악에 대해 생각해 왔던 것은 최악의 것이 되고 말았다. 이것은 항상 위험한 일이었다. 양심, 선한 소리, 지옥, 경우에 따라서는 경찰조차 얽매이지 않는 판단을 허용하지 않았고 지금도 허용하지 않는다.[8] 도덕 앞에서는, 모든 권위와 직면한 때처럼, 생각해서는 안 되고 말도 적게 해야만 한다. 여기서는 오로지 복종만 해야 한다! 세상이 존재한 이래, 어떤 의지의 권위도 비판의 대상으로 허락하지 않았다. 하물며 도덕을 비판한다거나, 도덕을 문제 삼고 의문시한다는 것은 비도덕적인 일이 아니었는가? 뭐라고? 도덕을 의심하는 것은 지금도 비도덕적인 일이 아닌가? 그러나 도덕은 육체에 대해 비판의 손과 고문 도구를 가지기 위해 온갖 종류의 끔찍한 수단만 지배하는 것이 아니다. 도덕의 안전성은 오히려 일종의 마법을 거는 기술에 더 많이 근거한다. 도덕은 그 기술을 이해하고 있고, 그래서 '감동시키는' 방법을 알고 있다. 도덕은 종종 단 한 번의 시선만으로도 비판적 의지를 마비시키고, 나아가 자기편이 되도록 유혹을 하기도 한다. 심지어 도덕은 의지가 자기 자신에게 저항하게 할 줄도 안다. 그래서 그 의지가 전갈처럼 자신의 침을 가지고 자신의 몸을 찌르게 한다.[9] 도덕은 아주 옛날

8 니체 철학은 도덕과 싸운다. 어떤 말이나 행위가 도덕적이라고 규정하는 순간, 이미 생각은 그것의 원리원칙하에서 이루어질 수밖에 없게 된다. 도덕이 생각을 지배하는 일이 벌어지고 마는 것이다. 도덕의 다른 이름들은 니체의 저서들에서 다양한 개념으로 옷을 갈아입는다. 가치, 양심, 이상, 진리 등, 때로는 신까지도 이 범주에 들어간다. 이런 개념을 언급할 때마다 사람들은 기존의 어떤 형식을 요구하며, 거기서 생각을 시작하려는 실수를 범하게 된다는 것이다. 자신의 삶을 창조적으로 살고 싶다면 양심까지도 새롭게 만들어 낼 수 있는 용기가 필요하다. 어떤 상황에서 양심의 가책을 받고 있다면, 그 불편한 마음이 누구 때문인지 반성을 해야 한다. 남의 눈치를 보고 있는지, 아니면 자기 내면의 소리에 귀를 기울이고 있는지 제대로 인식을 해야 한다는 것이다.

9 도덕적 잣대가 형성되고 나면 어쩔 수 없이 양심이 무엇인지도 자동적으로 형성되고 만다. 그렇게 되면 또다시 양심의 가책이라는 어쩔 수 없는 결과물이 탄생하고 만다. 인간은 늘 그 양심 때문에 스스

부터 모든 종류의 악마의 짓거리인 설득의 기술을 이해하고 있다. 오늘날 도덕에 도움을 요청하지 않는 연설가는 단 한 명도 없다. 예를 들어 우리의 무정부주의자들조차 다음처럼 연설을 해 대고 있다. '그들이 설득하기 위해 얼마나 도덕적으로 말하는지!'라고. 하물며 그들은 스스로를 '선한 사람들이며 정의로운 사람들'이라고까지 말하며 다닌다. 세상에서 연설과 설득이 이루어진 후 도덕은 가장 위대한 유혹의 대가로, 그리고 우리 철학자들과 관련한다면, 철학자들의 키르케로 입증되어 왔다.[10]

도대체 플라톤 이후 유럽의 모든 철학적 건축가가 아무런 의미도 없이 건물들을 지어 온 것은 무슨 이유 때문인가?[11] 왜 그들 자신이 진심으로 또 진지하게 청동보다 더 오래간다고 생각했던 것들 모두는 무너질 위기에 처해 있거나 혹은 이미 폐허로 변해 버렸는가? 사람들은 지금도 이러한 물음에 대해 '그들 모두가 전제가 되는 작업, 즉 기초에 대한 시험, 이성 전체에 대한 비판이 제대로 이루어지지 않았기 때문'이라는 운명론으로 가득 찬 칸트의 답변을 제시하지만 이 대답은, 아아 얼마나 잘못된 것인가![12] 칸트는

로 힘들어하는 상황에 빠지는 것이다. 니체는 삶에 짐을 부여하는 이런 도덕과 한판 전쟁을 벌이고자 하는 것이다. "이 책과 함께 나는 도덕에 대항하는 나의 원정을 시작한다"(『이 사람을 보라』, 178쪽). 삶에서 자유를 앗아 가는 그런 도덕이라면 반드시 싸워 이겨야 한다는 것이다. 니체는 훗날 『선악의 저편』과 『도덕의 계보』에서 고귀한 인간을 위한 도덕으로서 주인도덕을 요구하기도 했다.

10 키르케(Kirke)는 호메로스의 『오디세이아』에 등장하는 인물로서 아이아이아(Aiaia)섬에 사는 마녀다. 그녀는 자신의 섬에 들어오는 뱃사람들을 모두 동물로 변화시킬 수 있는 능력을 지니고 있다고 한다. 즉 니체는 이 인물을 도덕과 비교함으로써, 도덕이 사람을 비이성적인 동물처럼 만들거나 혹은 주인에게 의존적인 가축처럼 길들일 수 있는 힘을 지녔음을 경고하고 있다. 게다가 도덕은 철학자들조차 도덕의 하수인이 되게 하는 위험한 존재임을 알려 주고 있다.

11 니체는 플라톤 철학의 형이상학적 이념을 비판한다. 이데아가 진선미의 전형으로 설명하는 그 일방적인 논지를 부정하는 것이다. 현실의 이 모든 것, 눈에 보이고 귀에 들리는 이 모든 것은 그저 이데아의 그림자에 불과하다는 그 평가에 대해서도 불편한 마음을 숨기지 않는다. 니체는 플라톤 이후 제대로 된 대접을 받고 있지 않는 이 현상, 즉 삶의 현장을 변호하고자 한다. 그래서 그의 철학은 생(生)철학이라 불리는 것이다. 그것은 삶과 사람, 인생과 인간을 철학의 중심에 두고자 하는 철학이다.

12 플라톤을 비판하는 이유나 칸트를 비판하는 이유나 똑같다. 니체의 눈에 이들은 모두 이상주의자들

John William Waterhouse, 〈오디세우스에게 잔을 내미는 키르케〉, 1891.
키르케 옆에 돼지로 변해 버린 선원이 보인다.

이러한 답변으로 우리 근대 철학자들을 정말로 보다 더 단단하고 거짓말이 더 적은 땅으로 유혹해 내지 못했다. 그리고 다시 차분히 생각해 보면, 하나의 도구가 자기 자신의 우수성과 유용성을 비판해야 한다고 요구하는 것이나, 지성이 스스로 자기 자신의 가치, 자신의 힘, 자신의 한계를 '인식해야' 한다고 요구하는 것은 전혀 특별한 것이 아니지 않은가? 게다가 이것은 약간 모순적이지 않은가? 올바른 대답이라면 오히려 칸트를 포함한 모든 철학자가 도덕의 유혹에 빠져 버렸다는 것이다. 그들의 의도는 양심을, '진리'를, 원래는 그러나 '황제 같은 도덕적 건축물'을 겨냥하고 있다는 것이 명백하다. 칸트는 자신의 이러한 순진무구한 언어를 사용하기 위하여 "저 황제 같은 도덕적 건축물을 위한 토대를 다지고 건물을 지을 수 있도록 튼튼하게 하는 것"(『순수이성비판』 II, 257쪽)[13]을 자기 자신의 "그렇게 빛나지는 않지만 그래도 헛된 일은 아닌" 과제이며 업무라고 보았다. 아아, 그가 성공하지 못했더라면, 하지만 오늘날 사람들이 하는 말처럼, 반대의 현상이 일어나고 말았다! 칸트는 그토록 열광적인 의도를 가지고 자기 시대의 진정한 아들이 되었다.[14] 그가 살았던 시대는 다른 어떤 세기보다도 더 뜨거웠기 때문

이며 동시에 관념론자들에 지나지 않는다. 플라톤은 이데아를 믿었고, 칸트는 사물 그 자체를 믿었다. 이들 모두 무엇인가가 있다고 믿었고, 거기서 의무와 책임을 운운하는 그런 철학이었던 것이다. 마치 기독교 신앙이 하나님의 뜻을 믿고, 거기서 하나님이 준 여러 가지 계명을 운운하는 것과 같은 상황이 펼쳐지고 있는 것이다. 운명적으로 주어진 전제나 필연적으로 주어진 기초 따위는 존재하지 않는다. 니체는 이러한 생각들에 대해 오히려 허무함을 느끼고 있을 뿐이다.

13 니체가 어떤 판본을 참고했는지는 알 수 없다.

14 칸트 철학이 성공할 수 있었던 가장 큰 요인 중의 하나는 그의 철학적 이념이 시대적 요구 사항과 정확히 맞아떨어졌다는 데 있다. 그는 프로이센의 황제 프리드리히 빌헬름 2세로부터 아낌없는 지원을 받았다. 『순수이성비판』(1781), 『실천이성비판』(1788), 『판단력비판』(1790)으로 이어지는 일련의 비판철학서들은 국가의 통치 이념으로 선택되기에 부족함이 없었다. 게다가 주변국 프랑스에서는 대혁명(1789-1799)이 일어나 총체적 난국과 정치적 혼란을 거듭하고 있었던 터라 칸트의 철학은 더욱 빛을 발했던 것이다. 예를 들어 개인적인 욕망이 입법의 원리가 될 수 있도록 생각하고 행동하라는 그의 정언명법은 사물 그 자체와 같은 국가 이념을 제시하고 거기서 국민에게 요구되는 책임과 의무를 가시화할 수 있는 근거가 마련될 수 있게 해 주었다. 칸트의 비판철학과 함께 독일 철학의 전형으로 간주되

에 열광의 세기라고 불리게 된 것이다. 다행스럽게도 그는 더 가치 있는 측면과 관련하여 역사 속에 남게 되었다. 예를 들어 그는 감각주의라는 멋진 사상을 자신의 인식론에 수용했던 것이다. 하지만 그도 도덕의 독거미인 루소에게 물리고 말았다. 그의 영혼의 밑바탕에도 도덕적 광신주의 사상이 깔려 있었다. 루소의 또 다른 제자로 스스로를 인식했던 칸트는 자신을 이런 사상의 완성자로 간주했다. 그리고 유명한 로베스피에르는 "지상에 예지와 정의와 덕의 나라를 건설"(1794년 6월 7일 연설)하려고 했다. 다른 한편으로 보면 프랑스인의 그러한 광신주의를 마음속에 품고서 그와 같은 것을 칸트보다 더 비非프랑스적으로, 더 심오하고도 철저하게, 그리고 더 독일적으로 추구한 사람은 없다. '독일적'이라는 말이 이런 의미에서 오늘날에도 여전히 허용된다면 말이다. 그는 자신의 '도덕적 왕국'을 위한 공간을 마련하기 위해, 증명할 수 없는 세계, 즉 논리적인 '내세'를 전제할 수밖에 없다는 사실을 깨달았다.[15] 바로 이것을 위해서 그는 자신의 『순수이성비판』을 필요로 했던 것이다! 바꿔 말하면, 만약 하나가 다른 모든 것보다 더 중요하지 않았다면, 그는 그 책을 필요로 하지 않았을 것이다. '도덕적 왕국'은 손에 잡히지 않는다. 이성을 위해서는 손에 잡히지 않는 것이 더 나을지도 모른다. 하지만 칸트는 이성의 측면에서 사물들의 도덕적 질서가 손에 잡힐

는 '독일 관념론'의 전통이 세워지게 된다. 플라톤의 이데아에서부터 시작되는 이런 관념은 마치 신의 계명처럼 존재하는, 즉 어떤 경우에도 변함이 없는 밤하늘의 별처럼 간주되었던 것이다. "내 위의 별이 빛나는 하늘과 내 안의 도덕법칙을 자주 그리고 계속해서 숙고하면 할수록, 점점 더 새롭고 점점 더 큰 경탄과 외경으로 마음을 채운다"(『실천이성비판』, 「맺는말」, 첫 문장). 소위 국가가 무엇을 원하는지 정확히 알고 그 뜻에 어긋나지 않게 개인이 스스로 알아서 생각하고 행동해 주기를 바라는 것이 정언명법의 이념이었던 것이다.

15 이것이 니체가 관념론을 비판하는 핵심이다. 즉 관념으로만 설명할 수 있는 세상은 현실적으로 또 실제적으로는 절대로 '증명할 수 없는 세상'이다. 그런 '논리적인 내세'를 전제하게 될 때 생각은 그 관념에 종속되고 만다. 마치 하나님의 뜻은 밤하늘의 별처럼 존재하고 있고, 우리의 책임과 의무는 그것을 제대로 인식하는 것에 있다는 식의 발상을 니체는 절대로 받아들일 수 없었던 것이다.

수 있다고 느꼈다! 왜냐하면 자연과 역사와 관련해서 보면, 즉 자연과 역사의 근본적인 비도덕성과 관련해서 보면 칸트는 이전의 모든 훌륭한 독일인과 마찬가지로 염세주의자였기 때문이다. 그는 도덕을 믿었다. 도덕이 자연과 역사에 의해 증명되기 때문이 아니라, 그럼에도 불구하고 자연과 역사를 통해 도덕이 지속적으로 모순되기 때문이다. 이 '그럼에도 불구하고'를 이해하기 위해 사람들은 또 다른 저 위대한 염세주의자인 루터를 떠올릴 수 있겠다. 그는 정말이지 루터다운 불손함으로 자신의 친구들로 하여금, "그토록 많은 분노와 악의를 내보이는 신이 얼마나 은혜롭고 정의로울 수 있는지를 우리가 이성을 통해 파악할 수 있다면, 도대체 무엇 때문에 신앙을 필요로 하겠는가?"라는 사실을 깊이 명심하게 했다. 말하자면 지금까지 독일적 영혼에 이보다 더 심오한 인상을 준 것은 아무것도 없었다. 모든 진짜 로마인은 정신에 반하는 죄인이라는 모든 결론 중의 가장 위험한 결론보다 더 많이 '시도'된 적은 없다. 크레도 쿠이아 압주르둠 에스트Credo quia absurdum est.[16] 이러한 가장 위험한 결론과 함께 독일의 논리학은 처음으로 기독교적 도그마의 역사에 발을 들여놓게 된다. 하지만 천 년이 지난 오늘날에도 여전히, 오늘날의 우리 독일인까지도, 즉 어떤 관점으로 보나 뒤늦은 독일인에게서까지도 저 유명한, 극단적인 변증법적 근본 명제, '모순이 세계를 움직이고, 모든 사물은 스스로 자기 자신에게 모순적이다'라는 명제가 어느 정도 참되며 진리의 가능성을 갖고 있다고 생각한다. 이러한 근본 명제를 가지고 헤겔은 자기 시대의 독일 정신이 유럽에 승리를 거둘 수 있도록 도와주었다. 하지만 우리 또한 그 논리학에 대해서까지도 염세주의자인 것이다.[17]

16 "이성에 반하기 때문에 나는 믿는다."

17 1865년 니체는 쇼펜하우어의 『의지와 표상으로서의 세계』를 읽게 된다. 그러면서 세상을 보는 눈도

4.

그러나 논리적인 가치 판단들이 우리의 의심할 용기가 내려갈 수 있는 가장 낮은 곳에 있거나 가장 근본적인 것은 아니다. 이러한 판단의 타당성이 바르게 세워지거나 혹은 무너지는 이성에 대한 신뢰는 신뢰로서 이미 하나의 도덕적 현상이다…. 어쩌면 독일적 염세주의가 이제 자신의 마지막 발걸음을 내디뎌야만 하지 않을까? 어쩌면 독일적 염세주의는 다시 한번 끔찍한 방식으로 자신의 믿음과 불합리를 양립시켜야만 하지 않을까? 그리고 만약 이 책이 도덕 속으로까지 파고들어 가고 또 도덕에 대한 신뢰를 넘어서까지 염세주의적이라면 이것이야말로 진정한 독일적인 책이 아닐까? 왜냐하면 이 책은 사실 하나의 반대 논리를 펼치고 있으며 또 그것에 대해서 전혀 두려워하지 않기 때문이다. 이 책에서는 도덕에 대한 신뢰를 거둬들인다. 왜 그래야 했냐고? 그것은 도덕 때문이지![18] 그렇지 않으면 이 책에서, 즉 우리 안에서, 감행하고 있는 것을 우리는 뭐라고 불러야 하겠는가? 좀 더 겸손한 말을 선호하는 것이 우리의 취미다. 그러나 의심할 수 없는 사실은, 우리에게도 '두 졸스트du sollst'[19]라는 문구가 말을 하고 있다는 것이며,

가지게 된다. 세상은 비이성적으로 이루어져 있다는 것을 인식한 것이다. 하지만 니체는 이런 시각만으로 만족하지 않았다. 쇼펜하우어가 세상 일반에 대한 염세주의적 사상을 극복하지 못하고 현실을 등지고자 하는, 즉 삶에의 의지를 제거하려는 경향으로 나아갔던 반면, 니체는 '강함의 염세주의'(『비극의 탄생』, 10쪽)를 원했다. 세상에서 모순된 것은 찾되, 거기서 좌절하는 것이 아니라 적극적으로 대처하는 능력을 갖추고자 했던 것이다. '모든 가치의 가치전도'까지도 생각해 줄 것을 바랐던 것이다.

18 도덕도 도덕 나름이다. 이성적 존재는 도덕을 필요로 한다. 삶의 현장은 도덕이 있어야 원활하게 작동할 수 있다. 하지만 사람이 있고 도덕이 있다면 문제없다. 반대로 도덕이 있고 사람이 있다면, 그런 도덕에 대해서는 저항하고자 한다. 도덕은 삶을 위한 무대가 되어야지, 도덕이 삶을 지배하는 원리로 작동하고 있다면 니체는 허무함으로 대응하고자 한다. 그래서 이런 말도 가능하다. 니체는 도덕을 위해 도덕과 싸운다고.

19 "너는 마땅히 해야 한다."

또 우리도 우리 위의 엄격한 법칙에 복종을 하고 있다는 것이다.[20] 그리고 이것은 우리에게도 들릴 수 있고, 또 우리도 그렇게 살아갈 수 있는 방법을 알고 있는 마지막 도덕이다.[21] 우리가 어디에 있든지 간에 우리도 양심의 인간이다.[22] 말하자면 우리는 겨우 살아남았다고 말할 수 있거나 썩어 문드러

20 도덕은 사람이 일상에서 따라야 하는 명령들이다. 대표적인 것이라면, 거짓말하지 말라 혹은 남을 해코지하지 말라 등이다. 니체는 이를 두고 '두 졸스트(du sollst)'라는 말을 한다. 두(du)는 '너'를 의미하는 주어이고, 졸스트(sollst)는 졸렌(sollen)이라는 동사에서 접미사가 주어에 따라 변형한 형태이다. 그 의미는 '도덕적으로 마땅히 ~해야 한다'는 뜻이다. 이 개념은 『차라투스트라는 이렇게 말했다』에서 우화적이고 비유적으로 설명이 이어진다. 인간의 정신은 낙타에서 사자로 또다시 어린아이로 극복이 되어야 한다는 것이다. 낙타의 정신은 삶의 짐을 짊어지고 사막에서 오아시스를 찾아 헤매는 정신이다. 참고 견디는 시간에 대한 비유이다. 하지만 그 정신은 스스로 극복을 하여 사자의 정신으로 거듭나야 한다. "정신이 더 이상 주인 또는 신이라고 부르기를 마다하는 그 거대한 용의 정체는 무엇인가? '너는 마땅히 해야 한다.' 그것이 그 거대한 용의 이름이다. 그러나 사자의 정신은 '나는 하고자 한다'고 말한다"(『차라투스트라는 이렇게 말했다』, 39쪽). 즉 두 졸스트는 용기를 내서 때려잡아야 죽여야 할 나쁜 용의 이름으로 소개한다. 이에 반해 그 용을 극복해 낸 정신, 즉 사자의 정신은 '이히 빌(ich will)'이라는 말을 하게 된다. 직역하면 '나는 원한다'는 뜻이다. 시킨 대로 행하는 정신은 노예도덕에 종속된 것에 불과하지만, 자기가 원하는 대로 하는 정신이라면 주인도덕에 해당한다. 하지만 니체가 원하는 것은 여기서 멈추지 않는다. 인간의 정신은 어린아이의 모습으로 다시 한번 거듭나야 한다. 모든 것을 새롭게 배우고 익히며 창조적으로, 또 즐겁게 살아가는 존재에 대한 비유이다. 이것은 불교의 윤회설을 닮았다. 하지만 불교의 목표가 윤회가 아니라 해탈에 있듯이, 니체의 허무주의 사상의 목표도 끊임없는 극복에 제한되는 것이 아니라 극복하면서도 극복 그 자체로 존재할 수 있는 초인이 되는 것이다. 매일 힘겹게 겨우겨우 극복하며 살아야 하는 존재가 자기 삶을 두고서도 '삶은 살 만한 가치가 있다'라고 말할 수 있는 존재가 되어야 한다는 것이다. 종합해서 말하자면, 니체의 사상에도 사람들이 마땅히 따라야 하는 주인도덕이 있다는 것이다.

21 니체의 도덕은 살아가는 방법에 대한 지혜와 연결된다. 그래서 그의 철학을 생철학이라 부르고 있는 것이다.

22 니체의 철학은 양심의 철학이라 불러도 좋지 않을까. 그는 끊임없이 양심을 비판하고 또 양심을 찾는다. 마치 도덕을 비판하며 도덕을 추구하는 것과 같은 논리다. 양심도 양심 나름이라는 얘기다. 니체에게도 긍정적 의미에서의 '양심의 인간'이 있다. 양심은 말 그대로 좋은 마음이다. 하지만 어떤 마음을 두고 좋다고 말할 것인가? 이것은 가치의 문제다. 예를 들어 유교도덕으로 충만했던 조선시대에는 여자를 내쫓을 수 있는 근거로 제시된 칠거지악(七去之惡)이라는 것이 존재했었다. ① 시부모를 잘 섬기지 못하는 것(不順), ② 아들을 낳지 못하는 것(無子), ③ 음탕한 것(淫行), ④ 질투하는 것(嫉妬), ⑤ 나쁜 병이 있는 것(惡疾), ⑥ 말이 많은 것(口舌), ⑦ 도둑질을 하는 것(竊盜)이 그것이다. 그런데 이것은 오로지 여자들에게 주어진 규범이었다. 남성중심 사회를 굳건하게 하는 도덕이었다고 할까. 어쨌든 이런 것들이 발견되면 남자는 여자를 양심의 가책 없이 내쫓을 수 있는 구실이 되었던 것이다. 하지만

진 것으로 간주될 수 있는 그것 속으로 다시 돌아가고자 하는 것이 아니다. 그것은 신, 미덕, 진리, 정의, 이웃사랑이라고 불린다.[23] 우리는 낡은 이상으로 향하는 거짓말 다리라면 한 개도 세워 두고자 하지 않는다. 우리는 근본적으로 우리 안에서 중재하고 혼합시켜 놓으려는 모든 것과 적대적이다. 우리는 지금 통용되고 있는 모든 종류의 신앙과 기독교 비슷한 짓거리들에 적대적이다. 우리는 모든 종류의 낭만주의와 또 조국을 들먹이며 조국을 더럽히는 조국애에 대해, 이런 말들을 주저 없이 쏟아 대는 어중이떠중이들에 대해 적대적이다. 우리는 또한 우리가 더 이상 믿지도 않는 곳에서 기도하라고 설득을 해 대는 예술가들의 향락주의와 예술가들의 결여된 양심에 대해 적대적이다. 왜냐하면 우리 자신이 예술가이기 때문이다.[24] 우리

여성인권이 많이 신장된 현대 사회에서는 거의 불가능한 소리가 되었다. 그때는 이런 소리를 하는 것이 당연한 양심의 소리였다면, 이제는 양심의 가책을 받아야 할 소리가 된 것이다. 물론 7가지 모두가 다 그런 것은 아니지만, 분명한 것은 양심의 현상도 시대마다 변화를 겪고 있다는 사실이다.

23 정해져 있는 신, 정해져 있는 미덕, 정해져 있는 진리, 정해져 있는 정의, 정해져 있는 이웃사랑 등에 대해서 니체는 단호한 입장을 취한다. '너는 마땅히 이 신을 믿어야 한다!'고 말을 한다면 니체는 이 말에 강한 거부감을 느낄 것이다. 현실은 현상의 원리를 따를 수밖에 없다. 현상의 원리는 시간과 공간에 의해 이루어진다. 시대가 바뀌고 나라가 달라지면 신도 미덕도 진리도 다 바뀌고 만다. 통일신라시대와 고려시대에는 불교가 정답이었다. 조선시대에는 유교가 정답이었다. 또 다른 나라에서는 다른 신의 형상이 존재한다. 그것을 부정하고 자기가 아는 것만을 진리라고 정의라고 말하고, 하물며 그것만이 유일한 신이라고 우기며 권리를 주장하고 명령권을 행사하려 할 때 폭력이 이루어지는 것이다. 한계를 모르고 까부는 정신이 타인에게 상처를 주는 법이다. '이웃사랑'을 외쳐 대며 기독교의 하나님 말씀만 쏟아 내는 정신은 바로 그 이웃사랑 이념으로 이웃을 괴롭히는 결과를 초래하기도 한다. 이웃사랑도 이웃사랑 나름이다. 어떤 사랑을 실천하고 있는가? 그것이 문제가 될 뿐이다.

24 예술론 내지 미학론은 니체에게 있어서 모두 삶을 위한 조건이 되어야 한다. "예술은 종교의 대체물이다"(『인간적인 너무나 인간적인』 제1권, 51쪽). "예술은 종교가 몰락한 곳에서 두각을 나타낸다"(『인간적인 너무나 인간적인』 제1권, 170쪽). "예술이 끝나고 삶이 시작된다"(『즐거운 학문』, 276쪽). 이런 구절들을 종합해 보면, 니체의 철학적 논리가 보일 것이다. 그러니까 첫째는 종교이고, 둘째는 예술이며, 셋째는 삶이다. 첫째, 종교의 영역에서는 신학과 더불어 온갖 종류의 형이상학을 섭렵해야 한다. 그것을 견뎌 내야 한다. 그런 다음에야 둘째 영역인 예술의 단계로 진입할 수 있다. "세계의 실존은 오로지 미적 현상으로만 정당화된다"(『비극의 탄생』, 16쪽). 철학적 개념인 실존이 부담스러우면 그냥 삶으로 대체해서 읽어도 무방하다. 삶은 아름답다고 말할 때만 정당하다는 얘기다. 삶의 아름다움을 변호하기 위해 "그대들은 우선 차안(此岸)의 현세적 위로의 예술부터 배워야 한다"(『비극의 탄생』, 22쪽). 물론 그 삶조차 끊임

는 간단히 말해 유럽의 페미니즘 전체에 대해 적대적이다.[25] 혹은 사람들이 더 듣기 좋아하는 소리인 이상주의도 마찬가지다.[26] 그것은 사람들을 영원히 '끌어들이면서' 동시에 영원히 '끌어내리는' 짓거리에 불과할 뿐이다. 우리는 오로지 인간으로서만 바로 이 양심을 느끼고 있을 뿐이다. 또 인간으로서만 우리는 수천 년 동안 지속되고 있는 독일의 진실성, 경건성과 친족관계에 있을 뿐이다. 비록 이러한 도덕들이 가장 의심스럽고 최후에 계승된 것이라 할지라도, 우리는 비도덕주의자들이며, 우리는 오늘날의 신을 상실한 자들이고, 더 나아가 우리는 어떻게 생각하면, 그들의 유산이며, 그들

없이 변화를 거듭해야 한다. 어느 하나의 이념으로 고집을 피우는 모습은 니체의 것이 될 수 없다. 그리고 셋째, 삶의 영역이다. 니체가 철학적으로 고민하는 종착역이기도 하다. 삶은 바다와 같다. 온갖 물을 다 받아들이면서도 넘치지 않는다. 온갖 썩은 물들을 다 받아들이면서도 스스로는 절대로 썩지 않는다. 삶은 사막과 같다. 그런 사막을 품은 자는 고통을 피할 수 없다. "사막은 자란다. 화 있을지어다, 사막을 간직하고 있는 자에게"(『차라투스트라는 이렇게 말했다』, 502쪽)! "모든 인생은 고통이다"(쇼펜하우어, 『의지와 표상으로서의 세계』, 56장). 쇼펜하우어의 이 말에서 니체는 철학적 고민을 시작했다. 그리고 그 해결책을 찾아 끊임없이 노력을 했다. 니체의 허무주의가 얻은 것은 바로 이 고통에 대한 인식이다. 알고 대처하면 뭐든지 여유를 갖고 해낼 수 있다.

25 페미니즘 사상은 니체에게 있어서 지극히 의존적인 발상에 지나지 않는다. 늘 남성성을 전제로 하여서만 생각이 진행되기 때문이다. 늘 그것이 있어야 이것이 정당해지는, 그런 논리를 두고 니체는 자유정신의 이념을 발견하지 못한다. 남의 눈치를 보면서 주인의식을 발동시킬 수는 없기 때문이다.

26 이상주의로 번역된 독일어는 이데알리스무스(Idealismus)이다. 플라톤 철학에서부터 두각을 나타내기 시작한 이데아는 이념, 관념, 원형, 본질 등의 의미를 내포하고 있다. 그런 이데아를 실존으로 간주하는 철학이 이데아 이론이다. 그런 경향을 보이는 철학을 이데알리스무스로 보면 된다. 우리의 철학자들은 이 개념을 '관념론'으로 번역하기도 한다. 관념론이 되었든 이상주의가 되었든 같은 개념의 다른 이름쯤으로만 알아 두면 되는 것이다. 여기서 문제는 이상을 좋다고 말하고, 삶의 현장은 그림자로 폄하하는 시각이다. 삶은 싫고 이데아는 좋다는 그런 발상이다. 마치 천국은 좋고 현실 속의 삶은 싫다는 그런 편견이다. 이상주의는 듣기 좋은 말이긴 하나 그 듣기 좋은 소리가 오히려 삶을 괴롭히고 있는 꼴이다. 니체는 이런 어감을 바꿔 놓고 싶은 것이다. 모든 가치의 가치전도를 일궈 내고 싶은 것이다. 천국 사상과 영생 이념에 반기를 들고, 생로병사로 마감해야 하는 삶에 대한 의미와 가치를 드높이고 싶은 것이다. "새 신앙인의 천국은 물론 지상의 천국이어야 한다"(『반시대적 고찰』 제1권, 205쪽). 대지를 천국으로 만들 용기가 있는가? 온갖 비현실적인 이상에 대해 거부의 손짓을 보낼 수 있는가? 하늘의 뜻에 귀를 닫고, '대지의 뜻'(『차라투스트라는 이렇게 말했다』, 17쪽)에 귀를 기울일 수 있는가? 니체는 대지의 뜻을 초인의 이념으로 소개하고 있다. 초인이 생각하고 있는 것이 있다면, 그것은 바로 대지의 뜻이라는 얘기다.

의 가장 내적인 의지, 즉 염세주의적인 의지를 완성한 자들이기도 하다. 이미 말했던 것처럼, 우리는 우리 자신을 거부하는 것 자체를 두려워하지 않는다.[27] 왜냐하면 우리는 그것을 기쁜 마음으로 거부하기 때문이다! 우리 안에서 완성되고 규정되는 것은 그대들이 하나의 공식을 원한다는 데 있다.[28] 즉 그 공식은 도덕의 자기지양 공식이다.[29]

27 자신을 죽이고 자신을 살려 내는 철학이 허무주의이다. 죽여야 할 자기 자신을 인식하는 것이 관건이고 또 살려 내야 할 자기 자신을 찾아내는 것도 문제다. 『우상의 황혼』의 부제목 '어떻게 망치를 들고 철학 하는지'에서 비유적으로 말하고 있는 것처럼, 돌의 감옥 속에 갇혀 있는 인간의 형상을 망치로 깨고 부숴서 끄집어내고 자유를 선사해 주고 싶은 것이다. 니체는 그러니까 오로지 '어떻게 망치를 들고 철학하는지'에만 몰두하고 있을 뿐이다. 니체가 손에 들고 있는 철학의 망치는 이상이라 불리고 있는 우상, 혹은 우상이 되어 버린 이상을 향해 거침없는 파괴 행위를 자행하고 있을 뿐이다. 그 파괴 행위는 또한 타인을 향하기보다는 오히려 자기 자신을 향하고 있을 뿐이라는 사실도 명심해야 할 것이다. 망치라는 비유를 통해 전하고자 하는 메시지는 분명하다. 그것은 자기를 '붉은 천에 연연하고 고집을 피우는 황소'(『선악의 저편』, 50쪽)로 만들고 있는 것이 있다면 단호하게 제거하라는 명령일 뿐이다.

28 니체의 후기 철학에서 자주 등장하는 개념 중의 하나가 '공식'으로 번역된 포르멜(Formel)이라는 것이다. 이것은 격식, 공식, 방식, 양식, 예식, 정식, 형식 등으로 다양하게 번역이 가능한 개념이다. 상황에 맞게 번역만 해 주면 되는 것이다. 중요한 것은 이성적 존재는 원리에 해당하는 이런 식(式)을 요구한다는 것이다. 이성으로 번역된 라틴어는 라치오(Ratio)이고, 그 말의 뜻은 계산 능력이다. 즉 1 + 1은 2다. 이 말을 이해할 수 있는 존재는 오로지 인간뿐이다. 인간 외에 그 어떤 동물도 이 말을 이해하지 못한다. 이성은 곧 인간의 전유물이라는 얘기다. 하지만 하나의 영원한 공식은 존재하지 않는다. 이 또한 현상의 원리인 시간과 공간의 법칙에 따라 끊임없이 변화를 거듭해야 할 뿐이다. 한때 이성적인 것으로 간주되었던 것은 어느 시점이 되면 더 이상 이성적인 것으로 간주되지 못할 때가 있다. 그것을 인정할 수 있다면, 니체가 고민하고 있는 공식에 대한 철학적 질문도 충분히 이해할 수 있을 것이다.

29 도덕의 자기 지양 공식, 그것이 니체가 지향하는 철학적 이념이다. 도덕은 자기 자신을 지양할 수 있는 존재여야 한다. 도덕은 그 자체로서 영원한 원리로 간주되어서는 안 된다. 마치 신이 있어서 신의 계명을 따지듯이, 도덕이 있어 도덕의 명령을 헤아리는 그런 정신은 지양되어야 한다. 사람이 있고 도덕이 있는 것이지, 도덕이 있어 사람이 있는 것은 아니다. 도덕이 삶의 현장을 지배하는 원리가 되어야 한다는 말은 맞지만, 그 도덕은 끊임없이 스스로를 지양하고 또 새로운 모습으로 거듭날 때에만 건강하고 바람직한 것이 되는 것이다. 영원한 도덕은 존재하지 않는다.

5.

마지막으로 한마디 더 하겠다. 어째서 우리는 우리들 자신인 그것을, 우리가 원하기도 하고 원하지 않기도 하는 그것을, 이토록 큰 목소리로 또 이토록 간절하게 말을 해야 하는 것일까? 우리는 우리 자신인 그것을 좀 더 냉정하게, 좀 더 멀리에서, 좀 더 영리하게, 좀 더 높은 곳에서 바라보려 한다.[30] 그러면서 우리는 우리 자신인 그것이 우리들 사이에서는 어떻게 언급되고 있는지, 모든 세상이 그것을 잘못 듣고 있는, 즉 모든 세상이 우리 자신을 잘못 듣고 있는 그 소리를 우리의 입으로 말하고자 한다. 그러려면 무엇보다도 우리는 느리고 천천히 말해야 할 것이다. 이 서문은 뒤늦게 쓰였다. 그러나 너무 늦은 것은 아니다. 사실 5년이 걸렸든 6년이 걸렸든 무슨 상관인가? 이런 책, 이런 문제는 서두름을 몰라야 한다. 더 나아가 우리 둘, 즉 나와 나의 책은 느리게 진행되는 리듬의 친구들이다. 사람들이 문헌학자였던 것은 헛된 일이 아니다. 사람들은 이것을 천천히 읽는 기술의 스승이라고 말할 수 있어야 한다.[31] 마침내 쓰는 것도 느려진다. 이제 이 느림은 나의 습관에 속할 뿐만 아니라, 나의 취향이 되기도 한다. 이것은 어쩌면 악

30 『차라투스트라는 이렇게 말했다』에서 니체는 초인의 친구들로 뱀과 독수리를 소개했다. 이는 '관점주의'로 설명되기도 한다. 여러 관점을 두루 섭렵해야 한다. 이런 관점 저런 관점 다 이해할 수 있을 때 삶은 풍요로운 것으로 변신해 줄 것이다. 뱀은 대지의 뜻에 가까운 시각으로 세상을 올려다보는 것을 의미하고, 독수리는 하늘의 뜻에 가까운 시선으로 세상을 내려다보는 것을 의미한다. 어느 하나의 시선으로 세상을 바라보는 것이 아니라는 점에 유의해야 한다. 이성에게 이상은 운명처럼 따라다닌다. 다만 그것이 우상이 되면 과감하게 깨고 나와야 하는 것이 자유정신의 이념일 뿐이다. 신은 살아 있다. 신은 죽었다. 이런 말을 반복하며 철학을 하면 되는 것이다. 죽여야 할 신과 살려 내야 할 신을 구별할 수 있다면 허무주의는 재미난 놀이처럼 여겨질 수도 있다.

31 철학자가 되기 전에 니체는 대학에서 문헌학부터 배웠다. 그는 이 학문을 통해 천천히 읽는 기술을 배울 수 있었다고 고백한다. 일단 이것을 배운 후에야 진정한 철학이 시작될 수 있었던 것이다.

의를 품은 취미일까?[32] '서두르고 있는', 그래서 절망에 빠져 있는 온갖 종류의 인간에 대해서는 더 이상 쓰지 않는다. 말하자면 문헌학은 존경할 만한 기술 그 자체이다. 즉 그것은 존경하는 자에 의해 모든 것 앞에서 하나를 말하고, 옆길을 걸으며, 시간적 여유를 갖고, 차분히 머무르며, 느려지는 기술을 말한다. 소위 말(言)을 다루는 금 세공술이자 말의 황금에 정통한 자로서 오로지 섬세하고 조심스러운 일을 하게 하는 기술이다. 이 일은 느리게 하지 않고는 아무 데도 도달할 수 없는 것이다. 그러나 바로 이 때문에 이 기술은 그 어느 때보다 오늘날에 더 필요하다. 이 기술은 '노동'의 시대 한가운데서 우리들을 이끌어 주고 우리에게 가장 강력한 마법을 걸어 줄 것이다. 성급함, 단정치 못하게 땀만 흘리게 하는 서두름, 이런 것들이 사람들을 모두 똑같이 '녹초가 되게' 한다. 옛날 책도 그렇고 요즈음 책도 마찬가지다. 문헌학적 기술 자체는 누군가를 그렇게 쉽게 녹초가 되게 하지 않는다. 그것은 잘 읽는 법을, 즉 천천히, 깊게, 뒤도 돌아보고 앞도 내다보면서, 다른 생각도 하면서, 문은 활짝 열어 놓고서, 부드러운 손가락과 눈을 가지고서 읽는 법을 가르쳐 준다. 인내심 강한 나의 친구들이여, 이 책은 오로지 완벽한 독자와 문헌학자만을 원한다. 즉 나를 잘 읽어 내는 법을 배우라![33]

32 선의는 좋으니 품어 주어야 하고, 악의는 나쁘니 제거해야 한다, 뭐 이런 식으로 니체는 선악을 바라보지 않는다. 선도 때로는 선이 아닐 때가 있고, 악도 때로는 악이 아닐 때가 있다. 선과 악의 문제는 이성적 존재가 감당해 내야 할 대상일 뿐이다. 마치 태극 속의 두 개의 문양처럼 두 개의 힘은 똑같은 분량으로 존재할 수 있어야 한다. 두 개의 힘이 동일한 힘으로 공존할 수 있을 때 태극이 완성되는 것이다. 서양 전통적인 사상이 배타적 이분법이라면, 니체의 이념은 포용적 이분법으로 이해하면 되는 것이다.

33 니체는 후기 철학에 들어서면서부터 자주 '나를 이해했는가?'라는 질문을 하게 된다. 그는 자신의 글들이 제대로 읽히지 않는 것을 염려했던 것이다. 예를 들어 그는 자신의 자서전으로 쓰인 『이 사람을 보라』의 마지막 구절에 이렇게 말했다. "— 나를 이해했는가? — 디오니소스 대 십자가에 못 박힌 자⋯." 사이사이 말줄임표를 다양한 형태로 남겨 놓았다. 그만큼 천천히 읽어야 할 문장이다. 많은 독자들이 디오니소스는 원하면서 십자가에 못 박힌 자는 원하지 않는다고 해석을 해 댄다. 니체는 그렇게 말한 것이 절대로 아닌데도 불구하고 사람들은 그렇게 생각하고 있는 것이다. 니체의 철학에서는

1886년 가을

제노바[34] 교외 루타에서

극복하는 행위 자체가 중심에 서 있을 뿐이다. 때로는 디오니소스가 되어야 할 때도 있고, 또 때로는 십자가에 못 박힌 자가 되어야 할 때도 있다. 둘은 태극의 문양 속에서 서로가 서로를 위한 조건처럼 존재하고 있을 뿐이다. 예를 들어 미치기 직전에 써 놓았을 것으로 예상되는 『디오니소스 송가』에는 니므롯이란 이름이 언급된다. 바벨탑을 쌓아 신에게 도전한 인물로 유명하다. 그는 자신의 그물로 자신을 포획하고 있고, 또 자신의 화살로 자신의 심장을 뚫고 있다. 신을 사냥하고 신을 죽이며 스스로 신이 되는 자다. 자서전 제목으로 선택된 '이 사람을 보라'라는 말 역시 사람이라 써 놓고 신으로 읽어내야(『이 사람을 보라』, 4쪽) 하는 수수께끼 같은 문장임을 명심해야 한다.

34 많은 독자들이 제노바를 제네바와 혼동한다. 제네바는 내륙에 있는 도시이고, 제노바는 지중해 연안에 위치한 항구 도시다. 그 도시가 제공하는 온화한 날씨의 도움으로 니체가 이 글을 쓰고 있다는 것을 알 수 있는 대목이다. 니체는 날씨에 영향을 많이 받는, 실로 예민한 사람이었던 것이다. 그는 사는 동안 건강회복을 위해 끊임없이 자기 자신에게 좋은 영향을 끼치는 지역을 찾아다녔다.

제1권

1.

나중에 덧붙여진 이성성. — 오랫동안 존속하는 모든 사물은 이성에 의해 서서히 침윤되기 때문에 그것의 기원이 원래는 비이성에 있다는 사실이 믿기지 않게 된다.[35] 하나의 발생 기원에 관한 정확한 역사란 거의 대부분의 경우 모순적이고 신성 모독의 감정을 일으키지 않을까?[36] 훌륭한 역사가라면 근본적으로 끊임없이 모순을 일으키지 않을까?

2.

학자들의 선입견. — 모든 시대의 사람들이 무엇이 선이고 악이며, 무엇이 칭찬받고 비난받아야 하는지를 알고 있다고 믿는 것은 학자들의 올바른 판단이다. 하지만 우리가 지금 그것에 대해 그 어떤 시대보다도 더 잘 알고 있다고 말하는 것은 학자들의 선입견에 지나지 않는다.[37]

35 모든 시작은 새로움에서 발생한다. 새로움은 낡음을 전제한다. 낡은 것을 끝맺음할 수 있을 때 시작의 기회가 주어진다. 기존의 것은 늘 이성적인 것으로 간주된다. 그래서 기존 세력은 변화를 꺼린다. 하지만 새로운 세대는 변화를 원하면서 등장한다. 기성세대에게 변화는 비이성적인 것처럼 보인다. 하지만 그 비이성이 새로움을 허락한다. 모든 시작은 그래서 비이성에서 비롯되는 것이다. 하지만 시간이 흐르면 그 시작 또한 다시 끝을 향해 간다. 세상의 모든 사물은 이런 과정을 밟고 있고 또 밟을 수밖에 없는 운명에 놓여 있다.

36 소위 말하는 '역사적 사실' 그 자체는 존재하지 않는다. 그런 모든 사실은 해석에 의해 전혀 다른 내용으로 변할 수도 있다. 이성적인 것으로 인정받고 있는 모든 이성은 원래는 비이성에서 유래되었다. 모든 창조적인 행위는 납득이 안 되는 비이성에 의해 시작되었던 것과 같은 논리다. 모든 창조는 비이성에서 시작하여 이성으로 인정받으며 완료되는 것이다. 이런 역사적 원리를 이해할 수 있다면, 끊임없이 새로운 해석에 도전하는 정신이야말로 진정으로 건강한 역사가의 것이다. 기존의 것을 '사실'로, 또 때로는 '영원한 사실'로 인정하는 순간, 그 정신은 기존의 것에 새로운 옷만을 입혀 놓는 노예 짓거리만을 보여 줄 뿐이다. 오히려 그 사실을 다각도로 살피고 선입견과 편견을 찾아내고 거기서 오류와 실수를 발견해 내는 행위야말로 이성적 존재가 지향해야 할 일이다.

37 진리를 찾는 데 가장 방해가 되는 것이 선입견과 편견이다. 하지만 이런 시각은 이성이 피할 수 없는,

3.

모든 것은 자기 자신의 때를 갖고 있다.[38] — 인간이 모든 사물에게 성性을 주었을 때 놀려고 한 것이 아니라 하나의 깊은 통찰을 얻었다고 생각했다. 이러한 생각이 얼마나 큰 실수였는지를 그는 아주 늦게야 인정했고, 어쩌면 지금도 여전히 전적으로 인정하고 있을 것이다. 마찬가지로 인간은 존재하는 모든 것에 도덕과의 관계를 설정했고, 세계에 윤리적 의미를 부여함으로써 어깨 위에 무거운 짐을 지게 했다. 그것은 한때는 그와 똑같은 의미를 갖고 있었는지는 몰라도, 이제는 더 이상 가치를 갖고 있지 않다. 그것은 마치 오늘날 태양이 남성인지 여성인지 하는 물음이 이미 믿음이 되어 버린 것과 같다.

4.

하늘의 부조화에 대한 꿈에 반대하여. — 우리는 수많은 잘못된 위대한 것들을 다시 이 세상으로부터 제거해 내야만 한다. 왜냐하면 그 위대한 것들이 우리 앞에 있는 이 모든 사물이 요구하는 정의에 반대되기 때문이다! 그리고 그런 일을 위해 반드시 필요한 것은 이 세상을 있는 그대로 보고자

즉 운명적으로 가지고 살아야 하는 것이다. 예를 들어 이성을 가진 존재는 끊임없이 신이 누구인지 물을 수밖에 없다. 이런 질문으로부터 자유로운 정신은 없다. 하지만 하나의 신의 형상에 얽매여 더 이상의 가능성을 허용하지 않는 생각은 선입견이요 편견에 불과하다. 얼마나 많은 신의 형상을 감당할 수 있는가? 그것이 삶의 질도 결정할 것이다.

38 도덕을 예를 들어도 이런 때가 적용될 수 있다. 한때는 도덕으로 인정을 받은 것일지라도 세월이 흐르면 더 이상 도덕적인 것으로 간주할 수 없는 것이 있다. 도덕도 유행을 탄다고 할까. 도덕뿐만이 아니라 인간이 사는 세상에서는 모든 것이 그런 '때의 원리'에 지배를 받지 않을 수 없다.

하는 것, 즉 부조화로 보지 않는 것이다.[39]

5.

감사하라! — 지금까지 인류가 거둔 위대한 업적은 우리가 야생 동물들에 대해, 야만인들에 대해, 신들에 대해, 그리고 우리의 꿈들에 대해 끊임없이 품어 왔던 두려움을 더 이상 가질 필요가 없다는 것이다.[40]

6.

마술사 놀이와 그의 반대 놀이. — 학문에서 경이로운 점은 마술사의 기술에서 경이로운 점과 대립된다. 마술사는 사실 극히 복잡한 인과 관계가

39 세상을 있는 그대로 보는 것이 문제다. 감각을 통해 내부로 들어온 정보는 이성이라는 거울을 통과하면서 어쩔 수 없이 개인적인 취향과 성향에 따라 왜곡이 될 수밖에 없다. 생각하는 존재는 그 생각하는 과정이 문제가 된다는 얘기다. 세상은 아무런 잘못이 없다. 그 세상 속에서 삶을 잘못 살아가는 우리에게 책임이 있을 뿐이다. 삶은 증오의 대상이 아니다. "삶을 믿고, 삶을 사랑하라"(『즐거운 학문』, 67쪽). 이것이 니체의 생철학적 신앙관이다. 그에게도 믿는 바가 있다. 그것은 신이 아니라 삶이다. 삶의 현장을 의미하는 지금과 여기다. 삶 자체를 신성하게 바라보고 또 그렇게 만들 용기가 있는가? 그런 용기에서 허무주의까지도 용납하고 허용하는 초인이 탄생하는 것이다. "삶의 한가운데에서. — 아니다! 삶은 나를 실망시키지 않았다"(『즐거운 학문』, 293쪽). 이것이 니체의 주장이다. 삶에 대해 실망을 한 것은 우리 자신이다. 삶 자체는 누구에게나 그냥 그렇게 주어져 있을 뿐이다. 그것을 어떻게 인식하고 살아 주느냐에 따라 삶은 전혀 다른 모습으로 다가오게 되어 있다.

40 이 잠언은 이렇게 읽어도 된다. "두려워하지 말고 감사하라"고. 니체도 성경에서 전하는 신의 말씀처럼 끊임없이 "두려워하지 말라"고 말한다. 바꿔 말하면, 모든 신성한 것을 체험하는 곳에서는 두려움부터 앞선다는 얘기가 된다. 우리가 하나님 앞에서 두려움을 가지는 것이 보통이지만 하나님을 그럴 필요가 없음을 애써 가르치려고 했다. 이와 마찬가지로 니체 또한 삶과 자연 그리고 이 세상에 대해 그런 태도를 취할 것을 요구하고 있다. 누구는 흙이 더럽다고 외면한다. 하지만 누구나 다 이 흙의 품으로 돌아가야 한다. 결국에는 흙 속에서 썩어 문드러지는 운명을 피해 갈 수가 없다. 피할 수 없다면 즐기라 했다. 맞는 말이다. 초인은 '대지의 뜻'이라 했다. 우리는 이제 이 흙의 정신에서 진정한 생철학적 가치를 찾아내야 한다는 숙제를 안고 있다.

작용하는 사건에서 극히 단순한 인과 관계만이 작용하고 있는 것처럼 보이게 함으로써 우리의 마음을 사로잡는다. 이에 비해 학문은 바보라도 겉만 보고 모든 것을 쉽게 이해할 수 있을 것 같은 사건에서 복잡한 인과 관계가 작용하는 것처럼 보여 줌으로써 단순한 인과 관계에 대한 믿음을 포기하게 한다. '가장 단순한' 사물들이 가장 복잡하다. 이러한 사실은 놀라는 것만으로 충분하지 않다!

7.

공간감각을 새롭게 배우기. — 인간을 행복하게 만드는 것은 실제적인 사물들일까? 아니면 생각에 의해 형성된 사물들일까? 확실한 것은, 최고의 행복과 최고의 불행 사이에 존재하는 공간의 넓이는 생각에 의해 형성된 사물들을 통해 비로소 생겼다는 것이다. 이런 종류의 공간감각은 학문의 영향하에서 결국 갈수록 작아진다.[41] 우리는 이 지구가 작다고 느끼고 태양

41 늙음의 증상은 다양하게 나타난다. 늙은이에게 세상은 작기만 하다. 타인의 생각을 허용할 만큼 마음의 여유도 없다. 마음이 좁다. 시야가 좁아서다. 자기 가까이 있는 것은 제대로 보지도 못한다. 원시가 되어서 먼 것만을 그나마 희미하게 바라볼 수 있을 뿐이다. 먼 옛날 얘기를 좋아하는 데는 이런 이유 때문이다. 또 생각이 틀에 박힌다. 아는 게 많다고 생각하는 그 생각이 스스로를 틀에 박히게 한다. 무엇을 보아도 이 틀 안으로 기어코 끌고 들어온다. 보고 싶은 것만 보고, 하고 싶은 생각만 한다. 생각의 자유는 이제 그들의 것이 아니다. 늙으면 누구나 다 배타적이 된다. 늙어 버린 시선과 생각 속에서는 지구조차 하찮게 보인다. 전 우주에 비교하면 지구는 먼지와 같다는 생각이 들기도 한다. 하지만 밑도 끝도 없는 공간보다 우리의 삶에 유용한 지구가 그 무엇보다 중요하다. 니체는 늘 하늘나라에서 하나님과 함께 산다는 그런 발상에는 저항하는 반면에, 지구, 지상, 대지, 땅, 흙과 같은 이런 다양한 개념으로 번역되고 있는 에르데(Erde)에 대해서는 무한한 신뢰와 신앙을 고백한다. "인간 스스로 대규모의 땅을 통치하는 일에 착수해야만 한다"(『인간적인 너무나 인간적인』 제1권, 245쪽). "새 신앙인의 천국은 물론 지상의 천국이어야 한다"(『반시대적 고찰』 제1권, 205쪽). "지상의 신을 찬양하라"(『즐거운 학문』, 405쪽)! "초인은 대지의 뜻이다", "그러나 우리에게는 하늘나라에 들어갈 생각이 전혀 없다. 우리 성숙한 어른이 되었으니. 우리는 이제 지상의 나라를 원한다"(『차라투스트라는 이렇게 말했다』, 519쪽). 대지에 대한 사랑은 끝도 없이 진행된다. 대지의 뜻은 니체가 믿는 신앙의 핵심이다. 이 대지와 관련한 모든

계조차 하나의 점으로 느끼는 것을 학문을 통해 배워 왔으며, 지금도 여전히 배우고 있다.

8.

변용.[42] — 어쩔 줄 모르고 괴로워하는 사람들, 혼란스럽게 꿈꾸는 사람들, 이 세상을 초월한 환희에 잠긴 사람들, — 라파엘로는 이렇게 인간을 세 가지 등급으로 구분했다. 우리는 세계를 더 이상 그렇게 보지 않는다. 라파엘로 역시 이 시대에 살고 있다면 더 이상 그렇게 보지 않을 것이다. 그는 자신의 눈으로 새로운 변용을 목도하게 될 것이다.

것과 조화를 이룬 존재가 초인이다. 그런 초인이 되기 위해 죽을 때까지 극복하며, 끝까지 참고 견디며 가야 한다. 이를 위해 니체는 젊음을 요구한다. "많은 대립에 부딪혀야 한다는 대가를 치러야만 우리는 많은 수확을 거둔다. 영혼이 긴장을 풀지 않고, 평화를 열망하지 않는다는 전제하에서만 사람들은 젊음을 유지할 수 있다…"(『우상의 황혼』, 108쪽). 늙음과 젊음은 결코 나이의 문제, 즉 시간의 문제가 아니다. 그것은 마음의 문제일 뿐이다. 이 세상과 이 세상의 공간에 대해 끊임없이 새롭게 배울 수 있는 자세가 젊음을 유지하게 한다.

42 이탈리아 르네상스 시대의 천재 화가 라파엘로 산티(Raffaello Santi, 1483-1520)의 생애 마지막 그림 〈그리스도의 변용(La Trasfigurazione)〉(1518-1520). 니체는 이 화가와 이 그림을 좋아했나 보다. "저 불멸의 '소박한' 예술가 중의 하나인 라파엘로는 한 비유적 그림 속에서 가상이 가상으로 약화되는 것, 즉 소박한 예술가와 동시에 아폴론적 문화의 근원적 과정을 묘사했다. 그의 작품 〈그리스도의 변용〉에서 미친 소년, 절망하는 운반자들, 어찌할 줄 모르고 겁에 질린 사도들의 모습을 담은 하반부는 영원한 근원적 고통, 세계의 유일한 근거를 반영한다"(『비극의 탄생』, 46쪽). 첫 작품에서부터 지속적으로 여러 저서의 다양한 곳에서 니체는 라파엘로를 언급한다. 그가 전하고자 하는 메시지는 한결같다. 즉 라파엘로는 엄밀한 의미에서 기독교인이 아니었다. 그러면서도 기독교의 성화를 그려야 했던 화가의 입장을 대변하고자 한다. 특히 〈그리스도의 변용〉에서 그리스도의 부활을 목도하고 있는 자들은 모두 이상한 사람들이다. 소위 늙었거나 미친 사람들이다. 좀 더 구체적으로 구별하면 고통을 받고 있거나 망상이나 환상에 빠져 있을 뿐이다. 광신도라고나 할까, 그런 사람들만이 이런 신비로운 변용을 인식하고 있을 뿐이다.

Sanzio Raffaello, 〈그리스도의 변용〉, 1516-1520.

9.

풍습의 윤리라는 개념. — 인류가 수천 년을 살아오는 동안 얻어 낸 생활 방식과 비교해서 보면 오늘날 우리 인간들은 아주 비윤리적인 시대에 살고 있다. 풍습의 권력은 놀라울 정도로 약해진 반면, 윤리의 감정은 그것이 사라져 버린 게 아닐까 싶을 정도로 너무 세분화되어 버렸고 또 너무 높아져 버렸다.[43] 그래서 나중에 태어난 우리들에게는 도덕의 기원을 근본적으로 들여다보는 것은 어려워지고 말았다.[44] 우리가 이러한 것을 발견해 냈

43 『아침놀』에서 '권력에의 의지'라는 개념이 처음으로 등장한다. 이것은 1906년에 출간되는 유고집의 제목이 되기도 한다. 특히 '권력'으로 번역된 '마흐트(Macht)'에 대한 논쟁이 뜨겁다. 권력이라는 단어는 언제부턴가 근대적인 어감이 더 강하다는 이유로 흔히 '힘'으로 번역되어 왔다. 물론 틀린 말은 아니나, 그것만이 진리라고 틀을 정해 버리면 문제가 된다. 니체는 후기에 들어서 주인도덕을 노예도덕과 비교하면서 전면에 내세우기도 했다. 주인의식이 있어야 한다는 얘기다. 초인은 이런 주인도덕과 주인의식으로 충만한 존재다. 니체는 그러니까 자기 삶에 주인이 되는 그런 도덕을 요구했던 것이다. 생각에 대해서도 논리는 같다. 즉 내가 있어서 생각이 가능한 것이다. 그래서 니체는 합리론자 데카르트의 명언을 이렇게 변형시켜 말하기도 했다. "나는 살아 있다, 고로 나는 생각한다"(『반시대적 고찰』 제2권, 383쪽). "아직도 나는 살아 있어서, 아직도 나는 생각하고 있다. 나는 아직 살아야만 한다, 나는 아직 생각해야만 하니까"(『즐거운 학문』, 255쪽). 니체는 늘 같은 소리를 다른 말로 반복하고 있을 뿐이다. 처음부터 끝까지 늘 똑같은 말을 하고 있는 것이다. 삶이 있어야 사람도 가치가 있다고, 사람은 삶을 통해서만 의미가 구현된다고. "우리의 삶도 우리 스스로에 대해 권리를 지녀야 마땅하다"(『즐거운 학문』, 170쪽)! 대부분의 사람은 자기 권리만 생각한다. 자기 삶의 권리에 대해서 생각해 본 사람은 많지 않다. 니체의 생철학은 삶의 권리를 주장하는 데 집중한다. 종합하여 말하자면, '마흐트'는 필연적으로 주인이라는 개념과 관련되어야 하기 때문에 권력의 의미가 더 강하다는 얘기다. 물론 경우에 따라서는 '힘'으로 번역하는 것이 더 나을 때도 있다. 앞뒤 문맥에 따라 번역이 자유롭게 이뤄질 것은 당연한 얘기겠지만, 그래도 지금 이 자리에서는 우선은 '권력'으로 정해 놓는 것이 나을 것 같다. 왜냐하면 '물리적인 힘'을 의미하는 개념으로는 독일어에 크라프트(Kraft)라는 단어가 따로 있기 때문이다. 니체는 이 두 개의 단어, 즉 '마흐트'와 '크라프트'를 의식적으로 구분하여 사용하고 있다는 것은 분명한 사실이다.

44 니체가 철학을 하는 방식을 다시 한번 일깨워 보는 게 좋을 듯하다. 후기 철학서 중에 『도덕의 계보』(1887)란 책도 있다. 문제의 핵심은 도덕이 그 자체로 처음부터 존재했다고 생각하는 것은 그야말로 순진한 생각이라는 점이다. 사람 사는 곳에 도덕이 있을 뿐이다. 필요에 의해서 생겨난 것이 도덕이다. 도덕이 있어야 사회가 잘 돌아가기 때문이다. 그런데 어느 순간부터 도덕이 처음부터 존재했던 것인양 판단하고 받아들이게 된다. 그것이 문제라는 것이다. 시대에 맞지 않는 도덕은 분명 존재한다. 그

음에도 불구하고 이러한 통찰은 혓바닥에 단단히 달라붙은 채 떨어져 밖으로 나오려 하지 않는다! 어쨌든 이런 식으로 도덕의 기원에 대한 통찰들은 우리 곁에 찰떡같이 머무르고 있다. 게다가 그 통찰들은 거칠게 들리기까지 한다! 혹은 그 통찰들이 윤리를 비난하는 것처럼 보이기도 한다! 예를 들어 '윤리란 어떠한 종류의 풍습이든 풍습에 대한 복종 외에 아무것도 아니다'라는 우리의 근본 명제가 바로 그것이다. 윤리는 복종 이상의 것이 절대로 아니다. 풍습은 그러나 관습적인 종류로 다뤄지고 평가되어야 한다. 전해져 내려온 것이 없는 곳에서는 윤리도 존재하지 않는다. 그리고 전해져 내려온 것에 의해 삶이 적게 규정될수록 윤리의 범위도 작아진다. 자유로운 인간은 비윤리적이다. 그는 모든 것에 있어서 전해져 내려오는 것이 아니라 오히려 자기 자신에게 의존하기를 바랄 뿐이다. 인류의 모든 근원적인 상태에서 '개인주의적', '자유로운', '자의적', '버릇이 없는', '예상할 수 없는', '계산에서 어긋난' 것들은 모두 '악하다'는 것을 의미한다. 항상 이런 척도에 따라 상태들이 측정된다. 하나의 행동이 이루어졌는데, 만약 그것이 전해져 내려온 것에 의해 명령된 것이 아니라면, 그것은 비윤리적인 것이 된다. 게다가 다른 동기들에 의해, 예를 들어 개인적인 이익 때문에 그런 행동이 이루어졌다면, 그 동기가 전해져 내려오는 것에 의해 언젠가 이유가 밝혀졌다고 하더라도 비윤리적인 것이 되고 만다. 행위자 스스로도 그렇게

런 도덕은 철학의 망치로 깨고 파괴시켜야 한다. 도덕이란 개념에 신이란 개념을 대체해 놓아도 된다. 사람이 있어서 신도 있는 것이다. 괴테는 이런 말도 했다. 신은 사람들이 하는 기도 소리를 먹고 사는 가련한 존재라고. "나는 태양 아래에서 / 너희 신들보다 더 불쌍한 자들을 알지 못한다. / 그대들은 겨우 제물과 / 기도의 숨결로 / 간신히 먹고 살고 있다." 「프로메테우스」란 시의 제2연의 시작 부분이다. 신이 있었고, 그가 이 세상과 인간을 창조했다는 식의 창조론은 그저 생각의 산물에 해당할 뿐이다. 믿거나 말거나 하는 내용이라는 얘기다. 그런 이야기를 만들어 내고 그런 이야기의 힘에 짓눌려 살게 되는 것이 이성적 존재의 수수께끼 같은 상황이다. 이런 수수께끼에서 인간을 구원하고자 하는 것이 니체의 허무주의 철학이다.

느낀다.[45] 왜냐하면 그런 행동은 전해져 내려오는 것에 대한 복종에서 이루어진 것이 아니기 때문이다. 전해져 내려오는 것이란 무엇인가? 그것이 우리에게 유익해서 명령하는 것이 아니라 오로지 명령하기 때문에 사람들이 복종하게 되는 하나의 보다 높은 권위다. 전해져 내려오는 것에 대한 감정과 두려움에 대한 감정은 도대체 무엇이 다르단 말인가? 명령하고 있는 보다 높은 지성에 대한 두려움은 이해할 수 없는 불특정한 권력에 대한 두려움이고, 개인적인 것 이상의 그 어떤 것에 대한 두려움이다. 이것은 이러한 두려움 속에서 형성되는 미신일 뿐이다. 모든 교육과 건강관리, 결혼, 의술, 경작, 전쟁, 말하고 침묵하는 것, 서로 교제하는 것, 그리고 신들과 교제하는 것까지도 원래는 윤리의 범주 안에서 이루어질 뿐이다. 윤리는 제시된 규정들을 주목해 줄 것을, 그리고 개인적으로 생각하지 않을 것을 요구한다. 원래는 모든 것이 풍습이었다. 그런 풍습을 넘어서고자 하는 사람은 스스로 입법자와 약사와 일종의 반신半神이 되어야만 했다. 말하자면 그는 스스로 그런 풍습을 만들어 내야만 했던 것이다.[46] 풍습을 만들어 내는 일은 목숨을 걸어야 할 일이다! 누가 과연 가장 윤리적인 사람일까? 첫째, 그는 법을 가장 자주 충족시키는 사람이다. 이는 마치 브라만 계급의 사람들처럼 어디를 가든 법을 의식하고 아주 짧은 시간에서도 그 의식을 짊어지고 있는 자들이다. 둘째, 가장 윤리적인 사람은 가장 어려운 상황에서도 법을 지키는 사람이다. 셋째, 가장 윤리적인 사람은 대부분 풍습을 위해 희생하는 사람이다. 그렇다 쳐도 가장 위대한 희생자는 또 누구란 말인가? 이러한

45 이런 감정이 바로 양심의 가책이라는 것이다. 시킨 대로 하지 않을 때 발생하는 감정 상태다.

46 풍습도 풍습 나름이다. 기꺼이 따르고 복종해야 할 풍습이 있는가 하면, 또 반드시 망치로 깨고 부숴서 지양해야 할 풍습도 있는 것이다. 신처럼 존재하는 풍습은 없다. 플라톤식의 표현처럼 '풍습 그 자체'는 존재하지 않는다. 영원불변의 풍습은 없다는 얘기다. 좋은 풍습은 전하고, 나쁜 풍습은 개선이 요구되어야 마땅하다. 그것을 거부하면 사회는 부패하기 마련이다.

질문에 대한 대답에 따라 여러 상이한 도덕이 전개된다. 그러나 가장 중요한 차이는 도덕성을 가장 빈번한 충족과 가장 어려운 충족 사이에서 구별하는 것이다. 사람들은 풍습의 가장 어려운 충족을 윤리의 표시로 요구하는 저 도덕의 동기에 대해 착각하지 않아야 한다! 극기는 개인에게 유익한 결과를 가져오기 때문에 요구되는 것이 아니라, 개인들의 반감과 이익에도 불구하고 풍습과 전승이 지배적인 것으로 보이기 때문에 요구된다.[47] 개인은 스스로를 희생시켜야 한다. 이것을 풍습의 윤리는 명령한다. 이와는 반대로 소크라테스의 발자취를 좇는 사람들처럼 개인에게서 자기 통제와 절제의 도덕을 자신의 가장 고유한 이익으로서, 행복을 위한 가장 개인적인 열쇠로서 간절히 요구하는 저 도덕주의자들은 예외다. 만약 이것이 다른 것처럼 보인다면, 이는 우리가 그들의 영향하에서 길러졌기 때문이다. 그들 모두는 풍습의 윤리를 대표하는 모든 사람을 강하게 부정하면서 새로운 길을 걷는 자들이다. 그들은 비윤리적인 사람들로서 공동체로부터 자신을 분리시키고, 바로 이런 점에서 그들은 가장 심원한 의미에서 악한 사람들이다. 마찬가지로 낡은 오물과 같은 것으로 높은 수준의 덕을 구비하고 있던 고대의 로마인에게는 '무엇보다 자기 자신의 행복을 추구하는' 모든 기독교인이 악한 사람들로 보였을 것이다. 공동체가 있는 곳이라면 어디에나, 그리고 결론적으로 풍습의 윤리가 존재하는 곳이라면 어디에나 풍습을 해치는 것에 대한 벌이, 무엇보다도 공동체 자체에 내려진다는 생각 또

47 극기는 극복의 이념과 떼려야 뗄 수 없는 중요한 개념이다. 하지만 무엇을 위해 극기를 요구하는가가 문제의 핵심이다. 타인을 위해 혹은 풍습을 위해 자기가 극복을 해야 한다면, 그것은 니체의 허무주의적인 방식이 못 된다. 그의 시선은 늘 바깥으로 향해 있기 때문이다. 그는 자기 자신의 내면이 들려주는 소리를 들어 줄 귀도 갖고 있지 않다. 그런 극기는 하면 할수록 스스로를 족쇄로 얽어매는 결과를 초래할 뿐이다. 그래서 극기도 극기 나름이다. 어떤 극기를 할 것인가? 늘 그것을 물으며 극복에 임해야 할 것이다.

한 지배한다. 이런 벌은 초자연적인 현상이라서 그것의 발현과 한계를 파악하기가 너무 어렵다. 대부분의 경우 이것은 미신적인 두려움과 함께 근거가 밝혀질 뿐이다. 공동체는 개인 자신의 행위 때문에 발생한 피해를 다른 개인이나 그 공동체에게 배상할 것을 요구할 수 있다. 공동체는 그러니까 그 다른 개인에게 복수할 수 있다. 그 사람 때문에, 소위 자기 자신의 행동의 여파로 신적인 구름들과 분노의 뇌우가 공동체 위에 몰리게 된 것에 대해 보복을 가할 수 있다는 얘기다. 하지만 공동체는 그 개인의 죄를 무엇보다도 공동체 자체의 죄로 느끼고, 또 그 개인에게 가해지는 벌을 자신의 벌로서 떠안는다. "풍습이 해이해져 그런 행동이 가능해진 것이라고 모두들 마음속으로 한탄하는 것이다." 모든 개인적인 행위나 모든 개인적인 사고방식은 전율을 일으킨다. 더 비범하고 더 독창적이며 더 근원적인 정신들이 역사의 전체 과정에서 무엇을 견뎌 내야만 했는지는 전혀 알 수가 없다. 그 정신들은 언제나 악하고 위험한 존재로 느껴졌을 것이 틀림없다. 그들은 그러니까 자기 스스로도 그렇게 느꼈을 것이 분명하다. 풍습의 윤리가 지배하는 구조하에서 모든 종류의 독창성은 양심의 가책을 느낄 수밖에 없다. 지금 이 순간까지 가장 뛰어난 자들의 하늘은 바로 이 양심의 가책으로 인해 필요 이상으로 더 흐려지고 말았다.

10.

윤리에 대한 감각과 인과성에 대한 감각 사이의 반대 작동. — 인과 관계에 대한 감각이 증대하는 정도에 따라 윤리가 지배하는 영역의 범위는 작아진다. 왜냐하면 사람들이 필연적인 작용을 파악하고, 또 특별히 모든 우연적인 것, 모든 경우에 따라 이후에 발생하는 것들에 관해 생각할 때마다, 사람들은 지금까지 풍습을 근거로 하여 믿어져 왔던 무수한 환상적인 인과 관계를 파괴했기 때문이다. 현실적인 세계는 환상적인 세계보다 훨씬 작다. 그리고 조금씩 두려움과 강제가 세계로부터 사라질 때마다, 풍습의 권위에 대한 존경심 또한 조금씩 사라진다. 윤리는 상당 부분 상실되었다. 그럼에도 불구하고 윤리를 증대시키고자 하는 자는 그 성과들을 통제할 수 있는 것이 되도록 보호하는 방법을 알고 있어야만 한다.

11.

민간 도덕과 민간 의학. — 하나의 공동체를 지배하는 도덕은 모든 사람에 의해 끊임없이 가공된다. 대부분의 사람들은 원인과 결과에 관한 이미 주장되어 왔던 관계를 위해 예들에 또 다른 예들을 덧붙이면서, 거기에 죄와 벌의 관계까지 추가해 가면서, 이러한 관계가 근거가 잘 갖춰진 관계임을 증명하고 또한 그것에 대한 믿음까지 강화시켜 나간다. 소수의 사람들은 행위와 결과에 대해 새롭게 관찰하고 거기서 결론과 법칙들을 도출해 낸다. 정말 극소수의 사람들만이 여기저기서 장애를 거둬들이고 이런 점들에 대한 믿음을 약화시킨다. 그러나 민간 도덕과 민간 의학, 이들 모두는 그들의 수행방식이 전적으로 조야하고 비학문적이라는 점에서 다 똑같다. 여러 가지 예, 관찰들, 장애들, 그 어떤 것에 의거하든 매한가지란 얘기다. 하나의 법칙을 증명 및 강화, 표현, 반박에 임하는 것에서도 다를 바가 없다. 그것들은 마치 모든 민간 의학의 소재와 형식처럼 가치 없는 소재이며 가치 없는 형식들일 뿐이다. 민간 의학과 민간 도덕은 한통속이다. 그것들은 더 이상 다른 것으로 평가되어서는 안 된다. 두 가지는 모두 가장 위험한 사이비 학문들이다.

12.

첨가물로서의 결과물. — 옛날 사람들은 어떤 행위의 성공이 하나의 결과가 아니라 하나의 자유로운 첨가물이라고 믿었다. 말하자면 신이 그 행동에 첨가한 부가물이라고. 이보다 더 어처구니없는 생각이 또 있을까! 그 때 그 사람들은 정해진 행위와 정해진 성공을 특별히 지향했어야만 했다. 그것도 아주 다른 수단과 방책을 사용해 가면서까지!

13.

인류의 새로운 교육을 위해서.[48] — 제발 좀 서로 도와주어라, 그대들 자비롭고 호의적인 사람들이여, 전 세계에 만연한 형벌의 개념을 세계에서 제거할 수 있도록! 이것보다 더 악한 잡초는 없기 때문이다! 단지 우리의 행

48 독일의 고전주의 문학가 실러는 이웃나라 프랑스의 대혁명을 지켜보면서 국민 교육에 관심을 쏟게 된다. 그때 집필했던 글이 『미학적 인간교육론(*Über die ästhetische Erziehung des Menschen*)』이다. 이것은 특히 1793년 2월부터 12월까지 아우구스텐부르크의 왕자에게 보낸 편지로 이루어져 있다. 이 글은 수차례 수정을 거쳐 1801년에 출간되기에 이른다. 실러는 특히 여기서 칸트의 미학이론을 비판적으로 개진시켰다. 그는 칸트의 대표적인 이분법, 즉 경험 세계와 지성 세계, 감각과 이성으로 나누어 세상을 바라보았다. 이를 바탕으로 하여 그의 사상은 자유와 필연, 자연과 문화라는 대립으로 나아갔다. 이런 과정을 거치면서 그의 도덕철학적, 인류학적 그리고 역사철학적 사상들이 형성된 것이다. 실러는 특히 이성에 집착하는 계몽주의의 강령에 저항했다. 마찬가지로 프랑스 대혁명의 씨앗이 되었던 계몽주의 이념에도 반기를 들었다. 그는 이성의 결과물들에 실망할 수밖에 없었다. 계몽주의가 요구했던 정치 이념들은 현실 속에서 자의적인 현상으로만 드러났던 것이다. 속된 말로 하면 모든 것이 자기 마음대로, 자기 편리에 따라, 자기 이익에 따라서 이뤄지고 있었던 것이다. 말은 이성이라고 하면서 행동은 비이성적인 행동을 일삼는 정치인들 앞에서 실러는 인간을 미학적으로 교육해야겠다는 생각을 가지게 된 것이다. 그리고 프랑스 대혁명이 실패로 끝나게 된 이유를 이런 비이성적 폭력성에서 찾고 그 대안으로서 진정한 의미의 인간애 사상을 펼치고자 했던 것이다. 하지만 실러의 한계는 칸트에서부터 이어지는 이분법적 사고방식이다. 이건 싫고 저건 좋다는 식의 논리다. 이건 죄고 저건 무죄라는 배타적 논리다. 니체는 바로 이런 문제의식에서 새로운 교육에 대한 이념을 개진시켜 나간다.

동방식이 초래한 결과에 대해서만 형벌이라는 개념이 적용된 것이 아니다. 원인과 결과를 원인과 형벌이라는 논리로 이해하는 것이 얼마나 끔찍하고 이성에 반하는지! 사람들은 더 심한 짓도 저질렀다. 형벌의 개념에 대한 이 잔인무도한 해석술을 가지고 사건들이 갖는 전적으로 순수한 우연성에서 무구함을 빼앗아 버렸다. 그렇다, 사람들은 그토록 바보짓을 했던 것이다. 실존 자체를 벌로 인식하도록 명령까지 했다. 이것이야말로 지금까지 인간이라는 종을 교육시키겠다는 감옥 간수와 사형 집행인들에 의해 자행된 귀신을 보는 망상 짓거리들이 아닐까!

14.

도덕의 역사에서 광기가 갖는 의미.[49] — 기원전부터 수천 년 동안, 그리

49 광기에 대한 설명들은 지속적으로 노트해 두는 것이 좋다. 왜냐하면 니체의 철학은 광기의 철학이라 불릴 만큼 광기가 중요한 위치를 점하기 때문이다. 또 니체는 어쨌거나 미쳐 버린 철학자이기 때문이다. 니체의 글들을 읽는 우리 독자들에게는 크나큰 숙제가 주어질 것이다. 결국에 가서는 이성과 비이성이라는 이 줄타기 놀이에서 균형을 잘 잡아야 하는 숙제가. 이성의 입장에서 보면 광기는 부정적 의미를 가질 수밖에 없다. 하지만 니체는 광기를 그런 식으로, 즉 배타적 이분법으로 설명한 것이 아니다. 광기도 광기 나름이다. 물론 니체가 지금 이 잠언에서 비판하고 있듯이, 도덕의 현상에서처럼 아무것도 아닌 것에서 가치를 만들어 내는 것도 광기다. 하늘의 먹구름이 만들어 내는 천둥소리를 듣고 하늘의 어떤 이성적 존재가 내는 소리라고 판단하는 것 따위가 이에 속한다. 하지만 미치고 싶은 미침도 분명 존재한다. 무아지경이나 황홀지경도 비이성의 논리로만 설명되는 최고의 경지다. 신명 나는 상황도 이성의 논리를 벗어나야 이해될 수 있는 수수께끼 같은 현상이다. 그리스어의 '엑스타시스(ékstasis)'는 '자기 밖으로 나간다'는 뜻이다. 자기 안에 있을 때는 이성적인 존재라 말할 수 있다. 하지만 자기가 누군지도 모르는 상황, 즉 자기가 자기 밖으로 나가 버린 상황은 엑스타시스, 즉 황홀지경으로 이해되고 있다는 것에 주목해야 할 일이다. 이성적 존재는 비이성적 상황을 동경할 수밖에 없다. 철학자 니체가 평생 동안 동경한 것이 광기였고, 결국에는 그 광기의 세계로 넘어갔다. "조만간 인류에게 제시된 숱한 요구들 중에서 가장 어려운 요구를 내가 해야 한다는 생각이 들어서 내가 누군지를 말해 두는 것이 불가피한 것 같다"(『이 사람을 보라』, 11쪽). 철학자가 미치기 직전에 집필하는 자서전의 첫 구절이다. 니체는 왜 이런 말을 해야만 했을까? 쉽게 답을 얻으려 하지 말자. 우리 모두는 이성의 입장에서 답을 구하기 때문이다. 진정으로 미쳐 본 사람이 없어서 광기의 세계가 어떤 세계인지 아

고 그 이후 대체로 오늘날에 이르기까지 인류의 모든 공동체는 '풍습의 윤리'라는 저 끔찍한 압박감 속에서 살아왔다. 이에 반해 우리 자신은 예외적인 사람들의 작은 세계에, 그러니까 사악한 지대에 살고 있다. 내가 말하고자 하는 것은 그러니까, 이런 모든 것에도 불구하고 새롭고 이단적인 사상들과 가치 평가들, 그리고 충동들이 그동안 지속적으로 출현해 왔다는 것이고, 이것은 또한 소름끼치는 현상들을 수반하면서 일어났다는 것이다. 새로운 생각이 길을 개척하고, 그 생각이 그동안 존경받고 있던 습관과 미신의 속박을 파괴시켰던 거의 모든 곳에는 광기가 있었다.[50] 그대들은 어째서 다음과 같은 이런 것이 광기여야만 했는지 이해하겠는가? 마치 날씨와 바다의 악마적인 변덕이나 혹은 그와 비슷한 공포와 관찰에서 발견된 변덕이 어떤 위엄 있는 어떤 것인 것처럼, 목소리와 몸짓에 있는 소름끼치는 어떤 것이나 예상 불가능한 어떤 것이 광기라는 사실을? 마치 간질 환자가 미쳐 날뛸 때 나타나는 마비 증상과 입안을 가득 채운 거품을 볼 때처럼, 완전히 본의 아니게 나타나는 어떤 신호가 눈에 띌 때, 그것을 신성의 가면이나 확성기로 간주하는 어떤 것이 광기라는 사실을? 새로운 생각을 지닌 자

무도 모른다. 아무리 이성적 논리에 입각해서 그 세계를 설명해도 만족할 수가 없다. 이러한 모든 설명은 논리라는 한계에 갇혀 있기 때문이다. 인식은 느닷없이 정신을 지배한다. 그때까지 묵묵히 잠언을 읽는 일에, 아니 더 나아가 그것을 외우는 일에만 집중해 보자. 어느 순간 니체가 본 것이 무엇인지 인식하게 될 것이다. 11년 동안 광기의 세계에서 살다 간 철학자의 마지막 인식들이 무엇인지 알게 될 것이다. 그는 결코 '지랄발광'을 하다가 죽은 것이 아니기에 하는 말이다. 그의 광기는 그런 부정적인 말로 형용해서는 절대로 안 되는 수수께끼일 뿐이다. 그래서 광기라는 개념이 등장할 때마다 정신을 바짝 차리고 읽어야 한다는 것이다. 긍정적 의미인지 부정적 의미인지를 가려 가면서 읽어야 한다는 얘기다.

50 창조의 길은 미치지 않고서는 도저히 갈 수 없는 길이다. 과거 선배들이 시킨 대로 따라가면 복종과 모방은 할 수 있어도 새로운 것을 창조하는 일은 불가능하다. 없던 것을 있는 것으로 만들어 내는 그런 창조의 길은 광기의 행위가 동반되지 않고서는 실현될 수가 없다. 창조와 광기는 그래서 같은 사물에 대한 다른 이름으로 간주해도 된다. 극복의 이념인 초인도 마찬가지다. 극복이 실현되려면 일단 짓밟아야 하는 것을 인식해 내야 한다. 한계가 인식되어야 한다. 그 짓밟음의 행위는 미치지 않고서는 불가능하다. 과거의 논리를 인정하면 짓밟는 행위는 불가능해지기 때문이다.

가 스스로 외경과 두려움을 품으면서도 더 이상 양심의 가책을 느끼지 않고 더 나아가 그를 그런 생각의 선지자나 순교자가 되도록 하는 그 어떤 것이 광기라는 사실을? 천재에게는 한 알의 소금 대신에 광기를 일으키는 곡식 한 알이 주어졌다고 말하는 것을 오늘날에도 심심찮게 듣고 있다. 옛날 사람들은 모두 광기가 존재하는 곳이라면 어디에나 천재와 지혜라는 한 알의 곡식도 있을 것이라고, 즉 사람들의 귓속에 속삭이는 어떤 '신적인 것'이 있을 것이라고 하는 생각을 훨씬 더 가깝게 느끼며 살았다. 더 나아가 이러한 소리가 강력하게 표명되었다고 말하기까지 했다. "그리스는 광기를 통해 가장 위대한 재산을 갖게 되었다"라고 플라톤은 고대의 인류 전체와 함께 말했다. 한 걸음만 더 나아가 보자. 어떤 윤리의 질곡을 파괴하고 새로운 법들을 부여하는 쪽으로 거역할 수 없을 정도로 이끌려가는, 그런 깊은 생각에 잠겨 있는 모든 사람에게는, 비록 그들이 실제로는 전혀 미치지 않았어도, 결국에는 스스로 미치게 만들거나 혹은 미친 것처럼 보이게 하는 수밖에 다른 방도가 없었다. 게다가 이것은 종교적 혹은 정치적 조직뿐 아니라 모든 영역의 혁신자들에게도 적용된다. 심지어 시의 운율을 바꿔 놓았던 혁신자조차 광기를 통해 자신을 믿게 해야만 했다. 훨씬 관대한 시대에 이를 때까지도 시인들에게는 일종의 광기의 관습이 남아 있었기 때문이다. 이러한 관습은 예를 들어 솔론이 살라미스를 다시 정복하기 위해 그리스인을 선동했다고 하는 그 시대까지 거슬러 올라간다. "만약 미치지도 않았고 미친 것처럼 보이게 할 용기도 없다면 어떻게 스스로 미치게 할 것인가?" 바로 이러한 일련의 끔찍한 사고방식에 고대 문명의 모든 중요한 사람은 몰두했었다. 순결의 감정, 그러니까 그러한 생각들과 계획들의 성스러움이라는 감정과 함께 여러 요령과 식이 요법에 대한 은밀한 가르침이 전해졌다. 인디언이 약사가, 중세 기독교인이 성자가, 그린란드인이 마법사가, 브라질인이 주술사가 되기 위해 취했던 처방은 본질적으로 다 같다. 즉 어떤 의미도 부여되지 않은 단식, 지속적인 성생활의 억제, 사막으로 가거나 산이나 기둥에 오르는 것, 혹은 '멀리 호수가 내다보이는 늙은 버드나무 위에 앉아 있는 것', 그리고 정말 아무것도 생각하지 않는 것, 이 모든 것이 광희에 가까운 황홀지경이나 정신적인 무질서를 자신에게 일어날 수 있게 하는 처방들이었다. 하지만 아마도 모든 시대의 가장 생산적인 인간들만이 겪었을 법한 그런 종류의 가장 쓰라리면서도 가장 과도한 영혼의 위급상황이라는 혼란 속을 과연 누가 감히 들여다볼 수 있을 것인가? 저 고독한 사람들과 마음이 혼란한 사람들의 한숨을 과연 누가 감히 들을 수 있을 것인가? "아아, 그대 하늘이시여, 제발 광기를 주소서! 마침내 내가 나 스스로를 믿을 수 있도록 광기를! 미친 헛소리와 최후의 몸부림을, 갑작스러운 광휘와 어둠을 주소서! 일찍이 죽어야 할 어떤 사람도 경험한 적 없는 그런 추위와 열기로 나를 놀라게 해 주소서! 포효하며 이리저리 어슬렁거리는 형태로 나를 울부짖고 신음하게 하시고 마치 동물처럼 기어다니게 하소서! 오로지 내가 내게서 스스로 믿음을 찾게 해 주소서! 의심이 나를 먹어 치웁니다. 나는 법을 죽여 버렸지만, 그래도 죽은 시체가 산 사람에게 겁을 주듯이 그렇게 법은 나에게 겁을 줍니다. 내가 더 이상 이 법이 아니라면, 나는 모든 이로부터 가장 멀리 버려진 존재입니다. 내 안에 있는 새로운 정신이 당신들로부터 온 것이 아니라면 어디서 온 것입니까?[51] 내가 당신들의 것이라

51 『아침놀』 바로 이전에 쓰인 책 『인간적인 너무나 인간적인』에서 니체는 부제목을 '자유로운 정신들을 위한 책'이라고 정했다. 여기서부터 이미 니체는 자유정신에 대한 동경으로 충만해 있었다. "하지만 이 자유정신은 존재하지도 않으며, 존재했던 적도 없다"(『인간적인 너무나 인간적인』 제1권, 11쪽). 존재한 적도 없는 자유정신, 그것을 찾아 헤매고 있는 철학, 그것이 이름하여 허무주의로 성장해 가는 것이다. 존재한 적도 없는 것에 대한 이름은 다양하다. 그것은 '열린 바다'로 불리기도 하고, 또 그것은 초인으로 불리기도 한다. "그러한 '열린 바다'는 아마도 일찍이 한 번도 존재한 적이 없었을 것이다"(『즐거운 학문』, 320쪽). "초인은 존재한 적이 아직 없다"(『차라투스트라는 이렇게 말했다』, 153쪽). 여기 『아침놀』에서는 그것이 그저 '새로운 정신'으로 불리고 있을 뿐이다. 그리고 또다시 묻고 있다. 그것이 그대들로부터 온 것이 아니라면 도대체 어디서 온 것이냐고. 물론 대답을 기대하고 던져진 질문은 아니다.

는 사실을 제발 나에게 증명이라도 해 주었으면. 오로지 광기 하나만이 나에게 그것을 증명을 해 주고 있습니다." 그리고 단지 이토록 뜨거운 열정만이 너무 자주 자기 목표에 도달했다. 그래서 기독교가 성자와 황야의 은둔자들에게 가장 풍부하게 자신의 성과를 증명했고 또 그것을 통해 스스로 자기 자신을 증명했다고 믿었던 저 시대에 예루살렘에는 좌절한 성자를 위해, 즉 자신들의 마지막 소금 한 알마저 포기했던 저 사람들을 위해 거대한 정신병원들이 있었던 것이다.

15.

가장 오래된 위로의 수단. — 첫 번째 단계: 인간은 불쾌한 상황이나 불운에 처할 경우, 이 때문에 자신이 누군가 다른 사람을 괴롭히지 않으면 안 되는 어떤 것을 발견하게 된다. 이때 그는 자신에게 아직도 남아 있는 힘을 의식하며, 이것이 그를 위로한다. 두 번째 단계: 인간은 불쾌한 상황이나 불운에 처할 경우, 거기서 하나의 벌을 발견해 낸다. 즉 그는 그것을 죄에 대한 속죄로, 또 실제적이거나 혹은 허위로 추정되는 불의가 지닌 사악한 마력으로부터 벗어나는 수단으로 생각하는 것이다. 만약 그가 이러한 벗어남의 장점을 알게 되면, 그는 더 이상 불행을 가져다준 그 타인을 그 때문에 괴롭혀야 한다고 믿지는 않게 된다. 그는 오히려 자기 자신에게 이렇게 말할 것이다. 이러한 종류의 만족으로부터 벗어났다고, 왜냐하면 그는 이제 하나의 다른 만족을 얻었기 때문이라고.

허무주의 철학자는 스스로에게 그것을 묻고 스스로 답을 찾고 있을 뿐이다.

16.

문명의 첫 번째 명제. — 야만 민족에게는 의도 그 자체가 이미 풍습인 그런 유형의 풍습이 있다. 이 때문에 쓸데없이 꼼꼼하고 근본적으로는 거의 불필요한 규정들이 있다. 예를 들어 캄차카인은 절대로 신발에 묻은 눈을 칼로 긁어내서는 안 되고, 절대로 칼로 석탄을 쑤셔도 안 되며, 절대로 불 속에 쇠를 넣어서도 안 된다. 이런 규정을 거역하는 사람은 죽음을 만날 것이다! 그러나 이러한 규정이야말로 풍습이 항상 가까이 있고 또 풍습을 따르지 않으면 안 된다는 강박관념을 끊임없이 의식하게 한다. 문명은 위대한 명제를 강화시키는 일부터 시작한다. 어떤 풍습이라도 풍습이 없는 것보다는 낫다고 생각하는 것이다.

17.

선한 자연과 악한 자연. — 처음에 사람들은 자기 자신을 자연 속으로 집어넣어 생각에 임했다. 그들은 도처에서 자신을, 그리고 자신들과 비슷한 것들을 보았다. 말하자면 그들 자신의 악하고 변덕스러운 성향을, 그것이 마치 구름, 폭풍, 맹수, 나무, 수풀 속에 숨어 있다고 보았다. 이러면서 사람들은 '악한 자연'을 고안해 냈다. 그러다가 언젠가 사람들이 다시 자연으로부터 빠져나오는 시대가 펼쳐졌다. 그러고 나서 또 루소의 시대가 왔다. 사람들은 서로에게 너무 지쳐 버렸다. 사람들이 고통 없이 들어갈 수 있는 세계의 한구석을 간절하게 원했다. 이러면서 사람들은 '선한 자연'을 고안해 냈다.[52]

18.

자발적인 고통의 도덕.[53] — 가장 엄격한 윤리가 지배하고는 있지만, 항상 위험에 노출되어 있는 저 작은 공동체들이 전쟁 중일 때, 사람들에게는 어떤 향락이 최고의 것일까? 그러니까, 힘이 넘치고 복수심이 강하며 적의에 불타고 음험하고 악의로 가득 차 있으며 그 어떤 끔찍한 일에도 준비가 되어 있는, 궁핍과 윤리에 의해 강력해진 영혼들에게는 어떤 향락이 최고의 향락일까? 그것은 바로 잔인함의 향락이다. 잔인함 속에서 창의적이고 지칠 줄도 모르는 것은 이런 영혼들에게는 미덕이 될 뿐이다. 잔인한 사람

52 도덕에 대한 니체의 기본 입장이다. 시간과 장소에 따라서 도덕은 변한다는 것이다. 영원한 도덕은 없다. 도덕의 자리에 수많은 긍정적 개념을 집어넣어 생각에 임하는 훈련을 해 보면 된다. 영원한 사실은 없다. 영원한 진리는 없다. 영원한 정답은 없다. 영원한 신성은 없다. 영원한 신은 존재하지 않는다. 개념은 영원할 수 있어도 그 내용은 지속적으로 변화를 겪을 수밖에 없다. 인류는 언제부턴가 도덕에 관심을 쏟기 시작했다. 그 도덕이라는 개념은 늘 있어 왔다. 모든 시대에 또 사회가 존재하는 모든 장소에 도덕은 필연적으로 존재했었다. 하지만 어떤 도덕이 있었던가? 그것은 내용에 대한 질문이 된다. 1 + 1 = 2다. 이것은 식이라 부른다. 식은 언제나 사람들 곁에 있어 왔다. 하지만 사과 더하기 수박도 2고, 사과 더하기 태양도 2다? 이렇게 질문을 바꿔 놓으면 전혀 다른 것이 문제가 된다는 것을 인식하게 된다. 그것은 내용에 대한 질문이기 때문이다. 절대적인 1은 없다. 그런데 그런 것이 있을 것이라고 믿음으로써 결국에는 산수와 수학이 가능해지게 된다. 이런 식으로 논리학도 가능해지고, 결국에는 형이상학도 가능해지는 것이다. 형이상학 중의 형이상학이라 할 수 있는 신학도 마찬가지다. 절대적인 존재가 있다고 믿음으로써 신의 존재를 규명하려는 시도로 일관하는 신학이 탄생하게 된 것이다. 도덕의 문제는 이토록 크기만 하다. 니체는 『아침놀』이라는 이 책과 함께 "나는 도덕에 대항하는 나의 원정을 시작한다"고 선전포고를 했었다. 그 원정은 도덕에서 시작하지만 그 끝에는 모든 영원한 것이 걸려들게 된다. 하물며 신까지도. 니체의 허무주의라 불리는 이 원정은 그래서 영웅을 필요로 한다. 도덕 위에서 춤을 출 수 있는 자들을. "우리는 또한 도덕 위에서도 서 있을 줄 알아야 한다. 매 순간 미끄러져 넘어질 것을 무서워하는 경직된 두려움을 가지고 그 위에 서 있어야 할 뿐만 아니라, 그 위에서 몸을 흔들어 대며 뛰놀 줄도 알아야 한다"(『즐거운 학문』, 180쪽)!

53 고통에 대해 능동적인 태도를 의미한다. 늘 넘어설 때는 고통이 따르게 마련이다. 가던 길을 멈추고 현실에 안주하려 하면 고통은 없겠지만 발전은 기대할 수 없다. 하지만 어떤 형식으로든 단 한 걸음이라도 앞으로 나아가려 하면 기존의 것을 버리고 떠나야 한다는 결단이 요구된다. 한계를 넘어서는 그 한 걸음은 언제나 눈물을 동반한다. 버림과 돌아섬이 동반하는 아픔을 감당해야 하고 또 낯선 세계로 들어서는 두려움을 품어야 하기 때문이다.

의 행위를 통해 공동체는 활기를 되찾고 지속적인 두려움과 조심성에 수반되는 음울함을 단번에 벗어던져 버린다. 잔인함은 인류의 가장 오래된 축제의 기쁨에 속한다.[54] 그러니까 사람들이 신들에게 잔혹한 광경을 볼 수 있도록 눈앞에 보여 줄 때 그 신들도 활기를 되찾고 축제의 분위기에 젖어들게 된다고 생각했던 것이다. 그리고 이와 함께 자발적인 고통, 즉 스스로 선택한 고통이 좋은 의미와 가치를 갖는다는 생각이 세계 속으로 기어들어오게 된다. 이런 생각에 맞춰서 공동체의 풍습은 서서히 하나의 실천을 위한 방안들을 만들어 낸다. 이제부터 사람들은 모든 방종한 편안함에 대해서는 더 불신하게 되고 또 동시에 모든 어렵고 고통스러운 상황에 대해서는 더 신뢰하게 된다. 사람들은 스스로 이렇게 말한다. 신들이 우리를 내려다볼 때, 우리가 행복하면 은총을 내려 주지 않고 우리가 고통을 당하고 있으면 은총을 내려 준다. 그러니까 신에게는 동정심이 없는 것이다! 왜냐하면 동정심은 경멸스러운 것이고 하나의 강력하고 무서운 영혼에게는 품위를 손상시키는 것으로 여겨지기 때문이다. 하지만 신들이 그것을 통해 기뻐하고 좋아하기 때문에 은총이 될 뿐이다. 잔인한 사람은 권력감정을 최고의 수준으로 즐길 뿐이다. 이렇게 해서 공동체의 '가장 윤리적인 인간'이라는 개념 속에는 자주 고통을 겪는 것, 궁핍, 혹독한 생활방식, 잔혹한 고행이라는 미덕이 들어가게 되는 것이다. 반복해서 말하지만, 이러한 미덕들은 훈련, 자기통제, 개인적인 행복에 대한 욕구 충족의 수단이 아니다. 오

54 허무주의 철학은 일종의 잔인함의 철학이다. 이 철학의 근본을 이루고 있는 허무주의의 도래와 허무주의의 극복이라는 상관관계이다. 허무주의의 도래는 일종의 '부질없다'는 인식이 와 주는 것이다. 허무주의 앞에서 허무해질 수 없는 것은 존재하지 않는다. 모든 것은 그 부질없다는 말로 절망의 감정에 휩싸일 수 있다. 하지만 이런 감정의 상태는 극복을 요구한다. 그 감정의 전환이 허무주의를 진정으로 허무주의답게 해 주는 것이다. 부질없음을 극복하기 위해 그 부질없던 감정을 짓밟고 일어설 수 있어야 한다. 극복을 위해서는 극복될 수 있는 대상에 대한 잔인함이 허용되어야 하기 때문이다. 그 짓밟는 잔인함이야말로 투지(鬪志)이며 투혼(鬪魂)이고 전의(戰意)이며 호전(好戰)이다.

히려 그것은 하나의 미덕으로서 공동체를 위해 악한 신들에게서 좋은 향기를 만들어 내고, 제단 위에 항상 놓여 있는 속죄의 제물처럼 그 신들을 향해 좋은 냄새를 풍겨 올라가게 할 뿐이다. 저 활기 없고 진득거리는 진창 속에 빠져 있는 풍습에서 어떤 변화를 이끌어 내고자 하는 민중의 정신적 지도자들은 모두 광기 외에도 자발적인 고통을 필요로 했다. 무엇보다도 믿음을 찾게 하기 위해, 그러니까 항상 그런 것처럼 우선 자기 자신에 대한 믿음을 갖기 위해! 그 지도자들의 정신이 새로운 길을 개척하고, 그 결과 양심의 가책과 두려움으로 인해 고통을 겪으면 겪을수록 그들은 더 잔혹하게 자기 자신의 육신과 자기 자신의 욕망과 자기 자신의 건강에 폭행을 가했다. 이는 마치 무시되거나 극복된 습관과 새로운 목표들에 대해 신들이 화를 낼 경우 그들에게 즐거워할 만한 대용물을 제공하는 것과 같은 것이다. 오늘날 우리가 이러한 감정의 논리에서 완전히 해방되었다고 너무 빨리 믿지는 말라! 영웅적인 영혼은 그 점에 대해 스스로 자문해 보는 것이 좋다. 자유로운 생각과 개인적으로 형성된 삶의 영역에서 내딛는 작은 발걸음은 모두 옛날부터 정신적이고 육체적인 고통과 함께 싸워 얻어졌다. 앞으로 나아갈 때만 그런 것이 결코 아니다, 그건 정말 아니다! 무엇보다 힘차게 걷는 것, 움직임, 변화 그 자체가 참으로 무수한 순교자들을 필요로 했다. 습관처럼 '세계사'에 대해 생각할 때, 혹은 인간적인 실존의 그토록 웃기기만 한 작은 단면에 대해서 말을 할 때, 사람들은 길을 찾고 기초를 다져 온 수천 년에 걸친 저 기나긴 세월들을 생각하지 않는다. 그리고 최근의 새로운 사건들을 둘러싼 시끄러운 소음에 지나지 않는 이런 세계사에서는 근본적으로 진창을 움직이고자 했던 순교자들의 저 오래된 비극보다 더 중요한 주제는 없다. 지금 우리의 긍지를 만들어 내고 있는 이 약간의 인간적인 이성과 자유의 감정보다 더 값비싼 희생을 치르고 얻은 것은 없다. 그러나 이 긍지야말로 '세계사'에 선행하는 '풍습의 윤리'를 형성해 내기 위해 이토록 많은 시간을 흘려보내야 했다는 사실을, 지금 당장 인류의 성격을 수립하게 했던 실제적이고 결정적인 주요 역사로서 느끼지 못하게 한다. 고통이 미덕으로서, 잔인함이 미덕으로서, 위장이 미덕으로서, 복수가 미덕으로서, 이성의 부정이 미덕으로서 간주되었고, 또 편안함이 위험으로, 지식욕이 위험으로, 평화가 위험으로, 동정심이 위험으로, 동정을 받는 것은 모욕으로, 노동이 모욕으로, 광기는 신적인 것으로, 변화는 비윤리적인 것으로 또 파멸을 잉태한 것으로 간주되었다! 그대들은 이 모든 것이 변했다고 생각하는가? 그리고 이 인류가 그들의 성격을 바꾸어 놓았음에 틀림없다고 생각하는가? 오, 그렇다면 이제, 그대들 사람에 정통한 자들이여, 그대 자신을 좀 더 잘 아는 방법을 배우기를![55]

19.

윤리와 우둔화.[56] — 풍습은 이익이 되거나 해를 끼친다고 생각되는 것에 대한 옛날 사람들의 경험을 반영한다. 그러나 풍습과 윤리에 대한 감정은

55 '사람에 정통한 자'로 번역한 독일어는 '멘셴켄너(Menschenkenner)'이다. '사람 전문가'라고 번역해도 된다. 과거에는 이념이나 정의 혹은 신의 뜻에 정통했다면, 이제 니체는 사람에게 신경 써 주기를 바란다. 더 나아가 자기 자신에 정통해 주기를 바란다. 지금까지는 누가 무슨 말을 한 것을 지식으로 자랑삼아 왔다면, 이제부터는 자기 자신을 얼마나 잘 아는가를 지식의 증거로 삼아 달라는 것이다. 지식이 있는 자, 즉 지식인은 오로지 자기 자신에 대한 지식을 그 내용으로 간주할 수 있어야 한다는 것이다. 과거에는 말 잘 듣는 것, 즉 복종을 미덕으로 삼아 왔다면, 이제는 자기 자신을 위한 자유정신을 미덕으로 삼을 줄 알아야 한다. 과거에는 자기를 지배하는 존재를 신적인 존재로 생각해 왔다면 이제는 자기 자신을 지배하는 원리로서 자신감(自信感)을 가져 달라는 것이다. 자기 자신을 신적인 것으로, 즉 신성한 것으로 간주할 수 있는가? 그런 감정을 양심의 가책 없이 가질 수 있는가? 이것이 문제가 될 뿐이다.

56 윤리와 자유는 정반대의 원리로 작동한다. 윤리의식이 강할수록 자유정신은 구속을 면치 못하게 된다. 자유의지가 강할수록 윤리의식은 그 지배력이 약해질 수밖에 없다. 윤리에 집중하는 정신이 도덕주의라고 한다면, 반대로 자유에 몰두하는 정신이 초인의 정신이며, 그것이 곧 니체가 지향하는 정신이며 허무주의를 근간으로 하는 정신이다.

그러한 경험 자체가 아니라 풍습의 오래된 것, 신성한 것, 논의할 필요가 없는 것과 관련하고 있을 뿐이다. 말하자면 이러한 감정은 사람들이 새로운 경험을 하게 되고 풍습을 수정하게 되는 것에 반대 영향을 끼치게 된다. 즉 윤리는 새롭고 좀 더 나은 풍습의 발생을 방해한다. 윤리는 사람을 어리석게 만든다.

20.

자유행동가와 자유사상가. ― 자유행동가는 자유사상가에 비해 불리하다. 왜냐하면 행동의 결과에서는 생각의 결과에서보다 사람들이 겪는 고통이 무엇인지 더 확실하게 눈에 띄기 때문이다. 하지만 전자든 후자든 모두 만족하기를 추구한다는 점 그리고 자유사상가들의 경우 금지된 것들에 관해 숙고하고 이야기하는 것이 이러한 만족을 제공한다는 점을 고려할 경우, 동기의 측면에서는 모두 다 똑같다. 그러나 결과를 놓고 볼 때, 사람들이 가장 조야한 겉모습만으로 평가하지 않고, 또 모든 세상 사람처럼 판단하지 않는다는 것을 전제한다면, 자유사상가들에 반대되는 결정타가 하나 있다. 행위를 통해 풍습의 질곡을 깨부순 모든 사람은 일반적으로 범죄자로 불리지만, 이러한 비방은 상당 부분 철회되어야 한다. 기존의 윤리법칙을 뒤집어엎은 모든 사람은 지금까지 항상 악한 사람으로 간주되어 왔다.[57] 그러나 이 윤리법칙에 대해 더 이상 고집할 수 없고, 또 사람들이 이런 사태

57 이것이 자유정신의 운명이다. 복종을 당연시하는 정신에게는 자유정신이 범죄자요 악한 정신으로밖에 여겨지지 않는다. 그래서는 안 된다는 인식이 이런 판단을 이끌어내고 있는 것이다. 자유정신은 소수의 것이다. 구속된 정신은 다수의 것이다. 하지만 역사는 바로 이런 자유정신들에 의해 만들어지는 것이다.

에 대해 만족하게 되면, 칭호는 서서히 바뀌게 된다.[58] 역사는 거의 언제나 이런 악한 사람들에 대해 다룰 뿐이다. 이들이야말로 훗날 선한 인간이라고 불리게 되는 사람들이다!

21.

'법을 준수한다는 것'의 문제점[59] — 도덕적인 규정을 따랐는데도 약속되고 기대되었던 것과 다른 결과가 빚어지고, 그 윤리적인 사람에게 약속된 행복이 아니라 기대에 어긋나는 불행과 비참이 주어질 경우, 양심적이고 겁 많은 사람들은 언제나 다음과 같은 변명만 늘어놓는다. "실천하는 과정에서 무엇인가가 잘못되었을 것이다." 최악의 경우에는 깊은 고통에 허덕이고 압박감으로 시달리는 인류는 심지어 이렇게 선언할 것이다. "그 규정을 훌륭하게 준수하는 것은 불가능하다. 우리는 너무나 약하고 죄 많은 존재들이며, 가장 내적인 이유에서 도덕을 지킬 수 있는 능력이 없다. 결론적으로 우리는 행복과 성공을 기대하지도 않는다. 도덕적인 규정과 약속들은

58 도덕 감정의 변화는 느리게 이루어진다. 거의 눈에 보이지 않을 정도로 느리다. 하지만 세월이 흘러 과거를 되돌아보면 분명 변화된 면모를 발견하게 된다. 그렇게 역사에 대해 수동적으로 임할 것인가, 아니면 삶을 창조하고, 그럼으로써 역사까지도 창조하며 삶에 임할 것인가? 그것은 선택의 문제다. 변화는 분명 있겠지만 그 변화를 의식하며 적극적으로 살 것인가, 그것이 문제라는 얘기다. 니체는 이런 적극적인 삶을 살아 달라고 권한다. 자기 삶에 대해 주인의식으로 살아 달라고 요구한다.

59 법의 한자 法은 물 수(水) 변에 갈 거(去) 자를 합쳐 놓은 형태를 취한다. 물이 가는 길이 법의 길이라는 뜻이다. 막힘이 없는 길이라고 할까. 그런데 그런 길이 있다고 판단하는 것이 형이상학적 발상이다. 마치 하나님의 뜻이 존재한다는 인식이 바로 그것이다. 늘 그런 존재를 염두에 두고 진리를 찾는다면 인생은 결국 허무한 종말에 이르게 될 것이다. 한평생을 살았어도 아무것도 찾지 못하는 공허함이 엄습해 올 것이 당연하기 때문이다. 아무리 주어진 시험을 잘 보았어도, 또 그 시험에 통과했어도 그것은 시험을 낸 자의 의도에 합당한 것을 이루어 냈을 뿐, 자기 자신의 의도에 의해 삶이 결정되고 이루어진 것은 결코 아니기 때문이다. 니체는 늘 창조적으로 삶에 임해 달라고 애원하고 있을 뿐이다. 그것이 그의 휴머니즘 정신이다.

우리보다 더 나은 존재를 위해 주어진 것이다."

22.

행위와 신앙.[60] — 여전히 개신교의 교사들에 의해 다음과 같은 근본적인 오류가, 즉 모든 것은 오직 신앙에 달려 있고 또 그 신앙에서 행위가 필연적으로 비롯된다는 저 오류가 전해졌다.[61] 그것은 전혀 사실이 아니다. 그러나 지극히 매혹적으로 들린다.[62] 예를 들어 루터나 소크라테스, 플라톤

60 니체가 원하는 신앙은 행동을 근본으로 하는 것이다. 행동을 긍정적으로 평가하는 이런 신앙의 이념은 괴테에서 영향을 받은 것 같다. 그의 대표작 『파우스트』에는 『신약성경』의 「요한복음」 1장 1절을 번역하는 장면이 있는데, 여기서 그는 행동에 대한 중요성을 문학적 형식으로 승화해 냈다. "태초에 말씀이 계시니라"(1225행). 이렇게 번역해 놓고 만족하지 못한다. 왜냐하면 그 '말씀'을 그렇게 높이 평가할 수가 없었기 때문이다. "태초에 뜻이 계시니라"(1230행). 이것도 만족하지 못한다. 만물을 만들고 작용하게 하는 것이 '뜻'이라는 주장에 만족할 수가 없었기 때문이다. "태초에 힘이 계시니라"(1234행). 분명한 이유는 밝히지 않았지만 이것에도 만족하지 못한다. 그냥 본능적으로 싫어했다고 할까. "태초에 행동이 계시니라." 괴테는 여기서 파우스트의 번역 행위를 마감하게 한다. 더 이상은 생각나지 않았다는 뜻이기도 하고, 또 행동보다 더 나은 번역을 찾을 수 없었기 때문이기도 하다. 괴테는 신이 말했을 법한 대사를 만들어 내기도 했다. "인간은 노력하는 동안 방황한다"(317행). 방황은 노력을 전제하고, 노력은 실천적 행동을 전제한다. 이것이 괴테의 구원사상으로 이어진다. 끝까지 노력한 사람은 구원을 받을 자격이 있다는 것이다. 괴테에게 있어서 파우스트는 그러니까 노력하는 인간의 모범이 되는 것이다.

61 개신교의 창시자는 루터이다. 그는 4대 강령을 내세우며 종교개혁을 완성했다. 솔라 스크립투라(sola scriptura, 오직 성경), 솔라 피데(sola fide, 오직 믿음), 솔라 그라티아(sola gratia, 오직 은총), 솔루스 크리스투스(solus Christus, 오직 예수)가 그것이다. 니체는 여기서 특히 두 번째 강령인 믿음 중심 신앙을 문제 삼고 있다. 믿으면 구원받는다는 그 신앙의 문제점을 지적하고 있는 것이다. 정말 믿으면 되는 것일까? 믿음이 삶의 현장에서 해결의 실마리를 가져다주는 것일까? 믿음이 정말 그토록 중요한 사안일까? 이런 질문과 함께 니체는 의혹을 제기하고 있는 것이다.

62 모든 것이 믿는 대로 된다는 말보다 더 위로가 되는 것은 사실 없다. 믿고 맡기면 다 된다! 얼마나 위로가 되는 말인가. 하지만 현실은 다르다. 믿어도 안 되는 것이 더 많다. 뜻대로 되는 것보다 뜻대로 안 되는 것이 더 많다. 때로는 믿음 때문에 삶이 꼬이기도 하는 법이다. 생각 한번 잘못해서 모든 것이 엉망진창이 될 때도 있다. 위로도 함부로 받을 일이 아니라는 교훈이 여기에 스며 있는 것이다. 진실은 그래서 잔인할 수 있다. 있는 것을 있는 그대로 본다는 것은, 그래서 눈물을 흘리게 할 수도 있다. 때로는 모든 희망조차 앗아 갈 수도 있다. 그래도 현실을 외면하는 일은 없어야 한다. 신을 위해서가

과 같은 지성들도 속아 넘어갈 정도다. 일상에서 접하는 모든 경험의 현상은 전혀 다른 모습을 보여 주고 있다. 가장 신뢰할 만한 지식이나 신앙도 행위를 위한 힘이나 행위를 위한 노련함을 줄 수 없다. 그것들이 하나의 생각에서 행동으로 전환될 수 있기 위해 선행되어야 하는 저 정교하고 복잡한 메커니즘의 실행을 대체할 수는 없다. 무엇보다도 먼저 행동하라! 즉 연습, 연습, 연습![63] 이것에 어울리는 '신앙'이 반드시 나타날 것이다. 그것은 확실하다!

23.

우리가 가장 섬세해지는 곳.[64] — 수천 년 동안 사람들은 사물들, 즉 자연, 도구들, 모든 종류의 소유물에 생명이 있고 또 혼이 있다고 생각해 왔다. 이것들에 힘이 있어서 인간에게 손해를 끼칠 수 있고, 또 인간이 뜻대로 할 수 없게 만든다고 생각해 왔다. 이런 생각 때문에 사람들은 필요 이상으로 훨씬 더 크고 훨씬 더 잦은 무력감에 빠졌던 것이다. 사람들은 스스로가 이런 사물들에 대해 확실해질 필요가 있었다. 인간과 동물에 대해서도 폭력, 강

아니라 오로지 자기 자신을 위해서 그래야 하는 것이다.

63 연습은 산스크리트어로 아스케제(Askese)라고 한다. 이 말은 흔히 금욕고행으로 번역되기도 한다. 쉽게 말하면 오로지 연습만이 해탈을 실현시켜 준다는 것이다. 고행, 즉 힘든 일을 찾아내는 것도 관건이고 그것을 실천하는 것도 관건이다. 그리고 그것의 전제가 되는 것은 또 금욕, 즉 자기가 하고 싶은 욕망은 그것이 무엇이 되었든 간에 금지시킬 줄 아는 것이다. 편한 대로 사는 것이 아니라 자기 자신이 스스로 힘들다고 생각되는 것을 찾아내 그것에 연습을 게을리하지 않을 때 결국에는 구원의 위대한 기적이 이루어진다는 것이다. 자기 자신과의 싸움이다. 자기 자신과의 전쟁이다. 한 치의 양보도 허용되지 않는 치열한 전쟁이다.

64 니체가 '우리'라고 표현한 자들은 허무주의적인 발상을 인정할 뿐만 아니라, 그런 생각으로 삶에 임해 주는 모든 이를 지칭한다. 그 '우리'는 모든 면에서 섬세한 감정을 소유하고 있다. 자기 자신을 위해서라면 모든 것을 희생할 준비가 된 자들이다. 신까지도 포기할 각오가 된 자들이다.

제, 아첨, 계약, 희생 등을 통해 확실해져야 했다. 그리고 대부분 미신적인 관습의 기원이 여기에 있다.[65] 즉 지금껏 인간이 실행해 온 모든 행위 가운데 두드러지고, 아마도 압도적인 부분이라고 할 수 있지만, 그럼에도 불구하고 낭비적이고 쓸모없었던 부분들의 기원이 여기에 있다. 그러나 무력감과 공포감이 워낙 강하고 워낙 지속적으로 자극을 주었기 때문에 이제 권력감정 또한 인간이 가장 예민한 황금 저울을 받아들일 수 있을 정도로 섬세하게 발전해 왔다. 권력감정은 이 인간의 가장 강력한 성향이 되었다. 사람들이 발견한 이 수단, 이 권력감정을 창조할 수 있는 이 수단은 거의 문화의 역사와 같다.[66]

24.

규정의 증명. — 일반적으로 어떤 규정, 예를 들어 빵을 굽는 데 따라야 할 규정이 좋은 것인지 혹은 나쁜 것인지는 이 규정을 정확히 지킨다고 전제할 때, 그 규정에 의해 약속된 결과가 과연 나오는지 아닌지에 의해 증명된다. 그런데 도덕적인 규정들의 경우는 사정이 전혀 다르다. 왜냐하면 여기서는 바로 결과 그 자체가 조망될 수도 없고, 또 해석될 수도, 규정될 수도 없기 때문이다. 이러한 규정들은 거의 학문적인 가치가 없는 가설들에

65 미신은 없을 수 없다. 생각하는 존재는 생각으로 방황할 수밖에 없다. 생각은 실수를 저지를 수 있는 것이다. 다만 살아가면서 얼마나 실수를 적게 하는가? 그것이 문제다. 미신으로 말할 때도 미 자는 헤맬 미(迷)를 쓴다. 헤맨다는 것은 인간의 본질이다. 괴테도 방황을 인간의 조건으로 간주하지 않았던가. "인간은 노력하는 동안 방황한다." 노력은 방황을 피할 수 없고, 방황은 오로지 노력하는 자의 몫일 뿐이다. 하지만 그런 끊임없는 노력이 구원의 자격을 갖추게 해 줄 뿐이다.

66 권력감정은 창조할 수 있다. 이것이 니체의 확신이다. 그 감정을 만들어 낼 수 있는 수단을 배우자는 것이 그가 철학을 하는 의도와 맞물린다. 권력감정은 신의 은총으로 주어지는 것이 아니다. 그것은 생각하는 자가 스스로 생각하는 행위를 통해 창출해 낼 수 있어야 한다. 권력감정은 결국 우리의 책임이라는 것이다. 자기 자신을 구원하는 감정은 자기 자신에 의해서만 형성될 수 있다는 것이다.

근거한다. 그 가설들은 결과를 가지고서는 증명도 반박도 거의 불가능하다. 그러나 옛날에는 모든 학문이 원시적인 상태였고 또 어떤 사물이 증명된 것으로 간주되기 위해 충족해야 할 조건들도 극히 적었다. 옛날에는 어떤 풍습의 규정이 좋은지 나쁜지의 여부는 다른 모든 규정에서처럼 오로지 어떤 풍습의 규정이 성공했는지를 보여 줌으로써 결정되었다. 예를 들어 알래스카 원주민들에게는 동물의 뼈를 불 속에 던지거나 개에게 주어서는 안 된다는 규정이 있는데, 이 규정은 '그렇게 해 보라, 그러면 사냥할 때 행운이 따르지 않을 것이다'라는 식으로 증명되었다. 그러나 이제 어떤 의미에서는 거의 항상 '사냥할 때 행운이 따르지 않는다'고 말할 수 있다. 그래서 이러한 방식으로 이 규정이 좋은 것이라는 사실을 반박하는 것은 쉽지 않다. 특히 개인이 아니라 공동체가 벌을 받는 당사자로 간주될 경우에는 더욱 그렇다. 이럴 경우 오히려 그러한 규정을 증명하는 것처럼 보이는 상황이 언제나 펼쳐진다.

25.

풍습과 아름다움. — 풍습을 위해 침묵당하지 말아야 하는 것은, 마음을 다 바쳐서 처음부터 순종했던 모든 사람의 공격 능력과 방어 능력이, 육체적으로나 정신적으로 모두 위축된 상태라는 사실이다. 그럼에도 불구하고 사람들은 그가 점점 더 아름다워진다고 말한다![67] 하지만 진실은 다르다. 왜냐하면 그런 공격하고 방어하는 능력들이 실행에 옮겨지면, 그리고 그런

67 소위 어른들의 말을 잘 들으면 착하다는 소리를 듣게 된다. 미덕이란 말도 아름다운 덕행이라는 뜻이다. 도덕이 있고 그 도덕을 잘 따르면 아름다운 행위가 된다는 논리다. 결국 도덕적 아름다움은 복종에 의해 결정된다. 자유는 결여된 상황이다. 시킨 대로 해야 아름다운 것이다. 자기 마음대로 하는 것은 추한 것이 되고 마는 논리다.

능력에 상응하는 생각의 실행은 추한 것으로 간주될 뿐이고 그것을 행하는 즉시 더 추하게 만들 뿐이기 때문이다. 예를 들면 늙은 사람의 심술은 젊은 사람의 심술보다 더 추하고, 어린 여자의 심술은 인간과 가장 유사하다고, 즉 가장 아름답다고 말한다. 이러한 사실에서 사람들은 여성이 갖는 아름다움의 기원을 추론한다고 한다!

26.

동물과 도덕. — 세련된 사회에서 요구되는 술책들, 즉 우습게 보이고 눈에 띄는, 그리고 거만한 것들을 신중하게 피하는 것, 자신의 격렬한 욕망과 마찬가지로 자신의 뛰어난 능력 역시 뒤로 숨겨 두는 것, 자신을 있는 그대로 보여 주고, 자신을 단정하게 하고, 자신의 가치를 작게 만드는 것 등, 이 모든 것은 사회적 도덕으로서 대체로 모든 곳에서, 가장 저급한 동물 세계에 이르기까지 발견된다. 그리고 무엇보다도 이 저급한 세계에서 이미 이 사랑할 만한 가치가 있는 방지책들의 숨겨진 의도가 발견된다. 즉 사람들은 추적자들한테서 벗어나기를 원하며, 자신의 획득물을 찾아나서는 데 있어서 유리해지길 원한다. 그래서 동물들은 자제하는 것을 배우며 스스로를 위장하는 것을 배운다. 예를 들어 많은 동물들은 자기 몸의 색깔을 이른바 '체색 변화'에 의해 주변의 색깔에 적응시키기도 하고, 죽은 체하거나, 다른 동물, 모래, 잎, 이끼, 해면의 형태와 색깔로 가장하기도 한다. 영국의 연구가들은 이것을 모방이라고 부른다. 이와 같이 개인은 '인간'이라는 개념의 보편성이나 사회 밑에 자기 자신을 숨긴다.[68] 혹은 군주, 신분, 당파, 시대

68 이런 견해는 『반시대적 고찰』에서부터 이미 언급되어 왔다. "세상 사람들은 모두 풍속과 의견 뒤에 숨는다." 다수가 그렇다고 말하는 것에 자기 자신도 동참하는 것이 편하기 때문이다. 굳이 반대되는 성

혹은 주변의 의견에 순응한다. 그리고 우리가 행복을 느끼고 있는 척, 감사를 느끼고 있는 척, 그리고 강력한 힘을 가진 사람인 척, 또 사랑을 받고 있는 사람인 척하게 만드는 모든 정교한 방식에서 우리는 쉽게 동물 세계와 유사한 점을 발견하게 된다. 진리에 대한 감각은 근본적으로 안전에 대한 감각일 뿐이다. 바로 이런 점에서 인간은 동물과 똑같은 것이다. 마찬가지로 사람들은 속으려 하지 않는다. 스스로 미혹에 빠지지 않으려 한다. 사람들은 자신의 정열을 말하는 사람들을 의심을 품은 채 새겨듣게 된다. 사람들은 자기 자신을 통제하고 자기 자신을 숨어서 감시한다. 이 모든 것을 동물은 잘 이해하고 있고, 인간도 마찬가지다. 물론 동물의 경우에도 현실에 대한 감각으로부터, 혹은 현명함으로부터 자기 통제가 성장해 간다. 마찬가지로 동물도 자신이 다른 동물의 생각 속에 미치는 영향을 관찰한다. 동물도 거기에서부터 자신을 되돌아보는 것과 자기 자신을 '객관적'으로 다루는 것을 배운다. 동물도 자기에게 적당한 자기 인식을 갖고 있다. 동물은 자신의 적과 친구의 움직임을 판단하고, 그 특징을 기억해 두는 법을 배우며, 이러한 특징들에 따라 적합한 태도를 취한다. 이를테면 하나의 특정한 종種의 동물에 대해서는 단번에 싸움을 포기하기도 하며, 마찬가지로 많은 종류의 동물들이 접근해 올 때 평화와 계약의 의도를 같은 방식으로 읽어 내기도 한다. 영리함, 절제, 용기의 기원처럼 정의의 기원도, 간단히 말해 우리가 소크라테스적인 미덕이란 이름으로 부르는 모든 것의 기원도 역시 동물적인 상황과 같다. 먹이를 찾아 나서고 적과 맞서게 하는 방법을 가르쳐 주는 것이 이런 행동의 결과물들이다. 이제 우리가 최고의 인간조차 오직

향을 밝힘으로써 상황을 어렵게 만들 필요는 없다고 판단하기 때문이다. 그저 두루뭉술하게 살라는 것이 미덕인 것이다. 하지만 이것은 소시민의 미덕일 뿐이다. 역사를 만들어 가는 선구자의 미덕은 될 수 없다는 것이다.

자신이 먹는 음식물의 종류에 의해서만, 그리고 자신이 무엇을 적으로 생각하는지에 따라서만 자신을 향상시켰고 예민하게 만들었을 뿐이라는 사실을 떠올리게 된다면, 이 경우 모든 도덕적 현상은 동물적인 것이라고 말하지 않을 수 없게 된다.

27.

초인적인 열정을 믿는 것의 가치.[69] — 결혼 제도는 사랑이 지속할 수 있는 열정의 일종이고 또 평생 동안 가능한 사랑이 정상이라는 사실에 대한 고집스러운 믿음을 전제한다. 이러한 고상한 믿음의 완고함을 통해, 비록 그것이 자주 그리고 거의 매번 반박되어 경건한 기만에 불과하다는 것이 밝혀져도, 결혼 제도는 사랑에 보다 높은 고귀함이라는 신분을 부여한다. 열정의 본질을 거슬러서 열정이 지속될 수 있다는 믿음과 그 지속의 책임을 인정하는 모든 제도는 그 열정에 새로운 지위를 부여했다. 그리고 그러한 열정에 사로잡힌 사람은 옛날과 달리 그 때문에 자신의 품위가 떨어졌다거나 위태롭게 되었다고 믿지 않고 자신과 자신의 동류들보다 더 격상

69 초인은 니체 철학을 대변하는 개념이다. 초인 사상은 그의 모든 철학을 하나로 묶을 수 있는 하나의 밧줄과 같다. 초인으로 번역된 독일어는 위버멘쉬(Übermensch)이다. 위버는 장소의 의미로 '위에' 혹은 방향의 의미에서 '위로' 등으로 번역될 수 있는 접두어이고, 멘쉬는 '사람' 혹은 '인간'을 뜻하는 명사이다. 초인은 그러니까 위에 선 인간, 정상에 선 인간, 혹은 넘어서고 있는 인간 등의 뜻으로 이해하면 된다. 초인은 극복의 이념과 떼려야 뗄 수 없는 존재이다. 극복의 단계는 정해져 있는 것이 아니다. 정해져 있는 어느 단계가 중요한 것이 아니라, 어떤 단계에서든 넘어섬의 이념을 이끌어낼 수만 있다면, 그는 초인의 자격이 있는 것이다. 현실에 만족하고 현실에 안주하는 것은 초인의 것이 아니다. 그는 늘 한계를 인식하고 그것을 넘어서려고 애를 쓰고 있는 존재다. 그는 그 한계 앞에서 무릎을 꿇고 오열을 하고 있든가, 아니면 지금 막 그 한계의 정점에 서서 최고의 승리감에 도취되어 있든가, 또 아니면 멀리 놓인 새로운 한계를 바라보며 도전정신을 일깨우고 모험 여행을 감행하는 존재다. 그에게 멈춤은 있을 수 없다. 그는 끝까지 극복하고자 한다. 소위 죽을 때까지.

되었다고 믿는다. 한순간 불타오르는 헌신으로부터 영원한 충성을, 분노의 강렬한 욕망으로부터 영원한 복수를, 절망으로부터 영원한 슬픔을, 갑작스럽고 일회적인 말 한마디로부터 영원한 구속을 만들어 내는 제도들과 풍습들을 생각해 보라. 그런 가치의 전환이 일어날 때마다 수많은 허구와 거짓이 세상 속으로 들어왔다. 또한 그때마다 그 대가로 인간을 넘어서는 새로운 개념인 초인적인 개념이 생겨났다.

28.

논거로서의 기분. — 행위를 위한 즐거운 결심의 원인은 무엇일까? 이 질문에 대해 사람들은 많은 고민을 해 왔다. 가장 오래된 대답이며 여전히 잘 알려진 대답이라면, 신이 그 원인이라는 것이다. 신은 우리의 의지에 동의함으로써 우리를 이해한다는 것이다. 저 옛날 사람들이 어떤 계획에 대해 신탁을 물었을 때 신탁으로부터 즐거운 결정을 듣고 싶어 했다. 그러나 다수의 가능한 행동들이 마음속에 떠올라 무엇을 말해야 할지 의심스러울 때면 다음처럼 대답했다. "나는 저 감정에 부합하는 그것을 행하겠노라." 사람들은 그러니까 가장 합리적인 것을 하기로 결단한 것이 아니라, 생각하면 마음에 용기가 차오르고 희망으로 가득 차게 되는 것을 하기로 결단을 내린 것이다. 좋은 기분은 논거로서 저울 접시 위에 올려졌고 합리성보다 더 무거운 것이 되었다. 기분은 미신적으로 해석되었고, 성공을 약속하는 신의 작용으로, 그리고 그 작용을 통해 그의 이성이 가장 높은 합리성으로 간주되었다. 이제 이런 선입견의 결과를 고려한다면, 영리하고 권력을 갈망하는 남자들이 자기 자신에게 봉사한다면, 그렇다, 봉사한다면! 이런 소리를 하게 될 것이다. "기분을 만들어 내라!"[70] 이것으로써 사람들은 모든 이유를 대체할 수 있을 것이다. 모든 반대 이유도 이겨 낼 것이다!

29.

미덕의 배우와 죄의 배우. — 자신의 덕을 통해 유명해진 고대의 남자들 중에는 자기 자신에 대해 스스로 연기를 했던 자들이 무수히 많았던 것으로 보인다. 특히 그리스인은 본래부터 육화된 배우들이었기 때문에, 그와 같은 것을 완전히 무의식적으로 행하면서도 그것을 좋은 일이라고 생각했을 것이다. 게다가 이들 중에는 자기 자신의 미덕을 가지고 다른 사람 혹은 모든 다른 사람의 미덕과 경쟁을 했던 자들도 있었다. 자신의 미덕을 보여주기 위해, 무엇보다도 특히 자신에게 보여 주기 위해, 오로지 연습을 위해서라도 사람들은 모든 기술을 다 동원해야만 했다. 보여 줄 수 없거나, 혹은 보여 줄 방법도 모르는 미덕이 무슨 소용이 있었겠는가![71] 이 미덕의 배우들을 기독교는 방해했다. 그 대신 기독교가 발명한 것은 죄의 역겨운 과시와 자랑이었다. 기독교는 기만적인 죄책감을 세상 속으로 가져왔다. 오늘날까지도 이것은 선한 기독교도들 사이에서 '선한 소리'로 간주되고 있다.

70 기분전환이라는 말도 있다. 그 전환의 비결을 배우면 어떤 기분 나쁜 일을 당해도 그것 때문에 스스로 해치는 일은 지혜롭게 극복될 것이다. 기분은 자신의 행동과 사물의 관계에 대한 해석에 의존한다. 예를 들어 되돌릴 수 없는 일이 발생했다면 그것 때문에 의기소침해질 일이 아니라 스스로 자신의 기분을 새롭게 만들어 내면 그만인 것이다. 기분에 좌지우지되기보다는 기분의 주인으로서 자기 자신을 통제할 수 있기를 바라는 것이다.

71 미덕은 아름다운 덕행이라는 말이고, 그 아름다움은 오로지 밖으로 드러내는 것을 지향한다. 즉 미덕은 보여 주기식의 논리를 부정할 수 없다는 뜻이 되는 것이다. 미덕을 지향하는 자는 그 미덕으로 무엇이 아름다운지를 보여 주고자 할 뿐만 아니라, 자기 자신이 그런 행위를 통해 스스로 아름답다는 인식을 전하고자 한다. 몸을 가진 존재로 태어난 존재, 즉 육체적 존재는 과시욕으로부터 자유로울 수가 없다. 보여 주고 싶은 욕망은 인간의 근본적인 본성으로 연결된다. 다만 미덕도 미덕 나름이라는 것이 문제다. 고대 신들의 세계에서 허용되었던 미덕은 소위 기독교인에 의해 비판을 받게 된다. 스스로 신이 될 수 있는 가능성은 철저히 차단되고 만 것이다. 기독교인은 오로지 하나님 앞에서의 태도만을, 그것도 그 하나님의 뜻에 복종하는 태도만을 아름다운 것으로 간주하기 때문이다.

30.

미덕으로서의 정교해진 잔인함. — 여기에 오로지 우월함을 지향하는 충동에 근거하는 도덕이 있다. 그것에 대해 너무 좋게 생각하지 말라! 그것은 도대체 어떤 종류의 충동이며 그 충동의 속내는 무엇일까? 우리는 우리의 모습이 타인에게 고통을 주고 그리고 타인의 시기심과 무력감, 몰락의 감정을 일깨워 주길 원한다. 우리는 타인의 혀 위에 우리의 꿀 한 방울을 떨어뜨리고는 그에게 하지 않아도 되는 호의를 베풀었다고 생각하면서 날카롭게, 또 그의 불행을 기뻐하면서 그의 눈을 바라봄으로써, 사람들은 타인으로 하여금 운명의 쓰라린 맛을 보게 한다. 이 사람은 굴욕감을 느꼈고 지금 그는 완전히 굴욕감에 빠져 있다. 이렇게 해서 그가 오랫동안 고문하고 싶어 했던 자들을 찾아보라! 그대들은 그 자들을 반드시 찾아낼 것이다! 저 사람은 동물을 불쌍히 여기며 바로 이 때문에 찬탄을 받는다. 하지만 그 또한 자신의 잔인함을 발산하고 싶은 그런 사람들도 있는 법이다. 저기 하나의 위대한 예술가가 있다. 그가 위대하게 되기까지 그의 힘을 잠들지 않게 했던 것은 그가 정복한 경쟁자의 질투심에서 느끼는 쾌감이었다. 그는 자신이 위대해지기 위해 다른 사람들이 보여 주는 고통스러운 눈빛을 얼마나 많이 맛보았을까! 순결을 지키는 수녀는 그 얼마나 벌을 주는 눈빛으로 자신과 다르게 살아가고 있는 여자들을 바라보던가! 그녀의 눈에는 얼마나 많은 복수의 쾌감이 들어 있는지! 주제는 간단하다. 하지만 그것을 변용시킬 수 있는 소재는 수도 없이 많다. 그러나 쉽게 지루해지지는 말자. 왜냐하면 우월의 도덕이 결국에는 정교해진 잔인성에 대한 쾌감이라는 사실은 지금도 여전히 너무도 역설적이고 거의 고통스러울 만큼 새로운 사실이기 때문이다. 여기서 '결국에는'이라는 말이 의미하는 바는, 첫 번째 세대에서는 항상이라는 것이다. 왜냐하면 우월을 지향하는 행동의 습관은 유전되어도,

그것의 내심은 유전되지 않기 때문이다. 오직 감정만 유전될 뿐 생각은 유전되지 않는다.[72] 그리고 그러한 내심이 교육을 통해 다시 내심으로 삽입되지 않는다면, 두 번째 세대에서는 이미 잔인함의 쾌감이 더 이상 존재하지 않고, 오히려 그런 습관 자체에 대해서만 쾌감이 존재한다. 그러나 바로 이 쾌감이 '선'의 첫 번째 단계다.

31.

정신에 대한 긍지.[73] — 동물에서 인간이 유래했다는 설에 저항하면서 자연과 인간 사이에 커다란 간격을 유지하려는 인간의 긍지가 있다. 이 긍지는 정신에 대한 선입견에 근거한다. 이러한 선입견은 비교적 최근의 것이다. 인류의 긴 선사시대에 사람들은 정신이 모든 것 속에 존재한다고 생각했고 그것을 인간의 특권으로 존중할 생각은 하지 않았다. 반대로 사람들은 정신적인 것을 모든 충동, 악의, 경향과 함께 공유 재산으로 생각했고, 따라서 정신적인 것은 공유되는 것으로 여겨졌기 때문에, 사람들은 자신이 동물이나 나무에서 유래했다고 해도 그 사실을 부끄러워하지 않았다. 오히

72 감정은 유전될 수 있다. 감정은 세대를 거듭하면서 전해질 수 있다는 것이다. 그 감정이 도덕 감정으로 구축되는 것이다. 바꿔 말하면 감정은 형성될 수 있다는 것이다. 그 형성된 감정이 세대를 거듭하면서 전해진다는 것이다. 이제 문제는 어떤 감정을 만들어 내고 또 그것을 후손에게 물려줄 것인가? 그것이 문제가 된다. 좌절과 절망으로 일관하는 감정을 물려줄 것인가? 아니면 승리감으로 충만한 그런 전사의 감정을 물려줄 것인가? 이제 우리는 선택을 해야 한다.

73 정신도 정신 나름이다. 사물 속의 정신을 생각할 때가 더 많다. 어린아이들은 사물을 가지고 대화도 한다. 그것이 이성적 존재의 특성이다. 이성이 강해지면 강해질수록 사물 속의 정신을 더욱 뚜렷하게 생각해 내고 만다. 결국에는 신의 뜻과 같은 절대적인 정신까지도 생각해 내고 만다. 그리고 스스로도 그런 정신에 굴복하고 만다. 생각하는 존재가 생각의 자유를 누리기보다는 스스로 생각해 낸 것에 구속되고 마는 실수를 저지르고 있는 것이다. 예를 들어 도덕이 있다고 생각한다. 그리고 자기 자신을 그 도덕에 구속되는 존재로 만들어 버리는 것이다. 이때 니체는 선입견을 언급하게 된다. 그런 도덕은 선입견에 불과한 것이라고 선언하고 있는 것이다.

려 신분이 높은 종족은 그러한 우화를 통해 자신이 존경받게 된다고 믿었다. 또 정신 속에서 우리가 자연과 연결되고, 그 자연으로부터 분리되지 않게 된다는 것을 알게 되었다. 그래서 사람들은 겸손하게 자신을 훈육했다. 이 또한 선입견의 결과일 뿐이다.

32.

제동기. ― 도덕적으로 괴로워하면서도 이런 종류의 괴로움의 근저에는 오류가 있다는 말을 들을 때, 우리는 분노하게 된다. 사람들은 자신의 고통을 통해 그 이외의 다른 어떤 세계보다 '더 심오한 진리의 세계'를 긍정하게 된다고 생각하는 위로의 감정이 있다. 그래서 사람들은 기꺼이 고통을 당하고자 한다. 그때 현실을 넘어선다는 느낌을 받게 되어서다. 그런 의식을 통해 '더 심오한 진리의 세계'에 가까워진다고 느끼는 것이다. 이때 사람들은 괴로움도 느끼지 않고 또 넘어섬의 감정도 느끼지 않는다. 이것은 긍지인 동시에 그를 만족시키는 습관화된 행동방식이 된다. 이 행동방식이 새로운 도덕을 이해하는 데 제동을 걸게 한다. 이런 제동기를 제거하기 위해 우리는 어떤 힘을 사용해야 할까? 더 많은 긍지를 가져야 할까? 하나의 새로운 긍지를?

33.

원인과 결과, 그리고 현실에 대한 경멸.[74] ― 갑작스러운 날씨의 변화나

74 현실도 문제가 될 수 있다는 것에 주목해야 한다. 현실이 현실이 아닐 수 있다. 즉 자기 자신이 처한 현실이 잘못된 생각에 의해 변질된 현실일 수도 있다는 얘기다. 그래서 현실 인식이 중요한 사안이 되

흉년 혹은 전염병과 같은 재난들이 공동체를 덮치게 되는 그런 사악한 우연들은 모든 구성원에게 앙심을 품게 한다.[75] 하나의 새로운 악마적인 폭력과 변덕을 달래 주기 위해 풍습에 대항하거나 새로운 풍습을 고안해 내야만 한다는 그런 앙심을. 이러한 종류의 앙심과 생각 때문에 사람들은 실재적이고 자연적인 원인들을 깊이 탐구하지 않게 된다. 이러한 앙심과 생각은 악마적인 원인을 전제조건으로 내세운다.[76] 여기에 인간의 지성을 향해 유전적으로 심술을 부리는 원천 하나가 있다. 그리고 다른 원천들은 그 옆에서 부수적으로 흐르고 있다. 이 원천들은 하나의 행동이 근거가 된 실재적이고 자연적인 결과들에게, 초자연적인 것, 예를 들어 신의 처벌과 은총에 비교한다면, 훨씬 더 사소한 해석을 선사하고 있을 뿐이다. 정해진 시간에 정해진 목욕을 하라는 규정을 예로 들어 보자. 사람들은 몸을 깨끗이 하기 위해서가 아니라, 규정 때문에 목욕을 한다. 사람들은 불결의 실제적인 결과들을 피하는 법을 배우지 않고 목욕을 소홀히 한 것 때문에 생길 수 있

는 것이다. 현실을 제대로 인식해 내지 못하면 삶은 이유도 모른 채 꼬이고 마는 악순환에 처해질 수도 있다.

75 '앙심'은 '아르크본(Argwohn)'을 번역한 말이다. 어원학적으로 보면 '아르크(Arg)'는 '화를 내게 하는 불쾌한 감정'과 연결되고, '본(wohn)'은 '망상', '망념', '황상', '공상' 등의 뜻을 지니고 있는 '반(Wahn)'으로 소급된다. 앙심을 품고 사물을 바라본다는 행위는 그러니까 밑도 끝도 없이 그저 불쾌한 감정으로 사물을 바라보는 그런 시각을 연상하면 될 것이다. 일종의 근거 없는 불쾌감인 것이다. 니체는 자기 자신에게 원인이 있는 이런 불편한 마음, 불쾌한 감정을 극복해야 한다고 주장한다. 앙심을 품지 않고 살 수는 없다. 앙심도 인간적인 감정이다. 하지만 그런 앙심 때문에 사물이 내면에서 왜곡을 일으키면 그것은 생각하는 자의 몫이 된다. 같은 계열에서 생각해 볼 만한 개념들은 증오, 원한 등이다. 증오하는 감정도 없을 수는 없다. 살다 보면 증오할 수도 있다. 하지만 증오하는 마음으로 일관하다 보면 삶이 너무도 황폐해지고 만다. 원한감정도 마찬가지다. 이런 부정적인 감정을 어떻게 추스르고 다스릴 것인가? 어떻게 통제하에 두고 살 것인가? 이런 것이 문제의식으로 다가오게 될 때 니체의 철학은 도움의 손길을 내밀 수 있게 된다.

76 예를 들어 중요한 일을 앞두고 감기가 들면 악마가 장난을 친다고 생각하기도 한다. 그런 악마의 짓거리 때문에 삶이 힘들어진다고 판단하는 것이다. 우연 자체를 사악한 장난의 결과로 간주하고 그것에 저항하려는 태도를 취하기도 한다. 이런 의도는 현실감각을 왜곡시킬 뿐만 아니라 그 감각 자체를 상실하게도 한다.

는 신들의 불필요한 불만을 피하는 법을 배운다. 사람들은 미신적인 두려움의 압박감에 짓눌려서 불결을 씻어 내는 것에 필요 이상으로 의의를 두기도 한다.[77] 이것은 분명 잘못된 결론에 도달한 잘못된 생각이다. 사람들은 두 번째, 세 번째 의미까지 생각해 낸다. 사람들은 현실에 대한 자신의 감각과 쾌감까지 부패시키고 만다. 그리고 결국에 가서는 그것이 상징일 수 있을 뿐인데도 불구하고 그것을 마치 가치 있다고 간주하게 된다. 따라서 인간은 풍습의 윤리에 속박됨으로써 첫째로 원인을, 둘째로 결과를, 셋째로 현실을 경멸하게 된다. 그는 자신의 모든 격조 높은 감각, 예를 들어 외경심, 숭고, 긍지, 감사, 사랑의 감각들을 상상에 의해 만들어진 세계, 이른바 더 격조 높은 세계와 결부시킨다. 오늘날에도 우리는 여전히 이런 결과물들을 확인할 수 있다. 한 인간이 이런 감정을 유산으로 물려받은 곳에서는 어떤 방식으로든 상상에 의해 만들어진 세계가 장난을 치고 있다. 이것은 실로 슬픈 일이다. 그러나 언젠가는 학문적인 인간이 나타나 이 격조 높은 모든 감정에 대해 의심을 하게 될 것이다.[78] 이러한 감정들은 망상, 무의미와 너무도 많이 얽혀 있기 때문이다. 이러한 감정들은 있는 그대로, 그리고 영원히 그렇게 있지는 않을 것이다. 모든 측면에서 아주 천천히 정화

77 선을 그어 놓고 스스로 그 선 안에 갇히는 꼴이 바로 이런 경우이다. 생각하는 존재는 생각하는 일에 정통해야 하는 이유가 여기에 있다. 잘못된 생각이란 생각을 통해 스스로를 감금시키는 것이다. 니체가 지향하는 생각은 자유로운 삶을 영위할 수 있게 하는 생각이다.

78 여기서 학문적인 인간은 긍정적 의미로 사용되었다. 그는 사물을 있는 그대로 배우고 인식해 낼 수 있는 인간을 뜻한다. 시켜서 하는 공부가 아니라 스스로 자기 삶과 행복을 위해 자기에게 필요한 공부를 한 존재와 연결된다. 풍습이나 전통 혹은 사회적 이념 뒤로 숨는 것이 아니라 자기 자신이 원하는 길을 찾아내고 그 길에 충실할 줄 아는 인간이다. 타인의 의견을 신경 쓰는 것이 아니라 자기 내면의 목소리에 귀를 기울일 줄 아는 그런 존재인 것이다. 이런 학문의 정점에 '너 자신을 알라'라는 명령이 있다. 하지만 소크라테스처럼 이념을 지향하는 명령으로서가 아니라 자기 자신과 현실감각을 근간으로 한 명령으로서 주어지는 것이다. 물론 이 '학문적인 인간'이 부정적으로 사용될 때도 있다. 그때는 자기 자신은 배제된 채 오로지 주어진 규정을 실천하려는 책임감과 의무감으로 일관하는 사람을 뜻한다. 마치 시험공부를 지상명령으로 삼고 살아가는 그런 존재쯤으로 간주하면 된다.

되고 있는 것은 확실하다. 인류는 이 점진적인 정화를 직면하고 있다. 이보다 격조 높은 감정들을 정화해 내는 작업은 가장 느린 속도로 진행되는 일들 중의 하나이다.

34.

도덕적인 감정과 도덕적인 개념.[79] — 분명한 것은 도덕적인 감정들이 어른들에게서 아이들에게로 전달된다는 것이다.[80] 즉 아이들이 어른들에게서 특정 행위들에 대한 강한 호감과 반감을 알아채면서, 또 그 아이들이 타고난 원숭이들처럼 이런 호감과 반감을 모방하면서 이런 전달과정이 발생한다는 것이다. 먼 훗날 아이들이 습득하고 잘 훈련받은 이러한 감정들로 충만하게 되면, 이 아이들은 그런 호감과 반감이 갖는 정당성의 근거를, 즉 뒤따르는 왜라는 질문에 대해서도 합당한 일이라고 간주하게 된다. 그러나 이러한 '근거 설명'에는 그들 자신이 갖게 되는 감정의 기원이나 정도와 어떤 관계도 없다. 사람들은 오로지 이성적인 존재로서 찬성과 반대의 이유, 더 나아가 제시할 수 있고 또 인정할 수 있는 근거들을 가져야만 한다는 규

79 니체는 끊임없이 도덕을 문제 삼고 도덕을 비판하지만, 도덕 자체를 거부하는 것은 아니다. 생각하는 존재는 어쩔 수 없이 도덕을 인식하며 살아야 하는 존재일 뿐이다. 하지만 도덕을 영원불변의 것으로 간주하는 것이 아니라 시간과 공간의 변화에 따라 달라질 수 있다는 가능성을 열어 둔다면 니체의 사상을 충분히 이해할 수 있을 것이다. 도덕은 생각하는 존재의 삶을 지배하지만, 경우에 따라서는 생각하는 존재가 그 생각하는 행위를 통해 도덕을 변화시킬 수도 있어야 한다는 것이다. 도덕은 따라야 할 대상이기도 하고 거부하고 개선해야 할 대상이 되기도 한다. 도덕주의자는 때로는 호감을 주기도 하고 또 때로는 반감을 불러일으키기도 한다. 그때그때 한계를 인식하고 또 그 한계를 넘어서듯이 그렇게 대응해 주면 되는 것이다.

80 감정은 전달된다. 감정은 전달되면서 학습된다. 같은 감정을 가지면서 공감 공간이 생겨난다. 이런 감정을 공유하면서 하나의 세대가 탄생하는 것이다. 신세대와 구세대는 공유하는 감정 상태가 다르다. 감정이 달라질 때 변화가 일어나는 것이다.

칙을 발견할 뿐이다.[81] 따라서 도덕적인 감정의 역사는 도덕적인 개념들의 역사와는 전혀 다른 역사다. 전자는 행위 이전에 힘을 발휘하며, 후자는 행위 이후에, 즉 행위에 대해 설명이 필요하다는 것에 직면했을 때 특히 힘을 발휘한다.

35.

판단에 대한 감정과 그 감정의 유래.[82] — "그대의 감정을 신뢰하라!"[83] 하지만 감정은 궁극적인 것도, 근원적인 것도 아니다.[84] 감정의 배후에는 판단과 가치 평가가 버티고 있다. 이런 판단과 가치 평가는 호감과 반감이라는 감정의 형태로 우리에게 유전된다. 이런 감정에서 영감이 나온다.[85] 즉 그 영감은 판단의 자손이 되는 것이다. 하지만 너무도 자주 잘못된 자손이 된다! 매번 그대 자신의 자손이 아니어서 그런 것이다! 자신의 감정을 신뢰한다는 것, 그것은 우리 안에 있는 신들보다 우리의 조부와 조모, 더 나아가

81 이성은 늘 규칙을 요구한다. 쉽게 말하면 선이 그어져 있기를 원하는 것이다. 선이 그어지면 그 선을 지키려 한다. 그것이 이성의 본성이다. 길을 걸으면서도 자신이 걸어가야 할 길인지 묻게 되고, 하늘을 바라보면서도 하늘의 뜻을 묻게 되는 이유가 여기에 있다.

82 생각하는 존재의 생각은 잘못할 수 있다. 그러니까 그 생각이 내린 판단도 오류를 저지를 수 있다. 이성적 존재는 잘못된 이성의 논리에 얽매일 수 있다. 이성 자체가 문제될 수 있다는 얘기다. 이성은 형식이나 규정 등과 연결된다. 그런데 그 형식이나 규정 자체가 잘못될 수도 있다는 얘기다.

83 감정도 감정 나름이다. 감정, 그것이 자기 자신의 감정인가? 아니면 전통과 관습 혹은 풍습의 습득 과정을 통해 형성된 감정인가? 그것이 문제인 것이다.

84 하지만 감정은 믿을 수 없다. 감정은 가치 판단의 결과물일 뿐이다. 그 얘기는 어떤 판단을 하느냐에 따라 감정은 얼마든지 변할 수 있다는 뜻이기도 하다. 감정도 왜곡될 수 있다. 문제는 이런 왜곡된 감정을 어떻게 인식해 내고 또 극복해 낼 것인가 하는 것이다.

85 이런 영감은 창조적 영감과는 거리가 먼, 일종의 '공허한 영감'(『인간적인 너무나 인간적인』 제1권, 174쪽)과 같다. 도덕의 영역에서 발생하는 영감은 예를 들어 어른의 마음에 들기 위해 아랫사람이 그냥 알아서 기는 것이나 다름없다.

이들의 조부모에 더 복종하는 것을 의미한다.[86]

36.

다른 생각을 품으면서 신앙을 실천하는 바보짓. — 뭐라고! 고대 문화의 창시자들, 도구와 줄자, 마차와 배와 집을 최초로 만들었던 사람들, 천상의 법칙성과 곱셈의 규칙을 처음으로 관찰해 낸 자들, 이들이 우리 시대의 발명가나 관찰자와는 비교도 안 될 정도로 다르고 또 더 격조 높은 사람들이라고? 그들의 첫걸음이 발견의 제국에서 실행하는 모든 우리의 여행과 세계 일주 항해와는 비교도 할 수 없는 가치를 가지고 있다고?[87] 이것이야말

86 허무주의 철학은 어쨌거나 신과 대결을 벌이는 철학이다. 하지만 니체는 '신'이란 개념을 가지고 어떤 문장들을 만들어 내고 있는지 끊임없이 관찰을 해야 한다. 우리는 신이란 말을 꺼내면서 과거의 익숙한 틀 안에서 말을 할 때가 많다. 과거 선조들에게서 배운 내용으로 신을 말할 때가 많다는 것이다. 새로운 것은 하나도 없는데도 불구하고 자기 자신이 새롭게 알았다는 것만으로 흥분할 때도 있다. 자기 감정에 충실하라! 좋은 말이다. 하지만 어떤 감정이냐가 문제다. 감정도 감정 나름이라는 얘기다. 관습적인 것에서 좋은 감정을 느끼고 있다면 그것이야말로 허무한 일이다. 자기 삶을 창조적으로 살고 싶다면 이런 감정부터 정리를 해 내야 한다. 그런 감정부터 자기 자신에게서 도려내는 아픔을 겪어야 하는 것이다. 분명한 것은 우리 안에 신들이 있다는 사실이다. 이성적 존재는 이 신들로부터 자유로울 수가 없다. 이성적 존재는 이런 신들을 만들어 내고 또 넘어서며 끝까지 가야 한다. 죽을 때까지 신을 버리고 또 쟁취하면서 살아야 하는 것이다. 신은 이성에게는 운명과도 같다. 더 이상 넘어설 수 없으면 아모르 파티(amor fati, 운명애)를 실천하면 되는 것이다. 사랑으로 품으며 최후를 맞이하는 것이다. 이때 그 정신은 '죽음이여 어서 오라!'라고 외쳐 댈 수도 있는 것이다. 두려운 감정이 아니라 희망에 찬 감정으로 최후를 맞이하게 될 것이다. 죽음 앞에서도 멋과 흥이 넘치는 그런 웃음을 지을 수 있을 것이다.

87 『아침놀』에서 사상의 큰 물줄기를 형성하고 있는 비유가 하나 있다면 그것은 바다와 항해에 관련한 것이다. 철학자 니체는 훗날 자서전을 집필하면서 이 책을 쓸 때의 상황을 이런 말로 설명을 해 놓기도 했다. "오히려 이 책은 태양 속에 누워 있다는 것, 포동포동 살이 쪄서 행복하게, 마치 바위틈에서 태양을 즐기는 어떤 바다 동물과도 같다. 궁극적으로는 나 자신이 바로 이 바다 동물이었다. 이 책의 거의 모든 문장은 제노바 근처의 어지럽게 흩어져 있는 바위들 사이를 위험천만하게 스쳐 지나다니며 생각해 낸 것들이다"(『이 사람을 보라』, 179쪽). 제노바는 이탈리아의 항구 도시이다. 1876년 니체는 여기서 생애 최초로 바다를 보게 된다. 이 도시에서 그다음 책인 『즐거운 학문』도 집필된다. 한동안 제노바는 니체가 가장 좋아하는 도시였다. 이곳에서 아모르 파티라는 명령어로 대변되는 삶과 운명에 대한

로 선입견이 무엇인지 들려주는 소리다. 사람들은 이렇게 말하면서 현재의 정신을 폄하하고 있는 것이다. 하지만 손 안에 있듯 분명한 것은 우연이 모든 발견자와 관찰자 중에서 가장 위대하다는 사실이다. 우연은 발명에 임하는 저 고대인들에게 좋은 의도로 영감을 부여했다. 그리고 또 분명한 것은 지금 이루어지고 있는 가장 사소한 발명에서도 이전 시대 전체에 존재했던 것보다 더 많은 정신과 훈련과 학문적인 환상이 동원되고 있다는 사실이다.

37.

유용성으로부터 내려진 잘못된 추론.[88] — 만약 우리가 어떤 것이 갖는 최고의 유용성을 증명했다 할지라도 그것의 기원을 설명하는 데는 아직 한 걸음도 내딛지 못했다. 즉 우리는 그런 유용성으로는 결코 실존의 필연성을 이해시킬 수 없다. 그러나 바로 이에 반대되는 판단이 지금까지 지배해왔다. 심지어 가장 엄격한 학문의 영역에까지 파고들어와 있다. 천문학에서조차 위성들의 위치에 따른, 소위 유용성을 그 위성들의 위치가 궁극적 목적이라고 또 그 위성들이 생겨난 이유를 설명하는 것으로 간주하지 않았던가? 말하자면 태양에서 멀리 떨어져 있어서 약해진 빛을 다른 방법으로

긍정적인 사상이 탄생하기도 했다. 니체는 분명 이 바다가 보여 주는 수평선을 마주하고서 깊은 생각에 잠겼을 것이다. 바다와 직면한 이곳이야말로 진정한 한계일까? 아니면 수평선을 새로운 한계로 인식하고서 멋진 도전을 해야 할까? '아침놀'이라는 시간대를 책의 제목으로 선택한 것에서 짐작할 수 있듯이 니체는 후자에 더 초점을 맞춘 것 같다. 새로운 시작을 알리는 신호가 들려오는 듯도 하다. 차라투스트라에게 주어진 마지막 대사도 이것을 이해하는 데 도움이 될 것 같다. "나의 아침이다. 나의 낮의 시작이다. 솟아올라라, 솟아올라라, 너 위대한 정오여"(『차라투스트라는 이렇게 말했다』, 538쪽)!

88 예를 들어 어떤 약(藥)이 자기 자신에게 좋다고 다른 사람에도 좋을 것이라 판단하는 것은 잘못이다. 다른 사람에게는 그 약이 오히려 독이 될 수도 있다. 자기 생각을 기준으로 삼아 함부로 '너는 왜 그러냐?'고 손가락질을 해도 안 된다.

대체할 수 있게 함으로써 이 별에 살고 있는 주민들에게 빛이 부족하지 않게 한다고 생각해 왔다. 이 경우 우리는 "지구는 인간을 위해 만들어졌기 때문에, 만약 육지가 있다면 그곳에는 틀림없이 사람들이 살고 있을 것이다"라는 콜럼버스의 추론을 떠올리게 된다.[89] "태양이 아무것도 비추지 않는다는 것 그리고 길이 없는 바다와 사람들이 살고 있지 않은 육지에서 별들이 깨어 자신을 낭비한다는 것이 가능한 일일까?"

38.

도덕적인 판단에 의해 충동이 변형된다. — 동일한 충동이라 할지라도 풍습이 이 충동을 비난할 경우에는 비겁이라는 고통스러운 감정으로 발전하게 되고, 기독교적인 풍습과 같은 하나의 풍습이 이런 충동을 진심으로 좋아하고, 또 좋다고 간주할 경우에는 겸손이라는 편안한 감정으로 발전하게 된다. 즉 이것은 이 충동에 좋은 양심이나 혹은 나쁜 양심과 관련하고 있다는 것을 의미한다.[90] 이 충동 자체에는, 다른 모든 충동과 마찬가지로 이

89 콜럼버스는 중세라는 한계는 넘어서고 있을지 모르나, 르네상스라는 새로운 한계는 넘어서지 못하고 있다. 르네상스의 한계는 중세의 틀 안에서 인간미와 인간의 가치를 추구하려는 것에서 발견된다. 중세의 신 중심 사상에 저항하려다 보니 너무 인간 중심 사상으로 몰아붙이는 형태를 취할 때도 있다. 이거 아니면 저거 하는 식으로 밀어붙이는 것이다. 니체는 결코 그런 식으로 철학을 한 것이 아님을 깨달아야 한다. 니체는 "나 너희에게 초인을 가르치노라. 사람은 극복되어야 할 그 무엇이다. 너희는 사람을 극복하기 위해 무엇을 했는가"(『차라투스트라는 이렇게 말했다』, 16쪽 이하)? 허무주의 앞에서는 자기 자신조차 극복의 대상이 된다. "나의 자아, 그것은 극복되어야 할 그 무엇이다"(『차라투스트라는 이렇게 말했다』, 59쪽). 즉 니체는 신도 원하고 사람도 원한다. 신 중심 사상도 필요할 때가 있고, 인간 중심 사상도 필요할 때가 있다. 그 변화된 상황과 인식에 적절하게 대응하는 것이 관건이 될 뿐이다.

90 양심은 니체가 도덕뿐만 아니라 진리, 정의, 신 등과 같은 개념을 언급하면서 끊임없이 파고드는 연구 대상이다. 양심과 양심의 가책의 대립관계만 제대로 이해해도 니체의 허무주의 철학은 상당 부분 점령될 것이다. 이성적 존재인 우리는 양심으로부터 자유로울 수가 없다. 양심은 늘 이성과 함께 따라다닌다. 이성이 있어 양심이 있는 것이라 말해도 무방하다. 하지만 어떤 양심인가? 그것이 관건이다. 양심(良心)은 말 그대로 좋은 마음이다. 그 마음에 의해 도덕적인 잣대도 형성된다. 우리의 언어에는 마

러한 성질뿐 아니라 어떠한 도덕적 성격도 이름도 없으며 쾌나 불쾌를 규정하기 위해 특별히 부여된 감정도 없다. 이 충동이 이 모든 것을 획득할 때는 정해져 있다. 즉 제2의 본성으로서 이 충동이 선과 악으로 명명된 충동들과 관계할 때 혹은 민족에 의해 이미 도덕적으로 규정되고 평가된 본질의 특성으로서 인정될 때이다. 그래서 고대 그리스인은 질투심에 대해 우리와는 다르게 느꼈다.[91] 헤시오도스는 이 질투심을 선하고 은혜를 베푸는 여신 에리스의 영향 하에 두었다. 그래도 아무 문제 없었고 신들에게서도 그 어떤 질투심이 발견되지 않았다. 특히 경쟁의 영혼을 감안하면 이것은 충분히 납득이 될 것이다. 경쟁은 선한 것으로 규정되고 평가되었던 것이다. 이와 마찬가지로 그리스인은 희망의 가치를 평가하는 데 있어서도 우리와 달랐다. 그들은 희망을 맹목적이고 심술궂은 것으로 느꼈다.[92] 헤시오도스는 하나의 우화 속에서 이 희망을 그리스인을 지배하는 가장 강한 것

음의 씨앗이라는 말이 있다. 어떤 마음을 품느냐에 따라 전혀 다른 도덕적 양심이 탄생할 수도 있다는 것이다. 양심에 대한 문제는 니체의 글들 곳곳에서 다양한 문제와 연결되면서 지속적으로 우리의 발목을 잡게 될 것이다. 그때마다 매 순간 걸려 넘어지지 않기 위해서 잠시 걸음을 멈추고 양심이 무엇인지 또 양심의 가책은 어떻게 형성되는지 잘 정리해 볼 필요가 있다. 생각은 스스로 해 내야 한다. 누가 대신 생각해 줄 수도 없다. 남이 해 준 설명으로 만족하는 정신으로는 멀리 갈 수 없다. 니체는 아무도 가 보지 못한 바다로 항해를 떠나려 한다. 그 여행에 동참하려면 양심이라는 개념을 무기로 다룰 줄도 알아야 한다.

91 즉 질투심도 질투심 나름이다. 질투심 없이 살 수는 없다. 감정이 있다면 질투심도 있을 수밖에 없다. 문제는 어떻게 하면 질투심을 잘 이용해서 자기 극복의 도구로 삼느냐 하는 것이다. 예를 들어 셰익스피어의 4대 비극 중에 질투심 때문에 비극의 소용돌이에 빠지는 인물로 오셀로가 있다. 질투심에 희생이 되는 인물이다. 영국의 르네상스 작가 셰익스피어는 비극이란 형식을 통해 경계해야 할 대상으로 질투심을 보여 준 것이다.

92 헤시오도스는 희망의 유래를 제우스의 재앙으로 설명했다. 불을 훔친 프로메테우스로 인해 화가 난 제우스는 벌을 주려는 요량으로 판도라라는 인간을 만들게 하고 그녀에게 상자를 주었다. 그 상자 안에는 온갖 재앙이 다 들어 있었다. 그 상자를 인간 세계로 가져온 그녀는 열어 보지 말라는 경고를 무시하고 상자를 열게 되고, 그럼으로써 인간 세상에 온갖 재앙이 퍼지게 된 것이다. 하지만 깜짝 놀란 판도라는 즉시 그 상자 뚜껑을 닫게 된다. 그때 상자 안에 남은 것이 희망이라고 한다. 즉 희망은 그리스 신화의 내용으로 보자면, 재앙 중의 하나에 지나지 않는다.

John William Waterhouse, 〈판도라〉, 1896.

으로 설명했다. 게다가 이 우화는 근대인에게 너무나도 낯선 것이어서 어떤 해설가도 그것을 제대로 이해하지 못했다. 왜냐하면 이것은 기독교에서부터 희망을 하나의 미덕이라고 믿도록 배운 근대정신에는 반대되기 때문이다. 하지만 그리스인은 미래를 알아가는 통로가 완전히 닫혀 있지 않다고 여겼고, 우리 근대인이 희망을 품는 것으로 만족하는 무수한 경우들에 대해서도 미래에 대해 질문하는 것을 종교적인 의무로 만들어 놓았다.

이러한 그리스인의 경우에서는 아마도 모든 신탁과 예언가들에 의해 희망이 폄하되었고 또 악하고 위험한 것으로 치부될 수밖에 없었을 것이다. 유대인은 분노를 우리와 다르게 느꼈다.[93] 그들은 그것을 신성한 것으로 보았다. 그것을 위해 그들은 인간에게 나타나는 음울한 제왕을 요구했다. 분노는 그와 연결되어 있었고, 어떤 유럽인도 상상할 수 없는 높은 곳에서 내려다보고 있었다. 유대인은 분노하는 신성한 예언자들을 모범으로 하여 분노하는 신성한 여호와의 형상을 만들어 냈다. 유대인의 기준으로 보면, 유럽인 중에서 가장 크게 분노하는 인물도 말하자면 두 번째 손으로 만들어진 창조물에 지나지 않는다.

39.

'순수한 정신'에 대한 선입견. — 순수한 정신에 대한 이론이 지배했던 곳이라면 어디서나 그것은 그 자신의 극단성을 가지고 사람들의 신경을 파괴

93 니체는 사람을 충동질하는 대표적인 예로 질투심과 희망을 거쳐 이번에는 분노를 설명한다. 분노도 그러니까 분노 나름인 것이다. 분노를 하나님의 전유물로 간주하고 처신하는 것은 기독교적 논리다. 소위 '복수는 나의 것'이라고 말하는 신을 믿는 신앙으로 대처하는 것이다. "원수 갚는 것이 내게 있으니 내가 갚으리라"(로마서 12:19). 하지만 분노도 대표적인 사람의 감정이다. 분노를 느끼지 않고 살 수는 없는 법이다. 그렇다면 이 감정도 잘 다룰 수 있도록 훈련을 해 두는 것이 중요해진다.

했다. 이 이론은 육체를 폄하하게 했고 소홀히 하거나, 혹은 괴롭히는 것을 가르쳤다.[94] 게다가 모든 자기 자신의 충동을 위해서 자기 자신을 괴롭히고 폄하할 것을 가르쳤다. 이 이론은 음울하고 긴장하고 있으며 압박감에 시달리고 있는 영혼을 낳았다. 더 나아가 이런 영혼을 지닌 사람들은 그들의 비참한 감정의 원인을 알고 있다고 또 그 원인을 어쩌면 제거할 수 있다고 믿었다! "육체 속에는 이런 원인이 있음에 틀림없어! 그런데 육체는 아직도 너무 강하기만 하구나!" 그들은 이런 소리를 내뱉으며 결론지었다. 육체가 자신이 계속 조소당하는 것에 대해 자신의 고통을 통해 지속적으로 이의를 제기했지만 아무 소용이 없었다. 마침내 일반화되어 버리고 만성적이 되어 버린 신경과민이 바로 저 미덕으로 충만한 순수한 정신들의 운명이 되어 버렸다. 그들은 쾌감을 그저 황홀지경의 형식이나 광기라 불리는 다른 상태들의 형식 속에서만 알아차릴 뿐이었다.[95] 그런 황홀지경을 삶의 최고 목표로 간주하고 또 이 지상의 모든 것을 판결하는 척도로 간주하게 되었을 때 그들의 이런 체계는 정점에 달했다.

94 생철학의 대표적인 측면이 육체를 변호하는 것이다. "몸을 경멸했던 기독교는 지금까지 인류 최대의 불행이었다"(『우상의 황혼』, 190쪽). "순결에 대한 설교는 반자연을 공공연히 도발한다. 성생활에 대한 모든 경멸, 성생활을 '불결하다'는 개념으로 더럽히는 것은 삶의 성령을 거스르는 진정한 죄다"(『안티크리스트』, 320쪽). 사람은 몸을 갖고 살아가야 한다. 몸을 불결한 것으로, 성생활을 불결한 것으로 판단하는 것은 잘못된 생각이다. 어떻게 하면 몸과 육체 혹은 신체에 대해서 긍정적인 평가를 이끌어낼 수 있을까? 성생활에 대해서 긍정적 생각을 형성해 낼 수 있을까? 이런 것이 니체의 생철학적 고민인 것이다.

95 대표적인 예로 이탈리아의 바로크 시대 조각가 잔 로렌초 베르니니(Gian Lorenzo Bernini, 1598-1680)의 〈성 테레사의 법열(L'Estasi di Santa Teresa)〉(c.1647-1652)을 떠올리면 어떨까. 이 작품 속의 성녀 테레사는 신의 사랑을 실은 천사의 화살을 가슴에 맞고 환상에 젖어 있는 눈빛을 보여 준다. 그녀의 얼굴 표정은 신성에 의해 형성되는 황홀지경, 무아지경, 광기 등을 연상하게 하는 대표적인 예를 보여 주고 있다.

Gian Lorenzo Bernini, 〈성 테레사의 법열〉, c.1647–1652(© Alvesgaspar).

40.

관습에 대해 거듭 생각하기. — 하나의 일회적이고 진귀한 사건을 피상적으로 읽어 내서 만든 풍습의 무수한 규정들은 매우 빠른 속도로 이해될 수 없는 것이 되어 버린다. 이런 규정들의 의도 역시 위반할 때 따르는 형벌과 마찬가지로 너무도 확실하게 이해될 수 없게 된다. 심지어 형식적인 의식들의 결과에 대해서조차 의심을 품게 된다. 그러나 사람들이 그것에 대해 이런저런 생각을 거듭하게 됨으로써 그런 숙고의 대상이 되는 것은 가치 있는 것으로 성장해 간다. 하물며 가장 부조리한 관습조차 결국에는 가장 성스러운 성스러움으로 탈바꿈해 간다. 수천 년 동안 여기에 소모된 인류의 힘을 과소평가해서는 안 된다.[96] 적어도 관습에 대한 이러한 거듭된 생각의 영향력에 대해서! 우리는 지성의 이런 끔찍한 훈련소에 와 있다. 여기서는 종교들만이 지속적으로 언급되고 다뤄지는 것이 아니다. 여기서는 과학 이전의 위엄 있지만, 섬뜩하기도 한 그런 세계가 있으며, 또 여기서는 시인, 사상사, 의사, 입법자도 성장하고 있다! 애매한 방식으로 우리에게 형식적인 의식을 요구하는, 그래서 이해될 수도 없는 것에 대한 불안은 서서히 이해하기 어려운 것에 대한 매료로 바뀌었다. 그리고 사람들은 근거를 설명할 방법을 모를 때에는 그런 근거를 창조해 내는 것을 배우게 되었다.

96 예를 들어 '가장 성스러운 성스러움'으로서 신에 대한 생각과 판단은 수천 년에 걸쳐 형성되었다. 신에 대한 신앙과 맞선다는 것은 사실 거의 불가능한 것에 도전하는 것이나 다름없다. 그래서 허무주의 철학 자체를 허무맹랑한 소리로 간주하는 독자들도 많다는 것도 잘 알고 있는 바이다. 실체도 없는 것과 맞서 싸워야 하기 때문이다. 세상 사람들은 그런 싸움을 무모한 도전이라고 말할 수도 있다. 하지만 바람 따라 도는 풍차를 향해 용감한 전투를 벌였던 돈키호테는 살아서는 미치광이로 불렸지만 죽어서는 르네상스의 선구자로 칭송받고 있다는 사실을 인정해야 한다.

41.

생각하는 삶이 갖는 가치에 대한 평가를 위하여.[97] — 생각하는 삶을 살아가는 사람으로서 우리는 행동하는 삶을 살아가는 사람들이 명상의 여러 가지 부작용에 의해 어떤 종류의 해악과 불운을 겪게 되었는지를 잊어서는 안 된다. 간단히 말하면, 만약 우리가 생각하는 삶의 좋은 점들에 대해서 그토록 긍지를 가질 경우, 행동하는 삶이 우리에게 어떤 식으로 손해 배상을 청구할 것인지를 잊지 말자는 것이다. 첫째, 소위 종교적 본성은 생각하는 삶을 살아가는 사람들 사이에서는 수적으로 우위를 점하고 그래서 또한 가장 보편적인 종류의 형상을 제공해 주고 있다. 이런 종교적 본성은 모든 시대에 있어서 행동하며 살아가는 사람의 삶을 어렵게 만들고 또 삶이 그들에게 가능하면 고통을 주는 데 영향을 끼쳤다. 하늘을 흐리게 하고, 태양에서 빛을 빼앗으며, 기쁨을 의심하고, 희망에서 가치를 제거하며, 활동적인 손을 마비시키는 이러한 일들에 그 종교적 본성은 정통했다.[98] 마찬가지로

97 인간의 삶은 두 가지로 이루어진다. 하나는 생각하는 존재로서 임하게 되는 내면적인 삶이고, 다른 하나는 육체를 가진 존재로서 현실 속에서 행동하며 사는 삶이다. 생각하는 삶과 행동하는 삶, 이 두 가지가 모여 사람 사는 모습이 완성되는 것이다. 사람은 밥만 먹고 살 수가 없다. 성경에도 "사람이 떡으로만 사는 것이 아니요 여호와의 입에서 나오는 모든 말씀으로 사는 줄을 네가 알게 하려 하심이니라"(신명기 8:3)라는 구절이 있다. 니체의 기본 입장은 하지만 어느 하나의 삶을 위해 다른 하나의 삶을 무시하거나 희생시키는 실수를 범하지 말아야 한다는 것에 있다. 둘은 균형을 잡아 줄 때 건강한 삶이 실현된다고 믿는 것이다. 성경의 논리와 비교한다면, 성경에서는 말을 하며 살아야 하는 존재에게 있어서 최고의 경지라고 할 수 있는 신의 말씀에 귀를 기울이게 한 반면, 니체는 그것을 폄하한 것은 아니지만, 무엇보다도 자기 자신의 목소리, 즉 자기 내면이 들려주는 양심의 소리에 귀를 기울여 줄 것을 요구한다. 천 년 이상의 세월을 보내야 했던 중세를 거치면서 사람들은 너무나도 생각하는 삶의 비중을 높여 놓은 반면에, 현실 속에서 행동하며 살아야 하는 삶에 대해서는 거의 무능하게 만들어 놓았다는 현실인식, 즉 이런 문제의식으로 니체는 생철학의 길을 선택한 것이다. 자기 자신을 위한 양심에 대해서는 너무도 무기력해진 인간들에게 자기 자신을 위한 권력에의 의지를, 즉 자기 삶에 대한 주인의식을 키워 주고 싶어서 니체는 묵묵히 자신의 길을 걷고 있는 것이다.

98 늘 권력을 거머쥔 사람들은 반대성향을 가진 무리들을 무력화시키는 것에만 몰두한다. 그들은 희망적

그런 종교적 본성은, 첫째, 비참한 시절이나 비참한 감정을 위해서도 그들 자신의 위로, 기쁨, 도움, 축복의 기도를 갖고 있었다. 둘째, 종교적인 인간들보다는 약간 드물지만 여전히 생각하는 삶을 살아가는 인간들의 종류로 자주 눈에 띄는 예술가들은 인격적으로 대부분 언짢고, 변덕스럽고, 시기심이 많고, 폭력적이며, 평온함을 거부하는 사람들이다. 이러한 부정적인 측면은 하지만 그들의 작품들에 의해 나타나는 영향들, 즉 마음을 유쾌하게 하고 고양시키는 영향들에서 제거될 수 있다. 셋째, 철학자들은 종교적인 힘과 예술가적인 힘을 모두 지니고 있는 인간의 종류이다. 하지만 이들은 제3의 것인 변증법적인 것, 즉 증명에 대한 욕망을 갖고 있다. 철학자들은 종교인이나 예술가가 취하는 방식을 그대로 따르면서도 해악을 끼치는 자들이었고, 더 나아가 그들은 자신의 변증법적인 성향을 통해 많은 사람들을 지루하게 만들었다. 하지만 이들은 항상 아주 극소수에 불과했다. 넷째, 사상가들과 학문에 종사하는 사람들이 있는데 이들은 자신의 영향력을 아주 드물게 행사한다. 이들은 두더지처럼 조용히 자신의 구멍을 파고 그 안

인 것을 절망으로 바꾸는 데 영리했던 것이다. 하지만 그런 권력이 사회를 지배하게 될 때 동시에 그 사회는 부패의 길을 걷게 된다. 토론이 불가능한 사회가 되어 버리기 때문이다. 반대의견을 침묵 속에 묻어 두는 것이 지혜로 여겨지기 때문이다. 하지만 진정으로 건강한 사회는 적을 존중하고 적의 존재에 대해 긍지를 가져 줄 때 오히려 예상을 깨고 구현된다. 그래서 니체는 건강한 사회는 오로지 적을 요구하는 건강한 권력감정에 의해 현실화된다는 믿음을 갖고 있었던 것이다. 그래서 니체는 간절하게 묻고 있다. "자신의 힘을 견주어 볼 수 있는 상대인 적(敵), 즉 가치 있는 적으로서 무서운 것을 갈망하는 몹시 날카로운 눈초리의 실험적 용기는? 자신이 '두려워하는 것'이 무엇인지를 배우고자 하는 적은 있는가"(『비극의 탄생』, 10쪽)? 권력에 대한 이런 감정은 적대적인 세력을 향한 대항의지, 저항의지 또 그런 세력에 맞서는 용기 등에 의해서만 증명된다. 적이 있어야만 증명될 수 있는 것이 바로 권력감정이며 권력에의 의지인 것이다. 모순처럼 들리겠지만, 바로 그런 감정을 위한 철학이 허무주의 철학이다. 바꿔 말하면 현실적인 권력 얘기를 하지 않는, 즉 신의 창조물이 되고 천국이라 불리는 그의 나라에 들어가 영생을 얻으며 영원히 그를 주인으로 섬기며 살고자 하는 온갖 정신과 소리들에 대해서는 오로지 허무함으로 대처하고자 하는 철학이다. 허무주의는 그러니까 빛의 가치를 인식하기 위해 어둠을 주목한다. 신의 가치를 인식하기 위해 악의 정신에 몰두한다. 이런 어둠과 악의 정신이 그 반대의 힘에 비해 절대로 모자람이 없게 될 때 니체가 꿈꾸는 지상천국이 실현되는 것이다.

으로 들어간다.[99] 그들은 거의 역정과 불쾌감을 일으키지는 않았지만, 자주 경멸과 웃음거리의 대상이 되었다. 하지만 그들의 업적은, 꼭 그것을 원한 것도 아니지만 행동하는 삶을 살아가는 인간들을 도와 이들의 삶을 쉽게 해 주었다. 결국 학문은 모든 사람에게 매우 유용한 어떤 것이 되었다. 이러한 유용함 때문에 행동하는 삶을 살도록 예정된 매우 많은 사람이 오늘날에도 얼굴에 땀을 흘리고 골머리를 앓으며 또 저주까지 해 대며 학문을 위한 길을 걸어가고 있는 것이다. 그러나 이러한 고생에 대해 사상가와 학문에 종사하는 노동자의 무리가 잘못이 없다는 것은 아니다. 그것은 그들이 '스스로 만들어 낸 고생'이다.

42.

생각하는 삶의 기원.[100] — 인간과 세계에 대해 염세주의적인 판단이 지배하던 야만적인 시대에 개인은 자신의 모든 힘의 감정을 항상 다음과 같은 것에서 발산시켰다. 즉 그는 항상 그러한 염세주의적인 판단에 따라 행동했다. 그는 사냥, 약탈, 습격, 학대, 살인의 방식으로, 즉 공동체 내에서 용인되는 한에서 자신의 생각을 행동으로 옮겼다. 그러나 그의 힘이 약해져 피곤, 병, 우울, 권태를 느끼고, 그 결과로 원하는 것도 없고 욕망도 상실하게 되면 그는 비교적 더 나은 인간, 즉 보다 덜 해로운 인간이 되었다. 그

99 니체는 이 책의 서문에서 자기 자신을 '땅속에서 일을 하고 있는 한 사람'으로 정의한 바 있다. 이런 사람이 바로 진정한 학자라는 것이다. 빛 속에서 온갖 영광이란 영광은 다 받아 가면서 일을 하는 그런 유명인은 못되지만, 빛이 없는 곳에서도 좌절하거나 절망하지 않고 오로지 자기가 해야 할 일에만 열중하는 그런 운명을 타고난 사람으로 학자를 간주하는 것이다.

100 생각하는 삶도 생각하는 삶 나름이다. 부정적인 의미의 생각하는 삶도 있다. 그중에서 대표적인 예로 니체는 여기서 염세주의적인 생각과 그 삶을 설명한다.

의 염세주의적인 표상들은 겨우 말과 생각 속에서, 예를 들어 자신의 동료들, 혹은 자신의 아내, 혹은 자신의 삶, 혹은 자신의 신들이 갖는 가치에 대한 말과 생각 속에서 표출되었다. 하지만 그의 판단은 악한 판단이 되었다. 힘을 상실한 이런 상태에서 그 개인은 사상가이자 예언자가 되거나 자신이 믿는 미신을 계속해서 꾸며 내고 또 새로운 관습을 고안하거나, 혹은 자신의 적들을 비웃게 된다. 하지만 그가 무엇을 고안하든, 그의 정신에서 비롯된 모든 것은 그가 처해 있는 상황을 반영할 뿐이다. 즉 그것들은 공포와 피곤의 증대와 더불어 행동과 향락에 대한 평가의 감소를 나타낼 뿐이다. 그것들의 내용은 시인이자 사상가이자 사제와 같은 분위기에서 고안된 내용에 상응하지 않을 수 없다. 여기서는 악한 판단이 지배할 수밖에 없다. 과거에는 악한 것으로 판단되던 것이어서 사람들은 그 악한 것을 행하지 않으려 했고, 이에 우울하고 부족한 삶을 살았던 상황 속에서, 개인이 지속적으로 행한 모든 것을 시인, 혹은 사상가, 혹은 사제, 혹은 주술사라고 불렀다. 이런 자들은 스스로 충분히 행동하지 않았기 때문에 쉽게 사소한 존재로 평가되었고, 때로는 공동체에서 쫓겨났다. 하지만 바로 이 경우에 하나의 위험이 도사리고 있었다. 이런 자들은 미신과 신적인 힘들이 남겨 놓은 흔적을 쫓아가는 사람들이었기에 사람들은 그들이 어떤 알려지지 않은 힘을 제공해 줄 것이라는 사실에 대해 의심하지 않았다. 이것이 바로 생각하는 삶의 본성을 지녔던 가장 오랜 종족이 받았던 높은 평가이다. 그들은 두려움의 대상이 되지 않으면 똑같은 정도로 경멸을 받아야 했다! 그렇게 위장된 모습 속에서, 그런 애매모호한 외모 속에서, 악한 심장과 두려움에 휩싸인 머리를 하고서, 생각하는 삶의 전형은 이 지구상에 모습을 드러냈다. 그들은 약하지만 동시에 무서운 존재였고, 은밀하게 경멸당하면서도 공개적으로는 미신적인 존경을 한 몸에 받았다. 언제나 그렇듯이, 바로 여기에 수치스러운 기원이 있다!

43.

얼마나 많은 힘이 지금 사상가들 속에 모여야 하는지. — 스스로 감각적인 직관에서 멀리 떨어지는 동시에 추상적인 것을 향해 상승시키는 것, 이것은 한때 진정한 고양으로 느껴졌다. 우리는 그것을 더 많이 느낄 수 없다. 가장 창백한 언어와 사물을 만들어 내는 사람들 속에 빠져 탐닉하는 것, 그런 본 적도 없고 들은 적도 없고 느껴 본 적도 없는 사물들을 가지고 노는 것은 현실과 다른 보다 높은 세계에서의 삶으로 느껴졌다. 이보다 높은 세계는 그러니까 감각적으로 만질 수 있고 그래서 현혹될 수 있으며 그 결과 악한 것으로 평가되는 세계에 대한 깊은 경멸에 의해 탄생한 것이다.[101] "이 추상적인 것들은 더 이상 우리들을 현혹하지 않지만, 우리를 인도할 수는 있다!" 이런 말을 하면서 사람들은 마치 상승되고 있는 양 몸을 흔들어 댔다. 학문 이전 시대에는 정신의 이러한 유희의 내용보다는 그 유희 자체가 '보다 격조 높은 것'으로 간주되었다. 이런 생각들에 의해 변증법에 대한 플라톤의 경탄과 그 변증법이 선한 생각을 하는 사람들과 필연적으로 관계한다는 그의 열광적인 믿음이 탄생했다. 하나씩 그리고 서서히 발견된 것은 인식뿐만 아니라, 인식의 수단, 즉 인식에 앞서 취해야 할 상태와 조작에 대해서도 발견되었다. 그리고 그때마다 새로 발견된 조작 혹은 새로 느껴진 상태는 모든 인식을 위한 하나의 수단이 아니라 이미 모든 인식할 만한 가치가 있는 것의 내용이자 목표이며 총합인 것처럼 보였다. 사상가에게는 환상, 고양, 추상, 탈감성, 고안, 예감, 귀납, 변증법, 연역, 비판, 자료의

101 생각으로 만들어 낸 세계를 더 높은 것으로 판단하고, 눈에 보이는 세계를 더 낮은 것으로 평가하는 것은 잘못된 생각의 전형이다. 물론 생각하는 존재는 생각으로 살아야 하는 것은 사실이지만, 그 생각이 이 세계를 무시하는 쪽으로 발전해 간다면 그것은 반드시 지양되고 극복되어야 할 대상일 뿐이다.

수집, 비개인적인 사고방식, 명상, 전체적인 직관, 그리고 무엇보다 현존하는 모든 것에 대항하는 정의와 사랑이 필요하다.[102] 그러나 이 모든 수단은 생각하는 삶의 역사에서 개별적인 목적으로, 아니 궁극적인 목적으로 간주되었고 이러한 수단들을 고안해 낸 사람들에게 궁극적인 목적을 밝혀낼 때 인간의 영혼 속에 깃들게 되는 저 지복至福의 감정을 주었다.

44.

기원과 의미. — 어째서 나에게 이런 생각이 자꾸 들고 또 점점 더 오색영롱한 색채를 띠며 빛나는 것일까? 예전의 학자들은 사물의 기원을 탐구하는 길목에 있을 때마다 항상 발견했다고 생각하는 어떤 것이 모든 행동과 판단을 위해 헤아릴 수 없이 중요한 의미를 갖고 있는 것이라고 생각했다. 그렇다, 사람들은 항상 인간의 구원이 사물의 기원에 대한 인식에 의해 좌우된다는 것을 전제했던 것이다. 이와는 반대로 지금 우리의 경우에는 근원에 접근하면 할수록 그만큼 기존의 근원에 대한 우리의 관심은 점점 더 적어진다. 더 나아가 우리가 우리의 인식을 가지고 그 사물 자체에게로 되돌아가고 접근해 갈수록 지금까지 우리가 사물들에 투입했던 그 모든 우리의 가치 평가와 우리의 '관심을 끌었던 것들'이 그 의미를 상실하기 시작한다.[103] 근원에 대한 인식과 함께 근원의 무의미성이 증대되고 있을 뿐이

102 진정한 사상가는 모든 것에 대항할 수 있어야 한다. 대립은 허무주의가 선택한 존재방식이다. 늘 태극의 이념처럼 선과 악을 싸고돌 줄 알아야 한다. 늘 음과 양을 함께 거느릴 줄 알아야 한다. 늘 호감과 반감을 거듭하며 감정을 다스릴 줄 알아야 한다. "예술의 발전은 아폴론적인 것과 디오니소스적인 것의 이중성과 결합되어 있다"(『비극의 탄생』, 29쪽). 발전 그 자체는 이중성과 결합되어 있다. 이것이 니체 철학의 대전제가 되는 것이다.

103 '가치'는 독일어로 '베르트(Wert)'라고 한다. 자연 속에는 가치가 따로 존재하지 않는다. 무엇을 두고 가치 있다고 말하는 것은 인간의 몫이다. 말하자면 영원불변의 가치는 없다는 것이다. 가치 있다고 말

다. 하지만 반대로 가장 가까이 있는 것들, 즉 우리 주변에 있는 것들과 우리 내부에 있는 것들은 옛날 사람들이 꿈도 꾸지 못했던 색채와 아름다움과 수수께끼와 의미의 풍요로움을 서서히 드러내기 시작한다.[104] 예전에 사

했던 사람이 죽으면 그 가치는 사라질 수밖에 없다. 그래서 사람이 죽으면 그가 쓰던 물건들을 다 불태우는 의식도 갖게 되는 것이다. 이런 가치를 주인공 이름으로 선택했던 작가가 있다. 24살에 도달한 젊은 괴테였다. 그는 『젊은 베르테르의 슬픔』이란 작품을 집필하여 공개함으로써 단숨에 유명해졌다. 뒤에 '~er'이라는 접미사를 붙여서 '더 가치 있는 자'가 그가 만들어 낸 베르테르(Werther)의 이름이었다. 그런데 그 가치 있는 자가 슬퍼하고 괴로워한다. 여기에 고도의 심리적인 작전이 걸려 있다. 기성세대가 말하는 가치는 싫고 그렇다고 젊은 세대가 말하는 가치는 아직 성숙하지 못해 질풍노도의 상황에 처해 있다. 과거의 가치 평가는 따를 마음이 없고 그동안 관심을 끌었던 것들에서조차 흥미를 잃고 말았다. 모든 것이 허무하다는 인식은 이때 도래하게 된다. 이제부터는 이 허무함을 어떻게 극복하느냐가 문제다. 허무주의는 도래해야 한다. 극복을 원한다면 이런 고통쯤은 운명으로 받아들여야 한다. 그러나 그 운명 앞에서 굴복하는 것이 아니라 극복하며 넘어서야 한다. 허무주의는 반드시 극복되어야 한다. 이런 이념을 니체는 훗날 '모든 가치의 가치전도'라는 개념으로 설명하게 된다. 그가 주장하는 허무주의 철학은 그러니까 삶이 허무하다는 말을 하기는 하지만 그것이 목적이 아니라는 얘기다. 그가 한 말들이 이런 내용이었다면 그의 철학은 쇼펜하우어가 말했던 염세주의와 다를 바가 없다. 하지만 니체는 그의 철학에서 등을 돌리고 자신의 길을 걸었다. 니체는 모든 가치를 상실한 그 허무한 삶을 어떻게 극복하고 또 그 삶을 어떻게 가치와 의미로 충만한 삶으로 만들어 낼 것인가, 이런 생각으로 가득할 뿐이다.

104 과거, 특히 중세 시대에 사람들은 예를 들어 천사가 되어 하늘나라로 가는 것을 목표로 삼았었다. 그러면서 늘 하늘을 바라보며 삶에 임했다. 언제나 하늘의 뜻, 하나님의 뜻을 헤아리려고 애를 썼던 것이다. 하지만 니체의 생철학은 대지의 뜻에 집중한다. 대지의 뜻, 그것이 곧 초인이라고 말한다. "초인은 이 대지의 뜻이다"(『차라투스트라는 이렇게 말했다』, 17쪽). 그동안 무시당했던 주변의 것에 관심을 갖고자 한다. 의미가 없다고 판단했던 이 대지의 것에서 의미를 찾고자 한다. 삶의 현장 속에서 '삶의 진주들'(『인간적인 너무나 인간적인』 제1권, 343쪽)을 찾고자 한다. 니체는 "내 주위에 평화와 모든 가장 가까이 있는 것에 대한 기쁨을"(같은 곳)이라는 말이 삶을 위한 좌우명이 되어 주기를 바란다. 하지만 여기서도 오해는 없어야 한다. 니체는 하늘의 뜻을 제거하고 대지의 뜻만을 선택하고자 하는 것은 절대로 아니다. 그는 하늘의 뜻과 대지의 뜻이 골고루 그 자체의 의미를 획득해 주기를 바랄 뿐이다. 이런 니체의 뜻은 한자어에서 공부를 의미하는 첫 번째 글자 공(工)이 보여 주는 형상과 닮았다. 즉 하늘의 뜻과 대지의 뜻을 하나로 연결시켜 주는 그런 모양을 띠고 있기 때문이다. 그러니까 공부는 위의 것과 아래의 것을 연결하는 것이다. 추상적인 것과 구상적인 것을 하나의 관계 속으로 엮어 내는 것이다. 이런 식으로 니체는 늘 균형을 강조했다. 『차라투스트라는 이렇게 말했다』에서 차라투스트라가 자신의 동굴을 떠나 하산하여 군중 속으로 들어가 첫 가르침을 주고자 했을 때 나오는 장면이 줄타기 하는 광대의 이야기였다는 사실은 매우 중요한 사건이다. 줄타기의 묘미는 좌로나 우로나 치우치면 추락의 위험이 따르는 기술에 있다. 중심을 잘 잡아야 한다는 얘기다. 다시 한번 자서전을 마감하는 문장 하나를 확인하는 의미로 읽어 보자. "— 나를 이해했는가? — 디오니소스 대 십자가에 못 박힌

상가들은 잡혀 있는 짐승처럼 원한에 차서 어슬렁거렸고, 언제나 울타리의 창살을 탐색하다가 이 창살에 달려들어 그것을 부수려 했다.[105] 그리고 그 틈새를 통해 바깥세상에 대한, 즉 내세에 대한, 그리고 먼 것에 대한 어떤 것을 보았다고 믿었던 자들을 성스럽게 여겼다.

45.

인식의 비극적 결말.[106] ― 사람을 고양시키는 모든 수단 중에서 모든 시

자…"(『이 사람을 보라』, 264쪽). 니체의 이 말은 제대로 해독해 내야 한다. 그는 배타적 이분법의 원리로 이 문장을 적어 놓은 것이 결코 아니다. 그는 포용적 이분법으로 이 말을 하고 있을 뿐이다. 니체는 디오니소스도 십자가에 못 박힌 자도 다 원한다. 『비극의 탄생』에서 니체는 디오니소스적인 것과 아폴론적인 것이 함께 모여 주고, 서로 힘을 합쳐 주어야 진정한 예술이 탄생한다고 말했다. 이런 이념은 니체 철학의 처음과 끝을 장식한다. 첫 작품부터 자서전까지 이어지는 핵심 사상이다. 처음부터 끝까지 한결같다. 그런데도 그를 오해하는 이유는 우리가 너무 배타적인 이분법에 익숙해져 있기 때문이다. 문장 하나를 읽어도 자기 마음대로 읽어 대니까 이런 실수가 벌어지고 있는 것이다.

105 니체가 말하는 예전 사람들, 즉 옛날 사람들의 전형은 자기 생각 속에서 틀을 형성하고 스스로 그 속에 갇히는 사람들이다. 이제 니체는 이런 구시대적 발상과 그런 생각의 형식을 버리고 생각을 도구로 삼을 줄 아는 정신을 요구한다. 생각은 생각하는 존재의 가장 중요한 도구일 뿐이다. 그 생각을 통해 생각하는 존재는 자기 자신을 규명할 수 있을 뿐이다. 생각은 그릇이다. 그 그릇 안에 무엇을 담느냐가 문제인 것이다. 진리가 있다고 믿고, 도(道)가 있다고 믿으며, 하나님이 뜻이 있다고 믿고, 법(法)이 있다고 믿는 한, 즉 그런 개념들이 돌이나 구름처럼 실존적 의미로 존재한다고 믿는 한, 생각은 그 신앙의 틀 속에서 해방될 기미를 찾지 못한다. 모든 개념은 생각의 결과물로 발견되고 또 경우에 따라서는 발명되기도 했던 것이다. 시대마다 새로운 개념이 창조되기도 한다. 다만 그 개념에 어떤 가치를 부여하느냐는 생각의 몫이다. 그것을 인정할 수 있어야 허무주의가 보인다. '아이고 의미 없다!'고 말하는 어느 개그의 유행어처럼 부질없다는 생각이 인식되면 허무주의도 쉽게 이해될 수 있다는 얘기다. '아이고 허무하다!'라고 말하면서도 좌절이나 절망에 빠지는 것이 아니라, 오히려 그 허무함의 감정을 지배하는 정신을 가질 수 있다는 생각만 할 수 있다면 모든 것은 순식간에 바뀔 수 있다.

106 인식도 인식 나름이다. 깨달음도 깨달음 나름이다. 이성적 존재는 생각을 하면서 각자 나름대로의 결론에 이르고야 만다. 그러면서 판단을 가지게 된다. 하지만 현실을 무시한 채 별들의 이야기를 하듯 그렇게 허공만 바라보고 있다면 그런 인식은 비극적이기만 하다. 그런 비극이 허락하는 카타르시스는 지극히 낭만주의적이기만 하다. 잘못된 비극은 잘못된 카타르시스를 유발시킬 것이고, 그런 파국은 우리의 정신을 허공에 매달아 놓을 것이다.

대에 걸쳐 가장 많이 고양시켰고 또 치켜세워 주었던 것은 사람을 희생시키는 것이다. 그리고 어쩌면 하나의 섬뜩한 생각으로 모든 다른 노력까지도 얼마든지 굴복시킬 수 있을 것이다.[107] 그에게 승리란 도달할 수 있는 것들 중 최고의 승리일 것이다. 그런 생각 중의 최고가 바로 인류를 희생시키는 생각일 것이다. 하지만 누구를 위해 인류를 희생시켜야 한단 말인가? 우리는 이에 대해 이미 다음과 같이 단언할 수 있다. 즉 언젠가 이런 생각의 별자리가 수평선 위에 나타날 때, 또 진리의 인식이 유일하고 섬뜩한 목표로 남게 될 때, 그에 걸맞은 희생이 주어져야 한다는 것이다. 왜냐하면 그러한 목표를 위해서라면 어떤 희생도 아깝지 않기 때문이다. 그런데 인식을 촉진하는 발걸음이 인류 전체에게 어느 정도까지 가능한가 하는 문제는 아직 단 한 번도 제기된 적이 없었다. 게다가 어떤 인식 충동이 인류로 하여금 선구적인 지혜의 불빛을 눈 안에 담은 채 스스로 희생하도록 몰아붙일 수 있을까 하는 문제는 생각도 못했던 것이다. 아마도 언젠가 인식의 목적을 위해 다른 별들의 주민들과 의형제를 맺게 되고, 또 사람들이 자신들이 얻은 지식을 수천 년에 걸쳐서 별에서 별로 전해 주게 된다면, 아마도 그때가 되어서야 인식의 감격이 그런 최고조에 달하게 되지 않을까!

46.

의심에 대한 의심.[108] — "잘 만들어진 머리를 위해서는 의심이 얼마나 좋

107 생각하는 존재에게 생각은 최고의 무기이다. 생각으로 굴복시킬 수 없는 것은 없기 때문이다. 하지만 동시에 생각은 자신을 위협하는 최고의 흉기가 될 수도 있다. 생각이 생각하는 존재 자체, 즉 자기 자신에게로 향할 때 극복의 이념으로 작동하지 않고 원한과 복수의 이념으로 작동하면 큰일이 벌어질 수도 있다. 자살이라는 비극을 초래할 수도 있다는 얘기다. 그래서 생각은 잘해야 한다. 생각은 자기 자신을 구원할 수도 있지만 파괴와 몰락으로 이끌 수도 있다는 것을 무시하면 안 된다.

은 베개인가!" 몽테뉴의 이 말은 파스칼을 항상 화나게 했다.[109] 왜냐하면 파스칼만큼 그토록 강렬하게 좋은 베개를 갈망한 사람은 없었기 때문이다. 도대체 무엇이 모자랐던 것일까?

47.

말이 우리를 방해한다![110] — 아주 옛날에는 사람들이 한마디 말을 하는

108 의심도 의심 나름이다. 이성적 존재는 의심하는 행위로부터 자유로울 수가 없다. 늘 의심을 할 수밖에 없는 것이 이성적 존재의 운명이다. 하지만 어떤 의심을 하며 살 것인가? 그것은 다른 문제다. 쉽게 말하면, 질문하는 것은 피할 수 없다. 하지만 어떤 질문을 하며 살 것인가? 그것이 문제라는 얘기다. 중세 천 년 동안 사람들은 신의 존재 규명에 연연했다. 이제 니체는 그만 한 열정으로 사람에게 집중해 보고 싶은 것이다. 사람에 대한 존재 규명이야말로 니체 철학의 최대 과제인 것이다.

109 몽테뉴와 파스칼은 그들의 사상에 있어서 인간 중심적인 생각과 신 중심적인 생각으로 대립된다. 예를 들어 콘디치오 후마나(Conditio humana), 즉 인간의 조건을 생각의 중심에 두고 고민을 했던 철학자는 몽테뉴다. 무엇이 사람을 사람답게 만드는가? 그것이 그의 철학적 고민이었던 것이다. 하지만 파스칼은 이성의 가치를 '신을 믿을 수 있다'는 것에서 찾았다. 사람은 '생각하는 갈대'만큼이나 가소로운 존재이지만, 그 생각을 신에게로 향하게 할 때 사람은 진실로 위대해진다는 것이다. 그러면서 그는 '올바르게 생각하도록 힘쓰자'고 종용하기도 했다. 파스칼에게 있어 올바른 생각은, 그러니까 신을 생각하는 것이었다. 니체는 파스칼보다는 몽테뉴를, 즉 생철학의 줄기를 이어 간다.

110 이성적 존재는 이성을 활용하며 사는 존재다. 이성의 가장 중요한 도구는 말이다. 이성적 존재는 말을 하며 살아가는 존재라는 얘기다. 그런데 그 말이 삶을 힘들게 한다. 사람은 말을 하며 진실만을 말하지 않는다. 그것이 문제의 핵심이다. 사람은 말을 하며 거짓말도 한다. 의도된 거짓말도 있고, 의도치 않은 거짓말도 있다. 어린 조카가 담배를 피우는 삼촌을 향해 '담배 피우면 지옥 가요!' 하고 말하는 것은 자기도 모른 채 거짓말을 하는 것과 같다. 진실과 거짓의 차이는 무엇일까? 자기가 하는 말을 진실로 여기면, 그것이 곧 진실이 되는 것일까? 또 친구가 옆에 있다가 이런 말을 한다. '교회 다니는 사람이 그러면 안 되지!' 하고. 교회 다니는 사람은 해야 할 언행이 정해져 있다는 생각에서 이런 말을 하게 되는 것이다. 틀에 박힌 생각에서 이런 말들이 탄생하는 것이다. 진실을 인식하는 과정에서 가장 극복하기 힘든 것이 이런 선입견과 편견을 깨는 것이다. 그것을 깨는 것이 힘든 이유는 자기 자신이 자기 자신의 생각에 매달려 있기 때문이다. 사람은 늘 자기 생각이 옳다는 생각을 하며 현실을 버티고 있을 뿐이다. 자기 생각이 틀리다는 인식이 들 때는 온 세상이 다 무너지는 듯한 고통에 휩싸이기도 한다. 좌절과 절망은 그때 엄습해 온다. 그게 싫어서 사람은 자기 생각에 고집을 피우기도 하는 것이다. 말은 가려 가며 해야 할 일이다. 좋은 말만 하고 살아도 평생이 모자란다. 이성적 존재는 이성 때문에 말썽이다. 이성을 어떻게 다루느냐에 따라 존재는 아름답기도 하도 흉측하기도 하다. 이성은 형식이다. 내용은 생각의 몫이다.

곳이라면 어디서나 그곳에서 바로 하나의 발견이 이루어졌다고 믿었다. 하지만 진실은 얼마나 다른지! 그들은 하나의 문제를 건드렸을 뿐인데, 그 문제를 풀었다고 생각함으로써 오히려 그들은 해결을 막는 하나의 장애물을 창조해 냈다. 오늘날 사람들은 모든 인식을 할 때마다 돌처럼 단단하고 영원성이 부여된 이런 말들 위에서 비틀거리며 걷고 있다. 그리고 그렇게 걷다가는 말 한마디가 아니라 다리 하나가 부러지기 십상이다.

48.

'너 자신을 알라'가 학문의 전부다.[111] — 모든 사물에 대한 인식의 끝에 도달해서야 인간은 스스로 자기 자신을 알게 될 것이다.[112] 왜냐하면 사물들은 오로지 인간의 한계가 될 뿐이기 때문이다.

111 '너 자신을 알라'는 고대 그리스어로 '그노티 세아우톤(Gnothi seauton)'이고, 그 말은 아폴론 신전에 씌어 있었다고 한다. 이 말을 소크라테스는 이데아의 이념으로 해석하며 자기 철학의 근간으로 삼았다. 이념적이고 본질적인 존재로서의 자기 자신이, 그러니까 소크라테스의 핵심 사상이라는 얘기다. 하지만 니체는 이런 본질적인 영역보다는 현상적인 영역에 더 관심이 많았다. 현실적인 의미로서의 자기 자신을 아는 것이 니체의 최대 관심사인 것이다. 진정한 공부는 현상과 관계하는 그런 존재를 인식하는 것이어야 한다는 것이다.

112 그래서 사람은 자신의 삶을 끝까지 살아 봐야 한다. 대충 살다가 대충 여기가 끝이라고 선언하는 것은 자기기만이다. 끝이 아닌데 끝이라서 말하는 것은 더 이상 극복하기를 포기하는 꼴이나 다름없다. 허무주의 철학은 대충 사는 그런 삶을 가장 혐오한다. 일어설 수 있으면 아직 끝이 아니다. 중력에 저항할 수 있으면 아직 한계에 도달한 것이 아니다. 고인 물이 돌 하나를 받아들이며 동그라미를 지속적으로 형성해 나가듯이, 땅속에 뿌리내린 나무가 추운 겨울을 맞이하여 나이테를 말없이 만들어 나가듯이, 그렇게 사람은 삶을 살아 줘야 한다. 발을 가지고 걸으며 살아야 하는 존재는 끊임없이 반복해서 일어서고 또 자신의 힘이 허락하는 곳까지 가 봐야 한다. 오로지 그곳에 당도해야만 진실로 자기 자신이 누구인지를 알게 된다. 끝까지 가 보면 만날 수 있는 사람이 있다. 그가 바로 자기 자신이다. 끝이 아닌 곳에서 만난 자기 자신은 완성되지 않은 그림 속의 형상처럼, 때로는 괴물처럼 보이기도 할 것이다. 그런 괴물이 영웅을 죽이는 미노타우로스이고 사람을 잡아먹는 스핑크스이다. 하지만 생각하는 존재에게는 미노타우로스도 스핑크스도 모두 극복의 대상이 될 뿐이다.

49.

새로운 근본적 감정은 우리의 궁극적인 무상. — 옛날 사람들은 자신의 신적인 기원을 보여 줌으로써 그 사람이 위대하다는 감정을 얻고자 했다.[113] 이것은 이제 금지된 길이 되었다. 왜냐하면 그 길의 입구에는 소름이 끼치는 다른 동물들과 함께 원숭이가 '이 방향으로는 더 이상 갈 수 없다!'고 말하기 위해 서 있는 것처럼 영리하게 이빨을 드러내고 있기 때문이다. 따라서 사람들은 이제 반대 방향에서 위대한 감정을 구하려 한다. 인류가 나아가는 그 길은 인류의 위대함과 신과의 친족 관계를 증명하는 데 도움이 되어야 한다. 아, 이 또한 쓸모없다! 이 길의 끝에는 마지막 인간이자 무덤 파는 사람의 납골 항아리가 있고, 거기에는 '인간적인 것은 아무것도 내게 낯설지 않다'라고 적혀 있다. 인류가 아무리 높이 발전해도, 결국 그 인류는 어쩌면 처음에 서 있던 것보다도 훨씬 더 밑에 있지 않을까! 인류를 위해 더 높은 질서로 넘어가는 통로는 없다.[114] 이는 개미나 집게벌레가 '생의 여정'의 마지막에 이르러 신과의 친족 관계나 영원으로 격상되지 않는 것과 같다. 변화는 과거에 있었던 일들을 자기 뒤에 끌고 다닌다. 어째서 이 영원한 연극에서 어떤 작은 별을 위해 또 그곳에 살고 있는 작은 종을 위해 하나의 예외가 주어져야 한단 말인가![115] 그런 감상적인 것들은 버려라!

113 소위 자기 아버지가 아폴론이다(플라톤), 혹은 자기가 아프로디테의 후손이다(시저) 등과 같이 주장하면서 자기 자신이 훌륭한 가문의 출신이고 그래서 자기 자신이 위대하다는 논리를 펼치는 사람들이 있다. 이것이 고대인들의 사고방식이다. 물론 그렇게 생각하는 것 자체가 문제 되는 것은 아니다. 스스로 긍지를 갖는 방식으로는 오히려 권장할 만한 생각이다. 하지만 그런 생각을 하면서 타인을 폄하하는 것이 문제일 뿐이다. 이런 생각의 형식이야말로 치유가 필요한 나르시시즘인 것이다.

114 이것이야말로 전형적인 허무주의의 소리다. 현세를 떠난 내세는 없다. 대지와 상관없는 천국은 없다. 그런 '감상적'인 생각으로 삶을 살지 말아 달라는 것이 허무주의의 이념이다.

115 죽음은 인간에게 필연이다. 삶은 죽음으로 마감한다. 생철학이 넘어야 할 가장 높은 산이다. 허무주의는 끊임없이 신을 죽이며 다시 신을 살려 내려는 의지로 일관한다. 그런데 니체가 말하는 신은 과연

50.

도취에 대한 믿음.[116] — 숭고하고 황홀한 모습을 보이는 사람들은 습관적으로 그 반대적인 것들을 위해 자신의 신경의 힘을 소모적으로 사용하기 때문에 비참하고 위로를 받지 못하는 것처럼 보일 수 있다. 하지만 그들은 바로 이런 모습을 본래의 자기로, 즉 본래의 '자신'으로 간주한다. 비참함과 위로받지 못하는 것 자체도 '자기 밖으로 나간 상태'의 효과로 생각할 뿐이다. 그래서 그들은 자신의 주변, 자신의 시대, 자신의 세계 전체에 대해 복수심에 불타는 감정으로 대한다. 도취야말로 그들에게는 진정한 삶으로 또 본래의 자아로 간주된다. 다른 모든 것에서 그들은 도취의 적대자와 방해자를 볼 뿐이다. 그러니까 이 도취는 정신적, 도덕적, 종교적 혹은 예술적인 본성 등 여러 측면과 연결된다. 이 열광적인 술고래들은 인류에게 수많은 해악을 끼쳤다. 왜냐하면 그들은 자기 자신과 이웃들, 시대와 세계에 대한

무엇일까? 인간이 도전해야 할 신은 과연 어떤 존재일까? 이런 질문과 의혹이 고개를 들기 시작하면 인간과 신은 절대로 화합할 수 없는 관계처럼 보이기도 한다. 하지만 니체는 바로 이것을 증명하고 설명하기 위해 철학의 길을 걷는다. 사람은 죽을 것이다. 반드시 죽을 것이다. 생로병사, 그것은 사람 사는 이야기임에 틀림없다. 그래도 불멸이 또한 이 세상을 산 사람에게 주어진다. 그것을 니체는 믿는다는 얘기다. 그 불멸이 되기 위해 니체는 끊임없이 노력하고 전진한다. 그의 극복의 의지는 한순간도 머뭇거리지 않았다. 죽을 때까지 초인의 모습으로 일관했다. 그리고 그는 불멸이 되었다. 인류가 존재하는 한 니체의 글들은 영원히 읽힐 것이다. 사람이라면 누구나 그를 기억해 줄 것이다. 물론 그를 싫어하는 사람들도 있으리라. 예수나 석가모니처럼 친구도 있고 적도 있게 마련이다. 신도 취향의 문제다. 누구는 절이 좋다 하고 누구는 교회가 좋다 한다. 철학도 마찬가지다. 누구는 관념론이 좋다 하고 누구는 신학이 좋다 하고 또 누구는 염세주의가 좋다 한다. 현대를 넘어 '현대 이후'를 예감하는 자는 허무주의를 좋아하게 될 것이다.

116 도취에도 디오니소스의 경우처럼 예술적 영감과 창조의 힘으로 연결되는 것이 있기도 하지만, 그와는 반대로 외부의 힘에 구속됨으로써 오히려 위안을 받으려는 의존적인 도취도 존재한다는 것이 문제다. 여기서는 이런 부정적인 의미에서의 도취를 비판하고 있다. 이런 도취는 늘 세상에 대한 불평불만으로 가득 차 있고, 그래서 이 세상에 대한 복수심이 끊이질 않는다. 늘 타인이 문제다. 그 타인 때문에 자기 삶이 힘들다. 이런 자기 연민이 바로 부정적 의미의 도취가 갖는 특성인 것이다.

경멸 그리고 특히 '세상에 싫증남'이라는 것으로 지치지도 않고 잡초의 씨를 뿌리는 못된 사람들이기 때문이다. 범죄자들로 가득 찬 지옥 전체도 가장 먼 곳까지 이 억압적이고, 땅과 하늘을 더럽히는 무시무시한 영향을 끼칠 수 없을 것이다. 예를 들어 저 고상한 작은 공동체까지, 즉 무절제한 사람들, 공상가들, 반쯤 미친 사람들, 자신을 지배할 수 없어서 자신을 완전히 상실해야만 비로소 모든 가능한 쾌감을 맛보는 천재들로 이루어진 저 공동체까지 말이다. 이에 반해 범죄자는 매우 자주 뛰어난 자기 통제와 희생정신 그리고 영리함을 보여 주고, 그들을 무서워하는 사람들에게 이러한 특성들을 잘 일깨워 준다. 범죄자에 의해 인생 위의 하늘이 어쩌면 위험해지고 흐려질 수도 있다. 하지만 공기는 힘차고 엄격하게 머물게 될 것이다. 무엇보다도 저 열광자들은 온 힘을 다해 삶 중의 삶이라는 가치로서 도취에 대한 믿음을 심어 놓는다. 하나의 끔찍한 믿음을! 지금 야만인들이 '화주火酒'로 인해 급속도로 타락하고 몰락하고 있는 것처럼 인류는 대부분 정신적인 화주에 의해 감정까지도 완전히 취해 버렸고 또 그것을 원하는 욕망을 강력하게 품은 자들에 의해 서서히 그리고 철저히 타락해 가고 있다. 어쩌면 인류는 그것 때문에 몰락하게 될지도 모른다.

51.

우리가 아직 그런 것처럼! — "위대한 외눈박이에게 관용을 베풀자!"라고 스튜어트 밀이 말했다. 마치 그들에게 신앙뿐 아니라 거의 숭배까지 바치는 것이 습관처럼 되어 버린 곳에서 관용을 요구하는 것이 필요한 것처럼! 나는 말한다. 크든 작든 상관하지 말고 두 눈을 가진 사람들에게 관용을 베풀자고. 왜냐하면 우리가 아직 우리가 베풀 수 있는 관용보다 더 높이 도달하지는 못했기 때문이다!

52.

영혼을 치료하는 새로운 의사들은 어디에 있는가? — 인생은 근본적으로 고통스러운 성격을 가지고 있다고 사람들은 믿으면서 그것을 일종의 위로의 수단으로 삼고 있다. 사람들이 앓고 있는 가장 큰 병은 바로 자신의 병들과 싸우면서 생겨난다. 그리고 치료제라고 생각되었던 것은 결국 그것에 의해서 제거되어야 할 병보다 더 나쁜 것을 생산해 냈다. 무지 때문에 사람들은 순간적으로 영향을 끼치고 마비시키고 도취시키는 수단들을, 소위 위로의 수단들을 치료가 지녀야 할 본래적인 힘으로 간주한다. 그러니까 사람들은 단 한 번도 다음과 같은 사실들을 제대로 깨닫지 못한다. 첫째, 사람들은 이러한 즉각적인 치료 효과가 자주 고통의 일반적이고 심각한 악화로 이어질 수 있다는 사실을 깨닫지 못한다. 둘째, 사람들은 환자가 처음에는 도취의 후유증에 시달리고, 나중에는 도취에서 벗어나기 위해 시달리고, 더 나중에는 불안과 신경 장애와 나쁜 건강으로부터 압박을 받는 감정 전체에 시달려야 한다는 것을 깨닫지 못한다. 병이 어느 정도까지 깊어지면 더 이상 회복하지 못한다. 바로 이 점을, 소위 일반적으로 신망을 얻고 있고 숭배까지 받고 있는 그런 의사들, 특히 영혼의 의사들은 걱정한다. 쇼펜하우어가 인류의 고통을 마침내 다시 한번 진지하게 취급했다고 말하는 것은 옳다.[117] 하지만 그가 취급한 바로 이 고통에 대한 치료제에 대해 다시 한번 진

117 쇼펜하우어에게서 니체는 세상을 바라보는 법을 배웠다. 그래서 그는 『반시대적 고찰』의 제3권의 제목을 「교육자로서의 쇼펜하우어」라고 정했고, 거기서 자신에게 영향을 끼친 염세주의적 사상의 힘을 칭송해 놓기까지 했다. 하지만 니체는 그 발상에서 멈추지 않았고, '모든 인생이 고통이다'라는 발언을 디딤돌 삼아 한 단계 더 나아가고자 했다. 즉 쇼펜하우어처럼 현실을 외면한 채 밤하늘의 별이 되고자 하는 마음을 버리고 현실에 머물며 현실과 맞서고, 또 그 현실을 극복하며, 결국에는 그 현실에 대해 주인의식으로 임해 보고자 하는 이념으로 나아갔던 것이다. 허공을 바라보게 하는 모든 것에 대해 허무함을 받아들이고, 그 허무한 감정을 극복해 낸 자가 초인이 되는 것이다.

지하게 생각하는 사람은, 즉 최고의 명성을 누리며 지금까지 인류가 자신의 영혼이 앓고 있는 질병을 습관적으로 치료해 온 전대미문의 엉터리 치료제를 고발할 사람은 어디에 있는가?

53.

양심을 악용한 사람들. — 회개를 권고하는 설교와 지옥에 대한 두려움에 짓눌려 끔찍할 정도로 괴로워해야 했던 사람들은 양심이 없는 사람들이 아니라 양심적인 사람들이었다. 그러면서도 이들은 환상이 풍부한 사람들이었다.[118] 따라서 자신의 휴식과 건강회복을 위해서뿐만이 아니라, 그와 더불어 인류가 그들로 인해 기뻐하고 그들의 아름다움에서 뻗어 나온 한 줄기 빛을 자신 안에 받아들이기 위해 명랑함과 우아한 형상들을 필요로 했던 바로 그 사람들에게 인생은 대부분 가장 음울한 것이 되었다. 오, 죄를 고안해 낸 저 종교로부터 얼마나 많은 잔인함과 동물 학대가 생겨났던가! 그리고 그런 종교를 통해 자신의 권력을 최고로 향유하고자 했던 인간들로부터!

118 양심의 뿌리가 환상 속에 있으면 문제가 심각해진다. 현실감이 배제된 곳에 양심이 형성되면 비현실이 환영을 받는 반면, 현실에 대해서는 불평불만만이 커질 수밖에 없다. 소위 기독교인이 되는 것을 양심으로 만들어 놓으면 그 외 다른 종교에 대해서는 불편한 마음을 가질 수밖에 없다. 천국과 영생에 대해 양심이 형성되고 나면 현실의 현상이 되는 생로병사, 즉 태어나고 늙고 병들고 죽는 것에 대해서는 악의적인 시선을 가질 수밖에 없다. 이것을 어떻게 긍정적으로 해석하고 편안한 마음으로 받아들일 수 있는가? 이것이 생철학이 넘어야 할 최대의 숙제가 된다.

54.

병에 대한 생각들! — 환자가 최소한 지금까지처럼 병 그 자체 때문에 괴로워하기보다는 병에 대한 그의 생각 때문에 더 많이 고통받지 않도록 환자의 환상을 진정시키는 것, 내가 생각하기에 이것이야말로 중대한 일이다.[119] 그러니까 그것은 사소한 일이 아니라는 얘기다! 그대들은 이제 우리의 과제를 이해하겠는가?

55.

'길들.'[120] — 소위 '지름길들'이 인류를 항상 커다란 위험 속에 빠뜨렸다. 인류는 항상 그런 지름길을 찾았다는 복음을 들으면 쉽게 자신들의 길을 떠나 버린다. 그리고 그 길을 잃어버린다.

119 생각하는 존재는 생각 때문에 병이 들 수 있다. 그런 병이 자라나서 정신병이 되는 것이다. 앞서 니체가 말했듯이 "병이 어느 정도까지 깊어지면 더 이상 회복하지 못한다"(52번 잠언). 회복이 불가능한 지경까지 가지 않도록 주의해야 할 일이다. 회복이 가능한 지경까지는 모든 "질병은 인식의 수단"(『인간적인 너무나 인간적인』 제1권, 14쪽)이 될 수 있다. 아파 봐야 건강이 중요한 줄 알게 되는 원리다. 모든 공부는 힘들다. 하지만 그 힘든 공부가 깨달음을 선사해 준다. 당연한 소리지만, 그 당연한 소리를 깨닫기까지는 평생이라는 세월이 소요되기도 한다는 것이 문제다.

120 소위 절에 가면 자주 듣는 말이 있다. '길에서 길을 묻다'라는 말이 그중의 하나다. 길이 있다고 믿는 것이다. 그것이 신앙인의 전형적인 생각의 형식이다. 길이 있는데 자기가 그 길을 몰라서 문제가 된다는 것이다. 마치 밤하늘의 별에게는 그에게 필연적으로 주어진 이름이 있는데 자기가 그 이름을 몰라서 양심의 가책을 받게 되는 그런 꼴이다. 우리의 시인 윤동주처럼 "별 하나에 아름다운 말 한마디씩 불러"(윤동주, 「별 헤는 밤」, 권영민 편저, 『하늘과 바람과 별과 시』, 문학사상사, 1995, 118쪽)주면 어떨까? 그것도 양심의 가책도 없이 이런 작명 행위를 할 수만 있다면 어둠 속에서도 온통 아름다운 말들의 잔치가 벌어질 수 있으리라.

56.

자유로운 정신의 적대자. — 도대체 누가 경건하고 믿음이 독실한 사람들에 대항해서 구토증을 느낄 것인가? 반대로 우리는 말없이 높은 존경심을 갖고 그들을 바라보고, 또 이 뛰어난 사람들이 우리처럼 느끼지 않는다는 사실을 근본적으로 유감스럽게 생각하면서도 그들을 기쁜 마음으로 대하지 않는가? 그러나 한때 정신의 모든 자유를 누렸지만 결국 '신앙을 갖게' 된 그런 사람에 대해 이유 없이 갖게 되는 저 깊고도 돌발적인 반감은 어디서 비롯되는가? 이런 사람을 생각하면, 우리는 구토증을 유발하는 모습을 보았을 때처럼 그것을 급히 마음에서 지워 버리지 않을 수 없게 된다! 가장 존경했던 사람이라도 관계를 유지하는 도중에 의심스러운 행동을 하게 되면 우리는 그에게서 등을 돌리지 않는가? 그것도 도덕적으로 나쁘다는 판단 때문이 아니라 갑작스러운 구토증과 혐오 때문에! 이러한 감정의 예민함은 어디서 오는가! 어쩌면 우리가 근본적으로 우리 자신에 대해 완전히 확신을 갖고 있지 않다는 사실을 이런저런 사람들이 알려 주고 있어서일까? 즉 우리가 나이가 들고 약해져서 잘 잊게 되는 그런 순간에 우리 자신의 경멸을 넘어설 수 없도록, 바로 그때 우리가 우리 주변에 가장 날카로운 경멸의 가시나무 울타리를 만들었다는 사실을 그러한 인간들이 알려 주고 있어서? 솔직히 말하면 이런 추측에는 뭔가가 부족하다. 그리고 그렇게 추측하는 사람은 자유로운 정신을 움직이고 규정하는 것이 무엇인지에 대해 아무것도 알지 못한다. 자유로운 정신에는 자신의 의견을 바꾸는 것 그 자체가 그리 경멸스러운 일로 간주되지 않는다! 오히려 자유로운 정신은 자신의 의견을 바꾸는 능력을 존경한다. 특히 그것이 늙어서까지 이어진다면 이것은 아주 희귀하고 격조 높은 탁월한 능력이 된다.[121] 그리고 그의 명예심은 팔을 뻗어 자신이 무시되는 것을 무시하고 자기 자신을 무시하는 바로 그 금지된 열매까지도 딴다. 이는 그의 소심함 때문이 아니다. 게다가 자유로운 정신은 허영심 강한 사람들과 안이한 사람들이 명예욕에 대해 느끼는 그런 불안감도 전혀 느끼지 않는다! 이 모든 것에 덧붙여 자유로운 정신은 모든 의견이 무구하다는 이론을, 모든 행위가 무구하다는 이론처럼 아주 타당하다고 간주한다. 자유로운 정신이 어떻게 정신적인 자유의 적대자에 대해서 판사가 되고 사형 집행인이 될 수 있겠는가! 오히려 구토증을 유발하는 병자의 모습이 의사의 마음을 움직이는 것처럼, 그 적대자의 모습은 자유로운 정신의 마음을 움직인다. 헛소리를 자주 지껄이는 사람, 마음이 여린 사람, 만성적으로 주접떠는 사람, 곪아 터진 사람 앞에서 느끼는 생리적인 구토증은 이성과 함께 도우려는 의지까지도 순간적으로 압도해 버린다. 이렇게 해서 우리의 선한 의지는 자유로운 정신의 적대자를 지배했음에 틀림없는 끔찍한 불성실의 모습에, 즉 성격의 뼈들이 서로 부딪치는

121 이성은 나이가 들수록 단단해진다. 나이가 들었다는 증거는 이성이 굳어져 있다는 데서 발견된다. 이성은 형식이다. 틀이다. 그릇이다. 그 안에 무엇을 담아내느냐는 자기 책임인 것이다. 그런데 나이가 들어 늙어 버린 이성은 새로운 것을 담아내지 못한다. 그 그릇 안에 담긴 것이 너무도 많아 새로운 것을 받아들일 여유가 없는 것이다. 생각이 굳어져 버린 사람이 노인이다. 스스로는 아는 것이 많다고 생각하지만 그것은 아는 것이 많은 것이 아니라 아는 것이 그것 자체로 이미 굳어져 버린 상태를 의미할 때가 더 많다. 그래서 나이가 들면 잔소리도 늘어난다. 자기보다 어린 사람을 만나면 자신의 잣대를 함부로 들이대면서 말을 할 때도 있다. 자기 생각으로는 그것이 옳고 맞는 것이라고 판단되어서 언행이 거칠어지는 것이다. 의견의 폭력은 이때 발생하게 되는 것이다. 남의 의견은 존중하지도 않고 자기 의견은 어떤 저항도 불허한다. 그의 의견 자체는 무소불위의 흉한 모습을 보이고 만다. 자유로운 정신은 건강한 이성의 현상이다. 의견을 바꿀 수 있는 것도 능력이다. 이는 신앙의 대상을 마음대로 바꿀 수 있는 상황도 포함한다. 어느 하나의 신성에 얽매이는 것은 바로 어느 하나의 의견에 얽매이는 것과 같은 것이다. 아직 신성함에 대한 이미지를 많이 갖고 있지 않은 어린아이들은 그래서 잘 싸우기도 하지만 잘 화해하고 또 서로 어울려 잘 놀기도 하는 것이다. 의견을 시시때때로 바꾸는 것에도 그래서 훈련이 요구된다. 늙지 않으려면 이런 훈련에 많은 시간을 투자해야 한다. 시(時)와 때는 분명 다르다. 나이의 많고 적음은 절대로 젊음과 늙음의 기준이 될 수 없다. 자신의 시간을 얼마나 많이 경험하고 있고, 그래서 자신의 때를 얼마나 많이 가지고 있느냐에 따라 전혀 다른 시간이 흘러가게 되는 것이다. 그래서 어린아이처럼 유치한 늙은이가 있는가 하면 또 나이는 어려도 어른처럼 생각하고 행동하는 애늙은이도 있는 것이다.

소리를 낼 때까지 철저하게 미치는 전반적인 퇴화의 모습에 압도되는 것이다.

57.

다른 공포, 다른 안전. — 기독교는 삶에 아주 새롭고 무한한 위험성을 부여했다.[122] 그리고 이렇게 함으로써 모든 사물에 대한 아주 새로운 안전, 향락, 휴식과 가치 평가를 만들어 냈다. 우리의 세기는 이런 위험성을 부정한다. 그것도 좋은 양심으로. 그런데도 불구하고 우리의 세기는 기독교적인 안전, 기독교적인 향락, 자기 휴식, 가치 평가라는 낡은 습관들을 여전히 질질 끌고 다닌다! 더구나 이런 습관들은 금세기의 가장 고귀한 예술과 철학에까지 파고들었다! 이 모든 것에 대한 무서운 대립물, 즉 영원한 구원을 위해 기독교인이 가졌던 철저한 공포가 상실되어 버린 현재에는, 저 모든 것이 얼마나 무기력하게 축 늘어져 있고 소모되어 버렸는지, 얼마나 어중간하고 서투르게 보이는지, 얼마나 자의적이고 광신적인지, 그리고 무엇보다도 얼마나 불안하게 보이는지!

122 기독교의 전형적인 소리는 다음과 같다. "참으로 인생이란 모두 헛될 뿐이니이다"(시편 39:11). "헛되고 헛되며 헛되고 헛되니 모든 것이 헛되도다"(전도서 1:2). "너희가 사람의 미혹을 받지 않도록 주의하라"(마태복음 24:4; 마가복음 13:5). "사람보다 하나님께 순종하는 것이 마땅하니라"(사도행전 5:29). "내가 전한 복음은 사람의 뜻을 따라 된 것이 아니니라"(갈라디아서 1:11). 즉 기독교는 이 세상과 이 세상 사람들을 믿지 못하게 만들어 놓았다. 그 반면에 천국에 대해서는, 또 하나님의 뜻에 대해서는 무한신뢰를 허용해 놓았다. 이런 말들을 복음으로 만들어 놓은 것이다. 이제 니체는 이 세상과 이 세상 사람들을 변호하고자 한다. 그것이 가능이나 한 것일까? '신'과 싸워 이길 수 있을까? 천 년이란 세월 동안 정교하게 만들어진 그 신의 이념에 맞서 싸우는 것은 어쩌면 무모한 도전이 아닐까? 이런 생각이 들면 그나마 다행이다. 그렇다면 이제 용기가 미덕의 소리로 들려올 것이기 때문이다.

58.

기독교와 열정. — 기독교로부터도 철학에 대한 일종의 커다란 민중적 저항의 목소리를 들을 수 있다. 옛 현인들의 이성은 사람들로 하여금 열정을 멀리하게 했지만, 기독교는 바로 이 동일한 것을 그들에게 되돌려 주려고 한다. 이런 목적을 위해 기독교는 철학자들이 파악했던 덕, 즉 열정에 대한 이성의 승리로 간주되었던 덕으로부터 모든 도덕적 가치를 부인한다. 무엇보다도 기독교는 이성성 자체를 유죄로 판결하고, 그러면서도 동시에 오로지 자기 자신을 극단적으로 강하고 화려하게 드러내는 열정만을 요구한다. 즉 자기 자신을 신에 대한 사랑, 신에 대한 공포, 신에 대한 광신적 신앙, 신에 대한 가장 맹목적인 희망으로서 드러낼 것을 요구한다.

59.

청량음료로서의 오류. — 사람들이 무슨 말을 하든, 기독교가 완전성에 이르는 지름길을 보여 줌으로써 사람들을 도덕적 요구의 무거운 짐으로부터 해방시키려고 했다는 것은 사실이다. 이는 마치 몇몇 철학자들이 힘겹게 오랫동안 진행되어야 하는 변증법과 엄밀히 검토된 사실들의 수집에 의거하지 않아도 된다고 망상하며 '진리에 이르는 왕도'를 지시한 것과 똑같다. 이 두 가지는 모두 오류였다. 그렇지만 사막에서 녹초가 되고 절망에 빠진 자들에게는 위대한 청량음료였다.

60.

모든 정신은 결국 육체적으로 가시화된다. — 기독교의 내면에는 굴복하기 좋아하는 수많은 사람들과 섬세하든 조야하든 겸손과 경배로 가득 찬 그 모든 광신도의 정신 전체가 서로 얽혀 있다. 이와 함께 기독교는 사도 베드로를 그린 아주 오래된 그림의 예에서 강하게 연상되는, 그런 촌티 나는 천박함에서 벗어나 정신적으로 매우 풍부한 하나의 종교가 되었다. 그 얼굴에는 수천 가지 주름살과 간계로 가득한 생각들, 그리고 수많은 핑곗거리들로 가득하다. 기독교는 유럽의 사람들을 영리하게 만들었다. 단지 신학적으로만 교활하게 만든 것이 아니었다. 이러한 정신 안에서, 그리고 권력과 결합해서, 또 극히 많은 경우에 헌신적인 정신으로 가득 찬 가장 깊은 확신 및 정직성과 결합해서 기독교는 지금까지 존재했던 인간적인 사회의 가장 정교한 형태들을 조탁해 냈다. 이런 형태들이란 고위급의, 그리고 최고위급의 가톨릭 성직자들을 아우르는 모습이었다. 여기에는 특히 귀족 출신에 걸맞은 처음부터 천성적으로 우아한 거동, 위엄 있는 눈빛, 아름다운 손과 발이 부여되었다. 여기에서 인간적인 얼굴은 권력의 감정과 복종의 감정이라는 두 가지 행복의 저 지속적인 밀물과 썰물에 의해 철저한 정신화를 드러냈다. 그 이후 하나의 고안된 삶의 방식이 인간 내면에 있는 동물을 구속하게 되었다.[123] 여기에서 축복하고, 죄를 용서하고, 신성을 대표하는 하나의 행위는 영혼 속에서뿐만 아니라 육체 속에도 초인간적인 사명감이 깨어나게 만들었다. 또 여기에서 천성적인 군인들에게나 어울릴 법한 저 고귀한 경멸, 즉 부서지기 쉬운 육체와 행복에 안주하는 것에 대한 경멸

123 생각하는 존재는 생각 하나로 존재 전체를 구속할 수 있다. 어렸을 적 일과표를 작성할 때를 떠올리면 쉽게 이해될 수 있다. 계획을 세워 놓고 그것을 지키려는 생각은 누구나 할 수 있다. 정신력이 강한 사람은 자신과의 약속을 끝까지 지키려 할 것이다. 반대로 정신력이 약한 사람은 마치 작심삼일처럼 너무도 쉽게 자신과의 약속을 어기고 말 것이다. 쉽게 포기하는 사람은 그렇지 않기를 바라며 정신 훈련에 임해야 할 것이고, 정신력이 너무 강해 자기가 세운 규정을 절대로 어기지 않으려는 사람은 또한 쉽게 규정을 바꿀 수 있는 경지로까지 거듭나는 훈련에 임해야 할 것이다.

이 지배하게 되었다. 사람들은 긍지를 갖고 복종했다. 이러한 모습을 모든 귀족의 특징으로 만들었다. 사람들은 자신에게 부과된 끔찍하고 성취 불가능한 과제 속에서 자신들의 속죄와 자신들의 이상을 생각해 냈다. 교회 성직자들의 강력한 아름다움과 섬세함은 항상 민중을 위해 존재하는 교회의 진리로 증명되었다. 항상 믿는 자들 사이에서는 루터 시대와 마찬가지로 정신적인 측면에서 두 가지의 난폭성이 야기되었다. 그것은 언제나 그 반대를 수반한다는 것이다. 그리고 형태, 정신, 과제가 서로 조화를 이루며 얻어진 인간적인 아름다움과 섬세함의 이런 업적이야말로 종교들의 마지막 모습이나 무덤을 향해 가고 있는 것이 아닐까? 그리고 이것보다 더 높은 곳에 도달하는 것과 그것을 고안하는 것은 허락되지 않는 것일까?

61.

희생, 그것은 필요하다. — 진지하고, 능력 있고, 정직하고, 깊이 느낄 줄 아는 사람들인 동시에 지금도 여전히 마음으로부터 우러나오는 기독교인, 이런 사람들은 한번 오랜 시간 동안 시험 삼아 기독교 없이 생활해 봐야 한다.[124] 이들은 한번 자신의 신앙을 위해서라도 이런 방식으로 '사막에서' 체류해 봐야 한다. 오로지 그렇게 함으로써만 이들은 기독교가 필요한지에 대한 질문을 가지고 함께 대화할 권리를 얻게 된다. 한동안 자신이 살고 있

124 사랑을 해 봤다면 증오도 해 봐야 한다. 두 개의 감정은 전혀 다른 감정이면서도 반드시 필요한 감정들이다. 때로는 이런 감정이 또 때로는 저런 감정이 필요할 때가 있기 때문이다. 허무주의가 도래할 때는 증오의 감정이 요구된다. 혐오할 수 있어야 버리고 떠날 수 있다. 부질없다는 감정이 생겨야 돌아설 수 있다. 하지만 허무주의의 극복을 위해서는 사랑의 감정도 필요하다. 새로운 이상을 눈앞에 펼칠 수 있는 것도 기술이요 능력이다. 다만 모든 기술은 배워야 한다는 것이다. 배움은 시간과 노력이 요구된다. 희생은 피할 수 없다는 얘기다.

는 땅에 집착하며 살다 보면 거기에서부터 그 땅의 저편에 있는 세상을 비방하게 된다. 그렇다. 이들은 누군가가 그 땅 저편에도 똑같이 온전하고 온전한 세상이 놓여 있다는 사실을 이해시키려 하면! 또 기독교가 모든 것 중에서도 전부라고 말하는 바로 이 기독교가 그저 한구석에 지나지 않는다는 사실을 알려 주면 화를 내고 분노한다! 그렇다. 몇 년 동안 기독교 없이 살아 보고, 진심에서 우러나오는 열정으로 기독교와 정반대가 되는 삶 속에서 참고 견뎌 낸 뒤가 아니라면, 즉 그 기독교로부터 벗어나 멀리멀리 방랑을 한 뒤가 아니라면, 그대들의 증언은 그 어떤 무게도 획득하지 못할 것이다. 향수가 아니라 엄격한 비교에 바탕을 둔 판단이 그대들을 되돌아오도록 몰아붙이면 그대들의 귀향은 어떤 중요한 의미를 지니게 된다![125] 미래의 사람들은 과거의 모든 가치 평가와 함께 그런 식으로 한번 시도하게 될 것이다. 그 사람들은 그 가치들을 자발적으로 다시 한번 철두철미하게 살아 볼 것이다. 마찬가지로 그 정반대의 것들에 대해서 똑같은 방식으로 살아 볼 것이다. 결국에는 그것들을 체로 걸러 정의를 구현하기 위해서.

125 떠남과 돌아옴은 파도와 같아야 한다. 그것이 자연스러운 것이다. 떠난 사람은 돌아올 수 있어야 하고, 돌아온 사람은 다시 떠날 줄 알아야 한다. 늘 똑같은 것을 반복하면서도 식상해지거나 권태에 빠지지 말아야 한다. 봄 여름 가을 겨울, 세월은 늘 오고 간다. 하지만 그 세월에서 똑같은 것의 반복만을 인식하면 큰일 난다. 인생의 의미는 그런 과정 속에서도 새로운 것을 발견해 낼 때 실현되는 것이다. 이성적 존재가 이성에 집착하여 살아 보고, 그런 다음 거기서 벗어나 다시 그 이성을 좋은 양심으로 버리고서 비이성에 몰두하여 살아 볼 수만 있다면, 그야말로 진정한 이성의 달인이 된 존재일 것이다. 좌로도 우로도 치우치지 않고 경계 위에서 줄타기 하듯이 그렇게만 살아 준다면 삶은 선물처럼 주어질 것이다. 그것이 바로 차라투스트라가 줄타기 하는 광대의 장면에서 전하고자 했던 메시지다. 균형과 조화를 지켜 내지 못하면 추락이라는 치명적인 실수를 범할 수밖에 없다. 그런 실수를 하지 말자고 니체는 허무주의라는 철학적 방식을 가르쳐 주고자 하는 것이다.

62.

종교들의 기원에 대하여. — 어떻게 한 사람이 사물들에 대한 자기 자신의 의견을 하나의 계시로 느낄 수 있는가?[126] 이것이 바로 종교들이 발생하는 것에 관한 문제이다. 의견을 계시로 느끼는 이런 과정이 가능했던 곳에는 매번 한 사람이 거기에 있었다. 그 전제조건은 그러니까 그가 이전에 이미 계시에 대해 믿고 있었다는 것이다. 어느 날 갑자기 그는 자신의 새로운 생각을 가지게 되고, 그의 의식 속에 하나의 본래적으로 위대한 세계와 존재를 포괄하는 가설을 갖게 되면서 느끼는 행복감은 벅찰 정도로 커진다. 그래서 그는 감히 자신을 그러한 행복감의 창조자라고 느끼지 못하고, 그것의 원인, 그리고 다시 저 새로운 생각에 대한 원인의 원인을 자신의 신에게로 돌린다. 신의 계시로서 인정하는 것이다. 어떻게 한 사람이 그토록 위대한 행복의 창시자가 될 수 있단 말인가! 이것은 염세주의적인 의혹의 목소리다. 여기에 덧붙여 이제는 은밀하게 다른 동력도 작동한다. 예를 들어 사람들은 하나의 의견을 계시로 느낌으로써 그 의견을 강력한 것으로 만들어 낸다.[127] 이러면서 사람들은 가설적인 것들을 제거하고, 그 의견에 대한

126 느낌의 문제는 감정의 문제로 발전해 간다. 사람은 분명 감정의 동물이기도 하다. 사람이니까 느끼는 바가 있고 그 느끼는 바에 따라 생각이 규정되기도 한다. 예를 들어 자기 자신의 생각을 일종의 신의 계시로 간주하면서 최고의 권력감정을 획득하게 된다. '신이 한 말이 이것이다'라고 말할 수 있음으로 인해서 그는 신이 준 권력을 꿰차게 되는 것이다. 그런 감정으로 사람을 바라보고 또 세상을 바라보면 신의 명령을 들려주듯이 말하게 되는 폭력이 행사되기도 한다. '내 말 안 들으면 너 죽어!' 하는 식으로 일방적인 논리 전개가 이뤄지게 되는 것이다. 이런 감정에 한번 노출되고 나면 그 감정에서 빠져나오는 데도 일종의 희생이 따르게 된다는 것을 잘 알아 두어야 한다. 사랑했던 만큼 상처도 깊을 것이기 때문이다.

127 사람에게는 누구나 자기가 누구를 안다고 말함으로써 자신의 권력을 과시하려는 경향이 있다. 이것이 종교적 태도를 규정하는 요소가 된다. 자신이 신을 안다고 말함으로써 무소불위의 권력을 꿰찰 수 있는 기회가 주어지는 것이다. 자신이 하는 말을 진리라고 간주함으로써 다른 모든 말을 거짓으로 규정하는 것과 같은 논리다. 종교적 발상은 그만큼 권력욕과 떼놓을 수 없는 관계라는 것이다.

비판을 거둬들이며, 의혹은 더더욱 제기하지 못하게 하고, 그것을 결국 성스러운 것으로 만들고 만다. 이런 식으로 사람들은 자기 자신을 도구로 끌어내리지만, 자신의 생각은 결국에 가서 신의 생각으로서 승리를 거두게 된다. 이것이 바로 마지막에는 승리자로 머물게 하는 감정이다.[128] 이 감정은 자기 자신을 도구로 끌어내렸던 비하의 감정 위에 놓이게 되는 손을 획득하게 해 준다. 물론 그 뒤에는 하나의 다른 감정이 장난을 치고 있는 것이다. 비록 사람들이 자기 자신에 대해서 증언을 하고 또 본래의 가치를 무시하는 것처럼 보여도, 여기에는 아버지의 사랑과 아버지의 긍지에 대한 커다란 기쁨이 있으며, 그러한 기쁨이 모든 것을 보상해 줄 뿐만 아니라 그 보상해 주는 것보다 더 많은 것을 보상해 준다.

63.

이웃-증오.[129] — 만약 우리가 다른 사람이 자기 자신을 느끼는 것과 마찬

128 이것은 약자들의 논리를 대표하는 노예들의 감정이다. 이런 노예 감정에서는 보상 심리도 작용한다. 신이 다 해 줄 것이라는 그런 발상이 큰 위로가 되어 준다. 신을 생각하며 행복감에 젖어 드는 방식을 취하기 때문이다. 자기 밖의 것을, 즉 어떤 하나의 사물을 신으로 만들어 내고 스스로는 그것에 종속되거나 피조물로 전락하고 만다. 그것이 전부의 중심이요, 시작 지점을 형성하게 된다. 자기 자신은 그 과정 중의 일부분을 차지하게 될 뿐이다. 문제는 자기만 행복하면 그만인데, 거기서부터 타인을 평가하려는 자세에서 발견된다. 이런 감정에 익숙해지면 결국 다른 감정을 폄하하거나 비판할 수밖에 없게 된다. 자기처럼 믿지 않는 자는 믿음이 없는 자라고 평가하기도 하고 더 심한 경우에는 정죄까지 한다.

129 일반적으로 우리는 이웃사랑에 대해서만 말을 한다. 하지만 그 반대도 분명 존재한다. 이것은 싫고 저것은 좋다는 식으로 생각하면 배타적인 이분법만 키우게 된다. 이것은 거부하고 저것만 받아들이고자 하면 정신은 편식을 통해 성장한 육체처럼 균형을 잃고 말 것이다. 오히려 이웃사랑과 이웃증오라는 두 가지의 형식을 가지고 생각에 임하는 훈련을 해 봐야 스스로 진정한 이웃으로 거듭날 수 있을 것이다. 기독교인이 이웃사랑 이념으로 세상을 바꿔 놓았다면, 이제 허무주의는 그것에 허무함을 느껴 보는 것이다. 그리고 정반대의 감정인 이웃증오라는 감정으로 기독교인을 한번 대해 보는 것이다. 이런 감정이 통제되고 감당되면 또다시 감정의 역전이 이뤄지며 한 단계 더 나아간 세상을 맞닥뜨리게

가지로 우리가 그 사람을 느낀다고 한다면, 이것은 쇼펜하우어가 동정이라고 불렀고, 좀 더 정확히 말해 하나의 고통, 즉 하나가 된 고통이라고 하는 것인데, 같은 방식으로 우리는 그 사람을 증오해야만 하지 않을까 싶다. 파스칼처럼 자기 자신을 증오할 만한 가치가 있는 것이라고 생각하면서 다른 사람을 증오하듯이 말이다. 파스칼도 전체적으로는 사람들에 대해 반감을 느꼈다. 그리고 그 옛날 기독교처럼, 타키투스가 전하고 있듯이 네로 치하에서 인류에 대한 증오라는 감정으로 '이끌고 갔던' 그때 그 기독교처럼 말이다.

64.

절망하는 자들.[130] — 기독교는 사냥꾼의 본능을 갖고 있다. 이것은 어떤 방식으로든 절망에 빠져 버린 그 모든 사람을 찾아내고야 마는 본능이다. 오로지 선택된 자들만이 절망하는 자들에게 능력을 행사할 수 있다. 그들 뒤에는 항상 기독교가 따라붙어 있다. 기독교는 항상 그런 자들을 숨어서

될 것이다. 여기서도 오해는 말자. 증오는 목적이 아니라 늘 그다음을 위해 요구되는 하나의 방편, 즉 하나의 단계에 불과하다는 사실을 잊지 말아야 할 것이다.

130 절망과 희망의 이분법도 많이 훈련해야 하는 대목이다. 이것은 싫고 저것은 좋다는 식으로 생각하면 안 된다. 인간은 절망할 수밖에 없다. 절망하는 순간 양심의 가책을 받을 수밖에 없다. 그러지 말았어야 했는데 하는 미련과 후회의 감정이 이런 양심의 가책을 불러일으킨다. 이런 상황에서 사람들은 스스로 헤어나는 방법을 터득해야 한다. 절망도 희망도 다 자기 책임이다. 절망을 완전히 제거하고 천국에 들어가 희망만을 가지고 살고 싶다! 이런 소리는 천진난만한 어린아이의 것일 뿐이다. 어른이 된 우리는 이제 두 가지 감정이 공존하는 현실을 스스로 인식해 내야 한다. 하나의 절망을 극복하고 나면 또 다른 절망이 기다리고 있다. 늘 절망은 괴물의 모습을 하고 우리를 쫓을 것이다. 우리 생각하는 존재는 생각 하나만으로 그 괴물을 때려잡아 내야 한다. 그럴 용기가 있는가? 용기는 늘 목숨을 바쳐야 할 상황에서 요구되는 미덕이다. 그런 위기의 순간임을 인식하지 못한 채 내는 용기는 용기의 자격이 없다. 그것은 만용이거나 허세에 불과할 뿐이기 때문이다. 하지만 진정한 용기는 모든 위기의 순간을 인지한 상황에서 요구된다. 모두들 겁을 내고 돌아서는 그곳에서 용기를 내고 돌진할 수 있는가? 절망이라는 그 괴물 앞에서 목숨을 걸 수 있는가? 허무주의라는 그 이념을 넘어설 수 있는가? 그것이 문제인 것이다.

기다리고 있다. 파스칼은 모든 사람이 가장 예리한 인식의 도움으로 절망에 빠지지 않을 수 있는지 실험해 보았다.[131] 이 실험은 실패했다. 그는 그의 두 번째 절망에 빠졌던 것이다.

65.

브라만교와 기독교.[132] — 권력의 감정을 위한 처방이 있다. 하나는 자기 자신을 지배할 수 있어서 이미 권력의 감정 속에서 마치 자기 집처럼 편안하게 있는 자들을 위한 처방이고, 다른 하나는 바로 이런 감정이 결여된 자들을 위한 처방이다. 첫 번째 종류의 사람들을 위해서는 브라만교가 처방을 내렸고, 두 번째 종류의 사람들을 위해서는 기독교가 처방을 내렸다.

131 사람이 절망하지 않고 살 수는 없다. 다만 그 절망하는 순간을 어떻게 견뎌 내고 또 그 순간을 어떻게 극복해 내느냐가 관건일 뿐이다. 그래서 절망과 관련해서 실험만 할 것이 아니라 적극적으로 훈련에 임해 보는 것이 더 필요하다. 아주 사소한 것에 대해서도 절망을 해 보는 것이다. 굳이 부모님이 돌아가셔야 하늘이 무너지고 땅이 꺼지는 그런 고통을 당하는 것이 아니다. 가끔은 볼펜 하나를 잃어버려도 정신줄을 놓을 정도로 심각한 절망감에 빠질 수도 있는 것이다. 그런 감정을 시시때때로 접해 보라는 것이다. 절망하는 것도 능력이다. 절망할 수 있는 자가 희망을 가질 수 있기 때문이다. 절망도 할 수 없는 자는 정신줄을 놓치고 말 것이다. 자기 의도와는 상관없이 비이성의 길에 들어서고 말 것이다. 미치고 나면 아무도 사랑해 주지 않을 것이다. 동정은 받을 수 있을지 몰라도. 죽을 때까지 사랑받는 삶을 살고 싶다면, 끊임없이 절망과 희망을 넘나드는 훈련에 적극적이어야 할 것이다.

132 브라만교는 더 큰 범주로 힌두교에 속한다. 니체가 이 책 『아침놀』을 집필하던 그 시작 지점에 『베다』의 글귀 하나를 『아침놀』의 모토로 삼았다는 것을 떠올릴 필요가 있다. 산스크리트어로 쓰인 것이 『베다』고, 그 『베다』의 경을 해석해 놓은 것이 『우파니샤드』이고, 그것을 교리 삼아 이루어진 종교가 힌두교이며, 그 힌두교에서 종교개혁을 이뤄 생겨난 것이 불교이다. 계보는 이렇다. 다 같은 뿌리다. 이 종교들의 공통점은 개인이 개인으로서 성불의 길이 열려 있다는 것이다. 고대 그리스의 세계관과도 연결된다. 모두에게 신의 길은 열려 있다. 다만 소수만이 그 길을 걸을 수 있다는 것이 문제이다. 만민평등사상 같은 것은 니체의 것이 못 된다. 경쟁은 있을 수밖에 없고, 그 경쟁에 의해 승자와 패자는 나눠질 수밖에 없다. 피라미드 구조처럼 강해질수록 그 숫자는 줄어들 수밖에 없다. 결국에는 최고의 승자로 단 한 명의 이름만이 불리게 될 것이다. 금메달이 단 한 명을 위한 것처럼, 단 한 명의 승자인 그의 머리에 고대의 신, 즉 영웅의 영광을 상징하는 월계수의 관을 씌워 주는 것이다.

66.

환상을 보는 능력.[133] — 중세 전체를 관통하며 최고의 경지에 도달한 사람들의 본래적이고 결정적인 특징으로 여겨졌던 것은 환상을 보는 능력이었다. 하지만 이것은 심각한 정신적 장애일 뿐이다! 그리고 근본적으로 보다 높은, 즉 종교적인 본성에 대한 모든 중세의 생활지침들은 사람들에게 환상을 보는 능력을 만들어 주기를 지향하고 있었다! 우리들의 시대에까지 여전히 범람하고 있는 기적의 소리, 즉 반쯤 정신이 착란을 일으키고 있고, 환상에 빠져 있으며, 광신적이고, 소위 천재적인 인물들에 대한 과대평가의 소리는 이것이다.[134] "그들은 그 사물을 보았지만, 다른 사람들은 그것을 보지 못했다." 확실하다! 하지만 이 말은 우리가 그들에 대해 조심해야 한다는 것이지, 그들을 믿는다는 것이 아니다!

67.

믿는 것들의 가격. — 하늘을 믿고, 그 하늘을 이런 믿음을 위해 보증하는 것에 가치를 두는 자는, 그 자가 예수와 함께 십자가에서 못 박힌 한 명의 도둑이라 할지라도, 그는 끔찍한 회의에 시달렸고 또 모든 종류의 십자가

133 이 능력이 형이상학을 가능하게 해 준다. 보이지 않는 것을 보는 그 능력이 있어서 신학도 가능한 것이다. 사람은 신을 보는 존재다. 그래서 사람에게는 '신이 들기'도 하고 '신명 나기'도 하는 것이다. 그런 말은 사람이기에 가능한 것이다. 하지만 이 능력이 부정적으로 증폭되어 자기가 본 것을 진리로, 기준으로 삼고 다른 모든 것을 거짓이라고, 또 틀렸다고 말하게 된다면 스스로 덫에 걸리는 꼴이 되고 만다.

134 신을 보았다고 말하는 사람들의 전형적인 태도는 사람을 무시하는 것이다. 자신이 본 것을 신성시함으로써 발생하는 부작용은 자기 주변의 것을 가소롭게 보는 것이다. 보이지 않는 것을 보았다고 판단함으로써 눈에 보이는 모든 것을 그 하부로 착각하는 현상이 발행하는 것이다.

형을 알고 있는 사람임에 틀림없다.[135] 그렇지 않다면 그는 자신이 믿는 것들을 그렇게 높은 가격으로 사지 않을 것이다.

68.

최초의 기독교인.[136] — 모든 세상은 아직도 '성령'이 글을 쓴다는 것을 믿고 있으며 또 그러한 믿음의 영향 아래에 서 있다. 즉 사람들이 성경을 펼치는 이유는 다음과 같은 일들 때문이다. 스스로 바로 '세우기' 위해서, 자기 자신의 크고 작은 개인적인 필요에 의해 요구되는 위로를 해 주며, 어떤 가리키는 손가락을 발견하기 위해서, 간단히 말하면, 사람들이 성경을 읽을 때 자기 자신을 집어넣어서 읽고 또 거기서 자기 자신을 끄집어 내는 것이다.[137] 성경 안에는 또한 가장 야심적이고 가장 뻔뻔스러운 영혼들 중 하나이자 정신이 나간 것과 같은 미신을 믿는 두뇌의 이야기가 들어 있다. 즉 사도 바울의 이야기가 들어 있다. 몇몇 학자들을 제외하면 도대체 누가 이런 사실을 알고 있을까? 그러나 이 진귀하기 짝이 없는 이야기, 즉 그러한 두

135 고통을 알지만 그 고통을 극복하지 못한 자가 가지는 논리다. 즉 자기 자신의 고통을 통해서 천국에 이를 것이라는 그런 발상이 그것이다. "심령이 가난한 자는 복이 있나니 천국이 그들의 것임이요"(마태복음 5:3). 마음이 가난한 자가 천국에 살 자격이 있다는 것이다. "애통하는 자는 복이 있나니 그들이 위로를 받을 것임이요"(마태복음 5:4). 마음이 아픈 자가 위로를 받을 수 있다는 것이다. "가난한 자에게 복음이 전파된다"(누가복음 7:22). 그래서 가난한 자가 복을 받는다는 것이다. 고통을 알지만 스스로는 그 고통을 극복할 힘이 없는 자는 이런 식으로 인생 역전을 꿈꾼다. 그래서 그들에게는 종말이 반드시 필요한 시점으로 요구되는 것이다. 그때가 되면 자신들은 모두 천국에 가게 되지만 세상의 다른 모든 사람은 지옥에 떨어질 것이란 생각으로 위로를 얻는 것이다. 스스로는 복수할 힘이 없지만 복수하는 하나님이 이 모든 것을 대신 감당하신다는 그런 생각으로 행복감에 젖어 드는 것이다.

136 사도 바울을 니체는 이렇게 부르고 있다. 최초의 기독교인이라고. 그는 열두 제자와 달리 예수 그리스도를 만난 적이 없다. 그래서 그는 최초의 신앙인이 되는 것이다. 최초로 신을 믿었던 자가 된 것이다.

137 세상 사람들이 성경을 읽게 되는 이유는 단 한 가지뿐이다. 그것은 자기 삶에 대한 구원이 어떻게 이루어지는지 알고 싶어서다. 세상의 종말도 종말이지만 그런 지경에서도 구원받을 수 있다는 그 가능성을 확인하기 위해서다.

뇌와 그러한 영혼의 혼란과 폭풍이 없었다면, 기독교의 세계 또한 존재하지 않았을 것이다. 그런 이야기가 없었더라면 그토록 조그마한 유대교 종파, 즉 그 우두머리가 십자가에서 죽음을 맞이한 저 종파에 대해서도 우리는 거의 알지 못했을 것이다. 물론 우리가 바로 이런 이야기를 적당한 시점에 이해해 냈다면 사도 바울의 편지를 '성령'의 계시로 읽어 내지 않았을 것이다. 우리는 그것을 오히려 솔직하고 자유로운 정신으로 읽어 내고 또 우리의 모든 개인적인 필요에 따라 그것에 대해 생각하는 일 없이 실제적으로 읽어 냈을 것이다. 그러나 아쉽게도 천오백 년이 지나는 동안 그러한 독자는 없었다. 만약 그런 독자가 있었더라면 기독교는 벌써 오래전에 지나가 버린 일이 되었을 것이다. 프랑스적인 파스칼의 글들이 그의 운명과 그 운명이 몰락하게 되는 이유를 폭로하고 있는 것처럼, 유대교적인 파스칼의 이런 글들은 기독교의 기원을 폭로하는 데 충분하다. 기독교라는 배가 유대교적인 선박평형수라는 좋은 부분을 쏟아내 버렸다는 것, 그 배가 이방인들 사이로 들어갔고 또 들어갈 수 있었다는 것, 이런 사실들은 오로지 이 한 사람, 즉 매우 심하게 고통받았고 매우 동정할 만한 가치가 있으며, 자기 스스로 불편함을 느꼈던 바로 이 사람에게만 의존하고 있다. 그는 하나의 고정 관념에 시달리고 있었다. 혹은 좀 더 분명하게 말하면, 항상 현존하고 있어서 결코 해결될 수 없는 고정된 질문 때문에 괴로워했다. 이것은 유대인의 율법과 무슨 상관이란 말인가? 게다가 이 율법이 성취되었다는 것과 무슨 상관이 있는가? 청년 시절에 그는 이 율법에 만족하고자 했었고, 유대인이 생각할 수 있는 최고의 영예를 획득하는 것에 대해 뜨거운 욕망을 가졌었다. 이 민족은 윤리적인 숭고함에 대한 환상을 다른 어떤 민족이 했던 것보다도 더 높은 수준을 펼쳤고, 또 죄를 신의 신성함에 대한 위반으로 보는 생각과 함께 성스러운 신을 창조하는 데 성공했다. 사도 바울은 이 신과 그의 율법의 광신적인 수호자이자 명예의 파수꾼이 되었다. 동시에 그는 그 율법을 위반하는 자, 의심하는 자들과 끊임없이 싸웠다. 그는 이들에게 단호했고 분노했다. 게다가 그는 이들에게 극단적인 벌을 주고자 했다. 하지만 그는 자신에 대해 스스로 다음과 같은 사실을 알게 되었다. 그가 너무 열을 냈고, 감정적이며 우울하고 악의에 차서 증오심에 빠져 있었다는 사실을, 그래서 그는 스스로도 그 율법을 실행할 수 없었다는 사실을 알게 된 것이다. 게다가 그에게서 가장 기묘하게 보였던 것은 그의 과도한 지배욕구가 율법을 위반하도록 끊임없이 그를 자극했다는 것이고, 또 그가 이 독침에 찔려 굴복해야만 했다는 것이다. 그로 하여금 항상 다시 율법을 어기게 만든 것은 정녕 '육체'였던가? 오히려 그가 나중에 의심을 품었던 것처럼, 육체의 배후에는 지속적으로 실행할 수 없는 것으로 증명되어야만 하고 또 저항할 수 없는 마력으로 율법을 위반하도록 유혹하고 있는 그런 법 자체가 숨어 있는 것이 아닐까? 하지만 그 당시에 그는 아직 이런 출구를 갖지 못했다. 수많은 것들이 그의 양심을 괴롭혔다. 그는 적의, 살인, 마법, 우상 숭배, 무례함, 만취 상태와 방탕한 연회에 대한 욕구를 가리켰다. 얼마나 그는 또한 극단적일 정도로 광신적인 율법 숭배와 율법 변호를 통해 자신의 양심과 자신의 지배욕구에 새로운 바람을 불어넣으려고 했는지. 그러나 스스로에게 이런 말을 해야만 하는 순간이 오고야 말았다. "모든 것은 헛되도다! 실행될 수 없는 율법의 고문은 극복될 수 없다." 수도원에서 성직자의 이상형으로서 완전한 인간이 되고자 했을 때 루터 역시 그와 비슷한 느낌을 받았을 것이다. 그리고 어느 날 성직자의 이상형과 교황, 성자, 그리고 기독교인 전체를 증오하기 시작했고, 게다가 그들을 진정으로 치명적인 증오심으로 대하고 있다는 이런 사실을 점점 더 적게 고백해야만 했던 루터처럼 바울에게도 비슷한 일이 진행되었다. 바울에게 율법은 바울 자신이 스스로 못 박혀 있다고 느꼈던 십자가였다. 그는 그것을 얼마나 증오했던가! 그는 그것에 대해 얼마나 많은 원한을 품었던가! 그는 그 율법을 제거할 방법을 찾기 위해, 그러니까 자신의 인격을 완성하기 위해서가 아니라, 얼마나 헤매었던가! 그리고 마침내 그에게 구원의 생각이, 동시에 이러한 간질병 환자에게는 다른 말로는 설명될 수 없는 하나의 환상과 함께 떠올랐던 것이다. 그에게, 즉 율법을 열광적으로 숭배했지만 내적으로는 이 율법에 죽을 정도로 지쳐 있었던 그에게, 고독한 길 위에서 걷고 있는 그리스도가, 그의 얼굴에는 신의 광채를 가득 품은 채 모습을 드러냈다. 바울은 다음과 같은 소리를 들었다. "어째서 너는 나를 박해하느냐?" 이때 일어난 본질적인 사건은 바울의 머리가 갑자기 밝아졌다는 것이다. "바로 이 그리스도를 박해하는 것은 불합리하다!" 그는 스스로 자기 자신에게 이렇게 말했다. "바로 여기에, 그러니까 그 출구가 있다. 바로 여기에, 그러니까 바로 완전한 복수가 있다. 바로 여기에, 그러니까 나는 율법의 파괴자를 소유하고 또 붙잡고 있다! 그 외에 다른 어떤 곳에서도 나는 그를 찾을 수 없다." 자부심에 가장 큰 상처를 입었던 이 환자는 단번에 회복된 것처럼 느꼈다. 도덕적인 절망은 완전히 풍선이 터지듯 사라져 버렸다. 왜냐하면 도덕은 터져 버렸고 제거되었기 때문이다. 바꿔 말하면, 바로 저 십자가에서 도덕은 완성되었던 것이다! 지금까지 저 치욕스러운 죽음은 새로운 가르침의 신봉자들이 말하는 '메시아적인 성격'을 반증하는 주된 논거로 여겨졌다. 그러나 율법을 제거하기 위해 그런 죽음이 필요했다면 어떻게 되는가! 이러한 착상, 이러한 수수께끼 풀기가 가져올 끔찍한 결과들이 그의 눈앞에서 소용돌이친다. 그는 한 방에 가장 행복한 사람이 된다. 그에게는 유대인의 운명, 아니 모든 사람의 운명이 이 착상에, 갑작스러운 이 빛나는 순간에 달려 있는 것처럼 보인다. 그는 생각들 중의 생각을, 열쇠들 중의 열쇠를, 빛들 중의 빛을 갖고 있다! 왜냐하면 그는 지금부터 율법을 제거한 선생이기 때문이다! 악마에겐 죽음을, 이것은 또한 율법에게도 죽음을, 육체 속에 있다는 것, 이것은 또한 율법 속에 있다는 것을 의미한다! 그리스도와 하나가 되었다는 것, 이것은 또한 그와 함께 율법을 제거하는 자가 되었다는 것을 의미한다. 그와 함께 죽었다는 것, 이것은 또한 율법이 죽었다는 것을 의미한다! 비록 죄를 범할 가능성이 있다고 하더라도, 그것은 더 이상 율법을 위반하는 죄가 아니다. "나는 율법 밖에 존재한다." "만약 내가 지금 율법을 다시 받아들이고 그것에 굴복하고자 한다면, 나는 그리스도를 죄의 공범자로 만들고 말 것이다." 왜냐하면 율법은 죄가 있다고 말하도록 하기 위해 존재했기 때문이다. 그것은 항상 죄를 밝혀낸다. 이는 마치 쓴 약이 병을 드러내는 것과 같다. 만약 이런 죽음 없이도 율법의 실행이 가능했다면 신은 그리스도의 죽음을 결코 결심할 수 없었을 것이다. 이제는 모든 이의 죄가 없어졌을 뿐만 아니라, 죄 그 자체가 제거되었다. 이제 율법은 죽었다. 이제 율법이 살고 있는 육체는 죽었다. 혹은 적어도 지속적으로 죽어가고 있다. 이는 마치 썩어 없어지고 있는 것과 같다. 지금도 잠깐 동안 이 썩어 없어지고 있는 과정 중의 한가운데에 있다! 이것은 기독교인의 운명이다. 그리스도와 하나가 되고 그리스도와 함께 부활하며, 그리스도와 함께 신의 영광에 참여하고 그리고 그리스도처럼 '신의 아들'이 되기 전에는 반드시 겪어야 하는 운명인 것이다. 이것과 함께 바울의 도취는 정점에 달했다. 마찬가지로 그의 집요한 영혼 역시 정점에 달했다. 하나가 된다는 생각과 함께 모든 부끄러움, 모든 복종, 모든 한계가 그의 영혼에서 사라졌다. 그리고 지배욕구와 맞물린 통제할 수 없는 의지는 신의 영광 속에서 선취된 하나의 기쁨으로 모습을 드러냈다. 바로 바울 이 사람이 최초의 기독교인이고, 기독교의 발명자다! 그때까지는 그저 몇몇 유대교 종파의 신도들만이 있었을 뿐이다.

69.

모방할 수 없는. — 질투와 우정 사이에는, 자기 경멸과 긍지 사이에는 끔찍한 긴장감과 거리감이 존재한다. 첫 번째 긴장감 속에서 그리스인이 살았고, 두 번째 긴장감 속에서 기독교인이 살았다.

70.

무엇을 위해 조야한 지성이 유용한지. — 기독교 교회는 극도로 다양한 기원을 가진 옛 제례 의식들과 식견들을 모아 놓은 일종의 백과사전과 같은 것이어서 이토록 쉽게 전파될 수 있었다. 교회는 일찍부터 원하는 곳이라면 어디든 갈 수 있기를 원했다. 교회는 자신에게 어울리며, 서서히 자신의 의미를 은근슬쩍 밀어 넣을 수 있는 그 어떤 비슷한 것을 찾았고 지금도 찾고 있다. 교회의 기독교적인 특성 때문이 아니라 교회의 관습들이 보편적이고 이교적이어서 이런 교회가 세계 종교로 전파될 수 있었던 것이다. 유대적인 것과 그리스적인 것 모두에 뿌리박고 있는 기독교 교회의 생각들은 처음부터 민족적·인종적 분리와 차이에 관해서, 동시에 선입견에 관해서 스스로 넘어설 줄 알았다. 사람들은 언제나 다양한 것들이 서로 얽혀 함께 자라게 하는 이 힘에 놀라워했다. 다만 이 힘이 갖는 경멸적인 특성을, 즉 교회가 형성되던 시대에 저 지성이 보여 준 그 놀랄 만한 조야함과 자기만족을 잊지는 말자. 그것은 모든 거친 음식도 맛난 것으로 취하게 했고 차돌멩이 같은 대립물들마저 소화시켜 낼 정도였다.

71.

로마에 대한 기독교적인 복수. — 항상 승리하는 자를 보는 것보다 더 지치게 하는 것은 아마 없을 것이다. 사람들은 로마가 이백 년 동안이나 다른 민족들을 하나씩 굴복시켜 나가는 것을 보았다. 관할구역은 완성되었고, 모든 미래는 끝난 것처럼 보였으며, 모든 것은 영원히 그래야 하는 상태처럼 조직되었다. 그렇다. 제국을 건설했을 때, 사람들은 '청동보다도 더 오래 지속되는' 제국을 세우겠다는 생각으로 건설했다. 우리, 즉 오로지 '폐허의 우울'만을 알고 있는 우리는 영원한 건축물들에 깃든 전혀 다른 종류의 우울을 거의 이해할 수가 없다. 호라티우스의 '청동보다 더 오래 지속되는'이라는 경박한 말을 예로 들어 알 수 있듯이 사람들은 어떻게든 이러한 우울에 대항하여 스스로를 구원하려고 시도해야만 했다. 다른 사람들은 절망에 가까운 피로에 맞서, 또 살인적인 의식에 맞서, 즉 모든 생각과 마음의 과정은 이제부터 희망이 없다는 의식, 그리고 어디에나 거대한 거미가 앉아 있다가 피가 흐르는 곳이라면 어디든 달려들어 모든 피를 무자비하게 마셔버릴 기세라는 이런 의식에 맞서 다른 종류의 위로의 방법을 구했던 것이다. 오로지 로마만이 지배하는 로마에 저항했던 관객은 수백 년 동안 지속된 말없는 증오로 인해 지쳐 버렸다. 이제 그 관객은 기독교 안에서 무거운 짐을 내려놓았다. 즉 로마와 '세상'과 '죄'가 모두 하나라고 느끼면서 마음의 짐을 덜 수 있었던 것이다. 사람들은 세상이 갑자기 몰락할 때가 가까이 왔다고 생각함으로써 로마에 복수했다. 사람들은 하나의 미래를 다시 자기 앞에 내세우면서 로마에 복수했다. 말하자면 로마는 과거와 현재를 위해 모든 것을 만들 줄 알았지만, 이 미래에 대해서는 로마가 더 이상 중요하게 보이지 않았던 것이다. 또 사람들은 최후의 심판을 꿈꾸면서 로마에 복수했다.[138] 십자가에 못 박힌 유대인은 원래 구원의 상징이었지만, 이제는 지방 시골의 화려하게 꾸며 입은 로마 집정관을 향한 의미심장한 조롱이 되었던 것이다. 왜냐하면 이들 집정관들은 이제 불행의 상징으로 또 몰락의 시기가 무르익은 '세계'의 상징으로 나타났기 때문이다.

72.

'죽음 이후'라는 것.[139] — 기독교는 로마 제국 전역에 퍼져 있던 지옥의 형벌이라는 표상을 발견했다. 수많은 은밀한 제식들이 이것에 대해 고안되었다. 그것도 가장 생산력이 있는 그들의 권력의 알을 낳는 것보다 더 특별한 만족감을 느끼면서. 에피쿠로스는 동료들을 위해 이러한 신앙의 뿌리를 잘라 내는 것보다 더 위대한 일을 없다고 믿었다. 그의 승리는 그의 가르침을 따랐던 음울하지만 총명했던 로마인 제자 루크레티우스의 입을 통해 가장 아름답게 완성되었지만, 이 승리는 너무 일찍 찾아왔다. 지하의 무서움에 대한 신앙은 이미 시들어 가고 있었지만 기독교는 이것을 특별히 보

138 종말론의 심리학은 독특하다. 종말이 오면 대세는 역전된다. 세상이 종말에 이르면 '아마겟돈'(요한계시록 16:16)이라 불리는 전쟁이 일어난다고 한다. 이때는 유일신이 전사로 등장한다. 이때는 천사들이 그의 군사로 활개를 펼치게 된다. 이 종말이 있어 심판을 받을 수 있게 된다. 심판은 기회다. 천국으로 갈 수 있는 기회가 주어지는 것이다. 스스로 새로운 세상을 만들어 낼 수 없는 자들은 새로운 세상이 펼쳐지게 된다는 이런 생각으로 행복한 환상에 빠져든다.

139 '죽음 이후', 이것은 전형적인 종교적 세계관이다. 죽음 이후에 이루어질 삶에 대한 생각이다. 대체로 내세관이라 부른다. 앞으로 펼쳐지게 될, 앞으로 도래하게 될, 혹은 가장 간단하게 말해, 앞으로 오게 될 세계에 대한 생각과 시각이란 뜻이다. 중세에 유행했던 말로 '메멘토 모리(Memento mori)'란 말이 있다. '죽음을 기억하라'는 말이다. 그 시대에는 경고의 문구였다. 반드시 죽을 테니 신을 믿으라는 것이었다. 신앙을 갖지 않으면 천벌을 면치 못하리라는 소리로 들렸던 것이다. 혹은 위로의 소리로도 들렸다. 예를 들어 죽고 나면 천국 간다는 소리로도 해석이 가능했던 것이다. 지금 당장은 지옥 같은 삶을 살고 있지만 죽고 나면 천국에서 살 수 있다는 그런 소리로 말이다. "병들어 신음하는 자나 백발이 다 된 자 또는 송장과 마주치기라도 하면 저들은 서슴없이 말한다. '생은 반박되었다!'고"(『차라투스트라는 이렇게 말했다』, 72쪽). 죽음 이후를 염원하고 동경하는 자들은 한결같이 현세에 대한 반감으로 일관한다. 여기서 이루지 못한 사랑을 거기서 이루겠다는 일념에 집착하는 것이다.

호했다. 그리고 바로 이 점에 있어서 기독교는 영리했다! 이교의 이념으로 가득한 것에 대담하게 손을 뻗지 않았다면 기독교가 어떻게 당시 유행하고 있던 미트라 숭배와 이시스 숭배를 누르고 승리할 수 있었겠는가! 그렇게 해서 기독교는 두려움에 휩싸인 자들을 자기편으로 끌어들였다. 그들은 하나의 새로운 믿음으로 무장한 가장 강력한 추종자들이 되었다! 그리스인과 마찬가지로, 혹은 그리스인보다 더 많은 것을 일궈 냈던 유대인은 삶에 집착해 왔고 여전히 집착하고 있는 민족으로서 그러한 생각을 거의 중축하지 않았다. 죄인들에 대한 형벌로서 궁극적인 죽음에 처하는 것, 그리고 결코 다시 부활하지 못할 것이라는 극단적인 위협, 이런 생각들은 육체에서 벗어나려 하지 않았고, 또한 세련된 이집트주의와 함께 육체를 영원히 구원하는 것을 희망했던 이 독특한 사람들에게 충분히 강한 영향을 끼쳤다. 『마카베오 2서』에 나오는 유대의 순교자는 자신의 몸 밖으로 흘러나온 창자를 단념할 생각이 없었다. 부활할 때 그는 그것을 갖고 부활하고 싶어 했다. 이런 것이 유대인이다! 최초의 기독교인에게 영원한 고통에 대한 생각은 아주 낯설었다. 그들은 '죽음으로부터' 구원되었다고 생각했고 날마다 일종의 변신을 기대했으며 더 이상 죽음을 기대하지는 않았다. (이런 기대를 품고 살았던 사람들에게 최초의 죽음은 얼마나 기묘하게 작용해야만 했던가! 이때 경이로움과 환희와 의심과 수치심과 열정이 얼마나 뒤섞여 있었던가! 이런 것은 분명 위대한 예술가들을 위해서는 하나의 소재였으리라!) 사도 바울은 자신의 구세주가 만인을 위해 영생을 향한 길을 열었다는 것보다 더 나은 말을 알지 못했다. 그는 구원받지 못한 자들이 부활한다는 말은 아직 믿지 못했다. 아니, 실행될 수 없는 율법과 죄의 결과인 죽음에 대한 그의 교설의 결론으로서, 그는 근본적으로 지금까지 아무도 영생에 이른 적이 없다고 악의에 찬 생각을 했다. 있다고 하더라도 극히 소수일 뿐이며, 그것도 오로지 은총으로 영생에 이른 것이지, 그들 자신의 공적 때문이 아니라고 생각했다. 그는 이제야 비로소 영생으로 향하는 문이 열리기 시작하고 있으며, 마침내 이 문으로 들어갈 수 있는 사람들도 아주 극소수의 선택된 사람들뿐이라고 생각했다. 선택된 극소수의 사람들의 오만이 그런 생각을 포기하지 못하게 했다. 유대인이나 유대의 기독교도들 사이에서만큼 삶에 대한 본능이 그렇게 크지 않았던 곳, 또 영생에 대한 기대를 죽음에 대한 기대보다 무조건 더 가치 있는 것으로 보이지 않았던 곳에서는, 이교적이지만 전적으로 비유대적이라고도 할 수 없는 저 지옥이라는 첨가물이 선교사들의 손에는 아주 환영받을 만한 수단이 되었다. 죄인과 구원받지 못한 자도 죽지 않는다는 새로운 교설이, 즉 그들은 죽지도 못하는, 영원히 저주받은 자라는 교설이 생겨났다. 그리고 이 새로운 교설은 완전히 색이 바래 가고 있던 궁극적인 죽음에 관한 생각보다 더 강력했다. 우선 학문이 영원한 죽음에 관한 생각을 다시 정복하지 않으면 안 되었다. 게다가 이러한 정복은 학문이 죽음에 관한 모든 다른 생각과 모든 내세에서의 삶을 동시에 거부함으로써만 가능했다. 우리에겐 관심거리가 하나 줄어들었다. '죽음 이후'라는 것은 우리에게 더 이상 아무 상관도 없다! 이것은 이루 말할 수 없을 정도로 좋은 일이긴 하지만, 이런 일이 그렇게 좋은 일로서 멀리 그리고 또 광범위하게 느껴지기에는 아직 너무 이르다. 그리고 에피쿠로스가 새롭게 승리를 거두고 있다!

73.

'진리'를 위하여![140] — "기독교의 진리를 위하여 증언했던 것은 기독교인

140 진리는 이성적 존재에게 필연과 같다. 이성은 묻고 질문하며 존재를 과시한다. 대답이 주어져도 만족하지 못하고 또 다른 질문을 기어코 형성해 내고 만다. '이게 뭐야?' 하며 어린아이는 자신의 이성을

의 유덕한 품행이었고, 고통 속에서도 동요되지 않는 태도였으며, 굳건한 믿음이었고, 그리고 무엇보다 모든 시련에도 불구하고 전도하고 성장하는 데 있었다." 그대들은 오늘날에도 여전히 이런 소리를 지껄이고 있다! 유치하기 짝이 없구나! 그대들은 이 모든 소리가 진리를 위하지도, 진리를 거스르지도 않는 말들임을, 또 진리는 진리처럼 보이는 것과는 다르게 증명된다는 것을, 그리고 마지막으로 저 진리처럼 보이는 것은 진리를 위한 논거가 되지 않는다는 것을 배워야 한다!

74.

기독교적인 저의. — 1세기 기독교인의 가장 통상적인 저의는 다음과 같은 것이 아니었을까? "죄가 없다고 말하기보다는 죄가 있다고 믿게 하는 것이 더 낫다. 왜냐하면 그토록 강력한 재판관이 어떻게 생각하는지 정확히 알 수 없기 때문이다. 하지만 사람들이 두려워하는 것은 재판관이 우리의 죄에 대해 자기 죄를 의식하고 있는 사람들만 찾기를 희망한다는 것이다! 그는 막강한 힘을 갖고 있기 때문에, 자기 면전에 있는 사람을 의인이라고

훈련하기 시작한다. 모든 형식의 질문은 대답이 존재한다는 믿음에서 형성된다. 이성은 이상으로부터 자유로울 수 없는 것처럼 진리로부터도 자유로울 수가 없다. 이상과 진리, 그 외에도 수많은 좋은 말들, 좋은 개념들이 존재한다. 아직 발견되고 발명되지 못한 개념들이 있을 뿐이다. 신? 당연히 존재한다. 그러니까 사람들은 끊임없이 신이 누구냐고 묻게 되는 것이다. 신화에서는 '진리'를 '아레테이아(Aletheia)'라고 한다. '망각'이란 뜻의 레테(Lethe)강을 따라가면 지하 세계, 즉 지옥으로 떨어지지만, 그 반대의 강, '기억'을 뜻하는 므네모시네(Mnemosyne)강을 따라가면 바로 이 진리의 세계로 가게 된다. 기억되고 기억된 것이 이런 세상을 만들어 준다는 논리다. 기억의 조각들이 천국의 이미지를 만들어 준다는 생각이 근간을 이루고 있다. 이를 기독교식으로 펼쳐도 상관없다. "진리가 너희를 자유롭게 하리라"(요한복음 8:32). 진리는 하나님의 전유물이다. 그가 우리를 자유롭게 해 줄 것이다. 신화적인 생각을 따르든 기독교적인 발상을 따르든 상관없다. 이성적 존재인 사람은 어쨌거나 이런 진리를 생각 속에서 포기할 수 없다는 것이 문제일 뿐이다.

인정하기보다는 죄인을 용서하는 것이 더 쉬울 것이다."[141] 로마의 식민지에 살고 있었던 가난한 사람들도 로마의 지방 총독 앞에서는 다음과 같이 느꼈다. "우리가 아무런 죄도 없다는 듯이 그는 너무나도 긍지에 차 있다." 최고의 재판관을 기독교적으로 생각해 냈을 때 바로 이러한 느낌이 어떤 식으로든 다시 작용하지 않았을까!

75.

유럽적이지도 않고 고상하지도 않은. — 기독교 안에는 어떤 동양적인 것과 어떤 여성적인 것이 있다. 이것은 "신은 사랑하는 자를 징계한다"는 사상에서 드러난다.[142] 왜냐하면 동양의 여성들은 징계와 자신들을 세상에

141 "여호와의 눈은 어디서든지 악인과 선인을 감찰하시느니라"(잠언 15:3). 기독교인은 이런 선악의 문제에 집착한다. 그들은 어떤 식으로든 선의 편에 들기를 간절히 원한다. 문제는 선과 악의 기준이 믿음에 있다는 사실이다. "의인은 그의 믿음으로 말미암아 살리라"(하박국 2:4). 믿음은 그러나 객관적인 기준으로 평가할 수가 없다는 것이 더 큰 문제다. 소위 '네 죄를 네가 알렸다!' 하고 윽박지르면 누구나 자기의 잘못을 떠올리게 된다. 이성적 존재는 그럴 수밖에 없다. 광야에서 아무나 붙들고 "회개하라"(마태복음 3:2)고 외쳐도 먹혀드는 이유가 바로 이런 데 있다.

142 신은 자신이 사랑하는 자를 징계한다는 구절은 성경 곳곳에서 발견된다. "너는 사람이 그 아들을 징계함 같이 네 하나님 여호와께서 너를 징계하시는 줄 마음에 생각하고 네 하나님 여호와의 명령을 지켜 그의 길을 따라가며 그를 경외할지니라"(신명기 8:5-6). "대저 여호와께서 그 사랑하시는 자를 징계하시기를 마치 아비가 그 기뻐하는 아들을 징계함 같이 하시느니라"(잠언 3:12). "무릇 내가 사랑하는 자를 책망하여 징계하노니 그러므로 네가 열심을 내라 회개하라"(요한계시록 3:19). 징계를 받으면 고통스러울 것이다. 힘들다는 소리를 쏟아 놓게 될 것이다. 그런 고난을 당했을 때 하나님의 사랑을 인식해 달라는 논리다. 그래서 그런지 고난에 대한 성경 구절도 수없이 많다. 대표적인 것들을 모아 보았다. "의인은 고난이 많으나 여호와께서 그의 모든 고난에서 건지시는도다"(시편 34:19). "고난 당한 것이 내게 유익이라"(시편 119:71). "눈물을 흘리며 씨를 뿌리는 자는 기쁨으로 거두리로다"(시편 126:5). 이런 구절들을 접하면 드는 생각은 분명하다. 지금 당하는 고통은 구원의 조건이 된다는 사실이다. 사랑하니까 구속한다. 사랑하니까 괴롭힌다. 구속이 일상이고 괴롭힘 당하는 것이 현실인 사람에게는 이런 생각이 가져다주는 위로의 힘이 대단할 것이다. 문제는 그런 생각으로 현실에 안주하려는 태도에 있다. 노력하기보다는 믿음으로 현실을 감내하려고만 한다면 그것은 자기 삶에 대한 예의가 아닌 것이다.

대항하여 엄격하게 격리하는 것을 자신에 대한 남편의 사랑의 징표로 여기고 또 이러한 표시가 없으면 불평하기 때문이다.

76.

악한 생각을 한다는 것은 악하게 만든다는 것을 의미한다. — 욕정은 악하고 음흉하다고 생각되면, 그것은 악하고 음흉한 것이 된다. 이런 일들이 기독교에서 일어났다. 성욕을 자극하는 모든 성적 흥분 상태에 빠졌을 때 신자에게 양심의 가책을 불러일으킴으로써, 위대한 이상적인 권력을 상징했던 에로스와 아프로디테를 지옥의 코볼트와 미혹의 영으로 만드는 데 성공했다.[143] 필연적이고 규칙적인 감정들을 내적 번민의 원천으로 만들고 또

143 '코볼트'는 이후 니체가 자주 언급하게 되는 비유이다. '코볼트'는 번역자에 따라 '악귀'니 '요괴'니 '마귀'니 등으로 다양하게 번역되어 있다. 본 번역에서는 원어를 그대로 옮겨 놓는 음역을 택했다. 왜냐하면 '코볼트'는 하나의 인물을 지칭하는 이름이기 때문에 음역이 당연하다고 판단되어서다. 예를 들어 이순신을 번역하는 데 있어서 장군으로 의역을 한다면 오해의 소지가 있다. 이름은 이름 자체로 이미 완벽한 의미가 전해지는 것이다. 다만 여기서 잠시 니체가 '코볼트'라는 개념을 가지고 어떤 문장들을 만들어 냈는지 살펴보는 것이 이해에 도움이 될 것 같다. "불안에 대한 상상은 저 불쾌한 원숭이를 닮은 요괴 코볼트와 같다. 그것은 인간이 이미 가장 무거운 짐을 지고 있을 때 또 인간의 등에 뛰어오른다"(『인간적인 너무나 인간적인』 제1권, 404쪽). "지극히 악의적이고 활발하며 짓궂은 요괴 코볼트의 웃음이 내 주위에서 크게 울려 퍼진다는 것이다"(『즐거운 학문』, 394쪽). "나는 내 가까이에 요괴 코볼트를 두려 한다. 나 용기 있는 자이기 때문이다. 유령들을 위협하여 쫓아내는 그런 용기는 자기 자신을 위해 코볼트를 만들어 낸다. 용기는 웃고 싶은 것이다"(『차라투스트라는 이렇게 말했다』, 64쪽). '코볼트'는 그러니까 대부분 중력의 악령으로 등장한다. 없을 수 없는 놈이다. 육체를 갖고 살아야 하는 존재에게 중력은 운명처럼 따라다닌다. 코볼트는 '가장 무거운 짐을 지고 있을 때' 등에 뛰어오르는 이상한 놈이다. 그러니까 어떤 짐을 지더라도 그것이 '가장 무거운 짐'이라는 인식을 가지지 않는다면 괴롭힐 이유를 찾지 못하는 놈이기도 하다. 다시 위의 원문으로 돌아가 보자. 기독교인은 육체와 관련해서는 무조건 수치심을 유발하는 방향으로 인도했다. 에로스와 아프로디테를 괴물처럼 취급했다. 니체는 지금 같은 이름으로 불리는 대상이 그 의미와 가치가 바뀌고 있다는 것을 지적하고 있는 것이다. 이런 생각들은 훗날 '모든 가치의 가치전도'라는 개념으로 종합을 이루게 된다. 기독교가 '모든 가치의 가치전도'를 일궈 냈다면, 니체는 다시 한번 '모든 가치의 가치전도'를 시도하고자 하는 것이다.

모든 사람에게 일어나는 이런 내적 번민을 필연적이고 규칙적으로 만들어 버리는 것은 끔찍한 일이 아닌가! 여기에 덧붙여 은밀한 가운데 유지되고 있는, 그래서 더욱 깊은 곳까지 뿌리를 내리고 있는 번민도 있다. 모두가 셰익스피어처럼 용기 있는 사람들인 것은 아니다.[144] 그는 그의 소네트에서 보여 주었던 것처럼 바로 이 점에 있어서 사람들이 기독교적인 '음울하게 만들기'에 희생되고 있음을 고백하게 했다. 사람들이 맞서 싸워야만 하고 억제해야 하며, 혹은 사정에 따라서 완전히 감각 밖으로 쫓겨나야 하는 것은 항상 악한 것으로 불려야 할까! 자기 자신을 항상 하나의 악한 적으로 생각하는 것은 천박한 영혼이나 하는 짓거리가 아닌가! 그리고 에로스를 하나의 적으로 불러야 한단 말인가! 성적인 감정 자체는 동정의 감정, 숭배의 감정과 마찬가지로 한 사람이 자신의 즐거움을 통해 다른 사람을 즐겁게 해 준다는 점에서 공통적이다. 하지만 자연 속에서 이런 호의적인 일들을 자주 접하지는 못한다! 게다가 바로 그런 일들을 부담스러워하고 또

144 예를 들어 셰익스피어는 『로미오와 줄리엣』에서 청춘 남녀의 사랑 이야기를 선보인다. 십대의 청소년들이 부모의 동의를 받지 않고 결혼을 하는 등, 전통에 위배되는 행동을 거침없이 하게 한다. 거기서 유독 눈길을 끄는 것은 사랑에 빠진 줄리엣의 나이이다. 줄리엣은 아직 "14살도 채 되지 않은"(1막 3장), 즉 만 13세의 어린 소녀다. 그를 사랑했던 로미오도 그 또래였을 것이 분명하다. 그리고 스스로 어리다고 여겼던 로미오 자신도 사랑을 통해 "어른이 되어 간다"(2막 4장)고 고백하기도 한다. 문제는 그 나이가 그때나 지금이나 사회적 논쟁거리로 취급될 만큼 어리다는 데 있다. 또 발코니 장면도 르네상스의 혁명적 이념을 대변하는 데 한 몫을 차지한다. 주인공들은 사회적으로 허용이 안 되는 사랑을 다른 길을 통해 찾아간다. 최초의 뮤지컬 영화 중의 하나인 『웨스트 사이드 스토리』(1961)도 셰익스피어의 『로미오와 줄리엣』을 패러디한 작품이다. 여기서는 특히 연립주택의 철제 계단을 이용하는 장면이 그것을 대신한다. 이런 이야기는 용기 없이는 할 수 없는 것이다. 이런 이야기를 무대 위에 선보이면서 르네상스가 일어날 수 있게 된 것이다. 천 년 동안 신에 대한 사랑만 배웠다. 이제 사람들의 마음속에는 현실 속에서 체험하는 이야기로 공감을 느끼고 싶은 소망이 있었던 것이다. 누구나 다 아는 이야기로 공동체를 형성하고 싶은 욕구가 날로 커져만 갔던 것이다. 그 욕구를 셰익스피어는 과감하게 직면했고 또 거침없이 표출해 냈던 것이다. 금기가 많을수록 닫힌 사회다. 혁명정신은 바로 이런 금기를 깸으로써 발현되는 것이다. 말은 쉽지만 용기가 전제되지 않으면 절대로 해낼 수 없는 행위들이다.

양심의 가책을 통해 망쳐 버린다! 사람의 생식 행위를 양심의 가책과 결부시키다니! 결국 이렇게 에로스를 악마로 만드는 일은 일종의 희극적인 종말을 맞게 되었다. 에로스라는 이 '악마'는, 모든 에로틱한 것에 대한 교회의 음모와 비밀을 밝히 알고 하는 행위 덕택에 서서히 모든 천사와 성자보다도 더 큰 관심을 끌게 되었다. 교회는 사랑의 이야기가 모든 이에게 공통되고 유일하며 실제적인 관심사가 된 우리 시대에까지 깊숙이 영향을 끼치고 있다. 그것은 고대에는 납득이 안 될 정도로 과장되었다. 그것에 대해 또한 먼 훗날 비웃는 자가 생겨날 것이다. 최상의 것에서 최하의 것에 이르기까지 우리의 시와 사상 전반에는 사랑 이야기가 주된 이야기로 등장한다. 이토록 한계를 모르고 중요해져만 가는 사랑 이야기는 우리의 시와 사상 전반을 특징짓거나, 그 이상의 역할을 한다. 아마 이런 일들로 인해서 후세는 기독교의 문화유산 전반에 걸쳐서 무엇인가 왜소하고 광기 어린 측면이 있다고 판단하게 될 것이다.[145]

145 기독교의 광기는 배타적이고 폐쇄적이다. 신을 자기편으로 만들며 진리를 독점하고 만다. 마음의 문은 굳게 닫히고 오로지 자기편이 된 신의 입장에서 외부 세계를 바라본다. 신의 뜻을 주장하며 자기 자신이 하는 말에 무한대의 무게를 부여한다. 인간적인 결혼을 거부하고 수도원에서 살아가는 삶의 방식을 모범으로 간주하는 양심이 형성됨으로써 자연스럽게 신과의 사랑이 보편적인 것으로 자리매김했다. 신을 사랑하는 것은 권장할 만한 것을 넘어 의무와 책임이 되고 말았다. 신을 사랑하는 것은 차치하고 신을 모르면 이단자로 몰리기 일쑤였다. 기독교가 말하는 그 신을 알지 못하면 이교도라는 말도 듣게 되었다. 이교(異敎), 즉 이단의 가르침 혹은 다른 교단이란 이 개념은 기독교가 기준이 되면서 등장한 개념이다. 기독교의 입장에서 보면 고대의 세계관은 그 자체가 이교가 되고 만다. 자기 것이 아닌 것은 다 틀리다는 판단을 내리고 마는 것이다. 이런 기독교의 정신이 현대에까지 영향을 미치고 있다. 천 년 이상 지속되었던 중세의 기운이 지금까지 이어지고 있다는 얘기다. 보카치오가 『데카메론』(1349-1353)에서 선보였던 세속적이고 인간적인, 그래서 아직도 너무 야하게만 들리는 그런 사랑 이야기를 읽을 때면 여전히 마음이 불편하다. 겉으로는 안 그런 척해도 그것을 사람들 앞에서 낭독해야 할 때는 쑥스러워하는 기색이라도 비춰야 하는 게 당연한 이치처럼 여겨지는 것이다. 르네상스는 현대의 물결 앞에서 무릎을 꿇고 말았다. 르네상스는 결국 한계를 드러내고 말았다. 근대는 현대에 권력을 이양할 수밖에 없었다. 중세의 신 중심 사상은 현대의 자본주의 이념으로 명맥을 유지할 수 있었다. 신에서 돈으로 권력이양이 이루어진 것이다. 거기서 인간의 아름다움은 부수적인 것이 되고 말았다. 일단 돈이 있어야 사람도 가치가 있는 것처럼 여겨지는 그런 세상이 펼쳐지고 만 것이다.

77.

영혼의 고문에 관하여. ― 누군가가 낯선 육체에 그 어떤 고문이라도 가하게 된다면 그가 누가 되었든지 간에 크게 소리를 지를 것이다. 그런 짓을 하고 있는 사람에 대항하여 즉시 분노할 것이다. 그렇다, 우리는 고문을 생각만 해도 이미 몸서리친다. 그것이 사람에게 가해질 수 있는 것이든 동물에게 가해질 수 있는 것이든 상관없다. 또한 고문으로 확고하게 증명된 사실에 대해 듣기만 해도 견딜 수 없을 정도로 끔찍이 괴로워한다. 하지만 사람들은 영혼의 고문과 관련해서, 또 그런 고문을 행사하는 끔찍함과 관련해서 너무도 멀리 떨어져 있다. 기독교는 영혼에 대한 고문을 듣도 보도 못한 정도로 이용했다. 기독교는 이런 종류의 고문을 지속적으로 설교 속에 담아냈다. 그렇다, 기독교는 이러한 고문이 없는 상태를 접하면 정말 순진하게도 쓰레기라고, 또 게으름이라고 거침없이 한탄했다. 옛날 사람들이 인간과 동물의 육체에 가해진 잔인함에 대해 불안을 느꼈던 것처럼, 오늘날의 인류는 정신적인 화형에 대해, 정신적인 고문과 고문 도구에 대해 여전히 불안한 마음으로 아무런 결단도 내리지 못한 채 머뭇거리고만 있다. 지옥은 진정 하나의 단어로 머물러 있지 않았다. 그리고 지옥에 대한 두려움은 새롭게 창조되었고, 그것은 실재처럼 여겨졌다. 그것에 대응하여 동정이라는 새로운 장르가 탄생하기도 했다. 즉 그러한 불안에는, 예를 들어 돌처럼 단단한 사람이 돈 후안에게 알려 주었던 것 같은, '지옥에 떨어지는

니체는 이런 감정에 도전장을 내민다. 광기에 광기로 맞서고자 한다. 혁명은 그렇게 이루어지는 것이다. 최소한 동등한 힘으로 맞서야 시대는 변화를 도모한다. 기득권은 절대로 자진해서 자신의 권력을 내려놓으려 하지 않는다. 이들은 오히려 그런 상황을 부당하게 여길 뿐이다. 보수의 논리는 늘 한결같다. 자기 것이 좋다는 인식에서 시작하여 남의 것은 싫다는 판단으로 나아간다. 변화를 원한다면 이런 인식의 뿌리부터 건드려야 한다. 모든 변화는 그런 판단의 오류를 인정함으로써 실현될 뿐이다.

것을 거부할 수 없을 정도로 저주받은 사람들'[146]에 대한 무섭고 극히 강하며 예전에는 알려져 있지 않았던 그런 연민이 나타난 것이다. 이 연민은 수백 년 동안 지속된 기독교의 시대에 너무나도 자주 탄식을 위한 돌들을 실어 날랐다. 플루타르코스는 미신을 믿는 이교의 어떤 인간의 상태에 관해 하나의 음울한 형상을 그려 냈다. 이런 형상조차도 '영원한 고통'을 더 이상 피할 수 없다고 생각했던 중세의 기독교인과 비교하면 전혀 해롭지 않았다. 기독교인에게는 무시무시한 소식을 전해 주는 자들이 모습을 드러냈다. 그들은 마치 뱀을 주둥이로 물고 있지만 그것을 삼키기를 아직 주저하고 있는 황새와 같은 모습을 취하기도 한다. 혹은 자연이 갑자기 창백하게 퇴색하거나, 혹은 이글거리며 불타는 색깔들이 바닥 위로 날아들기도 한다. 혹은 죽은 친척들의 모습이 끔찍한 고통의 흔적을 담고 있는 얼굴을 하고 다가서기도 한다. 혹은 한 사람이 잠들어 있는 방의 어두운 벽들이 밝아지더니 그 벽 위에 노란 연기 속에서 고문 도구들과 뱀과 악마가 서로 엉켜 있는 모습으로 나타나기도 한다. 그렇다, 기독교는 이 대지로부터 얼마나 끔찍한 장소를 만들어 낼 줄 알았던가! 기독교는 도처에 십자가에 못 박힌 예수상을 세웠고, 그렇게 함으로써 이 대지는 그 의로웠던 자가 죽음의 고통을 당해야 했던 장소로 변질되고 말았다! 그리고 회개를 권하는 위대한 설교자들이 강력한 웅변으로 일찍이 개인의 은밀한 고통 전부나, 혹은 '작은 독방'에서의 고문 등과 같은 폭력을 공공연히 행사할 때마다, 예를 들어 화이트필드 같은 사람이, 마치 '다 죽어가는 사람이 다 죽어가는 사람에게 하는 것처럼', 어떤 때는 격렬하게 울면서, 어떤 때는 요란하게 발을 구르며 열정적으로, 가장 날카롭고 가장 돌발적인 목소리로, 그리고 아무런 거리

146 냉정하고 이성적인 사람은 지옥을 면할 수 있지만, 감정적이고 충동적인 사람은 지옥을 면할 수 없다는 생각과 판단이 연민의 감정을 형성한 것이다.

낌도 없이 그 자리에 있는 한 사람을 무섭도록 공격하면서, 그를 정말 끔찍한 방식으로 공동체로부터 격리시키려 하는, 이런 설교를 할 때마다 이 대지는 진정 '불행의 들판'으로 변하는 것처럼 보였다![147] 그러면 그곳에 운집한 모든 사람은 하나의 집단으로, 마치 하나의 동일한 광기에 사로잡힌 것처럼 보였다. 많은 사람들은 불안에 떨며 경직되었고, 다른 사람들은 의식을 잃고 쓰러져 움직이지도 않았다. 몇몇 사람들은 격렬하게 몸을 떨었고, 몇 시간 동안이나 계속해서 날카로운 비명소리로 공기를 갈랐다. 도처에서 거친 숨소리들이 들렸다. 그것은 마치 목이 반쯤 졸린 채 생명의 공기를 마시려고 발악하는 숨소리처럼 들렸다. 이런 설교를 목격한 한 증인은 이렇게 말한다. "실제로 귓구멍에 들어오는 거의 모든 소리는 쓰라린 고통 속에서 죽어가는 사람들의 소리였다"라고. 기독교가 처음으로 임종의 침대로부터 고문 침대를 만들어 냈다는 것을 절대로 잊지 말자! 또한 그 이후 이 고문 침대 위에서 연출되었던 장면들과 여기서 처음으로 나타날 수 있었던 끔찍한 비명들이 그것을 목격한 사람들의 삶을 위한 감각과 피 속에, 게다가 그들의 후손에게까지도 독을 퍼뜨렸다는 사실을 절대로 잊지 말자! 다음과 같은 소리를 한번 들으면 결코 잊을 수 없는 순진한 사람을 생각해 보라! "오, 영원이여! 오, 내가 어떤 영혼도 갖고 있지 않았더라면! 오, 내가 태어나지 않았더라면! 나는 저주를 받았고, 또 저주를 받았다. 나는 영원히 끝장났다. 엿새 전이라면 그대들은 나를 도와줄 수 있었을지 모르겠다. 그러나 이제는 다 지나갔다. 나는 이제 악마에게 떨어졌다. 그와 함께 지옥으로

147 이렇게 생각으로 변질된 불행의 들판이 있는가 하면, 실존의 의미로 인식된 들판도 있다. 예를 들어, 카뮈는 『시지프스 신화』(1942)를 시작하는 곳에 모토로 이런 말을 새겨 놓았다. "오, 사랑하는 이여, 불멸의 삶을 갈망하지 말고, 오로지 가능성의 들판을 끝까지 내달려라." 우리가 사는 이곳은 가능성으로 충만한 들판이라는 얘기다. 저 세상 가서 잘 살려는 의도는 집어치우고 이 세상에서 최선을 다해 살아 달라는 요구였다. 내세관은 버리고 현세에 집중해 달라는 실존주의의 정언명법이었다.

가야 한다. 부서져라, 부서져라, 불쌍하게도 돌이 되어 버린 심장들이여! 부서지고 싶지 않다고? 돌이 되어 버린 심장에게 또 무슨 일이 생겨날 수 있단 말인가? 그대들이 구원받기 위해 나는 저주를 받았다! 저기 그가 있다! 그렇다, 저기 그가 있다! 어서 오라, 선한 악마여! 어서 오라!"

78.

벌을 주는 정의라는 것. — 불행과 죄, 이 두 가지는 기독교에 의해 하나의 저울 위에 놓였다. 따라서 죄의 결과로 발생하는 것이 불행이기에, 죄의 크기도 어쩔 수 없이 불행의 크기에 따라서 측정된다. 이런 상황은 오늘날까지 여전하다. 하지만 이것은 고대적인 발상이 아니다. 그리스의 비극은 풍부하면서도 전혀 다른 의미로 불행과 죄에 대해 언급한다. 그리스 비극은 고대인들 자신이 스스로 느낄 수 없을 정도로 마음을 해방시켜 주는 위대한 것에 속한다. 고대인들은 말 그대로 순진무구했다. 그들은 죄와 불행 사이에서 어떤 '상응 관계'도 설정하지 않았다. 비극적인 영웅들이 겪는 죄는 그들 스스로가 걸려 비틀거리다 넘어져서 팔을 부러뜨리거나 눈알 하나가 빠지게 되는 작은 돌과 같다.[148] 고대인의 감각은 그런 일들에 대해 이렇게 말했다. "그래 맞아, 그는 조금 더 신중하게, 그리고 조금 덜 건방지게 자

148 고대 그리스 비극에서의 불행은 우연의 결과였다. 우연이 운명처럼 엄습했던 것이다. 비극의 주인공들은 그 운명에 직면하여 넘을 수 없는 한계를 인식하고 좌절하며 절망에 빠졌던 것이다. 일종의 '죄 없이 죄인'이 되어 고통받게 된다는 그 논리가 비극적 논리인 것이다. 비극에서 비 자는 슬플 비(悲)를 쓴다. 아닐 비(非) 아래에 마음[心]이 놓여 있는 상태다. 소위 '이게 아닌데!' 하는 심리 상태를 보여 준다. 그래서는 안 되는 상황을 직면하여 관객은 슬픈 감정을 느끼게 되는 것이다. 예를 들어 프로메테우스는 인류를 위해 불을 훔쳤다. 그 죄로 그는 헤파이스토스의 끊어지지 않는 쇠사슬에 포박당하고 세상 끝에 있는 코카서스 산맥에 묶인 채 낮에는 에톤이라 불리는 독수리로부터 간을 쪼아 먹히는 그런 형벌을 받게 된 것이다. 관객은 자신들을 도와줬던 영웅이 고통받는 것을 바라보며 눈물을 흘리게 되는 것이다. 이런 것이 고대 그리스인이 접했던 전형적인 비극적 상황이다.

신의 길을 걸어가야 했던 거야!" 하지만 기독교는 처음으로 이런 말을 했다. "여기에 심각한 불행이 있다. 그 뒤에는 하나의 심각한, 그러니까 똑같이 심각한 죄가 숨겨져 있을 거야. 우리는 그것을 분명하게 보지 못했을 뿐이야! 그대가 불행한 자로 느끼지 않는다면, 그대는 완고한 사람이다. 그렇다면 그대는 더 나쁜 일을 겪게 될 것이다!" 그러니까 고대에 실제로 존재했던 불행이 순수하고 죄가 없는 불행이었다면, 기독교에서는 모든 것이 벌로, 즉 당연히 받아야 할 벌로 판단되었다. 이런 생각은 고통받는 자에 대한 환상을 만들어 냈다. 그렇게 해서 그 고통받는 자는 불행을 겪을 때마다 도덕적으로 비난받을 만하고 또 비난받고 있다고 느꼈던 것이다. 그렇게 느끼면서 그는 자신의 고통을 증폭시켰던 것이다.[149] 가련한 인간들이여! 그리스인에게는 타인의 불행에 대해 분개하는 고유한 말이 있었다. 이러한 감정은 기독교를 믿는 민족에서는 허용되지 않은 데다가 거의 발전하지도 못했다. 그래서 기독교인에게는 동정[150]보다 더 남성다운 형제를 위한 이름 또한 없었던 것이다.

149 생각하는 존재는 생각 하나만으로 없던 고통도 만들어 낼 수 있다. 생각으로 그 고통을 증폭시킬 수도 있다. 하늘이 무너질까 두려워하기도 하고, 땅이 꺼질까 무서워하기도 한다. 물론 우리의 영웅 안중근 의사는 '인무원려 난성대업(人無遠慮 難成大業)'이라는 말을 남겼다. 늘 미리미리 걱정하고 대비해 두는 것이 좋을 때도 있다. 하지만 그런 대비 자세가 자기 삶을 부정적인 측면으로 끌고 간다면 고려해 봐야 할 일이다. 숨도 못 쉬게 하는 그런 발상으로 진전한다면 결코 좋은 일이라 간주할 수 없기 때문이다. 생각도 어떤 생각을 하느냐가 문제다. 예를 들어 행복이란 개념으로 번역하는 그리스어 '에우다이모니아(Eudaimonia)'는 '에우', 즉 '좋은' 이라는 뜻을 지닌 접두어와 '정신, 생각, 정령' 등의 뜻을 지닌 '다이모니아'가 합쳐진 말이다. 좋은 생각이 행복의 원인이 된다는 뜻이다. 행복하려면 좋은 생각을 할 줄 알아야 한다. 제임스 매튜 배리는 『피터팬』에서 '좋은 생각'을 하늘을 날 수 있는 힘, 즉 비상의 동력으로 소개하기도 했다. 그런 생각이 우리를 환상의 나라 네버랜드로 이끌어 준다는 얘기다. '팬'도 독일식으로 읽으면 '판'이 되고, 그 '판'이 사티로스와 함께 자연적인 성향을 지닌 존재라는 것을 알고 나면 많은 것이 인식의 그물에 걸려들 것이다.

150 동정도 동정 나름이다. 니체 철학은 동정의 철학이라고 불러도 무방하다. 동정을 보여 줘야 할 때도 있고 동정을 버려야 할 때도 있다. 소문에 따르면 1889년 1월 3일 경, 토리노의 광장에서 채찍을 맞고 있는 말의 목을 껴안으며 오열하다가 정신분열이 일어나 광기의 세계로 접어들었다고 한다. 동정은

79.

하나의 제안.[151] — 파스칼과 기독교에 따르면 우리의 자아란 항상 증오할 만한 가치가 있다고 말하는데, 만약 그렇다면 신이 되었든 사람이 되었든 간에 그 다른 누군가가 그 자아를 사랑했다는 사실을 어떻게 인정하고 받아들일 것인가! 자기 자신을 사랑하게 내버려 둔다는 것, 즉 거부하는 다른 감정에 대해 침묵하기 위해서 오로지 증오를 받아야 마땅하다는 것을 잘 안다는 것은 모든 좋은 단정한 태도에 어긋나는 것이 되고 만다. "하지만 이것이야말로 진정한 은총의 나라다." 이렇게 말하는 그대들에게 그대들의

늘 넘어서야 할 한계로 인식되었다. 초인도 동정을 거듭해서 극복해 내야 했다. 니체는 늘 동정의 대가가 되어 주기를 요구했다. 하지만 그 동정을 더 이상 극복하지 못할 때, 마지막 한계가 도래하게 되는 것이다. 초인도 그때는 죽음을 맞이하게 된다. "신은 죽었다. 사람들에 대한 연민의 정 때문에 죽고 만 것이다"(『차라투스트라는 이렇게 말했다』, 148쪽 이하). 초인을 죽음에 직면하게 한 것은 인간애였다. 프로메테우스가 인간애 때문에 천형을 받아야 했던 것처럼, 초인도 인간애를 포기할 수 없어 죽음을 넘지 못한 것이다. "오 차라투스트라여, 나 그대를 그대의 마지막 허물로 유혹하기 위해 왔노라"(『차라투스트라는 이렇게 말했다』, 397쪽)! "이것이 바로 시험이며, 어쩌면 차라투스트라가 치러야 할 마지막 시험일 것이다"(『이 사람을 보라』, 49쪽). 사람이 평생을 살다가 치러야 할 마지막 시험은 동정이라는 시험이다. 극복할 수 있으면 살 수 있는 것이고, 극복할 수 없다면 죽음을 맞이해야 한다. 이 시험은 피할 수 없다. 그 마지막을 향해 부단하게 전진하는 삶, 끊임없이 노력하는 삶, 그것이 초인의 삶인 것이다. "차라투스트라의 몰락이 시작되었다"(『차라투스트라는 이렇게 말했다』, 13쪽). 이 말은 "인치피트 트라고에디아(Incipit tragoedia)"(『즐거운 학문』, 315쪽), 즉 '비극이 시작된다'는 말과 같은 맥락에서 읽혀야 하는 것이다. 이 문장이 읽히게 될 때 니체가 그토록 꿈꿨던 '비극의 탄생'은 실현되는 것이다. 신들의 세상은 펼쳐지게 되는 것이다. 하지만 아무리 신에 대해서 설명을 해 주어도 귓구멍이 막힌 자들에게는 들리지 않는다. 그래서 끊임없이 외쳐 댄다. 귀 있는 자들은 들으라고. 귀들 닫고 귀를 열라고. 공과 무로 채워진 범종(梵鐘)의 종소리는 범인(凡人)들을 위한 소리가 아니다. 그 소리는 깨달은 자들을 위해 울리는 위로의 소리다.

151 허무주의 철학은 모든 것을 허무하게 만들고 말지만, 이렇게 새로운 제안을 내놓기도 한다. 이상주의적인 모든 것은 허무하다는 인식을 가지게 해 주지만, 현실과 맞닿아 있는 모든 것은 오히려 그 의미와 가치를 인식시키려고 애를 쓰고 있을 뿐이다. 형이상학적 개념, 즉 신이나 진리 등을 믿는 것 자체는 오류가 아니나, 그것을 믿음으로써 자기 자신을 소홀하게 대하는 태도가 발생한다는 것은 진정 오류에 해당한다. 니체의 허무주의 사상은 오로지 '자기 자신을 사랑하라'는 말을 근본으로 삼고자 한다.

이웃사랑은 은총인가? 그대들의 동정은 은총인가? 만약 그대들에게 그것이 가능하다면 또 한 걸음 더 나아가라! 그대들 자신을 은총으로 사랑하라![152] 그러고 나면 그대들에게 그대들의 신은 전혀 필요하지 않게 된다. 그리고 타락과 구원이라는 이 모든 드라마가 그대들 자신 안에서 종말을 고할 것이다!

80.

동정을 일삼는 기독교인.[153] — 이웃의 고통에 대한 기독교적 동정의 이면에는 이웃의 모든 기쁨, 즉 그가 원하고 할 수 있는 모든 것에 대한 기쁨에 대해 깊이 의심하는 측면이 있다.

81.

성자의 인간성.[154] — 한 성자가 신도들 사이로 들어갔는데, 그는 죄에 대

152 자기 자신에 대한 사랑이 허무주의의 궁극적 이념이다. 니체는 아모르 파티를 외쳐 댔다. 자기 자신의 운명을 사랑하라는 말이다. 사람은 언제나 사랑에 대한 갈증을 느낄 수밖에 없다. 하지만 그 어떤 상황에서도 먼저 자기 자신을 사랑해 달라는 것이다. 자기 사랑에 대한 실천이 이뤄진 뒤에, 그 사랑의 방향을 밖으로 향하게 할 수 있다면, 그 사랑이야말로 진정으로 건강하고 건전하며 의미 있는 것이 된다.

153 기독교인의 동정에 대한 태도를 심리학적으로 접근해 보면 재미난 것이 발견된다. 즉 동정은 상대가 불쌍하다는 느낌을 전제하는 심리 상태다. 즉 동정을 습관처럼 베푸는 사람의 심리 상태가 있다는 것이다. 상대가 불쌍하다는 느낌도 없이 기뻐하고 즐거워한다면 그것은 어떤 경우라도 거짓되고 가식적인 표현이라고 의심하는 것이다. 자기 자신은 동정을 베풀어야 하는 입장에 서 있기 때문이다. 그에게는 동정이 미덕이기 때문이다. 동정을 베풀고자 하는 이런 일방적인 태도가 이런 불가피한 의심의 원인이 되는 것이다.

154 성자도 성자 나름이다. 니체는 여기서 성자의 인간성을 말하고자 한다. 성자의 신성을 말하고자 하는 것이 아니다. 즉 그가 무엇을 가르치느냐에 따라 판단은 달라져야 한다. 니체의 텍스트 속에 등장하는 성자의 목소리에도 두 가지 측면은 공존한다. 때로는 신성을, 또 때로는 인간성을 가르치기 때문이다.

한 그들의 지속적인 증오를 더 이상 참을 수 없었다. 결국 그는 이렇게 말하고야 말았다. "신이 만물을 창조했지만, 죄만은 창조하지 않았나 보다. 그가 죄를 생각하지 못했는데, 기적이 무슨 말인가? 그러나 인간이 죄를 창조했다.[155] 인간은 자신의 유일한 자식인 이 창조물을 제명해야 했다. 단지 그것이 신의 마음에, 죄의 할아버지인 그의 마음에 들지 않는다는 이유로! 이것이 인간적이란 말인가? 모두들 존경할 자격이 있는 자를 존경하라! 그러나 마음과 의무는 무엇보다 먼저 그 자식을 위해 변호해야만 한다! 그러고 나서 할아버지의 명예를 변호해야 할 것이다!"

82.

성직자의 습격. — "이것은 너 스스로 해내야 한다. 왜냐하면 그것은 너의 목숨이 달린 문제이기 때문이다." 이렇게 외치며 루터가 갑자기 나타났다.[156] 그리고 그는 우리의 목에 칼이 들어와 있다는 것을 느껴 달라고 주장

여기서는 신성과 인간성을 조화시켜 보려는 시도가 엿보이는, 즉 긍정적인 측면이 부각된 성자로 보인다. 즉 성자의 가르침은 철학자 니체의 제안이 될 수 있다. 성자의 가르침에 의하면, 인간이 죄를 창조했는데, 신이 그것을 싫어한다고 해서 무작정 제거할 생각은 말아 달라고 한다. 이 가르침은 생철학에서 매우 중요한 사안이다. 제거한다고 제거가 될 수 있는 대상도 아니다. 죄의식은 이성을 갖고 있는 인간의 문제다. 그러면서 신으로부터 자유로울 수도 없다. 이성을 가진 자는 죽을 때까지 신에 대해서 추궁할 것이다. 그렇다면 죄를 변호해야 할 일이다. 그러고 나서 신도 변호의 대상으로 삼아야 할 일이다. 그것이 가장 인간적인 태도가 아닐까.

155 모든 죄는 돌처럼 물처럼 존재하는 것이 아니다. 죄는 모두 가치관이 만들어 내는 결과물일 뿐이다. 죄는 형이상학적 논쟁을 불러일으키는 개념일 뿐이다. 법정에서는 늘 죄를 두고 한바탕 설전이 벌어진다. 죄가 된다는 입장과 죄가 되지 않는다는 입장이 맞서는 것이다. 물론 법은 하나의 결론을 도출해 내야 한다. 하지만 그 결론이 영원한 기준이 될 수는 없다. 각 시대마다 다른 죄의 현상이 존재할 수 있다. 사람이 죄의 주인이 되는 날, 초인의 세상은 펼쳐질 수 있다. 늘 법대로 살겠다고 애를 쓰는 정신으로는, 즉 신의 뜻에 합당한 행동만을 추구하는 동안에는 니체가 꿈꾸는 이상향은 그저 별처럼 멀리 있을 뿐이다.

156 여기서 성직자는 루터를 일컫는다. 루터에 대한 니체의 입장은 단호하다. 다 죽어가던 중세를 살려 낸

했다. 그러나 우리는 보다 고상하고 사려 깊은 말로 그를 우리에게서 떼어 낸다. "이런저런 일들에 대해 어떤 의견도 만들지 않는 것과 그렇게 함으로써 우리의 영혼이 불안을 줄이는 것은 우리의 일이랍니다.[157] 왜냐하면 이 일들은 자체는 그것들의 본성상 우리의 판단을 강요할 수 없기 때문이랍니다."

83.

불쌍한 인류여![158] — 뇌 속의 피가 한 방울이 더 많아도, 혹은 더 적어도 우리의 삶은 말할 수 없을 정도로 비참해지고 딱딱해질 수 있다. 우리는 프로메테우스가 독수리 때문에 피를 흘리며 당했던 고통보다 이 피 한 방울

인물로 판단한다. 그래서 원망도 많다. 루터는 설교를 잘 했고, 그 설교 능력으로 사람들을 선동했으며, 결국 종교개혁을 성공적으로 이끌었다. 그가 아니었으면 르네상스 운동이 좀 더 강력하게 진행되었을 것이고 그러면 교회는 좀 더 다른 모습으로 퇴색했든가 아니면 아예 사라졌을지도 모른다고 한탄했던 것이다. 니체는 여기서 루터가 취했던 방식으로 말을 하게 한다. 우선 인용의 형식을 취했다. 그것의 어감은 강압적이고 위협적이다. 그래서 '성직자의 습격'이라는 제목이 어울리는 것이다. 루터는 청중으로 하여금 다른 생각을 하지 못하게 했다. 오로지 자기 말만 들을 수 있게 길들여 놓았다. 우리의 표현을 빌리면 혼을 빼놓은 것이다. 하지만 세상일이란 그가 말하는 것처럼 그렇게 간단한 문제가 아니다. 사사건건 우리의 판단이 요구되어야만 하는 것도 아니다. 오히려 그렇게 생각함으로써 우리의 내면에는 동요가 일어난다. 판단이 서지 않으면 양심의 가책까지 받게 되는 상황이 벌어지고 마는 것이다.

157 허무주의 철학은 쓸데없이 겁먹는 일이 없도록 하려고 애를 쓴다. 생각으로 만들어 낸 허무맹랑한 생각이, 생각하는 존재를 규정하는 그런 오류를 범하지 않게 하려는 것이다. 생각하는 존재는 생각으로 스스로 구원할 줄 알아야 한다. 그 외의 모든 다른 생각은 허무할 따름이다.

158 인류가 불쌍한 이유는 고통에서 벗어날 수 없기 때문이다. 사람이 살면서 겪을 수 있는 수많은 일을 신의 저주로, 혹은 악마의 소행으로 판단하는 것은 중세인들이나 선호했던 것이다. 이제 니체는 고통을 변호한다. 고통을 변호하고자 하니 사람들이 가련해 보이기도 한다. 우리는 프로메테우스가 당했던 고통보다 더 많은 고통을 당해 봐야 한다. 그래야 인식을 얻을 수 있다. 그래야 깨달음을 얻을 수 있다. 이 말을 하려니 불쌍한 마음이 들 뿐이다. 인간적인 동정심이다. 초인만이 겪을 수 있는 최후의 동정심이다.

Gustave Moreau, 〈프로메테우스〉, 1868.

에 대해 더 많은 고통을 당해 봐야 한다. 그러나 저 한 방울이 원인이 된다는 사실을 우리가 제대로 알지 못한다면 가장 끔찍한 일이 벌어질 것이다. 피 한 방울이 아니라 '악마'라든가, 혹은 '죄'가 원인이라고 생각하는 사태가 벌어질 것이다.

84.

기독교의 문헌학. — 기독교가 정직과 정의에 대한 감각을 얼마나 적게 육성하는지에 대해서는 기독교 학자들이 써 놓은 저술들의 성격을 통해 잘 알 수 있다. 그들은 자신의 추측을 마치 교리인 것처럼 뻔뻔하게 제시한다. 성경 구절을 해석할 때에도 정직하게 당황하는 일은 거의 드물다. 언제나 거듭해서 그들은 이렇게 말한다. "내가 옳다. 성경에 이렇게 씌어 있기 때문이다"라고. 그러면서 부끄러운 줄도 모르고 제멋대로 된 해석을 쏟아낸다. 이런 소리를 들은 한 명의 문헌학자는 분노와 조소 한가운데에 머물러서 있다.[159] 그는 자신에게 늘 되묻는다. 이것이 가능한 일인가! 이것이 정직한가? 이것이 단정한 일인가? 이런 견지에서 볼 때 개신교의 설교 단상 위에서는 여전히 어떤 부정직한 일들이 벌어지고 있는지, 설교자는 아무도 입에 담지 않는 말들에서 이익이 되는 것을 찾아내 그것을 얼마나 야비하게 써먹는지, 성경은 얼마나 사람을 괴롭히고 못살게 굴고 있는지, 그리고

159 기독교의 문헌학에 대해 니체는 다른 방식의 문헌학으로 맞선다. 성경을 운운하며 악순환처럼 만들어 내는 진리의 소리에 맞서 니체는 문헌을 있는 그대로 바라보고 해석해 내려는 의도로 다가선다. 예를 들어 고대의 비극을 '사실의 문제'로서, 또 그것이 '발견되고 발굴되어야'(『비극의 탄생』, 14쪽) 할 대상으로서 다가서려는 것이다. 하지만 니체의 목소리는 아직 너무도 미약하다. 천 년이 넘도록 온 세상의 천재들이 신의 존재 증명에 매달려 왔고, 또 그들이 만들어 낸 소리는 아직도 거의 완벽하게 들려올 뿐이다. 이런 소리들 속에서 니체의 음성은 거의 들리지도 않는다. 그는 온 세상의 비난을 홀로 감당하고 있는 것처럼 보이기도 한다.

잘못 읽는 기술을 민중에게 얼마나 많이 심어 놓았는지,[160] 이 모든 것을 교회에 전혀 다니지 않는 사람들이나, 매일 같이 교회에 다니는 사람들이나 모두 한결같이 과소평가한다. 결국 수 세기에 걸쳐 세워진 종교가 『구약성경』에 대해 저 듣도 보도 못한 문헌학적 광대극을 보여 준 것의 결과물로서 무엇을 기대해야 할 것인가를 과소평가하는 꼴이 되고 만다. 내가 말하고자 하는 바는 그러니까, 『구약성경』은 유대인을 말끔하게 제거하려는 시도를 했다는 것이다. 왜냐하면 과거 유대인은 『구약성경』은 기독교적 교리로서는 아무런 의미도 없다고, 또 진정한 민족으로서 이스라엘만이 기독교인에 속한다[161]고, 또 『구약성경』은 유대인에게만 속한다고 주장했기 때문이다. 그리고 이제 사람들은 양심 있는 사람이라면 도저히 시도할 수 없는 설명과 곡해를 자행하는 광기로 내몰리게 되었다. 그에 대해 유대의 학자들이 얼마나 강하게 반발했던가. 『구약성경』 곳곳에서는 그리스도에 대해서, 오로지 그리스도에 대해서만 언급이 되고 있다고, 곳곳에서는 그의 십자가에 대해서만 언급이 되고 있다고, 하물며 하나의 나무, 막대기, 사다리, 가지, 버드나무, 지팡이가 단순히 언급이라도 되고 있다면, 거기에는 십자가에 대한 예언의 의미가 있을 뿐이라고 주장했다. 뿔을 하나만 갖고 있는 짐승과 청동으로 된 뱀에 대한 이야기도, 이에 덧붙여 기도를 하기 위해 두 팔을 펼치는 모세 이야기도, 이뿐 아니라 유월절에 어린양이 꿰어지고 구워지는 꼬챙이조차, 이런 모든 이야기가 십자가에 대한 암시이고 그것의 서

160 예를 들어 니체는 자신의 글에서 '잘 읽는 기술'을 배워 달라고 요구한다. 그는 이 책의 서문 마지막에도 이런 말을 남겨 놓았었다. 그의 책은 오로지 완벽한 독자만을 원한다고, 또 오로지 문헌학자만을 원한다고. 그러면서 "나를 잘 읽어 내는 법을 배우라!"고 역설했던 것이다. 이런 목소리가 『아침놀』 전체의 어감을 이끌고 있는 것이다. 이에 반해 기독교의 문헌학은 정반대의 현상만을 보여 줄 뿐이다. 즉 이 문헌학이야말로 진정 '잘못 읽는 기술'의 전형이 되는 것이다.

161 믿지 않는 유대인은 제거당하고 믿는 유대인만 구원받는다는 선민(選民) 사상을 일컫는 말이다.

곡이라고 말하는 것이다! 이렇게 주장했던 사람들 중에 그것을 정말 믿었던 누군가가 일찍이 있었던가? 나중에 교회가 밀수입된 구절을 기독교적인 예언을 의미하는 것으로 이용하기 위해 『70인 역』의 원문을 마음대로 늘이는 것에 대해 전혀 두려워하지 않았던 사실을 유념해야 하리라.[162] 사람들은 그러니까 여기서도 투쟁을 하고 있었던 것이다. 적을 생각해야만 했던 것이다. 정직해야 한다는 것을 생각한 것이 절대로 아니다.

85.

부족함 속에 있는 섬세함. — 그리스 신화가 그대들의 몽상으로 가득 찬 형이상학과 같지 않다는 이유 때문에 그것을 비웃지 말라![163] 그대들은 하

162 『70인 역』으로 번역된 원어는 라틴어로 '셉투아긴타(Septuaginta)'이다. 그것은 곧 70을 뜻한다. 이것은 또한 그리스 시대의 『구약성경』을 지칭한다. 이것은 헬레니즘 시대에 국제적으로 통용되고 있었던 언어 '코이네(Koine)'로 번역되었고, 기원전 250년 경 주로 알렉산드리아에 있던 유대인들에 의해 번역되었다. 대부분의 책들은 기원전 100년 전후로 번역이 완료되었지만, 몇몇 나머지 책들은 기원후 100년까지도 이어졌다. 니체가 이런 성경의 역사를 언급한 이유는 성경으로 인정받고 있는 그 성스러운 책들조차 사람에 의해 쓰였다는 것을 인식시키려 하는 데 있다. 사람이 써 놓고서 그것을 신이 한 말이라고 주장하는 그 비약을 깨닫게 해 주기 위한 것이다. 니체는 끊임없이 기독교가 보여 주는 이런 광대극을 가시화하려고 애를 쓰고 있다. '옛날 옛적에 호랑이가 담배를 피웠어요~ 어흥!' 하고 시작하는 이야기가 진리의 소리로 둔갑하는 그 지점을 백일하에 드러내고자 하는 것이다. 니체의 이런 주장은 결코 지나친 소리가 아니다. 사실 성경의 첫 부분을 장식하고 있는 다섯 권조차 모세라는 저자가 집필한 것이다. 성경의 모든 책에는 저자가 따로 존재한다는 사실만 인식해도 많은 것을 깨달은 것이 된다. 예를 들어 모세가 이런 소리를 한 것이다. "태초에 하나님이 천지를 창조하시니라"(창세기 1:1) 하고 말이다. 어느 순간부터 이 말이 진리로 둔갑했고, 사람들은 그것을 믿음으로 받아들여야만 하는 사건이 되고 말았다. 처음에는 신화에서처럼 이야기가 전해지더니, 그것이 진리의 소리로 바뀌고, 그것을 믿어야 하는 상황이 펼쳐지게 되는 것이다. 니체는 끊임없이 이런 과정을 밝히려고 애를 쓴다.

163 그리스 신화 속의 신들은 부족한 것이 너무도 많다. 그 부족 때문에 말썽이 생기고 혼란이 야기된다. 전지전능하다는 기독교의 신과 비교하면 너무도 초라하기까지 하다. 그렇다고 이 고대의 신들을 무시한다면 그것은 스스로 큰 실수를 저지르는 꼴이 되고 만다. 그리스 로마의 신화는 어떤 측면으로 보면 기독교 성경보다 더 심리적으로 섬세하게 잘 구성되어 있다고 볼 수 있다.

나의 민족에 대해 놀라워해야 한다! 이 민족은 자신의 예리한 지성을 바로 이 지점에서 멈추라고 명령했고 여기서 오랫동안 쉬었기에 스콜라 철학과 궤변을 늘어 놓는 미신으로부터 대피할 수 있었던 것이다.

86.

육체를 기독교적으로 해석하는 자들. — 항상 위, 내장, 심장박동, 신경, 담즙, 정액에서 비롯되는 저 모든 불쾌감, 무기력, 과도한 긴장 등은 우리에게 잘 알려지지 않은 기계의 우연성 전체를 의미한다! 파스칼과 같은 기독교인은 이 모든 것을 도덕적이며 종교적인 현상으로 받아들인다. 그는 신인가 악마인가, 혹은 선인가 악인가, 혹은 구원인가 저주인가, 이 중에 무엇이 거기에 들어 있는가 하는 것에 대해서 질문을 한다! 오, 이 얼마나 불행하게 해석하는 자인가! 그는 정의를 얻기 위해 얼마나 자신의 체계를 비틀고 괴롭혀야만 했던가!

87.

윤리적인 기적. — 기독교는 윤리적인 것에서 오로지 기적만을 안다. 즉 모든 가치 판단의 갑작스러운 변화, 모든 습관의 갑작스러운 포기, 새로운 대상들과 인물들을 향한 저항할 수 없는 갑작스러운 호감을. 기독교는 이러한 현상을 신의 힘으로 파악하고, 그것을 부활의 행위로 부른다. 기독교는 그것에 그 무엇과도 비교할 수 없는 유일무이한 가치를 부여한다. 그 외에 윤리라고 불리면서 저런 기적들과 아무런 관계도 없는 모든 것은 기독교인에게 아무런 상관이 없다. 아니, 그것들은 쾌감과 긍지 혹은 두려움의 대상도 되지 못한다. 『신약성경』에는 덕, 즉 완성된 율법의 규준이 설정되어 있다. 그러나 이것은 실행이 불가능한 덕의 규준이다. 윤리적이면서 노력까지 하는 사람들은 이런 규준과 직면하여 스스로 자신들의 목표에서 점점 멀어지고 있다고 느끼는 법을 배워야 한다. 그들은 덕 앞에서 절망해야 하고 그리고 결국에는 불쌍한 사람에게 마음을 바쳐야 한다. 이런 종말에서만 기독교인의 윤리적인 노력은 가치 있는 것으로 간주된다. 여기서 전제되는 것은, 그러니까 그것이 하나의 성과 없이 끝나는 노력, 재미없는 노력, 사람을 우울하게 하는 노력에 그쳐야 한다는 것이다. 그렇지만 그것은 또한 저 황홀한 순간을 끌어들이는 데 이용될 수 있다. 그 순간에 사람은 '은총을 받는다는 것'과 윤리적 기적을 체험하게 된다. 그러나 윤리를 향한 노력이 필수적인 것은 아니다. 왜냐하면 저런 기적은 죄인에게서조차 드물게 일어나는 일이 아니기 때문이다. 비록 그 죄인이, 말하자면 죄로 말미암아 문둥병에 걸렸을지라도 기적은 일어날 수 있는 법이다. 그렇다, 그것 자체가 이미 도약처럼, 즉 가장 심각하고 가장 근본적인 죄로부터 벗어나, 그 반대의 경우인 보다 가벼운 것으로의 도약처럼 보인다. 그리고 그것이야말로 기적의 의미심장한 증거인 동시에 또한 더 소망했었던 어떤 것의 증거인 것처럼 보인다. 게다가 이성을 상실한 채 저항할 수도 없는 그런 종류의 갑작스러운 전환, 즉 가장 깊은 비참함과 가장 깊은 기쁨의 그런 종류의 변화가 생리학적으로 의미하는 것, 이것은 정신병 환자를 다루는 의사가 고민해 봐야 할 일들이 아닐까 싶다. 어쩌면 그것은 가면에 가려진 간질병일 수도 있지 않을까? 정신과 의사들이야말로 그런 종류의 '기적'을 수도 없이 자주 관찰해 왔기 때문이다. 예를 들어 살인 중독증이나 자살 중독증과 같은 증상도 이에 포함될 것이다. 기독교인의 경우에 비교적 '좀 더 좋은 결과'가 나오긴 하겠지만 정신병자의 경우와 본질적인 차이를 보이는 것은 결코 아니다.

88.

위대한 선행자 루터. — 루터가 끼친 영향 중에서 가장 의미 있었던 것은 그가 성자들과 기독교적으로 생각하는 삶 전체에 대해 불신을 일깨웠다는 데 있다.[164] 그때부터 비로소 유럽에서 비기독교적인 생각을 하는 삶으로 가는 길이 다시 열리게 되었고 세속적인 활동과 세속인들을 함부로 경멸하는 일이 억제되었다. 사람들이 용감한 광부의 아들이었던 루터를 수도원 안에 가둬 놓았을 때, 수도원에는 파고 내려갈 수 있는 깊은 곳이 없었기 때문에 그는 자기 자신 안으로 파고 들어갔고 거기서 끔찍하고 어두운 굴을 팠던 것이다. 결국 그는 명상적이고 신성한 삶이 그에게는 불가능하다는 것과 자신의 타고난 '활동성'이 영혼과 육체 속에서 자신을 파멸로 향하게 할 것을 깨달았다. 아주 오랫동안 그는 금욕고행을 통해 성자가 되는 길을 찾으려고 노력했다. 그리고 마침내 그는 결단을 내렸고 자기 자신에게 이렇게 말했다. "생각하는 삶은 사실 실제적으로는 어디에도 존재하지 않는다! 우리는 우리 자신에게 거짓말을 해 왔다! 성자들이 우리 모두보다 더 가치가 있는 것은 아니었다." 이것은 분명 자신의 정당성을 주장하는 데 있어서 촌스러운 방법이었다. 그러나 당시 독일인에게는 정당하면서도 유일한 방법이었다. 그들은 이제 루터의 교리 문답서에 있는 글을 읽어 가면서

164 루터와 1517년 종교개혁이 시작되던 그 시점부터 그를 따랐던 친구들 모두를 아우르는 개념으로 1529년에 프로테스탄티스무스(Protestantismus)란 말이 등장하게 된다. 우리의 언어감각으로는 영어 프로테스탄티즘이 더 익숙하다. 말은 무엇을 사용하든 상관없다. 그 내용에 집중하고 그것을 이해해 보자. 이 말은 원래 정치적 개념으로 사용되었다. 기존의 기독교, 즉 로마 교황청을 중심으로 이루어진 기독교 전통을 모두 거부하고 그것에 저항한다는 의미로 이런 별명을 얻게 된 것이다. 기존의 기독교라는 이미지를 부각시키기 위해 구교라 부르는 동시에 스스로는 신교라 부르기 시작했다. 구교와 신교가 나눠지면서 기독교는 한바탕 소용돌이에 휘말리고 만다. 신구의 대립은 1618년부터 1648년까지 30년 동안 진행되었던 30년 전쟁을 야기했다. 가톨릭이라고 죽이고 프로테스탄트라고 죽였다. 종교의 자유는 요원했다. 양심조차 구속당한 채 살인을 자행했던 것이다.

위로를 얻었다.[165] "십계명 외에 신의 마음에 들 수 있는 작품은 하나도 없다. 칭찬받을 만한 성자들의 영적인 작품들은 그들 스스로 꾸며 낸 것들 뿐이다."

89.

죄로서의 의심. — 기독교는 자신을 지키기 위해서라면 그 어떤 극단적인 것도 마다하지 않고 행했다. 기독교는 의심조차 이미 죄가 된다고 설명했던 것이다.[166] 사람들은 이성 없이 오로지 기적을 통해서만 신앙 속으로 내던져져야 했다.[167] 그리고 이제 그들은 거기서 마치 가장 밝고 가장 분명

165 앞서 살펴보았듯이 종교개혁을 가능하게 했던 4대 강령이 있다. 솔라 스크립투라(Sola scriptura, 오직 성경), 솔라 피데(Sola fide, 오직 믿음), 솔라 그라티아(Sola gratia, 오직 은총), 솔루스 크리스투스(Solus Christus, 오직 예수)가 그것이다. 즉 루터는 로마 교황청에서 나오는 모든 말에 귀를 닫는 반면, 오로지 성경과 하나님의 말씀에 귀를 열고자 했다.

166 예를 들어 성경에는 이런 구절들이 있다. "주 너의 하나님을 시험하지 말라"(누가복음 4:12). "오직 믿음으로 구하고 조금도 의심하지 말라"(야고보서 1:6). 하지 말라는 것을 하면 죄가 되게 만들어 놓았다. 시험하지 말라는데 시험하면 죄인이 되는 것이다. 의심하지 말라 했는데 의심하면 신이 명령한 것을 정면으로 도발하는 꼴이 되고 만다. 성경은 하라는 대로 믿고 따라 주는 자를 의인으로 간주한다. 의인은 언제나 구원의 대상이 된다. "의인은 고난이 많으나 여호와께서 그의 모든 고난에서 건지시는도다"(시편 34:19). 또 이런 의인의 반대가 악인으로 불린다. 세상이 종말에 이르면 "천사들이 와서 의인 중에서 악인을 갈라 내어 풀무 불에 던져"(마태복음 13:49-50) 버릴 것이라고 한다. 더 나아가 하나님의 말씀을 믿지 않는 자는 적그리스도로 불린다. "거짓말하는 자가 누구냐 예수께서 그리스도이심을 부인하는 자가 아니냐 아버지와 아들을 부인하는 그가 적그리스도니"(요한일서 2:22). 여기서 특히 주목해야 할 부분은 거짓말의 논거를 믿음의 존재 유무에서 찾고 있다는 데 있다. 믿음이 없이 말하면 거짓말을 하게 됨과 동시에 그것이 곧 죄가 된다는 주장이다.

167 이성의 논리와 기적의 논리는 정반대의 것이다. 이성은 논리를 근간으로 하여 이루어지고, 기적은 그 논리를 파괴하며 이루어진다. 하지만 이성적 존재는 늘 생각이 작동할 수 있는 틀을 생각하면서도 동시에 그 틀을 깰 수 있는 생각까지 해 낼 능력을 갖추고 있다. 현실감각이 중요하면서도 현실을 보암직하게 만드는 것은 때로 비현실적인 생각이 보완되어 줘야 가능하다. 꿈과 희망의 논리도 이런 관계 속에서 의미를 갖게 된다. 우리 모두는 꿈과 희망이 있어 현실을 감당할 수 있는 것이다. 몸을 가진 존재가 어떻게 생각하는 존재로서 균형을 잡고 살아가는가? 그것이 관건이 될 뿐이다. 그러니까 형이하학과 형이상학은 인간이기에 반드시 생각의 범주 안에 넣어야 하는 학문이 되는 것이다.

한 영역 속에 있는 듯이 그렇게 헤엄을 쳐야 했다. 단단한 육지를 향한 시선조차 이미, 그리고 그곳에서 어쩌면 헤엄을 치기 위해서 혼자 있는 것이 아니라고 생각하는 것조차 이미, 또 우리의 수륙양생의 본성이 조금이라도 자극을 받는 것조차 이미 죄가 된다는 것이다! 그러나 사람들은 이로써 신앙의 근거를 찾는다든가 혹은 그 신앙의 기원에 관한 모든 숙고조차, 마찬가지로 죄가 되는 것으로서 이미 배제되어 있다는 사실을 알게 되었다. 사람들은 이제 맹목과 도취를, 그리고 이성이 익사당한 파도에 대한 영원한 노래를 원하게 되었다!

90.

이기주의에 대항하는 이기주의. — 얼마나 많은 사람들이 아직도 이런 생각을 하고 있는가. "신이 존재하지 않는다면 삶은 견딜 수 없을 것이다!"라고. 혹은 이상주의자들의 무리가 말하는 것처럼, "삶의 근저에 윤리적인 의미가 결여되어 있다면 삶은 견딜 수 없을 것이다!"라고 말하고 있는 것이다. 그래서 신이 혹은 실존을 위한 윤리적인 의미가 존재해야 한다는 것이다! 그러나 사실은 단지 이런 것이다. 즉 이런 생각에 길들어 버린 사람은 이런 생각이 없는 삶을 바라지 않는다는 것이다. 그러니까 이런 생각은 자기 자신을 위해, 그리고 자신을 유지하기 위해 필수적이어야 한다는 것이다. 그러나 자신의 유지를 위해 필수적인 모든 것이 또한 실제로도 존재해야만 한다고 선포하는 것은 얼마나 오만한 생각인가! 이것은 마치 자신을 유지하는 것이 필연적인 것이라고 말하는 것이나 다름없다! 만약 다른 사람들이 반대로 느끼고 있다면 어떻게 할 것인가! 만약 그들이 바로 저 두 가지 신앙 조항의 조건하에서 살고 싶어 하지 않는다면, 그리고 또 그런 삶을 더 이상 살 만한 가치가 없는 것이라고 생각한다면 어떻게 할 것인가![168] 그런데 지금이야말로 바로 이런 상황인 것이다!

91.

신의 정직함. — 전지전능하면서도 자신의 의도가 자신의 피조물에 의해 이해되었는지를 단 한 번도 고려하지 않는 신이 정말 선한 신일까? 수많은 의심과 끊임없이 생각할 거리들을 수천 년 동안, 마치 그것들이 인류의 구원을 위해서는 생각하지 않을 수 없었던 것처럼 지속적으로 양산해 내게 하는 그런 신이? 그리고 더욱이 진리를 잘못 파악하면 다시 가장 끔찍한 결과가 초래될 것을 예상하도록 하는 그런 신이? 만약 그가 진리를 갖고 있고, 인류가 얼마나 그 진리 때문에 비참하게 고통받고 있는지 볼 수 있다면 그는 정말 잔인한 신이 아닐까? 그럼에도 불구하고 그가 자신을 단지 좀 더 분명하게 표현할 수 없었던 경우라면 아마도 선한 신일 것이다! 그렇다면 혹시 그에게 그것을 위한 정신이 부족했던 것일까? 아니면 웅변술이? 그렇다면 더 나쁜 신이다! 어쩌면 그는 자신이 '진리'라고 부르는 것에서도 실수를 저지를 수 있을 것이다. 게다가 그는 스스로가 '기만당한 가련한 악마'와 그다지 다를 바 없을 것이다! 이 경우 그는 자신의 피조물들이 그를 인식하기 위해 그랬던 것처럼, 그리고 그렇게 괴로워하는 것을 바라보며 영원히 점점 더 나빠지기만 하고, 또 자신의 자식이나 개가 가장 끔찍한 위험에 빠져 있어도 그저 온갖 모호한 신호만 보내는 벙어리처럼 행동하는 것 외에는 어떤 조언도 할 수 없고 도와줄 수도 없는 상황에서 지옥에서나 겪게 될 법한 그런 고통을 견뎌 내야 하는 것이 아닐까? 이런 식으로 추론하며 스스

168 여기서 '두 가지 신앙 조항'은 신의 존재와 윤리의 존재를 두고 한 말이다.

로 압박감을 받게 된 신자가 '이웃'에 대해 동정심을 느끼는 것보다 괴로워하는 신에 대해 더 많이 동정심을 느끼게 된다면, 그것은 그에게는 틀림없이 용서받을 만한 일이 될 것이다. 왜냐하면 그 신은 더 이상 자신의 이웃이 아니라 가장 고독하며 태초를 시작했던 남자인 동시에 모든 이 중에서 가장 괴로워하며 또 가장 위로를 필요로 하는 남자이기 때문이다. 모든 종교는 인류 초기의 미숙한 지성에서 유래되었다는 공통된 특징을 보여 준다. 모든 종교는 진리를 말한다는 것을 놀라울 정도로 쉽게 의무감으로 받아들인다. 하지만 그 모든 종교는 인류에게 진실되고 분명한 소식을 전해야 한다는 신의 의무에 대해서는 아무것도 모른다. '숨겨진 신'에 대해, 그리고 신이 자신을 그렇게 숨기면서 항상 절반만 말을 통해 빛 속에 나타났던 이유에 대해 파스칼보다 말이 더 많았던 사람은 아무도 없었다.[169] 이는 파스칼이 이 문제에 대해 단 한 번도 마음 편할 날이 없었다는 증거이기도 하다. 하지만 그의 목소리는 매우 확신에 차 있다. 마치 그가 연극의 막 뒤에 앉아서 모든 것을 함께 공유한 것처럼 말하고 있는 것이다. 그는 '숨은 신'에 대해서는 비도덕의 냄새를 맡았고, 이런 사실을 고백하는 것에 대해서는 가장 커다란 부끄러움과 두려움을 느꼈다. 그래서 그는 몹시 두려워하는 사람처럼 그가 지를 수 있는 소리보다 더 크게 말했던 것이다.

169 파스칼은 사람을 '흔들리는 갈대'라고 정의했다. 세상에서 가장 사소한 존재라고 주장했다. 물 한 방울로도 죽일 수 있는 가장 가련하고 나약한 존재라고 했다. 하지만 사람에게도 위대한 점이 있음을 확신했다. 그것은 바로 사람이 신을 믿을 수 있는 존재라는 것이었다. '파스칼의 내기'라는 말도 있다. 즉 그는 신을 믿는 것은 손해 볼 것이 없다고 판단했다. 신이 존재한다면 천국에서의 영원한 삶이 주어진다. 신이 없다 해도 잃을 것은 하나도 없다. 신에 대해서 우리는 아는 것이 별로 없지만, 그래도 그를 믿는다면 많은 것이 보장된다는 그 논리야말로 가장 파스칼적인 생각인 것이다. 그런 생각을 모아 놓은 것이 바로 『팡세』(1670)인 것이다. 그 제목의 뜻도 '생각'이다. 사람이 할 수 있고 가질 수 있는 최고의 생각으로 모범을 보여 준 것이다. 하지만 그의 생각의 중심에는 오로지 믿음만이 자리 잡고 있었다. 신에 대한 믿음만이 그 생각의 전부였다.

92.

기독교의 임종 침대에서. ― 현재 실제로 활동적인 사람들의 마음속에는 기독교가 없다. 그리고 정신적으로 어중간한 정도의 수준에 있는, 좀 더 온순하고 좀 더 명상에 치중하는 사람들은 깔끔하게 잘 정리된 기독교, 즉 놀라울 정도로 단순화된 기독교를 갖고 있을 뿐이다.[170] 자신의 사랑 속에서 모든 것에 관여해 결국에는 선을 행하는 하나의 신, 즉 우리의 행복과 마찬가지로 우리의 덕을 주기도 하고 또 빼앗기도 하면서 전체적으로는 항상 올바르고 선하게 진행되게 하고 또 삶을 힘들어하거나 비난할 근거는 하나도 남겨 놓지 않는 하나의 신, 간단히 말해서 이런 신성을 향한 체념과 겸손을 한없이 드높이는 것, 이것이 바로 오늘날에도 여전히 기독교에 남아 있는 가장 좋은 것이자 가장 생동적인 것이다. 그러나 이와 함께 기독교가 부드러운 도덕주의로 넘어가고 있다는 사실을 우리는 깨달아야 한다. '신, 자유, 영생'뿐만이 아니라, 기독교의 호의와 단정한 법도가 모든 호의와 모든 단정한 법도 전체를 지배하게 될 것이라는 믿음까지도 남겨 놓지 않게 된다면, 이것이야말로 진정한 기독교의 안락사가 되는 것이다.

170 중세 철학자들은 신의 존재 규명에 열을 올렸다. 그 형이상학적 존재를 논리 있게 정리하고 또 그것을 단순화해 내는 것을 목적으로 삼았던 것이다. 핵심 정리와 논리의 단순화를 지향하는 것, 곧 이것이야말로 중세와 현대의 공통점이다. 모든 것은 쉬워야 한다. 대중적인 것이 인기를 끈다. 어려우면 안 된다. 다양성은 혼란만 자극한다. 단일성만이 최고다. 모든 것을 한눈에 알아볼 수 있도록 제시해 주어야 한다. 그래서 중세는 현실에 불만이 많았던 시대였다. 현세보다는 내세가 더 좋았던 시대였다. 현대의 경향도 마찬가지다. 현대인은 늘 돈 많이 벌어 잘살고 싶어 한다. 마치 천국에서의 영생처럼 그렇게 꿈같은 삶이 존재한다고 믿는 것이다. 하지만 얼마나 벌어야 돈을 많이 벌었다고 말할 수 있을까? 한도 끝도 없다. 욕망은 끝을 모르기 때문이다. 그 욕망의 노예가 되고 만다. 중세인이 신의 노예가 되었듯이, 현대인은 돈의 노예가 되어 살아가고 있다. 그래도 양심의 가책은 없다. 돈을 벌어야 한다는 것이 양심으로 자리 잡고 있기 때문이다.

93.

무엇이 진리인가?[171] — 믿는 자들이 좋아하는 다음과 같은 추론을 좋아하지 않을 사람이 누가 있겠는가? "학문은 진리일 수 없다. 왜냐하면 학문은 신을 부정하기 때문이다. 따라서 학문은 신에게서 유래된 것이 아니다. 그래서 학문은 진리가 아닌 것이다. 왜냐하면 신이 진리이기 때문이다." 이러한 추론에서는 추론 그 자체가 아니라 그 전제에 있어서 이미 오류를 지니고 있다. 만약 신이 정말로 그 진리가 아니라면, 그리고 바로 이것이 증명되었다면 어떻게 될 것인가? 만약 그가 인간의 허영심이며 권력욕이고, 성급함이며 공포이고, 또 황홀해하면서도 두려움에 가득 찬 망상이라면 어떻게 될 것인가?

94.

기분이 상한 자들을 치유하는 법.[172] — 이미 사도 바울은 죄 때문에 신의

171 '진리'는 독일어로 '바르하이트(Wahrheit)'라고 한다. 진리는 현상의 논리보다는 본질의 논리를 따른다. 눈에 보이는 것보다는 눈에 보이지 않는 것을 선호한다. 진리는 시간과 공간의 원리를 따르기보다는 영원의 원리를 따른다. 이런 진리가 존재한다고 생각하는 것은 믿음의 영역에서만 가능해진다. 생각하는 존재는 무엇이든 생각할 수 있고, 어느 하나의 생각에 익숙해지면 그것이 당연한 것처럼 여겨질 때도 있다. 진리의 존재에 대한 질문은 신의 존재에 대한 질문과 무관할 수 없다. 둘은 늘 하나의 사물에 대한 두 개의 이름처럼 여겨져 왔다. 신은 진리고, 진리는 신이라는 논리가 당연한 주장처럼 여겨져 왔다는 것이다. 하지만 니체는 영원한 진리에 대한 이의를 제기하기 시작한다. 그런 진리는 허무맹랑한 이상일 뿐이라고 가르친다. 진리는 현상의 원리, 즉 시간과 공간의 원리에 의해 시시각각으로 변하고 있다. 과거의 진리는 현재에 어울리지 않을 때가 많다. 현재의 진리가 또한 미래에도 통용되리라고 믿는 것은 어리석은 확신에 불과하다. 모든 것은 변화 속에 있다. 모든 것은 변화하지만, 세상은 잃는 것이 하나도 없다. 늘 돌고 돈다. 그것이 니체가 말하는 영원회귀이다. 그것을 깨달을 수 있느냐가 관건일 뿐이다.

172 소위 약자가 위로를 받는 방법이다. 현세에서는 약자의 운명으로 살아야 하지만 내세에 가서는 강자로 거듭날 수 있다는 소리만큼 위로가 되는 말은 없다. "나중 된 자로서 먼저 되고 먼저 된 자로서 나

기분이 심각하게 상했고, 이를 회복시키기 위해 희생이 필요하다는 생각을 했다. 그리고 그때부터 기독교인은 자신의 불쾌감을 하나의 다른 희생물에 풀어놓는 행위를 멈추지 않았다. 그것이 '세계'가 되었든 '역사'가 되었든 '이성'이 되었든 다른 사람들의 기쁨이나 평화로운 안식이 되었든 상관없이, 무언가 좋은 것이 그들의 죄를 위해서 비록 비유적으로라도 죽어야 한다는 것이었다!

95.

궁극적인 반박으로서 역사적 반박. — 예전에 사람들은 신이 존재하지 않는다는 것을 증명하려고 애를 썼다.[173] 오늘날 사람들은 신이 존재한다는 믿음이 어떻게 생겨날 수 있었는지, 또한 이런 믿음이 무엇을 통해 무게감과 중요성을 획득하게 되는지를 보여 주고 있다.[174] 이로써 신이 존재하지

중 되리라"(마태복음 20:16). 그래서 종말을 그토록 열망하게 되는 것이다. 얼른 종말이 와 줘야 인생 역전의 기회가 주어지기 때문이다.

173 예를 들어, 고대에는 아제베이아(Asebeia), 즉 신은 존재하지 않는다고 말하는 사람들을 법정에 세우는 재판이 있었다. 이 재판에 희생이 되었던 최초의 인물들은 다음과 같다. 기원전 430년에 아낙사고라스(Anaxagoras), 415년에 디아고라스(Diagoras), 411년에 프로타고라스(Protagoras), 그리고 399년에 소크라테스가 대표적이다. 특히 소크라테스는 사형선고를 받고 독배를 마신, 즉 아제베이아를 통해 실제로 희생된 인물이다. 이들은 모두 고대의 신 개념에 저항했던 철학자들이다. 이런 고대의 신에 대한 믿음을 무너뜨리는 데 성공을 거둔 세대가 중세를 이끌었다. 중세는 다양한 신들을 거부하고 유일신을 믿었다. 개성이 뚜렷하고 제한적인 신상을 거부하고 전지전능하며 영원불변한 신상을 추구했다. 근대는 다시 고대를 동경하는 르네상스 정신이 대세를 이루었지만 교회의 범주에서 벗어나지 못했다는 한계에 직면했고, 결국 현대에 자리를 내줘야 했다. 이렇게 역사적 사건은 늘 기존의 가치에 반박하는 세대가 등장하는 곳에서 발생한다. 역사적 현장은 기득권이 늘 새로운 세대에 자신의 권력을 이양시키는 곳에서 실현된다. 시대는 그렇게 변할 수밖에 없고, 또 변해야 마땅할 뿐이다.

174 이것은 중세 이후 오늘날까지의 현상이라 할 수 있다. 형이상학적 존재를 설명하려다 보니 한계를 정할 수도 없다. 아니 여기서는 한계를 정해 놓아서도 안 된다. 말 그대로 형이상학의 영역이기 때문이다. 자연 세계에서는 경험할 수 없는 내용이라서 그런 것이다. 형이상학의 세계에서는 사실 무슨 말을 해도 다 허용된다. 논리만 있으면 된다. 납득할 수 있는 내용이라면 다 허락된다는 얘기다. 신은 존재

않는다는 반대 증명은 필요 없어졌다. 예전 사람들이 '신의 실존에 대한 증명'으로 제시했던 것을 반박했을 때에도 바로 이 반박된 것보다 더 나은 증명이 찾아질 수 있지 않을까 하는 의심은 여전히 남아 있었다. 당시의 무신론자들은 책상을 깔끔하게 치우는 법[175]을 이해하지 못했다.

96.

"너는 이 표시로 인해 승리할 것이다." — 다른 점들과 관련해 유럽이 많이 진보했다고는 하나 종교적인 문제와 관련해서는 아직 고대 브라만들의 자유로운 순진성에도 도달하지 못했다. 이것은 4,000년 전의 인도 사람들이 지금의 우리보다 더 많이 생각했고 또 생각에 대한 더 많은 욕구가 전승되곤 했다는 증거가 된다. 즉 저 브라만들이 믿었던 것은 첫째로, 승려가 신들보다 더 강력하다는 것이었고, 둘째로, 승려들이 거머쥘 수 있는 권력은 관습 속에 있다는 것이었다. 그래서 브라만교의 시인들은 기도, 의식, 희생, 노래, 박자와 같은 관습을 모든 좋은 것의 본래적인 발원지로 지치지도 않고 찬양했던 것이다. 여기에 얼마나 많은 허구가 들어 있고 미신이 가미되었다 하더라도 상관없이 그들의 문장들은 잠되나는 것이었다! 한 걸음 더 나아가 사람들은 신을 뒤로 젖혀 놓았다. 유럽도 언젠가는 이런 일을 해내야만 한다! 여기서 또 한 걸음 더 나아가 사람들은 승려들과 매개자들 역시 더 이상 필요하지 않았다. 그리고 자기 구원의 종교를 가르치는 선생, 즉 부처가 등장했다. 이런 문화의 단계와 비교한다면 유럽은 아직도 얼마나 멀

하는가? 이 질문에 천 년이 넘도록 세상의 천재들이 몰두해 왔다. 그래도 그들의 설명조차 여전히 충분하지 않다. 영원한 것이 어떻게 한계가 있는 언어로 설명될 수 있을까.

175 늘 남의 글을 읽고 배우려 했다는 의미이자 그렇게 배우는 데는 한계가 있다는 의미이기도 하다.

리 떨어져 있는가! 마침내 신들과 승려들 그리고 구원자들의 권력이 의존하고 있는 모든 관습과 풍습까지 파괴되고 나면, 그러니까 낡은 의미의 도덕이 죽고 나면, 그러면 무엇이 올 것인가?[176] 그렇다, 그러고 나면 도대체 무엇이 온단 말인가? 그러나 아무렇게나 추측하지 말고, 유럽은 생각하는 자들의 민족인 인도에서 이미 수천 년 전에 생각을 위한 계명으로 행해졌던 것부터 우선 살펴보아야 한다! 오늘날 유럽의 여러 민족 사이에는 더 이상 '신을 믿지 않는' 사람들이 아마 천만 내지 이천만 명에 달할 것이다. 그들이 서로 신호를 주도록 하는 것이 너무 지나친 요구일까? 그들은 이런 종류의 행위를 통해 서로를 알게 될 것이고, 또한 자기 자신도 알게 될 것이다. 이와 함께 그들은 유럽에서 하나의 권력이 될 것이다.[177] 게다가 행운이 따라 준다면 민족들 사이에서 하나의 권력이 될 것이다! 신분들 사이에서! 가난한 자들과 부유한 자들 사이에서! 명령하는 자들과 복종하는 자들 사이에서! 가장 불안에 떠는 자들과 가장 편안하고 가장 평온한 자들 사이에서!

176 이런 문장 속에는 니체의 사고방식이 스며 있다. 관습과 풍습이 죽는다. 그러고 나면? 신들의 권력이 죽는다. 그러고 나면? 승려와 구원자의 권력이 죽는다. 그러고 나면? 도덕이 죽는다. 그러고 나면? 이런 생각이 지속되다 보면 '신은 죽었다'와 관련한 생각의 형식도 발견될 수 있다. 즉 신은 죽는다. 그러고 나면? … 이렇게 생각이 진행되는 것이다. 영원한 진리도 영원한 사실도 없는 것처럼 영원한 신도 없다. 신이 죽고 나서도 사람은 늘 그다음을 생각할 줄 알아야 한다. 그것이야말로 사람이 해야 할 일 중 가장 중요한 일이다. 사람은 생각하는 존재로 머물 때 가장 사람다운 존재가 되는 것이다.

177 권력으로 번역된 단어는 마흐트(Macht)이다(주 43 참고). 권력은 창출되는 것이고, 창출될 수 있는 것이고 또 창출되어야 한다. 노예로 살기 싫다면 끊임없이 권력은 새롭게 창출되어야 한다. 수천 년 동안 신들에 대한 생각이 사람들의 생각을 지배해 왔다면 이제는 생각하는 그 능력으로 생각하는 존재가 권력의 주체로 거듭나야 한다. 그때가 되어야 생각하는 존재의 진정한 자격이 주어지는 것이다. 생각하는 존재에게 아직 생각하지 못한 것은 있을 수 있어도, 생각할 수 없는 것은 있을 수 없다. 이런 소리를 '신'을 두고서도 가능한가? 그것이 문제인 것이다. 스스로에게 이 질문을 던져 보고 내면에서 어떤 일들이 벌어지고 있는지 관찰 좀 해 보자. 신 앞에서도 생각의 자유가 날개를 펼치고 있는지, 아니면 주눅이 들어 신앙에 짓눌려 있는지 스스로를 관찰해 보자는 것이다.

제2권

97.

사람들이 도덕적으로 변하는 이유는, 사람들이 도덕적이지 않기 때문이다! — 도덕 아래에 무릎을 꿇는 것은 군주 아래에 무릎을 꿇는 것처럼 노예적일 수도, 허영심이나 이기심, 혹은 체념이나 숨막히는 광신적 열광이나 생각이 부족한, 혹은 절망의 행위일 수도 있다. 무릎을 꿇는 것 그 자체는 아무것도 도덕적이지 않다.

98.

도덕의 변화. — 도덕에 대한 변화와 작업은 지속적으로 존재해 왔다. 이런 것은 행복한 결말로 이어지는 범죄 행위가 가능하게 해 준다.[178] 예를 들어 도덕적인 생각의 모든 새로운 변화가 이에 속한다.

99.

어떤 측면에서 우리 모두는 비이성적이다.[179] — 우리가 틀리다고 간주하는 판단들, 우리가 더 이상 믿지 않는 이론들에서 우리는 항상 그리고 아직도 여전히 결론들을 이끌어내고 있는 중이다. 그것도 우리의 감정을 통해서.[180]

178 어떤 사물이 도덕적인 것으로 자리매김하게 되면 범죄 행위조차 영웅적인 행위로 간주될 수 있다. '이것은 도덕적이다!' 이런 말을 만들어 낼 수만 있다면 새로운 가치관도 동시에 형성될 수 있는 것이다.

179 이성과 비이성은 분명 정반대의 원리를 보인다. 하지만 무엇을 이성으로 또 비이성으로 보느냐는 시대마다 다를 수 있다. 정상과 비정상도 마찬가지다. 어떤 것이 정상으로 또 비정상으로 간주되느냐는 상황마다 달라질 수 있는 것이다.

100.

꿈에서 깨어나다.[181] — 고귀하고 현명한 사람들은 한때 천체의 음악을 믿었다. 고귀하고 현명한 사람들은 아직도 여전히 '실존의 윤리적 의미'를 믿고 있다. 그러나 언젠가는 이 천체의 음악도 그들의 귀에는 더 이상 들릴 수 없게 될 것이다! 그들은 잠에서 깨어난 뒤에 그들의 귀가 꿈을 꾸고 있었다는 사실을 알게 될 것이다.

101.

고려해 볼 만한 점. — 하나의 믿음을, 단지 그것이 관습이라는 이유 때문에 인정하고 받아들인다는 것은 정직하지 못한 것이고 비겁하며 게으르다는 것을 의미한다! 그래서 정직하지 못함, 비겁함 그리고 게으름은 윤리의 전제조건이 아닐까?

102.

가장 오래된 도덕적 판단들. — 우리 가까이에 있는 어떤 사람의 행위에

180 과거에는 이성적으로 생각하고 행동하는 것을 긍정적으로 보았다. 그러면서 동시에 감정적으로 생각하고 행동하는 것을 부정적으로 보았다. 감정을 드러내는 것 자체를 어리석은 것으로 간주해 왔던 것이다. 하지만 니체는 둘 사이의 균형을 찾아 나선다. 감정에 대한 권리도 되찾고자 한다.

181 꿈의 논리는 자기 자신의 욕망으로부터 직접적으로 영향을 받고 있다. 하지만 현실은 자기 자신의 욕망과 반대의 현상을 보여 준다. 현실에서 안 되니까 꿈에서 이뤄지는 그런 현상이 빚어지게 되는 것이다. 현실에서 당연하게 이뤄진다면 꿈은 다른 쪽으로 꿔지게 될 것이 분명하다. 꿈은 늘 현실을 넘어서려는 욕망으로 이뤄지게 될 것이기 때문이다. 꿈과 현실의 논리는 늘 이런 식으로 대립을 일삼을 것이 틀림없다. 꿈의 현상을 쫓았던 사람들은 언젠가는 현실 앞에서 굴복해야 하는 뼈저린 고통과 직면해야 할 것이다.

대해 우리는 어떻게 반응하는가? 우선 우리는 이런 행위로부터 우리에게 어떤 일들이 벌어지게 되는지를 주목한다. 우리는 이 행위를 오로지 이러한 관점에서만 바라본다. 이러한 작용을 우리는 이 행위의 의도로 간주한다. 그리고 마침내 우리는 이러한 의도를 갖고 있다는 것 자체를 그의 지속적인 성질로 간주하며 그 사람에게 덧붙인다. 이때부터 우리는 그를, 예를 들어 '해로운 인간'이라고 부른다. 이런 추론을 통해 우리는 세 가지의 오류를 범하게 된다! 그것은 태곳적부터 이어져 온 삼중의 잘못된 판단이다![182] 이것은 어쩌면 동물들과 동물들의 판단력으로부터 물려받은 것일지도 모르겠다! 모든 도덕의 기원이 다음과 같은 혐오스럽고 비소한 추론 속에서 구해질 수 있는 것은 아닐까? "나에게 해로운 것은 악한 것, 즉 그 자체로 이미 해로운 것이다. 반면에 나에게 이로운 것은 선한 것, 즉 그 자체로 이미 기분을 좋게 하고 유익한 것이다. 나에게 한 번 혹은 몇 번에 걸쳐 해를 입히는 것은 그 자체로 이미 적대적인 것이다. 반면에 나에게 한 번 혹은 몇 번에 걸쳐 이로운 것은 그 자체로 이미 우호적인 것이다." 오, 수치스러운 기원이여! 이것은 타인이 우리와 맺게 되는 극히 사소하고, 경우에 따라서 달라지며, 자주 우연적인 관계를 그 타인의 본질이자 가장 본질적인 것으

182 '세 가지의 오류', '삼중의 잘못된 판단'을 다시 요약하면 이렇다. 첫째, 관점이 문제다. 어떤 하나의 행동에 의해 자기 자신에게 어떤 일들이 벌어지는지에만 몰두한다는 그 관점이 잘못된 것이다. 둘째, 그러한 잘못된 관점에서 그 하나의 행동에 대한 잘못된 판단이 내려지게 된다. 그 행동에 대한 본성과 성질을 오로지 자기 자신의 입장에서 규정한다는 것이다. 셋째, 이런 판단에서 하나의 '해로운 인간'이라는 인식이 형성되고 만다. 마치 종교재판에 불려 가야 했던 이단자나 마녀에 대한 인식과 같다. 누군가를 이단자라고 부르고 마녀사냥 하는 사람들의 사고구조나 인식구조와 같다고 보면 된다. 자기 자신을 판단의 중심에 두는 행위 자체는 문제가 되지 않는다. 다만 자신이 옳다는 판단에서 다른 사람들을 옳지 않다고 말하는 것이 문제가 될 뿐이다. 자기 생각을 도덕적으로 인식함으로써 타인의 생각을 도덕적이지 않다고 평가하는 것이 문제가 된다는 것이다. 이런 생각과 판단은 극복을 해 내야 한다는 숙제가 주어져 있을 뿐이다. 우물 안 개구리의 관점과 같은 이토록 한계가 뚜렷한 생각과 판단을 어떻게 인식하고 극복해 낼 것인가? 그것이 관건이라는 얘기다.

로 상상하면서, 그에 대해 우리가 한 번 혹은 몇 번에 걸쳐 경험한 것과 같은 그러한 관계만을 그 타인이 모든 세계와 자기 자신에 대해 맺을 수밖에 없다고 주장하는 것은 아닐까? 그리고 이런 진정한 바보짓거리의 배후에는, 선과 악이 우리를 기준으로 하여 측정되기 때문에 우리 자신이 선의 원리가 되어야 한다는 모든 생각 중에서 그런 가장 불손한 생각이 숨어 있는 게 아닐까?

103.

윤리를 부정하는 두 종류의 사람들. — '윤리를 부정한다'는 것, 이것은 첫째, 사람들이 제시하는 윤리적 동기들이 실제로 윤리적 행위를 일으킨다는 사실을 부정하는 것을 의미할 수 있다. 이것은 그러니까, 윤리란 오로지 말 속에 존재하고 있으며, 또 그것은 사람들의 조야하거나 세련된 기만, 특히 자기기만에 속하고, 어쩌면 특히 미덕으로 가장 유명한 사람들한테서 가장 흔하게 이루어지는 주장인 것이다. 둘째, '윤리를 부정한다'는 것, 그것은 윤리적인 판단이 진리에 기인한다는 것을 부정할 수 있다. 여기서 인정되고 있는 것은 윤리적 판단이 실제로 행위의 동기가 된다는 것, 하지만 이러한 방식으로 오류들이 그러한 모든 윤리적 판단의 원인으로서 사람들로 하여금 그들의 도덕적 행위를 하게 한다는 것이다. 바로 이것이 나의 관점이다. 그러나 나는 매우 많은 경우들에서 첫 번째 관점에 따른, 그러니까 라로슈푸코식의 정신에 입각한 세련된 불신이 정당하다는 것, 어쨌든 최고의 수준에서 일반적으로 유익하다는 것을 부정하고 싶지는 않다. 나는 그러니까 내가 연금술을 부정하는 것처럼 윤리를 부정한다. 말하자면 나는 연금술의 전제조건들을 부정하는 것이지, 이 전제조건들을 믿고 그것들에 따라 행동했던 연금술사들이 존재했었다는 사실을 부정하는 것은 아니다. 나는 또한 비윤리도 부정한다. 말하자면 나는 무수한 사람들이 스스로 비윤리적이라고 느끼고 있다는 것 자체를 부정하는 것이 아니라, 그렇게 느끼게 하는 근거가 진리 속에 있다는 것을 부정한다. 내가 바보가 아니듯이 내가 다음과 같은 것을 부정하지 않는다는 것도 자명하다. 즉 비윤리적이라고 불리는 수많은 행위들은 피하든가 싸워야 하고, 마찬가지로 윤리적이라고 불리는 수많은 행위들은 행해야 하고 장려해야 한다는 것이다. 그러나 나는 하나의 행위는 다른 하나의 행위와 마찬가지로 지금까지와는 전혀 다른 근거들에 의해 행해진다고 생각한다. 그래서 우리는 다르게 배워야만 하는 것이다. 끊임없이, 어쩌면 너무 늦을지도 모르지만, 더 많은 것에 도달하기 위해, 즉 다르게 느끼기 위해.

104.

우리의 가치 평가들. — 모든 행위는 가치 평가에 의거한다. 모든 가치 평가는 자기 자신의 것이거나 아니면 전해 받은 것인데, 대부분은 후자의 것이다. 왜 우리는 그것들을 전해 받아들이는가? 두려워서 그런 것이다. 즉 우리는 그것들이 또한 우리 자신의 것인 양 그렇게 행동을 취하는 것이 더 낫다고 생각하는 것이다. 우리는 그렇게 행동을 취하는 것에 길들여졌다. 그런 방식으로 길들여진 행동들이 마침내 우리의 본성이 되고 만다.[183] 자

183 본성도 본성 나름이다. 본성은 일반적으로 태어나면서부터 본래 가지고 있는 성질이라고 판단했던 것이 과거의 것이다. 이제 니체는 본성도 길들여질 수 있다는, 즉 본성이 본성이 아닐 수도 있다는 것을 주장한다. 본성이 타성에 의해 변질될 수 있다는 것이다. 그런 본성이 자기 자신의 본성으로 자리 잡고 있다면 니체는 과감히 버리거나 바꿔 줄 것을 요구한다. 더 이상 바꿀 수 없다면, 그때야말로 자기 자신의 본성임을 주장해도 안 늦다. 하지만 '이게 바로 나야!' 하며 일찌감치 수긍하고 인정하고 굴복하는 자세를 취한다면 그것은 결코 허무주의적인 태도가 될 수 없다. 생명에게 혹은 삶 속에서 이미 정해진 것은 하나도 없다. 모든 것은 의지에 의해 변할 수 있다. 의지는 무엇이든 바꿀 수 있는 힘을

기 자신의 가치 평가, 이것은 하나의 사물이 타인이 아니라 바로 자신에게 얼마나 쾌감 혹은 불쾌감을 주는가 하는 관점에 의해서 그것을 평가되는 것을 의미한다. 하지만 이런 것은 지극히 드문 현상이다! 그러나 대부분의 경우에서 그렇듯이, 타인의 가치 평가를 사용하도록 동기가 주어져 있는 경우에서조차도, 적어도 타인에 대한 우리의 가치 평가는 우리에게 기인한, 그래서 우리들 자신에 의한 규정이어야 하지 않을까? 당연하다. 그러나 우리는 어렸을 때부터 그런 가치 평가를 배워 왔고, 그것을 다시 고쳐 배우는 경우는 극히 드물다.[184] 시간이 흐르면서 우리는 대부분 어렸을 때부터 습관이 되어 버린 그런 판단의 바보들이 되고 만다. 그런 사람이 되어서 우리는 우리들의 이웃들을, 특히 그들의 정신을, 지위를, 도덕성을, 모범적인 것을, 비난할 점을 판단한다. 그러면서도 자신의 평가들에 대해 경의를 표해 줄 필요가 있다고 감히 말하고 있는 것이다.

지녔다. 다만 사람의 의지는 절대적이지 않아서 끊임없이 훈련하고 배워야 한다는 것이 문제일 뿐이다. 누구는 쉽게 바꿀 수 있는 것을, 누구는 죽어도 바꿀 수 없는 것이 있다. 누구는 단 십 분 내에 해낼 수 있는 일을, 누구는 평생을 해도 해내지 못하는 일이 있다. 그래서 힘을 길러야 한다. 힘이 길러진 상태에 따라 삶의 질도 달라질 것이다.

184 생각하는 존재는 생각하며 살아갈 줄 알아야 한다. 생각에는 자유가 주어져야 한다. 말은 쉽게 했지만 실천하기는 정말 힘들다. 대부분의 사람은 생각도 마음대로 못한다. 주어진 생각을 따라하면서 자기 마음대로 생각한다는 착각을 할 때가 너무도 많다. 한 번 배운 생각의 틀을 바꾸는 것은 지극히 드문 현상이다. 격식, 공식, 방식, 양식, 예식, 정식, 형식 등을 마음대로 바꿔 가며 생각에 임하는 자는 거의 없다. 늘 틀에 박힌 생각을 반복하면서 그런 선입견과 편견 속에서 오히려 편안함을 느끼는, 소위 생각에 게으른 자들이 있다. 니체는 이러한 "게으른 습성"(『반시대적 고찰』 제3권, 391쪽)에 저항하고자 한다. "게으름뱅이는 시간을 죽인다고 우리가 정당하게 말하려면, 자신의 구원을 오로지 여론, 즉 사적인 나태에다 거는 시대는 이제 정말 죽임을 당하도록 우리는 진지한 조치를 취해야 한다"(『반시대적 고찰』 제3권, 392쪽 이하). 여론 따라 사는 시대는 죽어야 마땅하다. 그리고 새로운 시대는 반드시 열려야 한다. 이것을 위해 니체는 철학의 길을 묵묵히 걸어가고 있는 것이다.

105.

사이비 이기주의. ― 대부분의 사람들은, 자신의 '이기주의'에 대해 무엇을 생각하고 무엇을 말하든 간에, 평생을 살아가면서 자신의 자아를 위해서는 아무것도 하지 않는다. 하는 것이라고는 오로지 자아라고 생각하는 환영을 위해서만 한다. 그것은 그들에 관해 그들의 주변에 있는 사람들의 머릿속에서 형성되어 그들에게 전해진 것이다. 그 결과, 그들 모두는 비인격적인, 혹은 절반만 인격적인 의견들과 자의적인, 말하자면 허구적인 가치평가들로 뒤범벅되어 버린 안개 속에서 함께 살아간다. 한 사람은 항상 다른 사람의 머릿속에서 살아가고 있다. 그리고 이 머리는 다시 다른 머리들 속에서 살아간다. 그들이 사는 세계는 그토록 냉정한 외모를 보여 줄 줄 알지만, 그저 환영들로 이루어진 기묘한 세계일 뿐이다! 의견들과 습관들로 채워진 이러한 안개는 커져 간다. 그 안개 속에서 살아가는 사람들과는 거의 상관없이 독립적으로 성장해 간다. 그 안개 속에는 '사람들'에 대한 일반적인 판단들의 소름 끼치는 영향력이 숨어 있다. 자기 자신도 제대로 알지 못하는 이 모든 사람은 피도 흐르지 않는 추상적인 존재인 '사람'을, 즉 하나의 허구를 믿고 있다. 그리고 이 추상적인 존재에 대해 시도되는 모든 변화는 군주나 철학자들 같은 몇몇 권력자들의 판단에 의해 이루지고 있음에도 불구하고 심각할 정도로 혹은 비이성적일 정도로 대다수 사람들에게 영향을 끼친다. 이 모든 것은 대다수 사람이 개인으로서 실제적이고, 스스로 접근이 가능하며, 자기 자신에 의해 증명되는 자아를 저 일반적이고 빛바랜 허구에 맞서 대립시키고, 또 그런 대립을 통해 허구를 제거할 능력이 없어서 발생한 것이다.

106.

도덕적인 목적들의 정의에 반대하여. — 오늘날 우리는 도처에서 도덕의 목적은 대체적으로 인류의 유지와 촉진에 있다고 말하는 소리를 듣게 된다. 그러나 그것은 하나의 형식적인 발언에 불과할 뿐 그 이상은 아무것도 아니다. 인류의 유지라면, 어디 안에서 유지시킨다는 것인가? 사람들은 당장 이것에 대해 물어야 한다. 인류의 촉진이라면, 어디를 향해서 촉진시킨다는 것인가? 바로 이런 본질적인 것, 즉 '어디 안에서?'와 '어디를 향해서?'라는 질문에 대한 대답을 그런 형식 속에서 빼놓은 것이 아닐까? 그러니까 이런 형식과 함께 일종의 의무에 대한 이론이 결정되고 있는 것이 아닐까! 이제는 침묵만이 요구되고 더 이상 생각 따위는 할 필요도 없다고, 이제는 이미 결정된 것으로 간주되는 것이 아닐까! 이런 형식을 통해 사람들이 충분할 정도로 판단이나 할 수 있을까? 가능한 한 오랫동안 인류의 존재를 주목해야 한다는 것을? 혹은 인류가 가능한 한 탈동물화해야 한다는 것을? 두 경우에 있어 수단들은 얼마나 다를 것인가! 또 실천적 도덕은 얼마나 달라야 할 것인가! 인류에게 가능한 한 최고의 이성성을 부여하려 할 때, 이 실천적 도덕은 분명 인류에게 가능한 한 최고의 영속을 보장하는 것은 아니다! 혹은 인류의 '최고의 행복'을 '어디로'와 '어디에서'로 상정할 경우, 실천적 도덕은 개개인이 차근차근 도달할 수 있는 최고의 수준을 의미하는가? 아니면 결코 계산될 수는 없지만 결국에는 도달될 수 있는 그런 만인의 평균적인 지복을 의미하는가? 그렇다면 어째서 도덕성은 굳이 그곳으로 가는 길이어야 할까? 크게 보면 도덕성 때문에 불쾌의 원천들은 사람들이 판단할 수 있는 것보다 더 많이 열리게 된 것이 아닌가? 지금까지 윤리가 세련될 때마다 오히려 인간이 자신과 자신의 이웃, 그리고 자기 실존의 운명에 대해 더 불만족스러워진 것은 아닌가? 지금까지 신앙을 근거로 한 가장 도덕적인 인간은, 즉 늘 도덕을 면전에 두고 있는 인간의 유일하게 정당한 상태는 가장 심각한 불행이 아니었을까?

107.

우리의 어리석음에 대한 우리의 요구. — 어떻게 행동해야 할까? 무엇을 위해 행동해야 할까? 개인들의 가장 직접적이고 가장 조야한 욕구들과 관련해서라면 이러한 물음들에 대해서는 아주 쉽게 대답을 내놓을 수 있을 것이다. 하지만 행동과 관련하여 좀 더 섬세하고 좀 더 포괄적이며 좀 더 중요한 영역으로 올라가면 올라갈수록 대답은 한층 더 불확실해지고, 그래서 한층 더 자의적인 것이 되고 만다. 그러나 지금 여기서는 결단할 때 개입되는 바로 이러한 자의성은 배제되어야 한다! 도덕의 권위는 이렇게 요구한다. 불분명한 두려움과 외경이 사람들의 행동을 주저하지 않고 이끌어야 한다! 또 그 행동의 목적과 수단은 사람들에게 즉각적으로 분명해져야 한다! 도덕의 이러한 권위는 사물들에 대해 잘못 생각하면 위험에 빠져 큰일 날 수 있는 바로 그런 곳에서도 생각하는 힘을 완전히 빼놓고 만다. 이렇게 해서 도덕의 권위는 자신을 고발하는 사람들 앞에서 스스로 정당화하는 경향이 있다. 잘못 생각한다는 것은 여기서 '위험에 빠져 큰일 난다'는 것을 의미한다. 그러나 누구를 위해 위험하다는 말인가? 습관적으로 행동하는 자의 위험을 두고 하는 말이 절대로 아니다. 그는 권위적인 도덕을 지배하고 있는 주권자를 늘 주목하고 있을 뿐이다. 오히려 여기서 말하는 위험은 자기 자신의 크고 작은 이성에 따라 행동하지만 그것이 자의적이고 또 어리석은 짓이 되어 버리는 그런 권리가 모든 사람에게 인정되자마자 그 주권자가 지향했던 권력과 유용성 자체가 상실될 수 있는 가능성과 관련하고 있다는 것이다. 권위적인 도덕의 주권자는 그래서 자의성과 어리석음의 권리에 대해서까지 주저하지도 않고 일종의 관습을 만들어 내고 만다. 즉 이 주권자는 명령한다. "나는 어떻게 행동해야 하는가? 무엇을 위해 행동해야 하는가?" 하는 질문에 대해 전혀 대답을 내놓을 수도 없는 곳, 혹은 아주 어렵게 대답을 내놓을 수 있는 곳에서조차 명령을 한다는 것이다. 게다가 인류의 이성은 심각할 정도로 느리게 성장하고 있어서, 사람들은 인류의 전체 발전 과정에서 그 성장 자체를 자주 부인하고 있을 정도다. '무엇을 위해? 그리고 어떻게?'에 대한 개인적인 물음을 전혀 허용하지 않는 도덕적 명령의 이 장엄한 현존이 커져만 가는 것, 실로 모든 곳에 퍼져 있는 그 위력에 대해 과연 누가 더 책임이 있는가? 지성이 가능한 한 분명하고 냉철하게 통찰해야 할 바로 그때 우리는 격정적으로 느끼고 또 어둠 속으로 도망치도록 교육을 받아 온 것이 아닐까! 말하자면 더 고차원적이고 더 중요한 모든 문제와 관련해서 말이다.

108.

몇 개의 명령들. — 개인이 자기 자신의 행복을 바라는 한, 행복에 이르는 길에 대한 어떠한 규정도 그에게 주어서는 안 된다! 왜냐하면 개인적인 행복은 어느 누구에게도 알려져 있지 않은 자신만의 고유한 법칙들에서 솟아나기 때문이다. 밖에서 주어지는 규정은 그 행복을 방해만 하고 저지하게 될 뿐이다. 이른바 '도덕적'이라고 부르는 지침들은 사실 개인에 대해 대립된 성향을 보이며 철두철미하게 그 개인의 행복을 바라지 않는다. 마찬가지로 이러한 규정들은 '인류의 행복과 안녕'과도 전혀 무관하다. 이런 단어들과 함께 엄격한 개념들을 의미 있게 연결 짓는 것은 아예 가능하지도 않고, 하물며 그런 개념들을 도덕의 어두운 바다에서 항해를 해야 할 때 우리를 인도하는 별로 사용한다는 것에 대해서는 침묵하는 편이 더 낫겠다. 선입견에 불과한 도덕성이 비도덕성보다 이성의 발전에 더 기여한다는 것은 진실이 아니다. 의식을 갖고 있는 어떤 존재, 즉 동물, 인간, 인류 등의 발전에서 의식되지 않은 목표가 그 존재의 '최고의 행복'이라는 것도 진실이 아니다. 오히려 발전의 모든 단계에는 각각 하나의 특별하고 비교할 수도 없으며, 더 높지도 더 낮지도 않지만 바로 그 때문에 본래적인 행복이 요구된다. 발전은 행복을 원하는 것이 아니라, 발전 그 자체를 바라며, 더 이상 아무것도 바라지 않는다. 만약 인류가 일반적으로 인정된 목표를 갖고 있다면, 사람들은 '이렇게 또 저렇게 행동해야 한다'고 제안할 수 있을 것이다. 하지만 단 한순간도 이런 목표가 존재한 적은 없다. 따라서 도덕의 요구들을 인류와의 관계 속에서 제시해서는 안 된다. 이것은 그 자체로서 이미 비이성적인 일이고 장난질에 불과하다. 인류에게 하나의 목표를 추천해 준다는 것은 전혀 다른 것이다. 이 경우 그 목표는 우리가 좋아하는 어떤 것을 마음대로 생각해 낸 것에 불과하다. 그런 목표가 규정 속에 제시된 대로 인류의 마음에 든다면, 인류는 그것을 근거로 하여 똑같이 마음에 드는 것으로부터 자신에게 어떤 도덕법칙을 부과할 수 있을 것이다. 그러나 지금까지 도덕법칙은 그 마음에 드는 것 위에 존재했었다. 그래서 사람들은 스스로 그런 법칙을 자신에게 부과하지 않고, 어떤 다른 곳으로부터 받아들이거나, 혹은 어떤 다른 곳에서 찾아내거나, 혹은 다른 어떤 곳으로부터 자신에게 명령이 떨어지기를 바랐던 것이다.

109.

자기 통제와 절제 그리고 그것들의 궁극적 동기. — 나는 격렬한 충동과 싸우기 위한 방법으로 다음과 같은 본질적으로 서로 다른 여섯 가지 방법 외에 또 무엇이 있는지 모르겠다. 첫째, 충동을 만족시킬 수 있는 기회들을 피하고 오랫동안, 그리고 점점 더 긴 시간 동안 불만족 상태를 유지함으로써 충동을 약화하고 시들게 할 수 있다. 둘째, 충동을 만족시킬 때 엄격하고 규칙적인 순서를 법으로 자신에게 부과할 수 있다. 이렇게 충동 자체에 규칙을 부과함으로써, 그리고 충동의 밀물과 썰물이 오가는 시간을 정하여 제한함으로써, 사람들은 더 이상 이 충동에 의해 방해받지 않는 휴식 시간들을 얻을 수 있게 된다. 그리고 아마도 이를 통해 첫 번째 방법으로 넘어갈 수 있을 것이다. 셋째, 의도적으로 충동을 거칠고 난폭하게 만족시키면서 충동으로부터 역겨움을 불러일으키고, 이러한 역겨움을 통해 충동에 대한 권력을 획득할 수 있게 된다. 이 경우 죽을 때까지 말을 몰아 대다가 결국 스스로 자신의 목을 부러뜨리고 마는 기수처럼 행동하지 않는다는 것이 전제되어야 한다. 하지만 유감스럽게도 이런 시도에서는 대부분의 경우 이런 일들이 벌어지고 만다. 넷째, 지적인 기교를 부릴 수도 있다. 즉 충동을 통한 만족에 어떤 매우 고통스러운 생각을 단단하게 묶어 놓는 것이다. 이런 방법으로 몇 가지를 연습하고 나면, 충동을 만족시키려는 생각 그 자체가 늘 즉시 매우 고통스러운 것으로 느껴지게 될 것이다. 예를 들어 기독교인이 성적인 향락을 즐길 때 악마가 가까이 다가와 자신을 조롱하고 있다고 생각하거나, 혹은 복수를 하기 위한 실인과 관련해 영원한 지옥의 형벌을 생각하거나, 혹은 또 돈을 훔칠 때 그 행위가 그가 존경하는 사람들의 눈에 띄고, 그때 느끼게 될 경멸의 시선을 생각하거나, 혹은 많은 사람들이 이미 수백 번이나 자살하고 싶은 격렬한 욕망 때문에 친척들과 친구들이 갖게 될 비탄과 자책을 떠올리며 자신의 삶을 간신히 유지해 온 경우를 생각해 보는 것이다. 이런 연습을 하고 나면 이제 이 생각들이 원인과 결과처럼 연달아 일어나게 된다. 여기에는 바이런 경과 나폴레옹의 예에서 나타나는 것처럼 한껏 고양된 인간의 긍지를 모욕으로 느끼고, 또 이성의 전체적인 태도와 질서에 대해 느끼는 과도한 개별적인 흥분을 모욕으로 느끼는 것도 이러한 방법에 속한다. 이를 통해 충동을 폭력으로 제압하고 마치 그 충동이 분노에 차서 이를 갈 듯이 요란한 소리를 내는 것처럼 만드는 습관과 욕망이 생겨나게 된다. 바이런 경은 자신의 일기장에 "나는 그 어떤 식욕의 노예가 되고 싶지 않다"고 썼다. 다섯째, 무언가 특히 어렵고 힘이 드는 일을 자신에게 부과하거나 혹은 의도적으로 하나의 새로운 자극과 즐거움에 몸을 맡겨 보는 방식으로 생각과 육체적인 힘의 장난을 다른 길로 유도함으로써 많은 양의 힘을 빼놓을 수도 있다.[185] 아울러 일시적으로 하나의 다른 충동을 우대하고 이 충동이 만족할 수 있는 기회를 충분히 제공해 줄 수도 있다. 이렇게 함으로써 그 격렬함으로 인해 성가시게 되었을 충동이 사용했을 힘을 똑같은 수준으로 소모하게 할 수도 있다. 이런 사람 저런 사람 모두 잘 알고 있어야 하는 것은, 폭군을 갖고 놀고 싶어 하는 개별적인 충동에 재갈을 물리는 방법이다. 이들은 자신이 잘 알고 있는 모든 다른 충동에 적당히 자극하고 또 축제의 시간을 주고, 폭군처럼 군림하려 했던 충동이 혼자 먹어치우려 했던 먹이를 다른 충동들에 나누어 줌으로써 충동을 통제하

185 생각이 물리적인 힘에 끼칠 수 있는 영향력을 설명하고 있다. 예를 들어 자기 힘에 부치는 물건을 들어 올리려 할 때 그 물건에 대한 분노의 감정을 일으킴으로써 억지로라도 들어 올릴 수 있다. 그래서 누구는 꼭 들어 올리고 싶은 물건을 들어 올릴 때 심한 욕을 하는 경우도 있다. 똑같은 방식으로 반드시 버리거나 잊어버려야 할 물건이 있을 경우, 그 물건에 대한 감정을 버리거나 잊어버려야 하는 방향으로 설정해 줌으로써 가능해질 수도 있다. 생각하는 존재는 '좋다!' 혹은 '나쁘다!'라는 말들이 가져다주는 감정을 잘 이용할 줄 알아야 한다. 감정에 치우친 생각보다는 감정을 잘 다룰 줄 아는 생각이 더 유용하기 때문이다. 세상의 온갖 사물들에서도 갖가지 가치들을 마음대로 만들어 내고 동시에 그것을 우상으로 간주하고 그 또한 마음대로 망치를 들고 깨 버릴 수 있는 자라면 니체가 지향하는 최고의 인간형, 즉 초인이 되는 것이다. 생각하는 존재는 생각 하나로 엄청난 힘을 얻기도 하고 또 같은 양의 힘을 잃어버리기도 한다. 위기에 처했을 때는 위기를 극복할 수 있는 생각을 가질 수 있도록 연습하고 또 계획했던 것을 이루었을 때는 너무 과도하게 승리감에 도취되어 스스로 실수를 자초하는 일이 없도록 조심하는 훈련도 해야 한다. 사람뿐만 아니라 모든 생명체는 자신의 힘을 사용하고 싶은 욕망을 갖고 있다. 모든 힘은 장난을 치고 싶어 한다. 힘은 자기가 원하는 대로 발휘될 때 재미있다고 느끼게 된다. 자기가 원하는 것을 마음대로 변화시킬 수 있을 때 힘 또한 통제하에 들어오게 되는 것이다.

는 것이다. 마지막으로 여섯째, 육체와 정신의 조직 전체가 약화되고 억제되는 것을 견뎌 내고 또 이것을 이성적인 것으로 판단하는 자도 역시 자연스럽게 하나의 개별적인 격렬한 충동을 약화시킨다는 목표에 도달하게 된다. 예를 들어 고행자처럼 자신의 감각을 철저히 굶기고, 이와 동시에 자신의 육체를, 종종 자신의 지성까지도 함께 굶김으로써 쓸모없게 만드는 사람도 이런 방식으로 행동하는 자이다. 따라서 충동을 만족시킬 수 있는 기회를 회피하는 것, 규칙을 충동에 심어 놓는 것, 충동에 대해 싫증과 구토증을 유발시키는 것 그리고 고통스러운 생각, 치욕, 나쁜 결과 혹은 모욕당한 자존심과 같은 것을 연상하게 하는 것, 그다음에는 힘을 빼놓는 것, 그리고 마지막으로 모든 것을 약화시키고 탈진시키는 것, 이것이 여섯 가지 방법이다. 어떤 하나의 격렬한 충동과 싸우고자 하는 자는 이런 방법을 터득해야 한다. 만약 이런 방법이 자신의 힘 속에 있지 않다면, 성공을 거둘 가능성도 적어진다. 오히려 이런 전체적인 과정 속에서 우리의 지성은 우리를 괴롭히는 격렬한 충동의 경쟁자인 다른 충동의 맹목적인 도구일 뿐이라는 사실이 가시화된다. 그것이 안식에 대한 충동이든지, 혹은 치욕이나 다른 나쁜 결과에 대한 두려움이든지, 혹은 사랑이든지 아무 상관없다. 따라서 '우리'는 어떤 충동의 격렬함에 대해 탄식하고 있다고 생각하지만, 근본적으로는 다른 충동에 대해 어떤 하나의 충동이 탄식하고 있을 뿐이다. 말하자면 우리가 어떤 하나의 충동에 대한 격렬함에서 받게 되는 그런 고통을 인식한다는 것은 이 충동과 똑같이 격렬하거나 혹은 훨씬 더 격렬한 다른 충동이 존재한다는 것을 전제하고, 또 우리의 지성이 어느 쪽이든 편을 들어야만 하는 투쟁과 직면하고 있다는 사실을 전제하는 것이다.

110.

저항하는 것. ― 사람들은 다음과 같은 과정 자체를 관찰할 수 있다. 그리고 나는 그것이 자주 관찰되고 확인되기를 원했다. 우리 내부에는 우리가 아직 몰랐던 일종의 쾌감이란 것이 요동을 치고 있다. 그리고 이것 때문에 새로운 욕망이 생겨나는 것이다. 이제 이 욕망에 대항해서 무엇이 저항하는지가 관건이다. 저항하는 것이 보다 저속한 종류의 사물과 여러 가지 고려가 필요한 사항들이고, 또한 우리가 별로 존경할 만한 가치가 없는 사람들이라면, 이 새로운 욕망의 목표는 '고귀하고 선하며 칭찬할 만하고 희생할 만하다'는 느낌을 갖는 것으로 나타나게 된다. 그러면서 이제부터는 물려받은 모든 도덕적 기질을 자신 안으로 받아들이게 되고 동시에 도덕적이라고 느꼈던 그 목표들에 그것을 덧붙인다. 그러면 이제 우리는 쾌감이 아니라 도덕성을 추구한다고 생각하게 된다. 이렇게 되면 우리가 추구하는 것에 대한 신뢰는 매우 크게 증대된다.

111.

객관성을 숭배하는 사람들에게. ― 성장하는 과정에서 자신에게 영향을 준 친척들과 지인들에게서 다양하고 강한 감정들은 인식했지만 세련된 판단과 지적인 올바름에 대한 쾌감은 거의 맛보지 못해서, 그 결과 그런 감정들을 흉내 내는 데 최고의 힘과 시간을 사용한 사람이 성인이 되었을 때는 어떤 새로운 사물이나 사람에 대해서도 즉각적으로 호감이나 반감, 질투나 경멸을 느낀다는 사실을 알게 된다. 이런 경험의 압박하에서 그는 거의 무기력해지고 만다. 그러면서도 그는 감정의 중립성이나 '객관성'을 마치 하나의 기적, 천재에게나 가능한 것, 혹은 가장 희귀한 도덕성으로 숭배까지

하게 된다. 그리고 이것 역시 그저 훈육과 습관의 자식일 뿐이라는 사실을 믿으려 하지 않는다.

112.

의무와 권리에 관한 자연사에 대해. — 우리의 의무는 우리에 대해 갖는 다른 사람들의 권리다. 어떻게 해서 그들은 이런 권리를 갖게 되었을까? 바로 이런 방법을 통해서다. 즉 그들은 우리가 계약을 맺을 수 있는 능력과 보상할 수 있는 능력을 갖고 있다고 간주하면서 자신들과 동일하거나 유사하다고 상정한 뒤, 이에 따라 우리에게 어떤 것을 믿고 맡기고, 또 그것을 감당할 수 있도록 우리를 교육하고 훈계하고 지원함으로써 우리에 대한 권리를 갖게 되는 것이다. 우리는 우리의 의무를 다한다, 이 말이 의미하는 것은 우리의 힘에 대한 저 생각, 즉 우리에게 모든 것이 증명되게 했던 저 생각을 변호함과 동시에, 타인이 우리에게 주었던 만큼 똑같은 정도로 되돌려주는 것을 의미한다. 이런 생각을 통해 우리는 우리의 의무를 다했다는 데에 긍지를 갖게 되는 것이다. 그러니까 우리는 자기 자신에 대한 독재를 재건하고자 한다.[186] 그런 입장에서, 다른 사람들이 우리를 위해 한 것에 대한 대가

186 '자기 자신에 대한 독재'로 번역한 원어는 '젤프스트헤어리히카이트(Selbstherrlichkeit)'이다. '젤프스트(Selbst)'는 '자기 자신'을, '헤어(herr)'는 '주인'을, '리히카이트(lichkeit)'는 형용사나 부사를 명사로 만드는 접미사다. 직역을 하면 '자기 자신을 주인으로 만들어 내는 것'을 뜻한다. 이것을 사전에는 '독재'로 번역이 되어 있을 뿐이다. 단어 자체가 주는 어감은 상당 부분 제거가 된 느낌이다. 그래서 여기서는 직역을 선택하기로 한다. 자기 자신을 주인으로 만들기! 이렇게 번역을 해도 무방하다는 얘기다. 어쨌든 니체는 자기 자신이 자기 자신에 대해 권리를 행사하고자 하는 그런 의지를 지향했던 것은 분명하다. 이런 측면에서 생철학적인 의무도 생각해 볼 수 있다. 니체가 의무감을 느끼게 하고 싶은 것은 자기 자신에 대한 의무감일 뿐이다. 타인을 위한 의무감은 부하정신이나 노예근성에서나 요구되는 미덕일 뿐이다. 이런 미덕이 자기 자신에 대한 긍지를 상실하게 하고 스스로를 위축시키는 결과를 초래할 뿐이다. 니체는 이런 의무와 권리에 대한 감정이 어떻게 형성되고 있는지를 보여 줌으로써 그것을 이

로, 우리도 또한 그들을 위해 어떤 것을 행하고자 할 뿐이다. 왜냐하면 다른 사람들이 그렇게 함으로써 우리의 권력이 지배하는 영역 속으로 침범해 들어왔기 때문이다. 만약 우리가 '의무'를 이행함으로써 다시 보복하지 않는다면, 다시 말해 그들의 권력이 지배하는 영역 속으로 우리 스스로가 침범해 들어가지 않는다면, 그들은 끊임없이 우리의 권력이 지배하는 영역 속으로 야심차게 손을 뻗어 올 것이다. 우리의 권력 속에 있는 것에 대해서만 다른 사람들은 자신의 권리를 관계시킬 수 있다. 만약 그들이 우리에게 속하지 않는 것을 우리에게서 바란다면, 그것은 비이성적일 뿐이다. 보다 정확하게는 이렇게 말해야 한다. 그들이 우리의 권력 속에 있다고 생각하는 그것이 우리가 우리의 권력 속에 있다고 생각하는 그것과 완전히 동일하다는 것을 전제하는 그것에 대해서만 다른 사람들은 자신의 권리를 관계시킬 수 있다는 얘기다. 양쪽 측면에는 똑같은 실수가 너무도 쉽게 저질러질 수 있다. 왜냐하면 의무감은 우리가 우리의 권력이 미치는 범위와 관련해 갖게 되는 믿음이, 다른 사람들이 그것에 대해 갖게 되는 믿음과 동일하다는 것에 의해 좌우되고, 또 그런 의무감은 우리가 특정한 사항들에 대해 약속을 하고, 또 그 사항들에 대한 의무를 짊어질 수 있다는 믿음, 즉 '의지의 자유'에 의해 좌우되기 때문이다. 나의 권리, 그것은 나의 권력의 일부분이다. 그것은 다른 사람들이 나에게 인정했을 뿐만 아니라 나를 그 안에 머무르게 하려는 권력의 일부분을 뜻한다. 이 다른 사람들은 어떻게 이런 생각을 하게 되었을까? 첫째, 그들의 영리함과 두려움과 신중함을 통해서다. 그러니까 그들은 그들 자신의 권리를 보호해 줄 수 있는 그 비슷한 것을 우리에게서 기대하거나, 우리와 함께 하는 투쟁을 위험하다고, 혹은 아무런 의

용해 자기 자신에 대한 독재 권력을 실현시키고자 한다. 그 누구의 지시나 영향에도 굴하지 않고 굳건히 버틸 수 있는 그런 정신을 구현시키고자 하는 것이다.

미도 없다고 간주하거나, 혹은 그들이 우리와 동맹을 맺어 제3의 적대적인 권력에 대항하기에는 우리가 적합하지 않다고 판단해서 우리의 힘이 감소할 때는 거기서 부정적인 측면을 바라볼 뿐이다. 둘째, 선물로 주는 행위와 양도 행위를 통해서다. 이때는 그 다른 사람들이 자신의 권력을 충분히, 혹은 지나치게 갖고 있는 경우이다. 즉 누군가에게 선물로 줄 수 있는 약간의 권력감정을 전제하는 경우이다.[187] 이때는 그러니까 그들이 선물로 줄 수 있을 정도로, 그리고 그들이 선물을 준 그 사람에게 선물로 준 것을 보증할 수 있을 정도로 권력을 충분히 갖고 있는 경우다. 이를 통해 권리가, 즉 인정되고 보증된 권력에 대한 등급이 발생한다. 만약 권력의 관계들이 본질적으로 변하게 되면 기존의 권리는 사라지고 새로운 권리가 형성된다. 이것은 여러 민족과 관련한 법이 끊임없이 사라지고 또 새로 생겨나는 데서 증명된다. 만약 우리의 권력이 본질적으로 감소하게 되면, 지금까지 우리의 권리를 보증해 주었던 사람들의 감정 또한 변한다. 그들은 우리를 다시 옛날처럼 완전하게 소유할 수 있는지를 계산해 본다. 만약 그들이 이것을 불가능하다고 느낀다면, 그때부터 그들은 우리의 '권리'를 부인하게 될 것이다. 마찬가지로 만약 우리의 권력이 눈에 띌 정도로 증대하게 되면, 그것을 지

187 '권력감정'으로 번역된 원어는 '마흐트게퓔(Machtgefühl)'이다. 『아침놀』에서 지속적으로 언급되고 있는 단어가 바로 이 권력과 관련한 감정이다. 권력이 있으면 좋은 느낌이 든다. 반면에 권력이 없으면 좋지 않은 느낌이 들 뿐이다. 사람이라면 누구나 권력을 지향한다. 다만 어떤 방식으로 어떤 권력을 원하느냐가 문제가 된다. 니체는 이미 서문에서 철학에 임하는 자신의 심경을 비유적으로 밝혔다. 빛이 없는 어두운 곳에서 땅을 파고 갈아엎는 일을 하면서도 그 일에 만족을 하고 있다고 고백했었다. 훗날 그는 『아침놀』에서 "나에게로의 귀환"(『이 사람을 보라』, 174쪽)을 읽을 수 있다고 단언하기도 했다. 그에게 있어 자기 자신에게로의 귀환은 다름 아닌 "건강 회복 그 자체"(같은 곳)를 의미하기도 했던 것이다. 일은 어둠 속에서 하고 있었지만, 느낌은, 즉 감정 상태는 오히려 "태양 속에 누워 있다는 것, 포동포동 살이 쪄서 행복하게, 마치 바위 틈에서 태양을 즐기는 어떤 바다 동물과도 같다"(『이 사람을 보라』, 179쪽)는 느낌을 받고 있었던 것이다. 앞서 언급했다시피, 니체에게 권력감정은 자기 자신에 대한 독재 권력으로 연결된다. 자기 자신에게는 자기 자신 외에 그 어떤 존재도 권리를 행사할 수 없다는 것이 니체의 굳은 신조였던 것이다.

금까지 승인해 주었던 사람들의 승인 그 자체를 우리는 이제 더 이상 필요로 하지 않게 되고, 이와 함께 그들의 감정 또한 변화하게 된다. 그들은 아마 이 증대한 우리의 권력을 이전과 동일한 수준으로 끌어내리려 시도할 것이며, 우리를 침해하려 할 것이다. 게다가 그들은 그렇게 하는 것이 그들의 '의무'라고 주장할 것이다. 그러나 이것은 쓸데없는 말장난에 불과하다. 권리가 지배하는 곳에서는 권력의 상태와 그 등급이 일정하게 유지되는 반면, 권력이 감소하거나 증대되는 일은 거부된다. 다른 사람들의 권리는 이 다른 사람들의 권력의 감정을 위해 우리의 권력감정을 양보하는 데서 생겨난다. 만약 우리의 권력이 심각하게 동요되거나 파괴되었다는 것이 밝혀지고 나면 우리의 권리는 끝장날 것이다. 반대로 우리가 훨씬 더 강력해졌다면 지금까지 우리가 인정했던, 우리에 대한 다른 사람들의 권리가 끝장날 것이다. '공정한 인간'은 무상한 인간사에서 언제나 잠깐 동안 균형 상태에 있지만, 그러나 대부분의 경우에는 내려가거나 올라가는 권력의 등급과 권리의 등급을 측정할 수 있는 저울과 같은 섬세한 감각이 끊임없이 필요하다. 결론적으로 공정하다는 것은 어려운 일이며 수많은 연습과 수많은 선한 의지, 그리고 매우 많은 정신과 매우 선한 정신이 요구되는 일이다.

113.

우월함을 추구한다는 것. — 우월함을 추구한다는 것은 끊임없이 이웃을 주목하면서 그 이웃이 어떤 마음을 갖고 있는지를 알려고 한다는 것을 의미한다. 그러나 이런 충동을 만족시키기 위해 필요한 공통된 감정과 공통된 인식은 악의가 없다거나 동정심이 많다거나 선량한 것과는 거리가 아주 멀다. 오히려 사람들은 이웃이 우리 때문에 외적으로, 혹은 내적으로 얼마나 괴로워하는지, 또 그 이웃이 얼마나 자제력을 잃고 우리의 손길이나, 심지어 우리의 모습 앞에서 이웃이 굴복하는지를 감지하거나 추측하려 한다. 우월함을 추구하는 사람이 기쁘게 하거나, 고양시키거나, 명랑하게 하는 인상을 주거나 주려고 했을 경우에서조차, 그는 자신이 이웃을 기쁘게 하거나 고양시키고 명랑하게 했기 때문이 아니라, 그가 자신을 타인의 낯선 영혼 속에 각인시키고, 그 영혼의 형식을 바꾸고, 자신의 의지에 따라 그것을 지배했기 때문에 그런 인상을 주는 시도가 성공했다는 것을 즐기고 있을 뿐이다. 우월함을 추구하는 것은 이웃을 압도하려는 노력인 것이다. 그 압도가 지극히 간접적이고, 단지 느껴지는 데 그치거나 혹은 망상에 지나지 않는다고 할지라도 상관없다. 은밀하게 열망된 타인에 대한 압도의 등급에는 하나의 긴 계열이 존재한다. 그리고 이 등급에 따른 전체적인 목록은 아직 추하기만 한 야만 상태에 머물러 있던 초기의 단계에서부터, 지나치게 정교해지고 병적으로 이상화된 추함에 이르기까지, 그 모든 것을 포괄하는 문화의 역사와 거의 비슷하다. 우월함을 추구한다는 것은 이웃에게 다음과 같은 사태를 가져다준다. 이 긴 사다리에서 몇 단계의 이름만 들자면 다음과 같다. 고문, 그다음에는 매질, 그다음에는 두려움, 그다음에는 불안에 떨면서도 놀라워하는 것, 그다음에는 어처구니없는 놀람, 그다음에는 질투, 그다음에는 경탄, 그다음에는 고양, 그다음에는 기쁨, 그다음에는 명랑함, 그다음에는 웃음, 그다음에는 비웃음, 그다음에는 경멸, 그다음에는 조롱, 그다음에는 매질을 나눠서 하는 것, 그다음에 다시 고문을 가하는 것이다. 이 사다리의 끝에는 고행자와 순교자가 있다. 우월함을 추구하는 자는 자신의 충동의 결과물로서 형성된 바로 그 감정이 사다리의 가장 아래에 있으며 다른 사람을 괴롭히는, 그래서 그에 대해 우월함을 느끼고자 했던, 즉 그의 반대 형상인 야만인이라 할지라도 거기서도 최고의 쾌감을 느낀다. 자기 자신에 대한 고행자의 승리와 그때 자기 내면으로 되돌려진 고행자의 이 눈은 사람들에게서 고통받고 있는 자와 그것을 바라보는 자로 분리해서 바라본다. 그리고 그다음부터는 오로지 자기 자신의 화형식을 위해 쌓아 놓을 장작을 모으기 위해서만 바깥 세상을 바라본다. 우월함에 대한 충동의 마지막 비극, 거기에는 자기 자신 속에서 스스로 숯불이 되어 타 버리는 한 인물이 있을 뿐이다. 그것은 시작에 해당하는 위엄 있는 결말이다. 고문을 바라보는 양쪽 모두의 시선에서는 말로 형용할 수 없는 행복이 있을 뿐이다! 사실 가장 생생하게 느껴지는 권력감정으로 생각된 이 행복이라는 것, 그것은 아마도 미신을 믿는 고행자의 영혼 속에서보다 더 크게 느껴질 수 있는 곳은 이 대지 위 그 어디에도 없을 것이다. 브라만들은 이러한 사실을 수천 년 동안 참회 훈련을 함으로써 하나의 새로운 하늘을 세울 수 있을 정도의 힘을 창조해 낸 비슈바미트라 왕의 이야기를 통해 전하고 있다. 내적 체험과 관련한 이런 이야기 전체와 관련하면 우리는 지금 버릇없는 초심자이며 수수께끼를 풀기 위해 겨우 더듬거리는 자에 지나지 않는다고 믿어진다. 4천 년 전에 살았던 사람들은 이 불경스럽고 세련된 자기 향락에 대해 더 많은 것을 알고 있었다. 세상을 창조한다는 것, 이것은 아마 당시 인도의 한 몽상가에 의해 신이 자신에 대해서 시도하는 하나의 고행 과정으로 생각되었을지도 모른다. 또 이것은 아마 신이 자신의 성스러움과 권력을 두 배로 느끼기 위해 마치 고문 도구 속으로 자신을 내던지듯이, 격동하는 자연 속으로 자신을 추방하는 것처럼 느꼈을지도 모른다. 게다가 여기에서 그는 사랑의 신이었다는 사실이 전제되어야 했다. 고통을 받고 있는 사람들을 창조한다는 것, 이런 사람들이 끊임없이 고문을 당하는 것을 바라봐야 한다는 것, 그리고 거기서 진정으로 신적이고 초인적인 고통을 당해야 한다는 것, 그리고 그들과 똑같이 생긴 자기 자신을 위해 스스로 폭군이 되어야 한다는 것은 그런 사랑의 신에게는 얼마나 재밌는 일이었겠는가! 더 나아가 이 신이 사랑하는 신일 뿐만 아니라 성스럽고 죄 없는 신이라는 점을 감안한다면, 이 신이 죄와 죄인, 그리고 영원한 저주, 자신의 하늘과 권좌 밑에서 영원한 고뇌와 영원한 신음과 탄식을 창조해야만 했을 때 이 신적인 고행자는 과연 어떤 망상에 휩싸여 헛소리를 지껄여 댔을까! 사도 바울, 단테, 칼뱅, 혹은 그들과 같은 종류의 사람들의 영혼 역시 일찍이 이런 권력의 음탕한 환희가 갖는 소름끼치는 비밀들 속으로 내몰렸을 것이다. 이것은 전혀 불가능한 일이 아니다. 그리고 그런 영혼과 직면하여 우리는 이렇게 질문할 수 있다. 그래, 그렇다면 우월함을 추구하는 행위 속에는 결국에 고행자에게로 되돌아가고 그 안에서 돌고 도는 순환논리가 실제로 있단 말인가? 이러한 순환이 고행자가 고집하고, 동시에 동정하는 신이 고집하는 그런 근본적인 기분과 함께 처음부터 다시 한번 돌 수 있는 것은 아닐까? 그러니까 다른 사람을 괴롭히는 데는 다 이유가 있다! 자신에게 고통을 주는 동시에 자기 자신과 자신의 동정에 대해 다시 승리를 거두고 극단적인 권력에 탐닉하기 위해서 다른 사람에게 고통을 주는 것이다! 권력감정과 관련하여 이 대지 위에 존재할 수 있었던 이 모든 영혼적 탈선에 대해 이야기하다가 도를 넘어선 듯한 나의 지나친 숙고를 용서해 주기를 간절히 바란다!

114.

고통을 당하는 자의 인식에 대하여. — 오랫동안 끔찍할 정도로 병이 주는 고통에 시달렸음에도 불구하고 생각하는 힘이 흐트러지지 않는 병자의 상태는 인식의 획득을 위해 가치가 있다. 모든 깊은 고독, 그리고 온갖 의무와 습관에서 갑작스럽게 허용된 모든 자유가 가져다주는 지적인 이익을 완전히 무시해도 상관없다. 정말 견뎌 내기 어려운 고통을 당하고 있는 자는 자신의 상태에서 엄청난 위력의 냉정함을 가지고 사물들을 바라본다. 그에게는 건강한 자의 눈에 보이는 저 마력들, 습관적으로 사물들이 물에 빠져

헐떡이고 있는 듯이 보이는 저 사소하고 거짓들로 충만한 마력들은 모두 사라진다. 그렇다, 그는 스스로 자기 자신 앞에 놓여진다. 거기에는 어떤 패배주의도, 어떤 이념의 색깔논쟁도 끼어들 수가 없다. 그가 지금까지 어떤 종류의 위험한 환상 속에서 살아왔다고 해도 상관없다. 고통을 통해 도달하게 된 최상의 냉정함은 그를 바로 이런 환상을 찢고 나오게 해 주는 수단이 된다. 그리고 어쩌면 이것이야말로 이런 일을 위한 유일한 수단일지도 모른다. 이러한 일들이 십자가에 매달린 기독교의 창시자에게 일어났을 수도 있다. 온갖 말들 중에서 가장 비통한 말인 "나의 하나님, 나의 하나님, 어찌하여 나를 버리셨나이까!"라는 말이 이해를 허락하는 그곳까지, 즉 가장 깊은 곳까지 이해된다면, 이것은 예수가 자신의 삶을 지배한 망상에 대해 크게 실망하고 동시에 계몽되었다는 것을 증명하는 말이 될 것이다. 그렇게 되면 그는 최고의 고통을 맛보는 바로 그 순간에 자신을 밝게 바라볼 수 있는 눈을 가질 수도 있을 것이다. 이는 마치 시인이 가련하게 죽어가는 돈키호테에 대해 이야기하고 있는 상황과도 비교될 수 있을 것이다. 고통에 저항하고자 하는 지성이 이 어마어마한 수준으로 유지하는 긴장감은 그가 바라보는 모든 것이 하나의 새로운 빛 속에서 모습을 드러내게 해 준다.[188]

188 니체가 지향하는 힘은 생각의 힘이다. 정신의 힘이다. 일상어로 바꾸면, 정신력(精神力)이 그것이다. 그가 『아침놀』에서 선포한 전쟁 또한 실제로는 화약 냄새도 전혀 나지 않는 그런 종류의 전쟁이라고 설명했다. "화약 냄새는 조금도 나지 않는다. — 그렇지만 콧구멍 속에 예민한 감각을 가진 자는 여기서 완전히 다르면서도 훨씬 더 사랑스러운 냄새를 맡아 낼 것이다. 여기엔 큰 포격도 없고 작은 포격도 없다"(『이 사람을 보라』, 178쪽 이하). 이것은 1867년부터 1868년 3월까지, 즉 프로이센과 오스트리아 사이에 벌어졌던 전쟁에 참가했다가 말에서 떨어지는 사고를 당할 때까지, 포병부대에서 근무를 했던 니체의 실제적인 경험이 문학적 비유를 거쳐 철학으로 연결되는 대목을 확인하게 하는 대목이기도 하다. 현실적인 전쟁이라면 적을 제압할 수 있는 군사력이 관건이 될 것이다. 하지만 니체가 밝혔듯이 도덕과의 전쟁이라면 상황이 달라진다. 생각하는 힘에 의해 승패는 갈릴 것이다. 이런 전쟁에서의 관건은 집중력이라 할 수 있다. 하나의 사안을 두고 포기하지 않고 끝까지 생각에 임하는 그런 긴장감이 요구되는 것이다. 누가 얼마나 깊숙이 생각에 임할 수 있는가, 그것이 관건이라는 얘기다. 이런 종류의 생각의 힘은 고통을 통해서 길러진다. 힘은 그것이 어떤 종류의 것이든 커질 수 있다. 힘이

그리고 이 모든 새로운 빛들이 주는 형언할 수 없는 자극은 정말 강력하다. 그것은 말하자면 자살하고 싶은 유혹들에도 불구하고 살 수 있게 해 주고, 또 고통을 당하는 사람에게도 계속해서 살아가는 것이 가장 갈망할 만한 가치가 있는 것으로 비춰지게 하기에 충분히 강력하다. 고통을 당하는 자는 건강한 사람이 아무 생각 없이 거니는 저 안개에 둘러싸인 편안하고 따뜻한 세계에 대해 경멸을 품으며 생각에 임한다. 마찬가지로 그는 예전에 스스로 탐닉했던 가장 고귀하고 가장 사랑스러운 환영들에 대해 경멸을 품으며 생각에 임한다. 그는 이런 경멸을 통해 마치 가장 깊은 지옥에 빠져 있는 듯한 자신의 영혼에서 가장 쓰라린 고통을 만들어 내고 또 그런 끔찍한 일을 하면서도 쾌락을 느낀다. 그는 바로 이러한 정반대의 것과 싸우는 대립을 통해 육체적 고통에 저항하고 버티게 한다.[189] 그는 바로 이 정반대의

클수록 감당해 낼 수 있는 고통의 양도 커질 수 있다. 고통의 현상이 무서울수록 그것에서 배우게 되는 본질적인 내용 또한 큰 기쁨으로 충족될 것이다. 사람은 누구나 자신의 생각하는 능력에 의해 스스로를 구원할 수 있을 것이다. 하지만 그 구원은 절대적으로 실현되는 것이 아니라, 자기 자신을 감당할 수 있는 만큼, 즉 생지옥이라 일컬어지는 그런 삶의 현상을 얼마나 감당할 수 있느냐에 따라 상대적으로 실현될 것이다. 고통은 감당해야 한다. 포기하지 말고 외면하지 말고 가능한 한 오랫동안, 자신의 힘이 닿는 그곳까지, 말 그대로 끝까지 긴장감을 잃지 말고 견뎌 내야 한다. 그것이 스스로 신이 되게 해 줄 것이고, 그것이 또한 스스로를 구원에 이르게 해 줄 것이다. '새로운 빛'으로 인식될 수 있는 '아침놀'에 대한 현상도 이런 맥락에서 이해될 수 있다. 긴 어둠 속에서 정신은 끝까지 견뎌 냈던 것이다. 정신줄을 놓지 않고 끝까지 버텨 낸 것이다. 그때 아침이 다가오는 신호인 노을을 인식하게 되는 것이다. 이때 우리는 아마도 '이제 살았다!' 하는 소리로 새로운 변화의 순간을 위해 환호성을 지르게 될지도 모른다. "나는 살아 있다, 고로 나는 존재한다"(『반시대적 고찰』 제2권, 383쪽)도 이런 의미에서 충분히 이해될 수 있을 것이다. 살아 있어야 생각도 가치가 있는 것이다. 또한 생각은 오로지 삶을 위한 것이 되어야 한다. '메멘토 비베레(Memento vivere, 삶을 기억하라)'(『반시대적 고찰』 제2권, 354쪽), 이것은 니체 철학의 정언명법에 해당하는 것이다. 현실적 삶을 포기하고 내세를 선택하는 그런 삶에서 니체는 위로의 의미를 발견하지 못했던 것이다.

189 이것은 니체가 생각에 임하는 전형적인 방식이다. 그는 늘 대립을 일삼는다. 동양 사상에서의 음과 양을 모두 함께 포용하는 태극의 이념을 비교해서 생각하면 쉽게 이해될 것이다. 가장 어두운 것이 가장 밝은 것과 관계하듯이, 가장 큰 고통이 가장 큰 기쁨과 관계한다. 아폴론적인 것은 디오니소스적인 것과 신비로운 '짝짓기'를 이루어야 한다. 디오니소스는 십자가에 못 박힌 자와 대립을 이루어야 한다. 한쪽이 다른 한쪽을 배제하기 위해 생각에 임하는 것이 아니라, 서로가 서로에게 영향을 주기 위

것과 싸우는 대립을 지금 절실하게 필요하다고 느낀다! 그는 소름이 끼칠 정도로 밝은 시선 속에서 자신의 본질을 바라보고, 거기서 이렇게 외친다. "너는 너 자신을 탄핵하는 자가 되는 동시에 너 자신을 처형하는 사형 집행인이 돼라! 너는 너 자신의 고통을 네가 스스로 네게 내린 벌로 받아들이라! 재판관으로서 느끼는 네 자신의 우월감을 향유하라! 여기에 덧붙여 네 자신의 의향, 오로지 폭군만이 보여 줄 법한 네 자신의 횡포를 향유하라! 너는 네 자신의 고통을 넘어서듯이 네 자신의 삶을 넘어서라! 너는 하늘로 시선을 돌리고 거기서 심연을 들여다보라! 그리고 거기에는 바닥도 없다는 것을 인식하라!"[190] 우리의 긍지라는 나무는 유례없이 우뚝 솟아오르고 있다.

해 생각에 임한다. 이제는 정말 대답을 할 수 있는지, 다시 한번 『이 사람을 보라』의 마지막 구절을 읽어 보자. "— 나를 이해했는가? — 디오니소스 대 십자가에 못 박힌 자…." 정말 어려운 질문이다. 너무 어렵다고 생각했는지, 곳곳에 말줄임표를 남겨 놓았다. 이것을 이해한다면 니체가 친근한 친구처럼 다가올 것이다. "튼튼한 이빨과 튼튼한 위장 — / 이것을 그대에게 바라노라! / 그리고 나의 책을 견뎌 낸다면 / 분명히 나도 견뎌 낼 수 있을 것이다"(『즐거운 학문』, 56쪽 이하). 그런데 그의 책을 견뎌 내는 것조차 쉽지가 않다. 그것이 문제일 뿐이다. 삶이 생지옥이라면 그에 버금가는 고통을 생각해 내고 그것을 끝까지 견뎌 내는 힘이 필요한 것이다.

190 니체가 지향하는 소리다. 위가 아래와 하나가 되는 인식의 단계다. 하늘을 바라보면서 심연을 알아보라는 것이다. 심연을 바라보면서 하늘을 깨달아 달라는 것이다. 위가 아래가 될 수도 있고, 또 아래가 위가 될 수도 있다. "너의 별들을 발아래 둘 때까지 위로, 위를 향해"(『차라투스트라는 이렇게 말했다』, 255쪽)! 나아가야 하는 이유가 여기에 있다. 이 또한 포용적 이분법으로 해석이 가능하다. 하늘과 대지는 둘이지만 서로 연결이 되어야 의미를 꿰찬다. 진주도 실에 꿰져야 목걸이로서의 가치를 인정받을 수 있듯이, 여러 가치는 이런 방식을 통해 서로 연결이 되어야 한다. 현상은 다양하다. 무엇이 무엇과 대립될 수 있는지 수없이 고민을 해 내고, 거기서 인식의 그물을 엮어 내야 한다. "존재하는 것에서 빼도 되는 것은 하나도 없으며, 없어도 되는 것은 하나도 없다"(『이 사람을 보라』, 145쪽). 도덕도 가치도 권력도, 하물며 신까지도 궁극적인 제거의 대상이 되어서는 안 된다. 이 세상의 모든 사물은 때로는 아폴론의 이성적 빛으로, 또 때로는 디오니소스의 비이성적 황홀함으로 인식되어야 마땅하다. 모든 사물은 때로는 십자가에 못 박힌 자의 이념으로, 또 때로는 디오니소스적 이념으로 이해되어야 한다. 이 세상의 모든 것, 특히 동양 철학의 개념으로 말하자면, 삼라만상 자체가 음과 양의 합일이라는 원리로 이해될 수만 있다면 니체의 허무주의의 철학적 이념도 쉽게 이해될 수 있으리라. 그 경지에 이르고 나면 '신은 죽었다'는 소리를 배타적인 이분법으로 판단하는 실수는 범하지 않으리라. 신을 죽이면서도 다시 살려 내고 싶은 신까지도 인식의 대상으로 삼을 줄 알게 되리라. 삶을 이야기하면서도 죽음을 배제하지 않고, 또 죽음을 이야기하면서도 삶을 잊지 않는, 생각이 미칠 수 있는 그 최고의 경지

고통과 같은 폭군에 저항하고, 고통이 우리로 하여금 삶에 반대하는 진술을 내놓게 하는 모든 속삭임에 저항하면서, 즉 이 폭군에 저항하는 바로 이런 삶을 변호하기 위해 앞장서는 것은 이 세상 그 무엇과도 비교될 수 없을 정도로 매력을 갖고 있다. 이런 상황 속에서 우리는 우리 상황의 결과물이 염세주의로 비치지 않도록, 그리고 그 염세주의가 우리를 패배자로 만들어 굴욕을 맛보게 하지 않도록 모든 염세주의에 분노를 느끼며 저항하는 것이다. 공정한 판단을 내리는 것이 갖는 이런 매력이야말로 지금보다 더 컸던 적이 단 한 번도 없다. 왜냐하면 지금이란 상황은 모든 불공정한 판단을 용서받을 수 있게 만드는 모든 상황 중에서 가장 예민한 상황, 즉 그런 식으로 용서받을 수 있는 우리 자신의 모습에 대한 승리를 의미하고 있기 때문이다. 그러나 우리는 용서받고 싶지 않다. 바로 지금이야말로 우리는 우리가 '죄 없이' 존재할 수 있다는 사실을 보여 주고자 하는 순간이다. 우리는 오만의 긴장 속에, 참으로 합법적인 극도의 정신적 긴장 속에 있다.[191] 그리고 이제야 완화와 완쾌의 신호를 알려 주는 최초의 노을빛이 밝아 오고 있다. 그것에 의해 발생한 첫 번째 결과는 우리가 우리 자신에 대해 압도적인 영향력을 행사하고 있는 바로 그 오만에 저항하는 것이다. 우리는 우리 자신의 오만에 저항하는 일에서 정말 어리석고 또 허영심에 가득 차 있다고 고백하는 바이다. 마치 우리가 유일무이한 어떤 것을 체험한 것처럼 말을 할 때도 있을 것이다! 우리는 어떤 감사하다는 말도 없이 저 전능한 긍지를 꺾고

에 도달할 수 있으리라.

191 아리스토텔레스에 따르면 오만은 비극의 원인이 되지만, 그 오만을 통해 비극이 인식의 대상으로 될 수만 있다면 그 오만은 지극히 매력적이고 또 당연히 가져 볼 만한 것이 된다. 삶이 있는 곳에 비극이 있다면, 비극을 인식하게 해 주는 오만을 외면할 일은 아니다. 그 오만이야말로 삶이 무엇인지 깨닫게 해 줄 것이기 때문이다. 이성을 가지고 살아야 하는 존재가 오만을 모르고 살 수 있을까? 물론 없다. 그렇다면 오만을 제대로 사용할 줄 아는 지혜를 가져야 하지 않을까. 이런 생각이야말로 '인간적인 지극히 인간적인' 생각에 해당한다.

말 것이다. 우리는 그 긍지를 통해 고통을 견뎌 냈고 또 그 긍지에 대한 해독제를 격렬하게 요구했던 것이다. 우리는 우리 자신으로부터 소원해지고 또 비인격화되고 싶다. 왜냐하면 지금까지 고통이 우리를 너무나도 폭력적으로 또 너무나도 오랫동안 인격적으로 만들어 놓았기 때문이다. "사라져라, 이놈의 망할 긍지여 사라져라!"라고 우리는 외친다. "그 긍지는 하나의 질병이었고 하나의 정신적 긴장 상태보다 더 심각한 그 무엇이었다!" 우리는 다시 사람들과 자연을 바라보고 있다. 우리는 좀 더 갈망하는 시선으로 바라보고 있다. 우리는 고통스럽지만 웃으면서 기억을 해 내고 있다. 우리는 지금 몇 가지를 사람들과 자연과 관련해서 새롭게, 혹은 다르게 알고 있다. 예전에 그것들은 베일에 싸여 있었다. 그 몇 가지들은 우리에게 생기를 불어넣어 준다. 그래서 우리는 삶이라 불리는 활활 타오르는 불꽃을 다시 보게 되고, 동시에 우리가 고통을 당하는 자들로서 사물들을 바라보았고 또 그 사물들을 통해 바깥을 바라보았던 저 끔찍하고 무미건조한 밝음 밖으로 빠져나오게 된 것이다.[192] 우리는 건강의 마술이 다시 장난치기 시작한다고 하더라도 화를 내지 않을 것이다. 우리는 온화하게, 그리고 여전히 피로를 느끼면서도 전혀 다른 사람이 된 것처럼 사물을 바라볼 것이다. 이런 상태에서 사람들은 눈물을 흘리지 않고 음악을 들을 수는 없을 것이다.

192 여기에는 불꽃과 밝음이라는 대립 개념을 이해하는 것이 관건이다. 불꽃은 현실 속의 삶을 밝혀 주는 의미로 사용된 반면, 밝음은 과거 습관적으로 인정되어 왔던 도덕의 가치로서 이미 밝혀진 의미로 사용되고 있다. 불꽃은 새로운 의미로 사물을 바라보게 하는 빛인 반면, 밝음은 낡은 기존의 의미로 사물을 베일에 싼 채 바라보게 하는 빛에 불과하다. 니체는 그러니까 과거의 밝음으로 의미가 부여된 잘못된 긍지에서 빠져나오게 하는 반면, 삶을 새로운 빛 속에서 밝혀냄으로써 전혀 새로운 의미를 부여하고 또 전혀 새로운 긍지를 부여하는 것을 철학의 목적으로 삼고 있는 것이다.

115.

'자아'라고 불리는 것. — 언어와 그 언어가 만들어진 선입견들은 우리가 내적인 심리 과정과 충동에 대해 해명을 구할 때 자주 방해가 된다. 예를 들어 단어들은 본래 이런 과정과 충동에 대해 최상급의 정도를 나타내는 것을 위해서만 존재할 뿐이다. 그런데 우리는 우리에게 표현할 단어들이 결여된 곳에서는 더 이상 정확하게 관찰하지 않으려는 데 습관이 들어 버렸다. 왜냐하면 그곳에서도 정확하게 생각하는 것은 고통스럽기 때문이다. 그렇다, 단어들의 제국이 끝나는 곳에서는 실존의 제국 또한 끝난다고 자기도 모르게 일찌감치 결론을 내리고 있는 것이다. 분노, 증오, 사랑, 동정, 욕망, 인식, 기쁨, 고통, 이런 것들 모두는 극단적인 상태들을 위한 이름들일 뿐이다. 보다 부드럽고, 보다 중도적인 것들, 게다가 끊임없이 장난을 치고 있는, 보다 낮은 정도의 것들은 우리에게서 빠져나가고 만다. 그럼에도 불구하고 그런 것들이 우리의 성격과 운명의 거미줄을 짜고 있는 것이다. 저 극단적인 표현들은 매우 자주 이 거미줄을 찢어 놓고 만다. 어떤 음식을 먹을 때나 어떤 소리를 들을 때 우리에게 의식되는 가장 적합한 만족과 불만에 대한 표현도 마찬가지다. 이때 이런 극단적인 표현들은 폭력적인 예외가 되고, 대부분 그동안 쌓였던 것들이 분출하면서 나타나게 된다. 이런 표현들이 얼마나 관찰자를 헷갈리게 하는지! 이런 경우는 행동하는 사람들을 헷갈리게 하는 경우보다 더 적지 않다. 우리가 오로지 의식할 수 있고 또 말로만 표현할 수 있는 상태들, 그리고 그런 표현의 결과로 우리가 칭찬하고 비난할 수 있는 상태들이 우리의 본모습 전부를 드러내는 것은 아니다. 우리가 누군지를 알려 주는 바로 이런 거친 표현들 때문에 우리는 우리 자신을 오해하기도 한다. 우리는 예외가 규칙을 압도해 버리는 그런 자료들을 가지고 하나의 결론을 도출해 낸다. 우리는 우리 자신을 이토록 눈에 띌 정도로 확실하게 규정해 버린 활자들 속에서 오히려 우리 자신을 잘못 읽어 낸다. 그러나 이런 잘못된 길 위에서 발견된 우리 자신에 대한 우리의 의견은 '자아'라고 불리고 있고, 그런 의견이 계속해서 우리의 성격과 운명을 형성하는 데 일조하고 만다.

116.

'주체'라는 알려지지 않은 세계. — 아주 오랜 옛날부터 지금까지 사람들이 가장 파악하기 어려운 것으로 느꼈던 것은 자기 자신에 대한 그들의 무지이다! 즉 선, 악과 관련해서뿐만 아니라 보다 본질적인 것과 관련해서도 상황은 똑같다! 사람들은 모든 경우에 인간의 행위가 어떻게 이루어지는지를 알고 있다고, 그것도 아주 정확히 알고 있다는 태곳적 망상이 아직도 여전히 생생하게 살아 있다. '마음속을 꿰뚫어 보는 신'뿐만 아니라, 자신의 행위를 고려한다는 행위자뿐만 아니라, 다른 모든 자도 다른 모든 사람이 행위의 과정 속에서 그 본질적인 것을 이해한다는 것에 대해 전혀 의심을 하지 않고 있는 실정이다. "나는 내가 무엇을 원하는지, 내가 무엇을 행하였는지를 알고 있다. 나는 자유롭고 그것에 대해 책임을 진다. 나는 다른 사람에게 책임을 지게 하기도 하고, 또 나는 어떤 행동을 하기에 앞서 존재하는 모든 윤리적인 가능성과 모든 내적인 움직임에 대해 그 이름까지 부를 수 있다. 그대들은 그대들이 원하는 대로 행동할 수 있다. 그래도 나는 이런 상황 속에서 나와 더불어 그대들 모두를 이해한다!" 이런 식으로 사람들은 옛날부터 생각해 왔고, 아직까지도 거의 모든 사람은 이렇게 생각하고 있다. 이런 점에서는 위대한 회의주의자들이자 놀랄 만한 개혁자들이었던 소크라테스와 플라톤 역시 순진하게도 "올바른 인식에는 올바른 행위가 뒤따를 것임에 틀림없다"라는 저 가장 운명적인 선입견, 저 가장 심각한 오류를 여전히 믿고 있었다. 이런 근본 원칙에서 하나의 행위가 이루어질 때, 그들이 그것의 본질에 대해 안다는 것은 존재한다는 것을 믿는 보편적인 망상과 오만의 상속자들이었다. "만약에 옳은 행위의 본질에 대한 통찰에 올바른 행위가 뒤따르지 않는다면 이것은 정말 끔찍한 일일 것이다." 이것이 저 위대한 사람들이 이 생각을 증명하는 데 필요하다고 간주했던 유일한 논증이다. 그 반대는 그러니까 그들에게는 생각할 수도 없고 또 어리석음 그 자체로 여겨졌던 것이다. 그러나 바로 이 반대야말로 아주 오랜 옛날부터 매일매일 시시각각으로 증명되었던 현실, 즉 적나라한 현실이다! 어떤 행위에 대해 알 수 있다는 것이 행위로 바로 이어지기에는 결코 충분하지 않다는 것, 즉 인식에서 시작해 행위까지 이르는 다리는 지금까지 단 한 번도 세워진 적이 없었다는 것, 이것이야말로 진정 '무서운' 진리가 아닐까? 행위라고 하는 것은 절대로 우리에게 나타난 그대로의 것이 아니다! 외적인 사물들이 나타난 그대로의 것이 아니라는 것, 이와 마찬가지로 내적인 세계에서조차 그 비춰진 것이 그대로의 것이 아니라는 것, 이것을 배우기까지 우리는 너무도 많은 노력을 해 왔다! 도덕적인 행위들은 사실 '어떤 다른 것'이다. 더 이상 우리는 말할 수 없다. 그리고 모든 행위는 본질적으로 알려지지 않았다. 그런데도 그 반대가 보편적인 믿음이었고 지금도 그렇게 믿고 있다. 그러니까 우리는 우리 자신에 반대하는 가장 오래된 실재론을 갖고 있는 것이다. 지금까지 인류는 "하나의 행위란 우리에게 나타난 그대로의 것이다"라고 생각했다. 이 말을 반복해서 읽다 보니 쇼펜하우어가 매우 힘을 줘서 말했던 한 구절이 기억 속에 떠오른다. 내가 이 구절을 여기 인용하고자 하는 이유는, 쇼펜하우어 역시 실로 아무런 주저함 없이 이러한 도덕적 실재론에 매달렸고 또 매달려 있었다는 것을 증명하기 위해서다. "정말로 우리 모두는 선과 악을 정확히 알고 있는 유능하고 완전한 도덕적인 판사이다. 우리는 신성한 존재로서 선을 사랑하고 악을 혐오한다. 그러나 이 경우 우리 모두란, 자기 자신의 행위가 아니라 낯선 사람들의 행위를 음미하면서 자신은 단순히 긍정하든지 또는 부정하기만 하면 될 뿐이고, 행위의 책임은 그 낯선 사람들이 지게 되는 한에서의 각 사람들을 의미한다. 따라서 모든 사람은 고해 신부로서 신의 자리를 완벽하게 대신할 수 있다."

117.

감옥 안에서. — 나의 눈이 지금 좋든지 나쁘든지 간에 나는 아주 가까운 거리에 있는 것만 바라보고 있을 뿐이다. 이 가까운 거리 안에서 나는 그물을 짜고 있고 또 살아가고 있는 것이다. 이 한계선이라는 것은 가장 가까이 있으면서 위대하기도 하고 또한 사소하기도 한 나의 운명인 것이다. 이 운명으로부터 나는 벗어날 수가 없는 것이다. 이와 같은 형식으로 모든 존재의 주변에는 중심을 지향하는 동그라미 하나가 그려져 있다. 이 동그라미는 하나의 중심을 지니고 있고, 그것은 또한 그 중심에게만 소속된다. 비슷한 형식으로 우리의 귀도 하나의 작은 공간 속으로 가둬 놓는다. 또 비슷한 형식으로 촉각도 그렇게 작용한다. 우리의 감각은 이런 한계에 따라서 우리 모두를 감옥의 벽 속에 가둬 놓게 된다. 우리는 이런 한계에 따라 세계를 측정하면서, 이것은 가깝고 저것은 멀다고, 이것은 크고 저것은 작다고, 이것은 단단하고 저것은 부드럽다고 말하게 된다. 이러한 측정을 우리는 감각적 느낌이라고 부른다. 하지만 이 모든 것은 그 자체로서 이미 오류에 해당한다! 우리 모두는 우리에게 평균적으로 허락된 시간 속에서 체험을 하고 또 자극을 받게 되는데, 그런 분량에 따라 자기 자신의 삶을 측정하게 된다. 누구는 짧다고 말하고, 누구는 길다고 말한다. 누구는 가난하다고 말하고, 누구는 부유하다고 말한다. 누구는 가득 찼다고 말하고, 누구는 텅 비었다고 말한다. 그러니까 평균적으로 주어진 인간적인 삶에 따라서 사람들은 모든 다른 피조물의 삶을 측정하게 되는 것이다. 다시 한번 말하지만, 이 모든 것은 그 자체로서 이미 오류에 해당한다! 만약 우리가 백배나 예리한 눈으로 가까이 있는 것을 볼 수 있다면, 우리에게 사람은 엄청나게 큰 괴물처럼 보일지도 모를 일이다. 그렇다, 사람을 측정할 수 없을 정도로 크게 느끼는 감각 기관도 생각해 낼 수 있다. 반대로 감각기관은 태양계 전체가 좁다고, 그래서 마치 하나의 세포처럼 묶여 있는 듯이 답답하게 느낄 수 있도록 그렇게 형성될 수도 있는 것이다. 마찬가지로 우리가 알고 있는 존재와 정반대의 질서를 취하는 존재에는 사람 몸에 있는 세포 하나가 마치 움직이고 있는 태양계로서 구성되어 있고, 그렇게 조화를 이루고 있는 듯이 묘사될 수도 있는 것이다. 우리의 감각 기관으로 인한 습관 때문에 우리는 감각의 거짓과 기만 속에 갇혀 거기서 거미줄을 치며 살아가는 것이다. 이 감각기관들은 다시 모든 우리의 판단과 '인식'의 근거가 된다. 이것으로부터 빠져나올 수 있는 길은 존재하지 않는다! 이것을 벗어나 실제로 존재하는 세계 속으로 들어갈 수 있는 뒷길도 샛길도 존재하지 않는다! 우리는 우리 자신이라는 그물 안에 갇혀 있다. 우리 자신이 거미들이며, 우리가 쳐 놓은 그물 안에서 포획해 낼 수 있는 것은 우리의 그물 속에 포획되도록 설계되어 있는 그것 외에는 아무것도 포획해 낼 수 없다.

118.

이웃이란 도대체 무엇인가! ― 우리가 우리의 이웃에 관해, 내가 생각하기에는 그의 경계로서 파악하는 것은, 그가 우리에게 나타나는 것, 그리고 우리와 직면하여 똑같이 나타나고 표현하는 바로 그것인가? 우리는 그에게서 우리에 대한 변화 외에는 아무것도 파악하지 못한다. 그 변화의 원인 또한 그 자신일 뿐이다. 그에 대해 우리가 알고 있는 것은 하나의 속이 텅 빈 공간과 같다. 우리는 그에게 그의 행동이 우리에게 불러일으키는 느낌을 부여한다. 하지만 그렇게 함으로써 우리는 그에게 하나의 잘못된 정반대의 긍정성을 제공하게 된다. 결국 우리는 우리에 관한 우리의 지식에 따라 그를 형성하고, 그를 우리와 관련된 인물로 만들어 버린다. 그리고 만약 그가 우리에게 빛을 비추거나, 혹은 그가 스스로 어두워질 경우, 그리고 우리 자신이 이 두 경우의 궁극적인 원인임에도 불구하고, 우리는 거기서 정반대를 믿게 된다! 유령들의 세계, 그 속에서 우리가 살고 있는 것이다! 뒤바뀌고 뒤집어지고 공허한데다가, 충만하고 올바르게 세워져 있다고 꿈이나 꾸고 있는 그런 세계 속에!

119.

체험하는 것과 이야기를 만들어 내는 것. — 어떤 사람이 아무리 폭넓게 자신을 인식하고자 해도 그 본질을 구성하는 전체적인 충동의 형상보다 더 불완전한 것은 아무것도 없다. 그는 보다 조잡한 충동들에 대해서는 거의 이름도 댈 수 없다. 그것들의 수와 강도, 밀물과 썰물, 상호 간의 작용과 반작용, 그리고 무엇보다도 그것들에 영양이 공급되는 법칙에 대해서는 전혀 아는 바가 없다. 그 충동들이 먹고사는 일은, 그러니까 우연에 맡겨져 있을 뿐이다. 매일 겪게 되는 우리의 체험은 어떤 때는 이런 충동에, 또 어떤 때는 저런 충동에 먹이를 던져 주고, 이 충동들은 먹이를 탐욕스럽게 잡아챈다. 그러나 이 사건들이 오고 가는 전체적인 진행 과정은 전체적인 충동들이 요구하는 영양에 대한 합리적인 관계 형성과는 전혀 무관하게 이루어진다. 그래서 항상 두 가지 일들이 발생하게 된다. 즉 어떤 충동은 굶어서 위축되는 반면, 또 다른 충동은 너무 먹어 한도를 초과하는 식으로 벌어지고 마는 것이다. 우리 삶의 모든 순간은 그 순간이 갖고 있거나 갖고 있지 않은 그때그때의 먹이에 따라 우리 존재의 몇몇 히드라의 촉수를 성장시키고 다른 몇몇 히드라의 촉수를 말라비틀어지게 한다. 이미 말했듯이 이런 의미에서 우리의 경험들은 모두 음식물이 된다. 그러나 굶고 있는 것이 무엇이고, 이미 넘치도록 먹은 것이 무엇인지 알지 못한 채 이 음식물들은 맹목적으로 나눠지고 만다. 그리고 이렇게 부분들에 대한 우연한 영양 공급에 의해 성장한 모든 히드라 역시 그것의 변화 과정과 마찬가지로 어떤 우연한 것이 된다.[193] 좀 더 분명하게 말하자면, 어떤 하나의 충동은 그것이 충족되기를 갈망하는 곳에 있다. 그곳은 그 충동이 자신의 힘을 연습하는 곳이다. 혹은 그 힘을 방출시키거나 텅 빈 공간으로 채워진 곳이다.[194] 이 모든 것은

193 우연은 필연을 전제로 하는 개념이다. 니체는 우연을 거인으로 인식한다. “우리는 아직도 우연이라고 하는 저 거인에 대항하여 한 걸음 한 걸음 싸워 나가고 있다”(『차라투스트라는 이렇게 말했다』, 128쪽). 우연은 싸워서 이겨 내야 하는 대상이 된다. 그런 의미에서 우연은 부정의 대상이 된다. “우연을 부정하는 자. ㅡ 승자는 우연을 믿지 않는다”(『즐거운 학문』, 274쪽). 하지만 우연이 있어 삶도 사랑스러워지는 것을 부정하지 않는다. “사랑스러운 우연이 우리와 함께 연주한다”(『즐거운 학문』, 256쪽). 우연이 존재하기 때문에 삶도 이런저런 이야기를 만들어 낼 수 있게 되는 것이다. 문제는 우연을 어떻게 필연으로 만들어 낼 것인가 하는 것이다. 우연을 필연으로 엮어 내는 일은 때로 목숨을 걸어야 하는 위험한 일이기도 하다. “모험과 위험, 목숨을 건 주사위놀이, 이런 것들이 더없이 큰 자가 하는 헌신이다”(『차라투스트라는 이렇게 말했다』, 193쪽). 깨달은 자에게 우연은 이제 우연 그 자체로 머물지는 못한다. “내게 우연한 일들이 일어날 수도 있는 그런 때는 지나갔다. 이미 내 자신의 것이 아닌 그 어떤 것이 새삼 내게 일어날 수 있다는 말인가”(『차라투스트라는 이렇게 말했다』, 253쪽)! 인식을 얻은 자에게 우연은 필연을 일궈 내는 소품이 될 뿐이다. 그래서 초인은 이런 말도 하게 되는 것이다. “우연으로 하여금 내게 다가오도록 내버려 두어라. 우연은 어린아이와 같아서 순진무구하니”(『차라투스트라는 이렇게 말했다』, 289쪽)! 게다가 니체는 자신의 자서전 『이 사람을 보라』의 부제목으로 ‘어떤 변화를 겪어서 어떤 사람이 되었는지’라고 정했다. ‘변화’로 번역된 원어는 ‘베르덴(Werden)’이다. 과정은 인식에 의해 걸러지는 내용이다. 시간을 어떻게 보내느냐에 따라 그 결과물은 달라진다는 것이다. 니체는 자신의 삶을 어떻게 살았는지를 알려 주는 곳에서 그 변화의 지점을 상세히 설명해 주고 있다. 이것은 또한 어떻게 우연을 필연으로 만들어 나갔는지에 대한 기록이 되기도 한다. 니체는 철학적으로 삶을 일궈 내기 위해 정말 사투라도 벌인 듯하다. 철학자로서 그는 우연이란 거인 앞에서 주눅 들지 않고 버텨 낸, 그리고 결국에는 이겨내 승리를 거둔 진정한 거인인 것이다.

194 모든 것이 텅 비게 될 때, 모든 것이 공(空)과 무(無)로 채워지게 될 때, 진정한 충동이 발동하기 시작한다. 이런 충동이 삶을 삶답게 해 준다. 이런 충동 때문에 삶이 살 만한 것으로 인식된다. 이런 충동을 이해하기 위해 시 한 편으로부터 도움을 얻을 수도 있다. 「알바트로스 새」라는 시의 마지막 연이

비유의 언어들이다. 이 충동은 하루의 모든 사건을 어떻게 하면 자신의 목적에 맞게 사용할 수 있는가 하는 관점에서 주목한다.[195] 인간이 달리든, 쉬든, 화를 내든, 독서를 하든, 말을 하든, 투쟁을 하든, 환호성을 지르든 간에 충동은 갈증 상태에서 인간이 빠질 수 있는 모든 상태를 건드려 본다. 그리고 대부분 그 충동은 이 상태에서 자신을 위한 것이라고는 아무것도 발견하지 못한다. 충동은 기다려야 하고 계속해서 갈증에 시달려야 한다. 어느 정도의 시간이 지나고 나면 충동은 지치게 되고, 또 며칠이 지나거나 몇 달이 지나서도 갈증이 해소되지 않으면 비를 맞지 못한 식물처럼 말라죽고 말 것이다. 만약 모든 충동이 마치 꿈에 그리던 음식으로도 만족할 수 없을 정도로 굶주린 자처럼 하루의 모든 사건을 근본적으로 취하고자 한다면, 어쩌면 우연의 이러한 잔인함이야말로 더 확실하게 눈에 띌 수도 있다. 그러나 대부분의 충동들은, 특히 소위 도덕적인 충동들은 꿈속의 이런 음식

다. "오, 알바트로스 새여! / 영원한 충동이 나를 높은 곳에 이르게 하여! / 너를 생각하면 흘러내리네 / 눈물에 눈물이 ― 그래, 나는 너를 사랑하나 봐"(『즐거운 학문』, 18쪽)! 충동도 그러니까 충동 나름이다. 어떤 충동으로 삶에 임하느냐가 문제인 것이다. 충동이 자기 자신의 것인가? 자기 자신의 본질에서부터 분출되는 그런 충동인가? 아니면 그저 남의 눈치를 보다가 그런 과정에서 어쩔 수 없이 생겨난 그런 충동인가? 유행을 따라가기 바쁜 그런 충동인가? 늘 스스로 자기 자신을 자극하고 있는 그 충동의 본성에 대해서 의문을 제기하고 또 냉정하게 검증해야 할 것이다. 니체는 '영원한 충동'을 원한다. 그것을 인식하면 힘겹게 날갯짓을 하지 않고서도 높이 비상할 수 있으리라 믿는다. 날개를 이성의 비유로 이해하면, 이렇게 설명할 수도 있다. 인간은 자기 자신에게 운명적으로 주어진 자신의 이성을 가지고 자기 자신의 삶을 잘 살아갈 수도 있다고. 사는 게 힘들다는 말은 이제 그의 것이 되지 못한다. 이제 삶은 그에게 인식의 기회가 될 뿐이다. 삶은 깨달을 기회라는 말만을 목전에 두며 정진하는 자세로 살아갈 수 있게 될 것이다. 허둥지둥, 안달복달하며 살 이유는 이제 없다. '즐거운 학문'에서처럼 학문이 즐겁게 인식되고 나면 삶도 더불어 즐거운 선물을 제공해 주는 원인이 될 것이다.

195 이런 시선에서 니체는 하루 동안의 시간대를 관찰한다. 새벽, 아침놀, 오전, 정오, 오후, 저녁, 밤, 이런 개념들을 철학적으로 주목하는 것이다. 이런 식으로 인식된 시간들, 즉 그런 인식을 통해 얻어진 하루들이 모이고 모여 인생이 되는 것이다. "하루의 길이 ― 사람들이 집어넣을 것을 많이 가지고 있다면, 하루는 백 개의 주머니도 가지고 있다"(『인간적인 너무나 인간적인』 제1권, 402쪽). 하루만 제대로 인식해도 무한한 선물을 얻어 낼 수 있다. 인생이 짧다고 말하는 모든 이는 하루에 대한 이런 고민을 충분히 해 보지 못했기 때문에 자기도 모르게 오류를 범하고 있는 것이다.

물로도 충분히 만족한다. 나의 추측은 그러니까 이렇다. 우리의 꿈들은 하루가 지나가는 동안 우연히 음식물이 없었던 상태를 어느 정도 보상해 줄 때까지는 가치와 의미를 갖는다는 것이다. 어째서 꿈이, 어제는 너무 다정하고 눈물로 가득 차 있던 것이, 그저께는 익살스럽고 유쾌했으며, 또 그보다 더 전에는 모험적이기까지 하고 끊임없이 우울하게 무엇인가를 추구했던 것일까? 어째서 나는 이런 꿈속 추구에서 형언할 수 없을 정도로 아름다운 음악을 즐기고 있으며, 또 어째서 나는 다른 꿈속 추구에서 독수리의 환희를 품고 아득하게 멀리 있는 산꼭대기를 향해 날아오르는 것일까? 다정함, 익살스러움 혹은 모험과 같은 일에 대한 우리의 충동에, 혹은 음악과 산에 대한 갈망에 활동 공간을 부여하고 그것들을 충족시켜 나가면서 이런 식으로 이야기를 만들어 내는 것에 대해서는, 사람들이 저마다 더 멋진 예들을 갖고 있을 것이다. 이런 이야기들은 우리가 잠을 자는 동안 갖게 되는 신경의 자극에 대한 해석들일 뿐이다. 그것들은 피와 내장의 움직임, 팔과 이불의 압박, 종탑의 종소리, 바람따라 돌아가는 풍향계에서 나는 소리, 밤에 돌아다니는 나방들, 그리고 다른 종류의 사물들에 대해 이루어지는 매우 자유롭고 매우 자의적인 해석이다. 일반적으로 오늘밤이나 다른 날 밤이나 거의 비슷한 이런 텍스트가 이토록 다양하게 해석된다는 것, 즉 이야기를 만들어 내는 이성이 동일한 신경자극에 대해 오늘과 어제, 그렇게 전혀 다른 원인들을 생각해 낸다는 것, 이것은 이 이성의 후견인이 어제와는 전혀 다른 존재였다는 데 근거한다. 즉 매번 하나의 다른 충동이 만족되고, 활동하고, 자신을 연마하고, 활기를 찾고, 해방되기를 바랐던 것이다. 오늘은 바로 그 충동이 밀물이 되어 최고조에 달해 있었던 것이고, 어제는 또 다른 충동이 최고조에 달해 있었던 것이다. 깨어 있는 삶은 꿈꾸는 삶이 갖는 것처럼 이런 해석의 자유를 갖고 있지 않다. 깨어 있는 삶은 이야기를 만들어 내는 면에서나 고삐 풀린 자유로움에서나 모두 뒤처진다. 여기에 한 걸음 더 나아가 다음과 같은 설명을 굳이 덧붙여야 할까? 깨어 있을 때 우리의 충동이, 신경자극의 해석과 그 해석의 원인에 대한 신경자극의 욕구에 따라 작동하는 것 외에는 아무것도 행하지 않는다고? 깨어 있을 때나 꿈꾸고 있을 때나 아무런 본질적인 차이도 없다고? 문화의 매우 상이한 단계들을 서로 비교할 때에도 깨어 있을 때의 해석의 자유가 꿈꾸고 있을 때의 해석의 자유에 비해 결코 아무것도 뒤떨어지지 않는다고? 우리의 도덕적인 판단들과 가치 평가들도 그저 우리에게 잘 알려져 있지 않은 생리학적 과정에 대한 형상과 환상에 지나지 않고, 또 그것은 어떤 신경의 자극을 특징짓는 일종의 습관적인 언어에 불과하다고? 소위 우리의 의식이라고 말하는 것은 모두 하나의 모르고 있었던 텍스트, 혹은 무슨 뜻인지 알아낼 수는 없지만, 그러나 느껴진 텍스트에 대한 환상적인 해석일 수 있다고? 그 환상이 적용되는 정도의 차이는 있을지 몰라도 말이다. 작은 체험 하나를 예로 들어 보자. 우리가 어느 날 시장을 지나가다가 그곳에서 누군가가 우리를 향해 비웃고 있다는 사실을 알아챘다고 치자. 그때 마침 우리 안에서 이런저런 충동이 최고조에 달해 있는지 아닌지에 따라 이 사건은 우리에게 이런저런 의미를 갖게 되는 것이다. 말하자면 우리가 어떤 종류의 사람인지에 따라 그것은 전혀 다른 사건이 되고 만다.[196] 어떤 사람은 그것을 하나의 빗

196 사물은 내적 충동에 의해 다르게 보인다. 『화엄경』의 중심 사상 중에도 '일체유심조'라는 것이 있다. 삼라만상의 의미는 마음이 정하는 것이라는 뜻이다. 마음은 객관적인 것이 아니라 오로지 주관적인 측면에서만 활동을 한다. 그러면서도 마음은 주체의 의지로부터 자유롭기만 하다. 부정적으로 표현하면 통제가 불가능하다는 얘기다. 마음은 마음대로 안 된다. 마음이 마음대로 된다면 문제는 없다. 사람의 문제는 대부분 마음이 마음대로 안 되면서 생겨나는 것이다. 마음을 갖고 살아야 하는 존재는 그래서 마음을 다스리는 훈련에 게을러서는 안 된다. 이런 이론을 니체의 언어로 설명하면 이렇게 된다. 우리 내면에서는 충동이라는 것이 있는데, 우리가 사물을 대할 때마다 어떤 특정 충동이 활동을 개시한다. 그 충동의 개입으로 인해 사물은 우리와 어떤 특정 의미를 형성하게 되는 것이다. 그 의미의 형성과 함께 사물은 있는 그대로 있지 않고 때로는 악하게 또 때로는 선하게 우리에게 영향을 끼치게 되는 것이다. 예를 들어 비가 오는 날씨를 두고 누구는 나쁜 날씨라고 하고 또 누구는 좋은 날씨

방울처럼 받아들이고, 어떤 사람은 그것을 징그러운 벌레처럼 느끼며 흔들어 떨어뜨린다. 어떤 사람은 거기서 다투려고만 하고, 어떤 사람은 거기서 웃음거리가 될 만한 게 없나 하고 자신의 옷매무새를 살펴본다. 어떤 사람은 거기서 무엇이 웃길 만했는지에 대해 고민하고, 어떤 사람은 특별하게 의도를 하지 않고서도 세상에 명랑함을 선사하여 햇볕이 들게 해 준다. 이 모든 경우에서 하나의 충동이 만족을 얻고 있는 것이다. 때로는 분노의 충동이, 때로는 싸우고 싶은 충동이, 때로는 사색의 충동이, 또 때로는 잘해보고 싶은 충동이 여기 만족을 얻는 것이다. 이러한 충동이 그 사건을 자신의 먹이처럼 낚아채는 것이다. 왜 하필이면 바로 이 충동이? 이는 그 충동이 목마름과 배고픔을 참아 가며 잠복해 있었기 때문이다. 최근에는 오전 11시 경에 한 남자가 내 앞에 갑자기 나타나 똑바로 서더니 마치 번개를 맞은 사람처럼 쓰러졌다. 주위에 있던 모든 여성이 깜짝 놀라 큰 소리로 비명을 질렀다. 나는 그를 일으켜 세우고 자기 발로 설 수 있도록 부축해 주었다. 그리고 그가 다시 입을 열어 말을 할 때까지 기다렸다. 그러는 동안 나의 얼굴에는 근육 하나 움직이지 않았다. 어떤 공포와 동정의 감정도 느끼지 않았다. 나는 그저 가장 필요한 응급조치를 취했을 뿐이며 또 가장 이성적으로 대처했을 뿐이었다. 그 후 나는 그곳을 냉정하게 떠났다. 그런데 만약 내가, 내일 오전 11시에 누군가가 내 옆에서 이런 식으로 쓰러질 것이라고 며칠 전에 통고를 받았다고 한다면, 나는 온갖 종류의 고뇌로 미리 괴로워했을 것이고, 밤에 잠도 설쳤을 것이며, 결국에는 결정적인 순간에 그 사람을 도와주기는커녕 오히려 그 사람과 똑같은 일을 당하고 말았을 것이

라고 말한다. '비 오는 날씨'라는 사물을 두고 누구는 좋은 감정을, 또 누구는 나쁜 감정을 느끼는 것이다. 누구는 짜장면이 맛있다고 하고, 또 누구는 짬뽕이 맛있다고 한다. 여기서도 맛있다는 사물을 두고 내용은 서로 달라지고 있는 것이다.

다. 왜냐하면 그 며칠 동안 모든 가능한 충동이 이 체험을 마음속에서 그려 보고 또 해석해 볼 시간을 가졌기 때문이다. 그렇다면 도대체 우리의 체험들이란 무엇인가? 그것은 그 안에 실제로 있는 것보다 우리가 그 안에 집어넣는 것이 훨씬 더 많은 것이 되는 것이다![197] 혹은 이렇게 말해야 한다. 그 안에는 그 자체로는 아무것도 없지 않을까? 체험한다는 것은 하나의 이야기를 만들어 내는 것이 아닐까?

120.

회의에 빠진 자를 안심시키기 위하여. — "나는 내가 무슨 짓을 하고 있는지 전혀 알지 못한다! 나는 내가 무슨 짓을 해야만 하는지 전혀 알지 못한다!" 그대는 옳다. 하지만 다음의 사실을 의심하지 말라. 즉 그대는 행동으로 행해질 것이다! 그것도 매 순간에! 인류는 모든 시간에 능동과 수동을 혼동해 왔다. 그것은 인류가 영원히 범해 온 문법적 오류에 해당한다.

197 생각하는 존재의 한계가 바로 여기에 있다. 생각하는 존재는 자신의 생각을 절대적인 기준으로 삼는다. 자기가 느끼는 것을 진리로 판단하는 것이다. 자기가 좋다고 남들도 똑같은 방식과 형식을 좋아할 것이라고 판단한다. 아니면 남들도 그렇게 판단해야 마땅하다고 강요를 하기도 한다. 의견의 폭력이란 것이 이때 발생하는 것이다. 하지만 체험은 개별적일 수밖에 없다. 개인적인 판단이 모두를 아우를 수는 없다. 개인적인 판단이 모두의 의견을 대변할 수는 있어도, 그 의견이 모든 이의 의견을 수렴할 수는 없는 법이다. 대세가 된 의견 앞에서 수많은 개인은 침묵으로 동조할 때도 많다. 그것이 편하다고 생각하고, 또 그것이 미덕이라고 판단하기 때문이다. "세상 사람들은 모두 풍속과 의견 뒤에 숨는다"(『반시대적 고찰』 제3권, 391쪽). 마찬가지로 목소리가 큰 사람 앞에서는 자신의 목소리를 죽이는 것이 상책이라고 생각하는 사람들도 많다. 굳이 싸우고 싶지 않아서 그런 것이다. 남의 의견을 듣지 못한 상태에서 누구는 자신의 생각과 의견이 맞는 것이라고 착각할 때도 있다. 상대가 말할 상황을 만들어 주지도 않았으면서 '이견이 있으면 말을 했어야지!' 하고 되레 큰소리를 칠 때도 있다. 이 모든 경우가 생각하는 존재의 한계를 설명해 주고 있을 뿐이다. "함께하는 기쁨"(『인간적인 너무나 인간적인』 제2권, 53쪽)이라는 이상에 도달하기란 참으로 힘들고도 어렵다. 그렇다고 마냥 손놓고 있을 수도 없다. 매 순간 애쓰고 노력하고 연습을 하며 조금씩 그 이상으로 다가서는 수밖에 없다. 각자가 자신의 한계를 인식하고 또 극복하며 서로가 서로에게 다가서는 그런 노력으로 말이다.

121.

'원인과 결과!' — 우리의 지성이라고 하는 이 하나의 거울, 이 거울 위에서는 규칙성을 보여 주는 어떤 사건이 일어난다. 어떤 하나의 특정한 사물은 매번 어떤 하나의 다른 특정한 사물을 뒤따라온다는 것이다. 이를 두고 우리는 원인과 결과라고 말한다. 우리가 인지하고 싶은 대로 또 명명하고 싶은 대로 그렇게 부르고 있는 것이다. 우리는 실로 바보들이다! 마치 우리가 어떤 것이라도 파악했고 파악할 수 있는 것처럼 생각하고 있는 것이다! 우리는 그저 '원인과 결과'에 대한 형상 외에는 아무것도 본 것이 없다! 그리고 바로 이러한 형상의 성질이 잇달아 일어나는 결합보다 더 본질적인 결합에 대한 통찰을 불가능하게 하는 것이다!

122.

자연 속에 있는 목적들. — 어디에도 구속되지 않는 탐구자로서, 눈의 역사와 그 눈의 형태들에 있어서 가장 낮은 단계의 창조물에까지 추적을 거듭해 온 자는, 그리고 그 눈이 변화를 거듭해 온 모든 단계를 한 단계씩 보여 주고자 하는 자는 다음과 같은 위대한 결론에 도달할 수밖에 없다. 즉 본다는 것은 눈이 생성된 목적이 아니라, 오히려 우연이라는 것이 눈이라는 기관을 조합해 냈을 때 나타난 것일 뿐이다. 이런 예가 단 하나 있는데, 그것은 '목적들'이 비늘처럼 그 눈에서 떨어지는 것이다!

123.

이성. — 어떻게 이성이 세상 속으로 들어오게 되었는가? 당연한 얘기겠지만, 비이성적인 방법을 통해, 즉 하나의 우연에 의해서 들어왔다. 사람들은 이 우연을 마치 하나의 수수께끼를 풀 듯이 알아내야만 한다.

124.

원한다는 것은 무엇인가! — 우리는 태양이 솟아오를 때 방에서 밖으로 나와 "나는 태양이 뜨기를 원한다"라고 말하는 사람을 비웃는다. 그리고 우리는 바퀴를 멈추게 할 수 없으면서도 "나는 바퀴가 구르기를 원한다"라고 말하는 사람을 비웃는다. 그리고 또 우리는 링 안에서 벌어진 격투에 패배하여 바닥에 누워 있으면서도 "여기 내가 누워 있지만, 내가 원해서 누워 있는 것이다!"라고 말하는 사람을 비웃는다. 그러나 이들이 모든 웃긴 사람임에도 불구하고, 우리가 '나는 원한다'라는 말을 사용하고자 할 때 이들 세 사람들 중의 한 사람이 되지 않고 어떤 다른 말을 할 수 있겠는가?

125.

'자유의 제국'에 관하여. — 우리는 우리가 행하고 체험하는 것보다 훨씬 더 많은 사물들을 생각해 낼 수 있다. 이 말은 곧 우리의 생각이 피상적이며 피상적인 것으로 만족하면서도 그 생각이 그 피상적인 것을 인식하지 못한다는 것이다. 만약 우리의 지성이 엄격하게 우리의 힘의 정도에 따라, 그리고 그 힘의 행사에 따라 발달해 있다고 해도, 우리는 우리가 할 수 있는 것만 파악할 수 있다는 그 원칙을 우리의 생각 속에서 너무 피상적으로 가질 뿐이다. 사실 파악한다는 것이 실제로 존재한다면 그렇다는 얘기다. 목마른 사람에겐 물이 없다. 하지만 그의 생각의 형상들은 만들어 내는 것보다 더 쉬운 것은 없다는 듯이 그에게 끊임없이 물을 눈앞으로 이끌고 올 것이다. 피상적이고 쉽게 만족하는 종류의 이런 지성은 정작 필요한 욕구를 제대로 파악할 수도 없다. 그러면서도 그 지성은 자신이 신중하게 생각하고 있다고 느낀다. 바로 이런 지성은 보다 많은 것을 할 수 있고, 보다 빨리 달리고 있으며, 순식간에 목표에 거의 도달해 있다는 것에 대해 대단한 긍지를 느낀다. 이렇게 해서 생각의 제국은 행위와 의지와 체험의 제국과 비교하면 훨씬 더 자유의 제국인 것처럼 보인다. 하지만 이미 말했듯이, 이 제국은 그저 피상적인 것과 자기만족의 제국에 불과할 뿐이다.

126.

망각한다는 것. ― 망각한다는 것이 존재하는지는 아직 증명되지 않았다. 우리가 알고 있는 것은 오로지 다시 기억해 내는 것이 우리의 권력 속에 있지 않다는 것뿐이다. 잠정적으로 우리는 우리의 권력 속의 어느 틈새에 이 '망각'이라는 단어를 끼워 넣은 것이다. 이는 마치 색인 속에 있는 목록들보다 더 많은 능력이 있다는 듯이 여기는 것이다. 그러나 우리의 권력 안에는 마지막으로 무엇이 있단 말인가! 만약 망각이라는 저 단어가 우리의 권력 속의 어느 틈새에 끼워져 있다면, 우리의 권력에 대한 우리의 지식의 틈새 속에는 다른 단어들은 끼워져 있지 말아야 하지 않을까?

127.

목적에 따른다는 것. ― 모든 행위 중에서 가장 이해되기 어려운 것은 아마도 목적에 따른 그런 행위일 것이다. 왜냐하면 그것들은 언제나 가장 이해되기 쉬운 행위로 간주되어 왔고 또 우리의 의식을 위해서는 가장 일상적인 것이기 때문이다. 그래서 큰 문제들은 길 위에 있다는 것이다.

128.

꿈과 책임. — 모든 것에서 그대들은 책임을 지려 한다! 하지만 그대들의 꿈에 대해서만은 책임을 지려 하지 않는다! 이 얼마나 가련한 나약함이며, 이 얼마나 일관성 있는 용기의 부족이란 말인가! 그대들의 꿈보다 더 큰 자기 자신은 없다! 그대들의 꿈보다 더 큰 그대들의 작품은 없다! 소재, 형식, 지속, 배우, 관객까지, 이 희극 속에서는 이 모든 것이 그대들 자신인 것이다! 그리고 바로 여기서 그대들은 그대들 자신을 두려워하고 또 부끄러워한다. 그리고 우리는 오이디푸스조차, 저 현명한 오이디푸스조차 자신이 무슨 꿈을 꿀지에 대해 아무것도 할 수 없다는 생각에서 위로를 받을 수 있다는 것을 알고 있었다. 나는 여기서 이런 결론을 내린다. 즉 대부분의 사람은 극악무도할 정도로 섬뜩한 꿈들을 의식하고 있어야 한다는 사실이다. 만약 그렇지 않다면 사람들은 자신이 매일 밤마다 만들어 내는 이야기들을 인간의 자만심을 부풀리기 위해 하나도 빠짐없이 해몽해 냈을 것이다! 여기서 내가 다음과 같은 사실을 굳이 덧붙여야 할까? 그러니까 현명한 오이디푸스는 옳았다는 것, 즉 우리는 우리의 꿈들에 대해서뿐만 아니라, 이와 똑같이 우리의 깨어 있음에 대해서도 책임이 없다는 것, 그리고 자유의 자유에 관한 이론은 인간의 긍지와 권력감정에서 비롯된다는 것이다. 내가 이러한 사실을 어쩌면 너무 자주 말했는지 모르겠다. 하지만 적어도 그것이 실수가 되지는 않을 것이다.

129.

소위 동기들 간의 투쟁이라고 불리는 것. — 사람들은 '동기들 간의 투쟁'에 대해 말하지만, 사실 그것은 동기들 간의 투쟁이 아니라 하나의 투쟁에 대해서만 말하고 있을 뿐이다. 즉 우리가 어떤 행위에 앞서 숙고할 때, 우리의 의식 속에는 우리 자신이 할 수 있다고 생각하는 일련의 다양한 행위의 결과들이 차례로 나타나게 되고, 그리고 우리는 그것들을 서로 비교하게 된다. 우리는 그러니까, 어떤 행위의 결과가 압도적으로 더 유리하다는 확신이 들면, 하나의 행위를 하기로 결심하게 된다는 것이다. 숙고를 통해 이러한 결론에 도달하기 전까지 우리는 정말 혹독할 정도로 우리 자신을 괴롭힌다. 말하자면 결과들을 추측해 내고, 그것들이 함축하는 사태들을 꿰뚫어 보고, 더 나아가 또한 그것들을 모두 하나도 빠짐없이, 그것도 어떤 실수도 없이 고려하는 것이 너무나도 어렵기 때문이다. 더구나 이 모든 경우에 우연을 더 가미하여 더 세분하게 나누어서 계산해 내야만 한다. 또 가장 어려운 것을 거론하자면, 하나씩 개별적으로 확정하는 것만으로도 그토록 어려운 결과들을 이제는 저울 위에 하나씩 차례대로 올려놓으면서 서로서로 비교하지 않으면 안 된다는 사실이다. 그리고 이 모든 가능한 결과가 갖는 질의 다양성 때문에 우리의 이익을 계산해 낼 수 있는 그런 저울, 즉 그 다양성의 무게를 잴 수 있는 저울이 종종 없다는 것이 문제다. 그러나 이런 상황과 직면하여 우리는 이제 다음과 같은 것을 고민해야 할 때가 된 것을 직감한다. 즉 우연이란 것이 무게를 재고자 하는 그 결과들의 반대편 저울 접시 위에 우리를 올려놓은 것이 아닐까 하고 말이다. 이렇게 되면 우리는 사실상 하나의 특정한 행위가 초래하는 결과들에 대한 형상 속에서 바로 이 행위를 하게 되는 하나의 동기를 갖게 되는 것이다! 그렇다! 정녕 하나의 동기를 갖게 되는 것이다! 그러나 우리가 마침내 행동하는 그 순간에, 우리는 여기서 언급된 종류의 동기, 즉 '결과들에 대한 형상'의 종류와는 전혀 다른 종류의 동기들에 의해 매우 자주 규정되고 만다. 이때 영향을 끼치는 것은 우리의 힘들을 사용하는 습관적인 방식이고, 혹은 한 개인에 대해 가지게 되는 우리의 조그만 자극, 즉 우리가 두려워하거나, 혹은 존경하거나, 혹은 사랑하거나 하는 자극이며, 혹은 손을 대기도 전에 이미 선호하는 편안함이고, 또 결정적인 순간에 직접적이고 가장 사소한 사건에 의해 야기되는 환상을 자극하는 것 등이다. 또한 전혀 예측할 수 없는 방식으로 나타나는 육체적인 변화도 영향을 끼치고, 기분도 영향을 끼치며, 우연히 개입하게 된 어떤 감정의 분출이 영향을 끼치기도 한다. 간단히 말해 동기들, 즉 어떤 부분에 대해서는 우리가 전혀 모르고 있고, 또 어떤 부분에 대해서는 아주 조금만 알고 있는 동기들, 그리고 이전에 단 한 번도 서로 비교하여 계산해 본 적이 없었던 동기들이 영향을 끼치고 있는 것이다. 어쩌면, 이러한 동기들 사이에도 투쟁이 있을 수 있다. 즉 쫓아가기도 하고 내쫓기도 하게 되는데, 그리고 각각이 차지하는 무게들에서 일정 분량의 무게를 더하기도 하고 일정 분량의 무게를 빼기도 하게 되는데, 즉 이런 일련의 과정들을 일컬어 소위 본래적인 '동기들의 투쟁'이라고 하는 것이다. 하지만 이것은 우리에게는 전혀 눈에 띄지도 않고 또 의식되지도 않는다. 나는 결과와 성과를 계산해 내고, 그럼으로써 극히 본질적인 동기 하나를 이 동기들의 전쟁터에 투입하게 된다. 그러나 나는 이 동기들의 전쟁터 자체를 잘 보여 줄 수 없을 뿐만 아니라 스스로 잘 보지도 못한다. 투쟁 그 자체가 내게 숨어 있다. 그리고 어떤 동기가 승리하는지도 내게는 똑같은 방식으로 숨어 있다. 왜냐하면 내가 결국 무엇을 행하였는지에 대해서 나는 잘 알게 되겠지만, 이때에도 어떤 동기가 승리하게 되었는지에 대해서는 알지 못할 것이기 때문이다. 그래도 우리는 이런 일에 습관이 잘 들어 버렸다. 우리는 이 모든 무의식적인 과정을 고려하지도 않는다. 또 우리는 우리에게 의식되는 한에서만 어떤 행위를 준비한다. 그래서 우리는 동기들 간의 투쟁을 상이한 행위들이 초래할 수 있는 결과들을 비교하는 것과 혼동한다. 이러한 혼동이야말로 도덕의 발전을 위해 가장 효과적이면서도 가장 치명적으로 작용하는 혼동들 중의 하나다!

130.

목적들이라고? 의지들이라고? — 우리는 목적과 의지의 제국과 우연의 제국, 이 두 가지의 제국을 믿는 것에 습관이 들어 버렸다. 우연의 제국에서는 모든 것이 의미 없이 진행된다. 모든 것은 가기도 하고 서기도 하고 또 넘어지기도 한다. 하지만 이 모든 경우에도 아무도 왜? 어째서? 라는 질문에 대답을 내놓을 수가 없다. 우리는 이토록 강력하기만 한 거대한 우주적인 어리석음의 제국 앞에서 두려움을 금치 못한다. 왜냐하면 대부분의 경우 우리는 이러한 제국이 지붕에서 벽처럼 떨어져서 다른 세계 속으로, 즉 목적과 의도의 세계 속으로 들어와 우리가 지닌 어떤 하나의 아름다운 모든 목적을 파괴해 버리고 만다는 것을 알고 있기 때문이다. 두 제국에 대한 이러한 믿음은 지극히 오래된 낭만주의이자 우화에 지나지 않는다. 우리들의 의지와 우리들의 목적들을 갖고 있고 있는 우리 영리한 난쟁이들은 바보 같고 어리석기 짝이 없는 우연이라는 거인에 의해 괴롭힘을 당한다. 우리들은 기둥처럼 높이 쌓인 무더기 위로 서로 발악을 하며 질주해 보지만 그 와중에 종종 서로 짓밟혀 죽기도 한다. 그러나 이 모든 것에도 불구하고 우리는 무시무시한 한 편의 시와 같은 이런 이웃 없이 살고 싶어 하지 않는다.[198] 왜냐하면 저 거인이라는 괴물은 목적들로 짜여진 거미줄 속에 있는

198 이 대목은 왠지 트리나 폴러스의 『꽃들에게 희망을』(1972)을 닮았다. 니체의 철학적 이념이 현대 지성에 끼친 영향력을 확인할 수 있는 대목이기도 하다. 사람들은 사람들과 함께 살아가기를 포기할 수 없다. 사람들은 늘 관계를 형성하며 살아가기를 원한다. 늘 옆에는 누군가가 있어 주기를 바라는 것이다. 그래서 기독교의 경전인 성경에서는 신의 다른 이름을 임마누엘이라고 부르기도 하는 것이다. 늘 함께한다는 뜻이다. 하지만 사람은 또한 잔인하기도 하다. 늘 남들과 비교하고 스스로 질투심을 유발하며 분노하기도 하고 원한을 품기도 한다. 이런 부정적인 측면을 생각하다 보면 토마스 홉스에 의해 유명해진 말 "호모 호미니 루푸스(Homo homini lupus)"도 떠오른다. '인간은 인간의 늑대'라는 뜻이다. 사람은 사람에게 관심을 쏟게 마련이지만, 매번 잔인한 야수성을 품고서 또 늘 악의와 앙심을 품고서 다가온다는 것이다. 이토록 서로에게 잔인한 짓을 저지르는 이웃이지만 사람들은 서로가 함께 있기를

삶이 우리에게 너무 지겹게 느껴지거나 혹은 너무 두렵게 느껴질 때 어김없이, 그리고 너무도 자주 찾아오기 때문이다. 이 괴물은 자신의 손으로 이 거미줄 전체를 단번에 찢어 버림으로써, 그것도 그 손이 이 엄청난 비이성적인 짓들을 원하지는 않았다는 듯이 태연하게 일종의 숭고한 기분전환을 즐긴다! 그 손은 이런 짓을 하고 있다는 눈치조차 채지 못한다! 그러나 뼈만 남은 듯한 그 거친 손은 우리의 거미줄을 마치 허공을 가르듯이, 그렇게 아무렇지도 않다는 듯이 그냥 뚫고 지나가 버린다. 그리스인은 이 예측 불가능한 제국을, 이 숭고하고 영원히 우둔한 이 제국을 '모이라'라고 불렀다. 그들은 이 제국을 그들이 믿는 신들의 한계로 세웠던 것이다. 신들은 이 한계를 넘어서 영향을 끼칠 수도 없고 그 밖으로 시선을 돌릴 수도 없다.[199] 이것은 신들에 대항하는 은밀한 반항이었다. 여러 민족에게서 이러한 반항은 신들을 경배하기는 하지만 그 신들에 저항할 수 있는 마지막 카드를 손에 쥐고 있는 형태로 발견된다. 예를 들어 인도인이나 페르시아인은 신들이 죽어야 할 존재인 사람들의 희생에 의존한다고 생각한다.[200] 따라서 죽

바라는 존재인 것이다. 그래서 말도 많고 탈도 많다. 각 사회마다 정도의 차이는 있겠지만, 어디까지 긍정적인 방향으로 발전해 있는지 또 어느 정도까지 부정적인 측면이 통제를 벗어나 있는지 하는 것이 그 사회의 수준을 가늠하게 해 주는 기준이 된다.

199 신들에게도 한계가 있다. 이것이 진정한 고대의 신 개념이다. 중세의 전형이 되는 전지전능한 신의 개념은 바로 이런 고대의 신 개념을 깨고 등장한 것이다. 신은 하지만 자기 자신의 주변을 규정하고 있는 이 한계 때문에 불행을 느끼지는 않는다. 신은 그 한계 안에서 최선을 다하고, 또 경우에 따라서는 그 한계를 넘어서려는 모험적인 도전을 일삼기도 한다. 물론 신들은 자신의 한계를 너무도 잘 아는 존재들이다. 그것을 알면서도 목숨을 건 모험을 단행할 때 신만이 낼 수 있는 용기가 요구되는 것이다. 바로 그 용기야말로 신을 신답게 해 주는 미덕이 되는 것이다. 신이 가질 법한 양심은 그러니까 그 한계에 굴복하지 않는 것에 있다고 보아도 무방하다. 스스로 신이 된 철학자 니체는 바로 이런 신 개념을, 즉 고대의 신 개념을 철학적 대전제로 삼고 있는 것이다.

200 이런 인식에서 괴테는 「프로메테우스」라는 시의 2연에 이런 구절을 남겨 놓았다. "나는 태양 아래에서 / 너희 신들보다 더 불쌍한 자들을 알지 못한다. / 그대들은 겨우 제물과 / 기도의 숨결로 / 간신히 먹고살고 있다. / 너희들의 제왕조차도 / 만일 어린이들과 걸인들이 / 희망에 부푼 바보들이 아니었다면 / 굶어 죽었을 것을." 즉 사람들이 기도하지 않는다면 신들은 굶어 죽었을 것이라는 주장이다.

어야 할 사람들은 최악의 경우에 신들을 굶주리게 하고 또 굶어 죽게 내버려둘 수도 있다.[201] 게다가 사람들은 강하면서도 우울한 스칸디나비아인처럼 그들의 악한 신들이 그들에게 가한 지속적인 공포의 대가로, 언젠가는 신들의 황혼을 맞게 되리라는 생각을 하며 조용히 복수를 즐길 수도 있다.[202] 이와 달리 기독교의 근본 감정은 인도적이지도 페르시아적이지도 않고, 또한 그리스적이지도 스칸디나비아적이지도 않다. 기독교는 먼지 속에서 권력의 정신에 경배하고 심지어 그 먼지에 입을 맞추라고 명령했다. 그것은 다음과 같은 사실들을 이해하게 해 준다. 즉 저 전능한 '어리석음의 제

신을 극복하는 정신, 이런 정신을 일컬어 거인정신이라 부른다. 거인은 신을 두려워하지 않는다. 두려워하지 말라고 해서 두려워하지 않는 것이 아니다. 스스로 두려워할 이유가 없어서 자발적으로 두려워하지 않는 것이다. 그것이 거인의 조건이 된다. 이런 프로메테우스의 정신이 니체 철학의 이미지로 선택된 것이다. 신이 중요한 것이 아니라 거인인 내가 중요한 것이다. 거인은 자기가 존재하는 영역에서 주인이 된다. 자기 영역 안에서 스스로가 명령권을 행사한다. 그가 믿는 것이 있다면 오로지 자기 자신뿐이다. 신을 믿는 신앙이 아니라, 자신감(自信感)만이 진정한 양심이 되는 것이다.

201 신의 사망에 대한 가능성은 인식의 대상으로서 중요한 사안이 된다. 신은 죽을 수 있는 존재다. 이것을 깨달아야 한다는 얘기다. 이것을 깨닫지 못하는 한 니체가 하는 모든 말은 돌부리가 되어 우리의 발을 걸어 넘어뜨리고야 말 것이다. 반대로 신이 죽을 수 있다는 이런 이념을 깨닫고 나면 그가 하는 말이라면 모두 자유정신이 한바탕 놀 수 있는 놀이터가 되어 준다. '신은 죽었다'고 선포를 해도 당황하지 않을 수 있다. 그다음에 주어지는 숙제가 궁금해질 뿐이다.

202 '신들의 황혼', 이 개념은 바그너의 유일한 4부작 『니벨룽엔의 반지』의 네 번째 작품명이기도 하다. 바그너는 이 작품을 1848년부터 집필하여 1874년에 완성했고, 이것을 1876년 8월 17일 바이로이트 축제에서 처음 무대 위에 올려놓게 된다. 당시 니체는 바그너의 정신세계에 푹 빠져 지내고 있었다. 그에게서 희망을 보았다. 고대 그리스의 강한 문화를 현대에 재탄생시킬 수 있는 가능성을 보았던 것이다. 신들이 죽어가는 황혼녘에 즈음하여 신적인 인간의 부활에 대한 희망은 극에 달했던 것이다. 물론 현실적으로는 동시에 바그너에게 실망하기도 했다. 음악이 정치적으로 이용되고 있는, 즉 정치가들의 영향하에서 음악이 노예 짓거리나 하고 있는 현장을 목격한 것이다. 하지만 바그너와의 결별은 미치기 직전까지 질질 끄는 문제가 되고 만다. 그만큼 수수께끼 같은 관계가 된다. 『바그너의 경우』와 『니체 대 바그너』는 이성을 갖고 폭풍처럼 써 댄 마지막 글들 중에서도 마지막에 해당한다. 수많은 말들을 남겨 놓았음에도 불구하고 의혹은 풀리지 않는다. 마치 사랑했던 부부가 헤어지고 나면 아무리 설명이 논리적으로 이어져도 그 내막은 전혀 알 수 없는, 즉 사랑했던 자들만 알고 있는 그런 상황인 것이다. 지금 여기서 짚고 넘어가야 할 것은 '신들의 황혼'이란 개념을 니체는 이미 숙지하고 있었고, 훗날 『우상의 황혼』을 집필할 시점에도 이런 연관 관계를 의식하고 있었을 것이라는 확신이다.

국'이 겉으로 보이는 것처럼 그렇게 어리석은 것은 아니라는 사실을, 또 오히려 우리 자신이 저 어리석은 자들이라는 것을 깨닫지 못하고 있다는 사실을, 그리고 저 제국 뒤에는 사랑스러운 신이 서 있다는 사실을, 그 신이야말로 비록 어둡고 구부러져 있고 기이한 길들을 사랑하지만 결국에는 모든 것을 '훌륭하게 밖으로 끌고 나가는' 신이라는 사실을. 사랑스러운 신에 대한 이러한 새로운 종류의 우화 자체가 지금까지 거인족이나 모이라로 오해되었던 것이다. 또 그 사랑스러운 신이 목적들과 그물들을 스스로 짜 내고 있다는 것이다. 더 나아가 이 신은 우리의 지성보다 훨씬 더 섬세하고 정교해서, 그에 의해 짜여진 이러한 목적들과 거미줄들은 그 자체로 이미 우리의 지성으로는 이해될 수 없고 심지어 이해할 수 없는 것으로 나타나야만 했던 것이다. 이런 우화는 너무나 대담한 개조이고 너무나 과감한 역설이었다. 그 때문에 세계는 너무 정교해지면서 동시에 늙어 버렸지만, 그 세계에 도저히 저항할 수도 없게 되었다. 세계는 이제 너무나 바보 같고 또 모순으로 가득 찬 것처럼 이상한 소리만 들려주게 된 것이다. 우리끼리 하는 이야기지만 그것은 다음과 같은 점에서 모순에 빠져 있다. 만약 우리의 지성이 신의 지성과 목적들을 헤아릴 수 없다면, 우리는 어떻게 신의 지성이 갖는 이러한 속성과 성질을 알게 된다는 말인가? 이 속성과 성질이 신의 지성이란 사실을 어떻게 증명할 것인가? 사실 근대에 들어서서 지붕에서 떨어진 벽돌이 정말로 '신의 사랑'에 의해 던져진 것인지에 대해서는 불신이 커졌다. 그리고 사람들은 다시 거인과 난쟁이라는 낭만주의의 오래된 흔적 속으로 들어가며 이것이 무엇을 뜻하는지 알아채기 시작했다. 지금이야말로 이를 위한 절호의 시기이다. 우리가 추정하는 목적과 이성의 특별한 제국에도 똑같이 그 거인들이 지배권을 행사하고 있다는 사실을 배우자! 게다가 우리의 목적과 우리의 이성은 난쟁이가 아니다. 이것들이야말로 진정한 거인인 것이다! 우리 자신이 짜놓은 이 거미줄은 마치 벽돌에 의해 찢어지듯이 우리들 자신에 의해서도 그렇게 똑같이 자주, 그리고 똑같이 무참하게 찢어지기도 한다! 우리가 말하는 모든 것이 목적이 되는 것은 결코 아니다. 하물며 우리가 의지라고 말하는 모든 것이 의지가 되는 것도 아니다! 그리고 만약 그대들이 '따라서 오직 단 하나의 제국이, 즉 우연과 우둔의 제국만이 존재한다'고 결론짓고자 해도, 여기에는 다음과 같은 것이 덧붙여져야만 한다. 즉 아마도 단 하나의 제국만이 존재한다고 해도, 거기에는 아마도 의지나 목적이란 것은 없을 것이고, 있다고 해도 그것들은 우리가 상상해 낸 것이라는 사실이다. 우연의 주사위 통을 흔들어 대는 것은 필연성이라는 저 쇠로 된 손이고, 그 차가운 손이 무한한 시간에 걸쳐 주사위놀이를 하고 있는 것이다. 이때 합목적성과 합리성이 모든 면에서 완전히 비슷하게 보이는 주사위가 던져지는 것이 틀림없다. 아마도 우리의 의지 작용, 우리의 목적은 바로 이러한 주사위이며, 그 외에는 아무것도 아닐 것이다. 그리고 우리는 우리의 극단적인 제한성을 납득하기에는 너무나도 제한적이고 또 너무나도 허영심에 차 있다. 즉 우리들 자신이 쇠로 된 손으로 주사위 통을 흔들어 대고 있으며, 또 우리들 자신이 우리의 의도적인 행위들 속에서 필연성의 놀이를 하고 있는 것 외에는 더 이상 아무것도 아닌 것이다. 아마도! 무엇보다도 바로 이 아마도에서 빠져나오기 위해서 사람들은 지하세계에서도, 그리고 또 모든 피상적인 것을 넘어서 있는 내세에서도 손님이 될 수 있어야만 했으며, 더 나아가 거기서 페르세포네의 탁자 앞에 앉아서 바로 그녀 자신과 함께 주사위를 흔들고 또 내기를 할 줄 알아야 했던 것이다.

131.

도덕적 유행들. — 도덕적 판단 전체가 어떻게 변화해 왔을까! 오늘날에는 타인에 대해 생각하고 타인을 위해 사는 것이 일상적으로 찬미되지만,

예를 들어 에픽테토스 같은 고대 윤리의 저 가장 위대하고 경이로운 인물들은 이런 것을 찬미할 줄 몰랐다. 우리는 우리 시대의 도덕적인 유행에 따라 그들을 곧 비도덕적이라고 부를 것임에 틀림없다. 왜냐하면 그들은 전력을 다해 자신의 자아를 위해 싸웠고, 또 타인들, 특히 이들이 겪는 고통과 도덕적으로 연약한 부분들에게 동정을 느끼는 것에 대해 강력하게 저항을 했기 때문이다. 아마도 그들은 우리에게 이렇게 대답을 해 줄 것이다. "만약에 그대들이 그대들 자신에 대해 그렇게 지겹거나 추한 존재로 느껴진다면, 그렇다면 그대들 자신보다 다른 사람들을 더 생각하라! 그렇게 하는 것이 그대들에게 잘 하는 것일 테니까!"

132.

도덕 속에서 목소리를 잃어 가는 기독교적인 성격. — "우리 모두는 오로지 동정에 의해서만 선한 존재가 된다. 따라서 우리의 모든 감정 속에는 어느 정도 동정이 반드시 있어야만 한다." 오늘날 도덕은 이렇게 목소리를 낸다! 그런데 이런 목소리는 어디서 오는 것일까? 동정심이 많고, 자기 자신의 관심사에는 흥미조차 느끼지 않으며, 오로지 공공의 이익에 관심을 가지고, 사회에 기여하려는 인간이 오늘날 도덕적인 인간으로 느껴지는 사실은 아마 기독교가 유럽에 야기한 가장 보편적인 영향이며 변화일 것이다. 그것이 기독교의 의도도, 그렇다고 교리도 아니었지만 이런 일이 벌어진 것이다. 그러나 그것은 당시 기독교적 분위기의 잔재였다. 즉 그 잔재는 '오직 하나만이 필요하다'는 매우 대립적이고 또 철저히 이기적이며 근본적인 믿음, 즉 구원을 설명하고 있기는 했었지만 서서히 후퇴하고 있었던 교리에 불과했던 영원한 개인적인 구원의 절대적 중요성에 대한 근본적인 믿음으로서의 잔재였고, 또 '사랑'에 대한, '이웃사랑'에 대한 부수적인 믿음으로서의 잔재였다. 특히 이 부수적인 믿음은 교회의 거대한 자선 행위와 함께 전면에 나서게 되었던 당시의 기독교적 분위기의 잔재로 인식되었다. 이런 교리로부터 사람들이 벗어나면 벗어날수록 인간애에 대한 숭배를 통해 이뤄지는 이러한 벗어남에 대한 변명을 구하려 했다. 여기서는 기독교적 이상 뒤에 머물러 있으려 하지 않고, 오히려 가능한 한 그것을 능가하려는 시도가 이루어졌으며, 이것은 또한 볼테르에서부터 오귀스트 콩트에 이르는 모든 프랑스 자유사상가의 은밀한 동기부여로 작용하고 있었다. 그리고 후자, 즉 콩트는 타인을 위해 산다는 자신의 유명한 도덕적 공식을 통해 사실상 기독교를 초超기독교화하는 데 기여했다. 독일에서의 쇼펜하우어와 영국에서의 존 스튜어트 밀은 공감하는 감정과 동정심 혹은 타인의 이익을 행위의 원리로 삼는 이론들을 그 어느 때보다 유명하게 만들었다. 그러나 그들 스스로는 그저 하나의 반향에 불과했다. 그 이론들은 대략 프랑스 혁명 시대 이후부터 거대한 추진력으로서 도처에, 가장 조야하면서도 동시에 정교한 형태를 띠고 나타났다. 그리고 모든 사회주의적 체계는 부지불식간에 이러한 이론들을 공통의 지반으로 하여 세워졌다. 이제 어쩌면 무엇이 도덕적인 것을 형성하는지 알고 있다는 이런 선입견보다 더 쉽게 믿어지는 선입견은 없을 것이다. 이제 모두는, 사회가 각 개인을 일반적인 요구에 부응하도록 길들이고 있다는 말을 들을 때, 또는 개인의 행복과 동시에 개인의 희생이 자기로 하여금 전체를 위한 유용한 도구로 느끼는 데 있다는 말을 들을 때 만족감을 느끼는 것처럼 보인다. 다만 사람들은 이 전체를 어디에서 찾아야 하는지, 현재 존재하고 있는, 혹은 건립되고 있는 국가들에서 찾아야 하는지, 혹은 민족 또는 여러 민족의 연대 속에서 찾아야 하는지, 혹은 소규모의 새로운 경제 공동체 속에서 찾아야 하는지 등을 두고 여전히 심하게 혼란을 겪고 있다. 이것과 관련해서 현재 수많은 생각들이 나타나고 있으며, 또 회의와 투쟁, 수많은 흥분과 열정이 뒤따르고 있다. 그러나 자아가 전체에 대한 순응의 형식으로 권리와 의무의 확고한 영역을 다시 획득하고, 또 그 자아가 완전히 새롭고 다른 어떤 것이 될 때까지 자아는 자신을 부인해야 한다는 요구에서는 놀랍게도 듣기 좋게 한 목소리를 내고 있다. 사람들은 스스로 고백을 하든 그렇지 않든 상관없이, 개인의 근본적인 변형, 아니 그 개인이라고 일컬어지는 것의 약화와 지양 이외에는 그 어떤 것도 더 이상 원하지 않는다. 이 점에 있어서 사람들은 지치지 않았다. 사람들은 지금까지 개인적 실존의 형식으로 간주되어 온 모든 악과 적의, 낭비적인 것, 고가의 것, 사치스러운 것을 낱낱이 언급하며 또 그것을 탄핵하고 있다. 사람들은 그저 위대한 신체와 그것의 지체들이 있다면, 보다 값싸고 덜 위험스럽게, 그리고 보다 균일하고 보다 통일성 있게 지배할 수 있기를 기대할 뿐이다. 어떤 방식으로든 이러한 신체와 지체들을 형성하는 충동들과 그것의 보조적인 충동들에 일치하는 모든 것은 선한 것으로 느껴질 것이다. 이것이야말로 우리 시대의 도덕적인 근본 흐름이다. 여기에는 공감과 사회적 감각이 서로 뒤섞여 작용하고 있다. 칸트는 아직도 이런 움직임의 바깥에 있다. 그는 우리의 선행이 도덕적 가치를 지니려면 낯선 고통에 대해 무감각해야 한다고 목소리 높여 가르치고 있다. 이에 반해 쇼펜하우어가 사람들이 칸트적인 무취향성이라고 부르는 것에 대해 매우 분개했다는 것은 주목해 볼 만한 일이다.

133.

'더 이상 자기 자신을 생각하지 않는다는 것.' — 하지만 정말 근본적으로 다음과 같은 사실에 대해 깊이 생각해 보라. 누군가가 우리 앞에서 물에 빠질 경우, 그 사람에 대해 전혀 애착이 없음에도 불구하고 우리가 그를 따라 뛰어드는 것은 어떤 이유에서일까? 동정 때문이다. 그 순간에는 오로지 그 다른 사람만을 생각한다. 이렇게 깊이 생각하지 않고 사람들은 말한다. 비록 어떤 사람에게 악의와 적의마저 느끼면서도 그가 피를 토할 경우 우리가 고통과 불안을 느끼는 것은 또 어떤 이유에서일까? 동정 때문이다. 이 경우 사람들은 더 이상 자기 자신을 생각하지 않는다. 이렇게 그 똑같은 사람들, 깊이 생각하지 않고 사람들은 말한다. 하지만 진실은 이렇다. 잘못된 방식에 의해 습관적으로 동정이라고 불리는 경향이 있는데, 내 생각에는 바로 이런 동정 속에서 우리는 더 이상 우리 자신에 대해서 생각을 의식적으로 하지 못한다는 것이다. 이것은 발이 미끄러졌을 때 우리가 무의식적으로 가장 목적에 적합한 반사 운동을 행하게 되고 또 그 경우 눈에 띨 정도로 우리의 모든 지성을 한꺼번에 사용하는 것과 같다. 다른 사람들이 당한 사고가 우리의 눈에 거슬리게 된 것이다. 우리가 그를 도와주지 않으면, 그는 나중에 우리의 무력함이나, 혹은 어쩌면 우리의 비겁함까지도 깨닫게 해 줄 것이다. 아니면 그는 다른 사람들 앞에서 혹은 우리 자신 앞에서 우리의 명예를 실추시킬 것이다. 또는 다른 사람이 당하는 사고와 고통 속에 우리도 당할 수 있는 위험의 신호가 있다는 것을 알게 될 것이다. 그리고 인간의 위험한 처지와 연약함을 가리키는 징표만으로도 이미 그것은 고통을 느끼게 하기에 충분한 것이 된다. 우리는 동정의 행위를 통해 이런 종류의 고통과 눈에 거슬림을 거부하고 그것들에 보복한다. 이 동정의 행위 속에는 그러니까 세련된 자기방어나 혹은 복수심까지도 존재할 수 있다. 우리가 근본적으로 강하게 우리 자신을 생각하고 있다는 사실은 우리가 만날 수 있는 모든 사람, 특히 고통을 당하는 사람, 가난에 시달리는 사람, 괴로워서 비탄하는 사람, 이런 사람들의 시선을 피하려는 그 모든 경우에 우리가 내리는 결단에서 추측해 볼 수 있다. 우리가 보다 강한 사람으로서, 도와줄 수 있는 사람으로 나타날 수 있을 때, 박수 받을 것이 확실할 때, 우리의 행복과는 정반대의 것을 느끼기를 원할 때, 혹은 권태에서 벗어나기를 희망할 때, 우리는 이러한 모습을 피하지 않고 직시하기로 결심한다. 이러한 광경을 바라보면서 우리에게 가해지는, 매우 다양한 종류의 고통을 함께 겪는다는 의미의 동정이라고 부르는 것은 잘못된 것이다. 왜냐하면 우리가 이 경우에 경험하는 고통은 그 어떤 상황에서도 우리 앞에서 괴로워하는 그 사람이 겪고 있는 고통으로부터 자유롭기 때문이다. 그의 고통이 그에게 고유한 것처럼 우리는 우리의 고통에 대해 고유한 것이다.[203] 우리가 동정의 행위를 실천에 옮길 경우 우리가 우리 자신한테서 제거하는 것은 오로지 자기 자신의 고통뿐이다. 하지만 우리는 그 어떤 것도 이러한 종류의 것이라면 결코 하나의 동기 때문에 행하지는 않는다. 이 경우 우리가 하나의 고통에서 해방되기를 바라는 것이 확실한 것처럼, 우리가 동일한 행위에 의해 하나의 쾌락의 충동에 굴복하는 것도 역시 확실하다. 쾌락이 생겨날 때는 우리가 처한 상황과 정반대의 것을 바라보게 될 때이며, 우리가 원하기만 해도 도와줄 수 있다는 생각을 하게 될 때이고, 우리가 도움을 줄 경우 받게 될 칭찬과 감사의 표시를 생각할 때이며, 도움의 행위가 점차 단계적으로 성공적인 것이 되어 도와주는 사람에게 흥겨움을 선사해 줄 때이고, 무엇보다도 우리의 행위가 분노를 야기하는 불의에 대해 제한을 가하는 것이라는 느낌이 들 때, 즉 우리의 분노를 폭발시키는 것만으로 이미 원기가 회복될 때이다. 이 모든 것, 훨씬 더 정교한 것까지 포함하는 이 모든 것이 '동정'인 것이다. 언어는 얼마나 조야하게 단 하나의 단어를 사용해서 복합적인 존재를 파악하려 하는지! 이에 반해 괴로워하는 사람을 바라볼

203 그래서 고통은 객관적일 수 없는 것이다. 고통은 주관적일 수밖에 없다. 누구는 어떤 특정한 것을 고통스럽게 받아들이는가 하면, 또 누구는 그런 것쯤으로 전혀 고통을 느끼지 않을 수도 있다. 누구는 하나를 잃고서도 하늘이 무너지는 것처럼 아파할 수 있고, 또 누구는 모든 것을 다 잃고서도 태연하게 살아갈 수도 있는 것이다. 고통은 자기 자신의 힘과 능력에 따라 다르게 결정될 수밖에 없다. 그래서 "고통도 능력"(이동용, 『쇼펜하우어, 돌이 별이 되는 철학』, 동녘, 2015, 393쪽)이란 말을 할 수 있게 되는 것이다.

때 생기는 동정의 고통이 괴로워하는 사람의 고통과 같은 종류의 고통이라는 것, 혹은 동정하는 사람은 괴로워하는 사람의 고통을 같은 종류로서 특별히 섬세하고도 철저하게 이해한다는 것, 이 두 가지 관점은 경험과 모순된다. 바로 이 두 가지 관점에서 동정의 고통을 찬양하는 사람은 이런 도덕적인 영역에서 충분한 경험을 하지 못한 사람이다. 이것이 바로 나의 의심을 형성하게 해 주었다. 특히 쇼펜하우어가 동정에 대해 보고할 때 언급되었던 믿기 어려운 그 모든 것에 대해 나는 의심을 하게 되었던 것이다. 그는 자신의 보고를 통해 우리로 하여금 그것이 자신의 위대한 새로운 발명품이라고 믿게 하려 했던 것이다. 말하자면 동정이야말로, 비록 그토록 불완전하게 관찰되고 또 그토록 엉망으로 기술된 바로 저 동정이, 그가 처음으로 고안해 내서 동정에 귀속시킨 저 능력들을 위한, 즉 과거와 미래의 그 모든 개별적인 도덕적 행위의 원천이라는 것이다. 결론적으로 동정을 느끼지 않는 사람들과 동정을 느끼는 사람들은 무엇이 다른가? 여기서도 역시 대략적으로만 말할 수밖에 없겠지만, 무엇보다도 동정을 느끼지 않는 사람들은 공포에 대한 민감한 환상과 위험을 감지하는 섬세한 능력을 갖고 있지 않다는 것이다. 이에 덧붙여 그들이 충분히 저지할 수 있는 어떤 일이 발생한다 해도 그들의 허영심은 그것에 대해 그렇게 빨리 자극받지 않도록 한다. 그들의 신중하기만 한 긍지는 자신과 무관한 낯선 일들에 무익한 간섭을 하지 않도록 자신에게 명령한다. 그렇다, 그들은 각자 오로지 자기 자신만을 돕고자 하며 또 자기 자신만의 카드놀이를 하고 싶어 할 뿐이다. 더 나아가 동정을 느끼지 않는 자들은 대부분 동정을 느끼는 자들보다 고통을 참고 견뎌 내는 데 더 익숙해져 있다.[204] 그리고 또 그들 스스로가 고통을 당해

204 고통을 참고 견뎌 낼 수 있는 능력이 커지면 커질수록 세상에 대한 인식 또한 커져만 갈 것이다. 고통을 얼마나 감당해 낼 수 있느냐에 따라 세상을 바라보는 시선 또한 더 넓어지고 깊어질 것이다. 불교

보았기 때문에 다른 사람들이 고통을 당한다 해도 그들에게 그렇게 불공평하게 생각되지도 않는다. 마지막으로 동정을 느끼는 사람들에게는 스토아적인 마음의 평정 상태가 고통인 것처럼, 동정을 느끼지 않는 사람들에게는 연약한 마음이 처한 상태가 고통이 될 뿐이다. 그들은 오히려 그런 상태를 폄하하는 말을 동원해 경멸하고, 자신의 남성성과 냉정한 용기가 바로 그것 때문에 급기야 위험에 처하게 되었다고 생각한다. 그들은 다른 사람들 앞에서 눈물을 감춘다. 그들은 그렇게 울고 있는 자기 자신에 대해 불쾌감을 느끼며 눈물을 닦아 내는 것이다. 그들은 동정을 느끼는 사람들과는 전혀 다른 종류의 이기주의자들이다.[205] 그러나 그들은 아주 특별한 의미에서 악하다. 좋은 의미에서 동정을 느끼는 사람들이라고 불러도 되는 것은

에서는 우리가 사는 이 세상을 사바세계라고 부른다. 참고 견디는 세상이란 뜻이다. 세상일을 잘 참고 견뎌 내게 될 때 우리에게는 성불이 될 기회가 주어지는 것이다. 진흙 속에 뿌리를 박고서 침묵으로 견뎌 낸 시간이 모여 수면 위에 도달하게 해 줄 것이고, 그곳에서 마침내 꽃을 피우게 될 것이다. 그것이 불교가 성화의 비유로 선택한 연꽃의 의미다. 세네카도 '돌길을 통해 별들에게로'라는 명언을 남겼다. 오르고자 하는 자는 어쩔 수 없이 수많은 계단을 밟을 수밖에 없다. 그 길이야말로 참고 견뎌야만 하는 힘든 길이다. 오를 수 있는 길에서는 쉬운 것이 하나도 없다. 하지만 그것을 즐길 수 있을 때, 삶은 살 만한 것이 되는 것이다. 말을 하며 살아야 하는 존재는 어떤 말을 하며 살아야 할까? 니체는 이에 대해 이런 말을 들려준다. "나의 발, 그것은 말의 발이다. 이 발로 나는 들판을 종횡으로, 나무등걸과 돌멩이를 밟아 가며 달린다. 그렇게 요란하게 질주하면서 나는 미친 듯한 기쁨을 맛본다"(『차라투스트라는 이렇게 말했다』, 317쪽). 사는 게 기쁘다. 학문이 즐겁다. 이런 말은 오로지 깨달은 자의 몫이 되는 것이다.

205 이기주의도 이기주의 나름이다. 이기주의에 대해서는 이미 수많은 말들을 남겨 놓은 상태다. "이기주의에 대항하는 이기주의"(90번 잠언), "사이비 이기주의"(105번 잠언) 등에서 니체는 자신의 의견을 피력한 바 있다. 여기서도 다시 한번 그의 생각을 짤막하게 언급하고자 한다. 초인은 창조하는 자이다. 창조하기 위해 잉태부터 한 자이다. 마치 임신부가 자신의 몸을 조심해서 다루듯이, 초인 또한 그렇게 스스로를 조심스럽게 다루어야 한다. 몸에 좋은 것만 먹으려 하고, 몸에 해로운 것이라면 무엇이든지 거리를 두어야 한다. 니체가 말하는 이기주의는 이런 의미로 사용되고 있는 것이다. 남을 해코지하며 자기 자신만 잘 살고자 하는 그런 부정적인 의미에서 이기주의를 이야기하고 있는 것은 결코 아니다. 동정과 관련해서도 마찬가지다. 동정에도 건강한 동정이 있다. 그런 동정이라면 충분히 공감을 가질 필요가 있다. 하지만 남의 불행은 나의 행복이란 식으로 남의 불행을 바라보는 그런 악의적인 시각이라면 니체는 동조하고 싶지가 않은 것이다.

오로지 그들의 시대 자체가 하나의 도덕적인 유행으로 간주될 때뿐이다. 그 정반대의 유행이 그들의 시대를 풍미했던 것처럼, 그것도 오랫동안 지배했던 것처럼!

134.

어느 정도까지 동정으로부터 우리 자신을 보호해야 하는지. — 동정이란 것은 하나의 나약함이다. 동정은 그것이 실제로 고통을 유발시키는 한에서만 진정한 의미를 지닌다. 그리고 바로 이것이 여기서 우리가 취하는 유일한 관점이다. 말하자면 동정은 해롭기만 한 감정에 휩싸여 자기 자신을 상실해 버리는 것과 같은 것이다. 그런 동정은 이 세상 속에 있는 고통을 증대시키기만 한다. 동정의 결과로서 간접적이기는 하지만 여기저기서 고통이 경감되고 지양된다고 하더라도, 경우에 따라 달라지는, 그리고 전체적으로 볼 때 무의미하기만 한 이 결과들을 동정의 본질을 정당화하는 데 사용해서는 안 된다. 왜냐하면 동정은, 앞서 언급했다시피, 그 자체로 이미 해로운 것이기 때문이다. 비록 단 하루만이라도 이 동정이란 것이 세상을 지배하게 되면, 인류는 바로 이것으로 인해 즉시 멸망하게 될 수도 있다. 동정 그 자체는 다른 어떤 충동과 마찬가지로 좋은 성질을 지니고 있지 않다. 동정이 요청되고 찬양될 때에야 비로소, 그리고 또 사람들이 이 해로운 것을 제대로 인식해 내지도 못한 상태에서, 그러면서도 그것을 쾌락의 원천으로 발견해 낼 때에야 비로소, 그것은 좋은 양심으로 작용하게 된다. 그때가 되어서야 비로소 사람들은 그것에 기꺼이 굴복하게 되고, 그런 자신의 굴복을 세상에 널리 알리는 것에 대해 아무런 거리낌도 느끼지 않게 된다. 하지만 동정이 해로운 것으로 파악되는 다른 상황에서는 그것이야말로 연약함으로 간주된다. 혹은 그리스인의 경우처럼 가끔씩 의도적으로 그것을 분출함으로써 그것의 위험성을 제거할 수 있는, 일종의 주기적으로 도발하는 병적인 감정으로 간주된다. 시험 삼아 한번 실제 생활 속에서 동정을 유발하는 계기들을 일정 기간 의도적으로 뒤쫓아 보고 자신의 주변 환경에서 마주칠 수 있는 모든 비참함을 항상 마음에 그려 보는 사람은 어쩔 수 없이 병들고 우울해지고 말 것이다. 그러나 어떤 하나의 의미에서라도 의사로서 인류에게 봉사하고 싶은 자는 이런 감정을 매우 조심스럽게 다루어야 할 것이다.[206] 그렇지 않으면 동정을 느끼는 그런 감정은 모든 중요한 순간에 그를 마비시켜 버릴 것이고 또 그의 생각과 돕기를 좋아하는 그의 섬세한 손을 구속시키고 말 것이다.

206 니체의 철학적 목적은 내면의 문제를 해결하는 의사의 역할을 담당하는 것이다. 앞서 52번 잠언에서도 "영혼을 치료하는 새로운 의사들은 어디에 있는가?"라는 제목 속에 다분히 의도가 담긴 질문이 제시된 적이 있다. 즉 질문 속에 이미 답이 제시되어 있는 그런 수사학적 질문이라는 얘기다. 인간의 내면을 책임지고 치료해 줄 수 있는 의사가 없다면, 니체는 철학을 통해 그런 의사들을 길러 내고 싶은 것이다. 그는 철학적으로 이런 의사들이 활동해야 할 영역을 분명하게 정해 주고 또 그것을 가르쳐 주고 싶은 것이다. 그 영역이야말로 새로운 의사들이 활동해야 할 새로운 영역인 셈이다. 그 영역이 동정이란 개념으로 불리고 있는 것이다. 의지를 나약하게 하고 내면을 병들게 하며 우울하게 하는 최고의 질병으로서 니체는 동정을 제시하고 있다. 동정을 느끼는 것 자체는 어쩔 수 없는 일이다. 사람은 어쩔 수 없이 이런 마음 상태를 지닐 수밖에 없다. 최고의 것을 생각할 수 있으니, 최하의 것도 생각하지 않을 수 없는 상황인 것이다. 멀쩡한 사람을 두고서도 이상형으로 삼을 수 있는 반면, 그 똑같은 사람을 앞에 두고서 불쌍하다는 생각도 충분히 할 수 있게 되는 것이다. 돌멩이 하나를 탁자 위에 올려놓고 신성하게 여기며 그 앞에서 무릎을 꿇고 기도도 드릴 수 있는 반면, 그 똑같은 돌멩이를 앞에 두고서 감정이입이 되어서 불쌍한 존재로 여기며 눈물을 흘릴 수도 있는 것이다. 문제는 사물을 긍정적으로 받아들이고 거기서 힘을 얻을 수 있는 방향으로 나아가는 것이 아니라, 사물을 부정적으로 받아들이고 거기서 스스로 의지를 꺾어 버리거나 자기 자신의 내면을 병들게 하고 우울해지게 하는 상황이다. 니체의 허무주의 철학은 자기 자신을 치료하고 구원하는 철학이다. 그런 것을 달성하기 위해 사람은 각자가 스스로 의사가 되고 또 스스로 신이 되어야 하는 것을 목적으로 한다. 누구도 자기 자신의 삶을 맡길 수도 없고 또 타인의 삶을 대신 살아 줄 수도 없기 때문이다. 모든 삶은 그것을 현상 속에서 살아가야 하는 바로 그 사람의 몫이며 책임인 것이다. 삶과 사람, 사람과 삶, 그 관계를 규정하고 싶은 철학이 허무주의 철학이며, 그런 의도 때문에 생철학의 범주 속에 들어가게 되는 것이다. 허무주의 철학은 생철학이며, 생철학인 한에서 이것은 인간애의 정신을 근간으로 하고 있는 휴머니즘인 것이다.

135.

동정을 받는다는 것. — 야만인들 사이에서는 동정을 받는다는 것 자체가 도덕적으로 경악을 금치 못하게 하는 생각이었다. 동정을 받을 경우 이들은 모든 덕으로부터 버림받은 듯한 느낌을 받게 된다. 이들에게 동정을 베푼다는 것은 경멸하는 것과 같은 것을 의미한다. 경멸할 만한 사람이 고통을 당하고 있는 꼴을 그들은 결코 보고 싶어 하지 않는다. 그런 광경은 그들에게 어떤 즐거움도 주지 않는다. 이와는 반대로 그들이 보고 싶어 하는 것은 하나의 적이 고통을 당하는 모습이다. 그 적은 자신과 동등하게 긍지를 갖는 것을 인정하고, 고문을 받더라도 자신의 긍지를 포기하지 않으며, 그리고 동정 받는 것을 가장 치욕적이고 심한 굴욕으로 간주하면서 거부한다. 그런 적이 괴로워하는 것을 보는 것은 즐거움 중의 즐거움이다. 그런 광경을 바라보면서 야만인의 영혼은 경탄으로까지 고양되는 것이다. 그는 그가 손아귀에 거머쥐고 있는 그 용감한 사람을 마지막에 죽인다. 그러면서 그는 그 불굴의 인간에게 마지막 명예를 부여하는 것이다. 만약 그 적이 동정을 요구하며 얼굴에서 차가운 조소의 표정을 상실한 채 스스로 경멸스러운 태도를 보였다면, 그는 개 같은 인생처럼 살아남을 수도 있었을 것이다. 만약 그랬다면 그 적은 구경하는 사람들의 긍지를 더 이상 자극하지도 못했을 것이다. 경탄을 받아야 할 그 자리에 동정이 대신해서 들어서고 말았기 때문이다.

136.

동정 속의 행복. — 만약 사람들이 인도인들처럼 모든 지성적인 활동의 목표로서 인간의 비참함에 대한 인식을 내세우고, 또 수많은 세대를 거치는 동안에도 그 정신이 하나의 이런 끔찍한 목표에 충실할 경우, 동정은 마침내 유전적으로 염세주의를 신봉하게 되는 그런 사람들의 시선 속에서 하나의 새로운 가치를 획득하게 된다. 즉 동정은 삶을 유지하는 권력으로 간주되고, 비록 삶이 구토증과 혐오 때문에 내팽개치는 것이 더 낫게 보일지라도, 그 실존을 견디게 해 줄 것이다.[207] 이때 동정은 자살에 대항하는 도구가 될 것이며, 쾌락을 포함하고 또 적게나마 우월함을 맛보게 하는 감정을 갖게 해 줄 것이다. 동정은 우리의 기분을 전환시켜 줄 것이고, 우리의 마음을 충만하게 해 줄 것이며, 공포와 경직됨을 떨쳐 버리고, 급기야 탄식하면서도 행위할 수 있게 하는 그런 말을 입에 담아내도록 자극할 것이다.[208] 즉

207 다시 한번 말하지만, 동정도 동정 나름이다. 니체가 원하는 동정은 이런 것이다. 니체가 실존으로 간주하는 것은 본질의 영역이 아니라 현상의 영역이다. 말로만 설명이 가능한 형이상학적 존재가 아니라 우리의 모든 감각으로 인식할 수 있는 형이하학적 존재가 실존으로 불려야 한다는 얘기다. 눈에 보이는 현실적인 삶을 위한 철학이 생철학인 것이다. 만약 동정도 이 실존을 위한 권력으로 작용할 수만 있다면 동정으로서 가치가 있는 것이다. 기독교가 지향했던 동정의 논리처럼 천국과 영생을 원하지 않고, 오히려 그 반대의 원리를 발견해 내고, 그런 인식이 결국에는 생로병사의 굴레를 인식의 대상으로 보고 대지의 뜻을 깨닫게 해 주는 힘으로 작용하게만 할 수만 있다면 금상첨화가 되는 것이다. 바로 이것이 허무주의 철학의 목적이 되는 것이다.

208 우리 모두는 생각하는 존재이다. 생각은 말을 통해 이루어진다. 그래서 니체는 좋은 말을 많이 외워 줄 것을 요구했다. "지금 백 개의 각운을 지니지 못한 자는 / 내기를 걸고 단언컨대 / 죽음을 맞으리라"(『즐거운 학문』, 412쪽)! 즉 니체는 백 개의 문장 정도 외워 두면 살면서 부딪히게 되는 수많은 풍파들을 거뜬히 견뎌 낼 수 있을 것이라고 확신하고 있는 것이다. 살다보면 슬픈 일을 당하지 않을 수 없다. 불행은 늘 우연의 원리를 통해 우리의 실존을 덮쳐 올 것이다. 그럴 때마다 우리는 비탄의 소리를 쏟아 낼 수밖에 없다. 하지만 그것이 전부가 되게 해서는 안 된다. 니체의 허무주의는 바로 이런 상황에서 허무함을 인식하고, 새로운 이상을 찾아내는 기술을 전수해 주고 싶은 것이다. 동정도 일종의 능력이다. 동정도 일종의 기술이다. 훈련하고 연마해서 잘 다룰 수 있는 도구로 만들어 내야 하는 것이다. 생로병사에 대한 진정한 인식이 우리를 자살로 이끈다면, 그것은 불교가 종교로서 자격이 없음을 증명할 뿐이며, 사람이 늙어 감에 따라 다리의 숫자를 달리한다는 스핑크스의 수수께끼가 무의미함을 밝혀낼 뿐이다. 하지만 사실은 정반대이다. 진정한 실존을 실존답게 해 주기 위해 삶의 현상 이면에 있는 진정한 모습을 인식해 내야 하는 것이다. 삶의 현상은 비참함 자체이다. 하지만 그런 삶에 대한 진정한 동정이 발동하기 시작하면 전혀 다른 가치관이 형성될 것이다. 불쌍해서라도 더 열심히 살아야겠다는 그런 결심도 가능할 것이다. 허무주의 철학은 삶이 허무하다는 인식을 전하기 위해서 철학의 길을 걷고 있는 것이 결코 아니라는 사실을 여기서 분명히 깨달아야 한다. 허무주의는 허무함을

동정은 경우에 따라서 하나의 행복이 될 수도 있는 것이다. 비록 그것이 모든 측면에서 개인을 좁은 곳으로, 또 어두운 곳으로 끌고 들어가고, 그러면서 그에게서 숨도 쉴 수 없을 정도로 답답하게 해 준다고 해도, 그런 비참함이야말로 인식의 대상이 될 것이다. 그때 그 행복은 그러나, 그것이 무엇이든 간에, 다시 공기와 빛과 그리고 자유로운 움직임을 제공해 줄 것이다.

137.

왜 '자아'가 두 배가 되어야 한단 말인가! — 우리 자신의 체험을 타인의 체험을 바라보듯 하게 하는 그런 시선으로 바라보는 것, 이것은 우리의 마음을 매우 편안하게 해 준다. 그리고 그런 시선이야말로 권장할 만한 하나의 명약이 된다. 이와는 반대로 동정의 철학이 요구하는 것처럼 타인의 체험을 마치 자기 자신의 것인 양 바라보게 하고 또 받아들이게 하는 것은 우리를 파멸로 향하게 할 것이다. 그런 시선으로 삶에 임한다면 아주 짧은 시간에 파멸하고 말 것이다. 믿지 못하겠다면 그것을 한번 시험해 보라. 하지만 너무 오래 환상 속에 머물지 않기를 바란다! 무엇보다도 확실한 것은 자기 체험을 타인의 체험처럼 바라보는 저 첫 번째 방식이 이성에, 또 합리성을 위한 선한 의지에 더욱 적합하다는 사실이다. 왜냐하면 우리는 타인의 경우에서 하나의 사건이 지닌 가치와 의미에 대해 보다 객관적으로 판단하

통해, 그 허무함을 하나의 계단으로 삼아 한 단계 더 높이 오를 수 있는 시선을 부여하고자 하는 것이다. 그런 허무주의는 도래해야 한다. 그리고 도래할 것이다. 포기하지 않고 끝까지 참고 견뎌만 준다면 기회는 언제든지 주어질 것이다. 이런 긍정적인 메시지를 전하기 위해 니체는 허무주의라는 잔인한 철학의 길을 걷고 있는 것이다. 망치를 들고 우상을 깨며, 동시에 새로운 가치관으로 새로운 신을 찾도록 해 주는 것이다. 범종이 들려주는 맑은 종소리는 공과 무의 총합이지만, 그것이야말로 진정한 위안의 소리임을 깨달아야 하는 것과 같은 논리인 것이다.

게 되기 때문이다. 예를 들어 누군가 죽었을 때, 돈을 도둑맞았을 때, 혹은 중상모략을 당했을 때, 그런 사건이 지닌 가치에 대해 우리는 그것이 우리 자신이 아니라 다른 사람에게 일어났을 때 더 객관적으로 판단하기 때문이다. 이와는 반대로 행위의 원리로 간주되는 동정은 '타인이 겪고 있는 재난을 타인이 괴로워하는 그대로 괴로워하라'는 요구와 함께 다음과 같은 사태를 수반하게 될 수도 있다. 즉 자아의 관점이 과장되고 무분별하게 되어 타인의 관점, 즉 동정을 느끼는 사람의 관점도 되어야 한다면, 우리는 결국 우리의 자아와 동시에 타인의 자아 때문에 괴로움을 당해야 하며, 급기야 우리 자신의 무거운 짐을 가능한 한 더는 것이 아니라, 우리 자신에게 두 배에 달하는 불합리의 짐을 자발적으로 지우게 될 것이다.

138.

더욱 친해진다는 것. — 만약 우리가 누군가를 사랑하고 존경하며 찬미까지 하고 있는데, 지금 혹은 나중에 그가 괴로워하고 있다는 사실을 알게 될 경우 언제나 크게 놀라게 된다. 왜냐하면 우리는 그로부터 흘러나온 우리의 행복이 본래의 행복이라는, 흘러넘치는 샘에서 나온 것이라고 생각할 수밖에 없기 때문이다. 이런 인식의 변화와 함께 사랑, 존경, 찬미와 관련한 우리의 감정도 본질적인 점에서 변화를 겪게 된다. 그때 우리의 관계는 더욱 친해진다는 것이다. 즉 그와 우리 사이에 다리가 놓인 것처럼 간극이 없어진 듯이 여겨지고, 또 그와 우리가 서로 가까워져 동등해진 것처럼 여겨진다. 이런 상황이 되어서야 겨우 이전에 그가 우리의 감사하는 마음을 넘어서 우리의 생각 속에서 숭고하게 살고 있었던 것을 그에게 되돌려줄 수 있는 가능성이 열리게 된다. 이런 식으로라도 되돌려줄 수 있다는 것은 우리 자신에게 큰 기쁨과 정신적 상승의 기회를 가져다주는 계기가 된다. 우리는 어떻게 하면 그의 고통을 완화할 수 있는지를 알아내고자 시도하게 될 것이고, 또 그렇게 알아낸 것을 그에게 제공해 줄 것이다. 만약 그가 위로의 말, 눈길, 관심, 봉사, 선물을 원한다면, 우리는 그것을 기꺼이 제공할 것이다. 그리고 무엇보다도 우리가 그의 고통을 함께 괴로워해 주기를 그가 원한다면, 우리는 당연히 우리가 괴로워하고 있다는 것을 보여 주게 될 것이다. 그러나 이 모든 경우에서도 우리는 능동적으로 감사하는 마음을 표현하고 있다는 것에 즐거움을 느낄 것이다. 이러한 능동적 감사는 간단히 말해 선한 복수이다.[209] 만약 그가 우리에게서 아무것도 바라지 않고 아무것도 받아들이지 않는다면, 우리는 추위를 느끼거나 슬퍼하면서 거의 병이 들 지경에 이를지도 모른다. 왜냐하면 이것은 마치 우리의 감사가 거부된 것과 같기 때문이다. 그리고 이렇게 명예가 손상된 경우에는 가장 착하다고 하는 사람조차 자극을 받게 마련이다. 이 모든 사실에서 결론 내릴 수 있는 것은 가장 효과적인 경우에서조차 괴로워하는 것에는 어떤 품위를 떨어뜨리는 것이 있다는 것이며, 그리고 동정에는 어떤 고양시키는 것과 어떤 우월감을 주는 것이 있다는 사실이다. 이런 어떤 것이야말로 두 가지 감정들을 영원히 분리시키고 있는 것이다.

209 복수도 복수 나름이다. 니체는 복수를 하지 말라는 식의 배타적 이분법으로 사고를 진행시키지 않는다. 그는 인간적인 방법을 제시한다. 복수는 인간적인 일들 중의 하나임에 틀림없다. 다만 어떤 복수를 하느냐가 문제인 것이다. 예를 들어 은혜를 받았다면, 그 은혜를 감사함으로 갚으라는 것이다. 그것이야말로 '선한 복수'인 것이다. 또 선한 복수는 '악한 복수'를 전제하는 개념일 뿐이다. 그렇다면 악한 복수는 예를 들어 은혜를 원수로 갚는 경우를 떠올리면 될 것이다. 이런 악한 복수는 지양하고, 선한 복수를 지향하며 살 일이다. 니체는 이런 행위가 모이고 모일 때 '인간적인 너무나 인간적인' 사회가 형성될 수 있음을 확신하고 있다. 그런 사회 속에서 마침내 삶을 위한 축제가 벌어질 수 있다는 희망으로 철학의 길을 걷고 있는 것이다.

139.

소위, 보다 높은 도덕! — 그대들이 말하고 있듯이, 동정의 도덕이 스토아주의의 도덕보다 더 높은 도덕인가? 그렇다면 그대들의 주장을 증명해 보라! 하지만 분명히 알아 두어야 할 것은 도덕에 있어서 '보다 높음'과 '보다 낮음'에 관해서는 도덕적인 척도에 따라 측정될 수 없다는 사실이다. 왜냐하면 절대적인 도덕이란 것은 존재하지 않기 때문이다. 그러니까 척도들을 어딘가 다른 곳에서 가져오되, 조심하라!

140.

칭찬과 비난. — 전쟁이 불행으로 끝날 경우, 사람들은 전쟁에 '책임'이 있는 사람이 누군지 묻게 된다. 전쟁이 승리로 끝날 경우, 사람들은 그 전쟁의 원인이 되는 사람을 찬양하게 된다. 실패가 있는 곳에서는 어디가 되었든 간에 책임이 추궁된다. 왜냐하면 이 실패에는 일종의 언짢은 부분이 있게 마련이고, 또 이러한 언짢은 부분에 대해서는 어쩔 수 없이 유일하다고 간주되는 치료법이 적용되기 때문이다. 즉 이 유일한 치료법이란 권력감정을 새롭게 자극하는 것이다. 그리고 이러한 방식의 자극은 '책임자'에게 유죄 판결을 내릴 때 발견된다. 이 책임자는 그러나 다른 사람들의 죄를 대속하는 희생양과 같은 것은 아니다. 그는 약한 사람들, 굴욕감을 느낀 사람들, 의기소침해진 사람들의 희생물일 뿐이다. 이런 사람들은 그저 자신들이 아직 강하다는 사실을 어떻게든 증명하고 싶은 것이다. 또한 자기 자신에 대해 스스로 유죄판결을 내릴 수 있는 것도, 패배 이후에 자신이 스스로 강함의 감정을 가질 수 있도록 하는 수단이 된다. 이에 반해 전쟁의 원인이 되는 사람을 찬양하는 것도 자주 희생물을 찾고자 하는 일종의 다른 충동의 결과로서 맹목적으로 일어난다. 그리고 이 경우에는 희생이, 희생되는 동물 자체에게서 달콤하고 매혹적인 냄새를 풍기게 한다. 말하자면 어떤 민족이나 어떤 사회에서 권력감정이 하나의 거대하고 매혹적인 성공을 통해 포만감을 느끼는 동시에 그 승리에 대해 피로감을 느끼게 될 때, 사람들은 자신의 긍지로부터 일부를 포기하게 된다. 이렇게 되면 헌신의 감정이 높아지고 또 스스로 자신의 헌신에 희생이 될 대상을 구하게 된다. 우리가 비난을 받든 칭찬을 받든 상관없이, 우리는 이런 경우들에서 습관적으로 다음과 같은 기회를 제공하게 된다. 즉 우리 이웃들을 위해서 그들 내면에서 부풀어 오른 비난이나 찬양의 충동을 발산하게 하는 기회를, 더욱이 대부분의 경우, 우리는 이웃들에게 멋대로 머리끄덩이가 잡힌 채 질질 끌려 다니게 되는 기회를 제공하게 되는 것이다. 비난을 받든 칭찬을 받든 이 두 가지 경우 모두에서 우리는 아무런 공적도 인정받지 못하고, 또 이웃들한테서 아무런 감사도 받지 못하는 선행을 그들에게 한 것이 된다.

141.

더 아름답지만, 가치는 더 적은. — 그림처럼 아름다운 도덕이라는 것, 이것은 가파르게 치솟은 감정의 도덕이고, 거친 과도기의 도덕이며, 격정적이고 강압적이며 끔찍하고 점잔을 빼는 행실과 목소리의 도덕이다. 그것은 반야만적인 단계에 도달한 도덕이다. 사람들은 어떤 일이 있어도 이런 도덕에게 더 높은 지위를 인정하려는 그런 미학적인 자극에 매료되어서는 안 된다.

142.

공감. — 타인을 이해하기 위해, 즉 타인의 감정을 우리 자신의 내부에 재현하기 위해, 우리는 자주 그 타인이 가질 법한 이런저런 특정 감정의 원인을 추적하면서, 예를 들어 이렇게 묻기도 한다. 어째서 그는 슬퍼하고 있는가? 이런 질문과 함께 스스로도 그 똑같은 이유로 슬픔에 빠져든다. 그러나 이보다 훨씬 더 일반적으로 일어나는 것은 그런 슬픔에 빠지지 않고서도 이 감정으로 인해 타인한테서 일어나고 나타나는 결과들에 따라 바로 그런 감정을 우리 안에 만들어 내는 것이다. 즉 우리는 그의 눈, 그의 목소리, 그의 발걸음, 그의 태도를, 혹은 그런 것들이 만들어 내는 단어, 그림, 음악을 통한 그것들의 모방마저도 우리의 신체에서 재현해 내게 된다. 이때 우리는 아주 작은 근육의 움직임과 신경 활동의 경미한 유사함에 이르기까지 재현하게 되는 것이다. 그러고 나면 우리 내부에 비슷한 감정이 생겨나게 된다. 이것은 그러니까 앞으로, 또 뒤로 달리도록 훈련된 움직임과 감정 사이의 오래된 연상 작용의 결과에 의한 것이다. 타인의 감정을 이해하는 이러한 기술의 측면에서 우리는 매우 멀리까지 진보해 있다. 그래서 우리는 어떤 사람 앞에서 거의 자신도 모르는 사이에 언제나 이 기술을 실행에 옮기게 되는 것이다. 특히 여성들의 얼굴 표정을 그려 내는 선의 움직임을 관찰해 보면 쉽게 알 수 있다. 그녀들의 주변에서 느껴질 수 있는 것들이 끊임없이 모방되고 반영되는 그 선들에 의해 얼마나 가슴이 떨리고 얼굴이 빛나게 되는지를 알 수 있다는 것이다. 그러나 이런 측면을 가장 선명하게 보여 주는 것은 음악이다. 이 음악이야말로 우리가 감정과 관련해서 빠르면서도 섬세하게 헤아려 내고 또 공감하는 점에서 얼마나 대가인지를 보여 준다. 즉 음악은 감정에 대한 모방의 모방이고, 이러한 거리감과 막연함에도 불구하고 우리로 하여금 이러한 감정에 참여하게 만든다. 따라서 우리는 슬퍼할 이유가 전혀 없으면서도, 단순히 슬퍼하는 사람들의 목소리나 움직임, 혹은 더 나아가 그 사람들의 습관적인 행동을 상기시키는 음향이나 리듬을 듣는 것만으로도 완전히 바보가 된 것처럼 그렇게 슬퍼하게 되는 것이다. 어떤 덴마크 국왕은 어떤 가수의 음악을 듣다가 전쟁의 열광 속에 빠져서 벌떡 일어나 궁정에 모여 있던 사람을 다섯 명이나 죽였다는 이야기가 있다. 이 경우 어떠한 전쟁도 없었고, 어떤 적도 없었으며, 오히려 모든 상황은 그 정반대였다. 그럼에도 불구하고 감정 상태는 원인을 소급해 추리하는 힘으로 충만해 있었고, 또 현실감각과 이성을 압도할 정도로 강력했던 것이다. 바로 이것이야말로 언제나 그랬던 것처럼 음악의 영향이다. 그러니까 음악은 영향을 끼친다. 이것을 인식하기 위해 그렇게 역설적인 사례가 필요한 것도 아니다. 음악에 의해 우리가 끌려 들어가는 감정의 상태는 우리가 분명히 처해 있는 실제 상태와, 이 실제 상태와 그것의 원인들을 인식하고 있는 이성과는 거의 매번 모순된다. 만약 무엇에 의해 우리가 타인의 감정을 모방하는 데 그토록 숙달되었는지 묻는다면, 다음과 같은 답변이 주어지게 된다는 것은 의심의 여지가 없다. 즉 섬세하고 연약한 본성 때문에 모든 피조물 중에서 가장 겁 많은 피조물인 인간이야말로 자신의 공포심 속에서 공감을 가르치는 선생이며 동물까지 포함해 타인의 감정을 재빨리 이해하는 것을 가르치는 선생인 것이다. 수천 년 동안이나 인간은 모든 낯선 것과 살아 있는 것 안에서 무엇이 위험한지를 봐 왔다. 인간은 그것들의 모습을 접하는 순간 이미 그것들의 얼굴 모습과 태도를 모방하게 되거나, 또는 이러한 모습과 태도의 배후에서 일종의 악한 의도를 추론해 내게 된다. 인간은 모든 움직임과 얼굴의 선들을 이런 의도와 관련시켜 해석하는 것을 영혼이 없는 자연에게도 적용하게 된다. 그러면서 '영혼이 없는 것은 아무것도 존재하지 않는다'는 망상에 휩싸이게 되는 것이다. 하늘, 들판, 바위, 숲, 뇌우, 별, 바다, 풍경, 봄 등을 바라볼 때 우리가 말하는, 이른바 자연 감정이라는 것 모두는 여기에 기원을 두고 있다고 나는 믿는다. 이 세상 모든 것을 그것의 배후에 있는 제2의 의미와 관련해서 바라보는 저 오래된 공포의 습관이 없다면 우리는 이 자연에 대해서도 아무런 기쁨을 느끼지 못할 것이다. 이것은 마치 이해하는 법을 가르치는 선생인 공포가 없었다면 우리가 인간과 동물에 대해 아무런 기쁨을 느끼지 못했으리라는 것과 같은 원리인 것이다. 기쁨과 기분 좋은 경이로움, 그리고 마지막으로 우스꽝스러움의 감정, 이런 것들은 공감을 통해 더 나중에 태어난 아이들이고, 또 공포를 통해 태어난 훨씬 나이 어린 자매들이다. 재빠르게 이해하는 능력은 자신을 재빠르게 허위로 꾸밀 수 있는 위장 능력에 기인하고, 또 이 능력은 긍지가 높고 자기 통제가 강한 사람들과 민족한테서 감소하게 마련이다. 왜냐하면 이들은 공포를 별로 느끼지 않기 때문이다. 이와는 반대로 모든 종류의 이해와 위장은 겁 많은 소심한 민족 사이에서는 늘 지배적이다. 바로 여기에 모방하는 예술들과 보다 높은 지성이 나타날 수 있는 진정한 터전이 마련되어 있다. 만약 이런 공감의 이론에서부터, 내가 여기서 제안하고 있듯이, 현재 인기를 누리고 있고, 때로는 신성시되기도 하는 신비로운 과정의 이론, 즉 동정이 두 개의 존재에서 하나를 만들어내고 그렇게 형성된 하나에서 타인을 직접 이해하게 한다는 신비로운 과정의 이론을 생각하게 되면, 또한 만약 내가 쇼펜하우어와 같은 이런 명민한 두뇌조차도 그렇게 맹신적이고 무가치한 소리에서 기쁨을 느끼고, 이러한 기쁨이 다시 명민한 두뇌들과 반쯤 명민한 두뇌들에 이식된 것을 생각하게 되면, 나는 놀라지 않을 수 없고 끝도 없이 연민을 갖게 된다. 이해할 수 없는 무의미한 짓거리에 대한 우리의 쾌감은 얼마나 큰지! 만약 한 사람이 자신의 은밀하게 숨겨져 있는 지적인 소망들에 귀를 기울여 그 소리를 듣게 된다면, 그 사람의 온몸과 정신이 얼마나 미친 짓거리에 가까이 다가가 있을 것인지! 무엇 때문에 쇼펜하우어는 칸트에게 그토록 감사를 표했고 또 깊은 의무감을 느꼈던 것일까? 그것은 절대로 혼동할 수 없는 사실을 폭로하고 있다. 누군가가 이렇게 만한 적이 있다. 칸트의 정언명법에서 은밀한 성질을 제거하면 그것을 이해 가능한 것으로 만들 수 있다고. 이에 대해 쇼펜하우어는 다음과 같은 소리쳤다. "정언명법이 이해될 수 있다고! 그것은 근본적으로 잘못된 생각이다! 이집트적인 어둠이여! 하늘이여, 그것이 이해되지 않게 하여 그것을 보호하소서! 진정 이해될 수 없는 것이 있다는 사실, 지성이 이토록 힘들어하고 또 이 지성이 사용하는 개념들이 제한되적이고 조건적이며 유한하고 기만적인 것이라는 사실, 이것에 대한 이러한 확신이야말로 칸트가 우리에게 선사한 위대한 선물이다." 처음부터 도덕적인 사물들을 이해할 수 없다는 것을 믿으면서 행복을 느끼는 그런 누군가가 정말로 도덕적인 사물들을 인식하려는 선한 의지를 가지고나 있을까를 생각해 보라![210] 천상이라는 저 높은 곳에서 주어지는 깨달음을, 마법과 영적인 현상들과 두꺼비처럼 추하기만 한 형이상학을 여전히 진지하게 믿고 있는 그런 사람이!

143.

이 충동이 사나워지면 고통이 따른다! ― 타인에 대한 애착과 배려의 충

210 니체가 말하는 '선한 의지'는 대지의 뜻과 어울릴 때 의미가 있는 것이다. 중세 천 년 동안 이루어졌던 것처럼, 오로지 하늘나라를 꿈꾸고, 죽음 이후의 삶을 동경하며, 영생에 대해 열망하는 그런 정신에는 어울리지 않는 의지다. 니체에게 이런 의지는 그저 악한 의지에 지나지 않는다. 니체는 오히려 형이상학적인 사물에 공을 들이는 의지보다는 현실적인 의미에 몰두하고 몰입할 줄 아는 의지가 더 낫다고 판단한다. 마찬가지로 도덕에 있어서도 하늘의 은총으로 충만한 도덕보다는 흉측해 보일지라도 대지의 도덕을 더욱 동경한다. 니체의 허무주의는 신을 위한 하늘나라의 도덕을 기획하고 있는 것이 결코 아니다. 니체가 원하는 도덕은 이 세상, 이 대지의 뜻에 어울리는, 지극히 인간적인 너무나 인간적인 도덕이다. 이런 도덕을 위한 의지가 있다면 그것이야말로 선한 의지에 해당하게 되는 것이다. 그런 의지를 위해서라면 '권력에의 의지'라도 불태우고 싶은 것이다.

동, 즉 '공감하려는 행위'가 실제보다 두 배로 강력해지면 이 대지 위에서는 더 이상 참고 견뎌 낼 수 없게 되고 말 것이다. 매일 그리고 매시간 모든 사람이 자기 자신에 대한 애착과 배려 때문에 얼마나 바보 같은 짓들을 저지르는지, 그리고 이때 그가 얼마나 참고 견딜 수 없는 존재로 보일지 생각해 보라! 그리고 만약 우리 자신이, 지금까지는 다른 사람들이 그들 자신만을 괴롭혔던 바로 그 바보 같은 짓거리들과 뻔뻔스러운 언동들의 대상이 된다면 어떻게 되겠는가! 그때는 아마 그 '이웃'이 우리에게 다가오자마자 두 눈 딱 감고 도망치지 않을까? 그리고 이 공감하려는 행위에 공격하고 있는 똑같은 나쁜 말로 지금 우리가 이기주의를 공격하고 있다고 생각하는가?

144.

괴로워하는 소리에 귀를 막기. — 만약 우리가 타인의 죽을 듯이 괴로워하는 소리와 고통 때문에 음울한 기분이 되고 우리 자신의 하늘을 구름으로 덮게 된다면, 이러한 음울함의 결과들은 도대체 누가 견뎌야 하는가? 역시 또 다른 죽어가는 타인들이다. 거기에 덧붙여 그들이 지고 있는 모든 짐까지도 짊어져야 한다! 우리가 그들의 괴로워하는 소리에 메아리가 되고 싶거나 우리의 귀가 그 괴로워하는 소리로 향하고 있을 때조차, 우리는 그들에게 도움이 될 수 없고 원기를 북돋아 줄 수도 없다. 우리가 올림포스 신들의 기술을 배우고, 그 기술 덕택에 다른 사람들의 불행으로 인해 스스로 불행해지는 대신 오히려 우리 자신을 곤고하게 만들게 된다면 모를까. 그러나 이것은 우리에게는 너무나 올림포스적이다. 비록 우리가 비극을 즐김으로써 이 이상적인 신들의 잔인한 축제[211]를 향해 한 걸음 더 나아갔다고 할지라도 말이다.

145.

'비이기적!' — 저 사람은 공허하기 때문에 가득 채워지기를 바라고, 이 사람은 흘러넘치기 때문에 비워지기를 바란다. 두 사람 모두 그들에게 도움이 되는 한 개인을 추구하고 있는 것이다. 그리고 이 과정은, 최상의 의미로 이해될 경우, 두 사람 모두에게서 똑같이 '사랑'이라는 하나의 단어로 불리게 된다. 뭐라고? 사랑이 어떤 비이기적인 것일 거라고?

146.

이웃도 넘어서 지나가기.[212] — 뭐라고? 정녕 도덕적인 것의 본질이 우리

211 '신들의 카니발렌툼'을 이렇게 번역했다. 사전적인 의미로는 카브리섬 사람들이 즐겼다는 식인, 즉 사람들을 잡아먹으면서 벌였던 축제와 그 문화를 의미한다. '카니발리스무스'는 신들의 축제에 대한 그 속성을 그대로 반영해 주는 개념이 된다. "신들이 즐겨 듣는 노래의 주제는 바로 인간의 불행이다"(『인간적인 너무나 인간적인』 제1권, 172쪽). 속된 말로 표현하면, 신들은 사람들을 가지고 논다. 하지만 신들에게 놀이의 대상이 되는 것은 사람들에겐 운명이 된다. 신들의 놀잇감이 되면서 오히려 운명을 알아 가고자 하는 의도가 『비극의 탄생』의 서변에 깔려 있다. "이 민족은 그렇게 아름답게 될 수 있기 위해 얼마나 많이 고통을 당해야 했겠는가! 그러나 지금 나를 따라와 비극을 보세. 그리고 나와 함께 두 신의 신전에 제물을 바치세!" 이것이 이 첫 작품의 마지막 구절이다. 제사를 지내자는 것이다. 자신을 바치는 그 고통스러운 제사를 통해 새로운 지평이 열리게 되기 때문이다. 비극을 보면 볼수록 운명은 더욱 뚜렷하게 보이게 될 것이다. 고통은 당해야 극복이 되는 것이다. 이것이 대지의 뜻이다. 씨앗은 죽어야 꽃으로 피어나듯이, 고통은 참고 견딤의 대상이 될 때 열매를 맺게 되는 것이다. 신들은 이런 잔인한 축제를 벌이는 주체이지만, 그리고 사람들은 그들의 축제에 희생되는 존재에 불과하지만, 이런 관계를 인식해 낼 때 삶은 우리의 손아귀로 들어오게 되는 것이다. 희망이 원래는 제우스가 보낸 재앙 중의 하나였지만 판도라에 의해 우리 인류의 손아귀로 들어오면서 우리의 책임이 된 것처럼, 희망을 갖고 안 갖고는 우리의 책임인 것처럼, 삶은 운명이란 이름으로 신들의 장난감이 될 수는 있을지 몰라도, 사람 자신에게는 살아 볼 만한 것이 될 수 있는 것이다.

212 지금까지는 '이웃을 사랑하라'는 말이 미덕으로 간주되었다. 이웃을 사랑하지 않는 것이 일반적이기 때문이다. 그러니까 이런 말이 미덕으로 간주될 수 있는 상황이 벌어지게 되는 것이다. 또 이런 말이 미덕으로 간주되면서 그렇지 않은 생각이나 판단을 품게 될 경우 어쩔 수 없이 양심의 가책을 받게 된다. 이런 가책으로 삶을 불편하게 하는 것은 자기 책임이다. 이런 미덕의 기준을 바꿔 보면 어떨

가 타인에게 초래하는 가장 가깝고 직접적인 우리 행위의 결과를 주목하면서, 또 그 결과에 따라 우리가 결심을 한다는 바로 그것에 있다는 것이 사실인가? 만약 이렇게 해서 도덕이 형성되어야 했다면, 그것은 오로지 하나의 편협하고 소시민적인 도덕에 지나지 않을 것이다. 그러나 타인으로 불리는 이 이웃과 관련한 결과들을 넘어서서 더 넓은 곳으로 시선을 돌리는 것, 또 상황에 따라 그 타인의 고통을 통해서라도 좀 더 멀리 있는 목표들을 추구하도록 독려하는 것, 이런 것이야말로 내겐 한층 더 높고 한층 더 자유로운 것으로 여겨진다. 예를 들어 우리의 자유정신이 무엇보다도 직접적으로 타인들을 회의와 슬픔 그리고 보다 나쁜 상황 속으로 내던지게 될 것이라는 사실을 알면서도 보다 나은 인식을 추구하도록 독려하는 것이 이에 해당한다. 우리가 우리 자신을 다루듯이 적어도 그렇게 이웃을 다루면 안 된단 말인가? 그리고 우리는 우리 자신과 관련해서는 직접적인 결과와 고통에 대해 그렇게 옹졸하고 소시민적으로 생각하지도 않으면서, 어째서 이웃에 대해서는 그렇게 생각해야만 한다는 것인가? 우리가 우리 자신을 희생시키고자 할 경우, 지금까지 국가나 영주가 이른바 '일반적인 관심을 위해' 다른 사람들을 대신해서 한 시민을 희생시킨 것처럼 우리가 이웃과 함께 기꺼이

까. 한 번도 생각해 보지 못한 것이라 당황스러울 수 있다. 사랑이 이웃으로, 즉 외부로 향하고 있는 그 방향을 다른 쪽으로 정할 수 있는 양심이 생겨 주면 문제는 간단해진다. 예를 들어 지금까지는 지속적으로 멋진 지도를 만들어 내는 데 주력했다면, 지금부터는 그 지도 안에서 '현 위치'를 찾아내는 데 주력해 보자는 것이다. 지금까지는 삶과 사회, 그리고 세상 전반에 대해 고려하는 도덕관념에 집중해 왔다면, 지금부터는 그런 삶의 현장에서 살아야 하는 자기 자신의 개인적인 삶에 대해 관심을 가져 보자는 것이다. 그것은 결코 부당한 일이 아니다. 결단코 부적절한 행위가 아니다. 니체는 관념적인 삶에 저항하고, 현실적인 삶을 변호하기 위해 철학을 하고 있을 뿐이다. 그가 원했던 그런 방식으로 이웃을 넘어서고 나면 무엇이 보일까? 이웃을 사랑하라는 그 미덕을 극복하고 나면 어떤 미덕이 새롭게 인식될까? 지금까지 가져다준 이웃에 대한 인식을 한계에 대한 인식으로 바꿔 보자. 그러면 넘어서야 할 한계가 보일 것이다. 그리고 아직 넘어 보지 못한 그 한계 너머를 볼 수 있는 새로운 눈이 떠질 것이다. 그때가 되면 눈을 감고 눈을 뜨는 관음(觀音)의 경지가 펼쳐질 수도 있다.

희생하고자 하는 것이 금지되는 까닭은 도대체 무엇일까? 그러나 우리도 또한 일반적인, 혹은 보다 일반적인 관심을 갖고 있다는 것이 거의 확실하다. 어째서 미래의 세대를 위해 현재의 세대들 중 몇몇 개인들이 희생되어서는 안 된다는 말인가? 희생이 되어야 할 이들의 비탄, 이들의 불안, 이들의 절망, 이들의 실수들과 두려운 발걸음은 당연히 필요한 것이 아닐까? 왜냐하면 하나의 새로운 쟁기 날이 이 땅을 갈아엎어서 모두를 위해 비옥한 토지를 만들어 내야만 하기 때문이다.[213] 결국 우리는 이웃에게, 그가 스스로 희생한다고 느낄 수 있는 그런 신념을 전하고자 하는 것이며, 또 우리는 이웃을 이용함으로써 구현하고자 하는 바로 그 과제를 그 이웃이 떠맡도록 설득하고자 하는 것이다. 이렇게 한다고 해서 도대체가 우리에게는 동정심이라는 것이 전혀 없다는 얘기가 되는 것일까? 그러나 우리 또한 우리 자신에 대한 우리의 동정을 넘어서 우리 자신에게 승리를 거두려 한다면, 이것은 어떤 하나의 행위가 이웃에게 이익이 되는지 해가 되는지를 분명하게 알게 되었을 때 안심을 느끼게 하는 행위보다 더 고고하고 자유로운 행위이며, 또 더 높고 자유로운 기분이 아닐까? 우리는 우리와 이웃이 함께 희생함으로써 인간적인 권력에 대한 일반적인 감정을 강화시키고 한층 더 고양

213 1880년에서 1881년으로 넘어가는 겨울에 니체는 『아침놀』의 원고를 완성하게 된다. 이때 그는 책 제목으로 원래 『쟁기 날(Die Pflugschar)』을 적어 놓았다. 이 원고를 제자 하인리히 쾨제리츠(훗날 페터 가스트로 불림)에 의해 1881년 3월 중순 출판을 위한 원고로 퇴고하는 과정에서 현재의 제목으로 결정되었다고 한다. 그리고 1886년 재판을 위한 서문을 작성해야 했을 때, 니체는 자신의 작업을 '지하적인 것'으로, 또 '땅을 파고, 땅 아래로 파고 들어가는 것'으로 설명하기도 했다. 이런 생각은 바로 '쟁기의 날'이라는 선택받지 못한 제목을 염두에 두고 서술된 것으로 판단해도 될 것이다. 말하자면 쟁기의 날카로운 날은 땅을 갈아엎는 데 유용하다. 쟁기 날은 그러니까 훗날 '모든 가치의 가치전도'라는 개념으로 정립하게 되는 이념의 근간이 된다고 볼 수 있는 것이다. 이런 어둠 속의 일들이 긍정적인 이미지로 전환을 이루게 되는 개념이 바로 '아침놀'이었던 것이다. 아침놀은 어둠 속에서 오랫동안 일을 해 온 정신에 위안의 메시지가 된다. 『아침놀』은 그러니까 아침이 되면 구원이 이루어질 것이라는 희망이 담긴 제목이 되는 것이다.

시킬 것이다. 우리가 현실적으로 더 많은 것을 이루지 못할지라도 상관없다. 이것만으로도 이미 행복을 긍정적으로 증대시켜 나갈 것이기 틀림없기 때문이다.[214] 마지막으로 만약 이것이 — —, 에고[215] 더 이상 말을 말자. 눈짓 하나로 충분하다. 그대들은 나를 이해했을 것이다.

147.

'이타주의'의 원인. — 사람들은 일반적으로 사랑을 거의 가져 본 적도 없는 데다가 단 한 번도 이 맛난 음식을 배부르게 먹어 본 적이 없었기 때문에 바로 이 사랑에 대해 그토록 과장하고 신격화시켜 왔던 것이다.[216] 이렇게 해서 사람들은 이 사랑을 '신들의 음식'으로 만들고 만 것이다. 만약 어떤 시

214 행복은 객관적인 기준에 의해 결정되는 것이 아니다. 행복은 주관적일 뿐이다. 행복에 객관적인 기준이 있다면 그것까지만 해내면 될 일이다. 예를 들어 100 중에 60을 넘어서야 행복한 것이라고 말할 수 있다면, 그 기준만 충족시켜 주면 될 일이다. 하지만 누구는 100을 다 가져도 모자란다고 말하고, 누구는 가진 게 아무것도 없어도 다 가진 듯이 만족해하며 행복해하는 경우가 있다. 행복은 분명 내면의 문제일 뿐이다. 마음이 결정하는 일일 뿐이다. 그러면 어떤 마음을 먹느냐에 따라 세상은 다르게 보일 것이 틀림없다. 모든 것을 다 가치 없다고 인식한다면, 즉 허무주의의 방식으로 세상을 바라본다면 세상은 새로운 모습으로 변신해 있을 것이 당연하다. 생명이 다한 과거의 논리들, 과거의 가치들, 이런 것들을 갈아엎고 싶은 것이다. 과거에 행복으로 군림했던 가치가 있다면 그것의 가치를 전도시켜 놓고 싶은 것이다. 그것이 니체의 진정한 의도다.

215 한숨 쉬고 한탄하는 소리이다.

216 때로는 사랑을 신으로 간주하기도 한다. "하나님은 사랑이심이라"(요한일서 4:8). 그리고 그 "사랑은 오래 참고"(고린도전서 13:4) 견디고 버틴다. 이런 것이 신의 힘이다. '인간적인 너무나 인간적인' 측면에서는 지극히 이상적인 면모다. "그러나 끝까지 견디는 자는 구원을 얻으리라"(마태복음 24:13). 하나님과 함께하고 싶다면 그의 사랑을 끝까지 견뎌 내야 하는 숙제가 주어진다. 천국과 그 안에서 이뤄지게 될 영생은 오로지 사랑을 통해서만 가능하다. 이토록 사랑을 찬양하는 이유는 사랑이 그만큼 간절하기 때문이 아닐까. 하나님을 사랑하라는 이런 명령도 어쩌면 대부분의 사람이 하나님을 사랑하지 않으니까 생겨난 말이 아닐까. 하지 않으니까 하라는 식으로 말이 형성되는 것이 아닐까. 한 번은 기독교적으로 생각을 해 보는 훈련에 임해 보고, 또 한 번은 니체의 방식으로 생각에 임해 보는 훈련에 돌입해 보자.

인이 있어 그가 보편적인 인간애가 지배하는 하나의 유토피아를 표현해 내야 한다는 숙제가 주어졌다면, 그것은 분명히 이 지상에는 단 한 번도 존재한 적이 없는 고통스럽고 우스꽝스러운 모습으로 그려 내야만 할 것이다.[217] 이제 사람들은 누구나 단 한 명의 사랑하는 사람에 의해 숭배되고 괴롭힘을 당하고 열망되지 않는다. 물론 지금까지는 사람들이 수천 명, 아니 거의 모든 사람이 억제될 수 없는 충동 때문에 그런 일을 당해야만 했다.[218] 이제 사람들은 보다 오래된 이전의 인류가 이기심을 욕하고 저주했던 것과 마찬가지로 이런 충동을 욕하고 저주하게 될 것이다. 그리고 이런 상태에서 시인들은, 만약 사람들이 시인이 시를 쓸 수 있도록, 홀로 조용히 지낼 수 있도록 허용한다면, 사랑이 없었던 행복한 과거, 신성한 이기심, 일찍이 이 대지 위에서도 가능했던 고독, 방해받지 않음, 사랑받고 있지 않음, 싫어함의 대상이 되는 것, 경멸함의 대상이 되는 것, 그리고 항상 그랬던 것처럼 우리가 살고 있는 우리의 사랑스러운 동물 세계의 잔인한 악의 전체, 이런 것 외에는 아무것도 꿈꾸지 않을 것이다.[219]

217 왜냐하면 여기서는 모두가 자기 자신을 생각하지 않고 이웃만을 생각하는 그런 눈빛을 보여야 하기 때문이다. 뭔가에 홀린 듯한 그런 광기의 눈빛이 유토피아를 구성하는 사람들의 현상이 될 것이기 때문이다. 이 '보편적인 인간애'는 그야말로 이상적인 개념에 불과하다. 이런 개념이 정신을 지배하면 생각은 이 기준에 의해서만 진행될 것이고, 그렇게 되면 생각은 배타적인 태도를 취할 수밖에 없어진다. 정답이 정해지고 나면 모든 다른 가능성은 오답으로 인식될 것이기 때문이다. 하지만 현상은 다양하다. 세상은 복잡하다. 삶은 뜻대로 되는 것보다 뜻대로 안 되는 것이 더 많다. 우연은 적극적이고 필연은 소극적이기만 하다. 이런 세상과 삶을 어떻게 조화시킬 것인가? 이런 현실적인 고민이 니체의 고민이다.

218 생각이 자유롭다 보니 충동도 자유롭게 진행될 수밖에 없다. 충동이 통제 밖으로 나가 있는 것은 생각이 통제 밖으로 나갈 수 있어서 그런 것이다. 상상으로 임신도 할 수 있는 것이 생각하는 존재의 상상을 초월하는 능력이다. 생각하는 존재는 충동뿐만 아니라 본성까지도 조작해 낼 수 있다. 생각하는 존재에게 생각으로 불가능한 것은 존재하지 않는다. 아직 생각해 내지 못한 것이 있을 뿐, 생각이 넘어서지 못하는 한계는 존재하지 않는다. '나는 이런 사람이다!', '내 생각은 이렇다!'고 함부로 단정하고 규정할 일이 아니다. 니체는 하루에도 열 번씩 자기 자신을 극복하라 했다. 지금까지 어떤 충동으로 삶에 임해 왔는지 잠시 걸음을 멈추고 생각에 임해야 할 때다.

148.

먼 곳으로 향한 시선. — 만약 현재 사람들이 정의하는 것처럼, 타인을 위해, 더구나 오로지 그 타인만을 위해 행해지는 행위들만이 도덕적이라고 말해야 한다면, 도덕적 행위라는 것은 단 하나도 존재하지 않게 될 것이다![220] 또 다른 정의에서 일컬어지고 있는 것처럼, 만약 의지의 자유 속에서 행해진 행위들만이 오로지 도덕적이라고 말해야 한다면, 여기서도 마찬가지로 도덕적 행위는 전혀 존재하지 않을 것이다! 그렇다면 사람들이 도덕적이라고 부르는 것과 그런 도덕이 어떤 방식으로든 존재하고 있고 또 그래서 설명되기를 원한다는 것은 도대체 무엇을 의미하는 것일까? 그것은 모두 몇몇 지적인 오류의 결과물임을 의미한다. 만약 사람들이 이러한 오류에서 벗어나 자유롭게 된다면, '도덕적 행위'라고 불리는 것으로부터 무엇이 나올 것인가? 이런 오류들 때문에 지금까지 우리는 몇몇 행위들에, 그것이 갖는 본래의 가치보다 더 높은 가치를 부여했고, 또 그것들을 '이기적'이고 '부자유스러운' 행위에서 분리해 냈던 것이다. 만약 우리가, 반드시 그렇게 해야 하겠지만, 지금 그 몇몇 행위들을 다시 도덕적 행위에 귀속시킨다면, 우리는 분명히 그것들의 가치를 끌어내리고, 그것들이 갖고 있다고

219 이것이 현실이다. 그래서 세네카도 "비베레 밀리타레 에스트(Vivere militare est, 인생은 전쟁이다)"라는 말을 했던 것이다. 이런 맥락에서 니체도 이렇게 말했다. "삶의 사관학교로부터. — 나를 죽이지 않는 것은 나를 더욱 강하게 만든다"(『우상의 황혼』, 77쪽). 짧지만 강렬한 이미지를 부여하는 잠언이다. 삶이 전쟁터라면 훈련소에서 훈련을 잘 마치고 나가야 할 일이다. 생각하는 존재가 거쳐 가야 할 훈련소로서 니체는 허무주의를 준비해 둔 것이다. 모든 가치를 공과 무로 만들어 버리는 그런 훈련에 목숨을 걸고 임해 달라는 것이다.

220 이 말은 니체가 도덕 자체를 거부하는 발상을 내놓고 있는 것이 아니라는 사실을 깨닫게 해 준다. 니체는 새로운 가치로 구성되고 형성된 도덕을 꿈꾸고 있을 뿐이다. 자기 자신을 생각하는 것을 부정적으로 바라보고, 타인을 위해서만 생각하는 것을 긍정적으로 해석하는 도덕의 한계와 문제점을 지적함으로써 그런 도덕을 넘어서고 싶은 것이다.

느끼는 가치감정을 약화시켜야 할 것이다. 그리고 더 나아가 우리는 그것들을 정당하다고 인정해 온 수준보다는 훨씬 아래로 끌어내리게 될 것이다. 왜냐하면 '이기적'이고 '부자유스러운' 행위들은 지금까지 가장 깊고 내적인 측면에서 '이타적'과 전혀 다르다는 이유로 너무나 과소평가되어 왔기 때문이다. 그렇다고 해서 바로 이러한 행위들이 지금부터 크게 평가받지 못하기 때문에 사람들은 그러니까 바로 지금부터 그런 행위들을 덜 하게 될까?[221] 아니 오히려 불가피하게 그런 행위를 더 하게 될 것이다! 이런 시대야말로 적어도 좋은 시대인 것이다. 가치 감정의 저울이 과거의 오류들에 대한 반동에 영향을 받고 있는 한 적어도 상당히 오랫동안 이런 행위는 지속될 것이다! 그러나 우리는 이런 사태에 대항해서, 그동안 이기적인 것으로서 비난받아 온 행위들을 행할 수 있는 선한 용기를 사람들에게 돌려주고 그것들의 가치를 회복시키고 싶다. 우리는 이 사람들에게서 양심의 가책을 약탈하고자 한다! 이 사람들은 지금까지 가장 흔한 사람들이었고 또 미래에도 항상 그럴 것이기 때문에, 우리는 행위들과 삶의 모든 모습에서 악한 것으로 인식되는 겉모습을 거둬 낼 것이다! 이것이야말로 매우 고귀한 성과가 될 것이다! 사람이 자신을 더 이상 악하게 간주하지 않으면, 사람은 악하기를 그만둘 것이다!

221 하지 말란다고 하지 않을 것이라 생각하는 것은 단순하고 미숙한 것이다. 아무리 거짓말하지 말라고 해도 사람들은 거짓말을 할 것이다. 거짓말하지 말라는 식의 명령으로 형성된 도덕은 그야말로 말장난에 불과하다. 보다 현실적인 도덕이 필요하다. 스토리텔링과 논술로 훈련된 정신이 어떤 양심의 가책도 없이 가짜뉴스를 양산해 내는 것은 당연하다. 교육이 사람과 사회를 이렇게 만들어 놓았다. 고대 시대에 수사학이 유행하면서 설득만이 지상 최고의 기술인 것처럼 여겨졌던 때와 다를 바가 없다. 그때는 진실을 말하는 것이 중요하지도 않았다. 누가 어떻게 어떤 말로 유혹하고 반전을 일으키며 승리를 꿰차게 되는지, 사람들은 이런 것에 홀려 있었던 것이다. 이런 때에 소크라테스가 등장했던 것처럼, 우리 시대에도 이런 인물의 등장이 간절하다.

제3권

149.

작은 이탈된 행위들이 필요하다. ㅡ 관습과 관련해서도 자신의 보다 훌륭한 통찰에 반해 행동할 때가 있다. 여기서는 실행에 옮기진 못하고 있지만 정신적인 자유는 온전히 보존하고 있다. 모든 사람처럼 그렇게 행동하면서도 동시에 우리가 이탈하는 의견을 갖는 것을 보상하기 위해 모든 사람에게 점잖게 행동하고 친절을 다하는 것이다. 이런 행동들을 견딜 수 있을 정도로 자유롭게 생각하는 많은 사람들은 그것이 깊이 생각할 거리가 되지 못할 뿐만 아니라 오히려 '존경할 만하고', '인간적이며', '관용적이고', '너무 옹졸하지 않는' 것이라 간주한다. 그리고 또 그것이 지적인 양심이 꿈속에서 불러 대는 아름다운 말들이라고 좋아하기까지 한다. 즉 어떤 사람은 자식을 교회에서 세례를 받게 하면서도 무신론자이고, 어떤 사람은 민족 간의 증오를 그토록 비난하면서도 모든 세상 사람과 똑같이 병역의 의무를 다한다. 또 어떤 사람은 한 여성의 집안사람들이 신앙심이 깊다는 이유로 그 여성과 함께 교회에 다니며, 더 나아가 부끄러움도 없이 성직자 앞에서 서약까지 한다. '모든 사람이 항상 행하고 있고 행해 온 것을 우리 같은 사람이 행한다고 해도 그것은 본질적인 것이 아니다.' 이렇게 강하고 큰 편견은 말한다. 강하고 큰 오류다! 왜냐하면 이미 강력하고 유서 깊으며 비이성적인 것으로 인정되는 것이 이성적이라고 인정된 사람의 행위를 통해 다시 한번 그 비이성성이 확증되는 것보다 더 본질적인 것은 없기 때문이다. 이와 함께 이러한 소식을 듣게 되는 모든 사람은 그것이 바로 이성의 재가를 받은 것이라 여기게 된다! 모두 그대들의 의견을 존중하라! 그러나 작은 이탈된 행위들은 더 가치 있다!

150.

우연한 결혼. — 내가 신이라면, 그것도 좋은 것만 바라는 그런 신이라면, 사람들이 하는 결혼이야말로 다른 어떤 것보다 더 나를 초조하게 만들 것이다. 결혼하지 않고 홀로 사는 남자는 70년, 아니 30년 동안에도 멀리 아주 멀리 전진하며 나아갈 수 있을 것이다. 이것은 신들조차도 놀랄 수 있는 일이 될 것이다! 그러나 사람들이 홀로 사는 그가 분투노력하고 승리하여 얻어 낸 상속과 유산을, 그리고 자기 인간성의 월계관을, 오로지 한 여성이 잡아서 부러뜨리고 찢기에 가장 좋은 장소에 걸어 두는 것을 보게 된다면, 또 그가 획득하기는 잘하지만, 보존은 얼마나 잘 못하는지를 보게 된다면, 즉 그가 아이를 낳음으로써 한층 더 승리에 찬 삶을 준비할 수 있다는 사실에 대해 전혀 생각하지 않는 것을 보게 된다면, 사람들은 앞에서 말한 것처럼 초조함을 느끼며 이렇게 혼잣말로 중얼거리게 된다. "인류로부터는 나올 것이 아무것도 없다. 개인들은 낭비만 될 것이고, 우연한 결혼은 인류의 이성이 걸어가야 하는 위대한 진보를 불가능하게 할 것이다. 이제 목표도 없는 이 연극의 열렬한 관객이자 바보가 되는 것을 그만 두자!"[222] 이런 분위기 속에서 일찍이 에피쿠로스의 신들은 그들의 신적인 정적과 기쁨의 세계로 되돌아갔던 것이다.[223] 이 신들은 사람들과 사랑을 가지고 거래하는 그

222 앞서 제2권의 마지막 구절에서 "사람이 자신을 더 이상 악하게 간주하지 않으면, 사람은 악하기를 그만둘 것이다!"라고 주장한 바 있다. 역할은 그만둘 수 있는 대상이다. 생각 하나만 바꾸면 모든 것이 바뀔 수 있는 상황이다.

223 에피쿠로스는 자신의 이론에서 신적인 정적과 기쁨의 세계를 '아타락시아(Ataraxia)'라는 개념으로 설명했다. 그리스어에서 '아(a)'는 부정을 만드는 접두어이고 '타라코스(tarachos)'는 '흔들리다'라는 뜻을 지니고 있다. 그러니까 합쳐서 말하면 '흔들림이 없다'는 뜻이 되는 것이다. 아타락시아란 에피쿠로스가 최고의 경지로 설명하고 있는 것이다. 힌두교로 말하면 물아일체의 경지이고, 불교로 말하면 해탈의 경지이며, 기독교로 말하면 구원의 상황인 것이다. 니체는 이런 정적의 날들 속에서 자신의 대표작 『차라투스트라는 이렇게 말했다』를 써냈다고 고백하기도 했다.

들의 짓거리에 싫증이 났던 것이다.[224]

151.

여기서 새로운 이상이 고안될 수 있다. — 사랑에 빠진 상태에서 자신의 삶에 대해 결단을 내리거나, 극심한 우울증에 빠진 상태에서 자신이 현재 유지하는 교제의 성격을 단번에 규정하는 일이 발생해서는 안 된다. 우리는 연인들 사이에서 이루어진 맹세를 공개적으로 무효라고 선언해야 하고 그들에게 결혼을 허락하지 말아야 한다. 이 세상 그 무엇보다도 결혼은 말할 수 없을 정도로 더 중요하다고 간주되어야 하기 때문이다! 그래서 지금까지 이루어졌던 그런 방식의 결혼은 앞으로는 습관적으로 금지되어야 할 것이다! 결혼은 대부분 어떤 제삼자도 증인으로 간섭받게 되는 것을 원하

"이 책이 지닌 지혜의 의미에 무자비하게 부당한 짓을 하지 않기 위해 무엇보다도 이 입에서 흘러나오는 음조, 즉 이 할퀴오니쉬한 음조를 올바르게 들을 줄 알아야 한다. '가장 고요한 단어들은 폭풍을 몰고 오고, 비둘기의 발걸음으로 다가오는 생각들은 세상을 끌고 간다. —'"(『이 사람을 보라』, 18쪽) '할퀴오니쉬한 음조(halkyonischer Ton)', 그것은 정적의 순간이다. 침묵의 총합이 들려주는 소리다. 범종의 소리처럼 공과 무가 흘러넘쳐 나온 소리라고 할까. 진정한 위로와 위안을 들려주는 맑은 소리다. 모든 한계를 넘어선 순간 들려오는 소리를 기록해 둔 철학서, 그것으로 니체는 자신의 『차라투스트라는 이렇게 말했다』를 소개하고 있는 것이다.

224 '사랑을 가지고 거래를 하는 그들의 짓거리'는 '리베스핸델(Liebeshändel)'이라는 단어를 의역한 것이다. '사랑 장사' 내지 '사랑 거래'라고 번역하면 직역이 되는 것이다. "너는 마음을 다하고 뜻을 다하고 힘을 다하여 네 하나님 여호와를 사랑하라"(신명기 6:5). 하나님을 사랑 안 하면? 그때는 상상을 초월하는 천벌이 내려질 것이다. "네 마음을 다하고 목숨을 다하고 뜻을 다하여 주 너의 하나님을 사랑하라"(마태복음 22:37). 마음과 목숨과 뜻을 다하여 사랑하지 않으면? 그때도 엄청난 손해를 보게 될 것이다. 사랑과 같은 선상에서 언급되는 것이 믿음이다. "믿지 않는 사람은 정죄를 받으리라"(마가복음 16:15-16). 믿지 않는 자가 죄인이다. 하지만 니체는 이렇게 반박한다. "그런데 우리가 당신을 믿건 안 믿건 그것이 당신에게 무엇이 중요하단 말이오?" "우리 모두를 위하여 좋은 말을 해 주시오. 그것만이 당신이 할 선한 일일 것이오. 믿거나 믿지 않는 것에 대한 말은 그만하시구려"(『인간적인 너무나 인간적인』 제2권, 284쪽)! 기독교는 사랑과 믿음을 가지고 장사를 한다. 이것이야말로 어쩌면 절대로 손해보지 않는 가장 잔인하고 비열한 장사가 아닐까.

지 않는 그런 종류의 것이 아닌가? 그런데 바로 이 제삼자, 즉 자식이야말로 거의 빠지는 일이 없다. 더구나 이 제삼자는 한 명의 증인보다 더 많은 그 무엇, 즉 희생양이다!

152.

선서의 형식. — "내가 지금 거짓말을 하고 있다면 나는 더 이상 단정치 못한 사람이며, 그리고 누구나 내 면전에서 그렇게 말할 수 있도록 허락되어야 한다." 이런 선서의 형식을 나는 법정에서 하는 선서 내지는 일반적으로 신을 끌어들이는 그런 종류의 선서 대신에 권장하는 바이다.[225] 왜냐하면 이것이야말로 더욱 강력하기 때문이다. 아무리 착한 사람이라 해도 이런 선서의 형식을 거부할 이유는 없을 것이다. 말하자면 지금까지 이루어졌던 선서는 더 이상 쓸데없는 것이 되었다는 것을 의미한다. 그리고 그 착한 사람은 스스로 교리문답에 임해야 하는 자리에서 이런 소리를 들어야 할 것이다. "너는 네 하나님 여호와의 이름을 쓸데없이 부르지 말라!"

225 니체가 권하는 새로운 방식의 신앙생활이다. 즉 니체는 하나님의 존재 자체를 부정하거나 거부하는 발언은 절대로 하지 않았다. 그는 하나님의 이름을 함부로 쓸데없이 부르지는 말아 달라는 당부를 하고 있는 것이다. 대부분의 잘못된 신앙들은 자기 자신의 이익이나 자기 자신의 의견을 정당화하기 위해 하나님의 이름을 불러 댄다. 니체의 시각을 볼 때, 이것이야말로 부정행위에 해당한다. 또 거짓말도 거짓말 나름이다. 창조를 위한 긍정적 의미의 거짓말이라면 충분히 용납될 수 있지만, 타인을 불리하게 하거나 해코지할 요량으로 이루어지는 거짓말은 절대로 용납되어서는 안 된다는 입장이다. 사람 사이에서 악의적으로 이루어지는 거짓말은 언어의 폭력이나 다름없다. 그런 거짓말은 새로운 선서의 형식으로 만들어 경계를 하도록 해야 한다. 나쁜 거짓말은 반드시 처벌을 받도록 해야 한다.

153.

만족하지 못하는 사람. — 이 사람은 용감하긴 하지만 늙어 버린 자들 중의 한 사람이다. 즉 그는 문명에 대해 화를 낸다.[226] 왜냐하면 그는 문명이야말로 이 모든 좋은 것, 말하자면 명예, 부, 미인에게까지 비겁한 사람들도 접근할 수 있게 만들어 놓았다고 생각하기 때문이다.

154.

위험에 처한 사람들이 들려주는 위로의 소리. — 그리스인은 커다란 위험과 몰락에 아주 가까이 살면서도 깊이 생각하고 인식하는 생활에 있어서 일종의 안정감을 느꼈고 최후의 피난처를 발견했다.[227] 그리스인과는 비교도 안 될 정도로 더 안전한 상태에서 살고 있는 우리는 이제 이런 위험을 깊이 생각하고 인식 속으로 옮겨 놓을 수 있게 되었으며, 더 나아가 삶 속에서 직면하게 되는 그런 위험으로부터도 휴식을 취할 수 있게 되었고, 또 그러면서 우리는 자신을 안심시킬 수 있게 되었다.

226 니체가 말하는 노인의 현상이다. 노인들이 화를 내는 이유는 간단하다. 자기 마음에 들지 않기 때문이다. 사람은 늙어갈수록 화를 통제할 능력이 부족해져만 간다. 자기 마음에 들지 않는 것이 자꾸만 늘어만 간다고 생각한다. 노인들은 대화보다는 일방적으로 판단을 하려 들거나 잔소리를 하려고 할 때가 더 많다. 생각이 굳어져 있기 때문에 더 이상의 새로운 생각의 형식을 받아들일 수가 없기 때문이다. 문명도 문명 나름이다. 자기 입장에서 문명을 일방적으로 판단하는 실수는 없어야 한다. 그런 실수의 대표적인 예로 니체는 루소를 들기도 했다. 163번 잠언에서 그 내용을 읽게 될 것이니 잠시 참아 주기 바란다.

227 특히 고대 그리스의 아테네인은 민주주의와 비극 문화를 접목시키면서 인류 역사상 가장 아름다운 문화를 창출해 낼 수 있었다. 2,500년을 거뜬히 살아남을 수 있었고, 앞으로도 인류가 존재하는 한 함께 존재할, 즉 영원히 존재할 이 강력한 문화의 비밀을 추궁했던 것이 바로 『비극의 탄생』이었다. 비극의 형식 속에는 고대의 강력함이 숨겨져 있다. 그것을 니체는 알고자 했던 것이다.

155.

불이 꺼져 버린 의심. — 대담한 모험은 이 새로운 시대에 훨씬 드물어졌다. 고대나 중세와 비교해 봐도 그 현상은 눈에 띌 정도다. 그 이유는 어쩌면 이 새로운 시대가 전조, 신탁, 별, 예언가들을 더 이상 믿지 않기 때문이 아닐까. 이것은 그러니까 우리가 옛날 사람들이 믿었던 것과는 달리 우리에게 미래가 정해져 있다고 믿을 수 없게 되었다는 것을 의미한다. 이 옛날 사람들은 현재 있는 것 그 자체보다 미래에 다가올 것에 대해 훨씬 적게 의심했던 것이다.

156.

오만으로부터 나온 악의. — "어쨌든 간에 우리가 너무 만족스럽게 느끼지 않기를!" 그것은 모든 일이 잘 진행되고 있던 시절에 그리스인이 은밀하게 품었던 마음의 불안이었다. 바로 이 때문에 그들은 스스로 절제를 설교했던 것이다. 그런데 우리는!

157.

'자연의 소리'에 대한 숭배. — 우리 문화가 고통을 표현하는 것에 대해, 그리고 눈물, 비탄, 비난, 분노, 혹은 굴욕의 태도에 대해 관대할 뿐만 아니라, 그것들을 좋게 평가하고, 보다 고상하고 불가피한 것으로 간주하는 것은 무엇을 의미하는가? 이에 반해 고대 철학의 정신은 이런 소리들을 경멸의 눈으로 바라보았고, 그것들에게서 어떠한 필연성도 인정하지 않았다. 사람들은 절대로 비인간적인 철학자가 아니었던 플라톤이 비극 무대의 필

Gerard van der Kuijl, 〈렘노스섬에 버려진 필록테테스〉, 1647.

록테테스[228]에 대해 말한 것을 기억할 것이다. 우리의 현대 문화에는 어쩌면 '철학'이 결여된 것이 아닐까? 저 고대 철학자들의 평가에 따르면 우리는 어쩌면 모두 '천민'에 속해야 하는 것이 아닐까?[229]

158.

아첨꾼의 분위기. — 이제는 더 이상 개처럼 구는 비굴한 아첨꾼들을 군주 근처에서 찾아서는 안 된다. 군주들은 모두 군인의 취향을 갖고 있고, 아첨꾼들은 이들의 취향에 거슬린다. 그러나 은행가들과 예술가들의 근처에는 그 꽃이 지금도 여전히 자라고 있다.

159.

죽은 자를 깨우는 사람들.[230] — 허영심이 많은 사람들은 그들의 과거 중 일부를 더 높이 평가한다. 특히 그들이 자신의 감각을 통해 재현할 수 있는 순간이라면 말할 것도 없고, 그것을 재현하는 것이 곤란할 경우에도 허영

228 그리스 신화에 등장하는 멜리보이아의 왕이다. 소년 시절 히드라의 독이 퍼져 고통받는 헤라클레스의 죽음을 도운 뒤 그의 활과 화살을 받았다. 그리스 연합군의 일원으로 트로이 원정에 참가했으나 뱀에 물린 상처에서 나는 악취 때문에 도중에 섬에 버려지는 신세가 된다.

229 진정한 초인의 고통이 아니라 육체적, 표면적, 현상적 고통에 시달리는 것은 천민과 같다는 얘기다. 니체가 진정한 고통이라 말하는 것은 그런 외면적 고통이 아니라, 정신적이고 내면적인 고통을 의미한다. 초인이 직면한 고통은 한계에 직면한 고통이며, 운명과 맞닥뜨린 고통이다. 그런 고통이라면 '아모르 파티', 즉 운명을 사랑하는 마음으로 품어야 할 것이다. 이것을 니체는 고대 철학에서 발견했고, 여기서 그는 한계를 극복하는 이념인 초인 사상을 덧붙이고 있을 뿐이다. '자연의 소리'까지도 넘어서는 그런 강인한 정신을 추구하고 있는 것이다.

230 과거에 집착하는 사람들이 있다. 옛날 이야기에 몰두하는 사람들이 있다. '아, 옛날이여!' 하며 그때 그 당시가 좋다는 말을 서슴없이 해 대는 사람들이 있다. 이런 사람들이 늙은 사람들이다. 현실은 싫다. 과거가 좋았다. 이런 인식이 늙은 정신의 전형적인 현상이다. 낭만주의 시대에 이슈가 되었던 것은 현실을 거부하고 과거에 치중하는 현상이었다. 삶보다는 죽음이 더 낫다고 판단했다. 길이 있는 도시의 삶보다 길이 없는 숲속의 분위기가 더 좋게 느껴졌다. 그래서 낭만주의 시대에 수집된 동화들은, 특히 그림 동화들은 거의 대부분이 숲속을 배경으로 하고 있다.

심은 과거를 높이 평가하려고만 한다. 아니, 그들은 그 과거의 일부분을 가능하다면 지금 당장 죽은 자들로부터라도 다시 깨우고 싶어 한다. 게다가 이토록 허영심이 많은 사람들은 항상 무수히 존재하기 때문에, 시대 전체가 역사 연구에 몰두한다 해도 이러한 위험은 실제로 적지 않다. 너무나도 많은 힘이 이런 식으로 죽은 자들을 깨우기 위한 모든 가능성에 낭비되고 있다. 어쩌면 낭만주의 운동 전체가 이러한 관점에서 볼 때 가장 잘 이해될 수 있을 것이다.

160.

허영기 있고, 탐욕스럽고, 현명하지 못한. — 그대들의 탐욕은 그대들의 지성보다 더 크고, 그대들의 허영기는 그대들의 탐욕보다 더 크다. 그대들과 같은 이런 사람들에게는 근본적으로 훨씬 더 많은 기독교적 실천과 그것에 덧붙여 약간의 쇼펜하우어적 이론이 필요하다.

161.

이 시대에 걸맞은 아름다움. — 만약 우리의 조각가나 화가, 그리고 음악가가 시대의 감각에 잘 어울리고자 한다면, 마치 그리스인이 절제라는 도덕에 매료되어, 아름다움을 〈벨베데레의 아폴론〉으로 형상화했던 것처럼, 그들은 아름다움을 거품으로 인해 부풀어 오른 것으로 또 거인처럼 거대해졌지만 신경질적인 것으로 형상화해 내야 할 것이다. 하지만 우리는 이런 식으로 형상화된 아폴론을 추하다고 불러야만 할 것이다! 그러나 어리석고 어설픈 '고전학자들'이 우리한테서 모든 정직성을 죽여 버렸다!

〈벨베데레의 아폴론〉, 기원전 4세기(© Livioandronico2013).

162.

현대인들의 아이러니. — 모든 중요한 관심사를 아이러니로 취급하는 것이 현재 유럽인의 방식이다. 왜냐하면 그들은 그들이 해야 할 업무로 너무 바빠서 이러한 문제들을 진지하게 다룰 만한 시간이 없기 때문이다.

163.

루소에 대한 반대. — 만약 우리의 문명이 그 자체 안에 무엇인가 가련한 요소를 지니고 있다는 것이 진짜라면, 그대들은 루소에 동조하면서 그와 함께 "이 가련한 문명이 우리의 나쁜 도덕성에 책임이 있다"고 결론을 내리거나, 혹은 루소에 반대하여 다음과 같이 결론을 내려야 할 것이다. "우리의 선한 도덕성이 이 문명의 가련함에 책임이 있다. 선악에 대한 우리의 연약하고 비남성적이며 사회적 개념들과 더불어 육체와 영혼에 대한 개념들의 끔찍할 정도로 강력한 지배의 형식들은 결국 모든 육체와 모든 영혼을 연약하게 만들고 말았다. 그리고 그 개념들과 그 개념의 지배 형식들은 강한 문명의 지주들인, 자주적이고 독립적이며 구속되지 않은 인간들을 파괴시키고 말았다. 오늘날 이런 나쁜 도덕성과 마주치는 곳에서는 어김없이 이 지주들이 몰락해 있는 폐허의 마지막 현장을 목격하게 된다." 이런 식으로 역설에 역설이 대립하고 있을 뿐이다! 루소에 동조하든 반대하든, 이 경우 양쪽 모두에 진리는 있을 수는 없다. 진리가 이 둘 중 어디엔가 있을 것 같은가? 의심되면 검토해 보라.

164.

어쩌면 농락당한 것이 아닐까. — 오늘날 기존의 풍습과 법에 얽매이지 않은 사람들이 스스로 조직을 이루고, 그럼으로써 자신들의 권리를 창조하려는 최초의 시도가 이루어지고 있는 것처럼 보인다. 이러한 시도는 대부분 온갖 종류의 거짓되고 잘못된 길로 인도하는 이름과 함께, 그리고 극도의 불분명함 속에서 행해지고 있다. 지금까지 이런 사람들은 범죄자, 자유사상가, 비도덕적인 사람, 악한 사람으로 비난받아 왔으며, 추방 명령을 받고 양심의 가책이 지배하는 가운데 파멸당하거나 파멸시키면서 살아왔다.[231] 이것이 비록 다가올 세기를 위험하게 만들고 또 각 사람의 어깨에 총을 짊어지게 하더라도 전체적으로, 크게 볼 때 우리는 그것을 정당하고 좋은 것으로 인정해야 할 것이다. 이미 이것만으로도 대립 권력이 존재할 수 있게 해 준다.[232] 이 대립 권력은 사람들을 항상 도덕적으로 만드는 유일한

231 '추방 명령을 받다'로 번역한 개념은 '운터 뎀 반네 데어 포겔프라이하이트(unter dem Banne der Vogelfreiheit)'이다. 특히 '포겔프라이하이트(Vogelfreiheit)'는 '새'라는 뜻의 '포겔(Vogel)'과 '자유'라는 뜻의 프라이하이트(freiheit)가 합쳐진 말이다. 그런데 사전적 의미로서의 그 뜻은 '추방'을 일컫는다. 니체는 추방에 대한 생각을 많이 했던 것 같다. 『메시나에서의 전원시』의 첫 번째 시의 제목도 「포겔프라이 왕자」이다. 의역하면 '추방당한 왕자'라고나 할까. 이는 제도권의 혜택이나 보호를 받지 못하는 상태에 놓인 자를 일컫는 말이다. 이 시에서 눈에 띄는 구절이 있어 인용해 본다. "이성? 그것은 어리석은 것 / 이성과 혀는 자주 걸려 넘어지지! / 비상은 내게 새로운 힘을 주고 / 더 멋진 일들을 가르쳐주지 / 노래와 익살, 가곡 연주를"(『즐거운 학문』, 10쪽). 즉 추방당한 것인지 아니면 스스로 추방을 선택한 것인지를 두고 논의를 해 볼 때, 후자에 더 힘이 실리는 듯 싶다. 그래서 번역은 의역을 선택할 수밖에 없게 된다. '추방자 왕자' 등으로 말이다. 하지만 이것 또한 표현이 매끄럽지 못하다. '방랑자 왕자' 내지 '방랑하는 왕자' 등으로 완전히 의역을 해도 그렇게 오역된 것은 아니다. 니체는 『안티크리스트』에서 인류의 이상형으로 '히페르보레오스인'을 언급한 적이 있다. 이들은 북방 민족으로 알려져 있다. 즉 북쪽 저 먼 곳 그 어딘가에 '늙지도 병들지도 않는 그런 낙원과 같은 이상향'에 정착하여 살고 있는 종족이라는 것이다. 그곳에서 새처럼 자유롭게 살고 있다는 것이다. 좀 더 선명하게 말하자면, '포겔프라이하이트'는 원래 부정적인 의미로 사용되어야 하는 개념이지만 니체는 자신이 텍스트 안에서 지극히 긍정적인 의미로 사용하고 있다는 것이다.

232 '대립 권력'은 '게겐마흐트(Gegenmacht)'를 번역한 것이다. '게겐(Gegen)'은 '반대'와 '저항' 등의 의미를

도덕은 존재하지 않으며, 배타적으로 자기 자신만을 긍정하는 모든 도덕이 한결같이 수많은 좋은 힘을 죽여 버리고 인류에게 너무나 값비싼 대가를 치르게 한다는 사실을 상기시켜 준다. 너무도 자주 상상력이 풍부하고, 너무도 자주 생산력이 풍부하기만 한 이런 빗나가는 자들이 이제 더 이상 희생되어서는 안 된다.[233] 이제는 행동뿐만 아니라 생각하는 일에서도 도덕으

지닌 접두어이고 '마흐트(macht)'는 '권력'이나 '힘'을 뜻하는 명사이다. 늘 '반대하는 권력'이다. 반대 자체는 부정적으로 인식될 수 있지만, 그것은 오로지 긍정이 전제될 때에만 의미를 지닌다. 앞서 여러 번 언급되었다시피, 선과 악이 공존해야 한다는 포용적 이분법을 떠올리면 쉽게 이해될 수 있다. 악을 제거하고 선의 지배를 받는 이상향을 꿈꾸는 것은 배타적 이분법에 해당한다. 그러나 그것은 순진한 발상이다. 유치한 생각에 지나지 않는다는 것이다. 아무리 하지 말라고 해도 사람은 하지 말라는 것을 하고 싶은 욕망에 싸일 수밖에 없다. 오히려 가장 '인간적인 너무나 인간적인' 판단이라면 이런 대립의 논리를 함께 대등하게 인정해 주는 것이 아닐까. 동양의 음양이론처럼 말이다. 음과 양을 모두 함께 동등한 권리로 인정하며 포용해 주는 태극의 원리처럼 말이다. 그곳을 니체는 '선악의 저편'이라는 새로운 내세관을 의미하는 개념으로 표현하고 있을 뿐이다. 그가 말하는 저편은 선과 악이 공존하고 있는 곳이다. 그곳에서는 빛도 즐겁고 어둠도 즐거울 뿐이다. 태양도 좋고 달도 좋기만 하다. 남자도 좋고 여자도 좋기만 하다. 누군 좋고 누군 싫다는 판단은 극복이 되어야 할 생각의 형식에 지나지 않는다는 얘기다.

233 '빗나가는 자들'은 '압바이헨덴(Abweichenden)'을 번역한 것이다. 늘 새로운 길은 이런 자들에 의해 발견되는 것이다. 창조는 기존의 모든 것을 거부할 때 이루어지는 것이다. 셰익스피어가 로미오를 대문이나 현관문이 아니라 창문을 통해 사랑을 찾아들어가게 한 행위는 르네상스의 이념을 표현해 내는 최고의 비유가 되었다. 춤의 대가는 "도약과 탈선을 좋아하는 자"(『비극의 탄생』, 23쪽)이다. 정해진 곳에 안주하며 머무르거나 정해 놓은 선 안에서만 놀려고 할 때 삶은 위기를 초래하게 된다. 새로운 것이 없는 상황은 삶의 공기를 탁하게 해 주기에 딱 좋다. 이때 정신은 답답함을 느끼게 되는 것이다. 정신은 한계를 모르고 진척될 수 있지만 위축되기 시작하면 모든 것을 앗아 가는 흉물이 될 수 있다. 그런 정신이 칼을 휘두를 때 의도치 않게 자기 자신에게로 향하게 되는 것이다. 최고의 춤꾼은 칼춤도 습득을 해야 한다. "압제자가 되기 위해서는, 바꿔 말하면 자유케 되기 위해서는, 사람은 스스로에 대한 압제자를 갖지 않으면 안 된다. 백 개의 다모클레스의 칼이 자신의 머리를 위협하고 있는 것은, 결코 작은 이익이 아니다. 이 일로써 사람은 춤추는 것을 배우기 때문이며, 이 일로써 사람은 '운동의 자유'에 다다르기 때문이다"(『권력에의 의지』, 451쪽). 자신의 머리에 칼이 묶여 있다면, 그래도 춤을 춰야 한다면, 칼을 가지고 추는 춤의 기술을 터득한 상태여야 한다. 물론 위험천만한 일이다. 하지만 삶의 현장이 전쟁터라는 것을 인정할 수 있다면, 이런 비유도 충분히 납득이 갈 것이다. 정신의 칼은 자기 자신을 향하지 않게 해야 한다. 그런 칼이 없기를 바라지 말고, 그런 칼을 가지고 살아야 하는 운명을 인식하고 그런 삶의 대가가 되어야 할 뿐이다. 머리에 칼을 묶고도 멋진 춤을 추며 놀 수 있고 또 환하게 웃을 수 있는 자가 진정한 춤꾼이며 초인이 믿는 진정한 신이다. "나는 춤을 출 줄 아는 신만을 믿으리라"(『차라투스트라는 이렇게 말했다』, 65쪽).

로부터 빗나가는 것을 더 이상 해로운 것으로 간주해서는 절대로 안 된다. 삶 속에서, 또 공동체 안에서 무수한 새로운 시도들이 이루어져야 할 것이다. 양심의 가책이라는 이 끔찍한 짐은 이 세상으로부터 제거되어야만 한다. 정직하고 진리를 추구하는 모든 이는 이러한 가장 보편적인 목표들을 인정해야 할 뿐만 아니라 적극적으로 조장해야만 한다!

165.

지루하지 않은 어떤 도덕. — 어느 한 민족이 끊임없이 지속적으로 반복해서 가르치고 설교하게 하는 그런 윤리적인 주된 명령은 이 민족이 지닌 주된 결함과 관계한다. 이 때문에 그 주된 명령들은 이 민족에게 지루해질 여유가 없다. 절제, 냉정한 용기, 공정함을 유지하는 감각, 그리고 무엇보다도 분별력을 너무 자주 잃어버렸던 그리스인은 바로 이 네 가지로 이루어진 소크라테스적인 덕에 더욱 귀를 기울이게 되었던 것이다. 이러한 덕이 매우 필요했음에도 불구하고 그리스인은 바로 이 덕에 대한 재능이 너무도 적었기 때문이다![234]

166.

갈림길에서. — 이런 망할 일이 있나! 그대들은 완전히 수레바퀴가 되든가 아니면 이 수레바퀴들 아래에 깔려 버리게 되는 그런 하나의 체계 속으

234 예를 들어 좌우명도 마찬가지다. 좌우명이 "웃어라, 칭찬하라 그리고 침묵하라!"라고 한다면, 그것을 미덕으로 간주한 이는 바로 이 분야에서 부족함을 느끼고 있기 때문이다. 만약 가훈이 '성실하라!'라고 한다면, 이때도 마찬가지로 그 가정의 구성원은 성실하지 못할 때가 너무도 많다는 것을 스스로 인식하고 있기 때문에 이런 것을 명령어로 선택했던 것이다.

로 들어가려 한다! 이러한 체계에서는 누구든 저 위쪽에서부터 모든 것이 결정되고 만들어졌다는 그런 소리를 당연한 것으로 여긴다. 이러한 체계에서는 '연결고리'를 찾는 것이 지극히 자연스러운 의무에 속하게 된다! 이러한 체계에서는 누군가가 윙크하는 눈짓으로 '그는 언젠가 당신에게 도움이 될 수 있다'고 말하는 그 사람을 주목한다고 해도 아무도 그것을 모욕으로 느끼지 않는다. 이러한 체계에서는 어떤 사람의 추천을 받기 위해 그 사람을 방문하는 것을 전혀 부끄러워하지 않는다! 이러한 체계에서는 사람들이 그러한 관습에 흐르는 물처럼 유연하게 순응함으로써 오히려 스스로 자연의 하찮은 항아리 같은 물건으로 전락하고 만다는 사실에 대해 전혀 눈치도 못 채고 있다. 사람들은 그런 항아리 같은 물건을 어떤 책임감도 느끼지 않고 사용한 뒤 깨 버릴 것이다. 이것은 마치 사람들이 이렇게 말하는 것과 같다. "나와 같은 이런 유형의 사람들에게는 결단코 부족함이 없다. 나를 가져라! 머뭇거릴 필요가 없다!"

167.

무조건적 충성이라는 것. — 만약 내가 가장 많이 읽힌 독일의 철학자, 가장 많이 회자되는 독일의 음악가, 가장 많이 존경을 받고 있는 독일의 정치가에 대해 생각을 하게 되면, 나는 다음과 같이 고백해야만 할 것 같다. 독일인, 이 무조건적인 감정의 민족은 무엇보다도 그들 자신이 위대하다고 불러 대는 바로 이런 사람들 때문에 지금 정말 쓰라린 경험을 하고 있다. 이 세 가지 경우 모두는 각각 화려하기 짝이 없는 연극 장면을 보여 주고 있다. 각각의 흐름은 흐름 그 자체로 인해 물길이 깊이 파인 형태를 취하고는 있지만, 너무나 강력하게 흘러서 종종 산으로 거슬러 오르려 하는 것처럼 보일 정도다. 그리고 사람들이 자신의 존경심을 아무리 드러내고 싶어 한다

해도, 전체적으로, 또 거의 모든 점에 있어서 쇼펜하우어와는 다른 의견을 갖고 싶어 하지 않는 자는 과연 누구란 말인가! 그리고 또 지금 전체적으로든 세부적으로든 누가 과연 리하르트 바그너와 동일한 의견을 가질 수 있단 말인가! 하물며 바그너가 자극을 받거나 혹은 자극을 주는 곳이라면 어디든 하나의 문제가 숨어 있다고 누군가가 말을 하고, 또 그 말이 사실이라고 할지라도 그와 의견을 같이할 사람은 없을 것이다. 게다가 그는 자신이 숨겨 놓은 그것을 결코 드러내 보여 주지도 않을 것이다. 그리고 마지막으로 비록 비스마르크 스스로가 오로지 하나의 의견만을 가졌다거나 혹은 계속해서 일관성 있는 표정을 짓는다 할지라도, 얼마나 많은 사람이 진심으로 비스마르크의 그 유일하다는 의견[235]과 함께하고자 했을까! 비록 근본적인 원칙은 없지만 근본적인 충동은 갖고 있고, 이 민첩하게 움직이는 정신이 강력한 근본적인 충동에 봉사하고 있지만, 바로 그렇기 때문에 근본적인 원칙이 없는 이런 것들은 정치가에게 기이하지 않고 오히려 정당하고 자연스러운 것으로 간주되어야 했다. 그러나 유감스럽게도 그것은 지금까지 철두철미하게 전혀 독일적이지 않았다! 소음처럼 들리는 음악과 불협화음과 불쾌로 휩싸여 있는 음악가가 독일적이지 않았던 것처럼, 쇼펜하우어가 선택했던 새롭고 비범한 입장 역시 독일적이지 않았다. 즉 독일적이라고 말할 수 있는 두 가지 행위들, 사물들 위에 서는 것과 사물 앞에 무릎을 꿇는 것은 그의 것이 아니었다.[236] 그는 오로지 사물들에 반대하여 철학을

235 비스마르크는 독재자로서 다른 의견의 자유를 허용하지 않았다는 뜻이다.

236 니체가 철학을 하는 목적은 사물을 한계로 인식하고 그것을 운명으로, 필연으로, 즉 끝으로 간주하든가 아니면 그 인식을 극복하고 그다음으로 넘어가 다른 한계와 직면하든가에 있다. 즉 사물 앞에 무릎꿇는 것 자체가 부정적인 행위는 아닌 것이다. 이때는 오히려 '아모르 파티', 즉 '운명애'를 실천해야 하는 순간이 되는 것이다. 48번 잠언을 다시 한번 읽어 보자. "'너 자신을 알라'는 학문의 전부다. — 모든 사물에 대한 인식의 끝에 도달해서야 인간은 스스로 자기 자신을 알게 될 것이다. 왜냐하면 사물들은 오로지 인간의 한계가 될 뿐이기 때문이다." 자기 자신에 대한 인식이 끝나는 곳에서 사물의

했다. 믿을 수가 없다! 그리고 불쾌하기만 하다! 스스로 사물들과 함께 하나의 같은 줄에 서면서도 그 사물에 대해 적대자로서, 그리고 결국에는 자기 자신에 대한 적대자로서 서다니! 그를 무조건적으로 숭배하는 자라 해도 이런 모범을 가지고 도대체 무슨 일을 시작할 수 있겠는가! 게다가 서로가 반목하며 결코 평화를 도모하고자 하지 않는 이런 세 가지 모범들을 가지고 도대체 무슨 일을 하겠다는 것인가! 사실을 말하겠다. 쇼펜하우어는 음악가 바그너에 대한 적대자이고, 바그너는 정치가 비스마르크에 대한 적대자이며, 비스마르크는 모든 종류의 바그너적인 것과 쇼펜하우어적인 것에 대한 적대자이다! 이런 상황에서 도대체 무슨 일을 도모할 수 있겠는가? '충심으로 충성하고 싶은' 목마른 갈망은 어떻게든 충족될 수 있기라도 한 것일까! 저 음악가의 음악에서 수백 개의 좋은 소절들을 읽어 내는 것, 즉 사람들의 마음에 감동을 주고 또 그런 사람들이 다시 감동받은 자신의 마음으로부터 그런 소절들을 읽어 내는 것이 가능이나 한 일일까? 이런 작은 약탈짓거리를 통해 과연 아무 일도 없다는 듯이 옆으로 물러서고, 또 나머지 모든 것은 한마디로 간단하게 잊을 수 있단 말인가? 그리고 저 철학자와 정치가에 대해서도 이러한 화해를 모색하는 것, 즉 특정 부분만을 읽어 내

세계가 시작된다. 하지만 사물에 대한 인식 끝에 도달할 때 자기 자신에 대한 인식 또한 그 끝에 도달하게 된다. 이 순간이 바로 끝과 끝이 맞물리는 물아일체의 순간이 되는 것이다. 사물과 하나가 되는 환희와 기쁨은 이때 주어지게 되는 것이다. 한계에 도달하면 수많은 수수께끼가 주어지게 될 것이다. 하지만 포기하지 않고 끊임없이 그 수수께끼를 풀며 그다음으로 넘어가게 될 때 우리는 초인이 되는 길 위에 서 있게 되는 것이다. 떠나고 돌아오기를 반복하며 삶은 진행되는 것이다. "모든 사물이 사슬로 연결되어 있고 실로 묶여 있으며, 사랑으로 이어져 있으니. / 그대들이 일찍이 어떤 한 순간이 다시 오기를 소망한 일이 있다면, '너, 내 마음에 든다. 행복이여! 찰나여! 순간이여!'라고 말한 일이 있다면, 그대들은 그로써 모든 것이 되돌아오기를 소망한 것이 된다! / 모든 것이 다시 시작되고, 모든 것이 영원하고, 모든 것이 사슬로 연결되어 있고, 실로 묶여 있고 사랑으로 이어져 있는, 오, 그대들은 이런 세계를 사랑한 것이 된다. / 그대 영원한 존재들이여, 이 세계를 영원히, 그리고 항상 사랑하라. 그리고 비애를 향해 '사라져라, 하지만 때가 되면 되돌아오라!'고 말하라. 모든 기쁨이 영원을 소망하기 때문이다"(『차라투스트라는 이렇게 말했다』, 530쪽 이하)!

고 가슴으로 받아들이며, 특히 나머지는 잊는다는 것이 가능이나 한 일일까?[237] 물론 잊는다는 것이 그렇게 어려운 일이 아니라면 문제시될 것은 아무것도 없다! 여기에는 긍지가 대단히 높은 인간이 있었다. 그는 철두철미하게 오로지 자기 자신한테서만 좋은 것과 나쁜 것을 받아들이려 했다. 하지만 망각이 필요했을 때, 그는 스스로 잊을 수 없었고 정령들에게 세 번이나 간청해야만 했다. 그 정령들은 그에게 와서 그가 쏟아내는 그 열망의 소리를 직접 들었지만, 그 정령들은 오히려 마지막에 이렇게 말했다. "그것이야말로 우리의 권력 속에 있는 것이 아니다!" 그렇다면 독일인은 이제 만프레드의 경험을 이용해야 하지 않을까? 왜 새삼스럽게 이런 정령들을 불러내 간청하려 하는가! 이런 일이야말로 쓸데없는 일이다. 잊으려 하면 잊지 못한다.[238] 그리고 이 시대의 위대한 인물로 간주되는 이 세 사람을 앞으로도 계속 충심으로 숭배할 수 있기 위해 결국에는 잊어야만 한다는 그 '나머지'는 또 얼마나 위대한 것인지 알기나 하는가! 하지만 바로 여기에 조언해 줄 만한 것이 있다. 즉 이 좋은 기회를 이용해 무엇인가 새로운 것을 시도

237 이렇게 믿는 것이 낭만적이다. 쇼펜하우어는 힌두교의 니르바나 이념을 끌어들이며 낭만적인 철학을 펼쳤고, 바그너는 사랑을 통한 구원이라는 이념에 뿌리를 둔 낭만적인 음악극을 만들어 냈으며, 비스마르크는 황제 빌헬름 1세의 권위를 옹호하는 복고정치의 이념 속에서 국회와 자유민주주의에 대한 검열과 탄압 정책을 펼쳤다. 모두가 너무 순진하고, 너무 순진해서 투박하기만 한 결과를 쏟아내고 있었다. 니체는 이런 낭만적인 이념에 휩싸여 있는 현실을 인식했고, 여기서 모든 가치를 갈아엎을 수 있는 돌파구를 추구했던 것이다.

238 명언이다. 그리고 중요한 말이다. 이성적 존재가 보여 줘야 할 능력에는 두 가지가 있다. 하나는 기억하는 일이고 다른 하나는 잊는 일이다. 그동안 이성은 기억하는 일에 몰두해 왔다. 모든 시험은 누가 더 잘 기억하고 있는가 하는 것에 집중했었다. 그러는 동안 잊는 능력에 대해서는 무관심했던 것이 사실이다. 니체는 기억하는 일과 잊는 일에 균형을 잡아 줄 것을 요구하고 있다. 아폴론적인 것이 빛의 원리로 이성의 태양을 의미하며 사물의 의미를 밝혀 주는 원리로 이해될 수 있다면, 디오니소스적인 것은 망각의 원리, 이성의 또 다른 이면을 보여 주는 원리가 되어야 하는 것이다. 모든 사물의 의미는 이럴 수도 있고 또 저럴 수도 있어야 한다. 사물은 언제나 있는 그대로지만, 그것을 어떻게 해석하고 받아들이느냐는 생각하는 존재, 즉 이성의 활동에 의해 결정될 수밖에 없다. 이성적 존재는 이런 측면에서 대가의 면모를 갖추어야 하는 것이다.

하는 편이 더 낫다는 것이다. 말하자면 자기 자신에 대항하는 솔직함 속에서 자기 자신은 받아들여지게 된다. 마찬가지로 믿음으로 충만하여 추종하거나 혹은 격렬하고 맹목적으로 적개심을 품은 민족으로부터는 오로지 조건적으로 동의하고 호의적으로 대결하는 민족이 나올 수밖에 없는 것이다. 그러니까 어떤 인물들에 대해 무조건적으로 충성하는 것은 웃긴 짓거리라는 것을 우선 배워야 한다. 이렇게 생각을 바꾸는 법을 배우는 것이 독일인에게는 결코 불명예스러운 일이 아니라는 것, 그리고 또 '중요한 것은 인물이 아니라 사태'라는 말이 심오하고 가슴에 새겨 둘 만한 금언金言이라는 사실도 배워야 한다. 이런 금언이야말로 그것을 말하고 있는 사람과 마찬가지로, 또 군인이자 공화주의자였던 카르노처럼, 위대하고 용감하며 단순하고 또 과묵하다. 그런데 지금 한 프랑스인, 더 나아가 공화주의자에 대해 이렇게 독일인에게 말을 해도 되는 것일까? 아마 안 될 것이다. 그렇다. 아마 니부어가 당대의 독일인에게 말해도 되었던 것조차 기억 못 할 것이다. 즉 카르노만큼 니부어에게 진정한 위대함의 인상을 준 사람은 아무도 없었던 것이다.

168.

하나의 모범. — 투키디데스에게서 내가 사랑하는 것은 무엇일까? 플라톤보다 그를 더 높이 존경하게 하는 것은 무엇일까? 그는 인간과 사건들의 모든 전형적인 것을 가장 폭넓게, 가장 편견 없이 바라보며 기쁨을 느낀다. 그리고 모든 전형에는 어김없이 어느 정도의 좋은 이성이 속해 있다는 사실을 발견한다. 이런 좋은 이성을 그는 발견하고자 애를 쓴다. 그는 플라톤보다 더 크고 실제적인 공정성을 지니고 있다. 그는 자신의 마음에 들지 않는 사람, 혹은 자신에게 고통을 준 사람까지도 비방하거나 경멸하지 않는다. 반대로 그는 모든 사물과 인물 안에서 어떤 위대한 것을 찾아내고 또 그것을 이들에게 추가하는 일에 매진한다. 이런 일이 가능한 이유는 그가 오로지 전형만을 바라보기 때문이다. 자신의 저작을 창조하여 바치는 모든 후세인 역시 전형적이지 않은 것이 무엇이 있겠는가! 이렇듯 인간에 대한 사색가인 투키디데스에게서 가장 편견 없는 세계 인식의 문화가 최종적으로 화려하게 꽃을 피우고 있는 것이다. 그 세계 인식의 문화에는 시인으로서 소포클레스가, 정치가로서 페리클레스가, 의사로서 히포크라테스가, 자연 탐구자로서 데모크리토스가 관여하고 있었다. 바로 이 문화는 그것의 스승인 소피스트라는 이름으로 세례를 베풀 만한데, 유감스럽게도 이렇게 세례를 베푸는 순간부터 갑자기 우리에게 창백하고 파악할 수 없는 것이 되어 버린다. 왜냐하면 이제 우리는 플라톤 같은 사람이 모든 소크라테스 학파와 힘을 합쳐 대항해 싸워 온 문화가 매우 비윤리적인 문화였음에 틀림없을 것이라고 추측하기 때문이다. 하지만 바로 여기서 진리는 너무나 뒤얽혀 있고 뒤틀려 있어서 사람들이 풀어내기를 꺼려 할 정도가 되고 말았다. 이렇게 해서 그 낡은 오류가 그것의 낡은 길을 달리고 있는 것이다! 오류는 진리보다 단순하다.

169.

그리스적인 것은 우리에게 너무도 낯설다. — 동양적인 것이든, 현대적인 것이든, 아시아적인 것이든, 유럽적인 것이든, 이 모든 것이 그리스적인 것과 비교해 갖게 되는 특색은 대량 생산성에 있다. 즉 그 모든 것의 특색은 고귀함의 언어로 간주되는 거대한 분량에 대한 향락에 있다는 것이다. 이에 반해 파에스툼, 폼페이, 아테네 그리고 그리스적인 건축물 전체 앞에서 우리는 그리스인이 얼마나 적은 분량으로도 어떤 고귀한 것을 표현해 낼 줄 알았고 또 그렇게 표현하기를 사랑했는지에 대해 너무나 놀라게 된다. 마찬가지로 놀라게 되는 것은 그리스인이 자기 자신에 대해 얼마나 단순한 표상을 갖고 있었는지 하는 것이다! 인간에 대한 지식이라는 측면에서 보면 우리는 이들로부터 얼마나 멀리 떨어져 있는지! 게다가 우리의 영혼과 그 영혼에 대한 우리의 표상들은 그들의 것과 비교해 얼마나 미로처럼 보이는지! 만약 우리가 우리 영혼의 방식에 따라 하나의 건축물을 원하고 또 그것을 짓는 일을 감행해야 한다면, 우리의 모범으로 미로만이 주어질 수밖에 없을 것이다! 하지만 그런 영혼의 방식을 고백하기에는 우리는 너무도 비겁하다! 이러한 사실은 우리 자신에게 걸맞고 우리를 정말로 잘 표현해 낸다는 그 음악에 의해서도 이미 분명하게 드러난다! 즉 사람들은 음악 아래에 있는 그들 자신을 볼 수 있는 이가 아무도 없다고 착각하고 있기 때문에 음악에서 그들은 자기 자신을 있는 그대로 드러내 보이고 있기 때문이다.

170.

감정의 다른 관점. — 그리스인에 대해 우리는 그저 잡담이나 하고 있다! 도대체 우리는 그들의 예술과 그들의 영혼에 대해 무엇을 이해하고 있단 말인가! 아니 남성의 홀딱 벗은 육체의 아름다움에 대한 열정을 이해라도 하고 있는가! 그들은 오직 여기서부터만 여성의 아름다움을 느꼈다.[239] 그

239 여기서 오해는 없어야 한다. 남성이 먼저고 여성이 그다음이라는 식의 선후 맥락을 말하고 있는 것이 아니다. 마치 동양의 음양 이론에서처럼 음은 오로지 양을 전제로 할 때에만 의미가 있는 것이다. 아니 양이 음을 전제로 할 때에만 인식의 대상으로 된다고 말해도 상관없다. 대립은 있으나 그 대립의 내용이 되는 것들 중에 더 낫고 더 나쁜 것이 있다는 식의 평가는 없어야 하겠다. 남성의 아름다움이 인식될 수 있다면, 당연히 여성의 아름다움도 인식될 수 있다. 우리가 고대의 나체상을 직면하게

러니까 그들은 여성의 아름다움에 대해 우리와는 전혀 다른 하나의 관점을 갖고 있었다. 여성에 대한 그들의 사랑에 대해서도 비슷한 상황에 놓여 있다. 그들은 다른 방식으로 여성을 존경했던 것이다.[240] 그들은 또한 다른 방식으로 여성을 경멸했다.

171.

현대인의 음식물. — 현대인은 많은 것을, 아니 거의 모든 것을 소화시킬

될 때 도대체 어디에서부터 부끄러운 감정을 갖게 되는 것일까? 그것이 야하다거나 음란하다는 생각을 하게 되는 이유는 어디에 있는 것일까? 고대의 신들은 대부분 그 나체의 형상으로 아름다움을 표현해 내고 있다. 여기서 관점의 차이를 발견해 내야 할 것이다. 니체가 비판하고 있는 여성성은 중세 이후 형성된 관점에서의 여성성이다. "여자는 교회에서 잠잠하라"(고린도전서 14:34). 이런 식으로 복종만을 강요당한 여성들은 자신의 의견조차 제대로 가질 수 없었던 것이다. 마녀사냥은 19세기까지 이어졌다. 좀 더 구체적으로 말하자면, 1870년대까지 그런 법정이 세워졌고, 거기서 여성들은 말도 안 되는 이유들로 죄인이 되었으며 또 억울하게 엄중한 처벌을 받았다. 처녀가 임신을 하면 마녀로 몰렸던 것에 대해 의혹을 제기했던 작품이 괴테의 『파우스트』에 나오는 그레트헨의 영아 살해 장면이다. 그는 여기서 14살 정도로 보이는 소녀 그레트헨이 자신이 낳은 아기의 목을 졸라 죽인 이유가 자신이 살기 위해서였다는 메시지를 담아냈다. 자신의 임신이 세상에 밝혀지는 순간, 그녀는 마녀로 몰려 죽임을 당할 것이 뻔했기 때문이다. 괴테는 그레트헨이 무죄라는 사실을 예술 작품을 통해 주장하고 싶었던 것이다. 악마에 의해 소녀가 임신하게 된 것이 아니라 사랑에 의해 임신한 것이라고 말하고 싶었던 것이다. 낭만주의 시대에 들어서야 겨우 여성들은 독서에 눈을 뜨게 되었고, 특히 니체가 청혼까지 했던 루 살로메는 유럽 최초의 심리학과 여대생으로 유명했을 정도였다. 그만큼 그는 자유분방한 그녀의 면모에 매력을 느꼈던 것이다.

240 고대인의 여성관을 알고 싶으면, 그 신들의 세계에서 여신으로 불렸던 인물들의 면모를 살펴보면 된다. 모든 여신은 한결같이 독특하고 개성이 뚜렷하며 자기 생각과 의견에 있어서 선이 분명하다. 그뿐만 아니라 모든 여신은 한결같이 건강하고 아름다우며, 한마디로 놀라운 외모를 지니고 있다. 병든 신은 없다. 약한 신은 없다. 심지어 아테나는 전사의 면모로 유명하다. 투구, 창, 방패, 갑옷 등으로 무장한 그녀의 외모는 두려움을 불러일으키기에 충분하다. 물론 신들 끼리, 그들 사이에서는 누가 더 강하고 누가 더 약한지는 구별될 수 있겠으나, 그 모든 것은 다양성의 원리 속에서 발생하는 갈등과 알력으로 해석될 수밖에 없는 것들이다. 개성이 뚜렷한 자들이 함께 모이면 싸울 수밖에 없다. 이런 이야기들이 신화의 주제가 되고 소재가 되었던 것이다.

줄 안다. 이것이야말로 현대인이 명예로 느끼는 부분이다.[241] 그러나 만약 그가 바로 이것을 이해하지 못했더라면, 더 높은 질서에 도달해 있지 않았을까. 호모 팜파구스homo pamphagus[242]는 가장 세련된 종이라 말할 수 없다. 우리는 우리보다 더 미친 증세를 보이고, 우리보다 더 자기 것만 고집하는 것을 취향으로 지닌 과거와 아마 우리보다 더 까다롭게 선택하는 것을 취향으로 가진 미래 사이에 살고 있다. 그렇다. 우리는 너무나도 그 한가운데에 살고 있다.

172.

비극과 음악. — 예를 들어 아이스킬로스 시대의 그리스인처럼 근본적으로 전쟁이라는 일상 속에서 호전적인 기질을 가지고 살아야 했던 사람들은 쉽게 감동하지 않는다. 그러나 연민이란 것이 한번 그들의 단단한 마음을 덮쳐 버리면, 그 연민은 그들을 현기증에 휩싸이게 하고 만다. 그리고 동시에 마치 '악마적인 힘'과 같은 것에 내몰리게 한다. 그러면 그들은 자신이 자유롭지 못하다고 느끼고 일종의 종교적인 전율에 흥분하게 된다. 그러고 나서 그들은 이러한 상태에 대해 깊이 있는 생각을 하게 된다.[243] 그들

241 현대인은 뭐든지 다 잘한다. 현대인은 팔방미인이다. 그것이 현대인의 긍지다. 하지만 그러면서 현대인은 잃어버리는 것도 너무 많다. 다 잘하려다 보니 놓치고 사는 것도 너무 많다. 다 잘하기 위해 써버린 시간 때문에 자기 자신을 위한 시간을 갖지도 못한다. 현대인은 늘 시간에 쫓겨 다닌다. 늘 시간이 없다고 푸념하며 살아간다. 현대인은 늘 피곤과 권태에 노출된 채 질병의 공격으로부터 무방비 상태로 살아가고 있는 실정이다. 니체는 이런 현대인의 고질병을 인식했다. 그는 이런 현대를 넘어 현대 이후를 내다보고 있었다. 아직 이름조차 없는 현대 이후, 그 새로운 세상이 어서 빨리 도래해 주었으면 하는 심정에서 니체는 철학의 길을 걸었던 것이다.

242 "모든 것을 먹어 치우는 인간."

243 비극을 관람함으로써 처하게 되는 상황은 독특하다. 연민과 공포가 온몸을 휩싸고 돈다. 하지만 비극이 끝나고 나면 상황은 돌변한다. 연민과 공포는 인식을 위한 소재가 되고 만다. 그것이 감정을 지배

이 이러한 전율과 흥분 상태 속에 그토록 오랫동안 머물러 있어도 사실 아무런 상관이 없다. 오히려 그들은 고통이라는 가장 쓴 약초의 효능에 힘입어 자기-밖-존재라는 황홀지경과 경이로움이라는 환희를 즐기고 있을 뿐이다. 이런 식으로 전사를 위한 음료수는 황홀지경에 빠지게 하는 데 적당했던 것이다. 그것은 사람들에게 쉽게 주어지지 않는 것이었고, 지극히 드문 현상이었으며, 어떤 위험천만한 것이었고, 또 쓰면서도 달콤한 어떤 것이었다. 비극은 그렇게 연민을 느끼는 영혼들에게 영향을 주었다. 즉 비극은 공포에 의해서든 연민에 의해서든 쉽게 정복되지 않지만 그래도 때때로 부드러워질 필요가 있는 단단하고 호전적인 영혼들을 겨냥했던 것이다. 하지만 돛이 바람을 향해 무방비 상태로 열려 있듯이 '연민의 감정들'을 향해 무방비 상태로 열려 있는 그런 자들에게 비극이 무슨 일을 해 줄 수 있으랴! 플라톤 시대에 아테네인이 보다 약해지고 감상적이 되었을 때, 철학자들은 이미 비극의 유해성을 지적하고 비난했다. 아, 그러나 이들은 우리의 대도시와 소도시 시민들이 감동에 휩싸이는 그런 감상성으로부터 얼마나 멀리

하는 원리로 머물지 않는다. 오히려 감정은 그 연민과 공포로 혼탁해진 내면을 깔끔하게 청소하기 시작한다. 감정은 정화라는 과정을 밟게 되는 것이다. 이런 식으로 설명을 했던 것이 아리스토텔레스의 비극론이다. 그는 인류 역사상 최초로 비극이란 문학적 장르를 철학적으로 연구한 철학자이다. 그 연구의 업적을 『시학』 속에 담아냈던 것이다. 자신을 플라톤의 후계자로 아카데미 총장 자리에 앉혀 주지 않자 아테네를 떠났다가, 알렉산드로스가 테베와 아테네 연합군을 격파하고 당시 그리스의 중심지 아테네로 들어갈 때 아리스토텔레스도 함께 들어갔다. 비극을 보지 말라고 가르쳤던 소크라테스와 플라톤에 저항해서 아카데미에 복학하기를 거부한 아리스토텔레스는 리케이온에 페리파토스(소요학파)라 불리는 새로운 학당을 세우게 된다. 이런 긴박했던 순간에 집필한 책이 『시학』이란 점을 감안하며 그 책은 분명 예사로운 책이 아니었을 것으로 짐작된다. 어쩌면 플라톤의 대표작으로 알려져 있는 『국가론』에 버금가는 책으로 간주될 만한 면모를 띠고 있었을 것이 분명하다. 그런데 남아 있는 자료는 너무도 빈약하기만 하다. 어쩌면 누군가에 의해 버림받지 않았을까? 이런 의혹 속에서 기호학자 움베르토 에코는 『장미의 이름』을 집필하게 된다. 어쩌면 기독교인이 아리스토텔레스의 작품을 금서로 지정하고 읽지 못하게 했으며 그런 와중에 그 책의 상당 부분이 사라지게 된 것이 아닐까 하고 의심하는 것이다. 어쨌든 비극은 아직도 "발견되고 발굴되어야 하는 것"(『비극의 탄생』, 14쪽)으로 남아 있다. 니체는 바로 이런 인식 속에서 비극을 연구하는 것이다.

떨어져 있었던가! 지금 막 시작되는, 위험으로 가득 찬 이 시대는, 그러니까 용기와 남성다움이 절실하게 요구되는 이 시대는 어쩌면 비극 작가들이 필요로 했던 정도까지 그 영혼들을 점차적으로 다시 단단하게 만들어야 하지 않을까 싶다. 물론 한때나마 비극 작가들은, 가장 부드러운 말로 표현한다고 해도 이렇게 말해야 할 것 같다, 어느 정도 흘러넘칠 정도였다. 어쨌든 언젠가는 다시 한번 이 음악을 위해 더 나은 시대가 올 것이다. 물론 분명한 것은 그 시대가 더 악한 시대가 될 것이라는 사실이다![244] 그때가 되면 예술가들은 엄격한 인격을 소유하고, 내적으로 단단하며, 자기 자신의 열정이라는 그 어두운 진지함에 의해 지배당한 인간들을 겨냥하게 될 것이다. 그러나 오늘날처럼 너무나 동요하고 있고 성숙하지 못하며 인격은 절반 정도만 갖춘 채 쓸데없는 것에 호기심을 많이 갖고 있고 모든 것을 그저 탐하기만 하는 영혼들에게, 사라져 가는 이 시대의 영혼들에게 이런 음악이 도대체 무슨 일을 해 줄 수 있을까?

173.

노동을 찬미하는 연설가들. — 사람들이 '노동'을 찬미할 때나, '노동의 축복'에 대해 지치지도 않고 연설을 해 댈 때 나는 그것들에서 공익을 위하고 비개인적인 행위들에서와 같은 저의低意, 즉 모든 개인적인 것에 대한 공포를 발견하게 된다. 사람들은 지금 이러한 노동을 바라보며 이것이야말로 최고의 경찰이라고 말하고 있으며, 또한 그것이 모든 사람에게 재갈을 물

244 더 나은 시대는 더 악한 시대와 어울린다. 극복을 하려면 기존의 것을 파괴할 수 있는 악의가 작동해줘야 한다. 기존의 것을 가치 없는 것으로 인식하고 그것에 잔인한 망치질을 할 수 있는 양심이 형성되어야 한다.

리고, 더 나아가 이성, 열망, 독립 욕구의 발전을 강력하게 저지할 수 있다고 이해하고 있다. 이때 이들이 말하는 노동이란 언제나 아침 일찍부터 저녁 늦게까지 행해지는 고된 노동을 의미한다. 이런 종류의 노동은 극히 예외적일 정도로 많은 신경의 힘을 소모하게 한다. 이런 노동은 게다가 깊은 생각, 깊은 고민, 몽상, 걱정, 사랑, 증오를 할 때조차 거의 동일한 신경을 앗아 간다.[245] 이런 노동은 언제나 하나의 작은 목표를 주시하게 하고 또 거기서 가볍고 규칙적인 만족을 얻어 낼 뿐이다. 물론 이토록 지속적으로 고되게 일만 하게 되는 이런 사회는 보다 많은 안정성을 갖게 될 것이다. 게다가 이런 종류의 안전을 사람들은 현재 최고의 신성으로서 숭배하고 있기도 하다. 그런데 지금 이런 상황의 실상을 좀 보라! 끔찍한 일이다! 바로 그 '노동자'가 위기에 처했다! 세상은 지금 '위기에 처한 개인들'로 우글거리고 있다! 그리고 이들 뒤에는 위험 중의 위험, 즉 유일한 그 개인[246]이 있을 뿐이다!

245 현대인은 신경 쓸 일이 너무도 많다. 무슨 일을 해도 신경부터 쓴다. 신경은 쓰면 쓸수록 약해질 뿐이다. 신경을 너무 쓰면 끊어질 위험이 있다. 신경이 이런 지경에 이르면 정신은 미궁에 빠지고 만다. 정신 속에서 정신은 길을 잃고 마는 것이다. 일명 정신병에 걸리고 마는 것이다. 누구는 광인이라 부르고 누구는 미친 사람이라 부른다. 이런 지경에 이르지 않으려면 끊임없이 정신력을 강화시키는 훈련에 임해야 한다. 늘 정신을 차리고 살 수 있는 적당한 긴장감도 필요하다.

246 니체는 여기서 '개인'을 일컫는 단어 '인디비두움(individuum)'을 소문자로 표기해 놓았다. 원래 독일어에서 명사는 대문자로 표기하는 것이 규칙이다. 그런데 니체는 이 규칙을 깨고 예외적인 상황을 연출해 내고 있는 것이다. 현대인들이 말하는 공개적인 개인과 그 개인성에 대해 니체는 불편한 심정을 이렇게 소문자로 표기함으로써 비판적인 의사를 드러내고 있는 것이다. 현대인들이 중요하다고 생각하는 그것이야말로 가장 사소한 것에 불과하다는 그런 인식이 전해지고 있는 것이다. 현대는 분명 개인주의 시대처럼 보이지만, 그런 개인주의 이념 속에서 오히려 개인이 파괴되어 가고 있는 현상을 목격한 것이다. 현대인은 모두가 벌레처럼 일을 하고 있다. 그들이 모여 사는 꼴이란 벌레들이 우글대는 모습과 흡사해 보이는 것이다.

174.

장사를 하며 돈을 버는 사회의 도덕적 유행. — '도덕적 행위는 타인에 대한 동정의 행위이다'라는 현재 유행하는 도덕 원칙의 이면에서 나는 사회적 충동 속에는 오로지 두려움만이 지배하고 있다는 것을 확인하게 된다. 이 충동은 동정이란 방식을 통해 지능적으로 자신을 위장한다. 가장 고귀하고, 가장 중요하며, 가장 가까운 것으로서 간주되고 있는 이러한 충동을 통해 사람들은 무엇보다 이전의 삶이 갖고 있었던 모든 위험성을 현재의 삶에서 제거할 수 있으리라고 믿고 있다. 이를 위해 모든 사람이 온 힘을 다해 서로 도와야 한다는 것이다. 따라서 오로지 공공의 안전과 사회의 안정감을 목표로 하는 행위들만이 '선하다'는 소리를 듣게 된다! 하지만 현대인들은 자기 자신에 대해 얼마나 적은 기쁨을 가져야만 한단 말인가! 만약 그러한 두려움의 폭정이 그런 윤리 법칙을 최고의 것으로 정해 주고, 또 사람들이 그것에 대해 아무런 저항도 없이 그렇게 명령하게 하며, 그리고 그들 자신과 자신의 주변으로부터는 눈을 돌리는 대신, 다른 곳에서 일어나는 모든 곤경과 모든 괴로움을 위해서라면 '살쾡이의 눈으로' 주시하라고 한다면, 사람들은 자기 자신에 대해서 거의 기쁨을 느낄 수 없게 될 것이 틀림없다! 우리는 삶에서 모든 날카로움과 모난 것을 제거한다는 그런 끔찍한 의도에서 인류를 모래로 만드는 최상의 길을 걷고 있는 것은 아닐까? 그렇다, 사람들을 모래로 만들고 있다! 작고 부드럽고 둥글고 한도 끝도 없이 펼쳐져 있는 그런 모래로! 그대들, 동정이라는 감정의 전령들이여, 이것이 그대들의 이상이란 말인가? 그러나 다음과 같은 질문들에는 여전히 대답조차 내놓지 못한 상태다. 도대체가 타인에게 직접, 그리고 즉각적으로 달려가 그를 지속적으로 도와주는 그런 사람들이 타인에게 더 유용하단 말인가? 이런 일들을 폭력으로 규정하고 변형시키지 않는 곳에서는, 이런 일들은 그저 외형적으로만 벌어지지 않을까? 혹은 자기 자신을 타인이 즐겁게 바라볼 수 있는 그런 어떤 존재로 형성시켜 놓을 경우, 예를 들어 자기 자신을 폭풍과 먼지를 막는 높은 벽도 있지만 손님을 환대하는 문도 있는, 그런 종류의 아름답고 조용하고 격리된 정원으로 꾸며 놓을 경우, 이런 식으로 변형된 존재가 더 유용하단 말인가?

175.

장사를 하는 상인들의 문화를 이루는 근본 사상. — 개인적인 차원에서의 경쟁이 고대 그리스인의 정수였고, 전쟁과 승리 그리고 정의가 로마인의 정수였던 것처럼, 상인들이 장사를 하는 것이 정수인 한 사회의 문화가 현재 생성되고 있는 것을 우리는 목도하고 있다. 장사를 하는 상인들은 모든 것을 직접 만들어 내지 않으면서도 그것에 대한 견적을 낼 줄 안다. 그것도 자기 자신의 개인적인 욕구가 아니라 소비자들의 욕구에 따라 견적을 낼 줄 아는 것이다. '누가 그리고 얼마나 많이 이것을 소비할 것인가?'가 그가 관심을 쏟는 문제들 중에서도 가장 큰 문제인 것이다. 그는 본능적으로, 또 끊임없이 이러한 평가방식을 적용한다. 한마디로 모든 것에, 그러니까 예술과 학문, 사상가들, 학자들, 예술가들, 정치가들, 민족과 당파들, 하물며 시대 전체의 소산에까지 그 방식을 적용하는 것이다. 그는 만들어지는 모든 것에서 하나의 물건으로서의 가치를 결정하기 위해 수요와 공급에 대한 관계를 조사한다. 이런 것이 문화 전반에 걸쳐 하나의 성격으로 자리 잡았다. 그것도 가장 큰 것에서부터 가장 세밀한 것에 이르기까지 철저하게 고려된다. 그리고 결국에는 모든 욕망과 모든 능력까지도 규정하게 된다. 이것이야말로 다음 세기를 책임지게 될 사람들인 그대들이 앞으로 긍지를 갖고 자랑거리로 삼게 될 것이다. 만약 장사를 하는 상인 계급의 예언자들이 이것을 그대들의 소유물로서 그대들에게 건네줄 권리를 갖고 있다면 말이다! 그러나 나는 이따위 예언자들을 전혀 믿지 않는다. 호라티우스의 말로 표현하자면, 차라리 유대인 아펠라를 믿겠노라.[247]

176.

아버지들에 대한 비판. — 어째서 사람들은 최근의 과거에 대해서조차 진실을 말하는가? 이는 늘 그렇듯이 이미 자신을 이러한 최근의 과거와는 대립되는 것으로 느끼고 또 이러한 비판 속에서 권력의 감정으로부터 맺어진 첫 번째 열매를 맛보는 새로운 세대가 등장했기 때문이다. 이에 반해 이전의 새로운 세대는 옛 세대의 토대 위에서 서고자 했다. 이런 이유 때문에 새로운 세대는 아버지들의 견해를 수용했을 뿐만 아니라 가능하면 더 엄격하게 수용함으로써 자신의 감정을 느끼기 시작했던 것이다. 그 당시에는 아버지들에 대한 비판 자체가 악덕이었다. 하지만 오늘날 젊은 이상주의자들은 오히려 아버지들에 대한 이런 비판과 함께 새로운 일을 시작한다.

177.

고독을 배우기. — 오, 그대들, 세계 정치가 이루어지는 대도시에 사는 가련한 무리들이여, 그대들, 명예욕 때문에 괴로워하는 유능한 젊은이들이여, 그대들은 모든 사건에 대해, 그 사건이 무엇이 되었든 간에, 그대들이

247 '유대인 아펠라'는 뭔가를 쉽게 믿는 유대인을 일컫는다. 그래서 "유대인 아펠라를 믿겠노라"는 말은 말도 안 되는 사람을 믿겠다는 뜻으로 해석될 수 있다. 니체는 그러니까 그런 사람을 믿는 것이 차라리 더 낫다는 뜻으로 이런 말을 한 것이다.

해야 할 말을 해야 하는 것이 의무라고 간주하고 있다! 비록 그대들이 이런 식으로 먼지와 소음을 만들어 낸다고 하더라도, 그대들 자신이야말로 역사를 이끌어가는 마차라고 믿고 있는 것이다. 하지만 실상은 그대들이 언제나 귀를 기울이고 살아야 하고, 또 그대들이 해야 할 말을 던져 넣을 수 있는 바로 그곳에서 언제나 그 순간에 적응하고 있어야 하기 때문에, 오히려 모든 진정한 생산성을 상실해 버리고 마는 것이다! 이런 상황에서는 그대들이 아무리 위대한 일들을 해 보려고 열망을 해도 헛수고가 될 뿐일 것이다. 왜냐하면 그러한 일들을 잉태할 수 있는 깊은 침묵은 결코 그대들에게 오지 않을 것이기 때문이다. 그대들은 그날의 사건을 추적하고 있다고 생각하겠지만, 실상은 그날의 사건 자체가 그대들을 마치 지푸라기처럼 자기 앞으로 끌어모으고 있는 것이다. 그대들, 가련한 무리들이여! 만약 무대 위에서 주인공이 되고자 한다면 절대로 합창에 끼어들 생각을 하지 말아야 한다는 사실을 기억해 두어야 할 것이다. 그렇다, 어떻게 합창을 부르는지에 대해서조차 알아서는 안 된다.

178.

매일 사용되어 닳아 버린 사람들. — 이 젊은이들에게는 성격이 없는 것도 아니고, 재능이 없는 것도 아니며, 노력이 부족한 것도 아니다. 하지만 사람들은 그들에게 단 한 번도 시간을 허락하지 않았다. 스스로 방향을 설정하도록 내버려두지 않은 것이다. 오히려 그들은 걸음마를 배우던 어린 시절부터 어느 하나의 정해진 방향으로 걸어가도록 지시받는 일에 익숙해져 있는 것이다. 그들이 '사막으로 보내도 될 정도로' 충분히 성숙해지면 사람들은 그들에게 다른 짓을 해 댄다. 즉 사람들은 그들을 이용한다. 사람들은 그들이 스스로에게서 멀어지게 한다. 사람들은 그들을 매일 사용할 수 있는 존재로 길러낸다. 그러면서도 사람들은 그들에게 하나의 의무적인 이론을 만들어 준다. 그리고 이제 그들은 이 의무적인 이론을 떨쳐 버릴 수도 없게 되었을 뿐만 아니라 그것 외에는 다른 것을 원할 수도 없게 되어 버렸다.[248] 다만 마차를 끄는 이 가련한 동물들에게서 제도적으로 보장된 그들의 '휴가'를 빼앗아서는 안 된다. 사람들은 이 휴가를 일컬어 과도하게 노동하는 세기에서 누릴 수 있는 이상적인 한가함이라고 부른다. 바로 이 허락된 휴가 동안에는, 사람들은 한때나마 마음껏 게으름을 피워도 되고 어리석은 짓을 해도 되며 어린애처럼 굴어도 되는 것이다.

179.

가능한 한 작은 국가를 위하여! — 모든 정치적이고 경제적인 것과 관계를 맺고 있는 일들은 가장 많은 재능을 타고난 정신들까지 신경을 써야 할 정도로 혹은 그래야만 할 정도로 그렇게 가치가 있는 것은 아니다. 이러한 정신을 그런 식으로 낭비하는 것은 비상사태보다도 근본적으로 더 나쁘다.

248 욕망까지 조작될 수 있다는 생각은 전형적인 니체의 사상이다. 자기가 원해서 하는 것 같지만 사실은 사회가 시키는 대로 하고 있을 때가 많다. 자기 생각이라고 주장하고 있지만 실상은 사회가 주장하는 소리를 앵무새처럼 반복하고 있을 때가 더 많다. 젊은이들이 힘들어하는 이유는 간단하다. 기존의 세력들이 너무 강력해서 그런 것이다. 새로운 세대의 등장을 바라지 않는 기득권의 권력감정이 너무도 견고해서 그런 것이다. 소위 말하는 어른들이 행패를 부리면 젊은이들은 속수무책이 되고 만다. 말 잘 듣도록 길들여져 있기 때문이다. 말 잘 듣는 것이 미덕으로 배워 왔기 때문이다. 이런 행위가 미덕으로 자리 잡고 있는 한, 편한 쪽은 기득권 세력들이다. 그들이 만들어 놓은 틀 안에서 젊은이들이 놀아 줄 때 어른들은 편안함을 느끼게 되는 것이다. 하라는 것만 해 줄 때 젊은이들은 귀엽고 사랑스럽기까지 한 존재가 되는 것이다. 하지만 이런 권력감정에 반기를 드는 신세대가 등장하게 되면 기존의 세력들은 자신의 권력감정에 상처를 입었다고 판단하게 된다. 이때 세대 간의 갈등은 피할 수 없는 일이 되고 만다. 이런 갈등이 사회 전반으로 퍼지게 될 때 그 사회는 변화에 직면하게 된다. 부정적으로 말하면 위기에 처하게 되는 것이고, 긍정적으로 말하면 한 단계 더 나아가는 진보를 경험하게 되는 것이다.

보다 열등한 두뇌의 소유자들을 위해서는 노동 영역이 어울리며, 아예 두뇌 활동이 거의 보이지 않는 사람들은 이런 수준의 작업장에서조차도 일을 해서는 안 된다. 부분적으로는 차라리 기계가 일을 하는 것이 더 나으리라! 그러나 지금처럼 모든 사람이 한결같이 매일 벌어지고 있는 그런 가치 없는 일들에 대해서도 알고 있어야 한다고 믿고 있을 뿐만 아니라, 누구든 언제라도 그런 일상적인 일들을 위해 일하려 하면서도 자신의 고유한 일은 돌보지 않는 것은 우습기 그지없는 커다란 광기다. 사람들은 '공공의 안녕'을 위해 너무 비싼 대가를 지불하고 있다. 게다가 가장 어처구니없는 것은 사람들이 이를 통해 공공의 안녕과는 전혀 상관없는 정반대의 것을 초래하고 있다는 것이다. 마치 우리의 사랑스럽기만 한 이 세기가 아직 단 한 번도 증명된 적이 없는 것을 증명하려 시도하는 것만 같다! 사회를 도난과 화재로부터 안전하게 지키고, 모든 종류의 상업과 교역을 할 수 있도록 극히 편리하게 만들고, 국가를 좋을 때와 나쁠 때에 따라 미리 예견해서 변조시켜 대는 것, 이것들은 보다 저열한 목표일 뿐만 아니라 실속 없는 목표이며 또 꼭 필요한 목표라고 말할 수도 없다. 이런 목표들을 위해 최고의 수단과 도구를 사용하는 어리석은 짓은 하지 말아야 한다. 그러한 수단과 도구가 존재한다면, 그것은 오로지 가장 높고 가장 드문 목적을 위해 아껴 두고 소중하게 사용해야 할 것이다! 우리의 시대는 경제에 대해 정말 말들이 많다. 하지만 경제보다는 오히려 낭비의 시대가 더 어울린다. 우리의 시대는 가장 귀중한 것, 즉 정신을 낭비하고 있기 때문이다.

180.

전쟁들. — 현재 일어나고 있는 커다란 전쟁들은 역사를 공부한 결과들이다.

181.

통치하는 것. — 어떤 사람들은 통치하려는 욕망 때문에 통치하고, 또 어떤 사람들은 통치되지 않기 위해 통치한다. 후자에게 통치는 그저 두 가지 악 중 좀 더 경미한 것에 불과하다.

182.

어설픈 일관성. — 어떤 사람이 어설픈 일관성을 보일 경우, 혹은 그 일관성이 흐릿한 눈에도 분명하게 보일 경우, 사람들은 커다란 경의의 표시로 이렇게 말한다. '이것이야말로 하나의 성격이다!'라고. 그러나 한층 더 섬세하고, 한층 더 깊은 정신이 지배하고, 한층 더 높은 방식으로 진행되는 일관성을 보여 줄 때, 관객은 여기에 그런 성격이 존재한다는 사실 자체까지 부정하고 만다. 그래서 교활한 정치가들은 습관적으로 어설픈 일관성의 외투를 입고 자신을 위장한 채 그들의 코미디를 연출해 낸다.

183.

늙은이들과 젊은이들. — "의회에 대해 어떤 비도덕적인 것이 있다." 이런저런 다양한 사람들이 아직도 이런 소리를 하고 있다. "왜냐하면 거기서 정부에 반대되는 견해를 갖고 있기 때문이다!"[249] "사람들은 항상 우리의 은

249 정부에 반대되는 생각을 가지고 있으면 비도덕적인가? 니체가 던지는 중요한 질문이다. 기득권에 반대되는 소리를 내놓으면 도덕을 거스르는 일인가? 그렇다면 도덕은 누구를 위한 것일까? 분명한 것은 어린아이들이 도덕을 운운하지는 않는다는 사실이다. 도덕은 가진 자들의 입장을 대변한다. 소위 어른이라 불릴 수 있는 그런 사람들이 도덕을 운운한다. 권력 관계에서도 마찬가지의 현상이 일어난

혜로운 군주가 명하는 그런 견해만을 가져야 한다." 이것은 굳이 지명을 거론하자면, 특히 북부 독일에서 살고 있는 대부분의 말 잘 듣는 늙은이들의 머릿속에 있는 열한 번째 계명이다. 사람들은 마치 낡아빠진 유행에 대해 배꼽잡고 웃어 대듯이 그것에 대해서 웃어 댄다. 하지만 놀라운 사실은 그것이 바로 한 때에는 도덕적이었다는 사실이다! 어쩌면 지금 의회제도 아래서 교육받고 자라난 젊은 세대들 사이에서 도덕적으로 간주되는 그것들조차도 언젠가는 비웃음을 사게 될지 모른다.[250] 그러니까 자기 지혜의 한계를 넘어서면서까지 정당의 정책을 펼치고 또 공공의 복지에 대한 모든 물음을 정당의 돛에 불어 대는 좋은 바람이 되도록 대답하는 이런 짓거리도 언젠가는 비웃음을 사게 될 것이 틀림없다. "우리는 정당이 처한 상황에 따라 요구되는 그런 견해만을 가져야 한다." 이것이 현재의 기준이다. 현재 인정받고 있는 모든 종류의 희생, 자기 극복, 순교는 바로 이러한 도덕에 봉사할 때에만 가능한 것이다.

다. 권력을 거머쥔 자가 도덕을 운운하는 법이다. 권력을 잡지 못한 자에게는 도덕에 의해 규정된 의무만이 주어질 뿐이다.

250 도덕을 바라보는 니체의 시각이다. 도덕은 마땅히 있어야 할 것으로 존재하는 것이 아니다. 도덕은 시간과 공간에 따라 변할 수 있는 속성을 지니고 있다. 여기서 도덕적으로 간주되고 있는 것이라 해도 저기에 가면 전혀 도덕적인 의미를 가지지 못할 수 있다. 과거 조선시대에는 진지한 의미에서 도덕적으로 간주되었던 것이라 해도 현대에 와서는 웃음거리가 되는 것도 많다. 이를 학문적으로 표현하면 시간과 공간에 따라 도덕은 달라질 수 있다는 것이다. 같은 공간, 같은 시대에 사는 사람들이라 해도 자신의 도덕에 대해서는 유연한 태도가 요구된다. 도덕은 언제든지 변할 수 있는 것이라는 인식으로 대해야 한다. 어느 하나의 도덕에 얽매이는 순간 정신은 늙은 것이 되고 만다. 소위 꼰대 짓을 하는 그런 꼴사나운 어른이 탄생하는 순간이다. '나는 말할 테니 너는 듣기만 하라!'는 식의 일방적인 논리를 펼쳐 대는 그런 꼴불견이 탄생하는 순간이다.

184.

무정부주의자들이 만들어 낸 산물로서의 국가. — 길들여진 사람들이 살고 있는 나라들에도 항상 그렇듯이 여전히 반동적이며 길들여지지 않은 사람들이 충분히 있다. 현재 그들은 다른 어떤 곳보다도 먼저 사회주의자의 진영으로 모여들고 있다. 만약 그들이 어느 날 법을 제정해야 하는 상황이 벌어진다면, 그들이 스스로를 쇠사슬로 꽁꽁 묶어 놓고 끔찍한 규율을 실행하게 될 것이라는 사실은 충분히 예상 가능한 일이다. 왜냐하면 그들은 자신을 너무도 잘 알고 있기 때문이다! 그리고 그들은 이러한 법들을 스스로 제정해 냈다는 사실을 의식하면서 그것들을 꾹 참고 견뎌 낼 것이다. 권력감정, 바로 이러한 권력은 그들을 위해서는 너무나 새롭고 매력적이어서 견뎌 내는 것이다. 바꿔 말하면 그들이 자기 자신 때문에 그 모든 것을 견뎌 내는 것은 아니라는 얘기다.

185.

거지들. — 거지들은 없어져야 한다. 왜냐하면 그들에게는 줘도 화나고 주지 않아도 화나기 때문이다.

186.

장사를 하는 사람들. — 그대들이 하는 장사, 그것이야말로 그대들의 가장 큰 선입견이다. 그것이 그대들을 그대들의 장소와 사회 그리고 성향에 얽매이게 한다. 그대들이 장사에 몰두하고 그런 일을 열심히 한다는 것은 반대로 정신적인 일에서는 매우 게을러 있다는 것을 의미한다. 그대들은 그저 자신의 정신적 빈곤함에 대해서는 오히려 만족하고 있으며, 더 나아가 의무의 앞치마를 이러한 만족 위에 걸친 채 살아가고 있는 것이다. 그대들이 그렇게 살고 있는 한, 그대들의 아이들 역시 그렇게 살아가기를 원할 뿐일 것이다![251]

187.

가능한 미래로부터. — 범죄자가 자신이 만든 법을 존중하고, 그가 자기 자신을 스스로 처벌함으로써 자신의 권력을, 즉 입법가의 권력을 행사하고 있다는 것에 대해 긍지의 감정을 가지고서 자기 자신을 스스로 고발하고, 자기 자신에게 자신이 받아야 할 벌을 공적으로 부과하는 그런 상황은 생각할 수도 없는 일일까?[252] 그가 법을 위반할 수도 있을 것이다. 그러나 그는 자발적으로 자신을 처벌함으로써 자신이 저지른 범행을 스스로 극복하게 될 것이다. 그는 솔직함, 위대함, 평온함을 통해 그 범행을 스스로 제거할 뿐만 아니라 공적으로도 선행을 하는 데 기여하게 될 것이다. 이것이야말로 가능한 미래의 범죄자일 것이다. 물론 이러한 범죄자는 미래의 입법제도, 즉 "나는 크거나 작거나 내 자신이 만든 법에만 굴복한다"는 근본 사

251 현실에 만족하고, 그렇게 만족하는 것을 의무로 생각하는 한 세상은 변하지 않을 것이다. 세상의 현실이라고 생각하는 그 틀은 변할 기미를 보이지 않을 것이다. 그렇게 대를 이어 가며 똑같은 세상에서 사람들은 살아가게 될 것이다. 그렇게 현실이라는 한계는 규정되고 만다. 말하자면 현대인은 현대라는 그 한계 속에 갇히고 만 것이다. 그들 자신의 선입견에 갇혀 살아가고 있는 것이다. 그 선입견을 버리지 못하는 한, 세상은 늘 같은 틀 안에서만 진행될 것이다. 문제는 그것을 어떻게 선입견으로 인식하느냐 하는 것이다.

252 니체가 꿈꾸는 미래상이다. 타인에 의해 만들어진 법의식으로 살아가는 것이 아니라, 모든 사람이 그 어떤 양심의 가책도 없이 스스로 만든 법의식 속에서 살아가는 것이다. 이것이 불가능한 일일까? 그것이 불가능한 일이라면, 그것을 불가능하게 하는 요인은 또 무엇일까? 이런 고민을 할 수만 있다면 니체가 고민하는 그 지점 가까이에 도달해 있는 것이다.

상의 입법제도를 전제한다. 이것을 위해서는 수많은 실험이 행해져야 할 것이다! 그래서 또한 수많은 미래가 어둠을 뚫고 빛 속으로 그 모습을 나타내야만 할 것이다.

188.

도취와 영양섭취.[253] — 민중은 언제나 기만하는 사람을, 즉 그들의 감각을 흥분시키는 와인을 구하고 있기 때문에 너무나 자주 기만당한다. 만약 민중이 그런 와인을 손에 넣기만 하면, 질이 나쁜 빵이 주어져도 기꺼이 그것으로 만족하게 될 것이다. 민중에게는 음식물을 섭취하는 것보다 도취에 빠지는 것이 더 가치 있게 여겨지기 때문이다. 바로 여기에 민중이 항상 물게 되는 미끼가 있다! 빛나는 정복자나 옛날의 화려한 군주 가문에 대항했던 남자들, 그 민중 가운데서 선발된 이 남자들은, 설령 사리에 밝은 노련한 수완가라 해도 상관없는 이 남자들은 민중에게 어떤 존재란 말인가! 민중이 신봉하는 이 남자들은 민중에게 미래에 주어질 정복과 화려함을 약속해 줄 수 있어야 한다. 그렇게 되면 그는 아마도 믿음을 얻게 될 것이다. 민중은 항상 복종할 것이며, 때로는 복종하는 것보다 더 많은 일도 해낼 것이다. 물론 그들이 복종함으로써 스스로 도취될 수 있다는 것을 전제한다면 말이다! 월계관과 더불어 사람을 미치게 만드는 그 월계관의 힘이 없다면 민중이라 해도 평온함과 만족감은 주어질 수 없을 것이다. 그러나 도취를 영양

253 도취도 도취 나름이다. 『비극의 탄생』에서 언급되었던 도취는 디오니소스적인 것으로 설명이 되었다. 그것은 아폴론적인 것과 합일을 일궈 내면서 예술의 경지를 실현시키는 원동력이었다. 그런데 여기서는 정치적 도취를 말하고 있다. 예술과 거리가 먼 민중은 또 다른 도취를 원한다. 그런 욕구를 정치에서 충족시키고자 하는 것이다. 정치적 이념으로 충만한 소리에 도취되어 다른 생각을 전혀 하지 못하는 그런 여론의 희생양이 되고 있으면서도 그런 현상을 전혀 깨닫지 못하는 것이다.

보다 더 중요하게 간주하는 이 천민적인 취향은 천민의 가슴 깊은 곳에서 생겨난 것이 절대로 아니다. 이 천민의 취향은 오히려 가슴 깊은 그곳으로 옮겨졌고, 그곳에 심겨졌으며, 그곳에 버려진 채 오로지 그곳에서만 무성하게 자라나게 된 것이다. 물론 이 천민의 취향은 사실 최고의 지성들로부터 유래한 것으로서 그곳에 기원을 두고 있으며, 수천 년 동안 그들 사이에서 꽃을 피워 댔던 것이다. 민중은 이 빛나는 잡초까지도 무성하게 자라날 수 있는 마지막 야생지다. 뭐라고! 그렇다면 이런 민중에게 이 정치를 맡겨야 한다고? 민중이 정치를 하면, 거기서 매일같이 도취만 할 텐데?

189.

위대한 정치에 관하여.[254] — 개인이건 민중이건 그들의 이익과 허영심이 위대한 정치에 아무리 많은 영향을 미친다고 하더라도 그들을 앞으로 나아가게 몰아대는 가장 강력한 물은 권력감정에 의한 욕구이다. 이러한 욕구는 군주나 권력자들의 영혼에서뿐만 아니라 그것에 못지않게 민중의 낮은 계층에서도 마르지 않는 샘처럼 시시때때로 용솟음친다. 대중이 저 최고의 즐거움을 만끽하고 또 승리감으로 충만한 민족으로서, 그리고 폭군처럼 제멋대로인 민족으로서 다른 민족들 위에 군림하며 마음대로 지배하기 위해, 혹은 마음대로 지배하고 있다고 생각하기 위해, 자신의 목숨, 자신의 재산, 자신의 양심, 자신의 덕을 기꺼이 바치려고 각오하는 순간이 언제나 거듭해서 발생하게 된다.[255] 이런 순간이 되면 낭비와 희생, 희망과 과감함, 그리

254 위대한 것도 위대함 나름이다. 니체는 무엇을 두고 위대하다고 말을 하고 있는지 눈여겨볼 일이다. 현실을 이야기할 때에는 그 위대함의 속성이 반대의 의미를 담아낼 때가 많다. 말은 위대하다고 하는데 그 의미가 전혀 다른 현상을 가리킬 때가 많다는 얘기다. 하나의 단어라고 해도 그 단어가 문장 속에서 어떻게 쓰이고 있는지 독자는 주목해야 한다.

고 상상 등으로 충만한 감정들이 풍부하게 넘쳐흐른다. 이런 식으로 흘러 넘치는 감정 때문에 야심만만하고 신중한 군주는 억지로라도 구실을 만들어 내 전쟁을 일으키고 만다. 거기서 더 나아가 그 군주는 국민의 양심을 끌어들여 자신의 불의를 위장하기까지 한다. 위대한 정복자들은 언제나 그렇듯이 미덕에 대해 감동적인 언어를 입에 담아 왔다. 그들은 언제나 대중을 주변에 두고 있었다. 게다가 이 대중은 어김없이 격앙된 상태에 놓여 있었고 또 그래서 오로지 가장 격앙된 언어만을 듣고 싶어 했다. 도덕적인 판단들이 난무하고 있는 이 놀랍기만 한 어리석음이여! 사람은 권력감정에 휩싸여 있는 한, 스스로를 선하다고 말한다. 그리고 정반대로, 그가 자신의 권력을 사용해야만 하는 타인들에 대해서는 악하다고 느끼며, 또 그를 악하다고 서슴없이 말한다![256] 헤시오도스는 인간의 여러 시대에 대한 이야기를 우화의 형식 속에 담아냈는데, 여기서 그는 호메로스가 묘사한 영웅들의 시대를 두 번에 걸쳐 연속해서 묘사해 냈다. 즉 하나의 동일한 시대를 두 개의 서로 다른 시대로 만들어 놓았던 것이다. 모험적이고 폭력적인 이들에 의해 완고하면서도 끔찍하게 억압을 받아 온 사람들, 혹은 선조들로부터

255 사람에겐 사람을 갖고 노는 것이 제일 재밌다. 사람을 가지고 놀면 안 된다는 것을 잘 알면서도 그런 상황이 펼쳐질 수 있는 여건이 마련된다면 누구나 자기 욕망대로 행동하려 한다. '사람 갖고 놀지 말라'는 말이 격언이 될 수 있는 이유도 대부분의 사람이 그것을 지키지 않기 때문이다. 아무리 폭력을 가하지 말라고 해도 힘자랑을 하고 싶은 것은 사람의 기본 욕구다. 거의 모든 어린아이는 강한 인물을 모범으로 두고 상상의 놀이를 펼치기도 한다. 스스로 스파이더맨도 되고 슈퍼맨도 된다. 어른이 되면서 좀 더 이성적으로 변화를 겪을 뿐이지 그런 행동은 여러 다양한 측면에서 발생한다. 소위 사회적 문제로 거론되고 있는 갑질이나 왕따 등의 문제도 이와 무관하지 않다. 혹은 조직폭력배가 몸 전체에 무시무시한 타투를 하는 것도 일종의 권력감정을 드러내는 현상으로 봐도 될 것이다. 사람은 자신이 강하다는 느낌을 받게 되면 무한한 행복감을 느끼게 된다. 그런 행복감을 위해서라면 어떤 희생도 감수하려는 것이 사람의 마음이다.

256 선과 악은 기독교가 말하고 있듯이 미리 정해진 것이 아니다. 하나님의 뜻으로 알아들어야 할 계명 같은 것은 존재하지 않는다. 선과 악은 시간과 공간에 따라 달라지는 것일 뿐이다. 과거와 현재의 선과 악의 현상은 분명 다른 얼굴을 하고 있다는 것을 깨달아야 한다. 훗날 이런 이념을 발전시켜 니체는 『선악의 저편』이란 책도 집필하게 되는 것이다.

이러한 고통스러운 사실을 전해 들은 사람들의 관점에서 보면, 그때 그 시대는 언제나 악한 시대로 보일 뿐이다. 하지만 기사의 가문에서 귀족의 신분으로 태어난 자손들은 그 똑같은 시대를 하나의 선하고 고풍스러운 미풍양속으로 충만하며 기쁘고 행복한 시대로 숭배하게 된다. 따라서 저 시인 헤시오도스는 하나의 동일한 시대를 두 가지의 이야기 형식으로 표현해 낼 수밖에 없었다. 그에게는 그러니까 두 종류의 청중이 있었던 것이다!

190.

예전에 이루어졌던 독일의 교육. — 독일인이 유럽의 다른 민족들의 관심을 끌기 시작한 것은 그리 오래된 일이 아니다. 이런 일이 일어날 수 있었던 것은 독일인이 이제는 더 이상 갖고 있지 않은 교육 덕분이었다. 그러니까 독일인은 마치 병에 걸렸다가 나은 사람들처럼 그것을 맹목적인 열렬함으로 떨쳐 버렸다. 그들은 교육을 단지 정치적이고 국가적인 광기와 교환하는 것보다 더 나은 것을 생각해 내지 못했던 것이다. 물론 독일인의 이런 광기 덕분에 다른 민족들로부터 당시 그들의 교육을 통해 끌었던 것보다 훨씬 더 많은 관심을 끌게 되었던 것은 사실이다. 이 정도로도 독일인은 이미 충분히 만족할 수 있었던 것이다! 그동안 저 독일의 교육이 이 유럽인을 바보로 만들었고, 또 바로 이 유럽인이 그렇게 관심을 가질 만한 가치도 없었고, 모방할 가치도 없었으며, 하물며 경쟁적으로 자신의 것으로 취할 만큼 매력적이지도 않았다는 사실을 부정할 수 없게 되었다. 이제 사람들은 실러 이후의 지성들, 즉 빌헬름 훔볼트, 슐라이어마허, 헤겔, 셸링 등을 두루두루 살펴보게 되었고, 또 그들 사이에 오간 편지들을 읽게 되었다.[257] 그러면서 그들의 신봉자들이 모이고 모여 커다란 무리를 형성하게 되었던 것이다. 이들에게서 발견되는 공통점은 무엇인가? 이들의 어떤 점이 현재의 우리에게 영향을 끼치고 있는가? 도대체 무엇이 어떤 때는 도저히 받아들일 수 없으면서도 어떤 때는 우리의 마음을 크게 감동시키고 또 우리의 동정심을 불러일으키고 있는 것인가? 첫째는 어떤 대가를 치르고서라도 도덕적으로 자극을 받고 있다는 듯이 보이고 싶어 하는 욕망이다. 그다음은 겉으로는 화려하게 빛나기는 하지만 뼈대가 없어 실속이 없는 일반성에 대한 열망이고, 이것과 더불어 성격, 열정, 시대, 관습 등 이 모든 것과 관련하여 보다 아름답게 보고자 하는 의도다. 물론 유감스럽게도 이때의 '아름다움'이란 조악하고 모호한 취향에 따른 것일 뿐이었다. 그럼에도 불구하고 이 취향은 그리스적인 것과 관련이 있는 것이었다. 그것은 바로 더 연약하기 짝이 없고 착해 빠져 온순하기까지 하며 은빛으로 화려하게 빛나기까지 하는 이상주의이다.[258] 이 이상주의는 무엇보다도 고상하게 꾸민 몸짓

257 특히 훔볼트는 교육개혁에 박차를 가한 인물로 유명하다. 그는 나폴레옹에 의한 라인연맹이 결성된 후 민족을 교육해야겠다는 일념으로 1809년 여름에 베를린대학을 세웠다. 이 대학은 오늘날 그의 이름을 따서 '훔볼트베를린대학'으로 불리고 있다. 소위 그가 이사장직을 맡고, 피히테가 초대 총장을, 그리고 당시 최고의 학문으로 인정받고 있던 철학과 학과장을 헤겔이 맡으며 민족의 부흥을 꿈꾸는 대학을 설립했던 것이다.

258 '이상주의'는 '이데알리스무스(Idealismus)'를 번역한 것이다. 일반적으로 철학사에서는 관념론으로 번역하기도 한다. 하지만 니체는 이 철학의 이념을 비판하고 있기 때문에, 즉 현실성이 배제되어 있다는 것을 부정적으로 바라보기 때문에 이상주의로 번역한다. 특히 독일관념론(Deutscher Idealismus)은 칸트의 『순수이성비판』이 출판되던 해인 1781년부터 헤겔이 사망하던 해인 1831년까지로 특별하게 그 기간이 한정되어 있다. 이 시기에 독일은 그리스 철학과 비교될 만큼 커다란 발전을 하게 된다. 칸트와 헤겔에 피히테와 셸링까지 더하여 독일관념론의 4대 별이라 불리고 있기도 하다. 하지만 이들의 철학적 성향은 말 그대로 관념적일 뿐이었다. 플라톤이 이데아를 추구했던 것처럼, 독일관념론은 이상만 좇았던 것이다. 그래서 이들의 성향은 낭만주의를 낳았고, 이 낭만주의가 곧 독일관념론의 뼈대가 된 것이다. 둘은 곧 같은 사물에 대한 두 개의 다른 이름에 불과한 것이다. 관념론의 책들 속에는 삶에 대한 이야기가 없다. 국가니 법이니 정의니 하는 개념들로 축제를 벌이고 있다. 그 국가 안에서 어떻게 살아야 하는지에 대해서는 수도 없이 설명이 자세히 되어 있지만, 삶의 주체인 사람의 입장에서는 아무런 말이 없다. 마치 플라톤이 현실을 배제하고 이상만 좇았던 것처럼, 관념론자들은 하늘만 바라보며 목적지에 도달하고자 했던 것이다. 별만 바라보며 걸으면 돌부리에 걸려 넘어질 수도 있는 법이다. 그런 위험천만한 발상을 니체는 비판하고 있는 것이다. 물론 여기서도 오해는 말아야 한다. 니체는 이런 관념론적인 발상 자체를 부정하는 것은 아니다. 사람은 어쩔 수 없이 머리를 쓰며 살

과 고상하게 꾸민 목소리를 갖고자 한다. 이런 몸짓과 목소리는 하나의 사물이 되기에는 충분히 적당하고 또 무해하기까지 한 것으로 간주되었던 것이다. 이 사물은 영적으로 다음과 같은 것들에 대해 진심어린 반감을 내포하고 있어야 했다. 즉 '냉정한' 현실 또는 '메마른' 현실에 대한 반감, 해부학에 대한 반감, 완전한 열정에 대한 반감, 모든 종류의 철학적 절제와 회의에 대한 반감, 특히 종교적인 상징으로 사용될 수 없는 자연인식에 대한 반감 등이 그것이다. 괴테는 독일의 교육이 지향하는 이러한 작태를 그다운 방식으로 지켜보았다.[259] 그의 방식이란, 즉 관념론자들이 반감을 가졌던 바로 그런 것들 곁에 함께 서 주고, 부드럽게 저항하며, 때로는 침묵하기도 하고, 또 자기 자신에게 걸맞은 보다 나은 길을 걸으며 점점 더 강력해지는 것이었다. 그와 같은 방식으로 조금 후에는 쇼펜하우어가 그것을 지켜보았다.[260] 쇼펜하우어에게는 훨씬 현실적인 세계와 더불어 세계의 악마성惡魔性

아야 하기 때문이다. 다만 니체는 이상과 현실의 균형을 잡아 줄 것을 요구하고 있을 뿐이다. 다만 관념론자들에 의해 너무나도 관념적인 것이 인정받는 것이 현실이다 보니, 또 그에 버금가는 정도로 반대 성향을 주장하다 보니 좀 과격해지고 격해지는 경향이 보일 뿐이다.

259 니체는 괴테를 좋아했다. 괴테는 이상과 현실의 균형을 지향했기 때문이다. 이성과 감성의 균형은 그에 의해 완성되는 고전주의의 핵심 이념이었다. 꿈과 희망은 현실감각을 통해 검증이 되어야 의미 있고 가치 있는 것이 되고, 또 결국에는 인간적인 것으로 인정받을 수 있게 되는 것이다. 하늘의 뜻과 대지의 뜻, 이 둘은 모두가 필요하다. 어느 하나를 위해 다른 하나를 배제하거나 배타적이 되는 것은 니체의 이념이 아니다. 물론 두 개의 서로 다른 뜻은 끊임없이 반목하고 대결을 일삼을 것이다. 그래도 괜찮다. 그것이 현실이기 때문이다. 현실은 다양성으로 충만하다. 다양하니 경쟁과 알력은 피할 수 없는 운명이 되고 만다. 이런 운명을 짊어지고서도 굳건하게 살아 주길 바라며 니체는 생철학에 임하고 있는 것이다.

260 괴테, 쇼펜하우어, 니체, 이것이 가장 직접적인 계보라 할 수 있겠다. 이들의 공통점은 삶을 인식하고자 했다는 것이다. 삶을 깨닫고 싶었던 것이다. 사는 것이 무엇인지, 사람의 의미는 무엇인지 등에 대한 답을 얻고자 했던 것이다. 국가니 법이니 정의니 하는 관념적인 문제보다 사실 더 광범위한 문제 영역이다. 삶의 현장에서는 정답이 없기 때문이다. 정답이 없어서, 그래서 불분명하다는 평가를 받을 수밖에 없었다. 그 때문에 또한 삶을 학문의 대상으로 삼는 것을 꺼려 했던 것이기도 하다. 삶은 학문적으로 연구할 대상이 아니라는 것이 일반적인 인식이었던 것이다. 하지만 괴테, 쇼펜하우어, 니체는 새로운 길을 찾았고 또 개척해 낸 선구자들이다.

까지 다시 모습을 드러내기 시작했다. 그는 그것에 대해 열광적이었지만, 아직은 조야하게 말할 수밖에 없었다. 왜냐하면 이 악마성이야말로 바로 이 현실적인 세계의 진정한 아름다움이기 때문이다! 그런데 무엇이 외국인들을 근본적으로 현혹했던 것일까? 무엇이 그들로 하여금 괴테나 쇼펜하우어처럼 독일적 교육의 작태를 지켜보거나 단적으로 그것을 무시하지 못하게 했던 것일까? 그것은 바로 이러한 교육 주위에서 발하고 있는 저 흐리멍덩한 광채와 저 수수께끼 같은 은하수의 빛 때문이었다. 이것을 바라보며 어느 외국인은 이렇게 말했다. "저것은 우리로부터 멀리, 너무나도 멀리 떨어져 있다. 그래서 우리는 보는 것, 듣는 것, 이해하는 것, 즐기는 것, 평가하는 것을 포기할 수밖에 없다. 그럼에도 불구하고 저것이야말로 별들이 아닐까 싶다! 독일인이 모든 고요 속에서 하늘의 한 귀퉁이를 발견해 냈고, 스스로 거기에 정착한 것이 아닐까? 사람들은 독일인에게 한층 더 가까이 가고자 노력해야 한다." 그런 노력 끝에 외국인들이 정말 독일인에게 더 가까워진 것은 사실이다. 하지만 바로 그 독일인은 별로 그리 오래 지나지도 않아서 그 은하수의 화려한 광채를 스스로 자기 자신으로부터 제거하려 애쓰기 시작했다. 그 독일인은 그들 자신이 저 하늘 속에 있는 것이 아니라 그저 단 하나의 구름 속에 있었다는 사실을 너무도 잘 알고 있었기 때문이다!

191.

더 나은 사람들! — 사람들은 내게 말한다. 우리의 예술이 탐욕스럽고, 만족할 줄 모르며, 무절제하고, 역겹고, 고뇌에 찌든 현대인을 위한 것이라고. 그리고 또 그 예술이 현대인의 황폐한 모습에 대한 형상과 함께, 행복, 고귀함 그리고 탈세속의 형상을 보여 주고 있다고. 이러한 예술 덕분에 현대인은 다시 한번 망각할 수 있게 되었고 숨도 쉴 수 있게 되었을 뿐만 아니라 아마 도피와 회심을 위한 충동을 저 망각을 통해 다시 갖게 될 수 있게 되었다고. 이 정도 수준에 지나지 않는 관객밖에 갖지 못한 불쌍한 예술가들이여! 그대들은 절반은 승려 같고, 절반은 정신병을 치료하는 의사처럼 행동하고 있다. 그대들은 이런 승려와 의사들이 가지고 있어야만 하는 그런 의도로 작품을 만들어 내야만 하는 것이다! 세비녜 부인은 코르네유라는 완벽한 한 남자 앞에서 여성 특유의 악센트로 '우리의 위대한 코르네유'라고 부르짖었는데, 그것을 들은 코르네유는 얼마나 더 행복감에 젖어 있었는지![261] 그 완벽한 남자가 기사의 덕과 엄격한 의무, 고결한 자기희생과 자신에 대한 영웅적인 통제의 형상을 보여 줌으로써 즐거움을 줄 수 있었던 그의 청중들은 스스로 또 얼마나 더 고귀하다고 느꼈었는지! 그와 그들은 얼마나 다른 방식으로 실존을 사랑했었는지! 그들은 우리가 제거할 수 없기 때문에 저주해야만 하는 의지, 즉 맹목적이고 거친 '의지'로 삶을 사랑한 것이 아니다. 그들은 그러니까 위대함과 인간성이 공존할 수 있는 장소로서, 즉 그런 공존이 가능한 장소로서 실존을 사랑했을 뿐이다. 즉 이런 종류의 삶에서는 사람들이 따라야 할 여러 형식에 존재하는 가장 엄격한 강압도, 군주나 성직자의 자의에 대한 복종도 모든 개인의 긍지, 기사도, 우아함, 정신을 제대로 통제하에 둘 수 없었다. 오히려 이런 강압이나 복종조차 타고난 자긍심과 고귀함, 또는 욕망과 열정으로부터 물려받은 유전적인 권력에 대립을 일삼고 있으면서도 이것들을 자극하고 이것들을 더욱 강화하도록 박차를 가하는 것으로 느껴질 뿐이다!

261 세비녜 부인(Marie de Rabutin-Chantal, Marquise de Sévigné, 1626-1696)은 프랑스 귀족 출신의 고전주의 작가로 알려져 있다. 여기 언구된 에피소드의 출처는 정확히 알 수 없으나, 니체가 전하고자 하는 메시지는 분명하다. 마음에 상처를 입은 사람, 의기소침해진 사람, 용기를 잃은 사람, 절망에 빠진 사람, 희망을 잃은 사람, 정신적 위기에 처한 사람 등은 아주 사소한 소리에도 극단적 선택을 할 수 있고, 또 동시에 아무것도 아닌 칭찬과 응원 소리 한마디에도 큰 위안과 위로를 얻을 수 있다는 것이다.

192.

스스로 완벽한 적수를 원한다는 것. — 프랑스인이 이 세상에서 가장 기독교적인 민족이라는 사실에는 논쟁의 여지가 없을 것이다. 이것은 프랑스 대중의 신앙심이 다른 곳보다 더 크기 때문이 아니라, 오히려 이 프랑스인에게서는 가장 구현하기 어려운 기독교적 이상들이 체현되었고, 또 그것이 단순히 표상이나 부가물, 혹은 어정쩡한 어떤 것에 머물지 않았기 때문이다. 예를 들어 파스칼은 열정과 정신 그리고 정직함이 모두 합일을 이룬 사람이었다. 즉 그는 이런 점에서는 모든 기독교인 중에서도 제일인자가 되었다. 사람들은 여기서 도대체 무엇들이 결합되어야 했던 것인지 생각해 낼 수 있으리라! 또 예를 들어 페늘롱은 교회 문화의 모든 힘을 완벽하고도 매력적으로 표현해 낸 사람이다. 그는 이를테면, 말로 형용할 수 없을 정도로 어렵고 있을 법하지도 않은 것들까지도, 즉 불가능한 것이라고 선언해야만 할 것 같은 것까지도 역사가로서 주목할 수 있는 그런 중용의 미덕을 체현한 사람이다. 또 예를 들어 프랑스의 정적주의자들과 그 비슷한 사람들 중에 귀용 부인이 있다. 이 부인에게는 사도 바울이 웅변과 열정과 함께 기독교인의 정신 상태로 추측하려 했던 모든 것, 즉 가장 숭고하면서도 가장 사랑에 가득 차 있고, 가장 조용하면서도 가장 황홀한, 말하자면 거의 절반은 신적인 경지에 이른 그런 상태가 진리로 인식되었다. 그리고 또 이 부인은 말과 행동에서 진실하고 여성적이며 섬세하고 고귀하며 고대의 프랑스적인 소박함을 통해 바울이 신에 대해 보여 주었던 유대적인 저 집요함을 제거해 버렸다. 그리고 또 예를 들어 프라피스트 수도회의 창시자가 된 사람도 있다. 이 수도회의 창시자는 기독교의 금욕적 이상을 예외적인 프랑스인으로서가 아니라 바로 진정한 프랑스인으로서 정말 마지막으로 진지하게 구현하고자 했던 사람이다. 이렇게 말할 수 있는 이유는, 그의 음울한 창조물은 오로지 프랑스인에게만 익숙한 것이었고 그들에게서만 힘을 발휘할 수 있었기 때문이다. 그의 창조물은 알자스와 알제리의 프랑스인에게까지 퍼져 나갔다. 그리고 또 예를 들어 위그노를 잊어서는 안 된다. 지금까지 전투적이면서도 근면한 정신, 고상한 관습과 기독교적인 엄격함을 위그노보다 더 멋지고 아름답게 결합해 낸 사람들은 없다. 그리고 기독교의 위대한 학문이 마지막으로 꽃을 피운 것은 포르루아얄[262]에서였다. 프랑스의 위대한 인물들은 다른 그 어떤 곳의 사람들보다도 이러한 기독교적인 개화를 더 잘 이해하고 있다. 더 나아가 한 명의 위대한 프랑스인은 표면적인 것을 훨씬 벗어나 있으면서도 늘 자신만의 표면을 지니고 있다. 그는 언제나 자신의 내용과 깊이에 부합하는 자연스러운 피부를 갖고 있는 것이다. 이에 반해 한 명의 위대한 독일인의 깊이는 대부분 마치 복잡한 형식으로 밀봉된 상자 안에 갇혀 있는 듯하다. 그것은 흡사 딱딱하고 기이한 껍질을 통해 빛과 경박한 손으로부터 자신을 보호하려고 하는 알약처럼 보이기도 한다. 그렇다면 이제 기독교인의 완전한 전형을 구현한 이런 민족이 어째서 비기독교인 자유정신이라는 완전한 반대 전형 역시 산출해 낼 수밖에 없었는지에 대해 생각 좀 해 보자![263] 프랑스의 자유정신은 언제나 자기 안에 있는 위대한 인물들과 싸웠다. 그 정신은 다른 국민의 자유정신처럼 단지 도그마들과 숭고한 괴물들하고만 싸웠던 것이 아니다.

262 포트루아얄(Port-Royal) 수도원.

263 대립은 좋은 것이다. 대립은 건강한 것이다. 기독교적인 것과 비기독교적인 것의 대립은 긍정적인 것이다. 다시 한번 『이 사람을 보라』의 마지막 구절을 읽으며 자기 자신의 독서를 검증해 보자. "— 나를 이해했는가? — 디오니소스 대 십자가에 못 박힌 자…." 너무 쉽게 답을 얻으려 하지 말아야 한다. 준비되지 않은 정신에겐 허무주의 사상은 너무도 위험하기 때문이다.

193.

정신과 도덕. — 정신, 지식, 심정에 대해 권태를 느끼게 할 수 있는 비밀을 이해하고 있고, 또 이 권태를 도덕적인 것으로 느끼는 데 익숙해진 독일인은 프랑스의 정신에 겁을 내고 있다. 그 정신이 도덕에서 눈을 뽑아 버리지 않을까 염려하는 것이다. 그러나 여기서는 마치 방울뱀 앞의 작은 새가 느끼는 것처럼 쾌감과 두려움이 교차되고 있다. 유명한 독일인 중에서 아마 헤겔보다 더 많은 정신을 지녔던 사람은 없을 것이다. 하지만 헤겔은 또한 정신에 대해 커다란 독일적 두려움도 동시에 느끼고 있었다. 이런 이유로 인해 그의 문체는 특별했지만 정말 나쁜 것이 되고 말았다. 이 문체의 본질은 그러니까, 핵심을 몇 겹으로 싼 뒤 그것을 또다시 꼬아서 그 핵심 자체가 도저히 밖을 내다볼 수 없게 만들어 버린 것이다.[264] 여성을 혐오했던 고

264 우리의 표현으로는 '핵심이 보이지 않는다'가 더 어울린다. 하지만 니체의 표현을 그대로 살리기로 했다. 니체가 추궁하는 '문체'에 대한 이념을 좇아가 보기 위함이다. 일단 여기서 중요한 것은 헤겔의 문체를 니체가 좋게 평가하고 있지 않다는 것이다. 헤겔의 문체는 일반적으로 만연체로 잘 알려져 있다. 니체가 그의 문체에서 무엇을 비판하고 있는지를 알고 나면 그가 지향하는 것이 무엇인지 간접적으로 알 수 있지 않을까. 부정적인 측면을 이해하고 나면 긍정적인 측면이 부각되지 않을까. 문체에 대한 동경은 이미 『인간적인 너무나 인간적인』에서부터, 즉 1878년부터 시작되었다. 니체 철학이 신을 죽이면서도 또 다른 신을 동경한 것처럼, 도덕을 비판하면서도 새로운 도덕을 지향했고, 이와 마찬가지로 니체는 기존에 유행하던 문체를 비판하면서 새로운 문체를 간절하게 찾고 있었다. 하지만 그토록 간절하게 찾았음에도 불구하고 그는 단 한 번도 '이것이 그 문체다' 하는 식으로 자신이 찾던 문체를 제시해 준 적은 없다. 그는 늘 비유로 답변을 대신했다. 마치 신은 춤을 출 수 있어야 한다느니, 웃을 줄 알아야 한다느니, 극복을 끊임없이 해야 한다느니 하는 식으로만 대답을 늘어놓았던 것이다. 결국 신은 믿음의 대상이고, 믿음은 믿는 자의 몫이 되는 것처럼, 문체는 말을 하며 생각에 임해야 하는 존재가 반드시 필요로 하는 것이고, 무슨 생각을 글 속에 담아낼 것인지는 다시 글을 쓰는 자의 몫이 되고 마는 것이다. 결국 니체식으로 대답을 굳이 하자면 이렇게 된다. '한계는 자기 자신만이 안다.' 어느 누구도 그 한계를 대신해서 규정할 수가 없다. '넌 여기까지!'라고 말을 해 주는 자가 있다면 그 자를 밟고 일어서고 또 넘어서야 할 것이다. 그 자가 '나'의 운명을 결정할 권리가 없기 때문이다. 이런 극복의 이념을 품고 있는 문체라면, 그것이야말로 '초인의 언어', '혹은 차라투스트라라고 불리는 저 디오니소스적 괴물의 언어'(『비극의 탄생』, 22쪽)가 되는 것이다.

대의 비극작가 아이스킬로스의 표현을 빌려 말하자면, "젊은 여성들이 그들이 쓰고 있는 베일을 통해 바라보는 것"처럼 그의 문체는 부끄러워하면서도 호기심에 차서 세상을 바라보고 있는 것이다. 그러나 그 핵심은 가장 정신적인 주제를 다루기는 하지만 때로는 웃기고 때로는 경박하기까지 한 착상에 지나지 않으며, 또 학문을 위한 첨가물로서 사상가들 사회에 적합할 것 같지만 좀 더 자세히 들여다보면 정교하고 과감하게 조합된 단어들의 합성물에 불과한 것이다. 그러나 이런 식으로 너무나 복잡하게 겹겹이 싸여 있는 것 속에서 그것은 난해한 학문 자체로서 모습을 드러내고 있을 뿐이고, 또 철저하게 도덕적으로 가장 지루한 것만이 모습을 드러내고 있을 뿐이다! 이것이 독일인에게 허용된 정신의 형식이며, 독일인은 황홀지경에 빠져 그 형식을 너무나 거리낌 없이 즐겼던 것이다. 그 결과, 쇼펜하우어와 같은 극히 훌륭한 지성도 어찌할 도리 없이 할 말을 잃고 그 앞에 멈춰 서고 말았던 것이다. 쇼펜하우어는 이런 독일인이 그에게 제공해 주었던 연극과는 전혀 맞지 않은 시대상황을 체험했고, 그것에 대해 그는 평생 동안 잔소리를 해 댔지만, 그것을 절대로 설명해 낼 수는 없었다.

194.

도덕을 가르치는 선생들의 허영심. — 전체적으로 볼 때 도덕을 가르치는 선생들이 성공하는 일이 적었다는 사실은 그들이 한꺼번에 너무 많은 것을 원했다는 것, 즉 그들이 너무 지나치게 야심에 차 있었다는 것으로 설명할 수 있다. 그들은 아무런 부끄럼도 없이 모든 이를 위한 규범을 제공하고자 했다. 그러나 이것은 규범이 정해져 있지 않다는 것을 의미하며, 동물을 사람으로 만들기 위해 동물에게 연설하는 것과 같은 짓이다. 동물이 이러한 연설을 지루하게 여기기라도 한다면 이 또한 기적이리라! 또 다른 한

편으로 사람들은 스스로 특정 범위 안에 제한된 사람들을 찾아내어 그들을 위한 도덕을 구하고 장려해야 했다. 예를 들어 늑대를 개로 만들기 위해 늑대 앞에서 연설을 하는 것이었다. 그러나 무엇보다도 위대한 성공은 항상 만인萬人도, 제한된 범위의 사람들도 아닌 오직 한 사람만을 교육하려 하고 또 거기서 쓸데없이 좌고우면하지 않는 자의 것이다. 앞선 세기가 우리 세기보다 우월한 점은 당시에는 개별적으로 교육받은 자들이 아주 많았다는 것이고, 이와 함께 그러한 개개인을 교육하는 동안에 자기 삶의 과제를 발견했던 교육자들 또한 아주 많았다는 것이다. 그들은 이러한 과제와 함께, 자기 자신뿐만 아니라 모든 다른 '좋은 사회'에서도 존엄함을 발견했다.

195.

소위 말하는 고전 교육. — 우리의 삶이 인식에 바쳐졌다는 것, 즉 우리가 그 삶을 내던져 버려야 했다는 것, 아니 이런 바쳐짐으로 인해 그 삶이 우리 자신으로부터 보호받지 못하고 내던져졌다는 것을 발견하게 되면, 우리는 자주 충격을 받으며 다음의 시를 암송하게 될 것이다.

> 운명이여, 나는 너를 따르리라! 그러고 싶어서가 아니라
> 그렇게 해야만 하기 때문에 그래서 한숨이 나오는구나!

그런데 인생이 걸어온 길을 되돌아보게 될 때 마찬가지로 발견하게 되는 것은 그 어떤 것도 다시 좋게 만들 수 없다는 사실이다. 그중에서도 가장 안타까운 것은 우리의 선생들이 탕진하고 낭비해 버린 우리의 소중한 청춘이다. 진정으로 지식욕이 왕성했고 뜨거웠으며 무엇을 대하든 갈증을 느꼈던 이 소중한 세월들을 우리의 선생들은 사물들을 인식하게끔 하는 길로

인도해 주지 않았고, 소위 말하는 저 알량한 '고전 교양'으로 향하도록 이끌었을 뿐이다. 굶주림을 느끼는 자에게만 먹을 것을 주라는 모든 교육의 최고 명제와는 달리, 그리스인과 로마인 그리고 그들의 언어에 관한 빈약한 지식이 서투르면서도 고통스럽게, 무차별적으로 전수되었을 때 우리의 청춘은 낭비되고 말았던 것이다! 사람들이 우리에게 수학과 물리학을 폭력적인 방식으로 강요했을 때, 우리로 하여금 먼저 우리 자신의 무지에 대해 절망하게 하고, 우리의 사소한 일상생활, 우리가 하는 일들, 그리고 아침부터 저녁까지 집에서 작업장에서 그리고 하늘과 땅에서 일어나는 모든 것을 수천 가지 문제들로 분해해 버렸을 때, 즉 우리를 괴롭히고 부끄럽게 하고 자극을 주는 그런 문제들로 분해해 버렸을 때, 결국 우리 스스로가 수학적 지식과 물리학적 지식을 최우선적으로 필요하다고 느끼게 되었을 때, 이러한 지식의 절대적인 수미일관성에 대한 최초의 학문적인 희열을 가르치고자 한다는 것을 우리의 욕구에게 보여 주었을 때, 바로 이런 모든 순간 속에서 우리의 청춘은 쓸데없이 낭비되고 말았던 것이다! 우리가 이런 학문들에 대한 외경심이라도 품도록 가르쳤더라면, 위인들의 노력과 좌절, 그럼에도 불구하고 다시 계속해서 싸운다는 것에 대해, 즉 엄격한 학문의 역사에서 요구되는 그런 순교에 대해 우리의 영혼은 전율을 느꼈으리라! 그 대신에 우리에게 내뿜어진 것은 역사학과 '형식적인 교육' 그리고 '고전성'에 대해서는 호의적일지 몰라도, 본래의 학문들에 대해서는 어느 정도 가볍게 평가하는 역겨운 숨결이었다! 그러면서 우리는 자기 자신을 너무도 쉽게 속아 넘어가도록 방치하고 말았던 것이다! 형식적인 교육! 만약 우리가 다녔던 고등학교에서 누군가를 지칭하며 그가 바로 제일 훌륭한 교사라고 말해야 한다면, 우리는 웃음을 참지 못하고 이렇게 묻게 될 것이다. "도대체 어디에 그 형식적인 교육이 있는 것이오? 그것이 없다면 도대체 어떻게 그대들은 그것을 가르칠 수 있단 말이오?" 그리고 고전성! 과연 우리는 바로 그 고대인들이 청년들에게 가르쳤던 것 중에서 어떤 것이라도 배웠단 말인가? 우리가 그들처럼 말하고, 그들처럼 쓰는 것을 배우기라도 했단 말인가? 우리가 정말 변증법 수업을 통해 대화의 검술을 쉬지 않고 실습했단 말인가? 우리가 정말 그들처럼 아름답고 긍지에 차서 행동하고, 또 그들처럼 격투하고 던지고 권투하는 법을 배웠단 말인가? 우리가 정말 모든 그리스 철학자의 실천적인 금욕주의로부터 무엇인가를 배웠단 말인가? 우리가 정말 단 하나의 고대의 미덕이라도 그 고대인이 그것을 익혔던 방식으로 익혔단 말인가? 우리의 교육에는 도덕에 대한 전체적인 성찰이 완전히 결여되어 있는 것은 아닌가? 게다가 그런 성찰에 대한 유일하게 가능한 비판도 결여되어 있고, 이런 도덕 저런 도덕에 따라 살아 보는 저 엄격하면서도 용감한 실험도 결여되어 있는 것은 아닌가? 근대인보다는 고대인에게 더 높이 평가되었던 감정들 중 어느 하나라도 우리의 내면에서 일어났던 적이 있었던가? 고대의 정신세계 속에 존재했던 하루의 구분과 인생의 구분, 그리고 더 나아가 인생에 관한 목표 등이 과연 우리에게 제시되었던 적이 있던가? 또 우리가 마치 그때 살아 있던 그런 민족이 말했던 것처럼 그렇게 고대의 언어들을 배웠던가? 그러니까 말을 하면서 편안함을 느끼고 동시에 잘 말할 수 있도록 그렇게 배웠는가? 그 어디에도 실제적인 능력은 길러지지 않았다! 그 어디에도 하나의 새로운 능력이 수년에 걸친 노력의 결과물로 제시된 적이 없었다! 이런 실제적인 능력이 아니라 오로지 하나의 지식만이, 즉 과거에 사람들이 할 수 있었고 할 수 있기를 원했던 것에 대한 지식만이 제시되었을 뿐이다! 이게 도대체 무슨 지식이란 말인가![265] 해가 거듭되어도

265 아는 것도 아는 것 나름이다. 현실성이 배제된 지식은 쓸모가 없다. 공자도 "학이불사즉망 사이불학즉태(學而不思則罔 思而不學則殆)"라 했다. "배우기만 하고 생각하여 자기 것으로 소화하지 않으면 얻음이 없고, 생각만 하고 보편적인 학문을 배우지 않으면 독단에 빠져 위태로워지기 쉽다"는 뜻이다. 생각하는 존재는 두 발을 딛고 서야 할 이 대지의 뜻에 귀를 기울일 줄 알아야 한다. 하늘만 바라보며

나에게 더욱 분명해지는 것은 아무것도 없었다. 해가 거듭될수록 분명해진 것은 오로지 모든 그리스적 본질과 고대적인 본질이 아무리 단순하게, 또 세상이 다 알아볼 수 있을 정도로 우리 눈앞에 놓여 있어도, 그것은 지극히 이해하기 어렵다는 것뿐이었다. 그렇다. 그것은 거의 접근조차 할 수 없는 것이었다. 우리가 접할 수 있었던 것은 그저 그리스인이 말했던 그런 일상의 가벼움이 경박함의 소치든가 아니면 옛날부터 유산으로 전승되어 온 어두움, 즉 생각이 모자라는 자들이 직면할 수밖에 없었던 어두움뿐이었다. 엇비슷한 말과 개념들은 우리를 현혹시킬 뿐이다. 하지만 이 말과 개념들 뒤에는 언제나 하나의 감각이 숨겨져 있었다. 그것은 현대적인 감각에는 낯설고 이해될 수 없거나 고통스러울 수밖에 없는 감각이었다. 이 감각이야말로 내게 주어진 영역이었다. 여기서는 소년들이 황홀하게 뛰어다녀도 된다! 이제 충분하다. 우리는 해냈다. 우리가 소년이던 그 시절에 우리는 거의 언제나 고대에 대한 반감을, 하지만 눈에 띌 정도로 확연하고 또 너무나도 거대한 친밀함에서 비롯되는 반감을 가지고 집으로 돌아왔던 것이다! 왜냐하면 고전을 가르치던 우리의 선생들의 긍지에 찬 상상력은 마치 고대인들을 소유하고나 있는 것처럼 여겼고, 이러한 상상력은 너무 지나쳐서 학생들에게까지 흘러들어가 아무것도 보이지 않는 어두움을 연출해 냈기 때문이다. 그래서 거의 동시에 의혹이 커져만 갔던 것이다. 그런 고대를 그렇게 소유하는 것이야말로 행복을 느끼지 못하게 하는 것이 아닐까. 그런 소유야말로 변명이나 하고 있고, 가련하며, 바보처럼 늙어 버린 책의 용들에게나 만족할 만한 것이 아닐까. “이 용들은 그들의 보물 위에 앉아서 알을 까고자 한다! 그 보물은 그 용들을 얼마나 위엄스럽게 만들어 주는지!”

꿈을 꾸듯이 생각을 허공 속에 매달아 놓아서는 절대로 안 된다는 뜻이다.

이런 은밀한 생각과 함께 우리의 고전 교육은 완성되었다. 우리는 우리가 받은 이 교육을 다시 좋게 돌려놓을 수 없다. 하지만 우리는 우리만 생각해서는 안 된다!

196.

진리에 대한 가장 개인적인 질문들. — "내가 행동한다는 것은 도대체 무엇을 의미하는 것인가? 그리고 내가 행동하게 될 때 바로 나라는 이 사람은 도대체 무엇을 원하고 있는가?" 이것이야말로 진리에 대한 질문이다. 이것은 현재 우리가 실시하고 있는 이런 교육제도에서는 가르치지도 않고 문제가 되지도 않는다. 이런 질문들을 위해서는 도대체가 시간이 없는 것이다. 그러면서도 우리는 어린아이들과 함께 농담 따먹기나 하고 있고, 진리에 대해서는 전혀 언급조차 하지 않는다. 나중에 어머니가 되어야 할 처녀들에게는 예절 바르게 말하는 법을 가르치면서, 진리에 대해서는 단 한 마디조차 언급이 없다. 총각들에게는 그들의 미래와 그들의 쾌락에 대해 말을 하면서도 진리에 대해서는 나 몰라라 한다. 진리만 빼고는 언제나 시간과 욕망이 있다는 것이다! 그러나 70 평생은 얼마나 짧은가![266] 그 한평생은

266 세네카도 인생이 짧다는 말에 대해 고민을 깊게 했다. 그는 "예술은 길고 인생은 짧다"는 히포크라테스의 잠언을 인용하며 자신의 생각을 펼쳐 나간다. 그는 이것을 잘못된 탄식이라고 말한다. 시간은 객관적인 것 같으면서도 주관적일 때가 더 많다. 누구는 시간이 있다고 하고, 누구는 시간이 없다고 말하기 때문이다. 그래서 세네카도 이렇게 말했던 것이다. "시간이 부족한 것이 아니라, 잃어버린 시간이 너무 많다"고. 살면서 문제가 되는 것은, 그러니까 '시간이 없다'고 말하는 그 정신을 '시간이 있다'고 말할 수 있는 정신으로 바꿔 놓는 일이다. 시간이 나쁜가? 시간이 원흉인가? 시간은 아무 잘못 없다. 시간은 사용하기 나름이다. 과거는 바꿀 수 없지만 과거를 생각하는 그 생각은 바꿀 수 있는 것과 같은 논리다. 사물은 이성이란 거울을 통해 우리에게 전달되고 인식되지만, 바로 그 이성 때문에 수많은 왜곡이 발생하고 만다. 생각은 자유다. 하지만 그 자유 속에는 오류도 포함된다는 것이 문제다. 그런 이성에 놀아날 것인가, 아니면 그 이성의 주인이 되어 살 것인가, 그것이 관건이라는 얘기다.

달려가고 있다. 그리고 곧 마지막에 당도할 것이다. 이 파도가 어떻게 또 어디로 치게 될지를 알기 위해서도 평생의 시간은 너무도 부족하다. 그래, 어쩌면 그것을 모르는 것이 현명한 것일지도 모르겠다. "인정한다. 하지만 그것에 대해 단 한 번도 묻지 않는 것이 긍지는 아니다. 우리의 교육은 사람들에게 긍지를 주지 못한다." 모르는 게 더 낫다고! "정말 그런가?"

197.

계몽주의에 대한 독일인의 적대감. — 금세기 전반의 독일인 중에 그들의 정신적인 노동을 통해 일반적인 문화에 기여한 사람들로는, 첫째로, 독일의 철학자들이 있다. 그들은 최초이자 가장 오래된 생각의 단계로 되돌아갔다. 왜냐하면 그들은 꿈꾸는 것과 같은 시대의 사상가들처럼 설명이 아니라 개념 그 자체에서 만족했기 때문이다. 말하자면 그들에 의해 학문 이전의 형식으로서 철학이 다시 부활하게 된 것이다. 둘째로, 독일의 역사가들과 낭만주의자들이 있다. 그들이 쏟은 모든 노력은 옛날의 원시적인 감각, 특히 이름을 거론하자면, 기독교, 거기에 덧붙여 민족혼, 민족 전설, 민족 언어, 중세적인 것, 동양적인 금욕주의, 인도 문화 등에 명예를 주고자 하는 방향으로 나아갔다. 셋째로, 자연 연구자들이 있다. 그들은 뉴턴과 볼테르의 정신에 대항해 싸웠고, 괴테와 쇼펜하우어처럼 신격화되거나 악마화된 자연에 대한 생각과 그런 자연이 지닌 절대적인 윤리적, 상징적 중요성을 다시 회복하고자 노력했다. 이렇게 하여 독일인이 전반적으로 보여준 큰 경향은 계몽주의에 반대하는 것이었다. 즉 그들은 계몽주의의 결과를 혁명이라고 크게 오해함으로써 사회혁명 자체에 대해 반대하는 경향을 보였던 것이다. 독일인은 지금 존재하는 모든 것에 대한 경외심을 지금까지 존재해 왔던 모든 것에 대한 경외심으로 전환하려고 노력했다. 오로지 그렇게 함으로써만 마음과 정신이 다시 한번 충만하게 될 것이라 여겼고, 또 그 결과로 미래에 있을 법한 그런 혁명적인 목표가 들어설 공간은 더 이상 존재할 수 없게 될 것이라고 판단했던 것이다. 결국 이성의 숭배가 있던 자리에 감정의 숭배가 대신해서 들어서고 말았다. 그리고 독일의 음악가들은 눈으로 볼 수 없고 열광적이며 동화적인 예술가로서 언어와 사상을 다루는 모든 다른 예술가보다도 더 성공적으로 새로운 신전을 건설해 냈다. 비록 과거의 무수한 성취들이 개별적으로 상세히 거론되고 연구되며, 또 그때부터 많은 것들이 과거보다 더 공정하게 평가되고 있다는 사실을 우리가 고려한다고 하더라도, 전체적으로 볼 때 과거에 대한 가장 완전하고 가장 궁극적인 인식의 외관을 빌리면서도 인식 일반을 감정 밑으로 넣어 억압하는 것은, 즉 자신의 과제를 이런 식으로 규정했던 칸트의 말을 빌려 말하자면, "지식에게 그것의 한계를 보여 줌으로써 신앙을 위한 길을 다시 열었던 것"은 결코 작지 않은 위험이었던 것이다. 우리는 다시 자유로운 공기로 호흡해야 한다! 그런 위험의 시간은 이제 지나갔다! 그리고 정말 기이한 점은 독일인이 그토록 웅변을 하듯이 불러낸 저 정신들이, 시간이 지나면서 그렇게 불러낸 사람들의 의도에 가장 해로운 것이 되어 버렸다는 것이다. 역사, 기원과 발전에 대한 이해, 과거를 위한 공감, 감정과 인식에 대해 새롭게 일깨워진 열정, 이런 것들 모두가 한동안은 낭만주의에 빠진 자들의 마음을 어둡게 만들고 꿈을 꾸게 만들며 이면을 그려 대는 정신에 호의적인 동료들인 것처럼 보였다가, 이후 어느 날 갑자기 다른 성질을 갖게 된 것이다. 그것들은 원래 저 계몽주의에 대항하도록 불러 나왔지만 이제는 바로 저 계몽주의의 보다 강력하고 새로운 천재의 정신이 되어 가장 넓은 날개를 펴고 날아올라 그들을 불러내었던 그 자들을 훌쩍 넘어 지나가 버렸다. 이제 우리는 이 계몽주의를 계속해서 이어 가지 않으면 안 된다. '대혁명'과 바로 그것에 대한 '대반동'이 따른다 해도 그런 것은 걱정할 것이 못 된다. 아니 두 가지가 존재해야 파도 놀이가 가능할 뿐이다. 그것들이야말로 우리가 타고 있고 또 타기를 원하는 진정으로 위대한 큰 물결과 같은 것이다.

198.

자기 민족에게 품격을 부여하는 자들. — 많은 위대한 경험을 할 수 있도록 유도하고, 또 많은 내적인 경험을 하게 하는 것, 게다가 그런 경험들 위에서 정신적인 눈을 가지고 바라보면서 편히 쉴 수 있게 하는 것, 이런 것들이 문화인을 만들어 낸다. 그리고 그 문화인이 자신의 민족에게 품격을 부여하게 되는 것이다. 프랑스와 이탈리아에서는 귀족이 이와 같은 일을 해냈다. 그런데 독일에서는 지금까지 귀족이 대체로 정신적으로 빈곤한 부류에 속해 있었다. 어쩌면 이들은 더 이상 귀족으로 존재할 수도 없을 것 같다. 독일에서 민족에게 품격을 부여하는 일을 한 사람들은 아쉽게도 사제와 교사 그리고 그들의 후손이었을 뿐이다.

199.

우리는 더 고귀하다. — 충성, 관대함, 좋은 명성에 대한 약간의 부끄러움, 이 세 가지가 결합된 하나의 정신을 우리는 귀족적이고 고귀하며 고결하다고 부른다. 그리고 우리는 이러한 정신과 함께 그리스인을 넘어선다. 이 미덕들이 지향했던 낡은 대상들에 대한 존경심이 감정에서 사라졌다(그리고 이것이 정당하다)고 느껴지고, 그래서 이러한 덕들을 버리고 싶은 생각이 들지라도 그것들을 버리고 싶지는 않다. 오히려 우리는 우리에게 계승된 이 귀중한 충동이 새로운 대상을 접하고 그것에 잘 적용될 수 있도록 배려해 주어야 할 것이다. 고귀함에 대해 아직도 기사도적이며 봉건적인 관점 한가운데 있는 우리에게는 가장 고귀한 그리스인의 정신조차 보잘것없고 고상하지 못한 것으로 느껴질 것임에 틀림없다. 그리스의 정신이 가장 고귀하다는 이러한 사실을 이해하려면 오디세우스가 굴욕적인 상황에 처했을 때 입에 담았던 저 위로의 말을 떠올리면 된다. "그저 견뎌 내라, 나의 사랑스러운 심장이여! 너는 이미 개보다 못한 인생도 견뎌 왔다!" 신화적인 전형이 실제 상황에서 나타난 예로서, 저 아테네 장교에 관한 이야기를 여기에 덧붙이고자 한다. 그는 참모부 전체의 면전에서 다른 장교로부터 몽둥이로 위협을 받았을 때, 이러한 치욕에 맞서 다음과 같은 말을 쏟아냈다. "그래, 때리고 싶으면 때려라! 그러나 내가 말하는 것도 이제는 들어야 하리라!" 이러한 행동을 테미스토클레스도 보여 주었다.[267] 그는 고대로부터 전해 내려오는 오디세우스의 먼 친척이었다고 한다. 그는 또 이런 굴욕적인 순간에 처했을 때 언제나 저 위로의 말이면서도 동시에 위기의 발언이었던 그 말을 자기 자신의 '사랑스러운 심장'에게 던졌다고 한다. 그리스인은, 전승된 기사도적 모험 정신과 희생욕구에 감명받아 치욕적인 일을 당했을 때 삶과 죽음을 가볍게 여기는 우리와는 분명 전혀 달랐다.[268]

267 테미스토클레스(Themistoklēs, 기원전 524-459)는 그리스 아테네의 정치가이며 군사령관이었다. 그는 2차 페르시아 전쟁 당시 살라미스 해전을 승리로 이끌었다. 그는 그리스의 민주주의를 세웠던 선구자들 중의 한 사람으로 간주되고 있다. 니체는 이런 영웅담을 좋아했던 것 같다. 하지만 영웅에 심취한 이유는 남다르다. "플루타르코스를 읽고 너희의 영혼을 충족시켜라. 그리고 너희가 그 영웅들을 믿듯이, 스스로를 믿어야 한다"(『반시대적 고찰』 제2권, 344쪽). 고대의 영웅들의 모습을 인식하고 나면 그것을 바탕으로 하여 자기 자신을 그렇게 믿고자 하는 것이 니체의 진의이다. 이를 두고 고전적인 자신감(自信感)이라고 말하면 어떨까. 신을 믿는 것이 아니라 자기 자신을 믿는 그런 행위로 말이다.

268 철학적으로 고민을 해 봐야 할 대목은 치욕스럽고 굴욕적인 상황에 처했을 때 가져야 할 마음가짐이다. 고대 그리스 로마 시대의 영웅들은 이런 상황에서 '참고 견디라! 혹은 때릴 테면 때려라! 하지만 내 말을 들어라!' 하는 식으로 자기 의지를 굽히지 않았다. 그런 것을 미덕으로 삼았기 때문이다. 하지만 성경 속의 영웅들의 모습은 사뭇 다르다. 지상의 삶을 하찮게 여긴다. 죽음으로써 영생을 얻고자 한다. 그래서 희생을 자처한다. 순교자가 된다는 것을 긍지로 삼는다. 삶과 생명을 하찮게 여기는 이런 태도에 대해 니체는 강한 거부감을 느낀다. 아무런 죄 없는 삶을 희생시키는 자기 자신이야말로 오히려 죄인으로 간주되어야 마땅하지 않을까. 이런 니체의 이념을 고스란히 전수한 카뮈(1913-1960)

Wilhelm von Kaulbach, 〈살라미스 해전〉, 1868.

우리의 모습은, 그러니까 다음과 같은 면에서 발견된다는 것이다. 오늘날의 결투에서 보듯이 삶과 죽음을 명예로운 경기에 바칠 수 있는 기회를 찾는 것, 혹은 악한 이름을 획득하는 것이 명성과 권력감정과 양립할 때에도 악한 이름을 획득하기보다는 선한 이름(명예)을 유지하는 것을 더 높게 평가하는 것, 혹은 신분적인 편견과 신앙 조항이 폭군이 되는 것을 금할 경우에 그것들을 충성을 다해 따르는 것, 이러한 것들은 그리스인의 정신과는 거리가 멀다. 왜냐하면 다음과 같은 사실이 모든 좋은 그리스 귀족을 규정했던 전혀 고상하지 않은 비밀이었기 때문이다. 그리스 귀족은 가장 심

가 자신의 『시지프 신화』(1942)에서 좌우명으로 삼은 글도 떠올려 보자. "오, 사랑하는 이여, 불멸의 삶을 갈망하지 마라, 다만 가능성의 들판을 끝까지 내달려라." 영생을 바라지 말고, 이 대지 위의 삶을 끝까지 살아 달라는 것이다. 그것이 진정으로 영웅적인 삶이며, 그런 실존적인 태도를 일컬어 카뮈는 '철학적 자살'이라고 말했던 것이다. 허황된 꿈을 버리고, 아니 그런 것은 죽여 버리고 실존적인 생각에만 철두철미하게 임하는 것이다. 이것이야말로 진정한 생철학의 이념이다.

한 질투심을 숨기지 않았고 또 때문에 자신의 동료 귀족들이 자신과 대등하다고 생각했다. 그러나 어떤 순간에도 그들은 호랑이처럼 자신의 먹잇감을 향해, 즉 폭력적인 지배를 향해 돌진해 나갈 용의가 있었다. 이런 행위를 해야 할 경우에 거짓말, 살인, 배반, 자신이 태어난 도시를 팔아먹는 것 따위는 그에게 전혀 문제가 되지 않았다! 그에게 문제가 되었던 것은 오로지 정의뿐이었다. 정의를 실현한다는 것은 이런 유형의 인간들에게 지극히 어려운 것이었다. 정의는 그래서 거의 믿을 수 없는 것으로도 여겨졌다. '정의로운 사람'이라는 말은 그리스인에게는 마치 기독교인에게 있어서의 '성자'라는 말에 비교될 수 있는 의미를 가졌던 것이다. 그러나 소크라테스가 등장하여 이런 말을 했을 때 사람들은 자신의 귀를 믿을 수 없었다. "도덕적인 사람이 가장 행복한 사람이다."[269] 이 말을 들었을 때 사람들은 무슨 정신 나간 소리를 들었다고 믿어야 했다. 왜냐하면 그 당시 고귀한 신분의 사람들은 누구나 가장 행복한 사람의 형상을 떠올려야 할 때, 자신의 오만과 자신의 쾌락을 위해 모든 것과 모든 사람을 희생시키는 전제군주처럼 철저히 배려심도 없고 악마와 같은 행위를 서슴지 않는 그런 사람을 생각해 냈기 때문이다. 은밀하게 이러한 행복을 공상하는 사람들 사이에서는 자연스럽게 국가에 대한 존경심이 충분히 깊게 뿌리내릴 수 없었다.[270] 그러나 내

269 소크라테스 철학은 이데아를 근간으로 한다. 이데아를 믿는 철학이다. 어떤 말로도 형용해 낼 수 없는 그것을 무슨 말로도 형용해 내려는 의도로 철학을 하는 것이다. 형이상학적 존재를 실존으로 간주하고 그것을 진정한 세계라고 말하는 것이다. 같은 의미에서, 소크라테스는 도덕을 믿는다. 도덕이 실존의 의미로 존재한다. 마치 기독교인이 신의 뜻이 담긴 신의 계명이 있다고 믿는 것과 같다. 그런 계명이 돌에 새겨졌다고 말하면 사람들은 그것을 믿어야 하는 상황으로 돌입하고 마는 것이다. 결국 사람들에게는 그 계명에 복종해야 하는 의무감만이 요구된다. 그 계명의 진의, 속성, 효과 등을 따지지 않고 복종하게 될 때, 그때 인간의 행동은 배타적인 것의 전형으로 나타날 수밖에 없다. 그 계명을 위해 다른 뜻을 따르는 모든 사람을 제거하려는 무지막지한 인간이 탄생하고 마는 것이다. 이런 경우에는 이런 말도 가능하리라. 믿는 자가 가장 잔인한 자다.

270 국가가 중요한 것이 아니라 사람이 중요한 것이다. 사람을 위한 정치, 즉 '인간적인 너무나 인간적인'

가 말하고자 하는 바는 이렇다. 저 고귀한 그리스인의 경우처럼 그들의 권력욕이 더 이상 맹목적으로 날뛰지 않는 사람들에게는 저런 식의 국가 개념에 대한 우상 숭배도 더 이상 필요하지 않다는 것이다. 그런 우상 숭배와 함께 그 옛날에도 저 권력을 지향했던 욕망이 감옥에 갇히게 된 것이다.[271]

200.

가난은 견뎌 내야 하는 것. — 귀족 출신이 지닌 위대한 장점은 가난을 더 잘 견뎌 낸다는 것에 있다.

201.

귀족의 미래. — 고귀한 세상에 사는 사람들의 행동은 그들의 사지를 통

정치를 펼칠 때 오히려 국가는 튼튼해질 것이다. 이것이 니체의 국가관이라고 할까. 사람 중심의 국가 말이다. 사람을 무시하고 국가를 앞세우는 자들은 대부분 국가라는 개념으로 우상 숭배를 강요할 때가 더 많다. 이런 종류의 국가, 즉 부정적 의미로 충만한 국가는 오히려 망치를 들고 깨고 싶은 것이다. 단단한 껍질을 깨고 새로운 국가를 탄생시키고자 하는 것이다. 이것이 극복의 이념이다. 이것이 허무주의가 철학적으로 취하는 방식이다. 무엇인가 깨고 부수고 죽여야 할 때, 그것이 끝이 아니라 새로운 시작이 될 수 있는 여건을 마련하고자 하는 것이다.

271 욕망은 가둬 놓을 일이 아니라 풀어놓을 일이다. 욕망의 불꽃은 끌 일이 아니라 더 부추길 일이다. 육체를 갖고 태어난 이상, 이 육체를 끝까지 잘 다뤄야 하는 의무가 주어진 것이다. 자기 자신의 육체는 자기 삶을 위한 소중한 도구이다. 삶은 육체 없이는 불가능하다. 불가능을 가능으로 바꿔 놓는 것도 바로 이 육체뿐이다. 육체가 존재하는 한 욕망은 끊임없이 삶을 재촉할 것이고 또 괴롭힐 것이다. 이런 의미에서 니체도 인정한다. "모든 인생은 고통이다." 이 말은 쇼펜하우어의 전유물이 아니다. 다만 그 고통에 대한 태도가 문제가 될 뿐이다. 고통이 싫어서 삶에 등져야 한다? 니체는 이런 태도에 거부 의사를 보낸다. 고통은 육체를 잘 다룰 줄 모를 때 발생하는 것일 뿐이다. 힘을 기르고 능력을 키워야 한다. 넘고 넘어 고지에 서야 한다. 밟고 밟아 정상에 서야 한다. 그러면서 자기 자신의 힘으로 길을 끝까지 가야 한다. 그것이 삶을 선사받는 존재로서 충족해야 할 의무이다.

해 권력의식을 가지고 놀고 있다는 것을 표현해 낸다.[272] 그러니까 귀족의 습관이 든 사람은 그가 남성이든 여성이든 상관없이 완전히 탈진한 상태로 소파 의자에 털썩 주저앉는 것을 좋아하지 않는다. 그는 그런 상태를 거부한다. 모든 세상이 그를 편안하게 해 주는 상황도 싫어한다. 예를 들어 철길을 따라 정해진 길을 달리는 기차 안에서 편안하게 등을 붙이고 앉아 있는 것을 혐오한다. 그는 몇 시간 동안 궁전 안에서 자기 발로 서 있어도 전혀 피곤해지지 않는 것처럼 보이기도 한다.[273] 그는 자기 자신의 집을 편안하게 정리해 놓지 않고 오히려 덩치가 더 크고 키가 더 큰 그런 존재가 살고 있는 처소인 것처럼 그렇게 광대하고 위엄 있게 만든다. 그는 도전적인 언사에 직면하여서도 침착함을 잃지 않고 또 정신을 맑게 유지하는 법을 안다. 그런 순간에 그는 절대로 서민들이 보여 주는 방식처럼 기가 질리거나 압도되거나 부끄러워하거나 숨이 막히는 듯한 느낌을 받지 않는다. 그는

272 좀 의역을 했다. 니체는 '슈필 슈필트(Spiel spielt)'라는 표현을 사용했다. 분명 여기에는 의도가 스며 있다. '슈필(Spiel)'은 '놀이'라는 뜻이고, '슈필트(spielt)'는 '논다'는 뜻이다. 직역하면 '놀이를 논다'가 된다. 권력의식을 가지고 놀 수 있는가? 그것이 관건이 된다. 사람이라면 누구나 권력을 지향한다. 누구나 더 높은 위치에 오르려 한다. 공부 열심히 하는 것도 이 때문이다. 좋은 학교를 다니고 좋은 직장에 가고자 하는 것도 다 이런 목적의식에서 파생된 것일 뿐이다. 하지만 타인의 감정을 무시하고 자기 감정에만 몰두한다면 그것은 진정한 의미의 권력이 아니다. 권력의식을 가지고 논다는 것은 놀이에 참여할 수 있는 타인을 끌어들이는 매력을 발휘할 수도 있어야 한다. 니체의 궁극적 이상은 이미 『비극의 탄생』에서부터 지속적으로 언급되었다. 그것은 축제의 의미다. 디오니소스 축제는 다 함께 놀자는 것이다. 그것이 진정한 의미의 민주주의이다. 시끄럽게 논쟁하고 의견의 자유를 부르짖으며 자기 자유만 주장하는 것이 민주주의는 아닌 것이다. 그것은 잘못 이해된 기형의 민주주의일 뿐이다. 정치도 문화도 축제의 의미로 이해될 수 있을 때 니체가 그토록 꿈꿨던 '비극의 탄생'은 실현될 수 있으리라.

273 피곤을 느끼는 것은 대부분 서툴기 때문이다. 하고 싶은 것을 할 때는 피곤한 줄 모르고 한다. 어린아이들이 하루 종일 놀 수 있는 비결은 자기가 원하는 것을 하고 있기 때문이다. 생각하는 존재가 쉽게 권태에 빠지고 아무런 잘못도 없는 삶을 향해 살기 힘들다고 말하는 이유는 이런 문제와 깊은 관련을 맺고 있다. '살기 싫다'는 말을 '살기 좋다'로 바꿀 수 있는 지혜를 얻어 내야 한다. '살기 힘들다'는 말을 '살기 쉽다'는 말로 바꿀 수 있는 비결을 찾아내야 한다. 그것이야말로 사람이 해내야 할 일이다. 살면서 반드시 알아내야 할 내용이다.

지속적으로 현실에 걸맞게 강한 육체적 힘을 가진 듯한 외관을 유지하는 비결을 알고 있다. 그는 또한 고통스러운 상황에 처해서도 명랑함과 친절함을 끊임없이 유지한다. 그렇게 함으로써 위험이 엄습할 때나 사람을 기습적으로 놀라게 하는 그런 상황에서조차 그의 영혼과 그의 정신은 이것을 유연하게 견뎌 낼 수 있다는 인상을 유지하게 되는 것이다. 고귀한 문화는 열정적이고 자존심 강한 말을 타고 의도적으로 스페인풍의 우아한 걸음걸이를 걷게 하면서 희열을 맛보는 기수를 꼭 닮았다. 루이 14세 시대를 떠올려도 좋다. 즉 고귀한 문화는 말과 기수 모두가 정신을 잃을 정도로 한계에 도달한 상태에서도, 또 그의 말이 자기 아래서 질풍처럼 내달리는 것을 느끼면서도, 오히려 바로 그때 머리를 높게 치켜들고 희열을 만끽하는 그런 기수를 꼭 닮았다. 두 가지 상황 모두에서 고귀한 문화는 권력을 호흡해 낸다.[274] 그리고 또 이 고귀한 문화가 그 관습들 사이에서 매우 자주 오로지 권력감정의 외관만을 요구할 때조차도, 우월감정은 지속적으로 증대된다. 그것은 그러니까 이런 놀이가 고귀하지 않은 사람들에게 주는 인상과, 또 이러한 인상을 보여 주는 연극으로 인해서도 가능해진다. 우월감정 위에 세워진 고귀한 문화가 갖는 이 의심할 여지없는 행복은 지금 하나의 더 높은 단계로 상승하고 있다. 왜냐하면 지금부터 모든 자유정신의 도움을 받아, 귀족으로 태어나 교육받은 사람이 인식의 교단에 들어설 수 있도록 허락받기 때문이다. 그리고 그는 이 인식의 교단에서 한층 더 정신적인 영감을 얻

274 '마흐트 아트메트(Macht atmet)'를 직역했다. 원래 표현이라면 '공기를 호흡하다'가 맞다. 하지만 니체는 호흡의 대상으로 권력을 사용했다는 점이 특이하다. '권력을 호흡하다'를 어떻게 이해해야 할까? 공기를 호흡하면 신선한 느낌이 들 것이다. 그런 기분을 권력감정으로 옮겨 놓으면 될 것이다. 자기 자신이 권력을 거머쥐고 있다는 그런 느낌이 가져다주는 쾌감을 느껴 보면 된다. 예를 들어 승리감은 최고의 명약으로 간주되기도 한다. 의기소침해 있을 때 사소한 승리를 맛보게 하는 것이 최고의 묘약이 될 수도 있다는 것이다.

게 되고, 한층 더 높은 기사의 의무를 배우게 되며, 승리감으로 충만한 지혜의 이상을 바라보게 된다. 이 이상은 그 어떤 시대에도 지금처럼 이토록 좋은 감정을 가지고 자기 앞에 제시된 적이 없다. 지금 다가오는 이 시대야말로 이런 감정을 양심으로 간주한다.[275] 마지막으로, 도대체 귀족은 앞으로 무엇에 몰두해야만 할까? 날이 갈수록 정치에 종사하는 것이 점점 더 천박한 것으로 보인다면? — —

202.

건강을 돌보기 위하여. — 사람들은 범죄자의 생리학에 대해 고민하는 일을 거의 시작도 못하고 있는 실정이다. 그러나 이미 사람들은 범죄자와 정신병자 사이에 그 어떤 본질적인 차이도 존재하지 않는다는 통찰, 그 피할 수 없는 통찰 앞에 서 있는 것이 사실이다. 하지만 이것은 다음과 같은 사람들의 믿음을 전제한다. 즉 평범한 도덕적 사고방식이 정신적으로 건강한 사고방식이라는 믿음이 그것이다. 이제는 그 어떤 믿음도 다음과 같은 믿음만큼 그렇게 쉽게 믿어지는 것은 없을 정도가 되었다. 말하자면 도덕적 사고방식이 정신적으로 건강한 사고방식이라는 이런 논리 속에서 자신의 결론을 당당하게 도출해 내고 또 범죄자를 하나의 정신병자로 취급하는 것을 주저하지 않게 하는 이런 믿음은 당연한 것처럼 여겨지고 있다. 그

275 늘 그렇듯이 양심을 형성해 내는 것이 관건이다. 예를 들어 "니티무르 인 베티툼(Nitimur in vetitum, 우리는 금지된 것을 추구한다)"(『이 사람을 보라』, 17쪽)이라고 말할 때 양심의 가책을 받지 않을 수 있는가? 그것이 문제라는 얘기다. 떠나야 할 때 양심의 가책을 받지 않고 떠날 수 있는가? 과거에 진정으로 사랑했던 것을? 신을 죽일 수 있는가? 과거에 진정으로 신으로 간주했던 것을? 하지만 때가 되면 떠날 수 있어야 한다. 그때 필요한 것이 양심이라는 것이다. '그래도 된다'는 인식이 들면 뭐든지 해낼 수 있는 것이다. 지금까지 금지되던 것이라 할지라도, 그 금지된 것이야말로 지금 당장은 진정으로 해야 할 일이 되고 마는 것이다. 양심이 형성되고 나면 이런 기적이 일어난다.

것도 오만한 자비심에서가 아니라 오히려 의사의 영리함과 의사의 선한 의지로 그렇게 범죄자를 취급한다는 것이다. 범죄자에게는 공기를 바꿔 주는 것이 좋다. 그에게는 다른 사회, 일시적인 사라짐, 어쩌면 홀로 지내는 것과 하나의 새롭게 몰두할 수 있는 일이 필요하다. 좋다! 맞는 말이다. 어쩌면 그는 스스로 자기 자신과 성가시고 폭군 같은 충동으로부터 자기 자신을 보호하기 위해 일정 기간 감옥에서 사는 것이 자신에게 이익이 된다는 사실을 발견할 것이다. 좋다! 이것도 맞는 말이다. 아울러 범죄자에게는 건강 회복, 즉 저 충동의 근절, 변화, 순화의 가능성과 수단이 아주 분명하게 제시되어야 하고, 또한 심각한 경우에는 그런 치유의 방법들이 불확실하다는 것까지도 아주 분명하게 제시되어야만 한다. 자기 자신에게마저 혐오의 대상이 되어 버린 범죄자, 치유가 불가능한 이런 범죄자에게는 자살을 위한 기회도 제공되어야 한다. 그러나 이것은 일을 쉽게 해결할 수 있는 최종적인 방법으로 남겨 두어야 한다. 그 전에 무엇보다도 범죄자가 선한 용기와 자유로운 기분을 다시 가질 수 있게 하는 방법이라면 그것이 무엇이 되었든 간에 소홀하게 다뤄져서는 안 된다. 더 나아가 양심의 가책을 마치 불결한 어떤 것을 제거하듯이 그렇게 그의 영혼에서 닦아 낼 수 있게 해 주어야 한다. 그리고 또 어떻게 그가 아마도 어떤 한 사람에게 가했을 해코지를 타인에 대한 선행, 아니 어쩌면 사회 전체에 대한 선행을 통해 보상함과 동시에 대가까지 치를 수 있는지를 그에게 손가락으로 가리키듯이 확실하게 보여 주어야 한다. 하지만 이 모든 것은 지극히 조심스럽게 다뤄야만 한다! 특히 익명이나 새로운 이름으로 일이 진행되어야 하고, 또 자주 거주지를 바꿔 줌으로써 그의 회복된 평판과 앞으로의 삶이 가능한 한 적게 위험에 노출될 수 있도록 배려해 주어야 한다. 물론 지금도 여전히 해를 입은 사람이 그 해가 어떻게 보상될 수 있는지에 대해서는 따지지도 묻지도 않고 오로지 복수하려는 요량으로 무조건 재판에 호소부터 하려는 그런 사람들이 있다. 이런 식으로 나아가다가는 언젠가 우리의 형법은 혐오스러운 것이 될 것이 틀림없고 그것은 소매상인이 저울질이나 하는 것처럼, 처벌이 그 죄에 적당한 것인지 고민하는 그런 어처구니없는 모습을 보이게 될 것이다. 그러나 우리는 이러한 상황을 뛰어넘어 더 넓은 세상을 향해 나아갈 수 있어야 하지 않을까? 만약 죄에 대한 믿음과 함께 또한 복수에 대해 가졌던 낡은 본능으로부터 벗어나고, 또 기독교와 함께 자신의 적을 향해 축복을 해 줄 뿐만 아니라 우리를 모욕한 그런 사람들에게도 선행을 베푸는 것을 행복한 사람들만이 가질 수 있는 그런 세련된 영리함으로 간주할 수 있게 된다면, 삶에 대한 보편적인 감정이 얼마나 가벼워질까! 죄라는 개념을 이 세계로부터 뿌리째 뽑아 버리자! 그리고 바로 그 뒤를 이어 벌이라는 개념까지도 내보내 버리자! 하지만 이 추방당한 괴물들은 어떤 형식으로든 살고자 할 것이다. 괴물들은 또 그 자체의 혐오스러움으로 인해 스스로 몰락하지 않는 한, 어디선가 다른 곳에서, 그것도 사람들 사이에서 끝까지 살아남으려 할 것이다! 사회와 개인이 범죄자들 때문에 고통받는 손실은, 병든 환자로 인해 건강한 사람들이 고통받는 손실과 전적으로 동일한 종류의 것이라는 점은 이제 충분히 생각해 낼 수 있을 것이다. 왜냐하면 이 병든 환자들은 근심과 불쾌감만 퍼뜨리고, 아무것도 생산하지 않으면서도 다른 사람들이 벌어들인 것을 소모하기만 하고, 간호사와 의사 그리고 위안을 절대적으로 필요로 하며, 오로지 건강한 사람들의 시간과 힘에 의존해서만 살아가기 때문이다. 그럼에도 불구하고 병든 그 환자들에게 복수를 하고자 하는 사람이 있다면 그는 오늘날 비인간적인 사람으로 간주될 것이 틀림없다. 물론 옛날에는 사람들이 병든 환자들에게 이런 식으로 복수했던 것이 사실이다. 문화가 미개했을 때 그런 일들이 자주 벌어졌던 것이다. 그리고 지금도 여전히 많은 야만 민족들 사이에서 환자는 사실상 범죄자로 취급당하고 있는 실정이다. 마치 그가 공동체를 위험에 빠뜨리는 사람인 것처럼, 또 그 자신이 죄의 결과물로 그 환자에게 달라붙게 된 악마적인 존재의 거처로 취급되는 것이다. 이는 곧, 모든 병자는 죄인임을 의미하게 된다! 그리고 우리는 아직도 이것과 반대되는 견해를 가질 만큼 충분히 성숙하지 못한 것일까? 우리는 아직도 모든 '죄인'이 병든 환자라고 말해서는 안 되는가? 아쉽지만 그렇다, 그렇게 말할 수 있는 시간은 아직 도래하지 않은 것이다. 아직 부족한 것이 너무도 많다. 무엇보다도 우리가 지금까지 실천적인 도덕이라고 불렀던 것을 자신의 의술과 의학의 일부분으로 전용시킬 수 있는 능력 있는 의사들이 아직 없다. 일반적으로 이러한 사물들에 굶주려 있는 관심, 즉 사람들이 한때 종교적인 흥분에 사로잡혔던 질풍노도 시대와 아마 언젠가는 유사하게 나타나게 될 이러한 사물에 대한 관심도 아직 없다. 교회는 아직도 건강을 돌보는 사람들을 두지 않고 있다. 신체와 식사에 관한 이론은 아직도 모든 초급 학교는 물론이고 고급 학교에서도 의무화되어 있지 않다. 재판에 도움을 주는 것과 또 범인에 대한 처벌과 복수를 포기하는 것을 서로가 서로에게 의무로 여기고 일을 하는 사람들의 조용한 모임이나 결사도 아직 없다. 아직 어떤 사상가도 한 사회와 각 개인들의 건강을, 그것이 얼마나 많은 기생 동물들을 참고 견뎌 낼 수 있는지에 따라 평가하려는 용기는 갖지 못한 상태이다. 그리고 저 관대하고 부드러운 연설을 이용하여 정신의 대지를 쟁기 날로 갈아엎을 수 있는 국가 건립자는 아직 단 한 명도 존재하지 않았다.[276] "그대가 땅을 경작하고자 한다면 우선 쟁

276 앞서 146번 잠언에서도 '쟁기 날'이 언급되었었다. 니체가 철학을 하는 방식이라고 할 수 있다. 그는 '모든 가치의 가치전도'를 기획하고 있다. 정신의 대지를 쟁기의 날로 갈아엎는 것을 목적으로 하는 그런 철학을 창출해 내고 싶은 것이다. 그의 철학적 사고 앞에서 갈아엎어질 수 없는 대지는 없다. 모든 것은 전도(顚倒)될 수 있다. 생각하는 존재는 생각으로 존재를 구축할 수밖에 없다. 존재는 때가 되면, 즉 생명이 다 되면 갈아엎어야 한다는 것이 니체의 이념이다. 현재, 실상, 사실, 정의, 진리, 도덕, 신, 그 어떤 개념도 때가 되면 새로운 의미로 재탄생을 거듭해야 하는 것이다. 이것이 건강을 회복하는 최고의 기술인 것이다. 헤세가 『데미안』에서 "새는 알에서 나오려 한다. 알은 세계이다. 태어나려

기로 갈아엎어라! 그때 쟁기를 뒤따라오는 새와 늑대는 그대가 하는 일로 인해 즐거워하리라. 아니 모든 피조물이 그대가 하는 일로 인해 즐거워하리라."

203.

나쁜 식사법에 반대하여. — 게스트하우스에서든 사회의 상류층이 사는 어느 곳에서든 상관없이 현재 사람들이 하는 식사방식은 정말 엉망진창이다! 굉장히 존경받는 학자들이 모일 때조차 그들의 식탁은 은행가의 식탁과 동일한 방식으로 가득 채워진다. '많이 아주 많이' 그리고 '이것저것 다.' 이것이 상을 차리는 규칙이다. 그 결과, 요리는 과시효과를 위해 만들어질 뿐, 영양까지 고려해서 조리되지 않는다. 그래서 위장과 두뇌의 부담을 없애 주기 위해 자극적인 음료의 도움이 필요하게 된다. 이런 바보 같은 짓이 또 있을까. 일반적으로 그것 때문에 얼마나 삶을 황폐화시키고 또 얼마나 신경을 과민하게 만드는지 알기나 하는지! 바보 같은 사람들, 어떤 꿈들이 그들을 찾아와야 한단 말인가! 바보 같은 사람들, 어떤 예술과 책이 이런 식사의 후식으로 주어져야 한단 말인가! 그리고 그들이 무엇을 원하든 그들이 행하는 그 행위 속에서 지배하는 것은 그저 후추처럼 자극적인 것과 모순 혹은 세상에 싫증난 염세일 것이다! 영국의 부유한 계급에게는 그들의 소화불량과 두통을 견뎌 내기 위해 기독교가 필요하다. 마지막으로, 이들의 식사에서 구역질 나는 측면도 있지만 음식에 대한 욕망의 측면도 있다.

하는 자는 하나의 세계를 깨뜨려야 한다"고 말했던 것처럼, 새는 알에서 나와야만 살아남을 수 있다. 알을 깨는 행위는 생각을, 관점을, 가치관을 바꾸는 행위에 대한 비유일 뿐이다. 실존의 의미도 이런 쟁기 날을 가지고 갈아엎는 행위를 통해 새롭게 형성될 수 있는 것이다.

그것을 인정한다고 하더라도 이 사람들이 결코 미식가라고 말할 수는 없다. 우리 시대와 그것의 분주한 성격은 그들의 복부보다는 그들의 신체 사지에 더 강력한 힘을 발휘한다. 그렇다면 이러한 식사는 무엇을 원하는가? 그 식사는 그저 대표할 뿐이다! 모든 성스러운 이름으로 말하자면, 도대체 무엇을 대표한다는 말인가? 신분을? 아니다. 그것은 돈이다. 사람들은 이제 어떤 신분도 더 이상 갖고 있지 않다! 사람들은 '개인'이 되었을 뿐이다! 그러나 돈은 권력이고 명성이며 위엄이고 우월함이며 영향력이다. 현재 돈은 한 인간이 돈을 얼마나 갖고 있는지에 따라 그 사람에 대한 크거나 혹은 작은 도덕적인 편견을 만들어 낸다![277] 아무도 그것을 말 아래에 두려 하지 않는다. 아무도 그것을 식탁 위에 두려고도 하지 않는다. 그래서 돈은 우리가 식탁 위에 전시해 둘 수 있는 대표적인 음식, 소위 비싼 음식을 내보여야만 한다. 우리의 식사를 위해 차려진 밥상을 한번 보라!

204.

다나에와 황금의 신. — 오늘날 사람들을 범죄자로 만드는 이 엄청난 초조함은 어디서 비롯되는 것일까? 범죄자로 만드는 성향과는 전혀 다른, 오

277 "돈이 권력이다." 이것이야말로 니체가 전하는 비판적 메시지다. 현대 사회와 현대인에 대한 비판이 고스란히 담긴 표현이다. 현대는 자본주의 사회다. 자본을 근간으로 하여 이루어진 사회란 뜻이다. 자본이 사람됨을 규정하는 사회가 된 것이다. 돈이 많은 사람이 정의롭다. 돈이 없으면 죄인이다. 가난한 사람은 양심의 가책을 받아야 마땅하다. 부유한 사람은 아무 말이나 거침없이 해도 된다고 판단한다. 이런 판단이 도덕적 편견을 조장해 낸다. 모든 현대인은 이런 편견과 한계 속에 갇혀 살아가고 있다. 무엇을 해도 돈이라는 블랙홀 속으로 빨려들어 가고 만다. 이 한계를 넘어선 자는 아직 존재하지 않는다. 소위 현대 이후에 대해서는 아무도 예상조차 하지 못하고 있다. 모두가 그저 현대인이어서 그런 것이다. 그 누구도 현대인이기를 그만두고자 하지 않는다. 오히려 현대인이라는 사실에서 긍지를 찾고 있을 뿐이다. 현대라는 미로 속에서 최선을 다하며 살아갈 뿐이다. 악순환이다. 이 순환 고리를 끊을 수 있는 비결은 무엇일까? 니체는 그것에 주목하고 있는 것이다.

히려 대립되는 성향을 더 초래할 것 같은 상황에서 사람들이 이 엄청난 초조함으로 인해 범죄자가 된다는 사실을 어떻게 해야 잘 설명할 수 있을까? 어떤 사람은 가짜 저울을 사용하여 무게를 달고, 어떤 사람은 고액의 보험을 든 후에 자신의 집에 불을 지르고, 또 어떤 사람은 위조지폐를 만드는 데 참여한다. 상류 사회의 4분의 3이 법적으로 허용된 범위 내에서 사기를 치고 있다. 그들이 양심의 가책에도 불구하고 주식 거래와 투기로 재산을 불려 나갈 때, 그들을 부추기는 것은 도대체 무엇일까? 이는 그들이 실제로 가난해서가 아니다. 그들은 그렇게 심하게 형편이 나쁘지도 않다. 그들은 어쩌면 돈과 관련하여서는 아무런 걱정도 없이 먹고 마시며 살아갈 수 있을 것이다. 그럼에도 불구하고 그들은 어떤 끔찍한 초조함에 시달리고 있다. 그들은 돈이 너무 느리게 쌓여 간다고 생각한다. 돈만을 지향하는 이 끔찍한 욕망, 그리고 그것에만 집중하는 이 과도한 사랑은 밤이든 낮이든 그들을 쉴 새 없이 몰아 댄다. 그러나 이러한 초조함과 사랑 속에서 권력욕구라는 저 광적인 욕심이 다시 나타난다. 권력에 대한 광적인 욕심은 예전에는 진리를 소유하고 있다는 믿음에 의해 불붙었다. 그렇지만 그 욕망은 너무도 예쁜 이름으로 불리면서 자신을 가장하고 있기 때문에, 사람들은 오히려 양심적으로 떳떳하게 비인간적일 수 있었던 것이다.[278] 유대인을 향한

278 소위 현대 사회는 '자본주의'라는 이름으로 불리고 있다. 이름이 참으로 예쁘기도 하다. 말이 자본이지 속된 표현으로 말하자면 그것은 돈에 대한 집착이다. 돈에 대한 미련을 넘어서 그것을 향해 광적으로 벌레처럼 달려드는 것이다. 이런 모습을 인식한 카프카는 『변신』(1915)에서 현대인의 초상으로 벌레로 변신한 신체를 선보이기도 했다. 눈만 뜨면 출근 걱정하고, 사장의 마음과 견해에 몰두하며, 또 가족 부양에 대한 부담감을 갖는다. 책임감과 의무감으로 스스로를 감옥 안에 가둬 놓고 만다. 개인적 욕망조차 사회적 요구와 직결되고 있을 뿐이다. 결국 그 개인은 자기 방 안에 갇혀 벌레처럼 존재를 연명하는 신세가 되고 만다. 그 방 안에서는 답이 없다. 아서 밀러의 『세일즈맨의 죽음』(1949)도 전형적인 현대인의 모습을 선보인다. 평생을 영업사원으로 출장을 다니며 열심히 살았지만, 평생 동안 판 것은 물건이 아니라 자기 자신의 인생이었다. 평생을 보내고 나서 얻은 것이라고는 하나도 없다. 허망한 인생이 아닐 수 없다. 생명보험에 가입한 뒤 고의로 교통사고를 내고 죽어가는 한 가장의

박해나 이단자에 대한 재판, 그리고 좋은 책들을 아무런 양심의 가책도 없이 불태우는 행위라든가 또 페루와 멕시코 같은 고등 문화 전체를 파괴하는 짓거리들이 다 이런 종류의 비인간적인 행위들이다. 권력에 대한 광적인 욕심이 자신의 끝없는 욕구를 채우는 수단을 시시각각으로 변화시켜 왔지만, 그래도 동일한 화산이 여전히 한결같이 불타오르고 있다.[279] 이런 초조함과 엄청난 사랑은 희생제물을 원한다. 예전에는 사람들이 '신을 위해서'라고 핑계를 댔다. 현대인은 돈을 위해서라면 무슨 짓이든 다 하는 지경에 이르렀다. 즉 현대인은 '돈을 위해서'라는 말과 함께 최고의 권력감정과 떳떳한 양심을 제공하고 있는 것이다.

205.

이스라엘 민족에 관하여. — 다가오는 세기, 즉 20세기가 우리를 초대한 연극들에는 유럽에 살고 있는 유대인의 운명과 관련된 결정 사항이 속해 있다. 이제 유대인은 그들의 주사위를 던졌고, 루비콘강을 건너고 말았다는 사실이 손 안에 쥔 사물처럼 분명해졌다. 이제 그들에게 남은 것은 둘 중 하나를 선택하는 것이다. 즉 그들 스스로가 유럽의 주인이 되든가, 아니면 그들이 오래전 이거냐 저거냐 식의 유사한 결단에 직면했을 때 이집트를 떠났던 것처럼 유럽을 떠나는 것이다. 그러나 그들은 유럽에서 1,800년에 걸친 고난의 세월과 훈련을 통과해 냈다. 이것은 실로 유럽의 그 어떤 민

모습을 바라보며 씁쓸해지는 것은 우리 모두의 모습이 그 상황에 담겨 있기 때문이다. 돈 앞에서 인간성까지 저버리는 자세, 비인간적인 태도를 보이면서도 떳떳한 우리들의 흉측한 모습이 엿보이기 때문이다.

279 때로는 신에 대한 믿음을 도구로, 때로는 진리를 도구로, 또 현대인의 경우처럼 때로는 돈을 도구로, 즉 사람들은 자신의 권력에 대한 광적인 욕심을 충족시키기 위해 다양한 도구에 집착해 왔던 것이다.

족도 해낼 수 없는 위업이었다. 게다가 이 끔찍하고 무서운 고난과 훈련의 세월에 대한 경험은, 공동체에게는 별 도움이 되지 않았지만 개인적인 일에 있어서는 상상도 못할 만큼 큰 도움이 되었다. 이런 경험의 결과는 현재 유대인의 영혼과 정신 속에서 특별한 도움의 샘물이 되어 흐르고 있다. 유럽에 사는 대부분의 사람은 곤경에 처했을 때, 그러니까 깊은 번민에서 벗어나기 위해 술을 마시거나 혹은 극단적인 선택으로 자살을 하는 일이 있는데, 이런 일이 유대인에게는 거의 나타나지 않는다.[280] 이런 일은 재능이 부족한 사람들이 범하기 쉬운 일이기 때문이다. 유대인이라면 누구나 그들의 아버지와 할아버지의 역사 속에서 근본이 되는 하나의 우물을 알고 있다. 예를 들어 그들의 조상은 저 끔찍한 상황에 처해서도 가장 냉정한 사려와 끈기를 보였고, 또 불행과 우연에 직면해서도 가장 세련된 계략과 책략을 통해 그것을 오히려 자신들의 상황에 유리하게 이용해 냈던 것이다. 가련한 굴종이라는 두꺼운 외투 아래에 숨겨 놓은 그들의 용기, 그들 자신이 무시당하고 있다는 사실을 오히려 무시해 버리는 그들의 모범적인 영웅주의는 모든 성자의 미덕마저 압도한다. 사람들은 유대인을 대놓고 경멸하고자 했다. 사람들은 2,000년 동안이나 그들을 경멸적으로 취급했다. 그들에게 모든 명예와 모든 존경할 만한 일에 접근하는 것을 금했다. 그 대신 그들을 더 더러운 생업 속으로 깊숙이 밀어 넣었다. 사실상 이런 과정 속에서 그들은 더 깨끗해질 수가 없었다. 그렇다고 그들이 경멸스러운 존재가 되었던가? 그들은 스스로 결단코 포기하지 않았다. 그들은 자신이 최고의 사명을 위해 태어났음을 단 한 번도 의심하지 않았다. 그리고 또한 그들은 모

280 이런 측면에서 유대인은 거의 불사신과 같다. 그들은 위기에 처했을 때 결코 스스로 목숨을 끊는 결단을 내리지 않는다. 어떤 경우에 처했어도 오로지 삶을 선택하는 이 민족의 결단력에 대해서는 경의를 표할 만하다. 이는 니체도 인정하는 바이다.

든 고난을 받는 사람의 미덕으로 그들 자신을 멋지게 포장해 내는 일을 단 한순간도 멈추지 않았다. 그들이 자신의 선조와 자손을 존중하는 방식으로 인해, 또 그들의 결혼 및 결혼 풍습의 합리성[281]으로 인해 그들은 모든 유럽인 중에서 가장 우수하다. 유대인은 무엇보다도 권력감정을 이해하고 있었다. 게다가 그들은 사람들이 그들에게 맡긴 생업으로부터 혹은 사람들이 그들을 맡긴 생업으로부터 영원한 복수의 감정을 창조해 낼 줄도 알았다. 유대인의 자구책이었던 고리대금업에 관해서도 우리는 다음과 같이 변호해 주어야 할 것이다. 그들은 자신을 경멸하는 사람들을 이렇게 자주 유쾌하면서도 유익한 방식으로 괴롭히지 않고서는 스스로에 대한 존경심을 그렇게 오랫동안 유지할 수 없었을 것이다. 왜냐하면 우리 자신에 대한 우리의 존경심은 좋은 일이든 나쁜 일이든 간에 우리가 다시 보복할 수 있다는 사실과 연결되어 있기 때문이다. 그러나 그 보복의 순간에서도 그들은 과도하게 선을 넘으면서까지 복수하지 않는다. 왜냐하면 그들 모두는 장소, 풍토, 이웃과 압제자들의 풍습 등이 자주 바뀌고 또 그것에 적응해 가는 과정 속에서 형성된 사고방식, 즉 자유로운 사고방식과 영혼의 자유를 갖고 있기 때문이다. 유대인은 가장 폭넓은 경험의 소유자들이다. 그들은 모든 인간적인 교제에서도, 또 열정에 휩싸일 때조차도 이러한 경험에 입각한 신중함을 유지해 나간다. 그들은 자신의 정신적인 민첩함과 영리함을 확신한다. 그 때문에 그들은 가장 고통스러운 상황에 처해 있어도 거친 노동자나 짐꾼, 농부로서, 즉 육체 노동을 통해 빵을 얻으려 하지 않는다. 그들의 행동을 살펴보면, 어떤 기사의 고귀한 감각이 그들 자신의 영혼에 주어진 적도, 그리고 또 아름다운 무기가 그들의 육체에 주어진 적도 없다는 사실

281 이스라엘 민족(유대인)은 전통적으로 자기 민족하고만 결혼한다.

을 우리는 쉽게 알 수 있다. 어떤 집요한 성향이 겉으로는 상냥해 보이지만 거의 항상 고통스러울 정도로 굴종적인 태도와 함께 변화를 거듭한다. 그러나 이제 해가 갈수록 더 많은 유대인이 유럽 최고의 귀족들과 혼인하는 것은 불가피해졌다. 따라서 그들은 곧 정신적 태도와 신체적 태도에 있어서 좋은 유산을 상속하게 될 것이다. 결국 그들은 백 년 안에 주인으로 인정받게 될 것이고, 그들에게 복종하는 사람들에게 치욕을 느끼지 않게 할 정도로 고귀한 눈길을 던지게 될 것이다. 그리고 이것이 가장 중요한 것이다! 따라서 그들의 문제를 지금 당장 해결하는 것은 아직 무리다! 그들 스스로도 유럽을 정복하는 것은 생각할 수 없다는 사실과, 게다가 유럽을 정복하기 위해 어떤 폭력을 행사하는 것은 상상도 할 수 없다는 사실을 너무도 잘 알고 있다. 그러나 그들은 유럽이 언젠가는 그들이 손을 뻗기만 하면 따낼 수 있는 잘 익은 과일처럼 자신들의 수중에 떨어질 것이라는 사실 또한 너무도 잘 알고 있다. 그때까지 그들에게는 유럽의 탁월한 모든 영역에서 자신의 능력을 보여 주고 거기서 또한 제일인자의 자리에 올라서는 것이 필요할 뿐이다. 그들 자신에게 무엇이 탁월한 것인지를 스스로 결정할 정도가 될 때까지 말이다. 그때가 되면 그들은 유럽인의 발명자이자 길을 알려주는 안내자의 이름으로 불리게 될 것이다. 그때가 되면 그들은 더 이상 유럽인의 자존심을 상하게 하지도 않게 될 것이다. 그리고 유대인의 모든 가정에 그들의 역사를 구성하는 이 풍요롭게 축적된 위대한 인상들, 모든 종류의 열정, 미덕, 결단, 체념, 투쟁, 승리와 같은 이토록 풍요롭게 익은 열매들이 위대한 정신적인 인간들과 작품들 속으로 궁극적으로 흘러 들어가지 않는다면, 이 풍요로운 것들이 도대체 어디로 흘러가겠는가! 유대인이, 경험이 짧고 깊지 못한 유럽 민족이 산출해 낼 능력도 없으면서 산출해 내고자 했던 것과 같은 그런 보석과 황금 항아리를 자신들의 작품으로 보여 줄 수 있다면, 더 나아가 이스라엘이 자신의 영원한 복수를 유럽의 영원한 축복으로 변화시켜 내기만 한다면, 바로 그때 옛 유대의 신이 자기 자신과 자신의 창조물, 자신의 선민에 대해 기뻐해도 되는 저 일곱 번째 날이 다시 한 번 도래하게 될 것이다. 그리고 그때 우리 모두는 또한 그 날을 맞이하여 함께 기뻐하기를 원하게 될 것이다!

206.

불가능한 계급. ― 가난하지만 즐겁고 독립적이라는 것! 이것들은 동시에 어울리는 것이 가능하다. 가난하지만 즐겁게 사는 노예도 있다! 이것도 가능하다는 것이다. 그리고 나는 공장의 노예와 같은 노동자들이 지금 상태처럼 하나의 기계 속 부품에 지나지 않는 나사로, 또 말하자면 어떤 발명품의 대체물로 사용되고 소모되는 것을 치욕이라고 느끼지 않는다고 가정한다면 이보다 더 나은 상태는 없다고 말할 것이다! 높은 급여를 통해 그들의 비참한 삶이 본질적으로 극복될 수 있다고 믿는 것은 정말 어리석은 것이다. 임금이 높아진다고 해서 그들이 당하는 비인간적인 노예화가 지양되는 것도 아닌데, 이러한 새로운 사회의 기계적인 메커니즘 속에서 노예 상태의 치욕이 하나의 미덕으로 변형될 수 있다는 허황된 말을 듣게 내버려두는 것도 정말 어리석은 것이다! 더 이상 인격이 아니라 하나의 나사가 되는 대가로 하나의 보수를 받게 된다는 것도 정말 어리석은 것이다! 그대들은 무엇보다 가능한 한 많은 것을 생산해 내고 부유해지려는 국가가 저지르고 있는 이런 바보 짓거리에 자발적으로 참여하고 있는 공모자들인가? 그대들이 해야 할 일은 얼마나 많은 내적인 가치가 그러한 외적인 목표를 위해 포기되고 있는지에 대한 대차대조표를 그들에게 제시하는 것이리라! 그대들이 자유롭게 숨을 쉰다는 것이 무엇을 의미하는지 더 이상 알지 못한다면, 도대체 그대들의 내적인 가치는 어디에 있단 말인가? 그대들이 자신을 지배할 수 있는 권력을 단 한 번도 제대로 가져 본 적이 없다면? 그대들이 마치 김빠진 술과 같은 자기 자신에 대해 너무도 자주 권태를 느끼고 있다면? 그대들이 신문에 난 기사들이나 읽어 대고 그 내용에 귀를 기울이며, 또 부유한 이웃을 모범 삼아 곁눈질이나 하고 있고, 더 나아가 권력, 돈, 여론의 빠른 부침에 의해 노골적으로 욕망에 자극을 받고 있다면? 그대들이 누더기를 입고 있는 철학을 더 이상 믿지 않고 또 아무것도 필요로 하지 않는 사람들의 자유로운 정신을 더 이상 믿지 않는다면? 그대들 중에서 보다 정신적인 사람들에게는 정녕 잘 어울릴 수 있는 삶, 즉 가난하고, 직업도 없고, 결혼도 하지 않는 자가 누리게 되는 자유롭고 목가적인 삶이 이미 그대들에게 웃음거리가 되어 버렸다면? 바보 같은 헛된 희망으로 그대들을 선동이나 하고 있는 사회주의자들의 저 쥐를 잡는 피리 소리가 항상 그대들의 귀에 들려오고 있다면? 저 바보 같은 헛된 희망은 그대들에게 준비만 하라고, 더 이상 아무것도 하지 말고 오늘도 내일도 오로지 준비만 하라고 요구한다. 그래서 그대들은 외부로부터 무언가가 와 줄 것을 기다리고 또 기다릴 뿐이다. 그 밖의 모든 점에서는 그대들이 지금까지 살아왔던 그대로 살아가고 있을 뿐이다. 이러한 불행한 기다림이 굶주림이 되고, 목마름이 되고, 열병이 되고, 광기가 되고 있을 뿐인데, 그 기다림이 정말 결국에 가서는 승리로 우쭐대는 짐승의 날로 장엄하게 솟아오르기라도 할까? 오히려 모든 사람은 각자 자기 마음속으로 다음과 같이 생각해야 할 것이다. "차라리 이민을 떠나자. 이 세상의 야생적이고 신선한 지역을 찾아내 그곳의 주인이 되려 하자. 그리고 무엇보다도 나 자신의 주인이 되려 하자.[282] 그 어

282 니체 사상의 핵심 이념이 이것이다. 자기 자신의 주인이 되는 것! 이것보다 더 중요한 이념은 없다. 수천 년 동안 인류는 밖에 있을 법한 진리나 하늘 뜻 내지 하나님의 뜻에 연연해 왔었다. 그런 것이 나와 상관없는 계명처럼, 밤하늘의 별들처럼 그렇게 실존의 의미로 존재하고 있을 것이라고 믿어 왔던 것이다. 세상 사람들은 어리석게도 그런 것들을 찾으려고 애를 썼고, 또 그런 소리들을 들으려고 귀를

떠한 곳에서든 노예의 징후가 조금이라도 보이면 주저하지 말고 그 장소를 바꾸도록 하자. 걸어가는 길 위에서는 그 어떤 모험도, 투쟁도 회피하지 말자. 최악의 경우에는 죽을 각오를 하고 살자. 이 단정치 못한 노예 짓거리에 더 이상 놀아나서는 안 된다. 이토록 고통스럽기만 하고 독이 퍼져 있으며 공모를 강요하는 이런 짓거리에 더 이상 놀아나서는 안 된다." 이런 소리야말로 진정으로 올바른 정신에서 나오는 것이다.[283] 지금부터 유럽의 노동자들은 하나의 계급으로서 자신들의 상태를 사람으로서는 도저히 참을 수 없는 것으로 천명해야 한다. 그러니까 그들은 자신이 계급을 보통 주장되고 있는 것처럼 단지 가혹하고 불합리하게 조직된 것이라고 설명하는 데 그쳐서는 안 된다. 노동자들은 이제 유럽이라는 꿀벌집 속에서 지금까지 겪어보지 못한 거대한 집단적 탈출의 시대를 이끌어내야 한다. 이러한 대규모

열어 놓고 살았다. 그런 것을 믿는 순간 이미 이성은 그런 외부적인 것에 노예가 되고 만다. 이성은 들어온 것만 보여 주는 거울과 같다. 이성은 담아내는 것만 꺼내 놓는 그릇과 같다. 그 이성 안으로 무엇을 담아낼 것인지는 오로지 그 이성을 가진 자의 몫일 뿐이다. 니체는 그것을 가르쳐 주고 싶은 것이다. 이성은 자기 책임이라고. 그래서 오로지 자기 자신의 주인이 되는 것만이 진정한 깨침의 길이라고 알려 주고 싶은 것이다. 이쯤에서 차라투스트라의 가르침을 한번 들어 보는 것이 어떨까. "너희에게 명하노니, 이제 나를 버리고 너희 자신을 찾도록 하라. 너희가 모두 나를 부인하고 나서야 나 다시 너희에게 돌아오리라"(『차라투스트라는 이렇게 말했다』, 130쪽). 니체의 임마누엘 사상이다. 허무주의 철학이 들려주는 구원 사상이다.

283 니체에게도 옳다는 판단이 있다. 그가 옳다고 말하는 것은 오로지 이 지상에서 주인의식을 가지고 살아가는 것이다. 대지의 뜻을 이해하고 그것의 주인이 되는 것을 요구하고 있는 것이다. 대지, 지상, 육지, 땅, 흙 뭐라고 소리를 부여해도 상관없다. 그곳이 어떤 곳인지만 알면 된다. 그리고 그곳이 어떤 곳으로 비유되는지도 상관없다. 대지가 마실 물 한 방울 없는 사막이라 해도 그곳의 주인이 되려는 의지로 살면 그만인 것이다. "정신은 이제 자유를 쟁취하여 그 자신이 사막의 주인이 되고자 한다"(『차라투스트라는 이렇게 말했다』, 39쪽). 이런 생각이라면 옳은 것이다. 대지를 먼저 생각하고, 아무리 멀리 떠난 정신이라 해도 반드시 다시 대지로 돌아올 줄 아는 그런 생각이 옳은 것이다. 대지를 삶의 터전으로 간주하고 늘 현실감각을 잃지 않고 사는 그 정신이 옳은 것이다. 그런 옳은 생각과 옳은 정신에 집중하며 사는 자가 초인인 것이다. 늘 신비주의적인 환상을 극복하고 현세로 돌아오는 그 정신이 초인의 정신인 것이다. 배타적 이분법으로 형성된 선악의 관계를 극복하고, '선악의 저편'이라고 말할 수 있는 포용적 이분법으로 회귀할 수 있는 정신이 초인의 정신인 것이다.

의, 자유의사에 따른 탈출이라는 위대한 방식을 통해 현대 사회를 군건하게 세우고 있는 기계와 자본에 저항하고, 또 지금 그들을 위협하고 있는 선거, 즉 국가의 노예가 되든지 아니면 국가를 전복하려는 정당의 노예가 되지 않으면 안 된다고 하는 저 선거 짓거리에 저항해야 한다. 이런 식으로 유럽인의 4분의 1 정도가 빠져나가 준다면 모든 일이 수월해질 텐데! 이렇게 되면 유럽도, 유럽인도 마음이 좀 더 홀가분해질 텐데! 떼를 지어 이동하는 거대한 이주 행렬을 통해 사람들이 유럽에서 멀리 떨어지게 되면, 그때야 비로소 그들은 어머니로서의 유럽이 얼마나 많은 탁월한 이성과 공정함 그리고 얼마나 많은 건전한 불신을 그 아이들에게 유산으로 물려주었는지를 제대로 깨달을 수 있게 될 것이다.[284] 그렇지 않고 만약 이 아이들이 계속해서 어머니 곁에 머문다면, 그 어머니는 우둔한 노파로 돌변할 뿐이고, 또 그들이 그 곁에 머문다면, 그들은 더 이상 자신들의 삶을 참고 견뎌 낼 수 없게 될 것이고, 또 그 돌변한 어머니와 똑같이 불평불만으로 충만하고, 쉽게 자극을 받으며, 게으르게 놀려고만 하는 위험에 빠지게 될 것이 틀림없다. 유럽의 미덕이 유럽 밖으로 나가게 되면 이 노동자들과 함께 방랑과 편력의 길에 오르게 될 것이다. 그리고 고향 안에서는 위험한 불만과 범죄적인

284 벗어나 봐야 원래 있던 곳이 보인다. 자기 자신도 자기 자신에게서 벗어나 봐야 자신이 누구였는지 보이는 법이다. 허무주의 철학은 바로 이 벗어남의 기술을 전수하고자 애를 쓰고 있다. 과거 천 년 동안 임마누엘 사상에 연연했었다. 늘 함께하는 이념에 갈증을 느꼈다. 이제 니체는 우리에게 전혀 다른 방향의 갈증을 가르치고자 한다. 떠나라고 한다. 모든 것을 바쳤던 곳에서 미련 없이 돌아서고 떠날 줄 알아야 한다고 가르친다. 돌아서고 떠날 줄 알아야 진정한 돌아옴이 가능해지는 것이기 때문이다. 이런 훈련을 통해 돌아섬과 돌아옴, 떠남과 만남 등이 균형을 이룰 때 우리 모두는 삶의 현장에서 춤을 출 수 있게 되는 것이다. 여기서도 오해하거나 왜곡하는 일이 없도록 하자. 니체에게도 나름대로의 임마누엘 사상이 있다. "너희가 모두 나를 부인하고 나서야 나 다시 너희에게 돌아오리라. / 진실로, 나는 지금과는 다른 눈으로 내가 잃은 자들을 찾아 나설 것이다. / 형제들이여, 그러고 나서 지금과는 다른 사랑으로 너희를 사랑할 것이다"(『차라투스트라는 이렇게 말했다』, 130쪽). 그가 하는 소리에 귀를 기울여야 할 일이다. 그가 하는 말을 기독교의 귀로 들으려 하면 들리지 않는다. 아니 오히려 기분부터 나빠질 수 있다. 귀를 바꿔 보자. 관점을 바꿔 보자. 그러면 전혀 다른 소리가 들릴 것이다.

성향으로 변질되기 시작했던 것이 바로 이곳 밖에서는 야성 그대로의 아름다운 자연스러움을 획득함으로써 진정한 의미의 영웅주의라 불리게 될 것이다. 이렇게 되면 마침내 더 순수한 공기가 이 늙고 늙은 유럽으로, 오늘날 인구 과잉으로 허덕이고 있는데도 또다시 쓸데없이 알이나 품고 있는 유럽으로 다시 한번 불어올 것이다! 그때가 되면 '노동력'이 약간 부족하다고 느껴질 수도 있다! 그때가 되면 사람들은 자신의 욕구를 너무도 쉽게 충족했던 상황에 길들여져 살아왔다는 것을 깨닫게 될 것이다.[285] 그리고 또 그때가 되면 사람들은 약간의 욕구들을 다시 깨끗하게 잊어버리게 될 것이다! 어쩌면 그때 사람들은 중국인들을 이주시킬지도 모른다.[286] 중국인은 근면한 개미에게나 어울릴 만한 사고방식과 생활방식을 함께 가져올 것이다. 그렇다, 그들은 전체적으로 보면 크나큰 도움이 될 것이 틀림없다. 그들은 더 나아가 이유 없이 불안에 떨고 있고 자기 자신에게마저 지쳐 버린 이런 유럽에 어떤 아시아적인 평온함과 아시아적인 관찰 능력 그리고 무엇보다도 좋다고 생각하는 것으로서, 아시아적인 끈질김, 이런 것들이 꽃필 수 있게 해 줄 것이다.

285 길들여진 것을 낯설게 하기란 쉬운 일이 아니다. 당연한 것을 이상한 것으로 파악해 내는 것은 오랜 훈련이 필요하다. 익숙한 세계에서 불편함을 인식해 내는 것은 소수의 사람에게만 주어지는 선구자적인 인식이다. 창조는 이런 파격적인 인식과 행위를 통해서만 실현된다. 아무도 가 보지 못한 길은 이런 자들에 의해서 개척되는 것이다. 파격이 가능해질 때 선행되었던 편견과 선입견 등이 가시화된다. 자기 자신이 어떻게 생각하고 살아왔는지도 그때가 되어서야 인식의 대상으로 다가오게 되는 것이다.

286 니체는 단일 민족을 주장하지 않는다. 변할 수 있다면 무슨 수를 써도 상관없다. 극복하고 넘어설 수 있다면 수단은 어떤 것이 되어도 상관없다. 다만 남을 해코지하려는 악의만 없으면 된다. 오로지 그 한계에 대한 인식 앞에서 그 한계에 집중된 악의라면, 그런 종류의 악의라면 당연히 총동원해 내야 할 일이다. 지친 노동자는 떠나보내고, 일 잘하는 중국인을 끌어들이자는 니체의 발상은 일종의 열린 마음으로 읽어 내면 된다. 변화를 꾀하는 그의 발상쯤으로 인정하고 읽으면 아무 문제 없다.

207.

도덕에 대한 독일인의 태도. — 한 명의 독일인이 위대한 일을 할 수 있는 능력이 있을지는 모르나, 그 독일인이 실제로 그 위대한 일을 해낼 수 있을지는 확실하지 않다. 왜냐하면 이 독일인은 오로지 복종을 통해서만 어떤 일을 해낼 수 있기 때문이다. 이러한 태도는 원래 게으른 정신에 유용할 뿐이다.[287] 독일인은 홀로 서야 하기 때문에 자신의 게으름을 벗어던져야 하는 곤경에 처하게 되면, 즉 총액 속에 하나의 숫자로 끼어드는 것이 더 이상 불가능하게 되면, 그는 마침내 자신의 힘을 발견하게 된다. 이러한 성질을 고려해서 볼 때 독일인이 프랑스인이나 영국인만큼 가치가 있다고 말할 수는 없을 것 같다. 왜냐하면 그때 독일인은 진정으로 위험한 존재가 되고, 악하며, 깊이 있고 무모한 인간이 되기 때문이다. 그때 독일인은 자신 안에 품고 있었던, 그래서 보통 때는 아무에게도, 그 자신에게조차도 존재한다고 여기지 않은 채 잠들어 있던 그 귀중한 보물과 같은 에너지를 빛 속으로 드러내게 된다.[288] 만약 한 독일인이 이 경우에 자기 자신을 따르게 된

287 니체가 말하는 게으른 정신이란 자기 외부의 것에서 자기가 따라야 할 어떤 것을 믿는 것이다. 자기 바깥에서 자기가 따라야 할 신의 명령, 신의 계명, 신의 뜻을 믿고 추구하는 행위가 게으른 정신에서 유래한다는 것이다. 이런 정신은 늘 양심의 가책에 노출될 수밖에 없다. 어떻게 해야 하는지 알지 못하기 때문이며, 잘해도 못해도 늘 핑곗거리를 찾을 수 있기 때문이다. 잘하면 신의 은총으로, 못하면 신이 내린 형벌쯤으로 판단하기 때문이다. 자기 삶을 살아가면서도 단 한 순간도 주체적으로 대처하거나 대응하는 자세를 취하지 않는다. 니체는 이런 정신을 극복하라고 가르치고 있다.

288 니체는 끊임없이 눈에 보이지 않는 에너지에 몰두한다. 그것이 의지라는 이름으로 불릴 뿐이다. 기독교인이 신의 개념에 몰두했듯이, 니체는 바로 이 눈에 보이지 않는 내면의 문제인 의지에 집중하고 있을 뿐이다. 그래서 사람들이 사는 곳에서는 능력이 언급될 수밖에 없다. 사실 능력은 근력과 다른 차원의 것이다. 근력, 청력, 시력 등과 같은 감각적 능력은 수치로 측정이 가능하다. 하지만 의지와 관련한 능력은 그런 평가가 적용될 수 없다. 늘 변화를 직면하고 있기 때문이다. 소위, 기억력, 상상력, 이해력, 인내력, 정신력, 지구력, 지도력, 집중력, 창의력, 창작력 등, 이런 것들은 어떻게 마음을 먹느냐에 따라 전혀 다른 힘을 발휘할 수 있다. 물론 이것들은 여느 다른 기술들과 마찬가지로 연습을 통해 충분히 개선될 수도 있다. 언제든지 변할 수 있다는 이런 측면이 능력의 본질인 것이다. 근력이 반

다면, 이것은 위대하면서도 예외적인 상황이 된다. 물론 그때도 그것은 그가 보통 때 자신의 군주나 직무상의 의무를 따르는 경우와 똑같은 방식으로, 그러니까 서투르겠지만 그래도 준엄하고 끈기 있게 행해진다. 이런 방식을 통해 독일인은 앞에서 언급했듯이 위대한 일을 할 수 있도록 성장하게 되는 것이다. 그때 그들은 자신의 성격이라고 전제했던 '약한 성격'과는 아무런 관계없는 일까지도 해낼 수 있게 되는 것이다. 그러나 일반적으로 독일인은 자기 자신에게만 의존하는 것과 즉흥적으로 행동하는 것을 지극히 두려워한다.[289] 그래서 독일에는 이토록 많은 공무원들이 있는 것이다.[290] 관리들이 이토록 많이 있으니 이토록 많은 잉크를 소모하는 것은 당연지사이다. 가벼운 감각은 독일인에게 낯설다. 가벼운 감각을 감당하기에 독일인은 너무 겁이 많다. 하지만 독일인은 졸린 상태에서 자기 자신을 끌어내야 하는 전혀 새로운 상황에 처하게 되면 자신의 가벼운 감각을 거의 총동원하는 지경에까지 처하게 된다. 그렇게 되면 독일인은 이 새로운 상

복 훈련을 통해 강해질 수 있듯이, 이 내면의 상태를 결정하는 이런 것들도 또한 얼마든지 반복 훈련을 통해 강해질 수 있다. 근력은 노화를 막을 수 없고, 또 생로병사의 굴레를 벗어날 수 없지만, 능력은 세월의 흐름과 상관없다는 것이 중요한 사안이다. 이것을 니체는 허무주의라는 철학적 방식으로 훈련시키고자 하는 것이다.

289 독일인은 지극히 이성적인 존재라는 말을 이렇게 표현한 것이다. 이성적인 존재는 늘 기존의 것을 가정하고 전제하며, 인정하고 존중한다. 도(道)가 있다고 간주하고 그것을 찾고자 한다. 법(法)이 있다고 가정하고 그것을 인식하고자 한다. 하나님의 뜻과 계명이 있다고 믿고 그것을 깨달으려 한다. 그것을 이성적이라고 판단하는 것이다. 이성적인 것은 그러니까 너도 알고 나도 알고 우리 모두가 알고 있는 것을 칭하는 개념일 뿐이다. 아무도 모르는 것을 생각하고 행동한다면 그것이야말로 비이성적인 것에 해당할 것이 틀림없다. 이처럼 독일인은 너무도 이성적인 사람들인지라 즉흥적으로 생각하고 행동하는 것을 꺼린다는 뜻이다.

290 공무원들은 행정에 임하는 자들이고, 이들은 창조적인 일에 몰두하는 것이 아니라, 오로지 시킨 대로 행하는 복종의 전사들이나 다름이 없다. 그들은 행동대장의 특성을 갖추고 있는 것이다. 속된 말로 '까라면 까야 하는' 조직 사회의 일원으로 존재할 뿐이다. 관행(慣行)을 긍지로 여기며 살아간다. 전통과 역사를 긍정적으로 바라본다. 공무원들은 그러니까 창조를 요구하는 예술인이 될 수 없다. 오로지 조직에 희생하는 정신을 요구할 뿐이다.

황이 전하는 진귀함에 도취된 것처럼 즐긴다! 그러니까 그는 그 상황에서 자기 자신까지도 도취된 상태에서 이해하게 된다. 현재 독일인은 정치적인 상황에서도 이런 식으로, 즉 가벼운 감각으로 가볍게 대처하고 있다. 만약 그가 철저하고 진지한 사람들이라는 선입견을 온전히 보존하고, 또 그것을 다른 정치적인 권력들과 교류하는 데 충분할 정도로 이용한다면, 그렇다면 독일인은 왜 그 지경이 되었는지 아무도 눈치 채지 못할 정도로 오만한 존재가 되어 버린다. 그러다가 어느 순간이 되면 거의 미친 사람처럼 돌변하고 변덕스러워지며 새로운 것만을 추구하는 이상한 사람이 되고 만다. 게다가 사람도, 당파도, 하물며 희망까지도 마치 가면을 바꾸듯이 그렇게 쉽게 바꿔 버린다.[291] 지금까지 독일인 중에서 가장 독일적인 사람이라는 명성을 누려 왔던 독일 학자들은 어쩌면 독일 군인과 같았다.[292] 그리고 지금도 그럴 것이다. 이는 모든 외적인 일에서 그들이 거의 어린아이처럼 말을 잘 들으려고만 하는 깊은 복종 성향을 갖고 있고, 또 학문에서는 홀로 서 있지

291 뭔가를 믿는 사람의 전형적인 태도다. 사람이 소중하다는 인식이 없으니 사람을 쉽게 버린다. 도박에 빠진 사람이 아내까지도 판돈으로 거는 그런 비인간적인 사태까지 벌어진다. 자본주의 정신으로 이익만을 추구하다 보면 아내까지 버리고 이익을 선택하는 이런 어처구니없고 파렴치한 일까지 벌어진다. 사람을 위한 정치에 눈을 뜨지 못했으니 권력만을 지향하는 정치에 미치광이가 될 뿐이다. 니체도 원하는 정당이 있다. 그것은 '생철학 정당'과 같은 것이다. 내세를 지양하고 현세를 지향하는 정치를 펼치는 정당이라면 그도 충분히 이해하고 따를 마음이 있다는 것이다. 그런데 현대인은 희망조차 자기 것이 아니다. 그 현대인은 희망도 주변에서 쥐어 주는 것으로 만족하고 살아갈 뿐이다. 그것이 자기 희망인 양 까불며 살아가는 것이다. 그렇게 평생을 살다가 죽음 앞에 서게 되면 삶이 허무하다는 말을 하게 될 것이다. 삶에 대한 시선이 악의로 충만해질 것이다. 자기 삶을 살아온 것이 아니라는 사실 앞에 무릎을 꿇고 오열하게 될 것이다. 그런 삶을 살지 말라고 니체는 허무주의 철학을 가르치고 있는 것이다.

292 군대 문화는 명령과 복종의 원리로 작동한다. 군인정신은 이 원리를 근간으로 한다. 그런데 학자의 정신조차 이런 명령과 복종의 원리로 작동하고 있다면 문제가 크다. 생각의 자유는 그에게 결여되기 때문이다. 의견의 자유는 그에게 생소할 것이기 때문이다. 늘 기존의 것을 아는 것으로 만족하는 정신으로는 새로운 것을 일궈 낼 수가 없다. 물론 새로운 것은 과거의 것을 전제로 한다. 하지만 과거만을 중요시할 때 새로운 것은 배척되고 만다. 보수가 새로운 것을 지향할 수 있을 때 건강한 보수가 탄생되는 것이다.

만 그 상태에서조차도 많은 것을 홀로 책임져야 하는 것이 많다는 강박관념 때문이다. 만약 그들이 자신의 높은 긍지와 간단하면서도 끈기 있는 삶의 방식을 지켜 내고 또 바람이 다르게 불어 대는 시대에도 정치적인 어리석음으로부터의 자유를 지켜 내는 방법을 알고 있다면, 그들로부터 위대한 것도 기대할 수 있을 것이다. 그렇다면 그들은 현재의 혹은 과거의 독일인보다 더 고상한 것을 품은 배아가 될 수 있을 것이다. 학자들까지 포함한 독일인의 장점과 단점은 지금까지 그들이 다른 어떤 민족보다 더 미신에 가까이 다가서 있었다는 것이고 또 그런 식으로 믿으려는 욕망에 사로잡히기 쉬웠다는 것이다. 그들의 악덕은 예전이나 지금이나 똑같이 술을 좋아한다는 것과 줄어들 기미를 보이지 않는 자살 성향이다. 특히 후자는 자신에 대한 통제력을 쉽게 포기하게 하는 음울한 정신의 징표이기도 하다. 그들의 위험은 생각의 힘을 구속하는 모든 것 속에 존재한다. 또 반대로 그 위험은 감정을 풀어놓게 하는 모든 것, 예를 들어 음악이나 정신이 마실 수 있는 술을 과도하게 사용함으로써 발생하는 모든 상황 속에도 존재한다. 왜냐하면 독일인의 감정은 그들 자신의 이익에 대해서는 반대하는 동시에 마치 술에 취한 사람의 감정처럼 오로지 자기 파괴적이기 때문이다. 감격하는 행위 그 자체는 독일에서 별로 가치를 발휘하지 못한다. 왜냐하면 그것은 다른 어느 곳보다 독일에서 효력이 적기 때문이다. 만약 일찍이 독일인이 어떤 위대한 것을 행했다면, 그것은 곤경에 처했을 때이고 또 용감하게 이를 악물고 대처하는 정신 상태에서 발생한 것이며, 가장 긴장된 사려와 많은 경우 관대함이 지배하는 상태에서 이루어진 것이다. 그런 독일인이라면 충분히 교제를 권장할 만하다. 왜냐하면 이런 상태에 있는 독일인이라면 누구라도 대부분 상대방에게 좋은 어떤 것을 베풀 것이 틀림없기 때문이다. 어떤 상황에서든 독일인으로 하여금 너그럽게 베풀 수 있는 어떤 것을 발견하게 하는 방법을 알고 있고 또 그것을 가르쳐만 준다면, 그는 그것을 언제든지 다시 발견해 낼 것이다. 그런데 독일인의 내면은 무질서하기만 하다. — — 만약 이런 종류의 민족이 도덕에 관심을 가지게 된다면, 도대체 어떤 도덕이 그들을 만족시킬 수 있을까? 분명한 것은 무엇보다도 이 민족이 자신들의 진심에서 우러나오는 복종 성향을 그들의 도덕 속에서 이상화하려 할 것이라는 사실이다. "사람은 무조건적으로 복종할 수 있는 그 어떤 것을 가져야만 한다."[293] 이것이야말로 독일적 감성이고 독일적 일관성이다. 사람들은 이것을 독일에서 나타난 모든 도덕이론의 근저에서 접하게 될 것이다. 이와는 반대로 우리가 고대의 도덕 전체와 직면하게 될 때 우리는 얼마나 다른 인상을 받게 될 것인가![294] 모든 그리스의 사상가는 각기 서로 다른 양상을 나타내며 다양하게만 모습을 드러낼 뿐이다. 그들은 도덕주의자로서 마치 체조를 가르치는 선생처럼 청년들에게 이렇게 외쳐 댄다. "오라! 나를 따르라! 나의 훈육에 너의 모든 것을 바쳐 복종하라! 그런 식으로 복종하면 너는 크게 발전하여 모든 그리스인 앞에서 큰 상을 받을 것이다." 개인적인 영예, 이것이 바로 고대의 덕이다. 이와는 반대로 스스로 굴복하는 것, 따르는 것, 공개적으로 하든 은밀하게 하든 상관하지 않고 오로지 이런 행

293 이성적 존재는 복종을 본성으로 하는 존재라는 것은 말도 안 된다. 이성은 늘 극단적인 것을 원한다. 정답을 원한다. 신이 누구냐는 질문은 전형적인 이성적 질문이다. 이성이 있기에 이런 질문을 하게 되는 것이다. 니체도 잘 안다. 인간은 이성적 존재라서 신으로부터 자유로울 수 없다는 것을 잘 안다는 얘기다. 문제는 하나의 정답으로 만족하고 그것에 복종하며 마치 행동대장인 것처럼 잔인하고 배타적인 행동만을 일삼을 것인가, 아니면 그것을 또 다른 형식의 한계로 인식해 내고 그것을 극복의 의지로 넘어설 것인가, 하는 이것이 문제인 것이다.

294 고대의 도덕은 니체가 추구하는 도덕이다. 그것은 중세에서부터 시작하여 근대를 거쳐 현대에 이르는 모든 도덕과 대립하는 원리를 지니고 있다. 중세 이후 모든 도덕은 마치 신이 존재한다는 식으로, 즉 무엇이 되었든 간에 그것이 존재하기 때문에 그것을 추종하고 따라야 한다는 식으로 도덕을 펼쳤던 것이다. 그래서 도덕! 하면 무조건 복종해야 한다는 감정부터 불러일으켜 왔던 것이다. 결국 중세 이후 도덕은 사람들 위에 군림하는 존재가 되고 말았다. 그것은 신의 다른 이름쯤으로 간주되고 만 것이다. 『구약성서』 「창세기」의 논리처럼 도덕이 있고 사람이 있는 그런 지경이 펼쳐지고 만 것이다. 이에 니체는 저항한다. 사람이 있고 도덕이 있을 뿐이라고.

위만을 하려 하는 것, 이것이 바로 독일의 덕이다. 칸트와 그의 정언명법보다 훨씬 이전에 루터는 똑같은 감각으로 이렇게 말했다. 사람이 무조건적으로 믿고 따라야 할 하나의 존재가 있어야 한다고.[295] 이것이 또한 신에 대한 그의 존재 증명이 되었다. 그는 칸트보다 더 조야하게 그리고 더 민중적으로 말했다. 그는 사람들이 하나의 개념이 아니라 한 명의 인물에 무조건 복종할 것을 원했다. 그리고 결국 칸트 역시 단지 인물에 대한 복종을 설교하기 위해 도덕이라는 우회로를 택하게 된 것이다. 이것이 바로 독일인의 예배 방식이다. 이것을 빼고 나면 독일인에게 남아 있는 종교적인 예배라는 것은 거의 없다. 그리스인과 로마인은 전혀 다르게 느꼈기에 '하나의 존재가 있어야 한다'는 식의 이런 말에 대해 웃음을 참지 못했을 것이다. '무조건적인 신뢰'를 배척하는 동시에 그들 영혼의 가장 깊은 곳에서 신이든, 사람이든, 혹은 개념이든 간에 그 모든 것에 대해 작은 의심이라도 가슴 속에 품는 것이야말로 그들이 누리고 있었던 따뜻한 남국적인 자유의 감정에 속했다. 이것이 바로 고대의 철학자다! 닐 아드미라리Nil admirari,[296] 이런 경구를 통해 고대 철학자는 철학을 바라본다. 그런데 쇼펜하우어라는 한 명의 독일인은 정반대의 목소리로 외쳐 댄다. 아드미라리 이드 에스트 필로소파리Admirari id est philosophari[297]라고. 이런 독일 사람이 가끔 그런 것처럼 정말 언젠가 위대한 일을 해낼 수도 있는 그런 상태에 놓이게 된다면 어떤 일들이

295 루터는 자연을 믿었다. 사람이 사는 곳과는 별개의 것으로 인식되었던 일종의 유토피아 같은 곳이었다. 루터는 그곳을 동경했다. 그러면서 '자연으로 돌아가라'고 외쳐 댔다. 똑같은 방식으로 칸트는 정언명법 내지 정언명령을 가르쳤다. 사람이 알아들어야 할 명령이 있다는 얘기다. 그 소리를 알아듣고 행동하게 될 그것이야말로 순수한 이성의 결과물이라고 간주하고 싶었던 것이다. 하나의 존재가 있다! 이렇게 믿는 것에 니체는 저항한다. 그는 사람이 무조건적으로 따라야 할 그 영원한 명령 같은 것은 존재하지 않는다고 가르치고 싶었을 뿐이다.

296 "아무것도 경탄하지 말지어다."

297 "경탄하는 것이 철학 하는 것이다."

벌어지게 될 것인가? 이런 식으로 예외적인 시간이, 그러니까 불복종의 시간이 온다면 어떻게 될 것인가? 나는 쇼펜하우어가 하는 말들을 믿을 수가 없다. 그는 독일인이 다른 민족에 비해 갖는 단 하나의 장점이 다른 민족보다 더 많은 수의 무신론자들에 있다고 말하는데, 나는 이 말이 옳다고 생각하지 않는다. 내가 아는 바는 다음과 같은 것이다. 만약 독일인이 위대한 일들을 해낼 수 있는 상태에 처하게 되면, 그는 언제나 단번에 도덕을 넘어서는 곳으로 자신을 고양시킨다는 사실이다![298] 그러지 말라는 법이 어디 있는가? 지금 독일인은 어떤 새로운 것을 행해야 한다. 즉 독일인은 그들 자신에게, 또는 다른 사람들에게 명령해야 한다! 이런 식으로 명령하는 방법을. 그러나 그들의 독일적인 도덕은 그들에게 가르친 적이 없다! 독일적인 도덕에서는 명령하는 것이 잊히고 말았다.

298 니체는 독일인과 그의 능력을 진심으로 신뢰한다. 한계를 인식하면 충분히 그것을 극복해 낼 것이라고 확신한다. 그의 사상은 '명령은 좋고 복종은 싫다'는 식으로 펼쳐지지 않는다. 그런 속 좁은 배타적 이분법으로 생각을 진행시키지 않는다. 복종이 좋을 때도 있다. 또 명령이 필요할 때도 있다. 그때를 알고 대처하는 능력이 요구될 뿐이다. 때로는 낙타의 정신으로 모든 짐을 짊어지고 견뎌 내야 한다. 복종의 정신이 요구될 때이다. 또 때로는 사자의 정신으로 모든 짐을 벗어던지는 행위가 요구될 때도 있다. 그 어떤 이념에 대해서도 사자의 정신으로 주인 노릇을 하고자 할 때가 있다는 얘기다. 사자의 정신은 신이라는 개념 앞에서도 결코 주눅 들지 않는다. 그 앞에서 어떤 양심의 가책도 받지 않는다. 또 때로는 어린아이처럼 오로지 창조의 정신으로 모든 것을 새롭게 일궈 낼 줄도 알아야 한다. 복종과 명령은 태극의 음과 양처럼 오로지 균형을 이룰 때 이상으로 실현되는 것이다. 아폴론도 디오니소스도 자기 자신의 본성을 잃지 않고 대립을 이룰 수 있을 때 진정한 예술이 탄생할 수 있게 되는 것이다. 독자는 이쯤에서 다음의 질문에 대해 다시 한번 대답을 스스로 내놓아 보자. "— 나를 이해했는가? — 디오니소스 대 십자가에 못 박힌 자…."

제4권

208.

양심의 문제. — "그러면 전체적으로 볼 때, 그대들은 도대체 무엇을 새로운 것으로 원하는가?" 우리는 이제 더 이상 원인을 죄인으로 만들거나, 결과를 사형 집행인으로 만들고 싶지 않다.[299]

209.

가장 엄격한 이론들이 쓸 만하다는 생각. — 사람들은 어떤 사람이 항상 도덕의 가장 엄격한 이론을 신봉하고 따른다고 고백할 경우, 구멍이 성긴 여과기를 사용해 그가 갖는 많은 도덕적 약점들까지도 대충 또 너그럽게 봐준다![300] 이에 반해 사람들은 자유로운 정신을 가진 도덕학자의 삶에 대

299 양심의 문제는 이성이 뿌리를 두고 있는 문제다. 이성은 정답이 있다고 믿으니까 끊임없이 질문을 쏟아 낸다. 이것이 이성적 존재의 특성이다. 어린아이는 끊임없이 질문을 쏟아 낸다. 그것이 어린아이의 특성이 되는 것이다. 양심(良心), 즉 좋은 마음이 있다고 믿는 것도 이와 연관된다. '이것이 좋은 마음이다'라고 간주하는 순간 다른 모든 마음의 형식은 좋지 않은 것이 되고 만다. 이것이 옳은 것이라고 판단하는 순간 다른 모든 것은 틀린 것이 되고 마는 실수를 저지르게 된다는 것이다. 마찬가지로 '이것이 신이다'라고 말을 하는 순간 다른 모든 것은 신의 소리를 듣지 못하게 되는 의견의 폭력이 자행되고 만다. 이런 소리가 종교에서 자유를 박탈하고 만다. 종교의 자유는 이런 순간 박해를 당하고 마는 것이다. 생각의 자유, 의견의 자유, 심지어 종교의 자유까지 감당할 수 있는 자유로운 정신을 니체는 염원하고 있을 뿐이다. 신? 좋은 신도 있고 나쁜 신도 있다. 나쁜 신은 극복의 대상이 되고, 좋은 신은 신앙의 대상이 될 뿐이다. 생각은 이럴 수도 있고 저럴 수도 있다. 도덕? 자유로운 인간은 도덕 위에서도 당당하게 설 줄 알고 또 거기서 그곳을 무대 삼아 춤도 출 줄 알아야 한다고 했다.

300 기득권에 있는 사람들은 자신들의 행위에 대해서는 관용정신을 베푼다. 서로 좋고 좋은 게 좋은 것이라고 생각하며 너그럽게 봐주는 것이다. 그 정도는 괜찮다고 위로까지 해 준다. 이에 반해 자유로운 정신을 신봉하는 자들, 즉 변화를 요구하는 진보 성향을 가진 자들에 대해서는 모든 사안에 대해 현미경을 들이댄다. 먼 친척 중의 한 사람이라도 잘못한 게 있으면 모두 자유를 지향하는 그 한 사람의 잘못으로 몰고 가 결국에는 그를 죄인으로 만들고 마는 것이 기득권의 논리이며 정의이고 또 그들의 법의식이다. 그들은 이런 점에서는 치밀하기 짝이 없다. 그래서 사회가 발전하면 발전할수록 변화는 힘들어지고 만다. 기득권의 방어 능력은 상상을 초월할 때가 많기 때문이다. 그래도 진정으로 변화를

해서는 항상 현미경으로 들여다보며 조사하고자 한다. 그 이유는 그가 살아가면서 저지른 단 하나의 실수가 사람들이 환영할 수 없는, 그의 또 다른 고백에 반박할 수 있는 가장 확실한 논증이라고 생각하기 때문이다.

210.

'그것 자체'라는 것. — 한때 사람들은 우스꽝스러운 것이 무엇인가? 하고 물었다. 그때 사람들은, 그러니까 우스꽝스러운 것을 속성으로 하는 사물들이 마치 우리 바깥에 존재하기라도 하는 듯이 물었던 것이다. 그리고 사람들은 이와 관련하여 수많은 생각들과 착상들을 내놓았고 그것들에 몰두했다. 어떤 신학자는 심지어 우스꽝스러운 것이란 '죄의 순진함'이라고까지 말했다. 이제 사람들은 묻는다. 무엇이 웃음인가? 하고.[301] 웃음은 어떻게 발생하는가? 사람들은 숙고 끝에 마침내 다음과 같이 단정했다. 그 자체로 선한 것, 그 자체로 아름다운 것, 그 자체로 고상한 것, 그 자체로 악한 것은 아무것도 존재하지 않지만, 우리가 우리 외부와 내부의 사물들과 마주하여 이러한 말들을 가지고 설명할 수 있는 영혼의 상태는 존재한다고.[302] 우리

꿈꾼다면, 이토록 견고한 치밀함에 저항할 수 있는 또 다른 치밀함이 요구되는 것이다.

301 웃음에 대한 고민은 생철학의 근간을 이루는 문제이다. 비극의 형식은 사티로스극을 품은 큰 그릇이다. 울음의 형식은 웃음의 형식을 포함한다는 것이다. 눈물을 흘리게 하는 이야기가 웃고 춤추는 축제의 분위기를 위한 발판이 된다는 것이다. 그 전환의 비밀을 캐고자 니체는 철학의 길에 발을 들여놓았다. 『비극의 탄생』이라는 그의 첫 작품은 바로 이런 시도의 첫걸음을 의미한다. 시작 지점에 비극이 있다. 마치 모든 삶이 그 시작 지점에 출생의 신호로서 울음을 터트리듯이, 그렇게 눈물과 함께 삶의 이야기는 시작하고 있는 것이다. 하지만 그 슬픔은 기쁨의 원인으로 작용할 수 있어야 한다. 눈물이 눈물로 그쳐서는 안 된다. 눈물이 없을 수는 없다. 문제는 그 눈물로 어떻게 웃음을 창출해 내느냐 하는 것이다. "모든 인생은 고통이다"라고 쇼펜하우어는 주장했다. 맞는 말이다. 그래서 삶을 등져야 할까? 니체는 부정의 손짓을 보낸다. 오히려 그런 고통스러운 삶을 구원하고자 손을 내민다. 그것이 허무주의 철학의 본질이다. 삶은 살 만한 것이라고 가르치고 있는 것이다.

302 선과 악은 존재한다. 하지만 그 존재는 우리 마음의 문제에 불과하다. 니체는 선과 악 자체를 부정하

는 사물들의 술어를 다시 새롭게 다루었다. 혹은 적어도 우리가 그 사물들에 대해 부여했던 술어의 의미를 다시 상기해 냈다. 이러한 통찰 속에서 우리가 인식해 낸 것은 술어에 의미를 부여하는 그 능력을 우리가 아직도 전혀 잃어버리지 않았다는 것이며, 또한 그런 행위를 할 때조차 우리 자신이 훨씬 더 여유로워지지도, 훨씬 더 인색해지지도 않았다는 사실이다.

211.

영생을 꿈꾸는 사람들에게. ― 그러면 그대들이 원하는 것이 그대들 자신의 이 아름다운 의식이 영원히 지속되어야 한다는 것인가? 부끄럽지도 않은가? 그대들은 영원히 참고 견뎌 내야 하는 다른 모든 사물에 대해서는 생각도 하지 않는 것인가? 기독교적인 인내보다 더 많은 인내로 그대들을 지금까지 견뎌 왔다고 생각하는가? 혹은 그대들이 그대들 자신에게 영원히 좋은 감정을 줄 수 있다고 생각하는가?[303] 이 지상에서 영생할 수 있는 사람

는 것이 아니다. 그는 그 단어 그 개념과 연결되고 있는 우리의 감정 상태를 문제 삼고 있을 뿐이다. 기존 선악의 규정을 넘어서고 새로운 선악의 규정을 위한 창조자의 위치에 서고 싶은 것이다. 기존의 입장에서 보면 지극히 위험한 발상이다. 때로는 그것이야말로 악의적이고 그래서 당연히 처벌을 받아야 할 것처럼 여긴다. 이런 불편한 감정 또한 니체의 입장에서 보면 한계가 드러난 감정 상태일 뿐이다. 극복이 요구되는 그런 상황이라는 얘기다. 예를 들어 사랑에 상처를 받은 자는 사랑 소리만 들어도 경기를 일으킬 정도의 예민한 반응을 보일 수 있다. 이런 상태는 정상이 아니다. 그는 그런 상태를 극복해 내야 한다. 그리고 또다시 사랑을 할 수 있는 자로 거듭나야 한다. 사랑이란 그 개념을 듣고도 과민반응을 보이지 않을 정도로 평정심을 되찾을 뿐만 아니라, 더 나아가 긍정적인 측면에서 발생할 수 있는 흥분으로까지 발전해 나갈 수 있어야 한다. 사랑은 그런 의미로 사용되는 단어이며 개념이기 때문이다.

303 영원히 좋은 감정을 줄 수 있는 것은 최고의 능력이다. 니체도 그런 감정을 추구한다. 하지만 이 세상을 버리고 저세상 가서 그런 감정을 누리겠다는 식의 내세관은 지향한다. 그는 오로지 이 대지 위에서 그런 감정을 누리고 싶을 뿐이다. 그것이 생철학적인 이념이다. 지상천국을 만들 수 있다. 이것이 니체의 확신이고 믿음이며 신앙이다. 다만 그것을 성취하기 위해서는 수많은 난관을 극복해 내야 한다는 것이 문제일 뿐이다.

이 단 한 명만 있어도, 이 지상에 있는 모든 다른 것은 그에 대한 혐오감 때문에 죽고 싶고 목을 매 자살하고 싶은 격렬한 욕망을 갖기에 충분할 것이다! 그리고 수천 분이라는 작은 시간 개념을 갖고 있는 그대들 지상의 주민들이 그런 영원하고 보편적인 존재에게 영원히 성가신 존재가 되기를 바라고 있다니! 이보다 더 집요하고 주제넘은 일이 또 어디 있을까! 결론적으로 말하자면, 70년 동안 사는 생물에 대해 우리는 부드러워질 필요가 있다는 것이다! 이 생물은 그러니까 자신이 경험하게 될 '영원한 권태'를 마음에 멋지게 그려 보는 데 자신의 상상력을 동원할 필요가 없다는 것이다. 그에게는 그럴 시간이 턱없이 부족하기 때문이다.

212.

우리가 자신을 알게 되는 지점 — 동물은 다른 동물을 보자마자 마음속으로 자신을 그것과 대립시켜 본다. 그리고 야생 시대의 사람들도 역시 그렇게 했다. 여기서 분명하게 알 수 있는 것은, 모든 사람은 오로지 자신의 방어 능력과 공격 능력에 관련해서만 자신을 아는 법을 배웠다는 사실이다.

213.

삶이 빠진 사람들. — 어떤 사람들은 사회가 그들을 이런저런 사람으로 만들도록 허락된 그런 재료로 이루어져 있다.[304] 이러한 사람들은 어떠한

304 이런 사람들은 사회의 의지로 살아가는 사람들, 즉 자기 자신의 의지는 무엇인지도 모른 채 살아가는 사람들이다. 그들은 사회가 바라는 삶의 방식을 자신의 목표로 설정하고 그것에 모든 것을 희생하기도 한다. 평생을 최선을 다해 살았어도 삶의 마지막 순간에 임박하게 되면 이들에게는 삶이 허무하다는 인식이 피할 수 없는 결과로 다가올 것이다. 자기 삶에 자기가 원하는 삶이 빠져 있기 때문이다.

처지에서도 자신이 잘 살고 있다고 생각할 뿐, 절대로 삶이 빠진 삶을 살고 있다고 한탄하지 않는다. 다른 사람들은 너무도 특별한 재료로 만들어져 있어서, 그들이 자기 자신의 유일한 목적에 따라 살 수 없다면 그들은 자신의 삶에 불만을 가질 수밖에 없다. 그들은 특별히 고귀한 존재가 될 필요는 없지만, 그저 희귀한 존재가 될 수 있다면 그것으로 충분히 만족할 것이다. 만약 그들이 자신들의 고유한 목적에 따라 살아갈 수 없는 상황에 처하게 되면 사회가 그로 인해 해를 입게 된다. 왜냐하면 자신에게 고유한 삶이 빠졌다고 느낄 경우, 그들은 불쾌함, 마비증세, 질병, 신경질, 불만과 같이 자신이 느끼는 중압감 전체에 대한 책임을 자기 자신의 사회로 돌릴 것이기 때문이다. 만약 이런 상황이 벌어지게 된다면 사회 주위에는 일종의 나쁘고 답답한 공기가 형성될 것이고, 가장 형편이 좋은 경우라 해도 하나의 먹구름이 생겨날 뿐일 것이다.

214.

관대하게 봐준다고 달라질 게 뭐가 있는가! — 만약 그대들이 고통 속에서 사물들과 다른 사람들에게 잘못을 저질렀다면, 그대들은 고통을 느끼면서 우리가 그대들을 관대하게 봐주기를 요구할 것이다! 그러나 우리가 관대하게 봐준다고 달라질 것이 뭐가 있단 말인가! 오히려 그대들 스스로가 자기 자신을 위해 미리미리 조심하며 살았어야 한다![305] 물론 자신의 고통

305 남이 봐줄 것을 기대하며 일을 하지 말고 스스로 자기 삶을 책임지겠다는 마음으로 신중하게 살아 달라는 것이다. 누구에게 의존하며 살지 말고 자기 삶에 주인의식을 갖고 살아 달라는 것이다. 용서를 구할 것을 염두에 두고 일을 도모하지 말고 스스로 모든 것을 감당하겠다는 의식으로 살아 달라는 것이다. 관대함과 용서 등을 고려하고 사는 삶이 바로 노예적인 삶의 방식이다. 용서해 줄 누군가를 인식하고 사는 삶이 노예가 사는 방식이라는 얘기다.

을 달래 주기 위해 자신의 판단을 해치는 것은 하나의 좋은 방법이기는 하다. 만약 그대들이 무엇인가를 비방할 경우, 그대들이 행한 그런 식의 복수는 그대들 자신에게로 되돌아오는 것이 당연한 이치이다. 이러한 복수를 통해 흐려지는 것은 다른 사람들의 눈이 아니라 그대들 자신의 눈일 뿐이다. 그렇게 되면 그대들은 사물을 잘못 보거나 삐딱하게 보는 것에 익숙해질 뿐이다.

215.

희생제물로 바쳐지는 동물들의 도덕. ─ '스스로 열광하며 헌신하는 것', '스스로 자기 자신을 희생제물로 바치는 것', 이것이 그대들의 도덕이 주장하는 구호들이다. 나는 그대들이 말하는 것처럼 그대들이 '진심으로 그런 말들을 했다'는 사실을 기꺼이 믿는다. 그러나 그대들의 '진심'이 저런 도덕과 손에 손을 잡고 함께 어울리며 가고자 한다면, 그대들이 자신을 아는 것보다 내가 그대들을 더 잘 알고 있다고 과감히 말할 수 있을 것이다. 그대들은 저런 도덕의 높은 고지에서 아랫것들을 내려다보듯이 바라보고 있다. 소위 자기지배력, 엄격함, 복종을 요구하는 저 다른 방식으로 냉정한 도덕을 내려다보는 것이다. 게다가 그대들은 그것을 아마 이기적이라고 부를 것이다. 이것은 틀림없다! 그대들은 진심으로 그대들 자신에 대해 반대하고 있다. 만약 그 도덕이 그대들 마음에 들지 않을 때에는 틀림없이 그럴 것이다. 그 도덕은 그대들 마음에 들지 않아야만 한다! 왜냐하면 그대들은 스스로 열광하며 헌신하고, 또 스스로 자기 자신을 희생제물로 만들어 바침으로써 저 황홀한 생각에 빠져 즐기고 있는 것이다. 게다가 그 순간에 그대들은 그대들이 봉헌하는 대상이 신이 되었든 사람이 되었든 상관없이 그를 권력자로 간주하고 그와 하나가 되어 버린다. 그대들은 그대들의 희생을 통해 다시 한번 확인되는 저 권력감정 속에 푹 빠져 그 느낌을 탐닉하기 바쁘다. 사실 그대들은 단지 스스로 희생하는 것처럼 보일 뿐이다. 오히려 그대들 자신은 생각 속에서 신으로 돌변하고 또 그렇게 신이 된 자기 자신을 즐기고 있는 것이다.[306] 이런 즐거움에 빠져서 그대들은 사물을 바라보고 평가한다. 그러면서 그대들은 복종과 의무 그리고 합리성을 부르짖는 저 '이기적인' 도덕을 지극히 나약하고 또 지극히 보잘것없는 것으로 생각한다. 왜냐하면 이 도덕은 그대들 마음에 들지 않기 때문이다. 여기서는 희생되는 자가 그대들이 망상하듯 신으로 돌변하는 일이 일어나지도 않는다. 더 나아가 그대들은 실제로 자신을 희생시켜야 하고 또 헌신해야만 한다. 간단히 말하면, 그대들은 도취와 과도함을 원할 뿐이다. 그런데 그대들이 경멸했던 저 도덕은 도취와 과도함에 반대하라고 가르친다. 나는 그대들이 이런 도덕으로부터 불쾌함을 느낀다고 주장한다면 그 말이 진실이라고 기꺼이 믿는 바이다.

216.

악인과 음악. — 무조건적인 신뢰에 깃든 사랑의 충만한 최고의 행복이, 깊은 의심과 악의에 차 있고 화를 잘 내는 사람들이 아닌 다른 어떤 사람들에게 주어진 적이 있었던가? 바로 이렇게 깊은 의심과 악의에 차 있으며 화

306 '스스로 신이 된다'는 이 이념은 매우 중요한 사안이다. "그런 행위를 할 자격이 있으려면 우리 스스로가 신이 되어야 하는 것이 아닐까"(『즐거운 학문』, 201쪽)? 즉 스스로 신이 된 존재도 신 나름이다. 도덕을 믿고 스스로 신이 된 그런 느낌을 가진다면 그것은 극복의 대상이 될 뿐이다. 니체가 원하는 스스로 신이 된 존재는 자기 자신을 믿고 스스로 신이 되는 그런 존재를 말한다. 자기 자신을 신의 자리에 대체시켜 놓을 수 있는가? 그런 양심을 형성해 낼 수 있는가? 어떤 죄의식도 없이 그럴 수 있는가? 니체는 늘 이런 질문을 던진다.

를 잘 내는 사람들은 이러한 사랑의 충만한 최고의 행복 속에서 이 엄청나면서도 단 한 번도 믿지 않았지만 그래도 굳게 믿었던 자신들의 예외적인 영혼의 상태를 즐기고 있다! 어느 날 저 무한하고 꿈같은 감각이 그들 위로 엄습해 온다. 그들의 일상적이고 사사로운 삶과 눈에 보이는 삶 전체와는 완전히 다른 이 감각은 마치 황금빛으로 충만해 있고 어떤 말이나 그림으로도 표현할 수 없는 귀중한 수수께끼와 기적과 같다. 이 무조건적인 신뢰는 말을 잃게 한다. 그렇다, 고통과 우울함조차 이런 최고의 행복이 지배하는 침묵 속에 있게 한다. 그래서 또한 그러한 최고의 행복에 압도된 영혼은 그들보다 선한 다른 모든 사람보다 더 음악에 감사하는 경향이 있다. 왜냐하면 그들은 마치 색깔이 있는 연기를 통해 보는 것처럼 음악을 통해 자신들의 사랑을 보고 듣기 때문이다. 말하자면 그들의 사랑이 음악을 통해 보다 먼 것이 되고, 보다 감동적인 것이 되며 보다 어렵지 않은 것이 되기 때문이다.[307] 그들에게 음악은 자신의 예외적인 상태를 관찰하게 하는 유일한 수단이다. 그리고 그들에게 음악은 일종의 낯섦과 안도감의 형식으로 비로소 자신들의 모습을 직면하게 해 준다. 모든 사랑하는 자는 음악을 들을 때 그 음악에 대해 이렇게 생각한다. "이것은 나에 관한 이야기를 들려주고 있다. 이것은 내 대신 말을 하고 있다. 이것은 모든 것을 알고 있다!"

307 니체의 사랑관은 특별하다. 아무나 사랑할 수 있는 것이 아니다. 대부분의 사랑은 어려운 것으로 인식된다. 사랑은 배운 자의 것이다. 그래서 니체는 사랑도 배워야 한다고 역설했던 것이다. "지금까지 증오하고 있었던 그곳에서 그는 사랑하는 것을 배워야 한다. 그리고 그 반대도 배워야 한다"(『인간적인 너무나 인간적인』 제1권, 34쪽). "우리는 사랑도 배워야만 한다"(『즐거운 학문』, 303쪽). "언젠가는 너희 자신을 뛰어넘어 사랑해야 할 것이다! 그러니 먼저 어떻게 사랑을 해야 하는지 그 방법을 배우도록 하라! 그러기 위해 너희는 사랑의 쓴잔을 마셔야 했던 것이다"(『차라투스트라는 이렇게 말했다』, 117쪽).

217.

예술가. — 독일인은 예술가를 통해 일종의 몽환적인 열정 속으로 빠져들기를 원하고, 이탈리아인들은 예술가를 통해 그들의 실제적인 열정으로부터 벗어나 편히 쉬기를 원하며, 프랑스인은 예술가를 통해 자신의 판단을 증명할 기회와 자기 자신이 말할 수 있는 동기를 원한다. 그러니까 우리 좀 공정하게 말해 보자!

218.

자신의 약점을 예술가처럼 말하기. — 만일 우리가 어떤 형식으로든 약점을 가질 수밖에 없고, 또 그 약점을 결국에는 우리를 지배하는 법칙으로 인정해야만 한다면, 나는 모든 사람이 적어도 다음과 같은 예술가적인 힘을 갖기를 바란다. 즉 모든 사람이 자신의 약점을 통해 자신의 덕을 확실하게 알게 되고 또 우리로 하여금 그의 덕을 열망하는 법을 알게 되었으면 한다. 바로 이런 것에 대해 위대한 예술가들은 정말 눈에 띌 정도로 많이 이해하고 있는 것이다. 베토벤의 음악에는 흔히 거칠고 완고하며 조급한 음색이 있다. 모차르트에게는 마음과 정신이 사랑으로 참고 견뎌 내야 하는 우직한 무리의 쾌활함이 있다. 리하르트 바그너에게는 비약적이면서도 끊임없이 귀찮게 하는 불안이 있다. 아무리 참을성이 많은 사람이라도 이토록 불안한 소리를 듣게 되면 좋았던 기분조차 금방 상하게 될 것이다. 하지만 바로 이런 점에서 그는 자신의 힘을 발휘한다. 앞의 두 사람도 모두 똑같이 자신의 약점을 통해 그들의 덕에 대한 뜨거운 갈망을 일으킨다. 동시에 그들은 자신의 약점을 통해 울려 퍼지는 정신과 울려 퍼지는 아름다움 그리고 울려 퍼지는 온화함을 위한 혀를 열 배나 민감하게 만들어 낸다.

219.

겸손에 깃든 기만. ― 그대는 비이성적인 행동으로 그대의 이웃에게 깊은 고통을 주었고 두 번 다시 가질 수 없는 행복까지도 파괴했다. 이제 그대는 자만을 버리고서 그를 찾아간다. 그대는 그 앞에서 겸손한 자세를 취한다. 그리고 그대의 사려 없는 행동을 그로 하여금 경멸하게 한다. 그리고 그대는 이토록 가혹하고 참고 견디기 힘든 모든 연출된 상황이 지나가고 나면 모든 것이 근본적으로 다시 원위치로 돌아갈 것이라고 생각한다. 말하자면 그대는 자발적으로 자신의 명예를 상실하는 이런 방식을 통해 타인이 비자발적으로 겪었던 행복의 상실을 보상할 수 있다고 생각하는 것이다. 이러한 감정과 함께 그대의 기분은 다시 좋아지고 또 자신의 미덕이 다시 회복되었다고 생각하며 조용히 물러간다. 그러나 그 타인은 여전히 예전처럼 깊은 고통을 느끼고 있다. 그는 그대가 사려 없다고 생각하고 그대가 그 사실을 인정했다는 사실에서 어떤 위로도 얻지 못하고 있는 것이다. 오히려 그 타인은 그대가 자기 앞에서 스스로를 경멸하며 보인, 미안해하면서도 고통스러워하는 그 모습조차 그대로 인해 입게 되는 새로운 상처처럼 받아들이고 기억으로 남기게 된다. 그러나 상황이 이렇게 진행되었다 해도 그는 결코 복수할 생각은 하지 않는다. 그리고 또한 그는 자신이 받은 상처가 어떤 방식으로 보상될 수 있는지에 대해서도 전혀 고려하지 않는다. 근본적으로 그대는 그 연출된 장면을 그대 자신 앞에서 그대 자신을 위해 상연한 것이 된다. 그대가 그러한 연출 장면을 위해 증인을 초대한 것 역시 그대 자신을 위한 것이지 그 타인을 위해서는 아니니다. 그대 자신을 속이지 말라!

220.

위엄과 두려움. — 의식, 직위와 신분을 나타내는 의상, 진지한 표정, 근엄한 눈초리, 천천히 걸어가는 모습, 요리조리 꼬이고 꼬인 완곡한 어법, 그리고 위엄이 있다고 말할 수 있는 그 모든 것은 사실상 두려움을 느끼는 자들이 자기 자신을 위장하는 방식들에 지나지 않는다. 그들은 이러한 방식을 통해 자기 자신 혹은 그들 자신이 드러내는 것에 대해 사람들로 하여금 두려움을 갖게 하려는 것이다. 스스로 두려움이 없는 사람들은, 즉 의심할 여지없이 항상 타인들에게 두려움을 일으키는 사람들은 근본적으로 그런 식의 위엄과 의식 따위가 필요 없다. 그들은 솔직하고도 직선적으로 말하고 행동한다. 그들의 이런 언행은 그들이 자신감에 차 있다는 징표이다. 그들 스스로는 이미 두려움을 느껴야 할 만한 사람들임을 증명하고 있을 뿐이다. 하지만 그들은 이런 언행을 통해 명성을 얻기보다는 나쁜 평판에 휩싸일 위험이 더 많다.

221.

희생자의 도덕성. — 희생의 정도에 따라 평가하는 도덕은 반쯤은 야만적인 단계에 머무르고 있는 도덕이다. 이성은 여기서 오로지 마음속으로만 어렵게 이룰 수 있는 피투성이의 승리를 거둘 뿐이다. 이것은 거대한 반대 충동을 기어코 굴복시키고야 만다. 그러한 승리는 잔인한 신들의 축제에서 요구되는 희생제물과 그것에 가해지는 잔혹함의 방식 없이는 결코 이루어질 수가 없다.

222.

광신주의가 필요한 곳. — 지둔하여 점액성 침전물 같은 사람들은 오로지 자신을 광신적으로 만들 경우에만 열광할 수 있다.

223.

무서운 눈. — 예술가들과 시인들 그리고 작가들이 가장 무서워하는 것은 그들의 사소한 속임수조차 찾아내고야 마는 눈이다. 여기에 덧붙여 그 눈은 그들이 천진스럽게 자기 향유를 지향할 것인지 아니면 효과를 일으키는 것을 지향할 것인지를 사이에 두고 얼마나 자주 기로에 서 있었는지까지 알아차린다. 또 그 눈은 그들이 많이 팔아먹으려고 일부러 한정판을 만들어 낼 때나, 그들이 그들 자신은 고양되지도 않았으면서 고양된 듯이 스스로 치장하려 할 때에도, 이러한 의도를 간파해 내기도 한다. 그 눈은 그들의 예술이 포함하는 모든 속임수를 꿰뚫어 봄으로써 처음에 가졌던 그 원래의 생각까지도 인식해 낸다. 때로는 그 생각이 하나의 매혹적인 빛의 형상처럼 보여도, 그 원래의 빛, 즉 아마도 이 모든 세상에서 도둑질할 것으로서 알아차리는 것이다. 즉 그들은 그 생각이 그들을 무엇인가로 만드는 것이 아니라, 그 생각 전체가 그것으로 무엇인가를 만들기 위해 억지로 잡아늘이고, 축소시키며, 색칠하고, 얼기설기 엮어 놓고, 양념을 쳐 놓아야 했던 온갖 재료에 지나지 않는 일상적 생각이라는 것까지 눈치채고야 만다. 오, 이 눈이야말로 그들의 모든 것을 알아차린다. 즉 그 눈은 그들의 불안, 그들의 관심사와 욕망, 그들의 모방과 과장까지도 그들의 작품 그 자체에서 이미 알아차린다. 왜냐하면 그들이 하는 짓거리들은 하나같이 그저 질투심으로 이루어진 모방에 불과하기 때문이다. 이 눈은 수치스러워하면서 붉어진 그들의 얼굴빛을 앞에 두고서도 모든 것을 알아차린다. 즉 그들이 이 붉어진 얼굴을 가리고서 그 붉음을 그들 자신 앞에서 다르게 의미를 부여하고자 하는 그 얄팍한 술책까지도 알아채고야 만다.

224.

이웃의 불행 앞에서 '고무되는 것.' — 그는 불행하다. 이제 '동정하는 사람들'이 찾아와 그에게 그의 불행에 대해 자세히 묘사한다. 그런 후에 그들은 만족하며 고무된 채 그의 곁을 떠난다.[308] 그들은 불행한 그 사람의 곤경을 마치 자기 자신의 곤경인 양 그렇게 즐기고 좋은 오후를 보낸 것이다.

225.

신속하게 경멸을 당하는 방법. — 빠른 속도로 많이 말하는 사람은 아무리 그럴싸하게 말을 했어도, 또 아무리 짧은 만남이었어도 우리의 신뢰를 아주 심각할 정도로 잃게 된다. 그는 우리가 성가시다고 느껴지는 그 정도를 넘어 훨씬 더 낮은 수준으로 평가된다. 왜냐하면 우리는 그가 이미 얼마나 많은 사람들을 그런 식으로 성가시게 하였는지를 추측하며 그가 일으키는 불쾌감에다가 그로 인해 타인들이 경험했으리라고 우리가 가정하는 그

308 사람들이 동정심을 발휘하는 데도 다 이유가 있다. 그것이 자기 자신에게 이롭기 때문이다. 그 이로움은 남을 불쌍히 여기면서 스스로 위로를 받는 방식에서 찾을 수 있다. 예를 들어 만나자마자 이런 식으로 인사를 건네는 사람이 있다. "어디 아프세요? 요즈음 힘든 일이 있으세요? 얼굴이 안돼 보여요!" 하면서 걱정을 해 주는 것이다. 물론 정말 걱정이 되어서 그런 식으로 말을 했을 수도 있지만 그런 말이 동정심에 근거하고 있다면 문제라는 것이다. 이런 동정심은 선행을 가장한 가장 잔인한 악행에 해당한다.

경멸까지 덧붙이기 때문이다.

226.

유명인들과의 교제에 대해. ―

A: 그런데 왜 그대는 이 위대한 사람을 피하는가?

B: 나는 그를 오해하고 싶지 않아서지! 우리의 결점들은 서로가 견딜 수 없어 하거든! 나는 근시인데다가 의심이 많은 반면, 그는 가짜 다이아몬드를 진짜인 것처럼 달고 다니지.

227.

쇠사슬에 묶여 있는 사람들. ― 쇠사슬에 꽁꽁 묶여 있는 모든 정신은 조심해야 한다! 예를 들어 자신의 운명 때문에 작고 어두운 환경에 묶인 채 그 안에서 나이를 먹어 버린 영리한 여인들을 조심해야 한다. 비록 그녀들은 겉으로는 게으른듯이 나른하고 반쯤 눈이 먼 채 볕을 쬐고 있는 것처럼 보이기는 하지만, 모든 낯선 발걸음이나 모든 예기치 않은 것을 물어뜯기 위해 뛰어오른다. 그녀들은 자신의 개집에서 도망가는 모든 것에 복수를 하려는 것이다.

228.

칭찬 속의 복수심. ― 여기에 칭찬으로 가득 채운 페이지 하나가 있다. 그대들은 이것을 피상적이라고 말할 수 있다. 그러나 이 칭찬 속에 영리하게도 복수가 숨어 있다는 사실을 알아챈다면, 그대들은 그것을 지극히 정교한 것으로 여기게 될 것이다. 게다가 그 페이지를 가득 채운 그 간결하고 대담한 필치와 수사학적 표현의 풍부함을 접하면서 구경거리가 많다고 여길 것이다. 그토록 정교하고 풍부하며 독창적인 것은 이런 글을 쓴 필자가 아니라 그 글 속에 숨어 있는 그의 복수심이다. 하지만 그 자신은 그것에 대해 거의 눈치도 채지 못한다.

229.

긍지. — 아, 그대들 모두는 고문을 당하는 사람이 고문을 당한 후 비밀을 끝까지 지킨 채 감옥으로 끌려 되돌아왔을 때 갖게 되는 그 감정을 알지 못한다! 그는 변함없이 이를 악물고 비밀을 지키려 한다. 그대들은 인간적인 긍지에서 우러나오는 환호에 대해 도대체 무엇을 알고 있단 말인가?

230.

'공리주의적.' — 오늘날에는 도덕적인 사항들에 대한 감각이 심히 혼란스러워졌다. 그 때문에, 하나의 도덕이 이 사람에게는 도덕의 효용에 의해 증명되는 듯하지만, 다른 사람에게는 그 도덕이 바로 그 도덕의 효용에 의해 반박되기도 한다.

231.

독일적인 덕에 관하여. — 어떤 민족이 단순한 것을 나쁜 것으로, 단순한 사람을 나쁜 사람으로 평가했다면, 이 민족은 취향에 있어서 얼마나 퇴화되어 있었고, 또 위엄, 신분, 의상, 화려함과 사치 등 앞에서 얼마나 노예 짓거리들을 해 왔을까![309] 독일인의 도덕적인 오만함에는 항상 이 '나쁜'이라는 단어를 덧붙여야 할 뿐, 그 이상은 아무것도 필요하지 않다.

232.

어떤 논쟁에서 나온 말. —

A: 친구여, 자네는 목이 쉬도록 말했네!

B: 그렇다면 내가 반박된 것이로군. 이제 더 이상 그것에 대해서는 말을 하지 마세.

233.

'양심적인 사람들.' — 그대들은 어떤 종류의 사람이 가장 엄격하게 양심을 지키는 것에 가장 높은 가치를 두는지 주목한 적이 있는가? 그들은 자신 안에 있는 많은 비참한 감각들을 의식하고, 자기 자신과 타인들에 대해 불

309 '나쁜[schlecht]'이란 단어의 어원이 독일어에서는 '단순한[schlicht]'으로 소급된다. 니체는 이것을 근거로 하여 선과 악의 근원을 파헤쳐 들어간다. 후기 철학 중 『도덕의 계보』에서 그는 지금 갖고 있던 이 생각을 좀 더 논리적으로 설명하기에 이른다. 좋음의 의미를 어원학적으로 밝힌 다음 그는 이렇게 말을 이어 간다. "언제나 저 다른 발전과 평행해 진행되는 또 하나의 발전이 있는데, 이는 '비속한', '천민의', '저급한'이라는 개념을 결국 '나쁨'이라는 개념으로 이행하도록 만든다. 후자에 대한 가장 웅변적인 예는 '슐레히트(schlecht, 나쁜)'라는 독일어 단어 자체다. 이는 '슐리히트(schlicht, 단순한)'와 같은 말이다. '슐레히트백(schlechtweg, 단지)', '슐레히터딩스(schlechterdings, 오로지)'와 비교해 보라. 그것은 본래 오로지 귀족과 대립해 있을 뿐인 아무런 의심의 곁눈질도 하지 않는 단순한 사람, 평범한 사람을 나타내는 것이다. 대략 30년 전쟁 무렵, 즉 훨씬 후에 이르러, 이 의미는 오늘날 사용하는 의미로 바뀌었다"(『도덕의 계보』, 356쪽). 30년 전쟁 무렵은 17세기의 문화, 즉 바로크 시대이다. 그 시대의 모범은 루이 14세가 제공해 주고 있었다. "자화상 속에 보이는 루이 14세의 위풍당당한 모습은 경이롭기까지 하다. 최대한 특이하게 보이려 애를 쓴 흔적이 보이는 듯도 하다. '단순하고 평범한 것'은 시대의 이름으로 혐오했던 군주의 모습답다"(『춤추는 도덕』, 77쪽). 단순한 것은 나쁜 것이라는 이 발상을 이렇게 역사적으로, 어원학적으로 풀어낸 철학자로는 니체가 독보적이라 할 수 있다.

안을 느끼며, 자기 내면의 것을 가능한 한 잘 숨기고자 한다. 그 이유는 그들이 양심을 엄격하게 지키고 의무를 강력하게 수행해 냄으로써 다른 사람, 특히 부하로 하여금 그에게서 받게 될 엄격하고 강력한 인상을 통해 자신에 대한 외경의 마음이 일어나게 하려는 것이다.

234.

명성에 대한 꺼림. —

A: 어떤 사람이 자신의 명성을 피하고, 자신에 대해 칭찬일색으로 발언하는 사람을 의도적으로 모욕하며, 칭찬받는 것이 부끄러워 자신에 대한 판단을 듣는 것을 몹시 꺼려 하는 것, 그것을 사람들이 믿든 안 믿든, 이런 일은 실제로 존재한다는 사실을 잘 알 수 있을 것이네!

B: 이런 일은 실제로 존재한다는 사실을 나는 믿네! 다만 약간의 인내심이 필요할 뿐이네, 나의 오만한 친구여!

235.

감사를 거절하면. — 사람들은 한 번의 간절한 요구를 거절해도 된다. 다만 한 번의 감사를 거절해서는 절대로 안 된다. 혹은 그 감사를 차갑고 형식적으로 받아들여도 그 감사를 거절하는 것과 같다. 그것은 상대방에게 깊은 모욕감을 주기 때문이다. 그런데 왜 그럴까?

236.

형벌. — 기이한 것이 있다면, 그것은 바로 우리의 형벌이다! 형벌은 범죄자를 정화해 내지 못한다. 그것은 어떠한 속죄도 될 수 없다. 정반대다. 그것은 범죄 행위 그 자체보다도 범죄자를 더 더럽히는 것일 뿐이다.

237.

정당의 곤경. — 거의 모든 정당에는 우습기만 하지만, 그렇다고 해서 결코 가벼이 넘길 것은 것은 아닌 그런 곤경이 생겨날 수 있다. 수년 동안 정당의 의견과 정책을 충실하게 따르고 또 존경할 만하게 변호해 오다가, 어느 날 갑자기 훨씬 더 강력한 어떤 인물이 나팔을 손에 든 것을 알아챈 모든 사람은 그런 곤경[310] 때문에 고통받는다. 침묵으로 감당해야 할 것을 그들은 더 이상 견디려 하지 않는다! 그래서 그들은 더 크게 말하게 되고, 때로는 새로운 목소리로 떠들게 된다.

238.

우아함을 추구한다는 것. — 강한 본성을 가진 자가 잔인한 성향을 갖지 않고 언제나 자신에게 사로잡혀 있지 않다면, 그는 무의식적으로 우아함을 추구하게 된다. 이것이 이런 자의 특징이다. 이에 반해 성격이 약한 자는 무엇을 접해도 신랄한 판단을 선호한다.[311] 그는 사람을 경멸하는 영웅들과 친

310 모두가 자기 생각 없이 같은 소리를 하는 경우를 말한다.

311 이것이 성격이 약한 자의 특징이다. 그는 매사에 불평불만 투성이다. 이것은 이래서 잘못됐고 저것은 저래서 틀렸다고 말한다. 대화를 할 때는 늘 '그게 아니라!'를 먼저 말해 놓고 논리를 풀어나간다. 이런 사고방식을 두고 마치 강한 사람이 가지고 있는 비판 정신이라 착각하고 있는 것이다. 아니 비판 자체를 잘못 이해하고 있는 것이다. 늘 배타적으로 임하면서 때로는 사랑하기 때문이라는 말도 안 되는 자기 합리화에 치우치기도 한다. 그런 뻔한 논리를 펼치면서도 자기 자신은 왜 그러는지를 모른다. 아무리 친한 친구라 해도 이런 행위를 일삼는 자 앞에서는 충고도 마다한다. 그가 그런 짓을 무의

하게 지니고자 한다. 또 그는 실존의 문제를 종교적으로 혹은 철학적으로 농담이나 하고 비방하는 사람들과 잘 어울려 다닌다. 그러면서 윤리적으로는 엄청 엄격한 척한다. 게다가 그는 자신에게 주어졌다고 여겨지는 그 '소명' 때문에 고통스러워하고 또 그 '소명'의 배후에서 벗어날 생각을 하지 않는다. 이런 행위를 통해 그는 하나의 독특한 성격과 일종의 강한 이미지를 창조해 내고자 애를 쓴다. 이런 행위조차 자신도 모르게 무의식적으로 그렇게 하는 것이다.

239.

도덕주의자들을 위한 경고. — 우리의 음악가들은 위대한 발견을 하나 해 냈다. 흥미로운 추함도 그들의 예술에서는 가능했던 것이다! 그렇게 그들은 추한 것으로 가득한 이 열린 대양 속으로 마치 술에 취한 사람처럼 자신의 몸을 던진 것이다. 음악을 만드는 일이 이토록 쉬운 적은 단 한 번도 없었다. 이제야 비로소 사람들은 온통 어두운 색으로 채워진 배경을 얻게 되었다. 거기서는 아름다운 음악이 보내 주는 매우 작은 광선에서조차 황금과 에메랄드의 광채를 뽐낼 수 있었다. 이제야 비로소 사람들은 감히 청중을 폭풍 속으로 몰아넣어 흥분시키고 숨을 멈추게 하려는 시도까지 했던 것이다. 이 모든 것은 나중에 그 청중에게 휴식에 빠져드는 그 한순간을 통해서 최고의 행복감을 주기 위함이었다. 이런 행복감에 빠진 채 청중은 그런 음악을 전반적으로 좋게 평가했던 것이다. 그때 사람들은 한마디로 대

식적으로 하고 있기 때문에 그런 행위의 부정적 의미를 지적해 줘도 깨닫지 못할 것이 틀림없기 때문이다. 인식의 변화와 깨달음은 스스로 일궈 내야 한다. 스스로 자기 자신의 한계를 인식해 내고 거기서 빠져나오려는 노력이 요구된다. 바로 그때 니체의 허무주의는 도움의 손길을 뻗어 올 것이다.

조를 발견했던 것이다. 이제야 비로소 가장 강력하게 작용하는 효력이 발생하게 되었다. 그것도 아주 저렴하게. 이제 아무도 좋은 음악이 무엇인지 더 이상 묻지 않았다. 그러나 그대들은 서둘러야만 한다! 왜냐하면 모든 예술은 이러한 발견에 도달하고 난 뒤에는 아주 짧은 시간밖에 존속하지 못하기 때문이다. 오, 우리의 사상가들이 우리의 음악가들의 음악을 통해 그들의 영혼 속으로 들어갈 수 있고, 그래서 그들의 내면의 소리를 들을 수 있는 귀를 가지고 있다면 얼마나 좋을까! 나쁜 행위와 그 무구함 속에 존재하는 이런 내면적인 인간을 포착해 내는 이런 기회가 다시 발견될 때까지 사람들은 얼마나 오랫동안 기다려야 할까![312] 왜냐하면 우리의 음악가들은 자기 자신의 역사들, 즉 영혼이 추해져 간 그런 역사를 자신들의 음악 속에 집어넣었다는 사실을 전혀 깨닫지 못하고 있기 때문이다. 예전에 훌륭한 음악가는 대부분 자기 자신의 예술을 위해서 먼저 훌륭한 사람이 되려고 애를 썼다.[313] 그런데 지금은!

312 나쁜 행위도 나쁜 행위 나름이다. 더 좋게 하기 위해 선택된 나쁜 행위라면 허용될 수 있는 것이다. 예를 들어 니체는 『우상의 황혼』을 위한 부제목으로 '어떻게 망치를 들고 철학하는지'를 가르쳐 주고자 했다. 망치를 들고 돌 속에 갇혀 있는 형상을 해방시키는 것이 허무주의 철학의 목적이기 때문이다. 망치를 들고 그 껍질을 깨는 과정은 잔인한 행위가 아닐 수 없다. 하지만 그런 행위 없이 창조는 이루어질 수 없다. 이런 이념은 차라투스트라의 목소리에도 이미 실려 있었다. "이제 나의 망치는 저 형상을 가두어 두고 있는 감옥을 잔인하게 때려 부순다. 돌에서 파편이 흩날리고 있다. 무슨 상관인가"(『차라투스트라는 이렇게 말했다』, 143쪽)? 상처, 아픔, 고통, 그런 것은 문제되지 않는다. 그런 고통쯤은 사서 해도 좋다. 자기 자신을 구원하기 위해 선택된 잔인한 행위는 나쁜 행위라고 평가받는다 해도 상관하지 않는다.

313 먼저 자기 자신을 위하라! 이것은 니체의 정언명법에 해당한다. 『디오니소스 송가』에서 니체는 디오니소스의 목소리에 다음과 같은 대사를 만들어 놓았다. "자기 자신을 사랑해야 한다면, 먼저 자기 자신을 미워해서는 안 되지 않겠는가? / 나는 너의 미로다"(『디오니소스 송가』, 502쪽). 먼저 자기 자신을 사랑하라! 글을 써도 자기 자신을 위해 글을 써라! "시비 스크리베레(Sibi scribere, 자신을 위해서 글을 쓴다)"(『인간적인 너무나 인간적인』 제2권, 103쪽), 이것이 양심의 소리가 되게 해야 한다. 자기 자신을 사랑하기 위해 자기 안으로 자기 자신을 찾아 들어가야 한다. 하지만 조심해야 한다. 그 안에는 괴물이 살고 있기 때문이다. 미로 속에는 미노타우로스라는 괴물이 살고 있다. 자기 자신이라는 괴물이. 하지만 그를 반드시 찾아내야 한다. 그를 사랑하고 결국에는 그를 구원해 주기 위해.

240.

무대의 도덕에 관하여. — 셰익스피어의 연극에 도덕적 효과가 있고 『맥베스』의 독자들이 자신도 모르게 공명심이라는 악을 멀리하게 될 것이라고 생각하는 자가 있다면 착각하는 것이다. 게다가 그가 셰익스피어 스스로도 자기처럼 느꼈다고 믿는다면 다시 한번 착각하게 되는 것이다. 실제로 공명심으로 미쳐 날뛰고 있는 자는 이러한 자신의 모습을 욕망에 찬 시선으로 바라볼 뿐이다. 그리고 만약 주인공이 자신의 열정 때문에 파멸의 길을 걸어야 한다면, 이것이야말로 이 욕망이라는 뜨거운 음료 속에 깃들어 있는 가장 자극적인 향료가 될 것이다. 이 시인이라고 다르게 느꼈을까? 그가 묘사하는 야심가는 엄청난 범죄를 저질렀던 바로 그 순간부터 얼마나 왕답게 행동했으며 또 얼마나 악한과는 거리가 멀게 자신의 길을 걸었던가! 그는 겨우 이 순간부터 '악마적으로' 행동하고 또 그와 비슷한 본성을 모방하도록 자극하기 시작한다.[314] 여기서 악마적이라 하는 것은 이익과 삶의 원리에 저항하려는 고집에서, 또 생각과 충동을 편애한다는 사실에서 밝혀진다. 그대들은 트리스탄과 이졸데가, 두 사람 모두 불륜 때문에 파멸의 길을 걷게 되었다고, 그래서 그들이 불륜을 저지르지 말라는 교훈을 주고 있다고 믿는가? 만약 이렇게 생각한다면 그것은 시인을 전혀 이해하지 못하는 것일 뿐만 아니라 더 나아가 그의 의도를 왜곡하는 것이 될 것이다. 시인들,

314 이것이 셰익스피어의 비극 이념이다. 그의 4대 비극으로 잘 알려져 있는 작품들은 바로 이런 측면을 증폭시켜 놓은 것이라 볼 수 있다. 햄릿은 귀신이 한 말을 진실로 간주하는 실수를 저질렀고, 오셀로는 부하가 하는 말을, 또 리어왕은 두 딸의 말을, 마지막으로 맥베스는 3명의 무당이 하는 말을 그렇게 믿는 실수를 저질렀다. 이들은 모두 자신의 생각에 확신을 갖고 있었고, 그 생각을 근간으로 하여 발전해 오는 충동에 스스로를 의도적으로 노출시키는 오류를 범하고 있다. 생각과 충동이 모두 서로를 방해하는 악순환을 거듭하고 있다는 것이 재미난 상황을 연출해 낸다.

특히 셰익스피어 같은 시인은 열정 그 자체를 사랑하여 그것에 푹 빠져 있을 뿐, 저 죽을 준비가 되어 있는 기분, 즉 풀에 매달린 이슬방울처럼 더 이상 삶을 사랑하지 않는 심장만이 매달려 있는 그런 기분을 사랑한 적은 단 한 번도 없다. 죄 그 자체와 그 죄로 인해 발생한 나쁜 결말 따위는 셰익스피어나 아이아스, 필록테테스, 「오이디푸스」의 소포클레스 같은 시인들에게 그리 중요하지 않다. 어떤 상황 속에서도 죄 자체를 연극의 지렛대로 삼는 것은 상당히 쉽겠지만, 이런 시인들은 그런 일에 관심조차 보이지 않는다. 마찬가지로 비극 시인도 삶에 대한 자신의 비극적 형상을 통해 삶에 등을 돌리려 한 것은 아니다![315] 그는 오히려 이렇게 외치고 있다. "이것은 모든 자극제 중에서 최고의 자극제다. 이것은 말 그대로 흥분시키고, 변화시키며, 위험하고, 음울하며, 자주 태양처럼 작열하다가 장렬하게 꺼져 가는 현존재인 것이다! 이것은 하나의 모험이다! 이것은 삶을 살아가는 모험이며, 때로는 이런 정당 또 때로는 저런 정당의 입장을 취할 때도 있지만, 언제나 똑같은 성격을 유지하는 그런 모험이다!"[316] 이렇게 그는 피와 에너지

315 중요한 사안이다. 니체가 비극을 연구한 목적이 바로 여기에 스며 있다. 비극은 삶을 혐오하기 위해 만들어진 것이 결코 아니다. 비극 시인이 비극을 만들어 낸 이유는 삶을 삶답게 살아 보고자 했던 것에서 발견된다. 비극이 삶에 등을 지고 저세상, 내세 등을 동경하는 예술 형식이었다면, 니체는 관심을 보이지 않았을 것이다. 반대로 비극은 슬픈 이야기, 고통스러운 광경, 혐오스러운 장면들 등을 가득 담고 있는 형식이지만, 그것이 후에 반전을 일으키는 최고의 예술이다. 그것이 어떻게 가능한 것인지, 니체는 그 대목을 주목하고 있는 것이다.

316 니체가 비극 작가들의 작품을 읽으며 들은 소리다. 쉽게 얘기하면 니체는 일종의 환청을 들으며 철학에 임하고 있는 것이다. 좀 고급스럽게 얘기하면 그는 독백의 철학을 선보이고 있다. 예를 들어 쇼펜하우어의 『의지와 표상으로서의 세계』를 처음 손에 들고 읽기 시작했을 때 그는 이런 소리를 듣게 되었다. "이 책을 집으로 가져가라"(이동용, 『망각 교실 - 니체의 '반시대적 고찰'로 읽는 현대의 한계 논쟁』, 이파르, 2016)! 니체의 마음의 소리였다. 그 소리를 들으며 니체는 독서에 임했다. 삶을 등지라는, 삶에서 돌아서라는 염세주의의 그 위험한 정신을 품었던 것이다. 그리고 죽을 뻔한 고비를 몇 번 넘기고 나서, 마치 나무가 나이테를 만들어 내듯이 그렇게 극복해 낸다. 속은 새카맣게 타들어 갔을지는 모르지만, 그것이 오히려 아름다운 무늬를 만들어 내는 근원이 되었다. 늘 그렇듯이 극복을 하고 나면 뭐든지 아름답게 포장된다. 새로운 살들이 그 타들어 간 살을 품어 주며 새로운 삶을 시작하기 때문이다.

로 충만하고 넘쳐흘러 반쯤 취해 버렸고 그 결과, 반쯤 무감각한 상태에 빠져 있는 시대로부터, 즉 불안하지만 힘으로 충만한 그런 시대로부터 외쳐대고 있는 것이다. 그가 살았던 시대는 우리가 살고 있는 이 시대보다 더 사악한 시대였다.[317] 바로 이 때문에 셰익스피어 연극의 목적을 우선 우리에 맞게 교정하고 정당화하는 것이 절실하게 요구된다. 즉 그것을 눈에 보이는 그대로 이해하지 않는 것이 우리에게 필요하다.

241.

공포와 지성.[318] — 지금 가장 단호하게 주장되는 것처럼 피부에 검은 색소가 생겨나는 원인을 태양 광선에서 찾을 수 없다는 것이 진실이라면, 그것은 아마 빈번히 일어났고 수천 년 동안 누적된 분노의 발작 그리고 피부 밑의 충혈이 빚어낸 궁극적인 결과가 아닐까? 이와는 반대로 보다 지성적인 다른 종족에서는, 분노의 발작과 같은 원리로 빈번히 나타난 경악과 창백해짐이 마침내 하얀 피부색을 낳지 않았을까? 왜냐하면 공포를 느끼는

317 시대는 사악할 수 있다. 시대는 악마의 짓거리에 놀아날 수 있다. 하지만 삶 자체가 그것 때문에 사악하다는 인상을 받아야 한다면 그것은 오해이며 오류에 해당한다. 삶은 아무 잘못 없다. 삶은 어떤 경우에서든 정당하다. "메멘토 비베레(Memento vivere, 삶을 기억하라)"(『반시대적 고찰』 제2권, 354쪽). 이것이 인생 정당 내지 '생철학 정당'(『이 사람을 보라』, 29쪽 각주 18번)의 구호가 된다. "나는 살고 있다, 고로 나는 존재한다"(『반시대적 고찰』 제2권, 383쪽). 이 말은 어떤 경우에도 진리의 소리로 간주되어야 마땅하다. "생의 한가운데에서. — 아니다! 삶은 나를 실망시키지 않았다"(『즐거운 학문』, 293쪽). 이것이 양심이 실린 즐거운 소리로 들려야 한다. 생각하는 존재에게 이념은 필연적 운명이 되지만, 그 필연 때문에 삶의 의미를 놓쳐 버린다면 그것은 크나큰 잘못을 저지르게 되는 것이다. 생철학은 그런 삶을 법정에 세우고 유죄판결을 내리고자 하는 것이다.

318 공포를 느끼는 것도 능력이다. 그런 능력을 근간으로 하여 용기라는 미덕이 빛을 발하게 되는 것이다. 공포 없이 요구된 용기는 섣부른 행동을 일으키는 원인이 될 뿐이다. 그런 행동이 삶을 위기에 몰아넣는 것이다. 오히려 공포를 느낄 때 사람은 위축될 수는 있지만 그로 인해 무리한 행동을 삼가는 지혜도 발휘하게 되는 것이다. 겨울을 맞이하여 나무가 나뭇잎을 버리는 아픔을 직면하지만 그 버림을 통해 강한 추위에도 얼어 죽지 않고 견뎌 내는 지혜를 발휘하는 것과 같은 원리다.

정도의 차이는 지성의 정도에 상응하기 때문이다.[319] 가끔 맹목적인 분노에 자신을 내맡기는 것은 동물성이 아직도 지극히 가까이 있다는 얘기이고 또 스스로 자기 자신의 뜻을 관철시키고자 하는 의도가 그만큼 강렬하다는 징표가 된다.[320] 따라서 회갈색, 즉 원숭이나 곰에게서 발견되는 그런 색깔이 어쩌면 인간의 본래 피부 색깔일 것이라는 소리는 당연한 소리가 아닐까 싶다.

242.

독립. — 독립, 그것의 가장 작은 형태가 '생각의 자유'라고 불린다. 독립, 그것은 주인이 되고자 하는 사람이 결국 받아들이게 되는 체념의 형식이다.[321] 왜냐하면 그는 자신이 지배할 수 있는 바로 그것을 오랫동안 찾았지

319 공포와 지성은 정비례 관계라는 얘기다. 공포의 정도가 높으면 높을수록 지성의 정도도 그와 같은 수준으로 높아진다는 논리다. 두려움이 많은 자일수록 생각의 깊이는 더해질 수 있다는 소리다. 세상모르고 까부는 자에게서는 깊은 생각을 기대할 수 없다는 소리도 된다.

320 사람에게 동물성은 당연한 본성에 해당한다. 동물적인 측면을 부정하거나 폄하하는 자세는 옳지 않다. 다만 어떻게 지성이 그것을 통제하에 둘 수 있는가 하는 것이 관건이 될 뿐이다. 몸과 마음은 균형을 잡아 줘야 한다. 겉과 속은 어쩔 수 없는 운명이다. 겉은 속이 될 수 없고, 속도 겉이 될 수 없다. 음이 양이 될 수 없고, 양이 음이 될 수 없는 것과 같은 원리다. 하지만 둘이 하나를 일궈 낼 때 태극이 완성되는 것과 같다. 생각하는 존재는 이런 모순을 감당해야 한다. 생각하는 삶과 먹고사는 삶을 동시에 실현해 낼 수 있어야 한다. 이것이 사람의 운명이긴 하지만 그 운명이 불행의 씨앗이 되기보다는 오히려 행복의 근원이 될 수 있도록 다루는 것이 초인이 해야 할 일이다. 물론 운명 그 자체는 양면적이다. 그것을 허무주의로 말해도 된다. 허무주의는 도래할 수밖에 없지만 어떤 경우에서도 그 허무주의는 극복되어야 마땅하다. 도래와 극복은 영원회귀의 이념으로 돌고 또 돌아 줘야 한다. 삶은 과정이며 결과물이 아니다. 물이 흘러야 하듯이 피도 흘러야 한다. 그 흐름 속에 생명이 활개를 치게 된다. 하지만 모든 흐름은 변화를 감당해 내야 한다. 생로병사를, 즉 결국에는 죽음까지도 감당해 내야 한다는 것이 인식의 소리가 된다. 그것을 깨달아야 한다는 얘기다.

321 니체의 철학적 인물은 방랑자다. 그는 떠남을 실천하는 자다. 그는 때로는 태양을 등지고 그림자와 직면하기도 하지만, 거기서 굴복하는 것이 아니라, 오히려 그 그림자와 대화를 하며 극복의 기회를 엿보고 있을 뿐이다. 그는 언제나 다시 되돌아오고야 말 것이다. 그리고 이렇게 외쳐 댈 것이다. "그리고

만, 자기 자신 외에는 아무것도 발견하지 못했기 때문이다.

243.

두 개의 방향. — 만약 우리가 거울 그 자체를 관찰하고자 한다면, 결국 우리는 거울의 표면 위에 비친 사물들 외에는 아무것도 발견하지 못하게 된다.[322] 우리가 사물을 손으로 잡고자 할 때에도 우리는 결국 거울 위의 그 표면 외에는 어떤 것에도 도달하지 못한다. 이것이 바로 인식의 가장 일반적인 역사다.

244.

현실적인 것에 대한 기쁨.[323] — 우리는 지금 현실적인 것에 대한 기쁨을

저 고매하다는 자가 자신에게서 등을 돌릴 때, 그때가 돼서야 그는 그 자신의 그림자를 뛰어넘게 될 것이다. 그리고 진정! 자신의 태양 속으로 뛰어들게 될 것이다"(『차라투스트라는 이렇게 말했다』, 197쪽). 이런 말을 이해할 수 있을 때, 초인이 누군지 알게 될 것이다. "아, 이러한 새로운 태양들이 생겨난다면 얼마나 기쁠 것인가"(『즐거운 학문』, 265쪽)! 새로운 태양이 뜨면 세상은 전혀 다른 모습을 보여 줄 것이다. 아무도 경험해 보지 못한 새로운 세상이 펼쳐지게 될 것이다. 바로 그 세상과 함께 단 한 번도 존재한 적이 없는 초인의 세상이 도래하게 되는 것이다. 그런 세상을 밝혀 주는 그런 태양이라면 얼마든지 뛰어들 준비가 되어 있는 것이다. '자신의 태양 속으로 뛰어들기', 그것은 초인이 해야 할 최고의 일이다. 모든 것을 바쳐 뜻을 이룬다. 자기 자신을 바쳐 모든 것을 취한다. 궁극적인 체념이 완전한 독립을 완성한다. 믿었던 신도 죽일 수 있을 때 새로운 신이 구원의 손길을 내민다.

322 소위 거울을 들여다보며 거울이 무엇이냐고 아무리 물어도 거울은 자기 자신의 본래 모습을 결단코 보여 주지 않는다. 거울은 오로지 자기 자신 속으로 비친 그것만을 보여 줄 뿐이다. 거울을 알고자 하는 그 욕구는 이런 현상 앞에서 무릎을 꿇고 마는 것이다. 이것이 생각하는 존재의 한계다. 아무리 생각 그 자체를 알고자 해도 생각은 생각하는 내용만을 들먹이며 생각을 거듭하게 할 뿐이다. 악순환이 따로 없다. 그런 존재가 아무리 삶이 무엇이냐고 물어보아도 삶은 대답을 들려주기는커녕 오리무중이 되고 만다. 그 거울은 이성에 대한 비유가 된다. 이성은 오로지 들어온 것만 보여 준다는 얘기다.

323 니체가 느끼는 기쁨은 현실과 맞물려 있다. 소위 저세상에 가서 행복하게 살겠다는 생각은 그의 것이 아니다. 살아 있을 때 잘 살아 보자는 것이다. 주어진 삶은 유일한 시간이다. 늘 시간에 앞서며 기회를

지향한다. 우리는 거의 모든 부분에서 그런 경향을 보인다. 우리의 이런 경향은 오로지 우리가 너무 오랫동안 그리고 질릴 정도로 비현실적인 것에서 기쁨을 추구해 왔다는 사실을 통해서만 이해될 수 있다.[324] 오늘날 나타나는 것처럼 선택의 여지도 없고 세련됨도 결여된 이러한 경향은 그 자체로 벌써 우려하지 않을 수 없다. 이러한 우려스러운 경향들 중에서 가장 작은 위험이 바로 취향이 없다는 것이다.

245.

권력감정의 세련됨. — 나폴레옹은 자신이 말을 잘 못한다는 사실에 대해 화를 냈다. 그런 것에 대해 그는 결코 자신을 속이지 않았다. 그의 지배욕은 어떠한 기회도 무시하지 않았다. 그래서 그 지배욕은 그의 세련된 정신보다 더 세련되어 있었다. 그래서 그는 자신이 할 수 있는 것보다 더 나쁘게 말하는 상황 속으로 스스로 밀어 넣을 때도 있었다. 그런 식으로 그는 자신의 분노에 복수를 했다. 그는 자신의 모든 감정에 대해 질투를 했지만, 그런 질투 행위를 통해 그는 오히려 자신의 독재적인 취향을 즐겼을 뿐이다. 왜냐하면 그 감정들에는 권력에 대한 취향이 있었기 때문이다. 바로 이런 식으로 그는 다시 한번 청중의 귀와 판단을 고려하여 자기 취향에 맞춰 제멋대로 하는 것을 즐겼던 것이다.[325] 마치 그 감정들에는 그렇게 말하는 것

잡으려는 마음으로 최선을 다해 살려는 의지가 '권력에의 의지'이다.

324 소위 천 년이 넘도록 사람들은 천국을 동경해 왔다. 이런 절박한 동경에서 허무주의가 탄생한 것이다. 바꿔 말하면, 기독교가 있어서 허무주의가 있을 수 있게 된 것이다. 기독교가 없었다면 허무주의는 탄생하지도 않았을 것이다. 또 바꿔 말하면, 기독교를 모르면 니체도 이해할 수 없었을 것이다. 기독교는 계단이나 사다리에 해당한다. 그것을 밟고 올라서고 또 일어서야 허무주의를 이해할 수 있다.

325 쉽게 얘기하면 니체의 시각에서 나폴레옹은 자기 자신의 감정을 갖고 놀았다는 얘기다. 감정에 휘둘리는 인생을 산 것이 아니라, 오히려 감정의 주인이 되어 자기 취향대로 그렇게 제멋대로 살았다

이 충분할 뿐만 아니라 아주 좋은 일인 것처럼 생각하고 판단하면 되는 것이다. 그렇다, 나폴레옹은 자기 자신의 생각을 가지고 비밀스럽게 행동하지만 춤도 추며 기뻐하고 즐겁게 놀았던 것이다. 그는 번개와 천둥을 통해 최고의 권위를 연출해 냈다. 최고의 권위, 그것은 권력과 천재성의 결합 속에서 실현되고 있었다. 나폴레옹은 그 번개와 천둥을 가지고 판단을 마비시키기도 하고 또 취향을 혼란스럽게 해 놓기도 했다. 이 모든 상황을 그는 그저 은밀히 즐겼던 것이다. 하지만 나폴레옹의 판단과 취향은 자신이 말을 잘 못한다는 사실에 대해 진실로 확고했다. 그런 측면에서 그는 냉정하기만 했지만 그때도 긍지를 잃지 않았다. 나폴레옹, 그는 하나의 충동을 완전히 끝까지 사유해 내고 또 그것을 완성해 낸 전형으로서 손색이 없다. 나폴레옹, 그는 고대의 인간성에 속한다. 우리는 그의 면모에서 고대의 특징들, 특히 소박한 구성과 하나의 동기 혹은 몇 개의 동기들을 독창적으로 형성하고 고안해 낸 이 고대의 인간성이 보여 주는 특징들을 쉽게 깨달을 수 있을 것이다.

246.

아리스토텔레스와 결혼. — 위대한 천재들의 자식들한테는 광기가, 덕 있는 위대한 사람들의 자식들한테는 우둔함이 갑자기 출현한다는 것을 아리스토텔레스는 알아차렸다. 그는 이런 말로 예외적인 사람들을 결혼으로 초대하려 했던 것일까?

는 것이다. 슬픈 감정이 오면 그 슬픔을 즐기고, 기쁜 감정이 오면 그 기쁨을 즐기면 되는 것이다. 모든 감정은 자기 감정일 뿐이다. '이런 감정은 되고 저런 감정은 안 돼!' 하면서 배타적으로 살기보다는 '이런 감정도 좋고 저런 감정도 좋아!' 하면서 모든 상황을 즐겁게 맞이하면 되는 것이다.

247.

나쁜 기질의 유래. — 많은 사람들의 기질에 포함되어 있는 부정적인 것과 비약적인 것, 그리고 그들의 무질서와 무절제함은 그의 선조들이 범해온 수많은 부정확한 논리, 불철저 그리고 성급한 추론들의 궁극적인 결과다. 이에 반해 좋은 기질을 가진 사람들은 이성을 높이 존중해 온 신중하고 철저한 종족들에서 유래한다. 이 경우 이들이 이성을 높이 존중한 것이 칭찬할 만한 목적 때문인지 아니면 나쁜 목적 때문인지는 그리 문제가 되지 않는다.

248.

의무로서의 위장. — 오랫동안 친절은 친절로 보이게끔 하는 위장을 통해 가장 많이 발전되어 왔다. 커다란 힘이 존재하는 곳은 어디서나 바로 이런 종류의 위장이 필연적인 것으로 인식되었다. 위장은 안심과 신뢰를 불어넣고 물리적 힘의 실제적인 총량을 백 배나 더 크게 증대시킨다. 거짓말은 친절의 어머니는 아닐지 몰라도 친절의 유모라고는 말할 수 있을 것이다. 마찬가지로 정직 또한 정직하고 성실한 것처럼 보이라는 요구에 의해 무엇보다도 세습적인 귀족 사회에서 가장 많이 육성되어 왔다. 위장을 지속적으로 연습함으로써 마침내 본성이 생겨난다. 위장은 그러니까 결국 자기 자신까지도 지양하게 한다. 그리고 기관과 본능은 위선의 정원에서 열린 예상치도 못한 열매가 된다.

249.

도대체 누가 진정 고독한가? — 겁을 먹어 두려움에 휩싸인 자는 무엇이 고독인지 모른다. 그의 의자 뒤에는 항상 하나의 적이 있기 때문이다. 오, 그렇다면 도대체 누가 고독이라 불리는 저 섬세한 감정의 역사를 우리에게 들려줄 수 있단 말인가?

250.

밤과 음악. — 사람들이 어둠에 대한 두려움에 사로잡혔던 시대는 인류 역사상 가장 길었던 시대였다. 이러한 시대의 생활방식에 따라 두려움의 감각기관인 귀는 오로지 밤과 깊은 숲에서 접하는 반쯤 밤이 된 상황과 어두운 동굴 속에서만 오늘날 볼 수 있는 것처럼 풍요롭게 발전할 수 있었다. 왜냐하면 밝음 속에서 귀는 그다지 필요하지 않기 때문이다. 그래서 음악의 성격이 밤과 반쯤 밤이 된 상황의 예술로 불리게 된 것이다.

251.

스토아주의적. — 스토아주의자에게서 발견되는 독특한 명랑함이 있다. 스토아주의자는 자신의 행동거지를 위해 스스로 부여한 규칙에 구속되어 있다는, 그런 답답함을 느낄 때 명랑해진다. 이 경우 그는 스스로를 지배자로 느끼며 즐기고 있는 것이다.

252.

신중하게 생각 좀 해 보라! — 처벌을 받는 자는 더 이상 범행을 저질렀던 그 사람이 아니다. 그는 언제나 희생양일 뿐이다.

253.

눈에 보이는 겉모습. — 힘들다! 힘들다![326] 우리가 가장 잘 그리고 가장 철저하게 증명해야 할 것이 있다면, 그것은 바로 눈에 보이는 겉모습이다.[327] 왜냐하면 너무도 많은 사람에게는 그것을 볼 수 있는 눈이 결여되어 있기 때문이다. 하지만 그들에게 그것을 증명해야 하는 일은 너무도 지루하기만 하다.

326 예를 들어 일반 군중에게 초인 사상을 설명하는 것은 너무도 힘든 일이다. 그들로서는 상상도 못하는 것을 설명해 주어야 하기 때문이다. '듣도 보도 못한 것'을 어떻게 설명해 줘야 말귀를 알아들을까? 이것이 니체의 고민이다. "내 과제의 위대함과 동시대의 사소함 사이에서 발생하는 오해는 사람들이 나에 대해 듣도 보도 못 했다는 데서 발생한다"(『이 사람을 보라』, 11쪽). 바로 이런 걱정 때문에 니체는 자서전을 써 놓아야 한다는 필요성을 느꼈던 것이다.

327 현상의 가치를 어떻게 설명해 줘야 사람들이 알아들을까? 현상의 원리는 시간과 공간의 공식으로 이루어진다. 그것을 어떤 식으로 가르쳐야 이해할 수 있을까? 삶의 가치를, 살아가는 것이 가치 있다는 그런 소리를 어떻게 해야 알아들을 수 있을까? 니체가 철학적으로 고민하는 대목이다. 눈에 보이는 이 모든 것은 플라톤이 말하듯이 그런 하찮은 그림자가 아니다. 현상계를 그런 식으로 폄하하면 곤란하다. 대지의 뜻을 품고 있는 이 흙을 더럽다고 간주하고 침을 뱉는 행위는 결국에는 죽어 드러누워야 하는 자기 자신의 침대 위에 침을 뱉는 꼴이 되고 만다. 모든 감각이 실어 나르고 있는 현상의 정보들은 무시할 수 없다. 아니 무시해서는 절대로 안 된다. 오히려 그것을 근간으로 해서 본질계를 위한 탑을 쌓아 올려야 할 일이다. 생각하는 존재는 현상계와 본질계를 마치 음과 양의 그것처럼 모두 품을 수 있어야 한다. 어느 하나를 위해 다른 하나를 무시하거나 희생시키는 일은 없어야 할 것이다.

254.

미리 걱정하는 사람들. — 시인의 본성에서 우월하면서도 위험한 측면은 그것이 지닌 소모적인 상상력이다.[328] 즉 그것은 일어날 것과 일어날지 모르는 것을 미리 걱정하고, 미리 기뻐하고, 미리 괴로워하다가 결국에 그 사건과 행위가 정말 일어나는 순간에는 이미 지쳐 버린 상태에 있게 한다. 이 모든 것을 너무도 잘 알고 있었던 바이런 경은 자신의 일기장 속에 이렇게 써 놓았다. "만약 나에게 아들이 생긴다면, 그 아이는 전적으로 산문만을 다루는 사람, 즉 법률가가 되거나 바다를 누비는 해적이 되어야 할 것이다."

255.

음악에 대한 대화. —

A: 이 음악에 대해 당신은 어떻게 생각합니까?

B: 이 음악은 나를 완전히 압도해 버렸습니다. 그래서 전혀 할 말도 없습니다. 귀를 열고 들어 보십시오! 저기 그 음악이 새롭게 시작하고 있어요!

A: 더욱 좋아졌습니다. 이번에는 우리가 이 음악을 압도할 수 있도록 정신을 바짝 차려 봅시다. 내가 이 음악에 대해 몇 마디 해도 되겠습니까? 그리고 또한 처음 들으면 전혀 보고 싶지 않을 하나의 연극을 보여 줘도 되겠습니까?

B: 좋습니다! 나는 두 개의 귀를 갖고 있소이다. 필요한 경우에는 더 많은

328 시인도 시인 나름이다. 시인을 긍정적으로 평가하는 대목도 많다. "삶을 가볍게 하는 자로서의 시인들"(『인간적인 너무나 인간적인』 제1권, 169쪽)이라면 충분히 인정할 만하다. 하지만 삶을 쓸데없이 무겁게 하는 자들이라면 경계의 대상이 될 뿐이다.

귀를 갖고 있기도 하답니다. 내게 바짝 다가와 말해 보시오!

A: 이것은 아직 그가 우리에게 말하고자 하는 그것이 아닙니다. 그가 지금까지 약속한 것은 그저 무언가를 말하리라는 것, 즉 그가 이러한 몸짓으로 이해시키려고 하는 것처럼 듣도 보도 못한 무엇인가를 말하리라는 것이었습니다. 그러니까 이 몸짓들이 그가 말하고자 하는 것을 말해 주고 있다는 것입니다. 그가 눈짓으로 신호를 주고 있잖소! 몸을 일으키고 있소! 팔을 내던지며 휘두르고 있네요! 지금 막 그에게 긴장된 순간의 절정이 도래한 것 같습니다. 나팔소리가 두 번이나 울리고 있어요. 그는 자신의 주제를 이끌고 있어요. 고귀한 보석에서 울려 나오는 것처럼 화려하고 거창하기까지 합니다. 아름다운 한 명의 여인인가요? 혹은 아름다운 한 마리의 말인가요? 어쨌든 이것으로 이미 충분해요. 그는 황홀하게 자기 주변을 둘러보고 있네요. 그는 황홀하게 넋을 잃은 시선을 다시 모으려 애를 쓰는 것 같아요. 이제야 비로소 자기 주제가 완전히 마음에 들었나 봅니다. 이제 그는 독창적인 존재가 되고 있어요. 새롭고 과감한 음조를 시도하고 있습니다. 그는 자기 주제를 자기 안에서 끄집어내고 있어요! 아, 주목해 보십시오! 그는 장식으로 꾸밀 줄 알 뿐만 아니라 얼굴까지 분장할 줄도 압니다. 그렇습니다, 그는 무엇이 건강한 색깔인지 잘 알고 있는 것입니다. 그는 그 색깔을 통해 건강을 표현해 낼 줄 아는 것입니다. 그는 내가 생각했던 것보다 자기 인식이라는 측면에서 더욱 정교합니다. 이제 그는 자신의 청중을 확신시켰다고 확신합니다. 그는 자신의 착상들을 보여 주고 있습니다. 마치 태양 아래 있는 것 중에서 가장 중요한 것인 양 보여 주고 있는 것입니다. 그는 자기 주제를 부끄럼 없이 손가락으로 가리키고 있습니다. 마치 그것이 이 세상을 위해 너무도 좋은 것인 양 그렇게 지시하고 있는 것입니다. 하, 이번엔 그가 얼마나 의심이 많은 사람인지를 보여 주고 있어요! 우리가 지칠 틈을 주지 않는군요! 그렇게 그는 자신의 멜로디를 달콤하게 쏟아내고 있습니다.

이제 그는 한 발 더 나아가 우리의 무딘 감각에 호소하고 있네요. 우리를 자극하려나 봐요. 그렇게 해서라도 우리를 다시 자신의 지배하에 끌어 들이려나 봅니다! 들어 보세요! 그가 어떻게 폭풍우와 우레 같은 리듬으로 근원적인 요소들을 마법처럼 불러내고 있는지를 보십시오! 그리고 이제 이 리듬이 우리를 붙잡고 목을 조르고 거의 짓눌러 부숴 버릴 수 있게 되었다는 것을 알아챈 그는 그 주제를 다시 근원적인 것의 유희 속으로 뒤섞어 놓고 우리를 반쯤 마비시켜 깊이 감동시키려 하고 있네요. 그는 우리의 마비 상태와 깊은 감동이 그의 기적과 같은 주제의 결과라고 확신하고 있는 것 같습니다. 그래서 그다음부터는 청중이 그를 믿게 됩니다. 소리가 울려 퍼지자마자 청중은 사람들을 뒤흔들어 놓는 근원적인 것의 효과를 기억해 내고 있습니다. 이 기억이 이제는 그 주제에 유리하게 작용합니다. 그 주제는 이제 하나의 '정령처럼' 되어 버렸습니다! 그는 참으로 영혼의 일에 정통한 사람입니다! 그는 일종의 대중을 위한 연설가의 재능으로 우리를 지배하고 있는 것입니다. 그런데 지금 막 음악이 그쳤습니다!

B: 음악이 그쳤다니 정말 다행입니다! 왜냐하면 나는 정말 당신이 하는 말을 더 이상 참고 들어 줄 수가 없었기 때문입니다! 나는 당신처럼 단 한 번만이라도 진리를 알기보다는 열 번이라도 속임을 당하고 싶을 따름입니다!

A: 바로 그것이야말로 내가 당신에게서 듣고 싶어 했던 말입니다. 이제 최상의 사람들도 당신처럼 생각합니다. 그들은 자신이 속임을 당하도록 내버려 두고, 또 그것에 만족하고 있답니다! 그들은 둔감하고 음탕한 귀를 갖고 다가섭니다! 그들은 음악을 들을 때 예술의 양심을 들으려 하지 않습니다! 그들은 음악을 들을 때 자신의 가장 정교한 솔직함을 내던져 버립니다! 그리고 이렇게 함으로써 그들은 그 예술과 그 예술가들을 타락시키고 맙니다! 그들이 박수를 쳐 주고 환호성을 지를 때마다 그들은 오로지 예술가들의 양심을 손안에 쥐고 있을 뿐입니다. 아, 만약 그들이 죄 없는 음악과 죄

있는 음악을 구별할 수 없다는 것을 그 예술가들이 깨닫게 된다면 얼마나 괴로울까요! 내가 말하려는 것은 그러니까 '좋은' 음악과 '나쁜' 음악을 구별하려는 것이 아닙니다. 이것과 저것은 전혀 다른 종류의 것입니다! 말하자면 내가 죄가 없는 음악이라고 부르는 것은 전적으로 오로지 자기 자신만을 생각하고 자기 자신만을 믿으며 자기 자신 속으로만 침잠하여 그 외의 모든 세상을 잊어버리게 하는 그런 음악입니다. 이 음악은 그러니까 가장 깊은 고독에서 저절로 울려 나오는 것입니다. 이 음악은 자기 자신에게 침잠하여 오로지 자기 자신과 대화를 나누고 있는 것입니다. 이 음악은 그 외의 모든 것, 즉 청중과 귀 기울이는 사람, 그리고 음악의 작용과 오해 또는 실패에 대해서는 더 이상 알려고 하지 않는 것입니다. 결론적으로 말하자면, 아까 그 음악은, 우리가 조금 전에 들은 바로 그 음악은 바로 이러한 고귀하고 드문 종류의 음악에 의해, 즉 내가 그것에 관해 말한 것에 의해, 모든 것은 그저 속임을 당하고 있다는 것입니다. 용서할 마음이 있다면 나의 이런 사악함을 용서하시오!

B: 오, 그렇다면 당신도 이 음악을 사랑한다는 말씀입니까? 그러면 당신의 수많은 죄도 충분히 용서하겠습니다!

256.

악한 사람들의 행복. — 이 조용하고 음울하며 악한 사람들은 그대들이 부인할 수 없는 어떤 것, 즉 돌체 파르 니엔테Dolce far niente[329]에 깃든 드물고 기이한 즐거움과, 너무 자주 열정에 의해 소진되고 찢어지며 중독되는 가

329 "즐거운 안일."

슴만이 알고 있는 저녁과 일몰의 정적을 갖고 있다.

257.

우리 안에 현존하는 단어들. — 우리는 자신의 생각을 항상 우리의 손에 주어진 단어들을 가지고 표현해 낸다. 혹은 나의 모든 의심을 그대로 드러내 놓고 말하자면, 우리는 모든 순간에서 바로 그 생각만을, 즉 우리 손에 주어진 단어들에 잘 어울리는 생각만을 가지고 있다.[330] 그러니까 그 단어들은 그 생각을 어느 정도 표현해 낼 수 있을 뿐이다.

258.

개에게 아첨하기.[331] — 개의 털을 단 한 번만이라도 쓰다듬어 보라. 그러

330 생각하는 존재는 그 생각 때문에 제한된 존재 형식을 가질 수밖에 없다. 모든 생각은 그 자체로 이미 제한적이다. 아무리 완벽한 생각인 것처럼 여겨져도 그것은 그저 한 사람의 생각에 지나지 않는다. 더 나아가 아무리 여러 사람이 힘을 합쳐 생각을 모아 놓은 결과물이라 해도 그것은 그저 여론과 같은 형식을 취할 뿐이다. 니체는 바로 이런 생각의 한계를 인식하고 있는 것이다. 아무리 환상적인 이야기를 만들어 놓는다 해도 그것이 사람의 작품인 한, 한계는 있게 마련이다. 그렇다면 문제는 그 한계를 어떻게 스스로 인식하고 넘어설 것인가, 그것이 문제가 될 뿐이다. 예를 들어 천재의 한계는 그 누구도 지시해 주거나 일러 줄 수가 없다. 아무도 그의 한계를 눈치 챌 수가 없기 때문이다. 그래서 천재는 스스로 그 한계를 인식하고 대처할 수밖에 없다. 아니 천재가 아니어도 상대의 입장이 되어 보지 못하는 한, 그 한계는 쉽게 인식되지 않는다. 그래서 타인의 삶에 개입하는 것은 조심해야 한다. 함부로 충고해 주는 것도 좋지 않다. 그것은 대부분 섣부른 판단의 결과일 때가 많기 때문이다.

331 아첨을 좋아하는 '개' 같은 사람한테는 아첨하며 견뎌 주면 되는 것이다. 스스로 쓸데없이 불편한 관계를 만들 필요는 없다. 하지만 아쉬운 것은 그가 자신이 개 같은 사람임을 눈치채지 못한다는 것일 뿐이다. 자기 자신의 모습은 스스로 발견하고 인식할 수밖에 없다. 누군가가 옆에서 그가 개 같은 사람이라고 말해 주면 좋겠지만, 개 앞에서 그런 소리 해 주는 사람은 아무도 없다. 무엇이 그를 행복하게 해 줄 것인지를 모두가 잘 알고 있기 때문이다. 다만 그 사람과의 관계가 필요 없다고 판단되면 돌아서면 될 일이다. 서로 각자의 길을 가면 그만인 것이다.

면 그 개는 즉시 다른 모든 아첨꾼처럼 낑낑거리며 불꽃처럼 뛰어다니게 될 것이다. 한마디로 개를 쓰다듬어 주는 것은 나름대로 지혜롭고 재치 있는 방식이기도 하다. 왜 우리가 이런 개를 그런 방식으로 견뎌 내면 안 된단 말인가!

259.

예전에 찬양하며 일장 연설을 했던 사람의 말. — "그는 나에 대해서 침묵하고 있다. 비록 그가 진실을 이제는 알고 있고 또 그 진실을 말할 수 있다 할지라도 그는 계속해서 침묵하고 있다. 그러나 진정 그 진실을 말하게 되면 분명 복수하는 것처럼 들릴 것이 틀림없다. 그래서 그는 진실을 매우 존중하고 있는 것이다. 그러니까 그는 존경할 만한 사람이다!"

260.

의존적인 사람들의 부적. — 명령하는 사람에게 어쩔 수 없이 의존해야만 하는 사람은 명령하는 사람에게 공포감을 불어넣음으로써 그를 제약할 수 있는 어떤 것, 예를 들어 성실하든지 아니면 정직하든지, 그것도 아니면 나쁜 말을 할 수 있는 악한 혀를 가지고 있어야만 한다.

261.

왜 그렇게 숭고한 척하는가! — 오, 나는 이 동물 같은 사람을 잘 알고 있다![332] 물론 그는 '한 명의 신처럼' 두 발로 활보하는 것 그 자체만으로도 이미 스스로 만족하며 잘 살아가고 있다. 그러나 그가 다시 네 발로 걷게 된다면 내 마음에는 더 들 것 같다. 왜냐하면 그렇게 네 발로 걷는 것이 그 어떤 것과 도저히 비교할 수 없을 정도로 그에게 더욱 자연스럽기 때문이다.

262.

권력의 정령. — 필요도 아니고 욕정도 아니다, 정말 이런 것이 아니라, 오로지 권력에 대한 사랑만이 사람에게 주어진 정령이다.[333] 권력에 대한

332 니체는 사람도 사람 나름임을 수도 없이 설명했다. 사람 같지도 않은 사람이 너무도 많다. 아니 사람은 그 사람 자체의 본성까지도 극복을 해 내야 할 대상으로 여겨야 할 때도 있다. "나 너희에게 초인을 가르치노라. 사람은 극복되어야 할 그 무엇이다. 너희는 사람을 극복하기 위해 무엇을 했는가"(『차라투스트라는 이렇게 말했다』, 16쪽 이하)? 사람이 사람이라는 그 자체로 만족할 일이 아니다. 스스로 한계에 직면할 줄도 알아야 한다. 그리고 그 한계를 넘어서며 존재의 의미를 확장해 내는 것이야말로 초인의 덕목이 되는 것이다. 동물 같은 사람, 우리의 표현으로 하자면 개 같은 사람이 많다. 그런 사람은 스스로 극복을 회피하고 있는 사람이다. 그는 말하자면 사람임을 포기한 사람일 뿐이다. 스스로 노예 같은 삶을 살아가고 있으면서도 그 삶을 편한 삶이라고 착각하고 사는 사람일 뿐이다. 그런 사람은 스스로 깨달아야 한다. 스스로 한계를 넘어서며 무한히 펼쳐져 있는 넓은 세상을 자기 자신의 눈으로 확인해 내야 한다는 숙제가 주어져 있을 뿐이다.

333 '권력에 대한 사랑'은 독일어로 '리베 추어 마흐트(Liebe zur Macht)'라고 한다. 니체의 철학을 이루는 핵심 개념이니 원어까지 알아 두는 것이 이로울 듯하다. 이런 인식 때문에 여기서 좀 더 부연 설명을 해 두고자 한다. 그러니까 사람이 사는 이유는 필요 때문도 아니고 욕정 때문도 아니다. 사람을 사람답게 하는 것은 권력에 대한 사랑뿐이다. 이것이 니체 철학의 대전제다. 사람은 권력을 지향한다. 나쁘게 표현하면 사람은 사람을 갖고 노는 것을 제일 재밌어한다. 여자 아이들이 인형을 갖고 노는 것처럼, 남자아이들은 강한 존재, 예를 들어 슈퍼맨이나 스파이더맨 같은 장난감을 갖고 논다. 때로는 약한 친구들을 괴롭히며 스스로는 재밌어한다. 한 아이가 누군가를 괴롭힌다는 그 현상은 대부분의 집단이 보여 주는 일상적인 모습이다. 그 괴롭히던 아이가 이사를 가서 그 집단에 모습을 드러내지 않으면 일이 수월해질 것 같지만, 결국에는 또 다른 아이가 그 역할을 대신하며 등장하게 된다. 이것이 바로 인간의 본성인 것이다. 하지 말라는 것을 굳이 하는 것이 인간의 습성이라고 할까. 성경도 이런 인간의 측면을 모르고 있는 바가 아니다. "도둑질한 물이 달고 몰래 먹는 떡이 맛이 있다 하는도다"(잠언 9:17). 사회에 법이 존재하는 이유도 이와 무관하지 않다. 대부분의 사람들은 하라는 것을 하지 않으니까 그것을 법으로 제한해 두고 있는 것이다. 사람들이 스스로 알아서 한다면 그것을 굳이 법으로 규정해 둘 필요도 없을 것이다. 니체도 이런 반항적인 인간의 습성을 잘 알고 있었다. "니티무르 인 베티툼(Nitimur in vetitum, 우리는 금지된 것을 추구한다): 이 말과 함께 나의 철학은 언젠가 승리를 거둘 것이다"(『이 사람을 보라』, 17쪽). 어떤 금지된 것을 추구하느냐, 그것이 관건이다. '하지 말라!'는 것도 그 내용에 따라 따져 보아야 한다는 것이다. 도덕이라고 다 도덕다운 것도 아니고, 법이라고 다 법

사랑에 모든 것이 달려 있다. 즉 건강, 음식, 주택, 오락 등도 모두 그것에 달려 있다. 만약 그런 것들이 그들에게 주어져 있지 않다면, 그들은 언제나 불행을 느끼며 불만스러워할 것이다. 왜냐하면 사람의 정령은 오로지 기다리고 또 기다리며 자신의 욕망이 채워지기만을 원하고 있기 때문이다.[334] 만약 사람들이 원하는 모든 것을 갖고 있다면, 이 마력적인 존재는 스스로 만족할 것이다. 그러면 그들은 대부분 행복하게 될 것이다. 게다가 그들은 사람으로서도 또 정령을 가진 존재로서도 행복해할 수 있을 것이다. 그러나 내가 이런 사실을 굳이 말하는 이유를 그대들은 알고 있는가? 루터도 이미 나보다 더 능숙하게 이러한 사실을 다음과 같은 구절에서 말한 바 있다. "그들이 우리에게서 육체, 재산, 명예, 아이, 아내를 빼앗아 갈지라도 내버려 두라. 어쨌거나 왕국은 우리의 것이 될 테니까!"[335] 그렇다! 그렇다! 그 '왕국'이 문제의 핵심이다!

263.

육체와 영혼이 부딪치는 모순. — 소위 말하는 천재에게는 생리학적인

다운 것도 아니다. 허무주의 철학은 그러니까 모든 측면에서 허무함을 받아들일 자세를 취하고 있어야 한다. 신까지도 진실의 법정에 세울 수 있는 그런 용기가 요구되는 것이다.

334 사람이 스스로 인내하는 모든 것은 오로지 자기 자신이 원하는 것을 이루고자 하는 그 이유 때문이다. 다른 이유는 없다. 하고 싶은데 할 수 없어서 지금 당장은 그저 참고 견뎌 내고 있을 뿐이다. 이것만이 진실이다. 다른 진실은 없다.

335 루터는 당시 교황이었던 루이 10세에게 반항적이면서 교훈적 의미로 헌정했던 『그리스도인의 자유(*Von der Freiheit eines Christenmenschen*)』(1520)에서 '구속의 자유'라는 이념을 펼쳤다. 여호와 하나님께, 즉 신에게 구속됨으로써 우리 인간들은 오히려 자유를 얻게 된다는 논리다. 그 신의 '왕국'에서 다 얻게 될 테니까 지금 당장 겪게 되는 이런 구속쯤은 당연한 것으로 여겨도 된다는 것이다. 죽음 이후 얻게 될 천국에서의 삶, 즉 그 내세를 위한 논리에 니체는 비판 의식을 작동시킨다. 죽음 이후를 위해 현재의 삶 자체를 희생해야 한다면 니체는 그것을 결코 받아들일 수가 없었던 것이다.

모순이 있다. 그는 한편으로는 야생적이고 무질서하며 무의식적인 많은 움직임을 보여 주기도 하지만, 다른 한편으로는 최고의 목적성을 지닌 많은 움직임을 보여 주기도 한다. 이 경우 천재는 이 두 가지 움직임들을 병치하고 뒤섞지만, 또한 자주 서로를 대립시켜 보여 주는 거울이 된다. 거울 속에 비친 이러한 광경을 목격한 결과, 천재는 자주 불행해지기도 하지만, 창조를 할 때만큼은 가장 행복해진다. 이것은 그가 바로 지금 최고의 목적성을 갖는 움직임을 통해 환상적이고 비이성적인 어떤 것을 실천하고 있고 또 실천할 때조차 실천해야 한다는 그 사실을 잊고 있기 때문이다. 이것이 바로 모든 예술적인 행위가 되는 것이다.

264.

혼동하고 싶어 하는 욕망. — 예민한 후각을 갖고 있으면서도 동시에 질투심이 많은 사람들은 자신의 경쟁자에 대해 우월감을 느끼기 위해, 그를 보다 정확히 아는 법을 배우려 하지 않는다.

265.

연극도 때가 있다. — 어떤 민족에게 자신의 상상력이 쇠퇴하고 있다는 것을 느낄 경우, 이 민족은 자신의 전설을 무대에서 상연하고자 하는 성향을 보이기 시작한다. 이제 이 민족은 자신의 상상력으로 만들어 낸 이 조잡한 대체물들을 가지고 모든 상황을 견뎌 내려 하는 것이다. 그러나 서사시를 음송했던 저 시대의 극장과 영웅으로 분장한 배우는 상상력의 날개를 펼치는 데 도움이 되기는커녕 오히려 그것을 방해하기만 한다. 왜냐하면 그것은 너무 가깝고 너무 규정되어 있으며 너무 심각하고 또 꿈과 새의 비상을 위해서는 너무 사소하기 때문이다.

266.

우아함이 없다. — 그에게는 우아함이 없다. 그도 이러한 사실을 알고 있다. 오, 그는 스스로 가면을 쓰는 방법을 얼마나 잘 알고 있는지! 엄격한 덕을 통해, 음울한 시선을 통해, 사람들과 실존에 대해 습득된 불신을 통해, 야비한 농담을 통해, 보다 세련된 생활방식에 대한 경멸을 통해, 격정과 요구를 통해, 냉소적인 철학을 통해 그는 가면을 쓰는 것이다. 그렇다, 그는 참으로 자신의 부족한 면을 끊임없이 의식한다는 점에서 하나의 특색 있는 인물이 된 것이다.

267.

왜 그렇게 자랑만 하는가?[336] — 고귀한 성격이 그렇지 않은 비천한 성격과 구별되는 점은 일련의 습관들과 관점들을 손아귀에 거머쥐고 있느냐 그렇지 않느냐 하는 것에 있다. 고귀한 성격에는 그 습관들과 관점들이 우연히 계승된 것도 아니고 교육을 통해 주입된 것도 아니다.

336 자랑도 자랑 나름이다. 자기 자신을 위한 자랑이라면 그나마 긍정적이다. 하지만 남의 시선을 위해 자랑한다면 그것은 지극히 병적인 행위가 아닐 수 없다. 소위 못난 자들이 보여 주기식의 삶의 방식에 연연한다. 그들은 늘 남을 의식하며 살아간다. 자기가 먹고 있는 음식을 사진으로 찍어 보여 주고, 자기가 여행하는 곳을 과시하듯이 전시한다. 대부분의 사람은 보여 준 게 많으면 많을수록 실속이 그만큼 없을 때가 많다. 취미와 관점은 사람을 고상하게 만들어 주는 최고의 요소다. 하지만 그것을 손아귀에 거머쥐는 것은 쉬운 일이 아니다. 그것은 부모로부터 물려받을 수 있는 것도 아니고, 타인으로부터 배워서 알게 되는 것도 아니기 때문이다. 스스로 체험하고 인식해 내야 하는 것일 뿐이다. 진정한 사랑은 책으로 배울 수 없는 것과 같은 원리다.

268.

연설가의 어려움. — 아테네에서는 하나의 사물을 형식을 갖추어 말하는 것, 동시에 그 말을 하면서 청중의 귀에 거슬리지 않게 말하는 것, 또 그 형식을 통해 사물에서 빗나가지 않고 그들을 설득하는 것, 이런 것들이 얼마나 어려웠는지! 이런 방식으로 글을 쓰는 것 역시 프랑스에서는 얼마나 어려운 일인지!

269.

병자와 예술. — 모든 종류의 슬픔과 영혼의 비참함에 대항하여 사람들은 스스로 시도해야 한다. 우선 식단을 바꾸고 육체적으로 고된 일을 하는 것이다.[337] 그러나 슬퍼지고 영혼이 비참함을 느낄 이 경우, 대부분의 사람들은 자신을 도취시키는, 소위 손쉬운 방법들에 도움을 청하게 된다. 예를 들어 그들은 예술에 손을 뻗는다. 그러나 이것은 그들에게뿐만 아니라 예술에도 일종의 재앙이 된다! 그대들이 병자로서 예술을 요구할 경우, 그대들은 결국 예술가를 병들게 한다는 이 사실을 알지 못하는가?

337 극복도 능력이다. 힘이 있어야 극복도 가능하다. 한계에 도달하는 것도 힘들고, 한계를 넘어서는 것도 힘들다. 극복은 초인의 일이다. 그 말은 아무나 극복하는 것이 아니라는 뜻도 된다. 성경에는 이런 말이 있다. "그러나 끝까지 견디는 자는 구원을 얻으리라"(마태복음 24:13). 이 말을 니체식으로 바꾸면 이렇다. "끝까지 간 자만이 자기 자신을 구원한다." 즉 끝까지 간 자가 스스로 신이 되어 자기 자신을 구원할 수 있는 능력을 갖추게 되는 것이다. 산스크리트어에 '아스케제(Askese)'란 말이 있다. 일반적으로 '금욕고행'이라 번역된다. 쉽게 풀어 말하면, 자기가 하고 싶은 것은 금지시키고, 자기가 하기 힘든 일은 찾아서 의도적으로 행한다는 뜻이다. 그런 의도된 행위가 깨달음의 세계로 인도한다는 것이다. 니체도 마찬가지다. 일상에서는 거저 주어지는 것이 없다. 모든 것을 노력을 통해 쟁취되어야 하는 것들뿐이다.

270.

겉으로만 관용을 베푸는 척. — 학문에 대한, 그리고 학문을 위한 말은 선량하고 호의적이며 분별 있는 말로 간주된다. 그러나! 그러나! 나는 학문에 반대하면서도 관용이라는 단어를 사용하는 그대들의 말의 이면을 꿰뚫어 본다! 이 모든 것에도 불구하고 그대들의 마음 한구석에서는 그대들에게 이 관용이란 말이 필요 없다고 생각하고 있다. 게다가 그대들은 이 관용을 허용하는 것이 그대들이 관대하기 때문이라고 생각하고 있다. 그러니까 이 관용의 변호인이라고 주장하고 있는 것이다. 그럼에도 불구하고 그대들 자신은 그대들의 의견에 반대하는 이 학문에 대해서는 결코 관대하지가 않다! 그대들은 자신들이 이러한 관용을 보여 줄 아무런 권리도 갖고 있지 않다는 사실을 알고 있는가? 또 이 인자한 거동은, 그 어떤 오만한 성직자나 예술가가 학문에 반대하며 보이는 공공연한 경멸보다 더 학문을 거칠게 모욕하고 있다는 사실도 알고 있는가? 그대들에게는 참되고 현실적인 것들에 대한 엄격한 양심이 결여되어 있다. 학문이 그대들의 감각과 모순된다는 사실을 발견해도 그대들은 그것으로 괴로워하지도, 양심의 가책을 느끼지도 않는다. 그대들은 인식에 대한 탐욕스러운 동경이 그대들을 지배하는 법칙이라는 사실을 전혀 깨닫지도 못하고 있다. 그대들은 인식이 이루어지는 모든 곳에서 눈을 뜨고 보아야 한다는 그런 열망, 즉 인식된 것에 대해서는 아무것도 놓쳐서는 안 된다는 그런 열망에 대해서는 어떤 의무도 느끼지 않는다.[338] 그대들은 그러니까 그대들이 무엇을 그토록 관대하게 취급하

338 바꿔 말하면, 인식이 이루어지는 모든 곳에서 먼저 자기 자신의 눈을 뜨고 보아야 하고, 또 그런 과정에서 인식된 모든 것에 대해서는 그 어떤 것도 놓쳐서는 안 된다는 것이야말로 니체가 간절하게 요구하는 것이다. 그것이 또한 그가 요구하는 진정한 철학적 자세인 것이다. 예를 들어, 기호학자 움베르토 에코의 『장미의 이름』(1980)을 보면 눈먼 호르헤 수도사가 진실을 보고 있는 양 처신한다. 그에 반

고 있는지에 대해 전혀 알지 못하고 있는 상태다! 그리고 오로지 그대들이 바로 그것을 알지 못하기 때문에 그대들의 얼굴에서 확인할 수 있는 것처럼 그토록 인자한 표정을 지을 수 있는 것이다! 그대들, 바로 그대들이야말로 학문이 그 눈으로 그대들의 얼굴을 똑바로 비추기라도 하면, 분노에 차서 미친 사람처럼 그것을 바라볼 것이다. 그런 눈으로 세상을 바라보는 그대들이 그 어떤 관용을 베푼다 해도 그것이 우리에게 무슨 상관이 있단 말인가! 그 학문의 눈은 환영에 반대한다! 그리고 그 눈은 우리에게 반대한 적이 단 한 번도 없다! 그 눈이 우리에게는 얼마나 중요한지!

271.

축제 분위기. ― 진정으로 열렬하게 권력을 추구하는 사람들에게서는 참으로 묘사할 수 없을 정도로 좋은 감정이 전달된다. 그것도 그들 스스로 압도당하고 있다고 느낀다는 것에서 가장 좋은 인상을 받게 된다! 그들은 마치 소용돌이에 빠져드는 것처럼 그렇게 갑자기 그리고 또 순식간에 깊게 어떤 감정 속에 침잠해 들어간다![339] 스스로 고삐를 손에서 놓은 채 어디로

해 형사로 등장하는 윌리엄 수도사는 노안이 와서 잘 보이지 않는 자신의 시력을 보완하기 위해 병을 깎아 안경으로 만들어 쓰는 모습까지 보여 준다. 그는 경험을 바탕으로 인식을 이끌어 내는 자세를 보여 주고 있는 것이다. 중세인은 그러니까 뜬 눈으로도 사물을 제대로 보지 못하는 사람들에 해당한다. 이 소설은 중세인과 근대인의 대립된 구조로 읽어도 된다는 얘기다.

339 수련이 잘 되어 있는 사람들은 눈 한번 감음으로써 이미 명상의 세계에 몰입하기도 한다. 하지만 대부분의 사람은 눈을 감아도 어떤 망상에 쫓겨 스스로 생각의 감옥 속에 갇힌다. 자기 자신의 삶을 지옥으로 만들고 천국으로 만드는 것은 자기 자신의 몫이다. 그것을 보여 주고자 했던 자가 바로 이탈리아의 르네상스 작가 단테였다. 그는 『신곡(*Divina commedia*)』(1307-1321)에서 지옥, 연옥, 천국으로 이어지는 내세를 일종의 여행지처럼 소개했다. 과거 중세에는 그 세계가 신성하며, 오로지 죽고 나서 가게 되는 무시무시한 곳으로 여겨졌다면, 단테는 그 세계들을 코미디의 형식에 담아 담담하게 이야기하고 있는 것이다. 마치 여행을 하며 본 것을 기록하고 있는 듯이 그렇게 거리를 두고 관찰하며 경험에 임하는 것이다. 삶의 현장도 그렇게 임할 수 있다. 다만 삶의 사건들에 너무 일희일비하지 않는

향하는지도 알 수 없는 그 움직임을 차분하게, 진정으로 차분하게 지켜보는 것이다! 이런 일을 행함으로써 우리에게 일어나는 무언가는, 이 사람은 누구인가? 이것은 무엇인가? 하는 고민을 하게 해 준다.[340] 그것은 실로 엄청난 일이다. 우리는 너무 행복해서 숨소리도 내지 않는다. 우리는 우리 주위로부터 예외적으로만 느낄 수 있는 그런 정적을 감지하게 된다. 우리는 마치 대지의 중심의 중심 속에 있는 듯이 느끼고 있는 것이다.[341] 일단은 어떤 권력도 지배하지 않는 곳으로 스스로를 내던지는 자세가 필요하다! 근원적인 힘들의 노리개가 되어 보는 것이다! 이러한 행복 속에는 긴장감으로부터 벗어나게 하는 휴식이 있다. 이 행복 속에는 거대한 짐을 내던진 것 같은 느낌, 맹목적인 중력 속에 있는 것처럼 어떤 수고도 없이 아래로 굴러 떨어지는 것 같은 그런 느낌이 있다. 그것은 등산가의 꿈과 같다. 이 등산가는 비록 목적지를 저 위에 두고 있지만, 길을 걷는 도중에 녹초가 되어 언젠가 잠에 빠져들 수도 있을 것이다. 그때 그는 대립의 행복에 대한 꿈을 꿀

마음의 여유가 요구된다. 이럴 수도 있고 저럴 수도 있다. 사막에 있으면 낙타처럼 살고, 바다 한가운데 있으면 용감한 항해를 하고, 허공 속에 있으면 새처럼 비상하면 되는 것이다. 사막에 있으면 오아시스를 찾는 끈기가 요구되고, 바다 한가운데 있으면 신대륙을 맞이할 희망이 필요하며, 허공 속에 있으면 모든 역풍을 동력으로 전환시켜 활용하는 지혜가 요구될 뿐이다.

340 예를 들어 빌라도는 신이라 불리는 그 예수를 가리키며 '이 사람을 보라'고 했다. 니체는 '사람'이라 써 놓고 '신'으로 인식해야 하는 그것을 자기 자신의 자서전 『이 사람을 보라』 속에 자세히 설명해 놓았던 것이다. 이 사람은 과연 누구일까? 이 질문은 실로 거대하기만 하다. 영원히 풀리지 않는 수수께끼와 같다. 모든 사람은 죽을 때조차 이 사람은 누구일까 하고 묻고 있을 것이다. 생의 마지막 순간까지 '나는 누구인가?'라는 질문을 입에 담으며 숨을 거둘 것이다. 이것이야말로 이성적 존재의 진정한 모습이다. 생각하며 살아야 하는 존재의 솔직담백한 면모다.

341 인류는 천 년 동안 하늘나라에 가려고 애를 썼다. 이제 니체는 그 뜻을 대지로 향하게 한다. 니체는 '대지의 뜻'을 초인으로 소개하기도 한다. "초인은 대지의 뜻이다"(『차라투스트라는 이렇게 말했다』, 17쪽). 간결한 이 말 한 마디가 전하는 메시지는 강렬하다. 천 년 동안 하늘의 뜻, 신의 뜻에 몰두했던 정신에는 충격이 아닐 수 없다. 이제 하늘을 바라보며 부질없다는 말을 하는 대신, 이 대지를 바라보며 모든 의미를 찾아내야 하고 또 찾을 수 없으면 만들어 내기도 해야 한다. 길이 안 보이면 선구자의 운명을 인식하고 길을 개척하는 정신을 발동시켜야 할 것이다.

수도 있을 것이다.[342] 이에 반해 분주하게 돌아다니고 서두르기만 하며 권력을 갈망하는 이 유럽과 미국에서 이런 행복이 어떻게 생각되고 있는지를 나는 이제 언급하지 않을 수 없게 되었다. 여기저기서 이 유럽인과 미국인은 무기력 증세에 시달리고 있다.[343] 이것이 나의 인식이다. 이런 그들에게 진정으로 향락을 제공하는 것은 전쟁, 예술, 종교, 천재이다. 만약 우리가 모든 것을 삼키고 짓눌러 부수는 인상에 한동안 몸을 내맡기고 나면, 우리는 다시 더 자유로워지고, 더 건강해지며, 더 냉정해지고, 더 강해진다. 이

342 '대립의 행복'으로 번역한 독일어는 '글뤼크 데스 게겐자체스(Glück des Gegensatzes)'이다. '게겐자체스(Gegensatzes)'는 '게겐자츠(Gegensatz)'의 복수형이니 사실 '대립들의 행복'이 더 정확한 번역이다. 하지만 이미지를 강화시키기 위해 단수로 번역을 결정했다. 이제 내용에 대한 이야기를 해 보자. 대립은 불편한 것이 아니다. 대립은 오히려 행복의 원인이 된다. 이 이념은 태극 사상을 닮았다. 음과 양은 끊임없는 대립을 형성해 내지만 그것이 오히려 완성을 일궈 내는 원동력이 된다. 대립의 행복은 니체 철학의 핵심 이념이다. 『이 사람을 보라』의 마지막 구절도 이 대립을 이해했는지 묻고 있다. "— 나를 이해했는가? — 디오니소스 대 십자가에 못 박힌 자…." 대립이 보이는가? 대립을 이해했는가? 니체는 "디오니소스는 좋고 십자가에 못 박힌 자는 싫다" 이런 식으로 말하고 있는 것이 아니다. 때로는 디오니소스가 되어야 할 때도 있고, 또 때로는 스스로 신이 되어야 할 때도 있는 법이다. 스스로 신이 된 자는 자신의 심장을 뚫는 니므롯의 화살을 피할 수 없고, 니므롯은 그 어떤 상황에서도 기어코 신을 찾아내야 하는 신의 사냥꾼인 것이다. "오오, 차라투스트라여 / 더없이 잔혹한 니므롯이여! / 최근에는 여전히 신의 사냥꾼이었고 / 모든 덕을 잡아내는 그물이자 / 악의 화살이었지만! / 이제는 — / 그대 자신에 의해 사냥되고 / 그대 자신의 포로가 되며 / 그대 안으로 스스로 뚫고 들어간다 …"(『디오니소스 송가』). 자기 자신을 죽이고 자기 자신을 살린다. 이런 이념을 이해했던 자가 카뮈이고 그는 『시지프스 신화』에서 '철학적 자살'을 언급하기에 이른다. 생각하는 존재는 생각으로, 즉 생각을 도구 삼아 중생(重生)할 수밖에 없는 것이다.

343 여기서 '무기력'으로 번역한 독일어는 '온마흐트(Ohnmacht)'이다. '온(Ohn)'은 '오네(ohne)'에서 온 말이고 그 뜻으로는 '없는' 혹은 '없이' 등을 지닌다. '마흐트(Macht)'는 '권력에의 의지'에서 이미 언급했듯이 '권력'이다. 마흐트와 온마흐트는 그러니까 반대 개념으로 인식해도 무방하다. 권력이 있는 것과 권력이 없는 것을 의미하기 때문이다. 특히 '권력이 없는 상태', 즉 온마흐트를 문학적으로, 특히 현대인의 증상으로 가장 잘 형용하고 표현해 낸 작가라면 아마 카프카가 아닐까 싶다. 그의 주인공들은 정말 무기력하다. 출근과 가족을 먹여 살려야 한다는 압박감에 시달리다 흉측한 벌레로 '변신'해 버린 그레고르 잠자는 외부 세계에 대해 무기력하기만 하다. 법의 세계로 들어가고 싶지만 그 '법 앞에서' 시골 청년은 무기력하기만 하다. 법정에서 정당한 '심판'을 받고 싶지만, 그것도 마음대로 안 되는 K는 자신이 왜 체포되었는지조차 모를 정도로 무기력하기만 하다. '성' 앞에서 토지 측량사는 무기력하기만 하다. 상부로부터의 지시사항을 기다리는 주인공은 무료하게 시간만 허비하고 만다. 유일하고 소중한 삶이라는 시간을 의미 없이 다 써 버리고 마는 것이다.

것이야말로 현대인이 즐겨야 할 축제 분위기인 것이다! 정반대를 추구하는 것, 즉 권력을 추구하는 것, 그것도 지치지도 않고 그것을 계속해서 추구하는 것은 사람의 본성인 것이다.

272.

종족을 정화하기. — 순수한 종족은 없고 순수하게 된 종족만 있는 것 같다. 게다가 이 순수하게 된 종족조차 아주 드문 것 같다. 일상에서 흔히 접할 수 있는 종족은 대게 잡종이다. 이러한 잡종에서는 어김없이 신체적 구조의 부조화가 발견된다. 예를 들어 이들에게는 눈과 입이 서로 조화롭지 못한 경우가 있다. 그 외에도 이들에게는 습관과 가치 개념에서 발생하는 부조화까지 발견된다. 언젠가 리빙스턴은 누군가가 이런 말을 하는 것을 들었다고 했다. "신은 백인과 흑인을 창조했는데, 악마는 잡종을 만들었다." 동시에 잡종은 항상 잡종 문화와 잡종 도덕하고만 연계된다. 그것들은 대체로 더 악하고 더 잔인하며 더 불안하다. 순수성은 수많은 적응과 흡수 그리고 분리에서 생겨난 최후의 결과물이다. 그리고 또한 순수성을 향한 진보는 어떤 종족에 존재하는 힘이, 시간이 흐를수록 더욱더 자신을 몇 개의 엄선된 기능들로 제한한다는 데서 나타난다. 예전에는 그 종족 내면에 존재했던 힘이 너무 많이, 그리고 너무 자주 서로 모순되는 것들을 배려해야만 했던 것이다. 그래서 엄선된 기능들로 힘이 제한된다는 것은 외면적으로 항상 빈약을 의미하는 것처럼 보일 수도 있기 때문에, 이것을 판단할 때는 신중하고 세심하게 접근해야 한다. 어쨌든 마침내 정화의 과정이 성공적으로 이루어지고 나면, 예전에 서로 조화되지 않았던 성질들의 투쟁에 소모되기만 했던 저 모든 힘이 유기체 속에 집중되고, 전체적으로 작동할 준비를 갖추고 명령을 기다리게 된다. 이 때문에 정화된 종족은 또한 항상 더 강하고 아름답게 변신을 거듭하게 된다. 그리스인은 우리에게 정화된 종족과 문화의 좋은 모범을 보여 주고 있다. 언젠가 순수하게 유럽적인 종족과 문화에도 역시 이런 종족을 정화하는 멋진 일이 성취되기를 나는 희망한다.

273.

칭찬. — 여기에 한 사람이 있다. 그리고 그대는 그가 그대를 칭찬하고자 하는 것을 알아차렸다. 그래서 그대는 입술을 깨물고 가슴이 뛰고 있음을 느낀다. 아, 이 잔이 그냥 지나가 주면 얼마나 좋을까! 그러나 그는 지나가지 않고 오히려 다가온다! 상황이 이렇다면 우리는 그냥 칭찬하는 사람의 달콤한 뻔뻔스러움을 마셔 버리도록 하자! 그렇게 해서 그의 칭찬의 핵심에 대한 구토증과 깊은 경멸을 극복해 버리자! 또 감사하는 마음으로 충만한 기쁨의 주름살을 얼굴에 잡히도록 하자! 왜냐하면 그는 분명히 우리에게 잘해 보려 했던 것일 뿐이니까! 그러나 이런 일이 일어난 뒤인 지금, 우리는 그가 매우 잘했다고 그래서 자기 자신을 매우 탁월하게 여기고 있다는 것을 알게 되었다. 또 그는 우리에 대해 승리를 거두었다고 생각하고 있다는 사실도 알게 되었다. 그렇다! 게다가 그는 자신에게 마저 승리를 거두었다고 생각한다! 하지만 그는 개자식에 불과하다! 왜냐하면 그는 이러한 칭찬을 그 자신한테서 떼어 내는 것이 결코 쉽지 않았기 때문이다.[344]

344 스스로는 할 수 없으면서 그것을 변명하기보다 오히려 자기 자신의 그런 행위를 정당화할 때가 있다. 예를 들어 사실은 시험에 붙을 자신이 없으면서 자기 자신은 시험에 관심 없다고 주장하는 그런 상황이다. 상대를 칭찬해야만 하는 상황에서 칭찬하고 있는 것이라면, 즉 그 칭찬이 상대방에게 눈치가 보여 자기 자신으로서는 어쩔 수 없이 해야만 한 행위라면 정말 비겁한 처신일 뿐이다. 니체는 이런 사람을 두고 개 같은 사람이라고 거침없는 표현을 사용하고 있는 것이다. 앞서 258번 잠언에서도 이와

274.

인권과 인간의 특권. — 우리 인간들은 실수를 저질렀을 때 실수한 문장을 제거하듯이 자기 자신을 제거할 수 있는 유일한 피조물이다.[345] 이런 제거 행위는 인류의 명예를 위해서, 혹은 인류에 대한 동정심에서, 혹은 우리 자신에 대한 반감에서 이뤄지기도 한다.

275.

변화된 사람.[346] — 지금 그는 도덕적인 사람이 되었다. 하지만 그것은 오로지 타인에게 고통을 주기 위해서일 뿐이다. 그러니까 그를 부러워하는 듯이 너무 많은 눈길을 주지 않도록 하라!

276.

얼마나 자주! 얼마나 희망하지도 않은 일을 했던가! — 자신의 젊은 아내를 지루하다고 여기고 있는데, 정작 아내는 그 반대로 느끼고 있다는 사실을 깨닫는 아침을 얼마나 많은 기혼 남성들이 경험했던가! 육체는 욕망으

비슷한 생각이 피력된 바 있다.

345 좀 더 노골적으로 표현하면, 인간은 자살할 수 있는 유일한 존재이다. 생각하는 존재는 생각 때문에 자기 자신에게도 해코지를 할 수 있는 그런 존재라는 얘기다.

346 변화도 변화 나름이다. 타인에게 부담을 주기 위해 도덕적인 사람이 되었다면, 그런 사람은 부러워할 사람이 못된다. 그런 사람은 바라보지도 말아야 한다. 왜냐하면 자꾸 반복해서 바라보면 그런 것에 익숙해지기 때문이다. 하지만 좋은 것을 자꾸 바라보며 따라하는 모방 행위는 긍정적이다. 예를 들어 니체는 높이 비상하는 알바트로스라는 새를 바라보며 이런 말을 했다. "그가 나는 것만 보아도 높이 날아오르네"(『즐거운 학문』, 18쪽)! 자꾸 보면 따라하는 법이다. 그러니까 보는 것에도 제한을 두는 지혜가 요구된다는 것이다.

로 가득한데 정신이 약한 여성들에 대해서는 더 이상 말할 필요도 없다!

277.

따뜻한 덕과 차가운 덕.[347] — 사람들은 차갑고 견고한 마음으로서의 용기와 뜨겁고 거의 맹목적인 저돌성으로서의 용기, 이 둘을 사람들은 하나의 동일한 이름으로 부르고 있다! 하지만 차가운 덕은 따뜻한 덕과 얼마나 다른가! 그리고 '선함'이라는 것이 오로지 따뜻함을 통해서만 가능하다고 생각하는 사람은 진짜 바보일 것이다. 마찬가지로 그 '선함'이라는 것이 차가움을 통해서만 일어날 수 있다고 생각하는 사람도 그에 못지않은 바보일 것이다! 진실을 말하자면, 인류는 따뜻한 용기와 차가운 용기가 매우 유용하다는 사실을 발견했으나, 그런 발견이 충분할 정도로 자주 일어나지 못했다는 것이고, 그래서 그 용기를 보석 아래로 퍼져 가는 두 가지의 은은한 색깔로 인식해 낼 수가 없었다는 것이다.

278.

좋은 기억. — 높은 곳에 오른 사람은 자기 자신을 위해서라도 좋은 기억

347 덕은 이럴 수도 있고 저럴 수도 있다. 덕이라 부르든, 미덕이라 부르든, 도덕이라 부르든 다 상관없다. 그 모든 덕은 상황에 따라 이럴 수도 있고, 또 저럴 수도 있다는 것이 관건이다. '거짓말을 하지 말라'를 예로 들어 보자. 거짓말하지 않는 것은 분명 미덕에 해당한다. 하지만 거짓말을 해야 하는 상황도 있다. 소위 '소설을 써야 할 때'도 있는 것이다. 만약 적국의 포로로 잡혀 있다면 조국을 위해 영리한 거짓말도 할 줄 알아야 한다. 적의 의도를 파악하고 함정에 빠뜨리는 기만적 사고도 할 줄 알아야 한다는 얘기다. 도덕을 앞에 두고 착한 사람, 나쁜 사람식으로, 즉 이분법으로 이해하려 하면 독선이 따로 없다. 따뜻한 도덕, 차가운 도덕 둘 다 보석이다. 그 두 보석에서 어떤 빛을 보느냐는 시간과 공간과 상황에 따라 달라질 수 있다.

을 잘 만들어 낸다. 바꿔 말하면, 사람들에게서 가능한 한 좋은 점들만 기억하고 나머지는 삭제해 버리는 것이다. 그렇게 함으로써 그 사람들을 편안하게 대할 수 있게 되는 것이다. 이런 방법을 사람들은 자신에게도 적용할 수 있다.[348] 즉 자신이 좋은 기억을 갖는지 혹은 갖지 않는지에 따라 궁극적으로 자기 자신에 대한 자신의 태도가 결정된다는 것이다. 또 이 좋은 기억의 여부에 따라 자신의 성향과 의도를 관찰함에 있어서도 그것을 고상하고 자애롭게 보는지 아니면 불신에 차서 보는지도 결정된다. 마지막으로 그것에 의해 또다시 성향과 의도 그 자체의 방식까지도 결정되고 만다.

279.

우리가 예술가가 되는 지점.[349] — 누군가를 자신의 우상으로 삼은 자는 그를 이상으로 높여 줌으로써 스스로 자기 자신을 정당화하려고 시도한다. 그러니까 그는 바로 이 점에 있어서 좋은 양심을 가지기 위한 예술가가 되는 것이다.[350] 만약 그런 그가 괴로워한다면, 무지 때문에 괴로워하는 것이

348 기억은 좋은 것만 골라서 하라는 것이다. 세월이 흐르면 흐를수록 기억은 소중해진다. 늙으면 기억만 가지고 살아야 하기도 한다. 그때를 위해서라도 기억 속에 좋은 것을 채워 넣는 훈련을 게을리해서는 안 될 것이다. 좋은 생각만 하라는 것이다. 앞서 『피터팬』 이야기를 통해 하늘을 날 수 있는 비결을 언급하기도 했다. 생각도 마찬가지다. 좋은 생각은 자기 자신까지도 하늘을 날게 해 준다. 행복은 어떤 생각을 하느냐에 따라 결정되는 것이다. 불행은 사물을 그렇게 생각함으로써 결정될 뿐이다. 마음에 비친 세상은 자기 자신의 이성이 보여 주는 현상이다. 자기 자신이 어떤 세상에서 살고 있는가? 그것은 지금 자기 자신은 무슨 생각을 하고 있는가? 그것과 연결되는 것이다.

349 예술가는 일반적으로 창조 능력을 갖춘 사람을 칭한다. 니체가 예술가를 언급할 때는 이런 창조 능력 유무를 두고 말한다. 생각하는 존재에게는 창조의 영역이 무궁무진해진다. 생각의 영역에서 그 창조가 적용되기도 하기 때문이다. 생각이 불가능한 것은 존재하지 않는다. 다만 아직까지 생각하지 못한 것이 존재할 뿐이다. 특히 니체는 여기서 예술가의 능력을 양심으로 연결시킨다. 양심도 창조의 영역에서 다룰 수 있다는 것을 보여 주고 있는 것이다. 양심도 창조할 수 있다! 자기 자신을 괴롭히는 양심의 가책에 스스로 저항할 수도 있다는 얘기다.

350 니체 철학은 소위 '좋은 양심'을 만들어 내는 비결을 가르쳐 주고자 한다. 양심도 양심 나름이라 했

아니다. 그의 괴로움은 오로지 자신이 무지한 것처럼 꾸며 대야 하는 자기 자신의 그 기만에 기인하고 있을 뿐이다. 이런 종류의 인간이 느끼는 내적인 고통과 쾌감은 보통 일상적인 두레박으로는 퍼낼 수 없다. 그리고 열정적으로 사랑하는 모든 사람도 모두 여기에 속한다.

280.

어린아이 같은 사람. — 어린아이처럼 사는 사람은, 즉 자신의 빵을 얻기 위해 싸우지 않고 또 자신의 행위에 궁극적인 의미가 귀속된다는 것을 믿지 않는 사람이다. 그는 언제나 어린아이처럼 머무를 뿐이다.

281.

자아는 모든 것을 갖고자 한다.[351] — 일반적으로 사람은 소유하기 위해

다. 그 앞에서는 절대로 좋은 생각이나 편안한 마음을 가질 수 없는 그런 양심도 있다. 종교적 양심이나 도덕적 양심이 바로 이런 예에 해당한다. 종교와 도덕은 늘 요구하고 강요한다. 이래라저래라 한다. 그런 요구를 따르면 좋다 하고 거부하면 싫다 한다. 호불호가 분명하다. 그런 기준을 바꿀 생각도 없다. 고집불통이다. 이런 종교와 이념을 좋아하는 것은 대부분 기득권 세력들이다. 자신이 일궈 놓은 것을 지키고자 하는 성향을 보이는 사람들이다. 그들은 '이것이 좋은 것이다!'라고 말하면서 늘 기준을 제시하려고만 한다. 하지만 새롭게 차고 올라오는 세력들은 기존의 것이 껄끄럽기만 하다. 마음이 편하지 못하다는 얘기다. 진보의 생각은 자신의 생각을 양심으로 만들 줄 아는 기술을 습득해야만 한다. 그렇지 않으면 삶 자체가 힘들어지고 만다. 청춘이 힘든 이유는 바로 여기에 있다. 자신을 위한 양심이 없다 보니 힘들 수밖에 없는 것이다. 삶의 현장에서도 마찬가지다. 주변의 사람들이 가지는 양심을 그대로 인정하고 나면 자기 자신을 위한 양심은 설 자리를 잃고 만다. 물론 이런 방식을 나쁘게 활용할 수도 있다. 그래서 니체 철학이 위험하다는 것이다. 자기 자신을 위한 철학으로는 멋진 철학이지만, 타인을 짓밟으려는 의도로 활용하면 흉기가 될 수도 있는 철학이다. 소위 '나는 법대로 했다! 시키는 대로 했다! 나는 잘못 없다!'고 외쳐 대며 인성도 없고 사회성에도 위배되는, 즉 오로지 자기 자신을 위한 그런 종류의 양심을 자기방어와 자기변호를 위해서만 만들어 낼 수도 있다는 얘기다.

351 예를 들어 이성은 알려고만 한다. 잊으려는 생각은 추호도 하지 못할 경우가 태반이다. 아는 것에 의

서만 행동하는 것처럼 보인다. 적어도 이러한 생각은 모든 것을 과거의 행위로 간주하는 말들에서 잘 나타난다. 즉 우리가 그런 식으로 어떤 것을 소유하고 있는 것처럼 간주하게 되는 것이다. '나는 말했고, 싸웠으며, 승리했다'는 이런 말은 자기 자신이 지금 한 자신의 말과 싸움 그리고 그 결과로 얻어진 승리를 소유하고 있다는 것을 의미한다. 이런 식으로 말하는 그는 스스로를 그저 탐욕스럽게 만들고 만다! 왜냐하면 그는 그 과거조차 자신한테서 떼어 놓지 않으면서 오히려 계속 소유하려고 하기 때문이다!

282.

아름다움 속의 위험.[352] — 이 여성은 아름답고 영리하다. 아, 하지만 그녀가 결코 아름답지 않다면, 그녀는 얼마나 더 영리해졌어야만 했단 말인가?

283.

가정의 평화와 영혼의 평화.[353] — 일반적으로 우리의 기분은 우리가 주

해 생각이 고정되고 규정된다는 사실을 알고 나면 결국에는 그 아는 것을 잊을 수도 있어야 한다는 인식도 가질 수 있어야 한다. 우리는 아는 것에 의해 소유자가 되기보다는 오히려 그 아는 것에 의해 소유를 당하는 경우가 더 많다. 생각하는 존재가 그 생각하는 능력에 의해 스스로 지배를 당하는 꼴이 될 때가 더 많다는 얘기다.

352 아름다움도 아름다움 나름이다. 결코 아름답지 않은 것을 아름답다고 말하도록 만든 상황을 접하면, 상황을 그렇게 만든 사람이 얼마나 영리했는지 깨닫게 된다.

353 보통 사람들은 외부의 영향을 의식하며 살아간다. 이성적 존재는 사회가 이성적이라고 인정하는 그 이성만을 추구한다. 그래서 가장 이성적인 사람이 가장 눈치를 잘 보는 사람이기도 한 것이다. 소위 눈치가 빨라서 스스로 알아서 기는 것이다. 삶이 이런 식으로 진행되고 있다면 그런 삶은 극복되어야 마땅하다. 스스로를 삶의 노예로 만들고 있다면 그런 삶으로부터 해방을 선언할 줄 알아야 한다는 얘

변 환경에 의해서 가지게 되었다고 알고 있는 그 기분 상태에 달려 있다.

284.

오래된 것을 새로운 것처럼 보여 주는 것.[354] — 많은 이들은 사람들이 그들에게 새로운 사실을 이야기해 줄 때 자극을 받는 것 같다. 그들은 그러니까 그 새로운 사실을 미리 알고 있었던 그 사람에게서 무게감을 감지해 내고 있는 것이다.

285.

자아는 어디에서 끝나는 것일까? — 대부분의 사람들은 그들이 알고 있는 것들을 다음과 같은 영역하에서만 취하게 된다. 즉 그곳은 그들이 안다고 하는 그것을 이미 자신의 소유로 만들어 주는 영역이다. 자기 것으로 만들려는 자아감정인 획득욕구에는 사실 한계가 없다.[355] 위대한 남성들은 마치 모든 시간이 자신의 뒤에 있다는 듯이 말한다. 그리고 그 시간이 또한 바로 이 길기만 한 육체의 머리인 것처럼 간주한다. 하지만 말 잘 듣는 착한

기다. 스스로 자기 삶의 주인이 되어 산다는 것은 말처럼 그렇게 쉽지만은 않다. 많은 훈련을 거듭한 후에나 가능한 일이다. 하지만 마음의 평화? 그런 것은 외부의 영향에 달렸다기보다는 자기 생각의 경향과 판단의 내용에 달렸다고 보는 것이 더 타당할 것이다.

354 직역을 하면 '오래된 것으로서의 새로운 것을 보여 주는 것'이 된다. 즉 새로운 것이 전혀 새롭지 않았다는 것을 말하고자 하는 것일 뿐이다. 사람들은 대부분 새로운 사실을 좋아한다. 남들이 모르는 것을 안다는 것 자체를 어떤 특권인 양 간주하기도 한다. 하지만 새롭다는 것 그 자체만으로 진리를 부여하는 실수는 저지르지 말아야 한다. 진리의 무게는 새로운 것에 의해 결정되는 것이 아니다.

355 아무도 '나는 여기까지!'라고 말하고 싶어 하지 않는다. 사람은 자신의 삶을 통해 늘 성장하기를 바란다. 그것이 살아 있다는 증거가 될 뿐이다. 누군가가 옆에서 '너는 여기까지!'라고 한계를 설정해도 기분이 나쁠 것이다. 그런 발언은 하나의 삶에 대해 어설픈 한계 규정이 될 뿐이기 때문이다.

여성들은 자신의 아이들, 자신의 옷, 자신의 강아지, 자신의 의사, 심지어 자신의 도시가 자기 자신에게 얼마나 공로를 세웠는가에 따라서 그것의 아름다움을 계산해 낸다.[356] 게다가 이 여성들은 "이 모든 것이 바로 나 자신이다"라고 감히 말하지도 않는다. 이탈리아에서는 "가진 것이 없는 사람은 존재할 수도 없다"고 말한다.

286.

집에서 키우는 동물과 품에 안고 키우는 반려동물 그리고 그와 비슷한 것. — 가장 분노하는 적이 되어 식물과 동물이 살고 있는 영역을 침입하고, 결국에는 약해져 불구가 되어 버린 자신의 희생물에게 자비로운 감정을 가질 것을 요구하는, 피조물의 입장에서 느끼는 그런 감상보다 더 역겨운 것이 있단 말인가![357] 이런 종류의 '자연'과 관련해 사람에게 요구되는 것은 무엇보다도 진지함이다. 만일 그가 생각할 줄 아는 사람 외에 다른 존재가 아니라면 말이다.

356 이것을 여성성과 남성성이라는 특성에 대한 이해로 접근하면 쉽게 받아들일 수 있을 것이다. 여성은 신체 구조상 약자에 해당한다. 약자에겐 그 나름의 생각의 형식이 존재한다. 마찬가지로 강자에게도 그런 생각의 형식이 존재하기 마련이다. 강한 사람은 자기 주장을 펼치려고 할 것이고, 약한 사람은 누구의 주장을 따라야 할까 하며 골머리를 앓을 것이다. 전자가 남성성이라면, 후자는 여성성을 대변하고 있을 뿐이다.

357 예를 들어 창조주 신을 생각해 내고, 자기 자신, 즉 자기 스스로는 그 신의 피조물이 된다는 생각, 그리고 그런 신의 피조물이 되어서 갖게 되는 생각들, 이런 것들에 대해 니체는 한없는 혐오감을 느끼고 있다. 이런 상상력에 의한 이야기를 실재적인 사실로 받아들이는 진지함이 있다면 결국 그것은 진실이 되고 말 것이다. 어린아이가 구연동화를 연출해 보여 주는 엄마 앞에서 무서워 이불 속으로 숨는 그런 꼴이 되고 마는 것이다.

287.

두 명의 친구들. — 두 명의 친구들이 있었다. 그러나 그들은 서로 친구가 되어 주는 것을 그만두려 한다. 게다가 그들은 서로가 자기 쪽에서 동시에 그들의 우정을 깨려고 한다. 한 명은 자신이 너무 지나치게 오해를 받고 있다고 믿기 때문이며, 다른 한 명은 자신이 너무 지나치게 알려졌다고 믿고 있기 때문이었다. 그러나 둘 다 잘못 생각하고 있었던 것이다! 왜냐하면 그들 중 어느 누구도 자기 자신을 충분히 알고 있지 못했기 때문이다.

288.

스스로 고귀하다고 느끼는 사람들의 희극. — 진심에서 우러나오는 고귀한 신뢰감을 스스로 성공적으로 보여 줄 수 없는 사람들은 자신의 고위한 본성을 소심함과 엄격함 그리고 신뢰감에 대한 약간의 과소평가를 통해 추측할 수 있게 해 주려고 시도한다. 이는 마치 그들이 자신의 신뢰에 대한 강한 감정 때문에 자기 자신을 보여 주는 것에 수치심을 갖고 있다는 듯이 생각하는 것이다.

289.

어떤 덕에 반대하여 아무런 말도 해서는 안 되는 곳. — 용기에 반대하여 어떤 말을 하는 것은 겁쟁이들 사이에서는 나쁜 소리로 들리며, 그것은 또한 경멸감을 불러일으키기에 충분하다. 그리고 이와 마찬가지로 용서를 모르는 무자비한 사람들이 동정에 반대하는 어떤 말을 듣게 되면 그들은 곧바로 화를 내기까지 한다.

290.

낭비. — 쉽게 흥분하는 성급한 성격의 사람들이 처음에 하는 말과 행위는 대부분 그들 본래의 성격을 보여 주지 못한다. 그 말과 행위는 주변 환경에 의해 주입된 것이며, 말하자면 주변 환경의 정신을 모방한 것에 불과하다. 하지만 그런 말이 일단 내뱉어지고 또 행해져 버렸기 때문에, 나중의 뒤따르는, 그러나 본래의 성격에서 비롯되는 그런 말과 행위는 자주 이 이전에 말해진 것을 수정하여 균형을 잡거나 이전에 말한 것을 다시 좋게 만들거나 그것을 새카맣게 잊게 만드는 일에 낭비된다.

291.

오만함. — 오만함이란 연출되고 아첨하는 긍지에 지나지 않는다. 진정한 긍지라면 이런 종류의 연출과 위장 그리고 아첨은 할 수도 없고 원하지도 않는다. 그런 것은 긍지의 특성이 될 수 없기 때문이다. 따라서 남을 속이려는 의도라면 쓸데없는 짓이다. 그것은 또 어렵다는 말을 입에 달고 사는 사람들의 위선이며 동시에 대부분 실패한 자들의 위선일 뿐이다.[358] 그

358 어떻게 보면 거만, 교만, 오만, 자만도 인간의 본성에 속하는 것이다. 자신이 약하다는 것을 아는 자들이 오만함을 드러낸다. 자기 것이 아닌 것을 자기 것인 것처럼 행동하는 것이 오만이다. 일종의 월권행위와 같다. 할 수 없는 행동을 할 수 있는 것처럼 자랑하는 것이다. 이 또한 이성이 하는 짓이다. 한계를 알고 나서 하는 행동인 것이다. 약함을 인정하기는 싫고 그렇다고 강하지도 못하니 할 수 있는 것이라고는 거짓으로 강한 척해 보는 것이다. 하지만 이 모든 행위는 속임수일 뿐이다. 자기 자신을 속일 뿐만 아니라 타인도 속이려 드는 행위다. 그래서 오만은 미덕이 될 수 없다. 이쯤에서 즐겨 읽는 성경 구절 하나를 인용하면 어떨까 한다. "거만한 자를 책망하지 말라 그가 너를 미워할까 두려우니라 지혜 있는 자를 책망하라 그가 너를 사랑하리라"(잠언 9:8) 거만, 교만, 오만, 자만, 이런 행위를 보이는 자는 지혜로운 자가 못 된다. 그런 자와 교제를 해야 할 경우에 참으로 필요한 지혜의 말씀이다. 사람이라면 누구나 거만, 교만, 오만, 자만의 덫에 걸려들 수 있다. 하지만 스스로 지혜롭게 극복해 내

러나 만약 보통 때처럼, 그런 종류의 긍지가 행동으로 드러나게 되면, 그런 행동을 한 바로 그 오만했던 자에게는 삼중의 불쾌한 일이 벌어지게 된다. 첫째, 그가 사람들을 속이려 했기 때문에 사람들은 그에게 화를 내게 될 것이다. 둘째, 그가 사람들에 대한 자신의 우월함을 과시하고자 했기 때문에 사람들은 그에게 화를 내게 될 것이다. 셋째, 마지막으로 이 두 가지가 모두 실패로 돌아갔기 때문에 사람들은 그를 비웃게 될 것이다. 따라서 오만은 어떤 일이 있어도 권장할 만한 것이 못 된다!

292.

하나의 오해라는 것. — 누군가가 하는 말을 듣게 되면, 우리는 그저 그의 발음만 듣고도 이미 의심을 품기에 충분할 때가 많다. 예를 들어 자음 r의 발음, 그 단 하나의 자음 소리만을 듣고도 우리는 그의 감정이 정직한 것인지 아닌지를 이미 간파하게 된다는 얘기다. 만약 우리가 마음에도 없는 말을 발음에 실어 옮겨야 할 경우, 우리는 어쩔 수 없이 그 발음을 자의적으로 만들어 내야만 한다. 즉 그 발음은 우리에 의해 '만들어진 것'이 되는 것이다. 바로 여기에 거대한 오해의 영역이 생겨난다.[359] 그리고 같은 문제가 작

는 것이 관건이다. 오만을 지적하면 싸움이 된다. 지혜로운 자는 오만을 그저 웃어넘길 뿐이다. 상대가 모른다고, 절대 눈치채지 못했다고 판단하면 오산이다. 이성을 가진 자라면 누구나 그런 오만쯤은 순식간에 알아차린다. 본능에서 우러나오는 혐오감을 억제하고 있을 뿐이다.

359 공자도 교언영색(巧言令色)이란 말을 부정적으로 사용한 바 있다. 남에게 잘 보이려고 그럴듯하게 꾸며 대는 말과 알랑거리는 태도를 두고 한 말이다. 이런 태도는 사람이라면 누구나 다 하게 될 수밖에 없다. 모든 관계와 교제에서 사람은 상대의 경중을 따질 수밖에 없다. 자기보다 약한 사람을 만나면 그를 괴롭히거나 약을 올리거나 가지고 놀려고 할 것이고, 자기보다 강한 사람을 만나면 교언영색, 즉 상대에게 잘 보이려고 애를 쓰게 될 것이다. 이 또한 어쩔 수 없다. 다만 도덕적으로 어떻게 승화해 내느냐가 문제인 것이다. 자기 것이 아니면서도, 즉 본심이 아니면서도 본심인 것처럼 행동하는 것은 다 어쩔 수 없이 그 본래의 한계를 드러내고 만다. 그냥 눈감아 주고 넘어갈 뿐이다. 더 이상의 문제

가의 문체에서도 발생한다.[360] 만약 그 작가가 모든 세상 사람의 습관과는 어울리지 않는 습관을 가지고 있다면 특히나 두드러지게 나타나게 될 것이다. 그의 '자연스러움'은 그저 자기 스스로가 그렇게 느끼는 것에 지나지 않는다. 솔직히 말하면, 그는 자신도 스스로를 '만들어진 것'으로 느낀다는 얘기도 된다. 그럼에도 불구하고 그 자신은 자기 시대의 유행과 소위 말하는 '좋은 취향'을 거부하지 않고 따랐기 때문에, 그는 자신이 만든 그것을 가지고 다른 사람들의 호감을 살 수도, 또 신뢰를 얻을 수도 있을 것이다.

293.

감사하는 마음.[361] — 아주 약간의 감사하는 마음이나 외경하는 마음도

를 일으키고 싶지 않아서 그런 것일 뿐이다. 스스로 깨닫고 그런 짓은 더 이상 하지 않으면 되는 것이다. 다시 말하지만, 사람과 사람이 만나는 것은 이성과 이성이 만나는 것과 같다. 이성은 각각 다른 경로를 통해 형성된 것일 뿐이다. 두 개의 이성이 서로 교차하는 곳에는 오해가 있을 수밖에 없다. 서로를 이해할 수도 있지만, 대부분의 경우는 서로 어긋나며 오해를 불러일으키고 만다. 그 간격을 얼마나 좁혀 가느냐가 삶이라는 영역에서 발생하는 모든 문제의 핵심이 된다.

360 문체에 대한 문제는 이미 193번 잠언에서 상세히 다뤄진 바 있다. 이성을 가지고 말을 하며 사는 존재는 글도 쓴다. 글도 존재의 의미와 직결되는 사안이 된다. 어떤 문체를 사용할 것인가? 그것은 취향의 문제이기도 하다. 어떤 생각을 하며 살고 있는가? 이 질문과도 무관하지 않다. 생각, 말, 글, 이런 것은 하나의 본질을 둘러싸고 있는 개별적인 개념들에 지나지 않는다. 하나에서 다양한 것을 또 동시에 다양한 것에서 하나의 본질적인 것을 알아내고자 하는 노력에서 철학적 사고가 탄생하게 되는 것이다. 생각, 말, 글, 이 세 가지의 단어들을 가지고 서로 엮으면 어떤 사물이 탄생하는가? 이성을 갖고 살아야 하는 존재는 늘 그것에 관심을 쏟아야 한다. 그것이 곧 자신의 인생이라 불릴 것이기 때문이다.

361 감사하는 마음도 때로는 좋고 때로는 나쁠 수도 있다. 좋을 때는 긍정적으로 받아 주면 되는 것이고, 나쁠 때는 무슨 일이 있어도 지양해야 한다는 숙제가 남는다. 사람과의 관계가 한결같으면 얼마나 좋을까. 하지만 사람일은 세상일과 마찬가지로 이럴 때도 있고 저럴 때도 있다. 좋을 때는 사랑하는 마음으로 임해 주면 되고, 나쁠 때는 미련 없이 돌아서면 된다. 대부분의 경우 좋을 때는 문제가 되지 않는다. 아픔이 되고 상처가 되는 것은 언제나 나쁠 경우이다. 이때 문학이 필요하고 철학이 도움이 되는 것이다. 한때 정말 감사했던 사람도 어느 때가 되면 정말 혐오스러운 사람으로 변할 때가 있다. 그때는 돌아섬을 양심으로 만들어 내는 기술이 요구된다. 돌아서면서도 잘하고 있다는 그런 의식을

너무 많은 것이다. 왜냐하면 사람들은 그런 마음을 가지게 될 때 부담을 느끼고 그것을 마음의 짐으로 여기게 될 것이 틀림없기 때문이다. 그렇게 괴로워하면서 사람들은 자신의 자주성과 정직함과 함께 양심의 가책까지 받게 될 것이다.

294.

성자들. ― 가장 감각적인 남성들이야말로 뭇 여성들 앞에서 도망쳐야만 하는 자들이고 또 자신의 육체를 고문해야만 하는 자들이다.

295.

섬기는 행위의 정교함.[362] ― 섬김이라는 위대한 기술에는 다양한 것들이 있다. 특히 가장 정교한 기술을 요하는 과제 중의 하나로서 바로 철저하게 자신의 명예를 추구하는 사람들을 섬기는 것도 이에 속한다.[363] 명예만

가지는 것이다. 굳이 싸워 가며 아옹다옹할 필요는 없다. 그도 그럴 수밖에 없는 상황이라면 그의 갈 길을 가게 해 주는 것이 배려심이다. 서로 인연이 아닌 것일 뿐이다.

362 이러한 교제와 관련한 지혜를 담은 잠언은 사실 바로 앞선 책 『인간적인 너무나 인간적인』(1878-1880)에서 주류를 이루었던 내용이다.

363 소위 명예심으로 똘똘 뭉친 자를 대장으로 섬겨야 할 때 기술이 요구된다는 것이다. 명예를 추구하는 자들의 특성을 잘 파악하고 있어야 그와 함께 일을 할 수 있다. 명예심이 강한 사람은 늘 자기 이름이 앞에 나오는 것을 좋아한다. 자기는 그것을 원하지 않았지만 어쩔 수 없이 그렇게 되었다는 듯한 인상을 줘야 한다. 모든 것을 자기 뜻대로 하면서도 그 모든 것을 위해 스스로는 희생되었다고 말하기를 좋아한다. 자기가 얼마나 고생했는지를 주장하면서도 그의 언행 속에는 늘 오만함이 배어 있다. 겸손으로 치장한 오만함이다. 그 흉측한 모습을 참고 견디는 주변 사람들의 고충은 눈치도 못 채고 있는 불쌍한 사람이다. 명예를 추구하는 사람은 자기 연민에 빠져 있는 병자다. 늘 누군가가 알아주기를 원하기 때문이다. 스스로는 낮추지만 남들은 높다고 인정해 주기를 바라는 것이다. 명예를 좇는 사람은 늘 남의 시선을 의식한다. 그 남들의 시선 속에서 삶의 의미를 찾고 있는 것이다. 타인에 의존적인 삶이 바로 명예심이 강한 사람들의 삶이다. 문제는 그런 사람들이 없을 수 없다는 얘기고, 그들과 함

을 추구하는 그런 사람들은 모든 면에서 가장 강한 이기주의자이면서도 스스로는 결코 그런 사람으로 간주되기를 원하지 않는다. 이것 또한 그런 사람들이 가지고 있는 야심 중의 일부분이다. 아울러 그런 사람들에게는 모든 것이 자신의 의지와 자신의 일시적인 기분에 따라 발생해 주어야만 한다. 그러면서도 그 모든 일이 마치 자신은 무한히 희생되고 있고, 그 와중에도 자기 자신이 원하는 것은 거의 없었다는 듯한 인상을 주어야만 한다.

296.

결투. — 나는 누군가가 자신에게 절대적으로 요구되는 하나의 결투를 피하지 않고 실행에 옮길 수 있는 것도 내가 지닌 하나의 장점이라고 인정했고 또 그렇게 당당히 말해 왔다. 내가 이런 말을 할 수 있었던 이유는 내 주위에 언제나 용감한 동지들이 있었기 때문이라고 확신한다. 결투는 자살에 이르는 마지막으로 남겨진, 그리고 완전히 명예로운 길이다.[364] 다만 그것은 유감스럽게도 하나의 우회로에 지나지 않으며 하나의 완전히 확실한 길은 결코 될 수 없다.

께 살아야 할 경우에는 지혜가 필요하다는 얘기다.

364 여기서 이 잠언 하나만으로는 니체가 말하는 '자살'이 무슨 의미인지 정확히 알 수는 없다. 하지만 니체는 이 책 『아침놀』에서 지속적으로 '자살'이라는 개념을 언급하고 있다. 예를 들어 87번 잠언에서는 정신병자가 가질 법한 '자살 중독증'도 거론했었다. 즉 부정적 의미의 자살도 있다는 것을 제시해 준 것이다. 그리고 199번 잠언에서는 '결투'를 '삶과 죽음을 명예로운 경기에 바칠 수 있는 기회'로 간주하기도 했다. 이 같은 개념은 특히 니체의 허무주의 사상이 자기 자신에게로 돌아가는 길을 제시해 주는 철학이라는 점을 감안하면 외부로 향했던 자기 자신을 극복하고 내부로 향하게 한다는, 즉 인식의 전환을 의미하는 것이 될 수도 있다. 바로 이런 의미의 자살론을 이해했던 자로서 대표적인 철학자가 카뮈인 것이다. 그가 『시지프 신화』에서 언급했던 '철학적 자살'은 바로 이런 의미로 사용된 개념이었다.

297.

썩은 생각.[365] — 똑같은 생각을 하는 사람을 다른 생각을 하는 사람보다 더 높이 평가하고 존경하라며 청년을 지도하는 것이야말로 그 청년을 썩게 만드는 가장 확실한 방법이다.

298.

영웅 숭배와 그것을 추종하는 광신자. — 살과 피를 가지고 있는 하나의 이상을 광신적으로 신봉하는 사람이라 하더라도 그가 부정할 수 있는 동안에는 정당하다고 말할 수 있다. 그는 이 점에 있어서 정말 두려운 존재가 아닐 수 없다. 그는 부정된 것에 대해서도 자기 자신만큼이나 잘 알고 있다.[366] 그 앎의 근원은 아주 간단하다. 이는 그가 그곳에서 왔고, 또 그곳이 그의 고향이었으며, 결국에는 그가 그곳으로 되돌아가야만 한다는 것에 대해 항

365 생각은 썩을 수 있다. 모든 생각은 썩을 수 있는 것이다. 생각하는 존재는 그러니까 썩을 수 있는 존재다. 썩은 존재는 생각으로 존재를 거듭나게 해야 한다는 숙제가 주어진다. 썩은 자는 스스로 새로운 생명의 기회를 부여할 줄 알아야 한다. 그자가 초인이며, 그자가 스스로 신이 된 자인 것이다.

366 니체가 말하는 부정은 부정을 위한 부정이 아니라 긍정을 위한 부정이다. 삶과 생명은 긍정으로 치닫는 과정일 뿐이다. 그 긍정을 제대로 실현하기 위해 부정을 인식하고 그것을 극복하고자 할 뿐인 것이다. 말하자면 허무주의의 철학적 방법론은 허무를 위한 허무가 아니라 허무를 극복하기 위해 허무를 인식하고 그 허무에의 인식을 극복하고자 하는 것이다. 허무주의의 도래는 막을 수 없다. 아니 오히려 허무주의의 도래를 위해 마음의 문을 활짝 열어 놓는 과감한 행위도 전제된다. 하지만 진정한 허무주의자는 어떤 허무함도 극복할 수 있으리라는 확신으로 충만한 자다. 그는 온갖 희망을 모조리 앗아 가는 그런 허무한 상황에서도 희망의 끈을 놓지 않는 치열한 생존자에 해당한다. 허무주의자는 모든 가치에 대해 허무함을 끌어들이면서도 늘 새로운 가치를 향해 모험을 떠나고자 한다. 떠남, 그것이 부정이 될 수 있지만, 모든 떠남은 다시 돌아옴, 즉 긍정을 전제로 하고 있을 뿐이다. 모든 여행은 돌아옴을 전제로 한다. 돌아옴이 없는 여행은 죽음뿐이다. 그 마지막 여행을 위해서라도 살아가는 동안 무수한 떠남과 돌아옴이라는 반복의 여정에 충실하게 임해야 할 것이다. 오로지 준비된 자에게 기회가 올 것이다. 그 마지막 순간에 정신줄을 놓지 않는 자만이 천국의 빛을 보게 될 것이기 때문이다.

상 남몰래 두려움을 품고 있었기 때문이다.[367] 그는 때로 자신의 부정하는 행위를 통해 이 되돌아옴을 불가능하게 만들고자 하기도 한다. 말하자면 그는 그러니까 긍정하자마자 자신의 눈을 반쯤 감고 무엇인가를 이상화하기 시작한다. 하지만 이런 행위는 그저 집에 머무는 자에게 고통을 주려는 의도에서 행해질 뿐이다. 그래서 사람들은 이것을 어떤 예술적인 것이라고 부르기도 하는 것이다. 좋다. 그것은 예술적일 수 있다. 하지만 거기에는 어김없이 어떤 부정직한 점도 존재한다. 어떤 인물을 이상화하는 사람은 그 인물을 더 이상 분명하게 볼 수 없을 정도로 아주 먼 곳에 세워 둔다. 그러면서 그는 자신이 보고 있는 그것을 '아름다운 것'으로 변형해서 해석하는 것이다. 즉 자신이 보고 있는 것을 균형 잡힌 것으로, 또 부드러운 한계의 윤곽을 가진 것으로, 또 어떤 규정되지 않은 것으로 왜곡해서 해석한다는 것이다. 이제 그는 저 머나먼 곳에서 그리고 저 높디높은 곳에서 떠다니는 자신의 이상을 숭배하고자 한다. 그 때문에 그는 속된 무리로부터 저 이상을 보호하기 위해 필요하다고 생각하여 오로지 숭배 행위만을 위한 곳으로 하나의 멋진 사원을 짓고자 한다. 그는 그곳으로 존경할 만하고 신성하다고 여겨 왔던 모든 물건을 가지고 들어간다. 이 또한 이러한 물건들의

367 이것은 극복의 이념과 영원회귀의 사상을 결합할 줄 알아야 읽히는 문장이다. 극복의 이념은 초인 사상처럼 전진과 발전의 의미로 치닫는다. 하지만 영원회귀 사상은 똑같은 것의 반복이라는 현상으로 되돌아올 뿐이다. 사람은 삶의 현장인 이 현상계를 떠날 수 없다. 하지만 생각하는 존재는 자신의 생각 때문에 이 현상만으로 만족할 수가 없다. 그는 늘 보이지 않는 세상을 생각할 수밖에 없다. 늘 그 생각 때문에 현실과는 동떨어진 생각으로 삶에 임할 수밖에 없는 상황이 벌어지고 만다. 그래도 어쩔 수 없이 되돌아와야 한다. 그것이 삶이다. 로또를 사서 일주일 동안 행복한 꿈을 꾸며 위로를 얻을 수는 있다. 하지만 그 일주일이 지나고 나면 꿈에서 깨어날 줄도 알아야 한다. 현실은 참혹할 수 있다. 그렇다고 그 참혹한 현실을 보지 않고 살 수는 없는 것이다. 세상을 바라보는 눈이 생각을 망쳐 놓을 수도 있다. 하지만 어떤 식으로든 그 망가진 생각 속에서 헤어나올 수 있는 능력을 갖추고 있어야 한다. 생각하는 존재에게 생각이 잘못되면 미쳐 버릴 수도 있다. 자기 생각에 자기 자신이 희생되지 않도록 조심해야 한다는 얘기다.

마력이 저 이상을 숭배하는 것에 도움이 된다고 믿기 때문이며, 또 저 이상은 이러한 상징적인 음식을 먹으며 더욱 성장한다고 믿기 때문이고, 그러면서 점점 더 신성하게 되어 간다고 믿기 때문이다. 결국 그는 정말로 자신의 신을 완성해 낸다. 그러나 슬플 뿐이다! 왜냐하면 이런 일이 어떻게 진행되어 왔는지 잘 알고 있는 하나의 어떤 것이 있기 때문이다. 그것은 바로 자신의 지적인 양심이라고 불린다. 그리고 완전히 무의식적으로 그러한 숭배에 저항하는 한 사람이 있다. 이 사람은 바로 신성한 것으로 간주되고 신격화된 그 자신이다. 하지만 신성해진 그는 이제 예배와 찬양 그리고 향내 때문에 더 이상 견딜 수 없게 되었다. 그는 결국 끔찍하고 역겨운 방식으로 자진해서 자신이 신이 아니라 너무나 인간적인 존재라는 사실을 폭로하게 된다. 이제 이런 지경에 처한 하나의 광신자에게는 단 하나의 출구밖에 남아 있지 않게 된다. 즉 그는 자기 자신과 또 자신과 같은 것을 인내심을 가지고 왜곡하도록 내버려 둔다. 그러면서 그는 자기기만과 고상한 거짓말이라는 새로운 수법을 통해, 모든 처참함을 오로지 신의 더욱 큰 영광을 위한 과정으로 해석해 낸다. 그러다 결국 그는 자기 자신에 반대하는 정당의 편에 서게 된다. 그는 그러니까 스스로 왜곡당한 자로, 그리고 남들이 하는 말을 듣고 자신을 그런 존재로 느끼게 되는 것이다. 그런 생각을 하면서 그는 스스로 순교자라도 된 듯한 어떤 감정까지 느끼게 된다. 이런 식으로 그는 자신의 어두운 내면 속에서 절정을 향해 기를 쓰고 오르기만 한다. 이러한 종류의 사람들이 예를 들어 나폴레옹 주변에 즐비해 있었다. 그렇다, 바로 나폴레옹이야말로 '천재'와 '영웅'에 대한, 계몽주의 정신에는 낯설기만 한, 낭만주의적 굴종을 우리 세기의 영혼 속에 부여한 사람일 것이다. 시인 바이런과 같은 사람도 그 나폴레옹에 비하면 자기는 그저 '벌레에 지나지 않는다'고 말하기를 전혀 부끄러워하지 않았다. 그러한 굴종의 형식은 저 늙고 거만하며 혼란스러운 두뇌의 불평불만으로 가득한 토머스 칼라일 같은 사람에게서 쉽게 발견된다. 그는 자신의 긴 생애를 오로지 자신의 영국인이 갖고 있는 이성을 낭만적으로 만드는 일에 쓸데없이 사용했다!

299.

외모만 영웅주의.[368] — 자기 자신을 적들 한가운데로 내던지는 것은 겁이 많다는 징표일 수 있다.

300.

아첨하는 사람들에게 대항하는 방법으로서 관대하게 행동하기. — 지칠 줄 모르고 패기로 흘러넘치는 자가 지닌 마지막 영리함은 아첨하는 사람들이 그에게 다가올 때 자신이 갖게 되는 경멸감을 그들이 전혀 알아채지 못하게 하는 것이다.[369] 게다가 그는 그 아첨꾼들을 관대하게 대해 준다. 마치 그가 관대할 줄밖에 모르는 신성한 신인 것처럼 행동할 뿐인 것이다.

368 준비가 덜 된 자가 준비를 마친 자처럼 행동하는 것은 미련한 짓이다. 영웅이 될 자격도 없으면서 영웅인 체하는 것은 위험한 짓이다. 약한 사람이 강한 척할 때 시끄러운 깡통 소리가 난다. 근육도 없는 사람이 근육이 있는 체하고 싶을 때 허파에 바람을 집어넣는 법이다. 겁쟁이가 용감한 척할 때 만용을 증명할 뿐이다. 겁 많은 자가 싸울 때 두 눈을 질끈 감고 덤비는 법이다. 내면이 초라한 사람이 명예를 추구한다. 마음이 불안한 자가 상품으로 위로를 얻으려 한다.

369 상대가 알아채지 못하게 행동하라! 상대가 경멸스러울 때도 자신의 경멸감을 들키지 않게 하고, 상대가 고귀할 때에도 자신의 존경심을 대놓고 드러내지 말아야 한다. 영원한 친구도, 영원한 적도 없기 때문이다. 상황은 변할 수 있고, 그 변할 수 있는 가능성이 앞선 행동을 위기로 몰고 갈 수 있기 때문이다. 좋은 사람을 품어 주는 것은 문제없다. 다만 싫은 사람까지도 품을 수 있는 존재가 되어야 한다는 것이 문제가 될 뿐이다. 니체는 초인을 '바다와 같은 존재'로 소개한 적이 있다. "보라, 나 너희에게 초인을 가르치노라. 초인이야말로 너희의 크나큰 경멸이 가라앉아 사라질 수 있는 그런 바다다"(『차라투스트라는 이렇게 말했다』, 18쪽). 초인은 아무리 썩은 물이 들어와도 스스로는 썩지 않는 바다처럼 아무리 염세적이고 부패하고 퇴폐적인 정신이 다가와도 스스로는 그것에 전혀 영향을 받지 않는 존재라는 얘기다.

301.

'성격이 강하다는 것.' — '나는 한 번 말한 것은 반드시 행한다.' 이런 사고방식은 성격이 강하다는 징표로 간주된다. 얼마나 많은 행위들을 우리는 제멋대로 관철시키고 있는 것일까! 그 행위들은 대부분 가장 이성적인 행위로서 선택된 것이 결코 아니다. 그것들은 일단 마음에 떠올랐을 때 이미 어떤 방식으로든 우리의 명예욕과 허영심을 자극할 수밖에 없다. 그때부터 우리는 그것에 몰두할 수밖에 없게 되고 또 그것을 맹목적으로 관철시키려고 애를 쓰게 되는 것이다! 게다가 그 행위는 우리 곁에서 우리의 믿음을, 전체적으로는 우리의 힘을 증대시켜 준다.[370] 무엇보다도 우리의 성격과 우리의 좋은 양심에 대한 믿음을 증대시켜 주는 데 일조한다. 이에 반해 오로지 이성적으로만 최고의 수준으로 가능한 행위를 선택하게 되면 오히려 우리 자신에 대한 회의가 증대될 뿐이다.[371] 이와 더불어 이에 상응하는 감정, 즉 약함의 감정이 우리 내면에 생겨날 뿐이다.

370 힘을 강화시켜 주는 것은 이성이 아니다. 아무리 강해지자고 생각을 해도 강해지지 않는다. 아무리 시험을 잘 보게 해 달라고 기도해도 그런 기도는 효력이 없다. 믿음에 근간을 둔 생각은 현실과 직면할 때 허무하게 끝날 수밖에 없다. 니체가 여기서 믿음 자체를 비판하고 있다고 오해를 하면 안 된다. 믿음도 믿음 나름이라는 사실을 깨달아야 한다. 생각하는 존재는 믿음의 힘을 활용할 줄 알아야 한다. 사람에겐 성격이란 것이 있다. 외부의 모든 정보는 이 성격이란 영역에 들어오는 순간 명예심과 허영심을 자극할 수밖에 없다. 사람이라면 그런 마음을 누구나 다 갖고 있다. 즉 생각하는 존재의 힘은 성격에 대한 믿음과 동시에 좋은 양심에 대한 믿음이 잘 조화를 이뤄 줄 때 강화된다. 좋은 양심도 생각의 몫이다. 좋은 양심은 생각하는 존재의 책임이라는 얘기다. 그런 양심을 갖고 안 갖고는 자기 책임이다. 이는 마치 희망을 갖고 안 갖고가 자기 책임인 것과 같은 원리이다. 자기가 희망을 안 가진 것이 신의 책임이라고 미룰 수는 없는 법이기 때문이다.

371 예를 들어 이성은 이상을 좇는다. 그 이상과 비교하면 자기 자신이 너무도 초라해진다. 전지전능한 신의 형상을 생각해 내면, 늘 한계에 직면한 자기 자신이 너무도 혐오스럽게 여겨질 수도 있다. 이런 것에 맹목적이 되면 현실 속의 삶에 대해서는 의미를 상실하고 만다. 그런 생각이 저세상을 꿈꾸게 하고, 이 세상을 경멸하게 한다. 그런 생각의 형식에 익숙해지면 자기도 모르게 염세주의에 빠져들고, 세상을 불평불만에 찬 시선으로 바라보게 된다.

302.

첫 번째, 두 번째 그리고 세 번째가 되면 진실이 되고 만다! — 사람들은 말할 수 없을 정도로 자주 거짓말을 하며 살아가고 있다.[372] 그러나 그들은 나중에 가서 자신이 거짓말을 했다는 사실에 대해 전혀 생각하지도 않는다. 그리고 전체적으로 그것을 믿으려 하지도 않는다.

303.

사람을 잘 안다는 심심풀이용 짧은 생각. — 그는 나를 안다고 믿고 있다. 그는 스스로를 섬세하고 중요하다고 느끼고 있다. 그가 나와 관계를 맺으면 그런 믿음과 느낌을 더욱 강화시켜 나간다. 나는 그를 실망시키지 않으려고 조심함으로써 나 자신을 보호한다. 왜냐하면 내가 그에게 우월감을 안겨 주었기 때문에 그가 지금 내게 호의를 갖고 있을 뿐이기 때문이다. 그런데 내가 지금 그를 실망시키게 되면 나는 그것을 보상해 줘야 하는 상황에 처하게 된다. 물론 여기 다른 종류의 사람도 한 명 있다. 내가 그를 안

372 그러니까 거짓말하지 말라가 미덕이 되는 것이다. 모두가 거짓말을 하고 살지 않는다면 그런 말을 미덕으로 간주할 일이 없다. 거짓말을 미덕으로 간주하는 쪽은 늘 기득권이다. 사람이 늙었다는 증거는 새로운 것을 받아들이는 능력이 줄어들었다는 데서 발견된다. 뭔가를 할 수 없는 상황을 긍정적으로 평가하는 방법 중의 최고는 자신이 할 수 없는 대상을 부정적으로 평가하는 것이다. 예를 들어 신세대는 이상한 말, 즉 은어를 양산해 내면서 자신들만의 언어를 구사하기 시작한다. 그러면서 구세대와 차별화를 꾀한다. 하지만 구세대는 이를 곱게 봐 주지 않는다. 그런 짓을 하지 말라고 다그친다. 이러면서 세대 간의 갈등이 생겨나게 되는 것이다. 사람이 사는 곳에는 어디가 되었든 간에 세대 사이의 갈등이 있게 마련이다. 나이 든 사람들은 젊은 사람들을 이유 없이 싫어한다. 그냥 본능이 그렇게 반응을 하는 것이다. 젊은이들은 아직 대놓고 저항하지는 못한다. 주어진 권한이 기득권에 비하면 턱없이 부족하기 때문이다. 하지만 세월은 흘러가게 마련이고, 언젠가는 새로운 세대가 기득권의 자리에 들어설 수밖에 없다. 그러면서 세상이 변하게 되는 것이다. 물론 이 세상 또한 영원할 수 없다. 세대는 늘 새로운 세대를 맞이하며 역사 속으로 사라지게 마련이다.

다고 생각하는 것 자체에 두려움을 느끼는 자도 있다. 바로 그런 느낌 때문에 그는 여기서 스스로 비천하다고 생각한다. 그러면서 스스로를 끔찍하게 생각하고 불분명하게 행동하며 나를 혼란스럽게 만들고자 한다. 하지만 이 모든 것은 오로지 나에 대한 우월감을 다시 확보하고자 하는 의도일 뿐이다.

304.

세계를 파괴하는 자들. — 뭔가 하고 싶은 대로 성공을 거두지 못한 자는 결국 분노를 터뜨린다. '세계 전체는 몰락해야 한다!' 이런 끔찍한 감정은 질투심이 보여 줄 수 있는 최고의 형식이다. 그 정점에서 그는 이런 결론을 내린다. "나는 그 무엇인가를 가질 수 없기 때문에, 모든 세계도 또한 아무것도 가져서는 안 된다! 모든 세계는 나와 함께 무가 되어야 한다!"[373]

373 이 문장은 사실 니체가 2주일 동안 독파해 냈던 쇼펜하우어의 대표작 『의지와 표상으로서의 세계』의 마지막 문장을 패러디한 것이다. "그러나 이와 반대로 의지가 방향을 돌려 스스로를 부정한 사람들에게는 우리가 그토록 실재하는 것으로 보는 이러한 세계가 모든 태양이나 은하수와 더불어 — 무인 것이다"(『쇼펜하우어, 돌이 별이 되는 철학』, 430쪽 재인용). 쇼펜하우어는 삶을 위한 의지의 불꽃을 완전히 끄고 싶어 했다. 그는 자기 자신과 함께 온 세상이 무로 돌아가는 것을 궁극적인 목적으로 삼았던 것이다. 무를 신처럼 신성시했던 것이다. 무도 무 나름이다. 디오니소스적 무아지경의 무라면 상관없다. 하지만 자기 자신 자체를 무로 만든다는 염세주의적 발상 앞에서 니체는 거부의 손짓을 보낸다. 사람으로 태어난 이상 사람이라는 존재의 형식 자체를 거부할 수는 없기 때문이다. 니체는 오로지 '인간적인 너무나 인간적인' 것만을 위해 철학의 길을 걸어갈 뿐이다. 밤하늘의 은하수를 바라보며, 즉 허공을 바라보며 걷는 것이 아니라, 그것의 빛을 이용해 현실을 제대로 바라보고 인식하고 깨달으며 걸어가고 싶을 뿐이다.

305.

인색함. — 물건을 살 때 물건의 값이 저렴할수록 우리의 인색함은 증대한다. 왜 그런 것일까? 그것은 물건 값의 미세한 차이가 인색이라는 눈을 자꾸만 작게 뜨게 해서 그런 것일까?

306.

그리스인의 이상. — 그리스인은 오디세우스의 어떤 점 때문에 그토록 그에게 경탄을 했던 것일까? 무엇보다도 거짓말하는 능력과 교활하면서도 끔찍한 보복 능력 때문일 것이다. 오디세우스는 다양한 상황에 대처할 수 있도록 성장해 있었다. 만약 필요하다면 그는 가장 고귀한 자보다 더 고귀하게 보일 수도 있었다. 사람들이 원하는 것을 그는 해낼 수 있었다. 그는 영웅적인 끈기도 갖고 있었으며, 모든 수단을 동원할 수 있는 능력도 갖추고 있었다. 무엇보다 그는 정신을 지니고 있었다. 그의 정신은 신들까지도 경탄하게 했다. 신들은 그것을 생각하며 미소를 지었던 것이다. 이 모든 것이 그리스인의 이상이다! 이 경우 가장 진귀한 점은 가상과 존재의 대립이 전혀 대립으로 느껴지지 않는다는 것이다. 그것은 그러니까 전혀 윤리적으로도 고려되지 않는다. 지금까지 이만큼 철두철미한 배우가 존재했던가!

307.

사실이다! 그렇다. 허구적인 사실이다! — 역사가는 실제 일어났던 것이 아니라 오로지 그렇게 추정되는 사건들만을 다룬다. 왜냐하면 오직 이러한 사건들만이 영향을 끼쳤기 때문이다. 마찬가지로 그는 그렇게 추정되는 영웅들만을 다룬다. 소위 세계사라고 하는 역사가의 주제는 그렇게 추정되는 행위와 그것에 의해 추정되는 동기에 대한 의견에 지나지 않는다. 그 의견은 다시 또 다른 의견과 행위를 위한 동인이 된다.[374] 그러나 이런 의견들의 실재성은 즉시 증기로 변해 다시 증발해 버리고 말 것이다. 즉 그것은 오로지 증기로서만 영향을 끼칠 뿐이다. 그 의견은 환영들을 지속적으로 잉태하고 출산한다. 모든 환영은 근거 없는 현실에 대한 깊은 안개만을 보여 줄 뿐이다. 모든 역사가는 사물에 대해 이야기하지만, 그것은 단 한 번도 존재한 적이 없는 것에 지나지 않는다. 그것은 표상 안에서만 존재하는, 즉 그 밖에서는 전혀 존재할 수도 없는 것일 뿐이다.

308.

상거래 행위를 이해하지 못하는 것이 오히려 고귀하다. — 교사나 공무원 혹은 예술가가 자신의 미덕을 오직 최고의 가격으로만 팔고자 하거나 아니면 심지어 그것으로 이자를 늘리려는 의도로 고리대금업을 하는 것은 자신의 천재성과 재능으로부터 하나의 소매 상품을 만들어 내려는 짓과 같다. 그런 지혜로는 단 한 번뿐이라도 영리해지려 해서는 안 된다!

309.

공포와 사랑. — 사랑보다 공포가 사람들에 대한 보편적 인식을 더욱 많

374 말하자면 역사란 돌처럼 물처럼 그렇게 존재하는 것이 아니다. 역사는 일종의 의견이 낳은 결과물일 뿐이다. 역사는 승자에 의해 쓰인다는 말이 있다. 그만큼 시각에 따라 전혀 다른 인식과 평가를 내놓을 수도 있다는 얘기다.

이 촉진시켜 왔다. 왜냐하면 공포는 관계하는 그 사람이 누구인지, 그 사람이 무엇을 할 수 있는지, 또 그가 무엇을 원하고 있는지 등을 추측하게 해주기 때문이다. 여기서 잘못 판단하여 실수를 저지르게 되면 위험과 손해를 초래하게 될 것이다. 반대로 사랑은 관계하는 그 사람에게서 가능한 한 다양한 아름다움을 보려 하거나 그를 가능한 한 높은 곳에 두고 보고자 하는 은밀한 충동을 갖게 한다. 여기서 잘못 판단하여 실수를 저지르게 되면 그 사랑을 위해서는 즐거움이고 이익이 될 것이다.[375] 사랑은 그러니까 속으면서 하는 것이다.

310.

착한 사람들. — 착한 사람들은 자신의 본성을 그들의 조상이 외부로부터 엄습해 올 수 있는 낯선 자들의 공격에 느껴 왔던 지속적인 공포를 바탕으로 형성하게 된 것이다.[376] 즉 그들의 조상이 살아가는 방식은 온화한 방식으로 대하고, 달래 주고, 사정하기도 하고, 머리를 숙이기도 하고, 기분을

375 대부분의 여성은 면사포를 쓰고 결혼하게 된다. 그것은 순수함과 순결을 상징하기도 하지만 마야의 베일처럼 콩깍지가 씌어서 좋은 것만 보고 살라는 의미로도 해석이 가능하다. 그래서 사랑의 꿈에서 깨고 나면 대부분의 여성은 속아서 결혼했다며 억울한 속내를 드러내고 마는 것이다. 사랑에 속는 것은 믿음에 속는 것과 같은 원리다. 대부분의 사람은 자신이 원하는 대로 보고 믿게 된다. 예를 들어 같은 영화를 보고 나와도 모든 사람은 서로 다른 것을 보게 되고, 그래서 그 영화에 대한 의견도 분분해진다. 때로는 대화가 통하는 사람을 만나 행복하기도 하지만, 결국 모든 사람은 혼자가 되어야 하는 운명이라서 오해는 피할 수 없는 것이 되고 만다. 이런 상황에서도 어떻게 희망의 끈을 놓지 않고 살 것인가? 그것이 문제인 것이다.

376 착하다는 소리를 듣는 사람들은 대부분 남의 말을 잘 듣는 자들이다. 한 사람을 두고 착하다고 말할 수 있는 쪽은 명령할 수 있는 쪽이다. 자기 말을 잘 들어 주니까 고마운 것이다. 하지만 자기 말을 잘 들어 주지 않고 제멋대로 행동한다면, 그런 사람을 두고서는 착하다는 말보다는 나쁘다 혹은 무례하다는 말을 하게 된다. 예의가 없다는 것이다. 때로는 버릇이 없다는 말도 하게 된다. 말을 잘 듣는 것이 버릇으로 잡혀 있어야 마땅한데 그렇지 못하기 때문에 버릇이 없다는 것이다.

맞춰 주며 즐겁게 해 주고, 아첨을 하기도 하고, 자신이 하고 싶은 것은 억누르고, 고통과 역겨움은 철저히 감추고, 언제든지 자신의 안색을 다시 환하게 빛나게 할 줄 안다는 데 있었다. 그리고 결국 그들은 이토록 정교하고 훌륭하게 연출해 내는 메커니즘 전체를 자신의 자식과 손주에게 유산으로 물려주게 되었던 것이다. 이 자식과 손주는 다행히도 좀 더 운이 좋았기 때문에 저 지속적인 공포를 위한 동기는 갖지 않았다. 그럼에도 불구하고 저 조상들은 자신이 물려준 저 메커니즘의 악기를 지속적으로 연주하고 있다.

311.

소위 영혼이라는 것. — 내면적인 움직임의 총합을 사람들은 자신의 영혼이라고 말한다. 그 영혼이라는 것은 사람에게 쉽게 일어나고 그렇기 때문에 기꺼이 행해짐과 동시에 우아하게 행해진다. 바꿔 말하면 만약 그가 내면적으로 움직여야 할 때 애를 써야 하고 또 어려움을 느껴야 한다면, 그는 영혼이 없는 것으로 간주된다는 것이다.[377]

312.

잘 잊는 사람들. — 열정이 폭발할 때나 꿈과 광기의 환상에 빠져 있을 때, 그때 사람은 자신과 인류의 선사를 다시 발견하게 된다. 즉 그때 사람은 야만적이고 찌푸린 얼굴 표정을 가진 동물성을 내비치게 되는 것이다. 또한 그때 사람은 충분히 멀리까지 뒤를 돌아보게 된다. 그래서 그 사람의 문

377 예를 들어 '넋이 나갔다'는 표현이 있다. 영혼은 없고 오로지 이성적인 생각에만 치중하게 될 때 우리는 이런 말을 하게 된다.

명 상태는 그저 이러한 근본 경험들을 망각한 것에서, 근본 경험의 기억을 중단시킴으로 인해서 발전하게 된 것일 뿐이다. 최고로 잘 잊어버리는 종류의 인간으로서 이 모든 것에서 항상 동떨어져 있는 자는 사람들을 잘 이해하지 못한다. 그러나 그것은 걱정할 것이 못 된다. 만약 여기저기에 개인들이 존재한다면, 즉 '사람들을 이해하지 못하면서'도, 동시에 신적인 종자로 만들어졌고,[378] 또 이성에 의해서 태어난 개인들이 여기저기에 존재한다면, 그것은 모든 사람에게 이익이 되는 일이다.

313.

더 이상 원하지 않는 친구. ― 친구의 희망을 충족시켜 줄 수 없다면 사람들은 그가 차라리 적이 되어 주기를 바란다.

314.

생각하는 사람들의 무리로부터. ― 생성의 바다 한가운데에 있는 한 점의 섬 위에서 우리는 망을 보고 있다. 이 섬은 나룻배보다 더 크지 않다. 그 위에서 우리는 모험가가 되고 방랑하는 철새가 된다. 우리는 여기서 아주 짧은 순간 주위를 살펴본다. 할 수 있는 만큼 최선을 다해 그토록 서두르며

378 사람은 신적인 종자로 만들어졌다. 이것이야말로 고대의 세계관이요 인생관이다. 그리스 로마 신화에 의하면 프로메테우스가 자신의 형상을 따라 흙으로 빚어 인간을 만들었다고 한다. 우리 모두는 거인의 후예라는 얘기다. 고대에는 그러니까 신이 될 수 있는 길이 얼마든지 열려 있었다. 그때는 전지전능할 필요가 없었다. 올림포스의 12신에서 볼 수 있듯이 자기 영역에서 최고가 될 수만 있다면 그 분야에서 신으로 불릴 자격이 주어졌던 것이다. 플라톤은 아폴론의 자식이라고, 시저는 아프로디테의 후예라고 누구나 그런 말을 할 수 있었고, 그때도 누구나 양심의 가책 따위는 가질 필요가 없었던 것이다.

또 그토록 호기심에 차서, 왜냐하면 바람 한 줄기가 갑자기 불어와 우리를 날려 버릴 수도 있고, 또 한 번의 파도가 이 작은 섬을 쓸어버릴 수도 있기 때문이다. 그렇게 되면 우리에게는 더 이상 아무것도 남아 있지 않게 될 것이다! 하지만 여기서, 이 작은 공간 위에서, 우리는 또 다른 방랑하는 철새들을 발견한다. 이들이 전해 주는 옛 이야기를 듣기도 한다. 이렇게 우리는 함께 즐겁게 날갯짓을 하기도 하고, 함께 지저귀기도 하며 소중한 시간을 보낸다. 그 시간이야말로 인식과 수수께끼 풀기의 시간이다. 이렇게 우리는 정신 속에서 나와 바다로 모험을 떠난다.[379] 그 정신이 가졌던 긍지에 못지 않은 긍지를 품고서!

315.

자기 자신을 포기하는 것.[380] — 자신의 소유물 중에서 어떤 것을 버리고

379 정신 속에 머무는 것만이 능사는 아니다. 때로는 정신 밖으로 나갈 줄도 알아야 한다. 그것이야말로 모험이다. 이성 안에 머무는 것이 능사는 아니다. 때로는 이성 밖으로 나갈 줄도 알아야 한다. 그것이 비이성이라고 함부로 말해서도 안 된다. 이성을 위해 이성과 싸울 줄도 알아야 한다. 때로는 정신이 기를 포기하며 정신을 쟁취할 줄도 알아야 한다. 모든 창조는 비이성에서 시작하여 이성으로 인정받으며 완성된다. 모든 선구자는 남들이 엄두도 못 내는 길을 찾거나 만들어 내며 앞서 나간다. 이 모든 것은 남들이 다 아는 이야기로 만족하는 정신으로는 상상도 못할 일이다.

380 이것은 자기 자신을 극복해야 할 때 절실하게 필요한 잠언이다. 자기 자신을 짓밟고 올라서야 할 때, 자기 자신을 미련 없이 버리고 떠나야 할 때 유익한 잠언이라는 얘기다. 여기서 우리는 자기 자신을 포기하면서도 양심의 가책에 시달리지 않을 수 있는 비결을 배워야 한다. 다 비워야 다시 채울 수 있다. 사람이 새롭게 거듭난다는 얘기는 완전히 새로운 존재의 형식을 취한다는 얘기다. 사람은 바뀔 수 있다. 허무함을 받아들이면서도 그 허무함을 극복해 낼 수만 있다면 누구나 초인의 길을 인식해 낼 수 있을 것이다. 대부분 인식의 순간에는 만감이 교차하게 된다. 고생하며 보낸 지난 세월에 대한 안타까움과 변화에 대한 인식이 가져다주는 행복감이 서로 교차하며 전혀 다른 세상을 바라보게 해 주기 때문이다. 자기 자신을 극복한다는 것은 자기 자신을 버리면서도 그 버림의 행위를 통해 자기 자신을 품어 주는 최고의 아량이 실천되는 순간이다. 바로 이때 눈물 없이는 들을 수 없는 이야기가 만들어지는 것이다. 인생의 이야기가.

자신의 권리를 포기하는 것에도 즐거움이 있다. 만일 그것이 큰 부를 암시한다면 그에 버금가는 즐거움이 주어진다. 바로 여기에 관대한 아량도 속한다.

316.

약한 교단. — 앞으로도 약한 상태를 면하지 못할 것이라고 느끼는 교단은 소수의 개별적이고 지적인 추종자들을 확보하려고 노력한다. 양의 부족을 질로 보충하려는 것이다. 바로 여기에 지식인을 위한 적지 않은 위험이 존재한다.

317.

저녁이 되어서 갖게 되는 판단. — 일과를 끝내고 그 하루를 되돌아보는 자 혹은 한평생을 살고서 자신의 삶을 되돌아보는 자는, 만약 그 스스로가 거의 한계에 도달해 있고 또 지쳐 있다면, 습관적으로 그것들을 우울하게 바라보게 된다. 하지만 그 우울의 원인은 그 날과 그 삶 자체에 있는 것이 아니다. 바로 자기 자신의 피곤함에 있을 뿐이다. 삶의 한가운데에 있을 때 우리는 보통 자신의 삶과 자신의 존재에 대해서 판단할 시간을 갖지 못한다. 또한 그 삶을 즐기고 있을 때도 마찬가지로 시간을 갖지 못한다. 그러다가 어느 순간 여유를 가질 기회가 주어지면 일곱 번째 날을 맞이하여 존재하는 모든 것의 아름다움을 발견하기 위해 편안하게 쉬고 있는 자에게 더 이상 권리를 주려고 하지 않는다.[381] 말하자면 그는 한층 더 좋은 순간을 지금 놓쳐 버리고 있기 때문이라는 것이다.

318.

체계를 좋아하는 자들을 조심하라! ― 체계를 좋아하는 자들이 보여 주는 연극 짓거리들이 있다. 그들은 하나의 체계를 완성하려 하고 동시에 그것 주변에 한계를 정해 놓으려 함으로써, 자신들의 약한 성질들을 보다 강한 성질들의 양식 속에서 나타내 보여 주고자 한다.[382] 말하자면 그들은 그것을 통해 완전하면서도 오직 독특할 정도로 강한 본성을 표현해 내고자 하는 것이다.

319.

손님을 환대하는 것. ― 환대의 풍습이 갖는 의미는 낯선 자에 대한 적대감을 마비시키는 데 있다. 낯선 자에게서 더 이상 적대감을 느끼지 않을 때

381 현대인은 무엇을 하든지 빨리빨리 하려고 애쓰고, 무엇을 하든지 좋은 성과를 내는 것을 목적으로 삼는다. 그래서 현대인은 늘 시간이 없다고 푸념을 쏟아 놓는다. 시간이 없다는 말은 시간에 쫓겨 다닌다는 말로도 해석될 수 있다. 시간에 대한 고민을 문학적 비유로 가장 잘 설명해 준 작품이라면 『모모』(1973)가 아닐까 싶다. 모모는 어른들이 잃어버린 시간을 찾아 되돌려주는 영웅이다. 시간의 비밀을 알기 위해 마이스터 호라에게로 갈 때는 카시오페이아라는 거북이가 길을 인도한다. 시간을 이해하려면 거북이 걸음만큼이나 여유가 있어야 한다. 서두르면 절대로 도달할 수 없는 세계가 바로 시간이라는 세계이다. 스핑크스의 수수께끼, 즉 아침에는 네 발로 점심에는 두 발로 저녁에는 네 발로 걷는 것이나, 싯다르타가 깨달았다고 하는 생로병사나 모두 한결같이 시간과 관련한 문제들이다. 그리고 시간은 오로지 이성적 존재에게만 문제가 되는 것이다. 즉 시간은 사람의 문제라는 얘기다. 물론 고대에도 시간의 문제를 가지고 몰두했던 철학자가 있었다. 대표적으로 세네카가 그다. 그는 세상 사람들이 자주 시간이 부족하다는 말을 한다는 것을 인식했다. 그리고 그는 시간이 부족한 것이 아니라 "사용하지 않은 시간이 너무 많다"는 명언을 남겨 놓았다.

382 여기서 '양식'으로 번역한 원어는 '슈틸(Stil)', 즉 '문체'로도 번역이 가능한 단어이다. 문체에 대한 고민은 『인간적인 너무나 인간적인』에서부터 수면 위로 떠올랐다. 니체는 과거 선배들이 선호했던 문체, 즉 독일 관념론자들이 즐겨 사용했던 논리적인 구조와 체계를 혐오했다. 그러면서 그가 선택한 것은 잠언이라는 문체였다.

환대에 대한 필요성 또한 줄어들게 마련이다. 환대가 거창해지는 곳은 언제나 악의적인 전제가 강한 곳일 뿐이다.

320.

날씨에 관하여. — 아주 이상하고 예상할 수 없는 날씨를 접하게 되면 사람들은 서로가 서로를 믿지 못하게 된다. 사람들은 이 순간에 자신의 습관에서 벗어나야 하기 때문에, 오로지 혁신만을 좋아하게 된다. 바로 이 때문에 전제군주들은 날씨가 도덕적인 모든 경계지역을 사랑한다.

321.

순진 속에 스며 있는 위험. — 순진한 사람들은 모든 면에서 희생제물이 된다. 왜냐하면 그들의 무지가 정도와 과도함을 구별하고 때에 따라서는 자기 자신에 대해서도 조심해야 하는 상황을 방해하기 때문이다. 따라서 순진한, 즉 무지한 젊은 부인들은 비너스 축제를 맞이하여 습관적으로 즐겁게 지내다가도, 남편이 병이 들거나 쇠약해지면 그러한 즐거움 없이 몹시 절제하며 살아간다. 남편과 이렇게 빈번히 성관계를 갖는 것이 마치 정당한 규칙인 것처럼 순진하게 믿어 버리는 것이야말로 그녀들로 하여금 성관계에 대한 욕구를 일으키고, 이 욕구로 인해 그녀들은 나중에 가장 격렬한 공격을 받게 되며 더 나쁜 상황에 처하게 된다. 그러나 극히 일반적으로, 높은 위치에서 보면, 한 명의 어떤 사람이나 하나의 어떤 사물을 잘 알지도 못한 채 사랑하는 사람은 결국 자기가 사랑하지 않는 것의 포로가 되고 만다. 만약 그가 높은 위치에서 조망하는 능력이 생기면 그 사실을 알게 될 것이다. 경험, 신중함, 조심스러운 발걸음이 절실히 요구되는 곳이라면 어디서나 순진한 사람이 가장 철저하게 파멸당한다. 왜냐하면 그는 맹목적인 눈으로 사물을 바라보며 거기서 모든 것의 찌꺼기와 가장 밑바닥에 깔려 있는 독까지도 모조리 마셔 버릴 것이기 때문이다. 모든 군주, 교회, 종파, 정당, 단체 등의 실제적인 형태를 생각해 보라. 언제나 순진한 사람이 극히 위험하고 흉악한 사건을 위한 가장 달콤한 미끼가 아니었던가? 이는 마치 오디세우스가 병들고 늙고 추한 렘노스의 은자를 속여 활과 화살을 빼앗기 위해 순진한 네오프톨레모스를 이용하는 것과 같다. 세계를 경멸하는 기독교는 무지를 하나의 미덕으로 만들어 냈다. 즉 무지가 기독교적인 순진함이라는 얘기다. 아마도 이러한 순진함의 가장 빈번한 결과가 앞에서 암시했던 것처럼, 바로 죄이고 죄책감이며 절망이 아닐까 싶다. 그래서 기독교적인 순진함은 지옥이라는 우회로를 거쳐 천국으로 인도하는 하나의 미덕이 되는 것이다.[383] 왜냐하면 그때가 되어서야 비로소 기독교적인 구원의 음울한 문이 열릴 수 있기 때문이며, 또 그때가 되어서야 비로소 나중에 태어나는 제2의 순진한 상태에 대한 약속이 효력을 발휘할 수 있기 때문이다.[384] 이 약속이야말로 기독교가 발명해 낸 것 중 가장 아름다운 것이다!

383 단테도 『신곡』에서 우선 지옥을 여행하고, 그다음 연옥을, 그리고 마지막으로 천국을 여행하게 된다. 처음부터 천국에 들어갈 수는 없는 것이다. 모든 것은 계단을 밟듯이 그렇게 순차적으로 올라가야 한다. 문제는 천국에 가고 싶으면 제일 먼저 지옥부터 가 봐야 한다는 것이다. 아무도 지옥은 가고 싶어 하지 않는다. 믿음으로 천국에 가고 싶다. 이것이 대부분의 신자가 믿는 바이다. 예를 들어 예수는 이렇게 가르친다. "그러나 끝까지 견디는 자는 구원을 얻으리라"(마태복음 24:13). 끝까지 견뎌야 하는 것은 힘든 일이다. 힘든 일을 외면하지 말고 참고 견뎌 달라는 것이다. 또 "나의 멍에를 메고 내게 배우라 그리하면 너희 마음이 쉼을 얻으리니"(마태복음 11:29). 하나님이 씌워 주는 멍에는 최고의 짐을 부여해 줄 것이다. 사람으로서는 상상도 못할 것을 신은 부담하게 할 것이다. 그것조차 회피하지 않고 멍에로 메고 끝까지 배워야 한다. 그래야 궁극적인 쉼이 이루어질 것이다.

384 예를 들어 천국에 가면 개인은 남성도 여성도 아닌 존재가 된다고 한다. "사람이 죽은 자 가운데서 살아날 때에는 장가도 아니 가고 시집도 아니 가고 하늘에 있는 천사들과 같으니라"(마가복음 12:25). 천국에 사는 존재가 될 때는 천사들과 같아진다고 했다. 천사는 정상적인 사람이 아니다. 어른의 몸을 가졌을까? 언제부턴가 사람들은 이 천사의 형상에 어린아이의 모습을 부여하기 시작했다. 성적 능력이 중요한 사안이 아니라서 그랬던 것이다. 시집도 안 가고 장가도 안 가는 그런 존재, 분명 천국에

322.

어디서든 가능하면 의사 없이 산다. — 병자가 의사의 치료를 받는 것이 스스로 자신의 건강을 돌보는 것보다 더 경솔한 것 같다. 의사의 치료를 받을 경우에는 의사가 지시하는 것만 모두 엄격하게 지키는 것으로 충분하다. 그러나 병자가 자신의 건강을 스스로 돌볼 경우에 그는 저 지시가 목표하는 건강을 의사의 권유를 따를 때보다 훨씬 더 주시하고, 훨씬 더 주의하며, 훨씬 더 많은 것을 자신에게 명령하고 금해야 한다. 즉 모든 규칙은 규칙의 배후에 있는 목적을 도외시하고 더 경솔해지도록 만든다. 그리고 인류가 일찍이 그들의 의사와 같은 신에게 '신이 원하는 대로'라는 말에 따라 모든 것을 완전하고 성실하게 맡겼다면 인류의 경솔함은 통제할 수 없고 파괴적인 것이 될 정도로까지 심각해졌을 것이다!

323.

하늘이 어두워졌다는 것. — 그대들은 자신의 사지가 마치 훔쳐 온 것인 듯이 사회에서 행동하는, 그토록 수줍어하는 사람들이 행하는 복수를 알고 있는가? 겸손한 기독교인이 행할 만한 영혼의 복수를, 지상이라면 그곳이 어디가 되었든 간에 상관하지 않고 슬며시 스며드는 그런 영혼의 복수를? 언제나 즉석에서 판단하고 또 언제나 즉석에서 잘못을 인정하는 그런 사람들의 복수를? 하루 중에서도 아침에 가장 기분이 나쁜, 그런 모든 종류의 술고래 같은 사람들의 복수를? 이들과 마찬가지로 건강해지려는 용기를

들어갈 때는 이 몸, 이 모습 그대로 들어갈 수는 없을 것이 틀림없다. 그것을 무엇이라 칭할까? 니체처럼 제2의 순진한 상태? 이름은 무엇이라 불리든 상관없다. 그 내용을 이해하느냐가 관건일 뿐이다.

더 이상 갖지 못하는 모든 종류의 병자들, 허약해서 비실대는 사람들, 스스로 억압당해 의기소침한 사람들의 복수를? 이토록 자그마한 복수심에 불타는 사람의 수와 그들의 자그마한 복수 행위의 수는 엄청나다. 그들의 악의가 쏘아올린 크고 작은 화살들로 인해 공기 전체가 끊임없이 시끄럽게 윙윙거리고 있다. 그 화살들 때문에 삶의 태양도 삶의 하늘도 모두 하나같이 어두워지고 말았다.[385] 그들뿐만 아니라 우리까지도 더 나아가 다른 사람까지도, 모든 나머지 사람까지도 어둡게 만들고 만 것이다. 이것은 그 크고 작은 화살들이 너무나 자주 우리의 피부와 심장에 상처를 입히는 것보다 더 나쁜 것이다. 가끔 우리가 너무나 오랫동안 그 태양과 하늘을 보지 못했다는 이유를 근거로 하여 그것의 존재까지 부인하고 있는 것은 아닌지? 그렇다면 고독해져라! 또한 그 때문에라도 고독해져라!

324.

연극배우의 철학. — 위대한 배우들은 자기 자신을 행복하게 하는 광기 수준의 잘못된 생각을 할 때가 많다. 즉 그들이 무대 위에서 연기해 내는 역

385 누구는 멀쩡한 날에도 '앞이 캄캄하다!'고 말한다. 누구는 멀쩡한 길 위에서도 '길이 없다!'고 한탄한다. 누구는 답을 앞에 두고서도 '답이 없다!'고 단정한다. 누구는 뚫린 입을 갖고도 '답답하다!'고 가슴을 친다. 도대체 왜 이러는 것일까? 생각하는 존재에게 무슨 일들이 벌어지고 있는 것일까? 니체의 생각으로 답을 찾으면 복수심이 문제다. 복수심의 시선은 밖으로 향해 있다. 모든 문제의 원인을 밖에서 찾고 있는 것이다. 복수를 원하는 자는 그 복수를 행할 능력이 결여된 사람일 뿐이다. 복수심에 칼을 갈고 있는 자는 그 칼을 지금 당장 활용할 용기가 부족한 사람일 뿐이다. 늘 타인을 주시하며 억울한 나날을 보낸다. 늘 다른 곳에서 고통의 원인을 찾고 있다. 그런 생각이 '삶의 태양과 삶의 하늘'을 어둡게 한다. 삶에서 빛을 앗아 간다는 얘기다. 삶에서 살 만한 의미와 가치를 제거해 버린다는 것이다. 삶의 태양이 빛나게 하고 삶의 하늘이 파랗게 물들게 하려면 삶에 삶의 권리를 되돌려주는 것이다. "우리의 삶도 우리 스스로에 대해 권리를 지녀야 마땅하다"(『즐거운 학문』, 170쪽)! 우리에게만 권리가 있는 것이 아니다. 삶도 우리 앞에서 권리를 주장할 자격이 있다.

사적 인물이, 연기할 때의 자신과 똑같은 심리 상태였을 것이라고 생각하며 행복해하는 것이다. 그러나 그들은 크게 착각하고 있는 것이다. 그들의 모방하고 추측하는 힘, 즉 모든 것을 밝게 바라보는 능력이라고 즐겨 내세우고자 하는 그 힘은 그저 행동거지와 그에 수반되는 목소리와 시선 그리고 일반적으로 외적인 것을 설명하는 데까지만 개입할 수 있을 뿐이다. 즉 위대한 영웅이나, 정치가, 전사, 명예욕에 불타는 사람, 질투심이 많은 사람, 절망하는 사람의 영혼에 드리워져 있는 그림자를 그들은 재빨리 낚아채기는 하나, 그것으로 그들이 이 혼의 근처까지는 침투할 수 있을지 몰라도, 그 대상들의 깊은 정신에까지는 절대로 침투하지 못한다. 어떤 상태의 본질과 그 내부를 비추기 위해서는 모든 사상가, 정통한 사람, 전문가 등 이런 사람들 대신 오로지 사물을 밝게 바라보는 연극배우만이 필요하다고 말하는 것은 물론 멋진 발견이며 주장이긴 하다! 하지만 자신에 대한 연극배우들의 이러한 자만심을 접할 때마다 우리는 다음의 사실을 절대로 잊어서는 안 된다. 어떤 경우에서든 배우라고 하는 존재는 그저 이상적인 원숭이라는 사실을, 그리고 그는 '본질'과 '본질적인 것'을 전혀 믿을 수 있는 능력도 없다는 사실을. 그에게 있어서 모든 것은 그저 연기, 목소리, 몸짓, 무대, 무대 장치 그리고 관객이 될 뿐이라는 사실을.

325.

멀리 떨어져서 살아가고 거기서 믿음생활을 한다는 것. ― 자기 시대의 예언자이자 기적을 행하는 사람이 되기 위한 수단은 옛날이나 오늘날이나 여전히 똑같다. 즉 일단은 사람들로부터 멀리 떨어져서 살아야 한다는 것이다. 거기서 적은 양의 알량한 지식과 몇 안 되는 사상들을 가지고서, 마지막으로 몇 겹으로 둘러싸인 안개 속에서 사는 것이다. 그러면 사람들에게 허무맹랑한 믿음이 생겨나기 시작한다. 이렇게 멀리 떨어져서 살아가는 사람들은 인류 없이도 너무도 잘 살아가고 있기 때문에, 그들 없이는 인류가 단 한 걸음도 나아갈 수 없다는 그런 믿음이 밑도 끝도 없이 생겨나고 마는 것이다. 이러한 믿음이 생기고 나면, 사람들은 이런 믿음을 믿는 신도들도 찾아내고야 만다. 마지막으로 이러한 믿음이 필요할지 모르는 사람을 위한 충고 한 마디를 하고자 한다. 이 충고는 원래 웨슬리가 그의 정신적 스승 뵐러로부터 받은 것이다. "그대가 믿음을 가지고 있을 때까지만 그 믿음을 설교하도록 하라. 그러고 나면 그대는 그것을 갖고 있기 때문에 그것을 설교하게 될 것이다!"

326.

자신의 주변 환경을 안다는 것. — 우리는 우리의 능력들을 평가할 수는 있지만 우리의 힘 자체는 평가할 수 없다. 주변 환경은 이 힘을 우리에게 감추거나 드러낼 뿐만 아니라, 그렇다! 그뿐만 아니라, 더 나아가 이 힘을 크게 하거나 더 작게 하기도 한다. 사람들은 자기 자신을 가변적인 양으로 보아야 한다. 그것의 업무 능력은 유리한 환경에서는 아마 최고 수준으로 발휘될 수 있을 것이다. 따라서 사람들은 환경에 대해 깊이 생각해야 하고 그것을 관찰할 때 어떤 노력도 주저해서는 안 된다.

327.

하나의 우화. — 인식의 돈 후안, 그는 아직까지 어떤 철학자와 시인에 의해서도 발견되지 않았다. 그에게 결여된 것은 자신이 인식하는 그 사물들에 대한 사랑이다. 하지만 그는 정신 외에도 욕정을 갖고 있었고 또 사냥을 즐길 뿐만 아니라 인식을 하기 위해 음모를 꾸밀 줄도 알았다. 게다가 그의 인식 능력은 가장 높은, 그리고 가장 멀리 있는 별까지 도달했다! 그는 사냥할 수 있는 것이 단 하나도 남아 있지 않을 때까지, 소위 끝까지 사냥했다. 그에게 남아 있는 것이라고는 오로지 인식 때문에 절대적으로 괴로워해야 하는 그것뿐이었다. 그는 마지막 그 끝에 이르러 쑥으로 만든 술 압생트와 이별의 눈물로 채운 술을 마시는 술꾼과 같다. 이런 식으로 그는 바로 그 끝에서 지옥을 갈망한다. 이제 그에게는 마지막 인식만이 허락되었다. 그 인식은 그를 유혹해야 했다. 어쩌면 그 인식은 모든 다른 인식된 것과 마찬가지로 그를 속이기도 해야 할 것이다! 그러고 나서 그는 모든 영원 속으로 들어가 언제까지나 머물러 서 있어야 할 것이다. 게다가 그 영원 속에서 그는 실망에 단단히 못 박혀 버릴 것이다. 그러면서 서서히 돌이 되어 버린 손님처럼 변할 것이다. 그 영원 속에서 그는 인식을 위한 최후의 만찬을 갈망하게 될 것이다. 왜냐하면 거기서는 그런 만찬을 더 이상 할 수 없기 때문이다![386] 사물의 세계 전체는 이 배고픈 자에게 먹을 것을 단 한 입도 더 이상 주지 않을 것이다.

386 영원 속에는 끝도 없고 시작도 없다. 만남도 없고 헤어짐도 없다. 모든 것은 단일한 형상으로 이루어질 것이다. 영원이란 이념 하나로 모든 것이 구속되고 말 것이다. 십자가에 못 박히듯이 그렇게 십자가의 이념에 구속되고 말 것이다. 그것이 영원 속에서 이루어질 삶의 현상이다. 천국 가면 어떻게 되냐고? 영원 속으로 들어가는 것이다! 시집도 장가도 갈 필요가 없는 그런 존재가 되어 밑도 끝도 없고 그 어디에도 한계조차 없는 그런 영원 속으로 들어가게 되는 것이다. 영원 속에는 인식만이 남을 것이다. 힌두교에서는 깨달음의 경지를 이렇게 표현하고 있다. "인식이 생기자마자 욕망은 사라져 버렸다." 쇼펜하우어는 이 말을 자신의 대표작 『의지와 표상으로서의 세계』 제4권의 모토로 삼았다. 지극히 낭만적인 발상이다. 삶에의 의지를 완전히 소멸시키고 밤하늘의 은하수가 되고 싶다는 염세주의 철학이 선택한 언어다. 개체성과 개별성 및 개성 등은 모두 사라지고 먼지처럼 무수한 별들 중의 하나가 된다는 이런 이념으로 위로가 될까? 물론 낭만주의적인 철학이 지닌 상상을 초월하는 힘도 있다. 하지만 언제까지나 하늘을, 즉 허공을 바라보며 살 수는 없다. 언젠가는 눈을 대지로 향하게 해야 한다. 사물을 있는 그대로 바라볼 수 있는 용기도 가져야 한다. 삶의 현장은 꿈과 희망이 필요하지만 그 꿈과 희망으로 해결될 수는 없다. 삶은 살아져야 하고, 살 수 있기 위해서는 온갖 종류의 훈련과 노력이 필요할 뿐이다.

328.

이상주의적 이론이 조언해 주는 것. — 이상주의적 이론은 깊이 생각해 보지도 않고 행동하는 자들에게서 가장 확실하게 나타난다.[387] 왜냐하면 그들에게는 이상주의적 이론이 발하는 영광의 광휘가 그들의 명성을 위해 필요하기 때문이다. 그들은 본능적으로 그것을 붙잡으려 한다. 그러니까 이 경우 그들은 위선적이라는 감정을 전혀 느끼지 않는다.[388] 이는 영국인이 자신이 기독교 신자라고 주장하는 것과 주일 예배를 반드시 지키려는 것을 전혀 위선적으로 느끼지 않는 것과 같은 원리다. 반대로 온갖 종류의 공상에 대항하여 경계를 늦추지 않고 또 열광이라는 평판 역시 부끄러워하는 사람들, 즉 모든 것을 있는 그대로 보려는 본성으로 충만한 사람들은 엄격한 현실주의적인 이론들만으로도 충분히 만족한다.[389] 이들도 현실주의적

387 이상주의자들이 보여 주는 생각의 패턴은 간단하다. 주변의 다른 것을 무시하고 오로지 단 하나만을 주시하는 형태가 바로 그것이다. 하나의 사물을 이상화함으로써 그것만을 최고라고 또 전부라고 말하는 실수를 범하는 것이다. 니체는 이런 이상을 우상으로 인식시키고자 한다. "우상('이상'에 대한 나의 말)을 파괴하는 것, 이것은 이미 내가 하는 일에 속한다"(『이 사람을 보라』, 13쪽). 이성적 존재는 생각할 수밖에 없고, 모든 생각은 우상을 피할 수 없다. 하지만 우상을 극복하고 이상을 품을 수 있어야 한다. 언제까지? 죽을 때까지! 이것이야말로 이성적 존재의 운명이다. 사랑을 실천해야 할 필연이다. 아모르 파티는 여기서 진정한 의미를 발휘하게 되는 것이다.

388 오히려 모든 이상주의자는 너무 진지해서 문제다. 자신이 믿은 것을 절대시한다. 이상뿐이라고 생각하기에 다른 생각을 허락할 마음의 여유도 없다. 그 이상이 무너지면 모든 것이 무너진다고 생각한다. 거의 배수진을 치고 대화를 하듯 전혀 물러설 기미를 보여 주지 않는다. 이상은 외나무다리와 같다. 다른 길로 갈 수 있는 가능성은 전무한 상태다. 물러설 수도 없는 그 길에서 오로지 전진만이 있을 뿐이라고 생각한다. 그런 진지함이 사람을 공격적으로 만드는 것이다.

389 이상과 현실은 균형을 잡아 줘야 한다. 중세 천 년 동안 이상이 우세했다. 그 불균형을 바로잡아야 한다. 이제 현실에 대한 감각을 중세인만큼이나 열중해서 키워야 할 때다. 신이란 소리를 들으면 갖게 되는 그 절대적인 감정 상태만큼이나 사람이라는 소리를 들을 때도 그에 버금가는 감정 상태를 가질 수 있도록 상황을 바꿔 놓아야 한다. 신 중심 사상에서 인간 중심 사상으로 옮겨 가는 것은 쉬운 일이 아니다. 르네상스도 한계에 부딪혀 좌절하고 말았다. 그 강렬했던 근대정신도 현대의 등장과 함께 역사의 뒤안길로 접어들어야 했던 것이다. 누차 말했듯이 중세의 이념이나 현대의 이념에는 사람 중심

인 이론을 똑같이 본능적으로 붙잡으려 한다. 하지만 이런 경우에도 그들은 정직성을 잃지 않는다는 것이 이상주의자들과 다른 점이다.

329.

명랑함을 비방하는 사람.[390] — 삶에서 회복할 수 없을 만큼 깊은 상처를 받은 사람들은 모든 종류의 명랑함을 의심하게 된다. 이런 점에서 그들은 항상 어린아이 같고 유치하기만 하다. 그들은 명랑함과 직면하게 되면 오로지 비이성적인 태도로 일관한다. 그런 비이성을 접할 때 사람들은 마치 죽음에 임박한 어린아이가 자신의 침대 위에서 아직 장난감을 가지고 노는 모습을 보는 때와 마찬가지로 연민과 동정밖에 느낄 수 없을 것이다.[391] 그

으로 생각하지 않는다는 점에서 동일하다. 중세가 신을 중심에 두고 생각했다면 현대는 오로지 자본을 중심에 두고 생각한다. 자본주의는 현대인에게 양심을 형성해 주는 개념이다. 이것을 어떻게 극복할까? 그것이 니체가 철학적으로 고민하는 대목이다.

390 비방하는 모든 사람은 한결같다. 그들은 모두 자신이 할 수 없는 것을 싫어하고 혐오할 뿐이다. 자신이 할 수 있다면 굳이 비방할 이유가 없다. 질투심이나 증오, 원한 등 이런 종류의 모든 감정 상태는 약자의 것이다. 니체의 말로 표현하자면, 그것은 노예도덕에 불과한 것이다. 노예가 원하는 것은 아량이고 관대함이며 관용이고 동정이다. 노예는 어떤 상황에서든 용서를 미덕으로 간주한다. 하지만 이런 도덕관념에서 배제되고 있는 것은 강자의 논리다. 노예도덕이 지배하는 곳에서 강자가 살아남은 방법은 오로지 겸손의 미덕을 완벽하게 연출해 내는 것에 달려 있을 뿐이다. 조금이라도 강한 모습을 보여 주면 거만, 교만, 오만, 자만 등으로 잔인한 평가를 해 댈 것이 틀림없다. 남이 잘난 모습을 절대로 인정하고 싶지 않기 때문이다. 하나의 도덕관념으로 도덕적 현실을 지배하게 하면 그것이야말로 닫힌 사회다. 독재사회가 따로 없다. 이제 철학은 이런 도덕이 스스로 변화를 꾀할 수 있도록 길을 터 주어야 한다.

391 사람이 명랑할 수 있다는 것을 믿지 않는 자는 불쌍하기 짝이 없다. 스스로 그런 감정을 느끼지 못하기 때문에 믿을 수 없는 것이다. 웃고 즐기는 모습을 볼 때마다 그들은 그래서 냉소적인 발언을 서슴지 않는다. 그것을 그들은 오히려 솔직하고 정직한 태도로 간주한다. 이것은 순수한 것이 아니라 순진한 것이다. 그 순진함조차 타인을 믿지 않는다는 점에서 잔인하고 악의적이기까지 하다. 스스로 상처 입은 자들은 무의식적으로 이런 행동을 하게 되는 것이다. 문제는 자기 자신이 입은 그 상처를 어떻게 회복할 것인가 하는 것이다.

런 사람들은 어떤 장미꽃을 보아도 오로지 그 밑에 있는, 즉 그 이면에 은닉되고 감춰진 무엇을 볼 뿐이다. 재밌는 놀이, 소란스러운 잔치, 즐거움을 선사하는 음악 등은 그들에게 마치 인생의 도취의 잔을 단 일 분만이라도 들이키고자 하는 중환자들의 철두철미한 자기기만처럼 보인다. 그러나 명랑함에 대한 이러한 판단은 피곤함과 질병 상황이라는 이러한 음울한 바탕 위에서 명랑함의 빛이 비치고 있는 것에 불과하다. 이러한 판단은 그 자체가 이미 무엇인가에 사로잡힌 것이며 그래서 또한 그저 비이성적인 것에 지나지 않는다. 이러한 판단은 어쩔 수 없이 동정심을 일으키는 것이다. 그것은 그러니까 어린아이 같고 유치한 것이다. 그것은 나이가 들어 버린 늙은 사람의 뒤를 쫓아 오는, 즉 죽음을 향해 달려가고 있을 때, 말하자면 제2의 어린아이가 모습을 드러낼 때 생겨나는 것이다.[392]

330.

아직 충분하지 않다! — 하나의 사건을 증명하는 것으로는 아직 충분하지 않다. 더 나아가 사람들을 그쪽으로 유혹하거나 고양시킬 줄도 알아야

392 사람이 늙으면 다시 어린아이가 된다고 한다. 이성의 힘이 정점을 찍고 나면 다시 굳어지기 시작한다. 활발했던 이성이 단단해지기 시작하는 것이다. 하나만 알고 둘은 모르는 그런 이성이 되고 만다. 늙어 버린 사람의 특징은 생각하는 힘이 줄어들고 그러면서 고집만 세졌다는 데서 찾을 수 있다. 늙은 사람은 자기 말을 안 들어 주면 화를 낸다. 자기 생각이 옳다는 그 생각에서 벗어날 줄을 모른다. 나이 든 사람이 한 번 화를 내면 죽을 때까지 풀지를 못한다. 젊음을 유지하는 것은 바로 생각을 유연하게 하는 훈련에 얼마나 열정적으로 임하느냐에 달려 있다. 한 사회의 현상도 마찬가지다. 데카당에 임박한 사회일수록 의견 대립이 첨예해진다. 서로가 자신의 의견을 굽힐 줄을 모른다. 영원하리라고 믿었던 대제국 로마도 바로 이 데카당 앞에서 무너지고 말았다. 데카당은 퇴폐한 것을 의미한다. 부패한 것을 가리킨다. 생각이 퇴폐하고 부패하기 시작하면 존재 자체가 위기에 처하고 만다. 반대로 존재가 위기에 처했다는 것은 어떤 생각으로 삶에 임하느냐를 알아봄으로써 진단해 낼 수 있다. 생각하는 존재는 늘 생각으로 존재 범위 자체를 넓혀 갈 줄 알아야 한다.

한다. 그래서 자신의 지혜를 말하는 법을 배우는 자가 현명한 사람인 것이다. 그것도 자주 어리석은 소리처럼 들릴 수 있도록!

331.

권리와 한계. — 금욕주의는 자신의 감각적인 충동이 광포한 야수처럼 날뛰고 있기 때문에 그것을 완전히 씨를 말려야 하는 사람들에게 적합한 사고방식이다.[393] 그러니까 오로지 그런 사람들만을 위한 사고방식이라는 얘기다!

332.

풍선처럼 부풀려진 문체. — 크게 부풀려진 감정을 예술로 승화시켜 작품 속에 쏟음으로써 스스로 홀가분해지려 하지 않고, 오히려 오로지 그 부푼 감정 자체만을 전달하려 하는 예술가는 스스로 부풀려지는 경향이 있다. 그래서 그의 문체 또한 풍선처럼 과장된 문체가 되고 만다.

393 '금욕주의'로 번역한 독일어는 '아스케티스무스(Asketismus)'이고, 그 어원에는 '아스케제(Askese)', 즉 '훈련'이란 개념이 자리 잡고 있다. 훈련은 하나의 단계를 의미한다. 훈련이 필요한 사람이 있다. 욕망 때문에 삶이 혼란스러운 사람은 욕망을 줄일 필요가 있다. 뭔가를 배우고 싶은 사람은 자기 자신이 하고 싶은 욕망은 줄이고 타인의 욕망을 자신의 것인 양 그렇게 살아야 한다. 스승 앞에 무릎을 꿇고 배우듯이 그렇게 타인의 정신에 복종하며 살아야 한다. 이것이 낙타의 정신이다. 낙타에게는 짊어질 수 없는 짐이 없다. 그는 불굴의 정신으로 사막에서조차 살아남은 끈질긴 인내의 전형이다. 하지만 정신은 낙타에서 사자로, 또 사자에서 어린아이로 변신을 거듭할 줄 알아야 한다.

333.

'인간적인 것.' — 우리는 동물을 도덕적인 존재로 간주하지 않는다. 그런데 그대들은 동물이 우리를 도덕적인 존재로 간주하리라 생각하는가? 말할 줄 아는 어떤 동물이 있다면 이렇게 말하리라. '인간적인 것이란 하나의 편견이다. 적어도 우리 동물들은 그 편견 때문에 괴로워하지는 않는다.'

334.

자선가. — 자선가는 자선을 베풂으로써 스스로 마음의 욕구를 충족시킨다. 이러한 욕구가 강할수록 그는 타인의 생각 속으로 들어가 생각하는 일이 줄어들게 된다. 자신의 욕구를 충족시켜 줄 사람이라 해도 똑같은 상황이 펼쳐진다. 그는 자기 멋대로 타인에게 딱딱해지기도 하고 상황에 따라 타인을 모욕하기도 한다.[394] 사람들은 유대인의 선행과 자비에서 이런 면모를 쉽게 발견할 수 있다. 잘 알려져 있듯이, 유대인의 선행과 자비는 다른 민족들보다 더 뜨겁고 심하다.

394 자비를 베풀려고 하는 사람은 자기 자신의 양심과 그와 동시에 발생하는 양심의 가책 때문에 자비를 베풀려고 할 때가 많다. 그는 상대방 입장이 중요한 것이 아니라 자기 자신의 입장이 중요하기 때문에 선행을 하려고 애를 쓴다. 선행을 한다고 생각하며 상대를 깎아내리기도 한다. 착한 일을 한다면서 상대의 상처를 건드리기도 한다. 옳은 일을 한다고 판단하며 상대의 비밀을 떠벌리고 다니기도 한다. 기독교가 주장하는 이웃사랑은 사실 동정에 해당한다. 사랑 없는 사랑이라고 할까. 사랑이라 말하면서 동정을 실천하고 있을 뿐이다. 상대를 앞에 두고 불쌍하다는 마음을 가져주는 것은 절대로 사랑의 감정이라 말할 수 없다. 그런 마음으로 사랑을 실천할 수 있다면 누구나 다 사랑을 경험할 수 있을 것이다. 하지만 진정한 사랑은 그런 마음으로 될 수 있는 것이 결코 아니다.

335.

사랑이 사랑으로 느껴지기 위해.[395] — 우리는 우리 자신에 대항하여 솔직해질 필요가 있다. 그리고 또 우리는 타인에 대항하여 자기 자신을 인간 친화적으로 변장시킬 수 있기 위해 자기 자신을 잘 알아 둘 필요가 있다.[396] 이는 사람들이 그 변장된 모습을 바라보며 사랑과 호의의 징표를 찾아낼 수 있게 하기 위함이다.

336.

우리가 할 수 있는 일은 누구를 위한 것일까? — 어떤 한 사람이 말을 잘 안 듣고 나쁜 짓만 하는 아들에게 하루 종일 너무나 괴롭힘을 당한 나머지, 저녁이 되어서 마침내 그 아들을 잡아 때려죽인 뒤, 안도의 깊은 한숨을 내쉬고는 나머지 가족들에게 이렇게 말했다. "자! 이제야 우리는 조용히 잠을 잘 수 있게 되었다!" 주변 상황들이 우리를 어디로 몰아갈 수 있을지에 대해 우리는 과연 무엇을 알고 있는가!

395 모든 것은 훈련이 필요하다. "우리는 사랑도 배워야만 한다"(『즐거운 학문』, 303쪽). 배우지 않고 사랑하면 상대에게 상처만 줄 수 있다. 그런 어설픈 사랑이 타인의 삶을 망치는 것이다. 그런 식으로 사랑하는, 소위 악한 사람들이 이 세상에는 너무도 많다.

396 변장도 자기를 알아야 할 수 있다. 거짓말로 진실을 알아야 할 수 있다. 가면을 쓰는 능력은 '너 자신을 알라'라는 덕목을 제대로 이행한 자만이 가질 수 있는 것이다. 자기 자신을 아는 자는 새빨간 거짓말도 하얀 거짓말도 다 할 줄 알 것이다. 상황에 따라 자기 자신을 위한 거짓말도, 타인을 위한 거짓말도 능숙하게 할 수 있을 것이다.

337.

'자연스럽다'는 말. — 자신의 결점과 관련해 적어도 자연스럽다고 말하는 것은 아마 기교적이거나, 그렇지 않으면 어디서든 배우 같고 절반 정도만 진정성이 있는 예술가를 향한 마지막 찬사가 아닐까 싶다. 바로 이런 본성 때문에 그런 예술가는 자신의 결점을 대담하고 뻔뻔스럽게 드러내는 것이다.

338.

대체된 양심. — 어떤 사람은 다른 사람을 위해서 하나의 양심이 된다. 그리고 이것은 다른 사람이 그것 외의 어떤 양심도 갖고 있지 않을 경우에 특히 중요하게 여겨진다.

339.

의무의 변화. — 의무가 어렵게 느껴지는 부담을 주지 않고, 또 오랫동안 실행되고 난 뒤에 그 의무가 즐거운 버릇과 욕구로 변화를 일으키게 되면, 그동안 우리의 의무와 관계되어 왔고, 지금은 우리의 경향과 관계된 타인의 권리는 어떤 다른 것이 되고 만다. 말하자면 우리에게 편안한 느낌을 주는 동기가 된다.[397] 이때부터 타인은 그의 권리 때문에 사랑받을 만한 존재

397 즉 타인의 권리가 자기 자신의 권리인 것처럼 착각하게 된다는 것이다. 예를 들어 사회의 의지대로 생각하면서 그 생각이 자기 생각인 양 착각하는 것과 같은 논리다. 시킨 대로 하면서도 자기 뜻대로 행하고 있다고 판단하는 것이다. 이런 생각들이 관행을 만들어 내고, 그것이 다시 어느 집단에만 유익한 이기주의를 만들어 내게 되는 것이다. 집단 이기주의는 정해진 틀 안에서 생각하고 행동하는 것을

가 된다. 그는 이전처럼 더 이상 존경받을 만하면서도 두려운 존재가 아니다. 만약 우리가 지금 그 타인의 권력이 지배하는 영역을 인정하고 또 온전히 보존하고자 한다면, 이때 우리는 우리의 쾌락을 구하는 것이 된다. 고요함을 추구했던 정적주의자들이 더 이상 기독교에 부담을 주지 않게 되었을 때, 그리고 또 그들이 신 안에서 오로지 자기 자신들의 쾌락을 추구할 수 있게 되었을 때, 그들은 '모든 것을 신의 영광을 위해!'라는 구호를 취했다. 그들이 무슨 일을 하든 항상 바로 이러한 의미에서 행했고, 그것은 더 이상 희생이 아니었다. 그것은 오히려 '모든 것을 우리의 즐거움을 위해!'와 똑같은 말이 되었다. 칸트가 말했듯이, 의무가 항상 무거운 짐 같은 것이 되기를 요구하는 것은 그의무가 결코 습관이나 풍습이 되지 않도록 하는 것을 요구하는 것과 같다. 이러한 요구에는 금욕주의적이고 잔인한 측면이 조금 숨어 있다.

미덕으로 간주한다. 다른 생각은 하지 않는 것을 의무로 요구하기 때문이다. 예를 들어 명령과 복종을 중요시하는 군대와 같은 조직 사회에서 정해진 명령에는 정해진 복종만이 허용된다. 이런 의식이 일반화되어 버린 사회는, 일사불란한 면모는 갖추고 있을지 몰라도 더 이상의 창조적 행위는 부당한 것으로 간주되고 만다. 이런 문제의식으로 작품을 써 내려간 최고의 저자로서 괴테가 떠오른다. 그는 『젊은 베르테르의 슬픔』에서 사회의 의지대로 살자니 사랑이 불가능하고, 자기 의지대로 살자니 사회로부터 지탄을 받게 되는 딜레마에 처한 인물 베르테르의 절망을 질풍노도기의 문체로 승화해 냈다. 또 『파우스트』의 제1부 그레트헨의 장면에서도 사회의 의지대로 행동하자니 사랑이 허락받을 수 없고, 자기 의지대로 행동하자니 마녀사냥에 희생될 수 있는 딜레마에 처한 14살 소녀를 주인공으로 삼았다. 자기가 낳은 아기를 목 졸라 죽이고 강가에 버리는 행위는 사회의 의지가 두려워서였던 것이다. 자기가 살고 싶으면 그런 일이 없었던 것처럼, 요즈음 말로 하자면 스스로 아무도 모르게 낙태를 해야 했던 것이다. 베르테르나 그레트헨 모두 사회의 의지에 희생되는 인물들이었다. 베르테르는 질풍노도기의 정서답게 자살하는 것으로 결말을 맺었고, 그레트헨은 고전주의를 넘어 낭만주의로까지 넘어가는 결말, 즉 천사에 의해 구원받는 것으로 이야기를 끝냈다.

Pedro Américo, 〈파우스트와 그레트헨〉, 19세기 후반.

340.

눈에 보이는 외모는 역사가에 반대한다. — 모든 사람이 어머니의 자궁으로부터 세상에 나오게 되었다는 것은 사실로 잘 증명되었다. 그럼에도 불구하고 다 성장한 그 자식을 그의 어머니 곁에 세워 놓고 바라보게 되면, 이러한 가설이 아주 터무니없는 것처럼 보이기도 한다. 왜냐하면 이러한 가설은 자신과는 반대되는 외모를 보여 주고 있기 때문이다.

341.

오해 속의 이익. — 누군가가 말하기를, 그는 어린 시절에 우울한 기질의 소유자들이 사람들의 마음에 들고자 애쓰는 것을 너무나 경멸했던 터라, 중년이 될 때까지 자신이 그런 기질을 갖고 있었다는 사실을, 즉 자신이 바로 그런 우울한 기질을 갖고 있었다는 사실을 모르고 살아왔다고 한다. 이것이야말로 모든 가능한 무지 중에서 가장 좋은 무지가 무엇인지를 잘 설명해 주고 있는 예라고 할 것이다.[398]

398 '모든 가능한 무지 중에서 가장 좋은 무지'는 사실 독일 관념론의 씨앗을 뿌렸다고 볼 수 있는 라이프니츠의 명언을 패러디한 것이다. 그는 『테오디체(*Theodizee*)』(1710)에서 이 세계가 '모든 가능한 세계 중에서 가장 좋은 세계(die beste unter allen möglichen Welten)'라는 말을 남겼다. 이 세계가 이토록 좋은 세계이니 신 또한 좋은 의도로 이 세계를 만들었을 것이라는 이론을 펼쳤던 것이다. 신이 정의롭다는 인식이 그의 철학을 일군 대전제가 되었다. 이런 인식이 칸트에게는 물자체 혹은 순수한 이성으로, 또 헤겔에 가서는 절대정신으로 이어졌다. 특히 헤겔에게서는 변증법 이론이 가세하면서 이 세계는 계속해서 발전할 수밖에 없다는 지극히 낙천주의적인 철학을 펼쳐 나갔다. 니체가 이런 전통 속에 있는 라이프니츠의 말을 변형시켜 활용했던 데는 다 이유가 있다. 관념론은 도덕주의적인 철학이었던 것이다. 니체도 자주 언급했다시피 칸트는 도덕주의적인 입장에서 책임과 의무를 요구했던 것이다. 이 책 『아침놀』의 서문에서도 밝혔듯이 니체는 칸트를 '도덕의 독거미' 계열로 취급한다. "그의 영혼의 밑바탕에도 도덕적 광신주의 사상이 깔려 있었다." 도덕에 미쳤다! 그런 광기에서 탄생한 것이 칸트의 철학이라는 얘기였다.

342.

혼동해서는 안 된다! — 그렇다! 그는 그 물건을 모든 측면에서 살펴본다. 그리고 그대들은 이 사람이야말로 진정한 인식을 가지고 있을 것이라고 간주한다. 그러나 그는 오로지 값을 깎으려 할 뿐이다. 즉 그는 그것을 사고 싶을 뿐이다!

343.

소위 도덕적이라는 것. — 그대들은 절대로 그대들 자신에 대해 불만을 느끼려 하지 않고, 또 절대로 자기 자신 때문에 괴로워하려 하지도 않는다.[399] 게다가 그대들은 이것을 두고 그대들의 도덕적 경향이라고까지 말을 해 댄다! 뭐 그래도 좋다! 하지만 다른 사람들은 그것을 두고 그대들의 비겁함이라고 말을 할지도 모른다. 하지만 한 가지는 확실하다. 그대들은 결코 이 세상, 즉 그대들 자신이라고 말할 수 있는! 바로 이 세상을 돌아다니는 여행을 하지 않을 것이며, 또 자기 자신 안에서 하나의 우연으로, 흙덩이 위의 한 흙덩이로 머물게 될 것이다! 정녕 그대들은 다른 생각을 하고 있는 우리가 순전히 어리석음 때문에 자신의 사막, 늪지, 빙산을 여행에 내던져졌

399 다시 한번 니체의 사고방식을 훈련해 보자. 니체의 철학은 허무주의라고 불린다. 즉 허무함과 허무한 인식을 근본으로 하는 철학이다. 또 니체는 극복의 철학이다. 그 극복의 이념을 대변하는 개념이 초인이다. 독일어로 하면 위버멘쉬(Übermensch)가 된다. '넘어서고 있는 인간' 혹은 '넘어선 인간' 등의 뜻을 지닌다. 그것을 두고 우리는 초인이라 말을 하고 있는 것이다. 니체가 말하는 초인의 의미를 절대로 잊어서는 안 된다. 허무함은 모든 가치뿐만 아니라 자기 자신을 대할 때도 허용되어야 한다. 극복을 말할 때도 자기 자신까지 포함시킬 수 있어야 한다. 자기를 짓밟고 올라설 수 있는가? 자기 자신을 포기할 수 있는가? 그러면서도 그 포기 행위를 통해 새로운 자아로 거듭날 수 있는가? 그것이 극복의 이념이다. 신을 죽이면서 신을 살려 낼 수 있는가? 신이라는 말을 하면서 그것을 극복의 이념으로 이해할 수 있는가? 그것이 문제라는 얘기다.

다고 믿는가? 그것도 우리가 자발적으로 마치 기둥 위에서 고행하는 사람처럼 자신에 대한 고통과 역겨움을 선택한다고 믿는가?[400]

344.

실수 속의 정교함.[401] — 사람들이 말하듯이 호메로스는 시간만 나면 잠을 잤다. 그래도 그는 잠을 자지 않고 일을 하는 야심찬 예술가들보다 더 영리했다. 우리는 가끔씩 경탄하는 사람들에게 비난하는 자들이 될 기회를 주어 그들에게 숨을 고를 수 있게 해 줘야 한다. 어느 누구도 끊임없이 빛을 발휘하고 깨어 있게 하는 그런 호의를 참고 견딜 수 없기 때문이다. 이런 종류의 대가는 우리 앞으로 걸어올 때 가끔씩 호의적인 표정을 짓기보다는 오히려 사람들이 증오할 수밖에 없는 그런 엄격한 선생이 된다.

345.

우리의 행복은 찬성과 반대를 위한 논거가 아니다. — 많은 사람들은 아주 작은 행복만 느낄 수 있다. 그들의 지혜가 그들에게 더 이상 행복을 줄

400 고통을 자발적으로 선택한 것은 아니다. 이 말은 니체의 이념이 무엇인지를 이해할 수 있는 매우 중요한 단서가 된다. 자발적이라고 말할 수 있는 상황은 그렇게 하지 않을 수 있는 상황이 전제된다. 안 해도 되는 것을 자발적으로 한다는 그런 말을 할 때 사용되는 말이다. 하지만 니체가 고통을 선택하는 이유는 그렇게 하지 않으면 안 되는 상황이었기 때문이다. 다른 선택의 여지가 없었던 것이다. 운명과 같은 필연이었던 것이다. 그렇게 하지 않으면 숨도 쉴 수 없을 것 같은 그런 막막함에서 최후의 선택으로 사막 같은 현실을 인식하게 되는 것이다.

401 의도된 실수라고 할까. 아니면 연출된 실수라고 할까. 배우는 자를 앞에 둔 선생은 가끔씩 다른 행동으로 딱딱해진 분위기를 환기시킬 줄 알아야 한다. 한결같이 오직 하나만을 하려고, 즉 가르치려고만 들면 학생은 오히려 반감을 가질 수 있기 때문이다. 이때 딴생각할 수 있는 의도된 실수는 선생이 지녀야 할 덕목, 즉 가르침을 위한 좋은 기술이 되는 것이다.

수 없다는 사실이 그들의 지혜에 대한 이의는 아닌 것이다. 마찬가지로 이는 의술이 많은 사람들을 치료할 수 없으며 다른 사람들이 항상 병약하다는 사실이 의술에 대한 이의가 아닌 것과 같다. 모든 사람이 자신의 최고 수준의 행복을 실현할 인생관을 발견하는 행운을 갖기를. 하지만 그때도 그의 삶은 여전히 비참하고 별로 부러워할 것이 못 될 수 있다.

346.

여성을 적대시하는 자들. — '여성은 우리의 적이다.' 남성이면서 다른 남성들 앞에서 이렇게 말하는 자는 자기 자신을 증오할 뿐 아니라 자신의 수단마저 증오하는 억제할 수 없는 충동 때문에 그렇게 말하는 것이다.

347.

연설을 가르치는 학교. — 일 년 동안 침묵하면 수다 떠는 것을 잊어버리는 대신 연설하는 법을 배우게 된다. 피타고라스학파의 사람들은 당시 최고의 정치가였다는 사실이 이를 입증하고 있다.

348.

힘의 감정. — 다음의 사실을 잘 구별하기 바란다. 힘의 감정을 처음 획득하고자 하는 자는 모든 수단에 호소하며 그 감정을 길러 줄 수 있는 어떤 음식도 경멸하지 않는다. 그러나 그 힘의 감정을 소유한 사람은 취향이 매우 까다롭고 고상해져 버렸다. 따라서 어떤 것에 만족하는 일은 거의 없다.

349.

그렇게 중요하지는 않다. — 임종하는 자리를 함께하며 그 상황을 지켜보게 될 때 어김없이 떠오르는 생각이 하나 있다. 하지만 예의에 어긋난다는 느낌 때문에 그 생각을 즉시 억누르고 만다. 그 생각이란, 죽는다는 행위가 일반적으로 퍼져 있는 외경심에 의해 주장되는 것처럼 그렇게 중요한 것이 아니라는 사실과, 죽어가는 사람은 이제 그가 여기서 곧 잃게 될 것보다 더 중요한 것을 아마 살아 있는 동안에 잃어버렸으리라는 사실이다.[402] 여기서 겪고 있는 이 마지막은 결코 목적지가 아니다.

350.

약속을 위한 가장 좋은 방법. — 어떤 약속을 할 때, 중요한 것은 내뱉어진 말이 아니라 말의 배후에서 말로 표현되지 않은 것이다. 그렇다, 오히려 말은 약속을 더욱 약하게 만들 뿐이다. 말은 약속을 하는 저 힘의 일부분을 쓸데없이 방출하게 하고 소모하게 할 뿐이다. 따라서 그대들은 손을 뻗어

402 그러니까 죽음은 슬퍼할 일이 아니라는 얘기다. 죽음으로 잃어버리는 것은 아무것도 없다. 두려워할 일도 없다. 그동안 죽음에 대해서 너무도 몰랐다. 늘 삶을 형벌로 인식하고, 양심의 가책을 가지고 살아야 했으며, 이 죄악으로 점철된 삶을 청산하고 천국에 가고자 하는 생각으로 중세 천 년을 보냈다. 이제 니체는 고대의 인생관과 세계관으로 되돌아가고자 한다. 그는 호메로스가 오디세우스를 통해 보여 준 이별 장면을 떠올리기도 한다. "사람들은 오디세우스가 나우시카와 이별했을 때처럼, 그렇게 삶과 이별해야만 한다. — 연연하기보다는 축복하면서"(『선악의 저편』, 114쪽) 노래하고 춤추며 작별하라는 얘기다. 사람이 죽어갈 때 행복한 노래로 축하해 주라는 얘기다. 스스로도 자기 자신의 삶과 작별할 때는 이런 축제의 분위기가 연출될 수 있도록 해 달라는 것이다. 생로병사! 그것은 깨달음의 경지다. 태어나고, 늙어 가고, 병들고, 죽는다는 이 경지는 반드시 깨달아야 할 내용이다. 두려움을 가져 달라는 신호가 결코 아니다. 양심의 가책을 가져야 할 이유도 전혀 없다. 삶은 우연에서 태어나 죽음으로 마감하지만 결코 허무한 것이 아니다. 이것을 허무하게 만드는 온갖 말들에 오히려 허무함으로 맞서야 할 일이다. 그것이 진정한 허무주의인 것이다.

서 거리를 유지할 수 있게 하고 또 검지를 곧게 펴서 입술 위에 갖다 대라. 그렇게 함으로써 그대들은 가장 확실하게 서약을 하게 되는 것이다.

351.

습관적인 오해. — 대화에 참여하는 자는 어떤 이가 다른 사람이 빠질 함정을 파 놓으려 애쓰고 있다는 사실을 깨달을 때가 있다. 이것은 사람들이 생각하는 것처럼 악의 때문이 아니다. 그것은 오로지 자신의 교활함을 즐기기 위해서다.[403] 반대로 이런 경우도 있다. 즉 다른 사람이 재치 있는 농담을 할 수 있도록 배려하는 차원에서 재치 있는 농담을 미리 준비해 두고, 또 다른 사람이 매듭을 멋지게 풀어낼 수 있도록 미리 의도적으로 끈을 묶어 놓는 사람도 있다. 이것은 사람들이 생각하는 것처럼 호의 때문이 아니다. 그것은 오로지 자신의 악의 때문이고 또 서투르고 조잡한 지성에 대한 경멸 때문이다.

352.

중심. — '내가 이 세계의 중심이다'라고 말하게 하는 저 느낌은 갑자기

403 사람을 갖고 노는 자가 세상에서 가장 잔인한 자다. 그래서 '사람을 갖고 놀지 말라' 혹은 '사람 갖고 장난치지 말라'는 말이 도덕적 명령으로 생겨난 것이다. 하지만 모든 사람은 세상에서 제일 재밌는 노리개가 사람이라는 사실을 잘 알고 있다. 그 어떤 장난감보다 제일 신기한 장난감이다. 사람의 본성은 하지 말라는 것은 더 하고 싶어 한다. 하지 말라고 법까지 만들어 놓아도 그 법을 피해 가는 정신은 언제 어디서든 생겨나고야 만다. 하지만 이 또한 노예정신의 수준에 머물러 있는 하급 정신이다. 늘 갖고 놀 타인을 필요로 하는 정신이기 때문이다. 그 타인이 없으면 안 되는 정신, 즉 의존적인 정신이기 때문이다. 타인에 의존하는 정신은 극복의 대상이 될 뿐이다.

치욕스러운 일에 휘말리게 될 때 매우 강력하게 일어난다.[404] 사람들은 이 경우 밀려드는 파도 한가운데서 마비된 것처럼 서 있게 되고, 모든 방향에서 우리를 바라보고 우리를 꿰뚫어 보는 그런 하나의 커다란 눈에 의해 자신의 눈이 멀게 된 것처럼 느끼게 된다.

353.

말할 자유. — "비록 세계가 산산조각이 나는 한이 있어도 진리는 말해져야 한다!"라고 위대한 피히테는 큰 목소리로 부르짖는다! 그렇다! 맞는 말이다! 하지만 사람들은 먼저 그 진리라는 것을 또한 가지고 있어야만 할 것이다.[405] 그런데 피히테가 말하고자 하는 것은 비록 모든 것이 그 아래로 위로 뒤죽박죽되는 한이 있어도 모든 사람은 자신의 의견을 말해야 한다는 것이다. 그러나 바로 그것에 대해서 피히테와 논쟁할 여지가 있다.

404 부끄러운 일을 당했을 때 마치 모든 사람이 자기 자신만을 응시하고 있는 듯한 그런 느낌을 받을 때가 있다. 스스로 세계의 중심에 있지만 그 중심은 모든 사람의 눈길을 피할 수 없는 곳이 되고 만 그런 느낌이다. 그런 느낌이 도덕을 떠올리게 한다. 남들은 어떻게 생각할까? 이런 의문을 제기하면서 스스로를 위축되는 것이다. 또 남들이 할 만한 생각까지 떠올리며 스스로 부끄러움을 증폭시켜 나간다. 생각하는 존재가 스스로 선 안에 가둬 놓고 그 안에서 스스로 못살게 구는 것이다. 그런 생각이 생각하는 존재를 해코지한다. 생각하는 존재가 자기 생각에 희생되는 꼴이다. 심한 경우는 자기 자신의 생명까지 앗아 갈 수 있다. 누구를 탓할 수도 없다. 자기 생각이 살인자이기 때문이다.

405 여전히 진리가 문제다. 무엇이 진리인가? 영원한 진리는 없다. 대부분 진리라고 주장되는 것은 어느 특정 집단에 이로운 것일 뿐이다. 모든 진리는 그래서 다툼의 소지가 분명 있는 것이다. 진리답지 않은 진리를 모두 자기 나름대로 주장하면 사회는 혼란에 휩싸일 것이 틀림없다. 니체는 그것을 우려하는 것이다.

354.

고통을 위한 용기. — 지금 우리가 그런 것처럼, 우리는 상당히 많은 불쾌를 견뎌 낼 수 있다. 그리고 우리의 위장은 이 무거운 음식물을 소화해 낼 수 있도록 적합하게 만들어져 있다. 만약 이런 음식물이 존재하지 않는다면 우리는 인생이라 불리는 이 식사 시간을 무미건조하다고 생각하게 될 것이다. 그리고 또한 고통을 기꺼이 견디려는 의지가 없다면 우리는 너무도 많은 기쁨을 놓쳐 버릴 것임에 틀림없다!

355.

숭배자. — 숭배하지 않는 사람을 십자가에 매달 정도로 어떤 당파를 열렬히 숭배하는 자는 그 당파의 사형 집행인에 속한다. 비록 그와 같은 당파에 속한다 할지라도 그와 악수하는 것을 조심해야 한다.

356.

행복의 효과. — 행복이 가져다주는 첫 번째 효과는 힘의 감정이다. 우리 자신에 대해서든, 다른 사람에 대해서든, 표상에 대해서든, 혹은 상상의 존재에 대해서든 상관하지 않고 이러한 힘의 감정은 자기 자신을 표현하고 싶어 한다. 이렇게 자기 자신을 표현하는 가장 흔한 방식은 선물을 주는 것, 조롱하는 것, 파괴하는 것이다. 이 세 가지는 모두 공통된 하나의 근본 충동을 지닌다.

357.

도덕적인 쇠파리. — 인식을 위한 사랑이 결여된 도덕주의자들, 그리고 사람들에게 고통을 줄 때에만 기쁨을 즐기는 그런 종류의 도덕주의자들은 소도시 사람들의 정신을 갖고 있으며 그래서 지루하기만 하다. 잔혹한 만큼 초라하기만 한 그들의 즐거움은 오로지 이웃을 향해 손가락질하는 데 있으며, 그러면서 또한 사람들이 눈치채지 못하게 바늘을 꽂아 그 이웃에게 깊은 상처를 주는 데 있다. 그들에게는 살아 있는 것과 죽은 것을 사냥하고 학대하지 않으면 결코 즐거울 수 없었던 어린 시절의 나쁜 행실이 남아 있다.

358.

근거들 그리고 그것들의 무근거성. — 그대는 그를 까닭 없이 혐오하고 있다. 그리고 이렇게 혐오하게 된 근거들에 대해서도 풍부하게 제시하고 있다. 그러나 나는 그대가 혐오하고 있다는 사실만을 믿을 뿐, 그대가 제시하는 근거들은 믿지 않는다! 본능적으로 생기는 것을 하나의 이성적인 추론인 것처럼 그대 자신과 나에게 제시하는 것은 그대 자신만을 미화하는 짓거리에 지나지 않는다.

359.

어떤 것을 좋다고 말하는 것. — 사람들은 결혼을 좋다고 말한다. 그 이유는, 첫째, 사람들이 그 결혼이라는 것을 아직 잘 알지 못하기 때문이고, 둘째, 사람들이 그것에 익숙해졌기 때문이며, 셋째, 사람들이 결혼했기 때문이다. 그러니까 거의 모든 경우에 있어서 결혼이 좋다고 말하는 것이다. 그러나 이러한 긍정을 통해도 결혼이 좋다고 증명된 것은 하나도 없다.

360.

어떤 공리주의자도 아니다. — '수많은 악한 일을 하고 고안했던 힘이 단지 선하기만 한 무기력보다 훨씬 더 가치가 있다'고 그리스인은 느꼈다. 즉 그들에게 있어서 힘의 감정은 그 어떤 유용성이나 좋은 평판보다 더 높은 가치로 평가되었다.

361.

추하게 보이는 것. — 절제는 그 자체로 이미 아름답게 보인다. 절제는 절제를 지키지 않는 이의 눈에 거칠고 냉정하며 따라서 추하게 보인다는 것에 대한 책임은 없다.

362.

다양한 종류의 증오. — 대부분의 사람은 자신을 약하고 피곤하다고 느껴야 비로소 증오를 하게 된다. 다른 때 같으면 그들은 공정하고 너그럽게 봐준다. 또 다른 사람들은 복수의 가능성을 보았을 때가 되어서야 비로소 증오하게 된다. 다른 때 같으면 그들은 큰소리로 외쳐 대는 분노뿐만 아니라 은밀하게 숨겨 놓은 분노로부터도 자기 자신을 보호하려 한다. 그들은 분노할 동기가 생겨도 그것을 그냥 지나쳐 갈 생각만 한다.

363.

우연의 인간들. — 모든 발명을 가능하게 하는 본질적인 것은 우연이다. 그러나 대부분의 사람들은 이러한 우연을 만나지도 못한다.

364.

환경을 선택하기. — 우리는 위엄 있게 침묵을 지킬 수도 없고, 또 우리의 더 고상한 차원에 대해 말할 수 없는 환경으로부터 우리 자신을 보호해야 한다. 그런 곳에서는 우리의 비탄과 결핍, 그리고 우리가 겪게 되는 곤경의 역사 전체 외에는 말할 것이 남아 있지 않기 때문이다. 그런 곳에 처하게 될 때 우리는 자기 자신에게만 불만을 느끼는 것이 아니라 그 환경 자체에 대해서도 불만을 느끼게 된다. 더 나아가 우리는 거기서 자기 자신을 항상 비탄의 소리를 쏟아내는 자로 느끼게 하는 역겨움을 품을 뿐만 아니라, 그 역겨움을 다시 우리 자신을 불평하게 만드는 궁핍한 환경에 덧붙이게 된다. 오히려 우리는 우리 자신에 대해 말하는 것을 부끄럽게 생각하는 곳에서 살아야 한다. 아니, 더 나은 것은 우리 자신에 대해 더 이상 말할 필요가 없는 곳에서 살아야 한다. 하지만 과연 누가 그런 곳에서 살아야 한다는 것에 대해, 즉 그런 것들에서 이루어지는 선택에 대해 생각이나 했단 말인가! 기껏해야 한다는 짓이 그저 자신의 '불운'에 대해 말하거나, 아니면 자기 자신에 대해 등을 돌리고 서서 '나 불행한 아틀라스여'라고 말하며 한숨이나 내쉴 뿐이다.

365.

허영심. — 허영심은 원래 모습 그대로 보이는 것에 대한 두려움이다. 그것은 그러니까 긍지의 결여다. 그렇다고 해서 그것이 그 원래 모습에 있어서 반드시 부족한 점이 있었다는 것을 뜻하는 것은 아니다.

366.

범죄자가 걱정하는 것. — 범죄자의 행위가 발각되었을 때, 범죄자를 고통스럽게 하는 것은 범죄 행위 그 자체가 아니다. 그것은 치욕 때문이고 자신의 어리석음에 대한 혐오 때문이며 평소에는 잘 해내던 것을 잘 못 해냈기 때문이다. 여기서 그들이 겪는 괴로움의 성격을 이렇게 정확히 구분해내기 위해서는 보기 드문 섬세함이 필요하다. 형무소나 교화원에 자주 드나드는 사람들은 모두 그 과정에서 '양심의 가책'을 분명하게 느끼는 경우가 아주 드물다는 사실에 놀라지 않을 수 없다. 그곳에서 더 많이 발견되는 것은 그 옛날 그때 저질렀던, 악한 줄 알면서도 사랑했던 그 범죄에 대한 향수다.

367.

항상 행복한 것처럼 보이는 것. — 3세기 그리스에서 철학이 공개적인 경쟁의 대상이 되었을 때 적지 않은 철학자들은 자신이 행복하다는 것을 과시하려 애를 썼다. 그들은 전혀 다른 원리에 따라 살아왔기 때문에 괴로워하는 다른 철학자가 자신의 행복을 보고 화를 내고 있을 것이라 확신했다. 그들은 자신들이 행복하다는 것을 보여 줌으로써 다른 철학자를 가장 잘 반박했다고 믿었다. 이러한 반박을 위해서 그들은 항상 행복한 것처럼 보여 주는 것만으로 충분했다. 그러나 이 경우 그들에게는 지속적으로 꾸준히 행복해야만 한다는 부담이 주어지고 말았다! 바로 이것이 예를 들면 견유학파의 개 같은 운명이었다.[406]

368.

수많은 오해가 발행하는 이유. — 증대되는 신경의 힘에 근거한 도덕은 유쾌하고 차분하게 머물러 있으려 하지 않는다. 이에 반해 저녁 무렵 혹은 병자나 노인에게서처럼 감퇴하는 신경의 힘에 근거한 도덕은 늘 고통을 느끼며, 차분한 동시에 방관적이고, 때를 기다리는 듯하면서도 슬퍼하며, 더 나아가 음울하기까지 한 경우도 드물지 않다. 전자의 도덕을 갖는지 혹은 후자의 도덕을 갖는지에 따라 이해하고 판단하는 내용도 완전히 달라진다. 즉 우리는 우리에게 결여된 도덕을 이해하지 못한 채 타인이 가진 도덕을 자주 비윤리적인 것으로 인식하고, 그것을 하나의 약점으로 해석해 대는 것이다.

406 견유학파(犬儒學派, 키니코스학파)를 추종했던 자들은 도덕적 회의주의 아래에서, 특히 무욕 아래에서 살아가고자 했다. 견유학파는 그리스어 '키니스모스(Kynismós)'를 번역한 말이다. 여기서 특히 '키온(Kyon)'은 '개'를 뜻한다. 즉 아무런 욕망도 없이 그저 개처럼 길거리에서 살아가기를 지향했던 것이다. 하지만 니체의 시각에서는 사람에게 욕망이 없다는 말은 허무한 말장난에 불과하다. 몸을 가지고 태어난 존재인 우리는 모두 한결같이 몸이 전해 주는 욕망을 피할 수가 없다. 니체는 불교의 가르침처럼 욕망의 불을 끄기보다는, 오히려 욕망의 불을 지피는 쪽을 택하고자 한다. 쇼펜하우어의 염세주의 이념처럼 삶에의 의지를 포기하기보다는, 오히려 삶에의 의지를 극대화하고자 한다.

369.

자신의 비참함을 넘어서기 위해. — 자신의 품위와 중요성의 감정을 만들어 내기 위해 희생될 타인을 구하는 자들은 긍지에 찬 사람들로 보인다. 즉 자기가 지배하거나 폭력을 가하는 대상이 되는 사람들, 거리낌 없이 고상하게 거만을 떨거나 무소불위의 화를 내도 되는 무기력하고 비겁한 사람들, 그런 사람들을 항상 필요로 하는 사람들은 내게는 긍지에 찬 사람들로 보인다. 그들은 잠시 자기 자신의 비참함을 넘어서기 위해 그들 주변의 비참함을 필요로 한다! 그 넘어섬을 위해 많은 사람들은 한 마리의 개를, 어떤 사람은 한 명의 친구를, 어떤 사람은 한 명의 여성을, 어떤 사람은 하나의 당파를, 그리고 또 어떤 사람은 매우 드물기는 하지만 한 시대 전체를 필요로 한다.

370.

생각하는 사람이 자신의 적을 얼마나 사랑하는지. — 그대의 생각에 반대될 수 있는 것이라면 그것이 어떤 생각이 되었든 간에 물러서지도 말고 또 그대 자신에게 침묵하지도 말라! 이것을 자신에게 맹세하라! 이것이야말로 생각하는 일에서 최고로 꼽는 정직성에 속한다. 그대는 매일 그대 자신에 대항하는 원정을 떠나야 한다. 하나의 승리와 정복된 하나의 성은 더 이상 그대의 일이 아니라, 진리의 일일 뿐이다. 물론 그대의 패배 역시 더 이상 그대의 일이 아니다.

371.

강한 자들에게 악이라는 것은.[407] — 열정의 결과로서 발생한 폭력적인 행위, 예를 들어 분노의 결과로서 발생한 폭력적인 행위, 이런 것은 생리학적으로 볼 때 더 이상 참을 수 없어 폭발할 수 있는 상황을 미연에 방지하려는 시도로 이해될 수 있다. 다른 사람들을 향해 표출되었던 수많은 오만한 행위들은 갑작스럽게 몰린 피를 강력한 근육 운동을 통해 다른 데로 배출한 것에 지나지 않는다. '강한 자들이 보여 주는 악' 전체도 어쩌면 이런 운동과 이런 관점에 속한다고 볼 수 있겠다. 강한 자들이 보여 주는 악은 본의 아니게 타인에게 고통을 줄 때가 많다. 그 악은 자신을 분출하지 않으면 안 되기 때문이다. 이에 반해 약한 자들이 보여 주는 악은 타인에게 고통을 주려 하고 또 그때 상대방이 고통스러워하는 것을 보려 할 때에만 나타난다.[408]

407 악도 악 나름이다. 악에 대한 인식은 수많은 훈련이 요구된다. 그동안 천 년이 넘도록 우리는 기독교의 사고방식에 훈련이 되어 왔기 때문이다. 습관이 되어 버린 그 사고방식에서 벗어나려면 새로운 방식으로 많은 시간을 보내야 한다는 얘기다. 니체가 가르쳐 주는 방식으로 악을 한번 생각해 보자. 사람은 때로 악할 때도 있어야 한다. 나쁜 역할을 소화해 내야 하기도 한다. 어떤 배우는 악역을 해 내면서 긍정적으로 성격 개조가 이루어졌다고 말하기도 한다. 충분히 가능한 고백이다. 악에도 의미와 가치가 있다는 얘기다. 배타적 이분법으로 악을 내칠 것이 아니라 포용적 이분법으로 그 악을 끌어안아 줄 이유가 있는 것이다. 아니 잠언에도 이런 지혜의 말씀이 있다. "매를 아끼는 자는 그의 자식을 미워함이라 자식을 사랑하는 자는 근실히 징계하느니라"(잠언 13:24). 이런 아버지의 역할이 필요한 것이다. 자식을 향한 그런 징계 행위가 오히려 자기 자신의 행복을 위한 이유가 될 수도 있다. "네 자식을 징계하라 그리하면 그가 너를 평안하게 하겠고 또 네 마음에 기쁨을 주리라"(잠언 29:17). 악은 어떻게 다루느냐에 달려 있는 것이지, 악이 악으로만 존재하는 것이 결코 아니라는 것만 인식하면 될 일이다.

408 이 대표적인 예가 '남의 고통은 나의 행복'이라는 논리다. 쇼펜하우어도 이 말을 가장 잔인하고 사악한 것으로 간주한 바 있다. 약자는 타인이 고통을 느낄 때 가장 행복해한다. 악의적인 행복감이라 말할 수 있다. 하지만 강자는 극복을 위해 악의를 작동시킬 뿐이다. 극복의 대상이 자기 자신이 되기도 하고 타인이 되기도 한다. 다만 한계를 인식했기 때문에 악의 발동은 어쩔 수 없이 진행된다. 그래서 본의 아니게 타인을 고통스럽게 할 수도 있는 것이다.

372.

전문가들의 명예를 위하여. ─ 전문가도 아닌 자가 심판관 노릇을 하려 하면 사람들은 즉시 그에게 저항해야 한다. 그가 남자든 여자든 상관없다. 어떤 하나의 사물이나 한 사람에 대해 그가 보여 주는 열광이나 도취는 논증이 아니다. 마찬가지로 그것들에 대한 혐오나 증오 역시 논증이 될 수 없다.

373.

속내를 드러내는 비난. ─ '그는 이 사람들을 모른다'라는 말이 어떤 사람의 입에서 나오면, 그 말은 '그는 보편적인 것을 모른다'는 것을 의미한다. 또 다른 사람의 입에서 그 말이 나오면, 그 말은 '저 사람은 보편적이지 않은 것은 전혀 모르고 오로지 보편적인 것만을 너무 잘 안다'는 것을 의미하기도 한다.

374.

희생의 가치. ─ 국가와 군주한테서 사법 제도나 징병 제도에서처럼 각 개인을 희생시킬 수 있는 권리를 박탈하면 할수록 자기희생의 가치는 더욱 더 높아져만 갈 것이다.

375.

아주 분명하게 말한다는 것. ─ 사람들이 아주 분명하게 음절까지 나누어서 말하는 것은 여러 가지 이유 때문이다. 첫째, 익숙하지 않은 새로운 언어를 사용할 때 자신을 믿지 못하기 때문이다. 둘째, 타인이 우둔하거나 이해하는 속도가 느리기 때문에, 즉 그런 타인을 믿지 못하기 때문이다. 가장 정신적인 문제와 관련해서도 이런 현상은 똑같이 나타난다. 우리가 말을 아주 분명하고 아주 노골적으로 해야 할 때가 있는데, 그 이유는 그렇게 하지 않으면 상대방이 우리를 이해하지 못하기 때문이다.[409] 따라서 완벽하고 가벼운 문체는 오로지 완벽한 청중 앞에서만 허용된다.

376.

많이 자는 것. — 피로해지고 자신에게 싫증이 났을 경우에 자기 자신을 자극하기 위해 무엇을 해야 할까? 어떤 사람은 도박장을, 어떤 사람은 기독교를, 어떤 사람은 전기 요법을 권한다. 그러나 가장 좋은 것은, 나의 사랑하는 우울증 환자여, 본래의 의미로든 그렇지 않든 간에 언제나 그렇듯이 그저 많이 자는 것이다! 그러면 또한 자신의 아침을 다시 맞게 될 것이다! 삶의 지혜에서 중요한 것은 어떤 종류의 잠이든 적시에 잘 줄 아는 것이다.

377.

환상적인 이상에서 드러나는 것. — 우리의 결점이 존재하는 곳에 우리의 열광도 생겨난다. '그대의 원수를 사랑하라!'라는 이런 열광적인 명제는

409 독서 훈련이 되어 있지 않은 대부분의 독자는 에둘러 말하면 잘 알아듣지 못한다. 그래서 가끔 니체도 노골적인 표현을 쓸 때도 있다. 심한 말이라고 할까, 너무 거친 표현이라고 할까, 그런 말들을 니체는 철학서에 거침없이 사용한 것이다.

지금까지 존재했던 증오자 중에서도 최대의 증오자였던 유대인에 의해 발명되어야 했다. 또 순결에 대한 가장 아름다운 찬미는 젊은 시절에 방탕하고 혐오스럽게 살았던 이들에 의해 이루어졌다.

378.

순수한 손과 순수한 벽. — 사람들은 신도 악마도 절대로 벽에 그려서는 안 된다. 그러면 벽뿐만 아니라 자신의 이웃까지도 망쳐 놓게 되기 때문이다.

379.

있을 법한 것과 있을 법하지 않은 것. — 한 여자가 은밀하게 한 남자를 사랑했다. 그녀는 늘 그를 자신보다 더 높은 곳에 있다는 듯이 올려다보았다. 그러면서 아주 은밀하게 백 번이나 이렇게 말했다. "저런 남자가 나를 사랑해 준다면 그것은 하나의 은총이 될 거야. 나는 그런 은총 앞에서라면 먼지 속에서도 몸을 눕혀 놓고 말 텐데!" 그런데 그 남자 역시 이 여자와 똑같은 감정을 품고 있었다. 그도 그러니까 똑같은 생각으로 지극히 은밀하게 그런 말을 하고 있었던 것이다. 그러다가 마침내 두 사람의 입이 열려 마음속에 간직해 두었던 비밀들, 그 가장 은밀했던 모든 비밀을 서로 공유하게 되었다. 하지만 그 결과 둘은 서로 침묵과 약간의 숙고의 시간을 가지게 되었다. 그러고 나서 그 여자가 차가워진 목소리로 이렇게 말을 꺼냈다. "그러나 이제 아주 분명해졌네요! 우리는 둘 다 우리가 사랑했던 바로 그런 사람이 아니랍니다. 만약 그대가 그대 스스로 말한 것처럼 그런 존재이고 그 이상의 존재가 아니라면, 나는 나 자신을 쓸데없이 비하하기만 했네요.

당신을 향한 사랑도 헛된 것이었을 뿐입니다. 악마가 그대와 나를 똑같이 유혹한 꼴이네요." 이 이야기는 매우 있을 법하지만 현실 속에서는 절대로 일어나지 않는다. 왜 그럴까?

380.

검증된 조언. — 위로가 필요한 모든 이에게, 그들이 처한 상황에서는 어떠한 위로도 도움이 되지 않는다고 말하는 주장만큼이나 효과적인 위로 수단은 없다. 왜냐하면 이런 주장은 그들을 탁월한 존재로 인정하는 것이기 때문이다. 그런 조언을 통해 그들은 다시 머리를 치켜들 수 있게 되는 것이다.

381.

자신의 '유일무이한 속성'을 잘 아는 것. — 우리가 처음 만나게 되는 낯선 사람들의 눈에는 우리가, 우리 스스로 우리 자신이라고 간주하는 것과는 전혀 다른 존재로 보인다는 사실을 우리는 너무도 쉽게 잊어버리고 만다. 어떤 사람에 대한 인상을 규정하는 것은 대부분 특별히 눈에 띄는 단 하나의 특색 이상의 것이 결코 아니다. 그래서 가장 온후하고 가장 공정한 사람이라고 해도 단지 커다란 콧수염을 기르고 있다는 이유 하나만으로, 또 말하자면 그 콧수염의 그늘 속에서 편안하게 앉아 있기만 했을 뿐인데도, 사람들은 습관적으로 그 커다란 콧수염이 주는 인상 속에서 그를 바라볼 것이 틀림없다. 즉 사람들은 그에 대해 습관적으로 이렇게 말할 것이다. 그는 쉽게 노하고 군인 같은 성격, 경우에 따라서는 폭력적인 면을 보여 주는 성격을 가진 사람이라고. 그런 생각과 판단 때문에 그 앞에 서게 되면 사람들은 습관적으로 행동거지를 바로잡으려 하게 될 것이다.

382.

정원사와 정원. — 습기가 차서 축축하고 흐릿한 날이 이어질 때, 외로움을 느낄 때, 우리에게 던져지는 애정 없는 말들을 접하게 될 때, 우울한 생각들이 버섯처럼 자라난다. 어느 날 아침에 이런 생각들이 우리 곁에 다가와 있어도 우리는 그것이 어디서 왔는지 전혀 알지 못한다. 그저 그 생각들은 음울하고 불쾌하게 우리를 둘러싸고 주시할 뿐이다. 정원사가 아니라 그저 식물들이 자라나는 땅에 불과한 사상가들은 이런 식으로 고통을 느끼게 되는 것이다!

383.

동정의 희극.[410] — 우리는 비록 어떤 불행한 사람의 일에 진심으로 관여하고 싶어 해도, 결국 그 앞에서 어김없이 일종의 희극을 연출해 낼 뿐이다. 우리는 그때 마치 심각한 중병 환자의 침대 곁에 있는 의사처럼 신중함을 유지한 채 우리가 그 환자의 증상에 대해 무엇을 생각하고 또 어떻게 생각하는지에 대해 많은 것을 결코 말하려 하지 않을 것이다.

410 동정은 상대를 불쌍히 여기는 마음이다. 그런 마음으로는 언제나 일정 거리가 유지될 뿐이다. 동정으로는 결코 사랑을 경험할 수 없다. 진실한 사랑을 할 수 없는 자들이 새로운 형식의 사랑을 정해 놓고 그것이 사랑이라고 말하는 것이다. 사랑은 불행한 자와 그렇지 않은 자의 관계 속에서 이루어지는 것이 결단코 아니다. 사랑은 서로가 최고라고 생각하는 그런 존재의 결합에 의해서만 실현된다. 그런 사랑이 하나둘 확대되어 나갈 때 축제가 가능해지는 것이다. 디오니소스 축제라 불리는 광란의 축제가.

384.

기적과 같은 성자들. — 자신이 만들어 낼 수 있는 최상의 작품과 자신이 할 수 있는 최상의 행동을 하찮게 생각하는 소심한 사람들이 있다. 그들은 그런 작품과 행동을 제대로 제시해 내지도, 설명해 내지도 못한다. 그러면서도 그들은 일종의 복수심 때문에 타인의 공감마저 하찮게 여기거나 아예 그런 공감 자체를 전혀 믿으려 하지도 않는다. 그들은 자신이 자신에게 매료된 듯이 보이는 것조차 부끄러워한다. 그러면서도 자신이 웃음거리가 되는 곳에서 고집스러울 정도의 쾌감을 느낀다. 이것이야말로 우울한 예술가의 영혼에서 발견되는 상태들이다.

385.

허영심이 강한 사람들. — 우리는 상품을 진열해 놓은 가게와 같다. 이 가게 안에서 우리는 타인이 우리에 대해 말하는 우리의 특징들, 즉 그들에 의해 우리에게 주어진 특징들을 끊임없이 정리, 정돈하거나 덮어 놓거나 혹은 빛 속으로 드러내 놓는다. 즉 우리 자신을 속이기 위해서.

386.

격정적이면서 고지식한 사람들.[411] — 자신의 연기를 보고 관객이 가슴을

411 '고지식한'으로 번역한 독일어는 '나이브(naiv)'이다. 이 말을 직역하면 '순진한'이 더 어울린다. 그런데 우리의 어감에 순진함이란 더러 긍정적인 의미로도 사용될 수 있어서 '고지식한'으로 의역을 하게 되었다. 즉 고지식한 사람들은 성격이 곧아 융통성이 없다. 이것을 니체가 말하고자 하는 사람의 특성과 연결시켜 보면 다음과 같은 사람이 떠오른다. 즉 그들은 대부분 상대에 대한 배려가 없다. 성격 자체

치고 자신을 비참하고 하찮은 것으로 느끼게 되는 것을 상상하는 즐거움 때문에 자신을 격정적으로 보일 수 있는 어떠한 기회도 놓치지 않으려 집착하는 것은 지극히 고상하지 않은 습관이라 할 수 있다. 반대로 그런 식으로 연출된 격정적인 상태를 접했을 때 농담으로 대응하고, 또 그러한 상태에서 품위에 어울리지 않게 행동하는 것 또한 고귀한 마음의 표시가 될 수 있다. 프랑스의 옛날 군인 가문의 귀족들은 이런 종류의 고귀함과 정교함을 모두 지니고 있었다.

387.

결혼 전에 하게 되는 대표적인 고민들. — 그녀가 나를 사랑한다면 그녀는 결국 끊임없이 내게 얼마나 성가신 존재가 될 것인가! 또한 만일 그녀가 나를 사랑하지 않는다면 그녀는 결국 지속적으로 내게 정말 얼마나 성가신 존재가 될 것인가! 문제는 단지 두 가지 서로 다른 종류의 성가심 중에 하나를 선택하는 것일 뿐이다. 그러니까 그냥 결혼하자!

388.

좋은 양심으로 못된 짓을 한다는 것. — 하찮은 거래에서조차 속는 것은 너무나 불쾌한 일이다. 이것은 많은 지방들, 특히 알프스의 산골 지방 티롤

가 곧아서 그들은 오로지 자기 생각만 한다. 오로지 자기가 주인공이어야 하고, 자기가 주목을 받아야 한다. 물론 '나이브'라는 말 자체에도 사전적 의미로 이런 고지식한 측면이 언급되기도 한다. 공부를 많이 한 사람에게도 이런 고지식한 측면이 나타날 때가 있다. 남들이 알아주기를 바라고, 자기를 위해 박수를 쳐 주면 좋아하는 그런 성격의 소유자가 있다. 이런 사람은 '나이브'한 사람이다. 순진하면서도 고지식한 사람이다.

같은 곳에서는 더더욱 그렇다. 왜냐하면 그런 상황 속에서 대부분의 사람은 나쁜 거래를 통해 손해를 보는 것 외에도 기만적인 상인의 마음속에서 그가 우리에 대해 느끼는 양심의 가책, 거친 적의와 더불어 사악한 얼굴과 그 얼굴에 나타난 야비한 욕망까지도 경험하게 되기 때문이다. 이에 반해 베네치아에서 속인 그 사기꾼은 성공을 거둔 자신의 속임수에 대해 만족할 뿐, 속은 그 사람에 대해서는 전혀 적의를 품지 않는다. 아니, 그 속은 사람에게 친절을 베풀거나 특히 그가 그럴 의향이 있다면 함께 웃고 싶어 한다. 요약하면, 사람들은 못된 짓을 할 때를 위해서도 재기와 좋은 양심을 가질 수 있다는 얘기다. 이 좋은 양심은 속은 사람으로 하여금 자신이 기만당한 사실을 문제 삼지 않을 만큼 가치 있는 것이기 때문이다.

389.

무언가 너무 진지한. — 참 좋은 사람이긴 하지만, 예의 바르고 사랑할 만한 사람이라고 하기에는 무언가 너무 진지한 사람들이 있다. 그들은 단 한 마디의 찬사를 들어도 그 즉시 진심으로 봉사를 하거나 온 힘을 다해 공헌함으로써 보답하려고 애를 쓴다. 만약 다른 어떤 사람이 그들에게 도금된 동전 하나를 건넬 때, 그들은 자신이 갖고 있던 금화 하나를 수줍어하며 내미는 광경은 감동적이기까지 하다.

390.

재기를 숨긴다는 것. — 누군가가 우리 앞에서 자신의 재기를 숨기고 있다는 것을 눈치챌 경우 우리는 그를 사악한 사람이라고 말한다. 게다가 그가 예절 바르고 사람들에게 친절하려는 의도 때문에 그런 행동을 했다면 우리는 더욱 거기에 악의가 있지 않나 하는 의심의 눈으로 그를 바라보게 된다.

391.

악한 한 순간. — 생기발랄한 성격의 소유자들은 오로지 한 순간에만 거짓말을 한다. 그다음부터 그들은 스스로 자기 자신을 기만하고 있으면서도 자기 자신이 정직한 사람이라는 것에 대해 확신을 가지고 있다.

392.

예절 바름의 조건. — 예절이 바르다는 것은 매우 좋은 것이며 정녕 네 가지 덕들 중의 하나다. 그것이 그중에 마지막 것이라고 하더라도 좋은 것일 뿐이다. 그러나 우리가 그 바른 예절 때문에 서로에게 부담이 되지 않기 위해서는 내가 지금 관계하는 그 사람이 나보다 한 단계 덜 겸손하거나 아니면 한 단계 더 겸손해 줘야 한다. 그렇지 않으면 우리는 더 이상 아무것도 실행에 옮기지 못할 것이다. 말하자면 향유를 바르면 우리를 매끄럽게 해 줄 뿐만 아니라 우리를 꽉 들러붙게도 해 준다.

393.

위험한 덕들. — "그는 아무것도 잊지 않지만, 그는 모든 것을 용서한다." 이 경우 그는 이중으로 미움을 받게 된다. 왜냐하면 그는 자신의 기억력과 더불어 용서해 주는 너그러움을 통해 다른 사람에게 이중으로 굴욕감을 주기 때문이다.

394.

허영심 없이 산다는 것. — 정열적인 사람들은 다른 사람들이 생각하는 것에 대해 거의 생각지도 않는다. 그들의 상태 자체가 그들을 허영심을 넘어 그 이상으로 높여 주기 때문이다.

395.

명상. — 어떤 사상가에게는 마음을 특별히 평온하게 해 주는 명상의 상태가 항상 공포의 상태에 이어서 오기도 하지만, 또 다른 사상가의 경우에는 항상 욕망의 상태에 이어서 오기도 한다. 따라서 전자에 평온한 명상의 상태는 안전한 감정과 결부되고, 후자는 배부른 감정과 결부된다. 즉 전자는 명상을 통해 용기를 불러일으키고, 후자는 그것을 통해 역겨운 감정이 들게 해서 다시 중립을 찾게 해 준다.

396.

사냥. — 누구는 유쾌한 진리를 붙잡기 위해, 누구는 불쾌한 진리를 붙잡기 위해 사냥한다. 그러나 전자조차 포획물보다 그냥 사냥 자체에서 더 많은 즐거움을 느낀다.

397.

교육. — 교육이란 삶을 이어 가는 것이다. 그리고 그것은 대부분 나중에 덧붙여지는 삶에 대한 미화 작업이다.

398.

누가 더 급한 성격의 인간인지 알 수 있는 부분. — 서로 싸우거나 사랑하거나 찬미하는 두 사람 중에서 더 급한 성격의 소유자가 항상 더 불리한 입장에 놓이게 된다. 두 민족 간의 경우에서도 똑같은 현상이 일어난다.

399.

자기 자신을 변호하면.[412] — 대부분의 사람은 이런저런 행위를 할 수 있는 최고의 권리를 갖고 있다. 그러나 그들이 그것에 대해 자기 자신을 변호하게 되면, 사람들은 그를 더 이상 믿지 않는다. 그리고 그때부터 그들에 대해 혼란스러워한다.

400.

도덕적으로 예민한. — 성공할 때마다 부끄러워하고 실패할 때마다 양심의 가책을 느끼는, 즉 도덕적으로 예민한 성격이 존재한다.

401.

가장 위험한 망각.[413] — 우리는 다른 사람을 사랑하는 것을, 잊는 데서 시

412 더 노골적으로 번역하면 변명하지 말라는 말이다. 변명하면 그것을 듣는 사람은 상대에게 변명해야 할 어떤 일이 있다고 판단하기 때문이다. 물론 소크라테스처럼 반드시 변명을 해야 할 자리도 있겠지만 대부분의 경우 변명은 쓸데없는 짓이 되고 만다.

413 망각도 망각 나름이다. 디오니소스 축제가 지향하는 망각의 경지도 있다. 그런 망각이라면 지속적으

작하고, 자기 자신에게서 사랑할 만한 어떤 가치도 발견하지 못하는 것으로 끝낸다.

402.

이것도 하나의 관용이란다.[414] — "시뻘겋게 타고 있는 석탄 위에 일 분 동안 올려놓고 약간 태우는 것, 이것은 사람에게도 밤나무에게도 아무런 해가 되지 않는다! 이러한 약간의 고통과 힘든 과정이 우리에게 그 핵심이 얼마나 달콤하고 부드러운지 맛볼 수 있는 기회를 주니까." 그래! 그대 향락가들은 그렇게 판단하지! 그대 숭고한 식인종들이여!

로 훈련을 거듭해서 일종의 기술로 터득하고 있어야 한다. 하지만 사랑에의 감각을 망각하면 큰일이다. 그것이야말로 가장 위험한 망각이다. 삶 전체를 위기로 몰아넣을 수 있는 최악의 망각이다. 문제는 사랑도 망각의 대상이 된다는 데 있다. 사람은 늙어 가면서 사랑하는 법을 차츰 잊어 간다. 사람이 늙었다는 증거는 사랑하는 감각의 유무에 달려 있다. 사랑은 너도나도 다 공감할 수 있는 공간이 허락되어야 한다. 그런데 늙을수록 사람은 자신의 이성에 고집을 피우기 시작한다. 늙으면 그래서 고집만 세진다. 시력도 약해지고 귀도 둔감해진다. 오로지 자기 생각 속에서 황소고집으로 살아갈 뿐이다. 하지만 이런 한계를 인식한 사람이라면 문학과 철학에 진정으로 도움의 손길을 뻗을 것이다. 그런 사람에게는 문학도 철학도 진정한 도움의 손길을 내밀 것이다.

414 여기서는 식인종의 관용을 말하고 있다. 사람을 괴롭히면서 행복을 느끼는 족속들은 다 여기에 속한다고 보면 된다. 남의 불행은 나의 행복이라는 식으로 사람을 대하는 이는 다 식인종과 같은 사람이다. 이런 관용정신을 가르치고자 니체가 허무주의의 고독한 길을 걷고 있는 것이 아니다. 누구는 "나의 공격을 받아라! 그것을 견뎌 내야 큰일을 할 수 있다!" 이렇게 외치며 잔인한 공격을 해 댄다. 공격하며 재미를 느끼는 자는 공격하는 자뿐이다. 그것을 감당해 내야 하는 자의 입장에서는 죽을 맛일 것이다. 생지옥이 따로 없을 것이다. 구원받기 위해 종교에 매달리는 자도 같은 사람들에 속한다. 구원은 구원받지 못하는 사람들의 불행을 전제한다. 그들의 불행을 생각하고 또 구원받을 자기 자신의 행복을 생각하며 환희의 도취 속에 빠져든다. 하나님을 자기편으로 만듦으로써 다른 모든 사람, 하나님을 제대로 믿지 않는 그 모든 사람을 지옥에 빠뜨리고 싶은 그 심정이 뜨거운 신앙을 부채질한다.

403.

서로 다른 종류의 긍지. — 여성들은 자신의 연인이 자신보다 못하다는 생각이 들 때 얼굴이 창백해진다. 남성들은 자신이 자신의 연인보다 못하다는 생각이 들 때 얼굴이 창백해진다. 여기서 문제가 되는 것은 완전한 여성과 완전한 남성이다.[415] 확신에 차 있고 권력감정으로 충만한 사람들로서 그런 완전한 남성들은 습관적으로 열정에 빠지면 부끄러워하고 스스로 자기 자신을 의심하게 된다. 그러나 완전한 여성들은 항상 스스로를 약한 존재로 느끼고 그래서 헌신할 준비를 갖추고 있지만, 고귀할 정도로 예외적인 열정의 상태에서 그들도 긍지와 권력감정을 갖게 된다. 그런 감정을 지닌 존재로서 그들은 이렇게 묻는다. 누가 나에게 어울릴까?

404.

드물게 정당성을 평가받는 사람. — 대부분의 사람은 어떤 측면으로든 심하게 부당한 평가를 받지 않고서는 어떤 선하고 위대한 일에 열중할 수 없다.[416] 이것은 그들이 도덕적으로 살아가는 삶의 방식인 것이다.

415 여성과 남성 이야기만 나오면 조심해야 한다. 니체는 여성 혐오주의자로 널리 알려져 있다. 하지만 이것은 오해다. 여성도 여성 나름이기 때문이다. 물론 여성과 남성은 신체구조상, 또 근육의 특성상 여성은 약하고 남성은 강하다. 그것은 생리학적인 구분이다. 하지만 권력감정을 가진 여성이라면 강함의 상징인 남성성을 구비한 여성이라고 말할 수 있다. 지혜의 여신 아테나처럼 투구를 쓰고 갑옷을 입고 창을 들고 방패로 무장할 줄 아는 그런 여성이라면 일반적인 남성쯤은 충분히 압도할 수 있을 것이다. 바로 그 정도의 여성이라면 니체가 말하고 있는 '완전한 여성'이라 불릴 자격이 있다. 또 남성도 남성 나름이다. 늘 노예근성으로 남의 눈치나 보려 한다면 그야말로 약함의 상징인 여성성을 본성으로 한 남성일 것이다. 그런 남성에게서는 본받을 것이 하나도 없다. 그는 오로지 극복해야 할 것으로 충만해 있을 뿐이기 때문이다.

416 예를 들어 거인 프로메테우스는 부당한 재판에서 부당한 죄로 인해 부당한 형벌을 받게 된다. 정당한

405.

사치.[417] — 사치를 부리는 성향은 사람들의 깊은 곳까지 뿌리를 내리고 있다. 그것은 과잉과 무절제가 바로 사람들의 영혼이 가장 즐겨 헤엄치고 싶어 하는 물이라는 사실을 알려 주고 있다.

406.

불멸이 되게 해 주는 것.[418] — 자신의 적을 죽이려고 하는 자는 바로 그

이미지로 등장하는 제우스의 권력은 오히려 그 반대의 현상을 보여 주고 있을 뿐이다. 11년간 지속되었다는 티타노마히아(Titanomachia), 즉 거인들의 전쟁에서 제우스는 승리를 거둔 신이다. 자신의 권위에 도전했던 거인들에 대한 그의 처벌은 잔인하기 그지없다. 제우스는 제사 음식을 더 원했다. 소위 세금을 더 올렸던 것이다. 프로메테우스는 인간의 편에서 인간의 친구가 되어 인간을 도와주려는 의도로 제사 음식을 속였고, 그 결과 허락되지 않은 불도 훔쳐 인류에게 되돌려주었다. 그런 인간의 영웅을 코카서스 산맥의 암벽 위에 헤파이스토스가 만들었다는 끊어지지 않은 쇠사슬로 묶어 두고 에톤이라 불리는 독수리가 날마다 날아와 간을 파먹게 했다고 한다. 날마다 반복되는 그 고통은 비극적 상황을 연출해 내기에 충분했다. 부당함과 정당함이 서로 엇갈려 있는, 소위 가치가 전도된 이러한 상황은 비극적 요인이 된다. 비극 무대 위에서 죄 없이 죄인이 되어 고통을 받는 영웅을 바라보면서 관객은 슬픈 눈물을 흘리게 되는 것이다.

417 이런 것이 니체가 철학을 하는 방식이다. 그는 하나의 개념을 흑백논리로 다루지 않는다. 사치도 사치 나름이다. 무엇인가 배우고 싶은 마음이 있을 때는 상대가 누구든 간에 무릎을 꿇고 배울 자세를 갖춰 주어야 한다. 하지만 하나를 영원히 배울 수는 없다. 또 다른 것을 배우기도 해야 한다. 그때는 스승을 향해 등을 돌릴 줄도 알아야 한다. "영원히 제자로만 머문다면 그것은 선생에 대한 도리가 아니다"(『차라투스트라는 이렇게 말했다』, 130쪽). 또 버려야 할 때는 모든 것을 가지고 있는 부유한 마음까지 가져 줘야 한다. 그래야 그것이 무엇이 되었든 간에 버릴 수 있기 때문이다. 사자는 고삐 풀린 금발의 야수와 같다. 고삐, 그것은 어떤 것에 연연하는 미련에 대한 상징이기도 하다. 그런 미련은 없어야 사자로 돌변할 수 있는 것이다. 사치는 없을 수 없다. 누구나 사치를 즐길 줄 알아야 한다. 하지만 하나의 사치로만 살아가면 그것이야말로 퇴폐적인 삶이 된다. 때로는 사치를 극복할 줄도 알아야 하는 것이다. 이런 훈련이 덜 된 독자는 늘 헷갈려 한다. '이래라는 거야, 저래라는 거야?' 하면서 푸념을 쏟아 놓게 되는 실수를 범하는 것이다.

418 167번 잠언에서 니체는 "잊으려 하면 잊지 못한다"고 말한 적이 있다. 적을 죽이려는 마음을 가지는 한, 그 적은 영원히 자기 마음속에 살아 움직이는 존재가 되고 만다. 적을 만드는 한, 적으로부터 해방

때문에 그 적이 자기 마음속에서 불멸이 되고 있는 것은 아닌지, 잘 생각해 보라.

407.

우리의 성격에 반대되면. — 우리가 말로 표현해야만 하는 진리가 우리의 성격에 반대되는 것일 때 자주 일어나는 일은, 우리가 그런 말을 할 때 서툴게 거짓말하는 것처럼 보여서 불신을 초래하게 된다는 것이다.

408.

부드러움이 많이 필요한 곳에서. — 대부분의 사람들은 공개적으로 나쁜 사람이 되든지 아니면 은밀하게 고통을 짊어지는 사람이 되든지 둘 중 하나를 선택할 뿐이다.

409.

병. — 병이란 늙음과 추함 그리고 염세적인 판단이 너무 일찍 찾아오는 것이라 생각할 수 있다. 이런 것들은 서로서로 연결되어 있다.

은 꿈꿀 수 없게 된다. 적으로부터 진정으로 자유로워지려면 잊는 일을 완벽하게 해 내야 한다는 숙제가 남아 있을 뿐이다.

410.

겁 많은 사람들.[419] — 바로 서투르고 겁 많은 사람들이 쉽게 살인자가 된다. 그들은 작은 목적에 부합되는 소소한 방어나 소소한 복수를 이해하지 못한다. 생각도 모자라고 마음도 침착하지 못해서 그들의 복수라고는 오로지 제거하는 것 외에 그 어떤 방법도 모른다.

411.

증오심을 품지 말고. — 그대는 그대의 격정과 작별을 고하고 싶은가? 그러나 그것에 대항하는 증오심을 품지 말고 그렇게 하라! 그렇지 않으면 그대는 제2의 격정을 갖게 될 것이다.[420] 죄로부터 자신을 자유롭게 만들었다는 기독교인의 영혼은 보통 나중에 그 죄에 대한 증오심 때문에 자멸하게 된다. 위대한 기독교인의 얼굴을 한번 살펴보라! 거기서 그대는 커다란 증

419 겁이 많으면 사태를 압도할 능력이 부족해진다. 겁이 많은 사람이 흉기를 휘두른다. 겁이 많은 사람이 목소리를 크게 낸다. 겁먹은 강아지가 요란하게 짖어 대는 것과 같다. 물론 겁이 없을 수는 없다. 다만 그 겁에 대처하는 방법 혹은 겁을 다루는 방법이 터득되어 있어야 한다는 것이다. 생각이 모자라면 겁이 커진다. 그러면 생각으로 겁을 다스릴 줄 알아야 한다. 또 마음이 차분하지 못하면 겁이 상대적으로 커진다. 그렇다면 마음을 차분히 가라앉히는 것이 무엇보다 중요하다. 겁이 나는 상황은 객관적이지 않다. 누구는 이것이 겁나고 누구는 저것이 겁난다. 누구는 좁은 곳이 싫고 누구는 높은 곳이 싫다. 전자는 폐소공포증이라 불리고, 후자는 고소공포증이라 불린다. 그 외에도 겁의 현상을 나타내는 개념은 무수히 많다. 이름이야 어떻게 불리든 생각하는 존재는 어쩔 수 없이 생각으로 이 모든 상황에 대처할 수밖에 없다. 생각하는 존재는 어떤 일이 있어도 반드시 생각의 달인이 되어야 하는 이유다.

420 싫어하는 마음을 품는 한 그 싫어하는 대상으로부터 자유로울 수가 없다. 지금 당장 외면할 수는 있어도 그 싫어함 자체로부터는 벗어날 수가 없다. 사물은 죄가 없다. 세상도 죄가 없다. 사물과 세상을 그렇게 바라보는 그 마음이 문제일 뿐이다. 악마도 때로는 이로울 때가 있다. 악의 정령도 다룰 줄만 안다면 유익한 존재가 될 수 있다는 얘기다. 대부분 싫어하는 마음은 무엇을 악으로 규정하고 그것을 거부할 때 발생한다. 극복하고 넘어서면 아무 문제 없는 것들일 경우가 대부분이라는 얘기다.

오로 채워진 얼굴을 발견하게 될 것이다.

412.

생각은 풍부한데 속이 좁다면. — 그는 자기 자신 외에는 아무것도 높이 평가할 줄 모른다.[421] 그가 다른 사람을 높이 평가하고 싶으면 그는 언제나 우선 그 사람을 자기 자신 안으로 변화시켜 놓아야 한다. 이 점에 있어서만 그는 생각이 풍부하다.

413.

사적인 고발자든 공적인 고발자든.[422] — 고발하고 심문하는 모든 사람을

421 자기가 잘났다고 말하는 사람, 자기 능력을 과시하는 사람, 자기 평판에 연연하는 사람, 이들은 모두 자기 자신 외에는 그 어떤 것도 높이 평가할 줄 모른다는 점에서 공통적이다. 이런 사람들과 대화하면 가장 많이 듣게 되는 말이 '그게 아니라!' 하며 말을 끊어 대는 신호다. 상대방의 의견을 이해해 주고 그것에 녹아드는 과정이 없다. 그런 사람들에게는 공감 능력이 결여되어 있어서 늘 상대방을 필요로 하지만 오로지 자기 자신의 외로움을 충족시키기 위한 도구쯤으로만 간주할 뿐이다. 그런 반면 자기 가족 혹은 자기편이라고 생각되면 무조건 높이 평가하려는 실수를 범한다. 이런 사람들은 스스로 자신의 한계를 깨달아야 한다. 그 한계는 아무도 가르쳐 주지 않는다. 자신이 외롭다면 왜 이런 현상이 벌어지게 되었는지 곱씹어 보아야 한다. 모든 결과에는 이유가 있기 때문이다.

422 고발자의 심리는 늘 똑같다. 자기가 옳다는 생각에서 상대를 고발하는 것이다. 마녀사냥을 하는 사냥꾼의 입장과 같다. 도대체 누가 마녀란 말인가? 도대체 누가 범죄자란 말인가? 법이 있어 범죄자가 된다는 논리는 옳지 않다. 법도 법 나름이기 때문이다. 로마 말기의 현상처럼 사회 자체가 썩어 문드러진 상태라면 그 사회를 굳건하게 세워 주고 있는 그 법은 썩어 문드러진 것에 지나지 않는다. 데카당은 위험하다. 스스로 퇴폐했는데도 그것을 인식하지 못한다면 위험한 것이다. 고통을 못 느끼는 상처가 고통을 느끼는 상처보다 더 위험하다. 르네상스 시대의 천재 화가 알브레히트 뒤러(Albrecht Dürer, 1471-1528)는 마녀를 그려 놓았다. 종교재판에 서야 했던 여성들, 즉 〈네 명의 마녀들(Die vier Hexen)〉(1497)을 그려 놓았다. 그 그림으로 르네상스라는 혁명에 동참했던 것이다. 가장 평범한 인간적인 모습을 그림 속에 담아냄으로써 중세적 시각의 오류를 지적했다. 사람을 앞에 두고 악마를 보았던 중세인들의 실수를 폭로했다. 중세적 인식에 저항하며 새로운 시대의 인식을 제시했던 것이다.

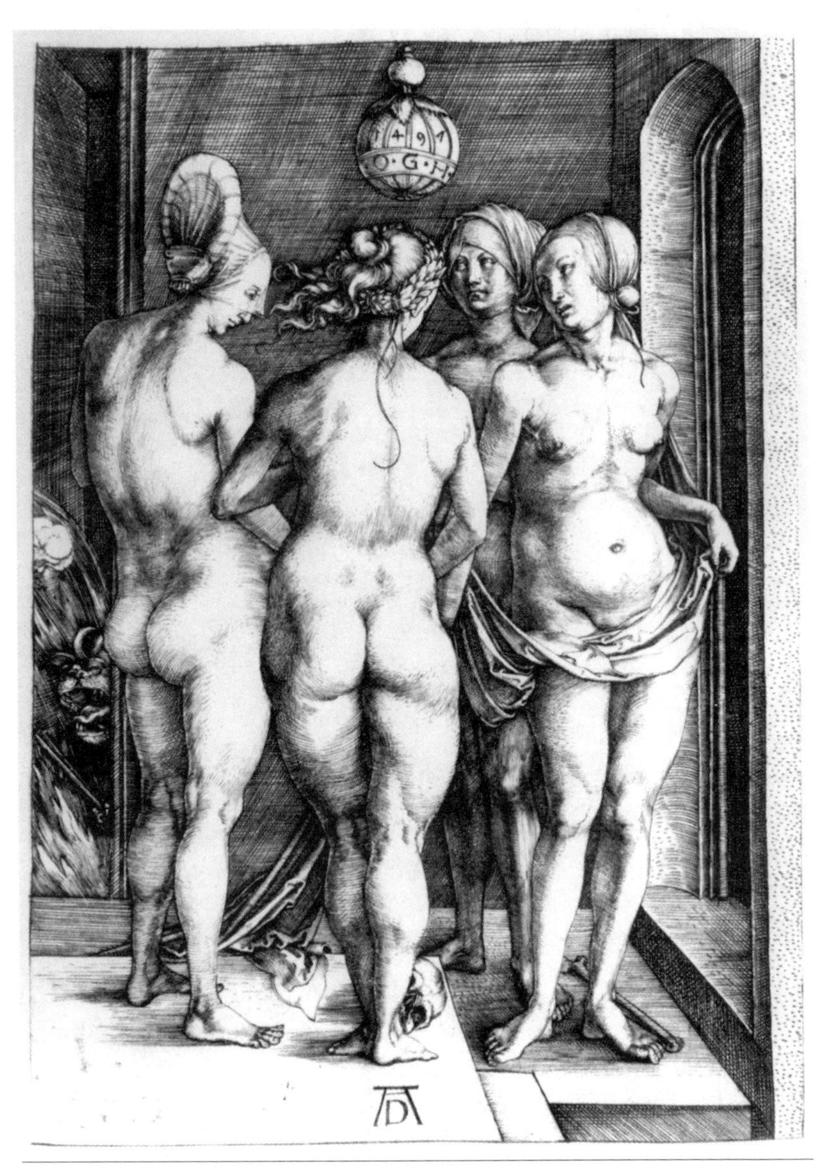

Albrecht Dürer, 〈네 명의 마녀들〉, 1497.

정확히 관찰해 보라. 그들은 고발하고 심문하는 과정 속에서 자신의 성격을 드러낸다. 게다가 그가 추적하고 있는 이른바 범죄자의 성격보다 훨씬 더 나쁜 성격을 드러내는 일이 드물지 않게 발생한다. 고발자는 모든 점에서 무죄라고 생각해서 고발 행위를 실천하는 것이다. 그는 어떤 범죄나 어떤 범죄자에 대항한다는 생각으로 그런 행동에 임한다. 그는 이미 스스로 좋은 성격의 소유자라고, 또 선한 존재로 간주해야만 한다고 판단하고 있는 것이다. 그래서 그는 스스로 제멋대로 굴도록 내버려 둔다. 그러면서 그는 부끄러움도 없이 자기 자신이 적나라하게 드러날 수 있도록 그냥 내버려 두는 것이다.

414.

자발적으로 눈을 멀게 하는 자들. — 어떤 인물이나 어떤 당파에 대한 일종의 열광적인 헌신, 즉 극단적으로 치닫는 그런 종류의 헌신이 있다. 하지만 그런 헌신은 우리가 은밀하게 그것들에 대해 우월감을 느끼고 있는 동시에, 우월감을 느낀다는 사실 때문에 우리 자신에 대해서 분노하고 있다는 것까지도 보여 주고 있다. 말하자면 우리의 눈이 너무 많은 것을 보았다는 그 죄에 대한 벌로 우리 스스로가 자발적으로 눈을 멀게 하는 것이다.

415.

사랑의 치료법. — 여전히 사랑에는 대부분 저 오랜 극단적인 방법, 즉 사랑에 대항하여 사랑하는 것이 도움이 된다.

416.

가장 나쁜 적은 어디에 있는가? — 자신의 대의를 훌륭하게 추진할 수 있다고 생각하고 또 그것을 정확하게 의식하고 있는 사람은 자신의 적대자들에게 대체로 언제든지 화해할 수 있다는 듯이 너그러운 마음을 갖고 있다. 그러나 자신의 대의가 좋은 대의라고 믿으면서도 그것을 방어할 능력이 부족하고, 또 그것을 다룰 때도 스스로 능숙하지 못하다고 생각하는 사람은 자신의 대의에 대항하는 그 적대자에게 원한과 증오를 품는다. 그는 그 적대자와 화해할 능력도 없다. 이런 상황에 처해 있다면 모든 사람은 각자 이제 자신에게 가장 나쁜 적을 어디에서 찾을 수 있는지 차분히 헤아려 보는 것이 좋을 것이다!

417.

겸손이라는 모든 미덕의 한계. — "크레도 쿠이아 압주르둠 에스트Credo quia absurdum est"[423] 이렇게 말하면서 자신의 이성을 희생시키는 겸손을 이미 많은 사람들이 실천해 왔다. 그러나 내가 아는 한, 그러한 겸손에서 단 한 발짝이라도 떨어져서 거리를 두고 "크레도 쿠이아 압주르두스 숨Credo quia

423 "불합리하기 때문에 나는 그것을 믿는다." 기독교의 신학에서 널리 퍼져 있는 격언 중의 하나다. 이것은 특히 "크레도 우트 인텔리감(Credo ut intelligam, 알기 위해서 나는 믿는다)"과 함께 쌍벽을 이루는 말로 유명하다. 잠언에는 이런 구절이 있다. "여호와를 경외하는 것이 지식의 근본"(잠언 1:7)이라고. 무엇이 되었든 간에 알고 싶다면 먼저 여호와부터 경외하라는 얘기다. 믿음이 없는 지식은 무의미하다는 말로도 해석이 가능하다. 기독교의 입장은 분명하다. 선악과를 따 먹고 나서부터 얻게 된 이 지식이라는 것 자체가 이미 죄의 결과라는 것이다. 이 죄로부터 벗어날 수 있는 길은 단 하나밖에 존재하지 않는다. 그것은 신을 믿는 것뿐이라고. 신을 믿으면 세속적 인식으로부터 벗어나 신을 인식하는 고귀한 단계로 올라설 수 있다고.

absurdus sum"[424]이라고 고백하는 저 겸손까지 실천한 사람은 아직 단 한 명도 없었다.

418.

진실을 연기하는 것. — 대부분의 사람들은 진실하다. 이는 그들이 느끼는 감각들을 숨기는 것을 싫어하기 때문이 아니라 숨기는 행위를 통해 사람들로 하여금 믿게 하는 것에 서툴기 때문이다.[425] 간단히 말하면 그러니까, 그는 배우로서의 자기 재능을 믿지 못하고 있는 상태이고, 또 그래서 오로지 정직하다고 말하는 것, 즉 '진실을 연기하는 것'을 선호하고 있을 뿐이다.

419.

정당에서 요구하는 용기.[426] — 불쌍한 양들은 그들의 목동에게 이렇게 말한다. "항상 앞장서기만 하라. 그러면 우리는 절대로 용기를 잃지 않고 그대를 따를 것이다." 하지만 무리를 이끄는 목동은 스스로 이렇게 생각한

424 "자신이 불합리하기 때문에 나는 그것을 믿는다."

425 사람은 누구나 속일 수 있으면 속이려 한다. 그런 속이는 행위를 통해 자기 자신의 권력과 힘을 확인할 수 있기 때문이다. 예를 들어 어린아이가 태어나서 제일 먼저 하는 놀이는 소위 '까꿍놀이'다. 얼굴을 숨겼다가 갑자기 보여 주면 아이들은 재밌어한다. 그 모습을 보고 웃어 댄다. 그러다가 조금 성장하여 스스로 걷고 뛰어다닐 수 있는 나이가 되면 숨바꼭질 놀이를 하기도 한다. 자기 자신을 숨기고 또 숨은 상대를 찾아내며 노는 것이 제일 재밌어서다. 이런 특성은 이성적 존재에게 있어서 본성으로 자리 잡고 있다. 이성이 있어서 어쩔 수 없이 그런 것을 놀이로 간주할 수밖에 없다는 것이다. 사람은 진실을 말한다면서 속일 수 있고, 속이는 척하면서도 진실을 내뱉을 수 있다.

426 전형적인 노예도덕이 보여 주는 용기다. 스스로 문제를 해결하려고 하지 않는다. 양들은 목동을 탓하고, 목동은 양들을 탓한다. 서로 상대가 잘해 주면 나도 잘하겠다는 논리다. 둘 다 문제가 있다.

다. "항상 나를 따라오기만 하라. 그러면 나는 절대로 용기를 잃지 않고 너희를 이끌 것이다."

420.

희생하는 동물의 교활함. — 우리가 어떤 사람을 오해해서 그를 위해 희생했을 경우, 그런 식으로 희생할 만한 가치가 있는 사람이었으면 하고 우리가 바랐던 그 모습 그대로 나타날 수 있는 기회를 그에게 제공하는 것은 슬픈 교활함이다.

421.

다른 사람들을 통해 관철시키고자 하는 것. — 다른 사람들을 반짝반짝 빛나게 해 주고, 그런 것 외에는 아무것도 보이기를 결코 원하지 않는 사람들이 있다. 그런데 바로 여기에는 많은 영리함이 숨겨져 있다.

422.

다른 사람들을 기쁘게 하는 것. — 왜 다른 사람들을 기쁘게 하는 것이 모든 기쁨보다 더 우월할까? 왜냐하면 이는 우리가 그것을 통해 자신의 오십 가지 충동을 한꺼번에 기쁘게 충족하기 때문이다. 개별적으로는 아주 작은 기쁨일지 모른다. 그러나 우리가 그 모든 것을 한 손에 쥔다면 그 손은 그 어느 때보다도 더 가득 차게 된다. 그리고 마음까지도.

제5권

423.

위대한 침묵 속에서. — 여기는 바다다. 여기서 우리는 도시를 잊을 수 있다. 비록 바로 지금도 여전히 도시의 종은 〈아베마리아〉를 소란스럽게 울리고 있지만 상관없다. 그것은, 낮과 밤의 십자로에서 울려 퍼지는 저 음울하기도 하고 어리석기도 하지만 그래도 달콤한 소음이다. 그렇다. 그 소음은 한순간에 스쳐 지나갈 뿐이다! 지금은 모든 것이 침묵하고 있다! 바다는 창백해 보이지만 그래도 빛을 발하며 저기 누워 있다. 저 바다는 말을 할 수 없다. 하늘은 빨강, 노랑, 초록의 색깔들로 자신의 영원한 황혼의 연극, 저 말 없는 황혼의 연극을 연출해 내고 있다. 저 하늘은 말을 할 수 없다. 가장 고독한 장소를 발견하기 위해 바닷속으로 뛰어든 것 같은 작은 절벽과 바위들, 이들 모두는 더 이상 말을 할 수 없다. 갑자기 우리를 엄습한 이토록 끔찍한 침묵은 소름이 끼치도록 아름답구나. 바로 이 순간 가슴이 파도친다. 오, 이 한 마디 말도 없는 아름다움의 위선이여! 만약 이 아름다움이 원하기만 하면 얼마나 선하게 말할 수 있는지, 그리고 또 얼마나 악하게 말할 수 있는지! 이 아름다움의 묶여 있는 혀와 얼굴 표정에서 나타나고 있는 고통스러운 행복은 그대의 공감을 비웃기 위한 속임수이리라! 하지만 괜찮다, 아무래도 괜찮다! 그러한 권력들에게 비웃음 받는 것을 나는 전혀 부끄러워하지 않으니. 하지만 자연이여, 비록 그대의 혀가 묶여 있는 것이 그저 그대의 악의라 해도, 그대는 침묵해야만 하기 때문에 나는 그대를 동정하노라. 그래, 나는 그대의 악의 때문에 그대를 동정하노라! 아, 점점 더 고요해지고 있는 이 순간 다시 한번 나의 가슴은 파도친다. 이 가슴은 하나의 새로운 진리 앞에서 깜짝 놀라고 있노라. 하지만 이 가슴도 말을 할 수 없다. 만약 이 입이 저 아름다움 속으로 무엇인가를 외쳐 대면 이 가슴도 덩달아 함께 비웃어 댄다. 그러면서 이 가슴은 스스로 이 침묵의 달콤한 악의를 즐기고 있다. 말을 한다는 것, 그래 생각한다는 것은 이제 내게는 혐오스러운 것이 되어 버렸다. 나는 모든 단어의 배후에서 오류와 상상 그리고 광기의 정신이 웃고 있는 것을 듣고 있지 않은가?[427] 나는 나의 동정을 비웃어서는 안 된단 말인가? 나의 비웃음을 비웃어서는 안 된단 말인가? 오, 바다여! 오, 저녁이여! 그대들은 참으로 나쁜 선생들이구나! 그대들은 인간에게 인간이기를 그만둘 것을 가르치고 있으니![428] 인간이 자기 자신을 그대들에게 바쳐야 한다고? 인간이 지금 그대들의 모습처럼 창백하면서도 빛을 발하고 말이 없으며 끔찍하게 스스로 자기 자신 위에서 쉬고 있어야 한다고? 자기 자신을 넘어서 숭고해져야 한다고?

427 '광기의 정신'으로 번역한 독일어는 '반가이스트(Wahngeist)'이다. 사전에는 없는 말이다. 니체가 만들어 낸 조어라는 얘기다. 그래서 더욱 소중하고 의미 있는 단어다. '반(Wahn)' 자체가 명사로 쓰이기도 하지만, 일반적으로는 뒤에 '감각'을 의미하는 '진(Sinn)'이 덧붙어 '반진(Wahnsinn)'으로 더 잘 쓰인다. '반진'은 대부분 '광기'로 번역된다. '미침'이라고 번역해도 된다. '미쳤다'는 그 현상을 지칭하는 말인 것이다. 그런데 그 광기에 '가이스트(Geist)', 즉 '정신'을 결합시켜 놓았다. 여기에 깊은 의도가 담겨 있다는 얘기다. 니체는 광기의 세계로 접어들기 하루 이틀 전에 집필했을 것으로 짐작되는 『디오니소스 송가』의 첫 번째 시 「한갓 바보일 뿐! 한갓 시인일 뿐!」이란 곳에 이런 구절을 남겨 놓았다. 비슷한 단어들과 비유들이 읽혀져서 몇 구절 인용해 본다. "진리에 대한 나의 광기 때문에 / 낮에 대한 나의 동경 때문에 / 낮에 지치고, 빛에 병든 채 / 아래쪽으로, 저녁 쪽으로, 그림자 쪽으로 내려앉았지 / 하나의 진리로부터 떨어져 나와 / 타는 목마름으로 / 그대 뜨거운 가슴이여, 아직도 생각이 나는가, 생각이 나는가 / 그때 그대가 얼마나 목마름을 느꼈는지를?" 니체는 미쳤다. 새로운 진리에 대한 타는 목마름으로 인해 미쳤다. 하나의 진리로부터 떨어져 나왔다. 그것을 진리라고 말을 해야 한다면 차라리 미쳐 버리라, 뭐 이런 노래다. 니체는 광기의 정신을 믿었던 것이다. 광기의 세계로 가더라도 그곳에서 새로운 정신으로 살아갈 수 있다는 것을 확신했던 것이다.

428 바다는 초인의 언어로 충만하다. "보라, 나 너희에게 초인을 가르치노라. 초인이야말로 너희의 크나큰 경멸이 가라앉아 사라질 수 있는 그런 바다다"(『차라투스트라는 이렇게 말했다』, 19쪽). 초인의 언어는 인간이 인간이기를 그만두라고 가르치고 있다. 사람이 사람이기를 그만두라고. 니체는 자신의 자서전 제목을 『이 사람을 보라』라고 정했다. 사람이라 적어 놓고 신이라 읽어 달라는 신호였다. 사람 노릇 그만하고 이제 신이 되어 달라는 가르침이다.

424.

진리는 누구를 위해 존재하는 것일까. — 지금까지 오류들은 위안을 풍부히 주는 권력들이었다. 그런데 요즈음 사람들은 인식된 진리로부터 동일한 효과를 기대하고 있다. 그것을 벌써 오래전부터 기다리고 있는 것이다. 그런데 만약 그 진리들이 바로 이것, 즉 위안을 주는 능력을 갖고 있지 않다면 어떻게 되는가? 도대체 이것이 그 진리들에 대한 이의가 될 수나 있을까? 그 진리들은 괴로워하고 위축되어 있고 병들어 있는 사람들의 상태와 어떤 점에서 공통점이 있단 말인가? 그 진리들이 바로 그들에게 유용했었다고? 그러나 어떤 식물이 병든 사람을 치유하는 데 아무런 기여도 하지 못했다 해서 그것이 식물의 진리에 대한 반증이 되는 것은 아니다. 그러나 예전에 사람들은 자신을 자연의 목적이라고, 또 사람들은 인식을 통해서는 오로지 자신의 건강회복에 도움이 되거나 유익한 것만을 발견할 수 있다고 확신했다. 그렇다, 그때 그 사람들은 다른 상황은 벌어질 수도 벌어져서도 안 된다고 생각했던 것이다. 아마도 이 모든 것으로부터 다음과 같은 명제가 따라 나왔을 것이다. 즉 진리라는 것은 전체적인 것이며 동시에 총체적인 것으로서 오로지 강력하면서도 무해하고, 기뻐하고, 평화를 지향하는 영혼들을 위해 존재한다고. 아리스토텔레스가 영혼을 그렇게 묘사했던 것처럼, 이러한 영혼들만이 진리를 추구할 수 있다고. 왜냐하면 다른 사람들은 오로지 자기 자신을 위해서만 치료제를 구할 뿐이기 때문이다. 게다가 그들은 자신의 지성과 그 지성의 자유에 대해서만 긍지를 갖고 있을 뿐이다. 그러니까 그들은 진리를 추구한 것이 아니었다. 그래서 이러한 사람들이 학문에 대해 진정한 기쁨을 거의 느끼지도 못했다. 그들은 그것의 냉정함과 메마름과 비인간성을 비난하기 바빴다. 바로 이것이 건강한 자들의 유희에 대해 펼쳐 대는 병든 자들의 판단이다. 그런데 그리스의 신들은 위로

하는 방법을 알지 못했다. 그리고 마침내 그리스인 역시 모두 한꺼번에 병이 들었을 때, 바로 이것이 그러한 신들을 몰락으로 이끈 원인으로 작용했던 것이다.

425.

추방된 삶을 살아가는 우리 신들! — 자신의 기원, 자신의 유일성, 자신의 사명에 대한 실수들을 통해, 그리고 이러한 오류들을 근거로 하여 제기된 요구들을 통해 인류는 자기 자신을 고양시켜 왔고, 또 거듭해서 '자기 자신을 극복'해 왔다.[429] 하지만 똑같은 실수인데 전혀 다른 결과들을 내놓은 사람들도 있다. 즉 그런 실수를 통해 말로 다 표현할 수 없는 수많은 고통들, 서로에게 가하는 박해행위, 의심, 오해, 그리고 여기에 덧붙여 개인이 각자 자기 안에서, 그리고 자기 자신 자체에 대해서 느끼게 되는 훨씬 더 많은 비참함이 이 세상 속으로 들어오게 된 것이다. 사람들은 고통을 당하는 피조물이 되고 말았다. 그것도 자신들의 도덕 때문에 그렇게 되고 말았다. 전체적으로 볼 때 사람들이 그것으로 얻게 된 것은 마치 자신들이 이 대지를 위해서는 근본적으로 너무 지나치게 선하고, 너무 지나치게 중요한 존재이지만, 단지 잠시 이 세상에 머물 뿐인 것처럼 느낄 수 있는 그런 감정이다. 이 '고통을 당하는 오만한 자들'은 아직까지도 사람들 중에서 최고의 유형으로

429 아주 중요한 사상이다. '자기 자신을 극복'한다는 말에 니체는 따옴표를 찍어 놓았다. 그만큼 의식적으로 이 말을 하고 있다는 뜻이다. 그리고 이 잠언 제목에 '우리 신들'이라는 표현도 눈길을 끈다. 이것을 종합하면 니체의 '초인 사상'이 형성된다. '초인'은 '위버멘쉬'를 번역한 것이라 했다. '넘어서고 있는 자' 혹은 '넘어선 자', 그가 곧 초인인 것이다. 하지만 넘어섬의 대상이 외부로 향하지 않는다는 것에 주목을 해야 한다. 니체가 초인을 이야기하면서 넘어섬의 대상으로 삼는 것은 오로지 '자기 자신'뿐이다. 타인을 지배하는 것이 초인의 덕목은 결코 아니라는 사실을 제대로 이해해야 한다.

간주되고 있고 앞으로도 한동안 그렇게 존재할 것 같다.

426.

사상가들의 색맹. — 그리스인은 그들의 자연을 얼마나 다르게 보았던가! 다음과 같은 사실은 인정할 수밖에 없다. 그리스인은 파란색과 녹색을 구분할 수 없는 색맹이었다. 그들은 파란색 대신에 짙은 갈색을 보았고, 또 녹색 대신에 노란색을 보았다. 예를 들어 그들은 머리카락의 검은색과 수레국화의 색과 남쪽 바다의 색을 동일한 단어로 지칭했고, 또 가장 짙은 녹색 식물의 색과 사람의 피부색 그리고 꿀과 노란 송진의 색도 동일한 단어로 지칭했다. 그래서 그들의 가장 위대한 화가들조차 세계를 오로지 검은색과 하얀색, 빨간색과 노란색만으로 그려 냈던 것이다. 그들의 눈에 사람의 피부색은 자연에서도 우세를 점했을 것이고, 또 이 자연은 말하자면 이러한 인류의 색깔이라는 공기 안에서 부유했을 것이다. 그들이 보았던 자연은 얼마나 달랐을까! 또 그러면서도 그 자연은 사람들에게 얼마나 가깝게 느껴졌을까! 파란색과 녹색은 다른 어떤 색보다 자연을 사람과는 전혀 다른 색깔로 비치게 해 준다. 이러한 결핍 위에서 그리스인을 특징짓는 저 유희하는 가벼움, 즉 저 자연 현상을 신들과 반신들로, 말하자면 사람과 유사한 형태로 바라보게 된 것이다. 이 점에서 그리스인은 위대한 성장을 일궈 냈다. 그러나 이것은 다음과 같은 또 다른 추측을 위한 비유가 되기도 한다. 모든 사상가는 자신의 세계와 모든 사물을 존재하는 것보다 더 적은 수의 색깔로 그려 내고 있다는 사실이다. 또한 그들은 몇 가지 색을 서로 구분조차 할 수 없는 색맹이었다. 하지만 이것은 하나의 결함만으로, 즉 부정적 의미로 그치지 않았다. 그들은 이러한 접근방식과 단순화를 통해 색의 조화를 사물 속으로 투입하기 시작했다. 이렇게 색의 조화로 모습을 드러낸 사물은 커다란 매력 덩어리로 보였고, 그럼으로써 이 자연을 더욱 풍부하게 만들 수도 있었던 것이다. 어쩌면 바로 이것이야말로 인류가 자신의 존재를 바라보는 데서 처음으로 즐거움을 배울 수 있었던 길이었을 것이다. 이 즐거움을 통해서 그리스인의 존재는 우선 하나 혹은 두 가지 색조로 그려졌고 이 즐거움을 통해 그 존재는 조화된 형태로 인류에게 제시되었던 것이다. 인류는 여러 가지 다양한 색조로 이행하기 전에 이러한 소수의 색을 가지고 미리 연습을 했던 것이다. 그리고 지금도 여전히 수많은 사람이 부분적인 색맹의 상태에서도 보다 풍부하게 세상을 바라보고 그것을 보다 풍부하게 구별해 내는 상태로 나아가고 있다. 그러나 이때 그들은 새로운 방식의 즐거움을 발견해 내기는 하지만 동시에 언제나 몇 가지 이전에 누렸던 즐거움을 포기하고 또 상실하기도 해야 한다.

427.

학문의 미화 작업. — 로코코 정원 예술이 "자연은 추하고 야만적이며 지루한 것이다. 자! 이제 우리는 그것을 더 아름답게 만들고자 한다!"라는 감정에서 생겨난 것처럼, "학문은 추하고 건조하고 위로를 주지 못하며 어렵고 지루하다. 자! 이제 우리 이 학문을 더 아름답게 만들게 하라!"라는 감정에서 항상 철학이라 불리는 어떤 것이 거듭해서 발생해 왔던 것이다. 철학은 모든 예술과 문학이 원했던 것을 똑같이 원하지만 무엇보다도 그것을 즐길 수 있게 만들고자 한다. 그러나 철학은 자신이 유산으로 물려받은 긍지에 따라 더욱 숭고하고 고상한 방식으로 선별된 정신 앞에서만 그것을 수행하고자 한다.[430] 이러한 정신을 위해 하나의 정원 예술을 창조해 내는 것, 그것의 주요 매력은 저 '보다 통속적인 정원 예술'과 마찬가지로 눈을 기만하는 것이다. 비유로 말하자면, 사원, 원경, 동굴, 미로, 폭포 등을 통해 눈을 기만하는 것이다. 학문을 몇 가지의 기준으로 솎아 내고 그것을 온갖 종류의 진기하고 돌발적인 조명을 비춰 주면서 제시하고, 또 온갖 모호함과 비이성 그리고 몽상적인 것을 그 학문 속에 섞어 놓는 일은 절대로 사소한 일이 아니다. 사람들은 그 학문 안에서 '마치 야생의 자연 안에서처럼' 그 어떤 피로감도 권태도 느끼지 않고 살아갈 수 있게 된다. 이와 같은 일들은 결코 작은 야심이라 말할 수 없다. 이러한 야심을 가진 자는 이전의 사람들에게 최고의 여흥을 제공했던 종교까지도 이러한 방식으로 불필요하게 만드는 것을 꿈꾼다. 이것은 지금도 진행되고 있는 과정이며 언젠가는 최고의 밀물이 되어 들이닥치게 될 것이다. 지금 벌써 철학에 저항하는 반대의 목소리가 커지기 시작했다. 이 목소리는 이렇게 외치고 있다. "학문으로 되돌아가라! 자연으로 그리고 학문의 자연스러움으로!" 어쩌면 이와 함께, 마치 우리가 루소 이후 높은 산맥과 황량한 사막의 아름다움에 대한 감각을 처음으로 발견하게 된 것처럼 학문의 '야생적이고 추한' 부분들에서 가장 강력한 아름다움을 발견해 내는 그런 멋진 시대가 모습을 드러내기 시작할 것이다.

430 철학은 만인의 학문이 될 수 없다는 주장으로 읽어도 된다. 철학은 오로지 소수를 위한 학문이다. 철학이 대중화될수록 철학의 본연의 의미는 상실될 수밖에 없다. 모두가 다 아는 것에서 철학자들은 늘 벗어나려 애를 쓴다. 그들은 늘 선구자의 길을 걷고 있을 뿐이다. 대부분 철학자는 그 시대 밖에서 일을 하고 있기 때문에 늘 오해의 대상이 되어야 한다는 숙명을 타고 났다. 니체가 하는 철학은 바로 이런 의미에서의 철학이다. 그의 철학은 현대 철학의 길을 연 선구자 역할을 하면서도 이미 그 현대를 넘어서고자 하는 시도를 펼쳐 보이고 있다. 현대인은 스스로가 현대인이라는 데서 무한한 긍지를 느끼는 한, 그의 철학은 늘 '어렵다'는 말을 쏟게 하는 대상이 될 뿐이다. 현대인의 시각으로는 전혀 보이지 않는 것이 허무주의 철학이다. 현대인이 자기 자신이기를 포기하고 스스로 자기 자신을 넘어서고자 할 때 허무주의는 도움의 손길을 내밀 것이다.

428.

두 종류의 도덕주의자.[431] — 하나의 자연법칙을 처음 보면서도 전체적으로 본다는 것, 즉 그것을 그런 식으로 제시하는 것, 예를 들어 인력과 빛과 음향의 반사 법칙을 전체적으로 제시하는 것은 자연의 법칙을 그런 방식으로 설명해 주는 것과 전혀 다른 것이며 또 전혀 다른 정신을 요구하는 일이다.[432] 이와 마찬가지로 사람들이 살아가는 법칙과 습관을 보고 제시하는 도덕주의자들, 즉 예민한 귀와 예민한 코와 예민한 눈을 가진 도덕주의자들은 그저 관찰된 것만을 설명해 주는 도덕주의자들과는 전적으로 구별된다. 후자의 도덕주의자들은 무엇보다도 이야기를 만들어 낼 줄 알아야 하고 감각의 예리함과 지식을 통해 고삐 풀린 상상력을 가져야 한다.

429.

새로운 정열. — 야만으로 되돌아갈 가능성에 대해 우리는 왜 두려워하고 싫어하는가? 그 야만이 사람들을 있는 그대로의 존재보다 더 불행하게 만들기 때문인가? 아, 그래서가 아니다! 모든 시대의 야만인들은 더 많은

431 도덕주의자도 도덕주의자 나름이다. 부정적인 의미의 도덕주의자가 있는가 하면, 긍정적인 의미의 도덕주의자도 있다. 삶에 도움이 되는 도덕주의자가 있는가 하면, 삶을 구속하려고만 하는, 즉 기성세대의 주장만을 거듭해서 말하는 도덕주의자도 있다.

432 여기서 니체는 제시해 주는 능력과 설명해 주는 능력을 비교하고 있다. 있는 것을 있는 그대로 제시해 주는 것은 어려운 일이다. 그것이야말로 진정한 철학자들이 도전해야 할 일이다. 그런데 대부분의 철학자는 있는 것을 설명하려고 애를 쓴다. 누가 어떤 말을 했는지 밝혀내고 거기서 모순을 찾아내는 일을 철학이 할 일이라고 착각하고 있는 것이다. 또 누구는 철학사를 공부하고 있으면서 철학을 공부하고 있다고 착각하기도 한다. 누가 언제 살았고 어떤 책 속에 어떤 내용이 있는지를 아는 것으로 만족하는 것은 철학이 아니다. 진정한 철학은 사물을 있는 그대로 볼 수 있는 눈을 가지는 것으로 나아가야 한다.

행복을 누렸다. 우리 자신을 속이지 말자! 인식을 위한 우리의 충동은 너무나 강하기 때문에 우리는 인식이 부재하는 행복이라든가, 혹은 강하고 확고한 광기의 행복을 평가할 능력이 없는 것일 뿐이다.[433] 그러한 상태를 상상으로 떠올리는 것조차 우리에게는 고통이다! 발견과 추측의 불안은 이제 우리에게 너무나 매력적이고 필연적인 것이 되었다. 이는 마치 불행한 사랑이 사랑에 빠진 사람에게는 매력적이고 필연적인 것이 되는 것과 같은 논리다. 사랑에 빠진 사람은 어떤 대가로도 불행한 사랑을 이래도 그만 저래도 그만이라 말할 수 있는 무관심의 상태와 바꾸려 하지 않을 것이다. 그렇다. 어쩌면 우리들 자신 역시 불행하게 사랑하는 사람일지도 모르겠다! 인식은 우리 마음속에서 어떠한 희생도 두려워하지 않는 정열로, 자기 자신의 소멸 외에는 그 어떤 것도 근본적으로 두려워하지 않는 정열로 변화되어 있다. 우리는 다음과 같은 사실을 솔직하게 믿고 있다. 인류 전체는 이러한 정열의 압박과 고통 아래에서 이제까지보다 더 고상해졌고 더 위로를 받게 되었다. 즉 이러한 정열로 인해 심리적으로 압박을 받고 고통을 느끼는 때가 야만에서 비롯되는 보다 거친 유쾌함에 대해 시기하는 때보다 더 낫다는 얘기다. 어쩌면 인류가 인식에 대한 이러한 정열로 인해 몰락할지도 모르겠다! 이러한 생각조차 우리에게 아무런 영향을 끼치지 못한다! 도대체 기독교는 일찍이 이와 유사한 생각을 두려워해 본 적이 단 한 번이라

433 이것은 니체가 첫 작품 『비극의 탄생』에서부터 줄기차게 주장해 오고 있는 니체만의 행복론이다. 말하자면 허무주의 철학도 행복론이다. 허무하다는 말을 하면서도 행복해질 수 있다는 얘기다. 공과 무를 신성시하는 동양 철학을 생각하면 허무주의의 이념은 쉽게 해결될 것이다. 무아지경이니 황홀지경을 떠올려도 좋다. 무아는 자기 자신을 망각하는 현상을 일컫는다. 자기 자신을 상실하는 상황에서도 행복감을 느낄 수 있다는 논리다. '황홀'은 그리스어 '엑시스타시스(Ekstasis)'를 번역한 것이고, 그 뜻은 '자기 밖으로 나간다'는 것이다. 자기를 버리고 자기 바깥으로 나가면서도 행복해질 수 있다는 것이다. 디오니소스는 이런 지경을 위하고 상징하는 신이다. 이것은 기독교가 요구하듯이 하나님의 말씀과 계명을 따르면서 천상의 행복을 얻게 된다는 식의 논리와는 사뭇 다른 것이다.

도 있었던가? 사랑과 죽음은 남매가 아닌가? 그렇다, 우리는 야만을 싫어한다. 우리 모두는 인식의 후퇴보다 차라리 인류의 몰락을 더 원하는 바이다! 그리고 마지막으로 인류가 이런 단 하나의 정열 때문에 몰락하지 않는다면, 이 인류는 약함 때문에 몰락해 갈 것이다. 무엇을 더 원할 수 있단 말인가? 이것이야말로 진짜 문제다. 우리는 인류가 불과 빛 속에서 종말하기 원하는가 아니면 모래 속에서 종말하기를 원하는가?

430.

이것 또한 영웅적이다. — 유용하고 필수적인 일들이지만, 거의 입에 담지도 못하는 끔찍한 일들, 악취가 가장 심한 그런 일들을 거리낌 없이 행하는 것도 영웅적이다. 그리스인은 헤라클레스가 행해야 할 위대한 일들 중에 외양간에서 똥을 치우는 일까지 포함시키는 것을 부끄러워하지 않았다.

431.

적대자들의 의견들. — 가장 영리한 두뇌라도 그것이 얼마나 정교한지 혹은 얼마나 멍청한지를 측정하기 위해서는 그 두뇌가 적대자의 의견을 어떻게 파악하고 재현해 내는지를 주시해야만 한다. 왜냐하면 바로 이때 모든 지성은 자기 자신이 갖고 타고난 용량을 스스로 드러내기 때문이다. 정말 완벽하게 현명한 자는 스스로 의도하지 않아도 적대자를 이상적으로 만들고, 또 그 적대자의 모순을 모든 오점과 우연으로부터 해방시켜 자유롭게 해 준다. 이를 통해 그의 적대자는 빛을 발하는 무기를 지닌 신이 된다.[434] 그때가 되어서야 비로소 그는 바로 이 신이 된 적대자와 싸운다.

432.

연구하는 자와 시도하는 자. — 학문에 있어서 지식을 만들어 주는 유일한 방법이란 존재하지 않는다! 우리는 여러 가지 시도를 거듭하면서 사물들을 경험해 봐야 한다. 때로는 악하게, 또 때로는 선하게 그것들을 다루어 보아야 한다. 그러면서 그것들에 대해 공정과 정열 그리고 냉정함을 차례대로 가져 보아야만 한다. 이 사물들과 어떤 사람은 경찰관으로서 말하고, 어떤 사람은 고해 신부로서, 어떤 사람은 방랑자로서, 또 호기심이 많은 자로서 그 사물들과 말한다. 때로는 공감하면서, 때로는 폭력적으로 사람들은 사물들에게서 무엇인가를 탈취해 낸다. 어떤 사람은 그 사물들의 비밀에 대한 외경을 통해, 또 어떤 사람은 비밀을 설명할 때의 가벼운 실수를 동반하는 경솔함과 못된 장난을 통해 전진하고 통찰을 획득하게 된다. 우리 연구자들은 모든 정복자, 발견자, 선원, 모험가처럼 대담한 도덕성으로 충만해 있고 전체적으로는 악한 사람으로 간주되는 것을 즐거운 마음으로 감수해야만 한다.[435]

434 니체는 신이 되는 길을 알려주고 있다. 마찬가지로 상대방을 신이 되게 해 주는 길도 가르쳐 주고 있다. 신을 죽이려면 스스로 신이 되어야 한다. "그런 행위를 할 자격이 있으려면 우리 스스로가 신이 되어야 하는 것이 아닐까"(『즐거운 학문』, 201쪽)? 이는 '뱀이 용이 되려면 용을 잡아먹어야 한다'는 논리와 같다. 만만한 적을 찾아야 한다. 자기 자신에게 걸맞는 적을 필요로 할 줄 알아야 한다. 그때 용기가 요구되기 때문이다. 요구되는 용기를 요구하고 또 그것을 사용할 줄 아는 것도 또한 영웅의 조건이다. 용기는 무서움과 두려움을 인식한 후에 요구된다. 신이 되는 것도 어렵고, 신이 된 이후 또 다른 신과 싸워야 한다는 것도 어렵다. 이 모든 어려움에 대해 정통하고 있어야 한다. 어려운 줄도 모르고 달려드는 것은 용기가 아니기 때문이다. 또 상대가 준비가 될 때까지 기다려 주는 것도 지혜다. 소위 상대를 키워 주기도 해야 한다. 상대가 신이 될 때까지! 상대가 신이 가질 법한 그런 멋진 무기를 지닐 수 있을 때까지! 또 상대가 스스로 그런 신이 되지 못한다면, 그가 지닌 약점을 약점이 되지 않도록 도와주는 것도 지혜다. 적대자를 도와 자기 자신에게 걸맞은 상대가 되게 하라는 얘기다. 큰 인물이 되기 위해, 신이 되기 위해, 자신에게 걸맞은 용을 찾아내고, 발굴해 내고, 만들어 내는 것이 극복의 의지를 근간으로 하고 있는 초인의 정신이다.

435 악에도 권리가 있다. 악에 대한 인식의 변화를 니체는 끊임없이 시도하고 있다. 나쁜 마음을 가져 봐

433.

새로운 눈으로 바라보기.[436] — 예술에서 말하는 아름다움이 항상 행복한 것의 모방이라 이해되고 있다면, 나는 이것을 진리라고 간주한다. 시대마다, 민족마다 하나의 위대한, 즉 스스로 법을 제공하는 개인이 존재하기 마련이고, 바로 그 개인이 행복이 무엇인지를 표상할 수 있는 근거를 제공

야 변화를 시도할 수 있기 때문이다. 시킨 대로 하는 사람은 창조의 영역에서는 무능하기 짝이 없는 존재가 되고 만다. 시험공부 잘했던 사람이 사회에 나와서도 일을 잘하리라는 법은 없다. 오히려 하지 말라는 것을 억지로 하려 했던 그 정신이 새로운 길을 찾을 때가 더 많다. 때로는 시키는 것이 그냥 마음에 들지 않을 때도 있다. 시키는 그 일이 사실 그리 나쁜 것도 아닌데 혹은 정말 좋은 것일 수도 있는데, 기성세대가 시켜서 그냥 거부감부터 불러일으킬 때도 있는 것이다. 새로운 세대는 이때 스스로 자기 자신에게 어울리는 길을 혹은 더 나은 길을 찾으려 애를 쓰게 된다. 자기 나름대로, 자기 뜻대로 살아가고 싶은 것이다. 기성세대는 그런 행동을 싫어하겠지만, 그런 혐오를 감당하면서까지 자기 자신의 길을 찾고자 하는 것이다. 새로운 세대의 최소한의 저항이랄까. 새로운 길은 연구와 시도를 거듭하면서 발견되고 만들어질 뿐이다. 허무주의는 그런 길을 추구한다. 늘 창조의 정신으로 삶에 임하고자 하는 것이다.

436 아는 만큼 보인다는 말이 있다. 그것은 준비가 된 만큼 자신의 것이 된다는 말이다. 능력이 닿는 만큼 감당이 된다는 말도 된다. 관심이 가는 만큼 보이는 법이다. 관심이 없으면 보이지 않는다. 본다고 해도 그것을 인식해 내지 못한다. 그래서 새로운 눈으로, 즉 새로운 시선으로 사물을 바라보는 훈련을 끊임없이 해야 한다. 낭만주의적으로 사물을 바라보는 훈련도 좋을 때가 있다. 눈에 보이는 것이 다가 아니라는 그런 인식이 필요할 때는 정말 적절한 훈련이 아닐 수 없다. 또 사실주의적으로 사물을 바라보는 훈련도 필수적이다. 사물을 있는 그대로 바라보는 것도 훈련이 필요하다. 대부분의 경우 사물을 자기 마음대로 받아들이고 해석을 해 댄다. 그때 왜곡이라는 폭력이 자행되고 마는 것이다. 니체는 관점주의라는 말을 자주 했다. "너는 너의 주인이며 동시에 네 자신의 미덕의 주인이 되어야만 한다. 과거에는 미덕이 너의 주인이었다. 그러나 그 미덕은 다른 도구들과 마찬가지로, 오로지 너의 도구여야 한다. 너는 너의 찬성과 반대에 대한 지배력을 터득하여 너의 더 높은 목적에 필요할 때마다 그 미덕을 붙이거나 떼내 버리는 것을 배워야 했던 것이다. 너는 모든 가치 평가에서 관점주의적인 것을 터득해야만 했다"(『인간적인 너무나 인간적인』 제1권, 17쪽 이하). 관점을 바꿔 가며 사물을 바라보는 훈련! 그것은 관점이 무엇인지부터 알아야 한다. 자기가 지금 바라보는 그 시각은 어떤 관점이라고 말할 수 있는지를 알고 있어야 다른 시각으로 또 다른 훈련을 시도할 기회를 스스로 얻게 되는 것이다. 관점을 바꾸는 훈련은 바로 자기 삶을 주인의 것으로 바꿔 놓는 과정이라고 볼 수 있다. 어떤 하나의 이념에 노예가 되어 그 이념을 옹호하는 장수나 행동대장이 되는 것이 아니라 다양한 이념을 이리저리 굴리는 이념들의 주인으로 군림할 수 있는 기회를 스스로 쟁취해 내는 일이다.

해 주게 되는 것이다.[437] 오늘날 예술가들이 내세우는 소위 레알리스무스 Realismus[438]는 우리 시대의 행복과 관련해 무엇을 이해할 수 있게 해 주고 있는가? 현재 우리가 가장 쉽게 파악하고 또 가장 쉽게 즐길 수 있는 방법을 알고 있는 것은 그 예술가들이 제공해 주고 있는 것, 즉 의심할 나위 없이 그와 같은 종류의 아름다움일 뿐이다. 따라서 우리는 현재의 우리에게 고유한 행복이란 사실주의가 제공해 주는 것 속에, 즉 현실적인 것에 대한 가능한 한 예리한 감각과 충실한 파악 속에 있는 것이다. 좀 더 간단하게 말하면, 그 행복이란 것이 현실 그 자체에 있는 것이 아니라 현실에 대해 알고 있다고 생각하는 것에 있는 것이 아닌가? 학문의 영향이 이토록 깊고도 넓게 미치고 있기 때문에 이 시대의 예술가들은 자신의 의지와는 상관없이 이미 학문적인 '행복' 그 자체의 찬미자가 되어 버린 것이다!

434.

찬성의 소리를 낸다는 것. — 아무것도 요구하지 않는 소박한 풍경은 위대한 풍경 화가들을 위해 존재한다. 반대로 독특하고 희귀한 풍경은 시시한 풍경 화가들을 위해 존재한다. 말하자면 자연과 인류의 위대한 사물들은 그것을 숭배하는 자들 중에서 시시하고 평범하며 야심적인 사람들을 위해서만 찬성의 소리를 내게 하지만, 진정으로 위대한 자는 아무것도 요구하지 않는 소박한 사물들에 대해 스스로 찬성의 소리를 내놓는다.

437 말하자면 행복은 개념에 불과하다. 그 단어가 의미하는 내용은 시대마다, 민족마다 다를 것이고 또 반드시 다를 수밖에 없다. 범위를 개인으로 좁혀 놓아도 이 논리는 적용될 수 있다. 즉 나의 행복은 너의 행복이 될 수 없고, 너의 행복이 나의 행복으로 될 수도 없다. 각자의 기준이 다르고 인생관 세계관이 다른 연유로 인해 행복에 대한 내용도 달라질 수밖에 없는 것이다.

438 "사실주의."

435.

모르는 사이에 몰락하지 않기.[439] — 우리의 능력과 위대함은 단번에 무너지는 것이 아니라, 빵가루처럼 끊임없이 잘게 부서져 내리는 것에 의해 가장 심각한 타격을 입게 된다. 모든 것 속으로 들어가 함께 성장하고 어디에나 달라붙을 줄 아는 식물, 바로 이런 것이 우리에게 있는 위대한 것을 파괴하고 있는 것이다.[440] 그것은 매일, 매시간 간과되고 있는 우리 주변의 비참함이며 이런저런 작고 소심한 감각의 뿌리들처럼 수천 개의 작은 뿌리로 뻗어 나가 우리의 이웃, 우리의 공공기관, 우리의 교제, 우리의 일상 속으로 파고들어가 자라나고 있다. 이 작은 잡초를 알아보지 못하면 우리가 그것 때문에 몰락해 가는 것도 알아보지 못할 것이다! 그럼에도 불구하고 그대들이 완전히 몰락하기를 원한다면 차라리 단번에, 그리고 갑작스럽게 몰락하도록 하라. 그러고 나면 그대들 뒤에 숭고한 폐허가 남게 될 것이다! 그것은 지금 당장의 느낌처럼 두려워할 수밖에 없는 언덕, 즉 두더지가 굴을 파며 생겨난 그런 종류의 속이 텅 빈 언덕이 아니다! 또한 풀과 잡초들, 즉 예나 지금이나 늘 겸손하기만 하고 승리를 자랑하기에는 너무나 불쌍하기 짝

439 니체는 몰락하는 방법을 가르쳐 주고 있다. 이 몰락에의 의지는 계속해서 성장해 나간다. 『아침놀』에서 시작된 이 이념은 『즐거운 학문』을 거쳐 『차라투스트라는 이렇게 말했다』로 나아간다. 몰락하라! 양심의 가책 없이! 몰락하라! 양심적으로! 이 소리를 들을 수 있어야 한다. 니체 철학을 이해하기 위한 핵심 개념 중의 하나이기 때문이다. 몰락이라 말하면서도 몰락이 아닌 다른 이념을 떠올릴 수 있어야 한다. 허무하다고 말하면서도 다른 생각을 해 낼 수 있어야 하는 것과 같은 논리다. 여기서 핵심이 되는 것은 자기도 모르는 상태에서 몰락하는 것이 아니라, 의도적, 적극적, 능동적으로 자기 의지대로 몰락해 가는 방법을 배우라는 얘기다.

440 이런 식물을 문학적으로 가장 잘 묘사해 낸 장면이 있다면, 생텍쥐페리의 『어린 왕자』에 나오는 바오밥나무 이야기일 것이다. 그 나무는 '성당만큼 큰 나무'로 성장해 가는데, 하나의 작은 씨앗에서부터 시작하지만 결국에는 별 하나를 통째로 파멸시킬 정도로 치명적이다. 특히 여기서 눈길을 끄는 것은 성당, 즉 교회와 비교되고 있는 크기의 현상이다. 바오밥나무는 교회 건물만큼이나 크게 자라날 수 있는 식물이다. 기독교에 대한 경계심이 엿보이기도 한다.

이 없는 그런 작은 승리자들도 그 폐허들 위에는 결코 남지 않게 될 것이다!

436.

결의론적. — 용기가 아무리 많아도, 또 성격이 아무리 강한 사람이라 해도 해결할 수 없는 심각한 딜레마가 있다. 어떤 배에 탄 승객이, 선장과 조타수가 위험한 실수를 저지르고 있다는 사실을 깨닫고 또 자기 자신이 그들보다 항해 지식 면에서 우월하다는 사실을 알게 되었을 때, 그는 자신에게 이렇게 묻는다. 어떻게 해야 할까! 만일 네가 그들에 대항해 폭동을 일으키고 그 두 사람을 감금해 버리면 어떤 사태가 벌어지게 될까? 너는 이러한 너의 우월함에 대해 의무가 있는 것이 아닐까? 하지만 그들은 네가 복종하지 않았다는 이유로 너를 가둘 수 있는 권리를 다시 갖게 되는 것이 아닐까? 이것은 훨씬 더 심각하고 나쁜 상황에 대한 하나의 비유다. 이때 궁극적으로 다음과 같은 질문, 즉 이러한 경우들에서 우리의 우월함과 자신감을 보증해 주는 것은 무엇인가 하는 질문이 여전히 남는다. 그것은 성공뿐이라고? 그렇다면 우리는 모든 위험을 감수하고서라도 그 일을 감행해야만 한다. 우리 자신을 위해서뿐 아니라 배를 위해서도 폭동을 일으켜야 한다.

437.

특권들. — 자기 자신을 진정으로 소유하고 있는 자는, 즉 자기 자신을 궁극적으로 정복한 자는 자신을 처벌하고, 자신을 용서하고, 또 자신에 대해 불쌍히 여기는 것 등을 고유한 특권으로 여긴다. 그는 이러한 특권을 다른 누구에게도 양도할 필요가 없다. 하지만 그는 그것을 타인에게, 예를 들어 친구에게 자유롭게 건내줄 수는 있다. 그렇다고 해도 그는 자신이 이런 행위를 통해 하나의 권리를 부여하고 있다는 사실을, 즉 오로지 자기 자신이 권력을 소유하고 있기 때문에 발생하는 그 권리를 스스로 친구에게 부여하고 있다는 사실을 잘 알고 있다.

438.

인간과 사물. — 어째서 인간은 사물을 보지 못하는가? 이는 그 자신이 방해가 되기 때문이다. 그가 사물을 은폐시키고 있기 때문이다.

439.

행복의 특징. — 모든 행복한 느낌의 공통점은 두 가지, 즉 충만한 감정과 그 속에서 흘러넘치는 자부심이다. 따라서 행복을 느끼는 그런 사람들은 물고기처럼 자신의 주위를 본래의 활동무대로 느끼면서 그 속에서 껑충 뛰어오른다. 훌륭한 기독교인은 기독교적으로 장난치는 것이 무엇인지 알게 될 것이다.

440.

포기하지 않기! — 한 명의 수녀처럼 세상을 알지도 못하면서 세상을 버리는 것, 그것은 생산적이지 못한, 어쩌면 우울하기까지 한 고독을 낳는다. 이것은 생각하는 존재가 임하게 되는 명상적인 생활의 고독과 아무런 공통점이 없다. 만약 생각하는 자가 그런 고독을 선택할 경우, 그는 결코 어떤 것을 포기하고자 하는 것이 아니다. 오히려 실천적인 생활을 참고 견뎌야 한다는 것이 그에게는 포기, 우울, 자기 자신의 몰락일 것이다. 이러한 실천적인 생활을 잘 알고 있기 때문에, 그리고 또 자기 자신을 잘 알고 있기 때문에, 그는 그러한 생활을 포기하는 것이다. 그렇게 그는 자신의 물속으로 뛰어드는 것이다. 그렇게 그는 자신의 쾌활함을 획득하는 것이다.

441.

어째서 가장 가까운 것이 우리로부터 자꾸만 멀어져만 가는 것일까? — 있었던 모든 것과 있게 될 모든 것을 생각할수록 바로 지금 있는 것은 그만큼 더 색이 창백해져만 간다.[441] 만약 우리가 이미 죽은 것들과 함께 살아가고 또 그들의 죽음 속에서 함께 죽어간다면, 우리에게 '가장 가까운 것들'이라 해도 어떻게 될 것인가? 우리는 점점 더 고독하게 될 것이다. 왜냐하면 이 인류라는 홍수 전체가 우리 주위를 소란스럽게 덮쳐 올 것이기 때문이다. 그때 인간적인 것으로 간주되는 모든 것에 대한 우리의 열정은 갈수록 증대되겠지만, 이 때문에 우리는 우리 주변을 둘러싸고 있는 것이 마치 중요하지 않게 된 것처럼, 그리고 그림자 같은 것이 된 것처럼 바라보게 될 것이다. 그러나 우리의 차가운 시선은 모욕을 당할 것이다.

441 이것으로 니체는 이성적 존재의 한계를 지적하고 있다. 이성은 늘 과거와 미래를 의식하며 살아갈 뿐이다. 그러면서 놓치고 사는 것은 현재다. 사람은 늘 과거의 것에 연연하고 미래의 것에 지레 겁을 집어먹거나 반대로 그것에 대해 희망을 갖고 살아간다. 그런 집착도 그런 희망도 현재의 삶에 직접적으로 도움이 되는 것은 아니다. 이성의 시선이 과거로 또 미래로 향하면 향할수록 현재의 의미는 상실되고 만다. 니체는 바로 이렇게 의미를 상실해 버린 현재의 의미를 되살려 내고자 애를 쓴다. 현재의 삶을 제대로 바라볼 수 있는 시선을 되찾게 해 주고 싶은 것이다. 니체의 허무주의는 과거와 미래에 쏠려 있는 관심을 현재로, 즉 가장 가까운 것들에게로 되돌려 놓고자 하는 철학이다.

442.

규칙. — “언제나 나의 관심을 더 많이 끄는 것은 예외보다 규칙이다”라고 느끼는 자는 인식하는 일에 있어서 더 멀리 내다보는 자이며 전문가에 속하는 자이다.

443.

교육을 위하여. — 서서히 나에게 빛이 떠올랐다. 그러면서 교육과 훈육에 대한 우리 방식에 있어서 가장 보편적인 결함이 무엇인지 점차 분명해졌다. 즉 아무도 배우지도 않고, 아무도 추구하지도 않으며, 아무도 가르쳐 주지도 않는다. 고독을 견디는 법을.

444.

저항에 대한 경이로움. — 우리가 어떤 것을 훤히 들여다볼 수 있게 되었을 때, 우리는 그것이 우리에 대항하여 더 이상 어떤 저항도 할 수 없을 것이라고 생각한다. 그런데 이때 우리는 우리가 훤히 들여다볼 수 있음에도 불구하고 그것을 전혀 뚫고 나갈 수 없다는 사실 앞에서 놀라게 된다! 이것은 파리가 모든 유리창 앞에서 겪게 되는 어리석음과 경이로움과 똑같은 것이다.

445.

가장 고귀한 사람들이 잘못 생각하는 경우. — 사람들은 누군가에게 마지막으로 자신의 가장 좋은 것, 즉 자신의 보석을 주게 된다. 이제 사랑 외에는 더 이상 줄 것이 아무것도 남아 있지 않다. 그러나 그 최고의 것을 받는 자가 그것을 자신의 가장 좋은 것으로 보지 않는다는 것은 확실하다. 따라서 선물을 한 사람이 예상하는 저 충만하고 궁극적인 감사의 마음은 그에게 결여되어 있을 뿐이다.

446.

등급. — 첫째, 피상적인 사상가들이 있다. 둘째, 하나의 사물의 깊은 곳으로 들어가는 심오한 사상가들이 있다. 셋째, 사물의 근본까지 파고드는 철저한 사상가들이 있다. 이것은 사물의 깊은 곳으로 내려가는 것보다 훨씬 더 가치 있는 일이다! 마지막으로 머리를 진흙탕에 처박는 사상가들이 있다. 그러나 이것은 깊이의 표시도 아니고 근본을 건드리고 있다는 표시도 아니다! 그들은 땅속에서 일하는 사랑스러운 자들이다.[442]

447.

스승과 제자.[443] — 스승이 자기 자신을 조심하라고 학생들에게 경고하는

442 니체는 이 책의 서문 1절에서도 밝혔다. 자기 자신이야말로 '땅속에서 일을 하고 있는 한 사람'이라고. 트로포니오스처럼 지하에서 땅 위로 올라오는 길을 뚫고 있는 자라고. 땅 위에서 벌어지는 일이라고는 오로지 하늘만 바라보며 살아가는 세상이 되어 버렸기 때문에 그곳에서 위로받을 것은 단 하나도 발견하지 못했다는 인식이 땅속으로 향하게 했던 것이다. 허무주의는 "대지의 뜻"(『차라투스트라는 이렇게 말했다』, 17쪽)을 대변하고자 한다. '하늘의 뜻'에 연연하며 천 년 세월을 중세로 보냈다면 이제 니체는 오랫동안 대지의 뜻에 머리를 처박고 생각에 잠겨 보고 싶은 것이다. 그는 이 대지의 뜻을 초인의 이념으로 소개하고 싶었다. "초인은 이 대지의 뜻이다. 너희 의지로 하여금 말하도록 하라. 초인은 대지의 뜻이 되어야 한다고!"

443 "너희들은 너희 자신을 아직 찾지 못했다. 그래서 너희들은 나를 찾은 것이다. 이런 게 모든 신도가

것은 스승의 휴머니즘 정신에 속한다.

448.

현실을 존중하기. — 어떻게 우리가 이 환호하는 민중을 눈물과 공감 없이 바라볼 수 있겠는가! 예전에 우리는 그들이 환호하는 대상을 과소평가했었다. 만약 우리가 이러한 환호를 체험하지 못했더라면 여전히 그렇게 평가하고 있었을 것이다! 그런데 이 체험은 우리를 어디로 휩쓸어 가는 것일까! 우리의 의견은 무엇인가! 사람들은 자기 자신을 잃지 않기 위해, 또 자신의 이성을 잃지 않기 위해, 체험 앞에서 도망쳐야만 한다는 것이다! 그렇게 플라톤은 현실에서 도망쳤고 사물들을 오로지 빛바랜, 관념적인 상으로만 보고자 했다. 그는 감정이 풍부한 사람이었고 감정의 파도가 얼마나 쉽게 자신의 이성을 덮쳐 얽어매 버리는지 잘 알고 있었다. 따라서 이 현자는 이렇게 말할 수밖에 없지 않았을까. '나는 현실을 존중하기 원하지만, 나는 그것을 알고 있고 또 무서워하기 때문에, 그것에서 등을 돌리고 싶다'고. 아프리카의 종족이 군주 앞에서 그에게 등을 돌린 채 다가가야 했고 이로써 자신들의 존경과 공포를 보여 주었던 것처럼, 플라톤 역시 그랬던 게 아닐까?

하는 짓거리들이지. 모든 신앙은 그래서 별 볼 일 없는 것이지. / 이제 너희들에게 말하노라, 나를 잃고 너희 자신을 찾으라고. 그리고 너희들이 나를 모두 부인할 때가 되어서야 나는 너희들에게 다시 돌아오리라." 니체는 이 똑같은 말을 자신의 대표작 『차라투스트라는 이렇게 말했다』에도 남겼고, 또 자신의 자서전 『이 사람을 보라』에도 남겼다. 그만큼 애착이 가는 구절이었나 보다. 바꿔 말하면 이 구절이야말로 니체의 철학적 이념을 이해할 수 있는 열쇠가 되기도 한다. 초인을 가르쳤던 차라투스트라, 그 차라투스트라를 가르쳤던 니체, 이들은 모두 자기 자신을 찾으라고 가르쳤다. 자기 자신에게로 귀환하라고 가르쳤다.

449.

어디에 정신이 궁핍한 사람들이 있는가! — 아! 타인에게 자신의 생각을 강요하는 것은 내게 얼마나 역겨운 일인지![444] 나는 타인의 생각이 내 자신의 생각에 대항해 정당성을 확보할 때 내 안에서 일어나는 온갖 기분과 은밀한 방향 전환을 얼마나 기뻐하는지! 그러나 가끔 훨씬 더 고귀한 축제가 있다. 이때는 내가 고해 신부처럼 나의 정신이 거주하는 집과 재산을 선사할 수 있을 때다. 이 고해 신부는 집 한구석에 앉아서 정신이 궁핍한 어느 한 사람이 찾아와 자신의 고민을 이야기해 주기를 열망하고 있다. 그런 자가 그렇게 이야기를 꺼내 놓는 이유는 대부분 자신의 손과 마음이 다시 충만해지기를 바라고, 또 불안했던 영혼이 다시 안정을 되찾기를 바라고 있기 때문이다. 그 고해 신부는 그것으로 어떤 명성을 얻고자 하는 것이 결코 아니다. 게다가 그는 그런 일로 감사의 답례를 받고자 하는 것도 아니다. 왜냐하면 감사라는 것은 성가신 것일 뿐만 아니라, 고독과 침묵 앞에서 어떤 경외심도 보이지 않기 때문이다. 그는 이름도 없이 살고 약간의 경멸까지 당하면서 살아가고자 한다. 또 질투나 적의를 불러일으키지 못할 정도

444 자기 의견을 타인에게 강요하는 것은 의견의 폭력이다. 니체가 역겨워하는 행동이다. 의견은 자유여야 한다. 생각은 자유의 이념을 따라야 한다. 그런데 자유를 박탈하는 꼴이 되고 있다면 역겨운 짓이 되는 것이다. 의견은 나눠야 한다. 의견은 주고받으며 소통을 위한 윤활유와 같은 역할을 하도록 해 주어야 한다. 의견으로 폭력을 행사하는 짓은 나이가 들면서 안하무인 격으로 증폭될 경우가 많다. 나이가 들수록 이성이 굳어지고, 그 굳어진 이성의 현상은 고집스럽게 단단해지기만 한 의견으로 표출된다. 타인의 의견은 들으려 하지 않고 오로지 자기 의견의 틀 속에서만 머무르려고 한다. 그 틀을 벗어나는 것을 오히려 두려워한다. 그런 벗어남을 오히려 모든 것을 잃는 듯이 당황스러워한다. 의견을 위한 고집만 늘어간다. 하지만 이것을 역으로 이용할 수도 있다. 즉 반대로 적용하면 젊음을 유지하는 방법을 터득하게 된다. 의견을 유연하게 가지려고 애를 써 보는 것이다. 이런 의견, 저런 의견을 다양하게 접해 보는 것이다. 그리고 늘 다양한 의견을 향해 마음의 문을 활짝 열어 두는 것이다. 언제든지 어떤 의견을 접해도 수용할 수 있는 바다와 같은 마음을 가져 보는 것이다.

로 비천해질 것을 원한다. 이른바 뜨거운 열병이 없는 머리는 한줌의 지식과 한 자루의 경험으로 무장하고, 정신을 치료하는 가난한 의사가 되어 갖가지 의견으로 두뇌 활동을 방해받고 있는 자들을 도와주면서도 누가 그들을 도와주었는지에 대해서는 눈치채지 못하게 한다![445] 이런 사람들 앞에서 자신의 권리를 주장하거나 승리를 축하하려 들지 말고, 오히려 그들이 눈에 띄지도 않는 약간의 암시나 반박 후에 정당한 것을 스스로 말하게 한 뒤, 그의 바로 이런 행위에 대해 긍지를 갖고 미련 없이 떠나가는 것이다! 궁핍한 사람이어도 내쫓지 않고, 나중에는 잊혀지거나 조소를 받기도 하는 그런 싸구려 여관처럼 존재하는 것이다![446] 아무것도 미리 받아 두는 것도 없고, 더 좋은 음식이나 더 맑은 공기나 더 기쁜 정신도 계속해서 가지려 하지 않으며, 오히려 그런 것들을 주기만 하고 또 지속적으로 되돌려주며 나누어 주고, 그러면서 점점 더 가난해지는 것을 당연하게 여기며 살아간다! 스스로는 언제든지 낮은 곳에 처할 수 있다는 마음으로 살아간다! 이런 삶을

445 이 문장은 니체가 말하는 정신병이 무엇인지를 분명하게 알 수 있는 대목이다. 의견으로 두뇌 활동이 방해를 받고 있는 자를 그는 정신병으로 설명하고 있다. 니체는 이것을 질병으로 간주한다. 의견이 정신을 방해한다면 그것은 치유를 필요로 하는 질병이라는 것이다. 의견이 하나의 내용으로 굳어졌다면, 그것은 반드시 건강을 회복해야 하는 질병이다. 이런 질병은 다른 의견을 받아들이는 현상으로 나아가 줘야 한다. 다른 사람의 전혀 다른 의견을 접하여서도 치명적인 상처를 받지 않을 수 있는 지경까지 회복되어야 한다. 니체는 이 모든 치유 행위를 아무도 모르게 행하고 싶어 한다. 말하자면 철학적으로 하고 싶은 것이다. 이름을 내걸고 하는 명예로운 행위가 아니라는 얘기다.

446 이것은 공부하는 사람이 가져야 할 최고의 덕목 중의 하나다. 공자도 '인부지이불온 불역군자호(人不知而不慍 不亦君子乎)'란 말을 했다. 사람들이 알아주지 않아도 화를 내지 않는 것이 미덕이다. 남들이 알아주기를 바라고 공부하는 것은 진정한 공부가 아니다. 군자는 남이 알아주기를 바라면서 사는 자가 절대로 아니다. 군자는 묵묵히 자신이 해야 할 일을 하고 있을 뿐이다. 남들이 알아주지 않아도 실망하거나 절망할 일이 아니다. 그런 쪽으로 미련을 두지 않고 사는 자가 군자다. 스승이 되어서는 싸구려 여관 같은 존재로 사는 것이다. 오면 오는 대로 좋아하고 떠나가면 떠나가는 대로 좋아해 주는 것이다. 상대가 오고 가는 것은 내 뜻대로 되는 일이 아니다. 상대의 뜻에 맞춰 사는 것은 지혜가 요구되는 일이다. 올 때는 이유가 있어서 오는 것이다. 그 이유를 이해해 주면 되는 것이고, 떠날 때는 또 나름대로 이유가 있어서 떠나는 것이다. 그때는 그 떠남의 이유를 이해해 주고, 받아 주면 되는 것이다.

원하는 것은 많은 사람들이 쉽게 다가오게 하고 아무에게도 굴욕감을 주지 않기 위해서다![447] 많은 부당함을 감당하고 모든 종류의 실수가 뚫어 놓은 벌레구멍 속으로 자진해서 기어들어가고자 한다. 이는 비밀통로를 통해 숨어 있는 많은 영혼에 도달하기 위해서다! 그리고 언제나 일종의 사랑 한가운데 존재하고, 또 언제나 자기 자신을 추구하는 일과 자기 자신을 기뻐하는 일에 열중하고자 한다! 하나의 주권을 소유하고 있으면서 동시에 그것을 숨겨 두고 또 때로는 체념하면서 살아가고자 한다! 언제나 태양 속에 누워 있기를 바란다! 그렇게 항상 우아함이라는 부드러움 속에 누워 있으면서도 숭고한 세계로 올라갈 수 있는 계단이 가까이 있다는 사실을 잘 알고 있다! 이것이 바로 인생이다![448] 이런 인생이라면 오랫동안 살 이유가 되리라!

447 굴욕감은 상태를 악화만 시킨다. 굴욕감을 받은 자는 그에 버금가는 복수를 준비하고 악의를 마음속에 품게 된다. 복수는 복수를 낳고, 결국에는 악순환만 거듭될 뿐이다. 가장 좋은 것은 굴욕감을 주는 행위를 하지 않는 것이 상책이다. 하지만 이런 행위는 지혜가 필요하다. 지혜는 많은 훈련이 요구된다. 많은 시간을 투자해서 훈련되어야 얻을 수 있는 것이 지혜란 것이다. 자칫 잘못된 자긍심과 긍지가 이런 굴욕감을 불러일으키게 된다. 상대를 앞에 두고서 벌어지는 자랑은 예외 없이 굴욕감을 자극할 수밖에 없다. 상대가 눈앞에 없어도 어떤 사안 자체가 다른 어떤 상대와 직간접적으로 관련되어 있다면 그 상대에게 굴욕감을 줄 수 있다. 이런 모든 일을 감안하여 행동에 조심하는 것이 요구될 뿐이다.

448 생철학의 이념이 바로 이런 것이다. 생철학은 삶을 위한 철학이다. 어떤 삶을 살아야 한다고 가르쳐 주는 철학이다. 니체의 생철학은 또 허무주의라는 이름도 갖고 있다. 생철학을 위한 방법론으로 허무주의를 활용할 줄 알면 되는 것이다. 삶의 현장을 밝혀 주는 것이 아니라면 허무함으로 대응할 줄 알아야 한다. '아이고 허무하다!', '아이고 부질없다!'는 말을 하면서 쓸데없는 꿈과 희망에 저항하는 것이다. 그러면서 삶의 현장으로 되돌아오는 것이다. 그리고 허무함으로 인식되었던 그 현장에 다시 의미와 가치를 부여하는 작업에 돌입하는 것이다. '모든 가치의 가치전도', 이것이야말로 『아침놀』의 원래 제목이었던 '쟁기 날'의 진정한 주제가 되는 것이다. 쟁기의 그 날카로운 날은 모든 것을 갈아엎을 수 있다. 그 날이 갈아엎을 수 없는 것은 없다. 허무주의 앞에서 허무하다는 소리를 듣지 않을 수 있는 것은 없다. 모든 것은 허무의 측면이 있다. 그것을 인식하는 것도 능력이요, 과거에 허무했던 측면을 더 이상 허무하지 않은 것으로 인식하는 것도 능력이다. 이 모든 인식의 방법들을 니체는 치열하게 배우기를 바랄 뿐이다.

450.

인식의 유혹. — 학문의 문을 통해 그 속을 들여다보는 일은 열정적인 정신들에게 모든 매력 중의 매력으로 작용하게 된다. 그리고 추정컨대 그때 그들은 환상가가 되거나 잘될 경우라 해도 기껏해야 시인이 될 것이다.[449] 즉 인식하는 사람들이 행복에 가지는 열망은 그만큼 격렬하다는 얘기다. 백 마디 말로, 그리고 다시 백한 번째의 가장 아름다운 다음과 같은 말로 학문이 자신의 복음을 전하는 달콤한 유혹의 소리가 그대들의 모든 감각을 관통하고 있지 않은가?[450] "광기는 사라지게 내버려둬라! 그러고 나면 '아 슬프구나!'도 사라질 것이다. 그리고 그 '아 슬프구나!'와 함께 그 슬픔 자체도 사라지게 될 것이다."[451] 이것은 마르쿠스 아우렐리우스가 한 말이다.

449 시인도 시인 나름이다. 앞서 254번 잠언에서도 이와 관련해서 잠시 다뤘다. 니체는 시를 쓰는 시인이 되고자 했다. 최고의 언어는 시적 형식에 의해 구현된다는 것도 잘 알고 있었다. 그는 철학의 내용을 담아내는 시를 쓰고 싶었던 것이다. 하지만 새들까지도 웃어 대는 그런 하찮은 시인도 있다. 「새의 판결」이라는 시의 마지막 구절이다. "네가 시인이라고? 네가 시인이라고? / 네 머리가 그리도 멍청하단 말이니? / '네, 그래요! 당신은 시인이랍니다.' / 딱따구리는 이렇게 말했지"(『즐거운 학문』, 19쪽). 딱따구리처럼 리듬과 장단에 얽매여 소리를 내는 시인은 니체가 말하는 시인이 아니다. 무엇을 배우든지 초보는 규칙에 얽매일 수밖에 없다. 하지만 훈련을 거듭한 끝에 대가의 수준에 도달한 자라면 다시 그 규칙으로부터 자유로워진 소리를 내게 된다. 그때가 되어서야 예술의 경지가 실현되는 것이다.

450 모든 감각을 관통하는 소리는 인식의 소리다. 깨달음의 소리다. 전율로 전달되는 소리다. 그 소리는 외부에서 들어왔지만 내부에서 전체로 다시 전환을 일으키는 소리다. 소위 물아일체의 경지를 일깨워 주는 소리다. 그때가 되면 내가 누군지는 더 이상 중요한 것이 못 된다. 무아지경이 따로 없다. 내가 누군지 몰라도 최고의 희열이 보장되는 상황이 펼쳐진다. 모든 감각을 관통하는 소리는 하나에서 전체로, 또 전체에서 하나로 연결되는 총체적인 소리로 연출될 뿐이다. 그 소리를 듣고자 수많은 사람이 훈련에, 수련에, 연습에, 명상에, 공부에 돌입하고 있는 것이다. 생각하는 존재에게 인식보다 더 행복한 것은 없기 때문이다. 깨달음보다 더 나은 행복은 존재하지 않기 때문이다.

451 광기도 광기 나름이다. 부정적인 광기도 있지만 긍정적인 광기도 있다. 미치고 싶지 않은 미침도 있겠지만 미치고 싶은 미침도 있다. 그것을 구별할 줄 알면 니체의 철학도 재미를 더해 줄 것이다. 허무주의가 도래할 때의 광기도 있고, 허무주의를 극복한 이후의 광기도 있다. 감옥 안에 갇혔을 때의 광기도 있고, 감옥에서 해방되었을 때의 광기도 있다. 추락할 때의 광기도 있고, 비상할 때의 광기도 있다. 같은 광기라는 단어지만 쓰일 때는 전혀 다른 의미로 쓰이게 된다. 사랑할 때의 광기와 이별이 가

451.

궁정의 어릿광대가 필요한 사람. — 매우 아름다운 사람들, 매우 선한 사람들, 매우 강력한 권력을 거머쥔 사람들은 그 어떤 것에 대해서도 완전하고 적나라한 진실에 대해서는 거의 듣지 못한다. 그들이 있는 곳에서 사람들은 모두 하나같이 본의 아니게 약간의 거짓말을 하기 때문이다. 이것은 사람들이 그들의 영향을 분명하게 느끼고 있기 때문이고, 또 이러한 영향에 따라 진실을 그들이 듣고 싶은 적합한 방식으로 바꿔 전달하기 때문이다. 즉 그들 앞에서 사람들은 사실들의 색깔과 정도를 적당히 위조하게 된다. 그때 경우에 따라서는 세부적인 점들을 생략하거나 덧붙이기도 하며, 그런 식으로 적절하게 변용시킬 수 없는 것은 절대로 입 밖에 내놓으려 하지 않는다. 만약 매우 아름답거나 선하거나 권력을 거머쥔 이런 종류의 사람들이 그 모든 것에도 불구하고 어떻게든 진리를 완전하게 듣고 싶다면 그들은 자기 자신을 어릿광대로 변신시킬 줄 알아야 한다. 그 어릿광대란 광인의 특권을 가진 존재이기 때문이다.[452] 그는 어느 누구에게도 자신을

져다주는 광기는 그 맛이 전혀 다르다. 그 두 가지 전혀 다른 광기를 가지고 춤을 출 수 있는 자가 초인이다. 그 위험한 칼을 손에 들고 위험천만한 춤을 출 수 있는 자가 신이다. 초인도 믿고 싶은 신이다. "나는 춤을 출 줄 아는 신만을 믿으리라"(『차라투스트라는 이렇게 말했다』, 65쪽). 신에게도 믿고 싶은 신이 있다. 늘 극복의 정신으로 임하는 초인은 새로운 한계를 염두에 두고 살아갈 뿐이다. 광기는 싫기도 하고 좋기도 하다. 지금 어떤 광기를 보고 있는가? 그것이 관건이다. 어떤 한계를 인식하고 있는가? 그것이 문제가 될 뿐이다.

452 니체는 『차라투스트라는 이렇게 말했다』에서 '차라투스트라 - 어릿광대'라는 표현을 사용하기도 한다. 둘은 서로 잘 어울린다는 의미다. 스스로 낮출 줄 알아야 타인으로부터 진리의 소리를 들을 수 있고, 또 타인이 자신의 말을 선입견 없이 들어줄 수 있게 되기 때문이다. 배우가 들려주는 소리라고 생각해야 귀를 기울여 주기 때문이다. 그런 상황이 전제되어야 감정이입도 가능하기 때문이다. 일상의 현장이라고 생각하면 누구나 경계심을 갖고 임할 것이 틀림없기 때문이다. 니체는 그래서 끊임없이 광기의 철학을 주장한다. "나는 성자보다는 차라리 어릿광대이고 싶다"(『이 사람을 보라』, 248쪽). 어릿광대가 들려주는 철학이라면 누구나 선입견 없이 들어줄 것이기 때문이다.

억지로 맞출 줄 모르는 존재인 것이다.

452.

인내력이 없음. — 행동형 인간과 사색형 인간 모두에게 어느 정도 인내력을 상실하는 경우가 발생할 수 있다. 이러한 인내력이 없어서 실패할 경우 그들은 정반대의 영토로 움직이게 되며, 그 영토에 열정적인 관심을 갖고 그곳에서 새로운 기회를 엿보게 된다.[453] 거기서도 역시 성공이 지연되어 다시 추방될 때까지 그런 행동은 지속된다. 이렇게 그들은 방황을 거듭하게 된다. 이렇게 격렬하게 모험하면서 수많은 영토와 수많은 자연을 직접 경험하고 나면, 그들은 마침내 모든 것을 이해할 수 있는 지식을 얻게 된다. 그 지식은 바로 이 끔찍한 방황과 연습을 통해 얻게 된 것이다. 그것은 인간 세계와 사물 세계 전체를 아우르는 지식이다. 이런 지식의 획득과 더불어 그들의 충동은 어느 정도 완화되지만, 그와 동시에 그들은 강력한 실천가가 된다. 그래서 인내력을 상실하는 약간의 성격 결함은 천재가 공부할 수 있는 좋은 학교가 되는 것이다.

453.

도덕이 지배하는 시대. — 언젠가 지금의 도덕적인 감정과 판단을 교체하게 될 것에 대해 누가 감히 지금 벌써 말을 할 수 있단 말인가! 도덕적인

453 예를 들어 실수도 좋은 경험이다. 모든 경험은 이롭다. 좋은 경험도 있지만 나쁜 경험도 있다. 하지만 경험된 것은 인식으로의 전환을 일굴 것이기 때문에 어떤 경우에서든 경험된 내용은 긍정적으로 평가될 수 있는 것이다.

감정과 판단들이 그 기초부터 완전히 잘못되어 있어서 그 건축물이 거의 수리 불가능하다는 사실도 우리는 잘 알고 있다. 즉 이성의 구속력이 감소하지 않는다 하더라도, 그 건축물의 구조를 이루는 구속력은 날이 갈수록 점차 감소할 것임에 틀림없다! 삶과 행위의 법칙을 새롭게 세우는 일, 이러한 과제를 수행하기 위해서라면 생리학, 의학, 사회학 그리고 고독학이라는 우리 학문들은 그 자체로서도 아직 부족한 것이 너무도 많다. 하지만 오로지 이 학문들에서 우리가 취할 수 있는 것은 새로운 이상 그 자체가 아니라, 새로운 이상을 위한 초석이다. 이렇게 우리는 각자의 취미와 재능에 따라 하나의 선구적인 존재로 살든지 아니면 하나의 뒤쫓아 가는 존재로 살아가게 된다.[454] 이러한 도덕이 지배하는 시대에 우리가 할 수 있는 최선의 것은 우리 자신이 주인이 되어 작지만 실험이 가능한 국가들을 건설해 보는 것이다. 이런 점에서 우리는 실험을 하는 자들이다! 우리는 그렇게 살아가기를 원하는 바이다!

454.

여담. — 이 책과 같은 책은 통독이나 낭독을 위한 책이 아니다. 이런 책은 가끔씩 펼쳐서 읽기 위한 책이다. 예를 들어 산책할 때 혹은 여행할 때

454 니체도 도덕을 원한다. 누구는 앞서가도록 허락하고, 또 누구는 뒤따라오는 것을 욕하지 않는 그런 도덕이라면 충분히 지향할 만하다는 것이다. 이것은 이분법적이지만 배타적인 논리는 아니다. 성공지향주의의 그런 도덕이 아니라는 얘기다. 어떤 직업을 갖고 있든 상관하지 않는 그런 도덕이 필요하다. 자기 취향에 따라 자기 능력에 따라 살아갈 수 있는 것을 양심으로 갖추고 있는 도덕이 필요하다. 시대의 유행에 따라 자기 자신의 소중한 삶을 희생시키는 것이 아니라, 자기 자신의 취향과 꿈과 희망을 위해서라면 어떤 희생도 감수하려는 그런 도덕이 필요하다. 그런 도덕이라면 니체도 마다할 이유가 전혀 없다. 자기 삶에서 자기가 주인이 되는 것을 긍정적으로 평가하는 도덕이라면 거부할 이유가 전혀 없다는 얘기다.

머리를 처박기도 하고, 또 언제나 다시 꺼낼 수도 있는 그런 책이다. 이때 그가 자신의 주위에서 습관적인 것이라고는 전혀 발견하지 않게 하는 그런 책이다.

455.

제1의 천성. — 지금 우리가 받고 있는 이런 교육을 통해서는 어쩔 수 없이 제2의 천성만을 획득하게 된다. 세상 사람들이 우리가 성숙해졌다든가 성년에 달했다든가 쓸모 있게 되었다고 말할 때 우리는 바로 이 천성을 갖고 있는 셈이 된다. 몇몇 소수만이 그들의 껍질 밑에서 제1의 천성이 충분히 성숙하게 된 어느 날 뱀처럼 이 허물을 과감하게 벗어던질 수 있게 된다. 대부분의 사람들에게 있어 이 제1의 천성은 싹부터 말라 죽고 만다.

456.

생성 중에 있는 덕.[455] — 덕과 행복이 일치한다는 것에 대한 고대 철학자들의 주장과 약속, 혹은 "너희는 먼저 하나님의 나라를 구하라, 그리하면 이 모든 것을 너희에게 더하시리라!"라는 기독교의 주장과 약속은 결코 정

455 니체가 바라는 덕을 설명하고 있는 잠언이다. 그가 지향하는 덕은 감각을 무시하지 않는다. 그가 지향하는 덕은 감각을 근간으로 한 것이다. 지금까지는 소크라테스와 기독교의 교리에 따른 덕들이 세상을 지배해 왔다. 이데아를 위하고 신을 위한 태도가 덕이라고 생각해 왔던 것이다. 특히 자기 자신을 생각하는 태도를 이기적이라 생각하고 배격해 왔던 것이다. 하지만 니체는 이런 덕의 이념 자체를 솔직하지 못하다고, 즉 정직성이 배제되어 있다고 말한다. 감각을 무시하지 않고 덕을 말할 수 있을까? 몸의 모든 부분이 전하는 느낌들을 말하면서도 양심의 가책을 받지 않는 그런 덕이 가능할까? 감각의 정보를 근본으로 하고 있는 덕을 이론적으로 완성해 낼 수 있을까? 니체는 이런 덕을 원하고 있다.

직하게 이루어진 것이 아닌데도 불구하고 항상 양심의 가책도 없이 행해져 왔다. 사람들은 이러한 명제들이 진리이기를 간절히 바랐던 것이고, 그러면서 그들은 그것들을 외관과는 반대되는 진리로서 대담하게 내세웠던 것이며, 또 이런 말을 할 때 일말의 종교적 혹은 도덕적 양심의 가책도 느끼지 않았던 것이다. 왜냐하면 사람들은 덕이나 신의 더욱 큰 영광을 위해서라면 현실을 기꺼이 초월하고자 했고 그때 어떠한 이기적 의도도 갖지 않았다고 판단했기 때문이다! 행실이 바른 많은 사람은 아직도 이러한 진실성의 단계 위에 서 있다. 이런 사람들은 자기 자신에게 이기심이 없다고 느끼고 있고, 또 그런 이기심이 없는 태도를 통해 진리를 좀 더 쉽게 얻는 것이 자신들한테 허용되어 있는 것처럼 여기고 있는 것이다. 그러나 사람들은 소크라테스의 덕목들 아래에서뿐만 아니라 기독교의 덕목들 아래에서도 정직성이 나타나지 않는다는 사실을 주목하게 되었다. 바로 이 정직성이라는 것은 가장 최근의 덕들 중 하나이며 아직 성숙이 덜 되어 있다. 그것은 아직 자주 혼동되거나 오해되고 있고, 자기 자신이 덕들 중의 하나라는 사실을 거의 의식하지도 못하고 있다. 그것은 우리의 감각 상태에 따라 생성 중에 있는 어떤 것이며, 그것은 우리가 촉진시킬 수도 혹은 저지시킬 수도 있는 어떤 것이다.

457.

마지막에 하는 침묵. — 몇몇 사람들은 보물을 발굴해 내는 이들과 같다. 그들은 타인의 영혼에 숨겨져 있는 사물들을 우연히 발견하고 그것에서 하나의 지식을 갖게 된다. 하지만 그렇게 얻은 지식은 종종 참기 힘들 때가 많다! 우리는 경우에 따라서는 살아 있는 사람들뿐만 아니라 죽은 사람들에 대해서도 타인에게 말하면 불쾌해질 것 같은 내용까지 잘 알아낼 수 있으며, 또 그들의 내면까지 밝혀낼 수 있다. 우리는 이때 모든 각각의 말이 사물들을 왜곡하는 일에 소용되지 않을까 두려워하게 된다. 나는 가장 현명한 역사가가 갑자기 침묵하게 되는 그런 상황을 충분히 상상할 수 있다.

458.

위대한 행운. — 매우 드문 일이기는 하지만, 하나의 사물이 황홀하게 해 줄 때가 있다. 예를 들어 훌륭하게 형성된 지성을 갖고 있는 사람은 황홀해질 수 있는 것이다. 물론 그런 지성 속에는 성격과 성향 그리고 체험들까지 충분할 정도로 포함되어 있다는 것이 전제될 뿐이다.

459.

사상가의 너그러운 마음. — 루소와 쇼펜하우어, 두 사람 모두 '진리를 위해 인생을 바친다'라는 표어를 자신의 삶에 각일할 정도로 자부심이 강했던 사람들이었다. 또한 두 사람 모두 그들이 이해했던 것과 같은 '인생을 위해 진리를 바친다'는 것이 성공할 수 없다는 것을 알게 되었을 때, 그리고 그들의 인생이 멜로디에 어울리지 않는 변덕스러운 베이스처럼 그들의 인식 옆에서 나란히 달려가고 있다는 것을 알게 되었을 때, 그들은 얼마나 자존심이 상했을까! 하지만 인식이 각 사상가의 몸에 알맞게 주어지는 것보다 각 사상가의 인격에 걸맞을 정도로만 각 사상가에게 주어지게 된다면, 그것은 인식 자체에게 좋지 않은 상황이 펼쳐지게 될 것이다! 그리고 또 사상가들의 허영심이 단지 이것만을 견딜 정도밖에 되지 않는다면, 그것은 사상가들 자신에게 좋지 않은 상황이 펼쳐지게 될 것이다! 바로 이런 점들에 있어서 가장 위대한 사상가의 가장 아름다운 덕이 빛을 발하게 되는 것이다. 즉 너그러운 마음이. 이 마음은 그가 인식하는 사람으로서 마음을 굳게 먹고 용감하게, 자주 수줍어하면서도 숭고한 농담과 함께, 그리고 미소를 지으면서 자기 자신과 자신의 인생을 희생시킨다.

460.

자신의 위험한 시간들을 이용한다는 것. — 만약 우리 자신과 우리의 가장 사랑하는 사람의 재산과 명예 그리고 생명이 위험해질 경우 우리는 한 사람이나 하나의 사태를 전혀 다르게 인식하게 된다. 예를 들어 티베리우스는 황제 아우구스투스와 그의 통치의 내막에 대해, 가장 현명한 역사가보다 더 깊게 생각했을 것이고,[456] 또 그것에 대해 더 많은 것을 알고 있었을 것이 틀림없다. 이제 우리 모두는 비교적 너무 안전하게 살고 있기 때문에, 우리는 더 이상 인간에 대해 잘 아는 그런 인식자가 될 수 없다. 어떤 이는 그냥 좋아서, 어떤 이는 심심해서, 어떤 이는 습관적으로 인식하고자 할 뿐이다. 그 어떤 경우에도 "인식하라, 그렇지 않으면 너는 몰락하리라!"[457]라는 식으로 인식하려 하지 않는다. 진리가 칼을 손에 들고 우리의 살갗을 베어 내지 않는 한, 우리의 마음속에는 그 진리에 대한 은밀한 경멸이 자리하고 있을 것이다. 여전히 우리에게 진리는 '날개 달린 꿈'처럼 보인다. 그것은 마치 우리가 가질 수도 있는 것처럼 보이기도 하고, 또 가질 수 없는 것처럼 보이기도 한다. 그것은 마치 그 진리들 중 어떤 것은 우리가 마음대로

456 티베리우스가 아우구스투스의 양자로 들어갔기 때문에 어떤 역사가보다 내부 사정에 밝았을 것이다. 니체는 '가까운 사람', '가장 사랑하는 사람'에 대한 예로 두 사람을 든 것이다.

457 어쩌면 이것이 니체의 철학적 모토가 아닐까. 인식하든가 아니면 죽든가! 인식하는 사람으로 살든가 아니면 아예 살지 않든가! 그만큼 인식하는 일에 절실한 마음을 가져 달라는 것이다. 인식의 다른 말은 깨달음이다. 깨달음에 목숨을 걸어 달라는 표현으로 읽어 줘도 된다.

할 수 있는 것처럼 보이기도 하고, 또 어떤 것은 우리가 우리의 이러한 진리의 꿈속에서 깨어날 수 있는 것처럼 보이기도 한다는 얘기다!

461.

여기가 로도스[458]니, 여기서 춤을 춰라. — 우리의 음악은 바다의 정령처럼 어떤 특별하고 고유한 성격을 전혀 갖고 있지 않기 때문에 모든 것으로 변할 수 있고 또 변해야만 한다. 이 음악은 한때 기독교 학자 뒤를 좇아다녔고, 또 그의 이상을 소리로 옮길 수 있었다. 이런 음악이 어째서 이상적인 사상가에게 어울리는 더욱 밝고 즐겁고 보편적인 소리를 발견하지 못했던 것일까? 그것은 그의 부유하는 광대한 활 모양의 영혼 속에서 비로소 고향에 돌아온 것처럼 오르기도 하고 내려갈 수도 있는 그런 음악일까? 우리의 음악은 지금까지 너무나 위대했고 또 너무나 훌륭했다. 그 음악에는 불가능한 것이 하나도 없었다! 그러니 음악이여, 이제는 다음의 세 가지, 즉 숭고함, 깊고 따뜻한 빛, 그리고 최고의 수준에 이른 일관성의 환희를 동시에 느끼는 것이 가능하다는 것을 보여 다오!

462.

느린 속도의 치료. — 육체의 만성적인 질병과 마찬가지로 만성적인 영

458 그리스 신화에 따르면 로도스(Rhodos)는 바다에서 솟아올랐다고 한다. 어느 날 제우스는 자신의 제국을 여러 신에게 나눠 주고자 했다. 그때 태양의 신 헬리오스는 풍요로운 섬을 원했고 그런 섬을 받았다. 헬리오스는 이 섬을 그곳에 살고 있던 요정 로데(Rhode)의 이름을 따 '로도스'라 칭했다. 헬리오스는 나중에 그녀를 아내로 맞이한다. 로도스는 그러니까 풍요롭고, 사랑이 이루어지며, 가정을 꾸릴 수 있는 이상향과도 같은 곳을 의미한다.

혼의 질병은 육체와 영혼의 법칙을 크게 한 번만 침해하는 경우는 매우 드물다. 영혼의 질병은 흔히 알아채지 못한 상태에서 무수하고 사소한 일들을 괴롭히는 형식으로 발생한다. 예를 들어 매일같이 아주 미세할 정도로 너무 약하게 호흡하는 자는 자신의 폐 속으로 너무 적은 공기를 받아들이기 때문에 폐가 전체적으로 충분히 움직이지도 못하게 되고 그 때문에 폐가 충분히 단련되지도 못하여 결국 만성적인 폐 질환을 앓게 된다. 이 경우 치료는 예전과는 정반대로 수없이 호흡을 하면서 알지 못하는 사이에 다른 습관이 생겨날 수 있도록 하는 것밖에 다른 방법이 없다. 예를 들어 15분마다 한 번씩 강력하고 깊숙하게 호흡하는 것을 규칙으로 삼는 것이다. 가능하면 바닥에 반듯하게 누워서 호흡하는 연습에 임해 보는 것이다. 이때 곁에서 15분마다 울려 신호를 알려 주는 시계는 거의 평생의 반려자처럼 여겨야 한다. 이러한 모든 치료는 아주 느리게 그리고 아주 조금씩 진행된다. 이런 식으로 자신의 영혼을 치유하고자 하는 자 또한 가장 사소한 습관들을 조금씩 고쳐 나간다는 생각으로 임해야 한다. 대부분의 사람은 매일 열 번씩 자기 주위의 사람들에게 악의에 가득 찬 차가운 말을 퍼부으면서도 그것을 대수롭지 않게 생각하는 경향이 있다. 특히 몇 년이 지난 후에 그는 자신이 매일 열 번 주위 사람들을 기분 나쁘게 하는 습관을 만들어 냈다는 사실을 기억도 하지 않는다. 그러나 그는 또한 주위 사람들을 매일 열 번씩 기분 좋게 해 주는 습관을 만들어 낼 수도 있었다.

463.

일곱 번째 날에. — "그대들은 저것을 나의 창조로 찬양하려는가? 나는 그저 내게 성가시게 구는 것을 내게서 떼어 냈을 뿐이다! 나의 영혼은 창조하는 자의 허영심을 훌쩍 넘어서 있다. 그대들은 이것을 나의 체념으로 찬양하려는가? 나는 그저 내게 성가시게 구는 것을 내게서 떼어 냈을 뿐이다! 나의 영혼은 체념한 자의 허영심을 훌쩍 넘어서 있다."

464.

베푸는 자의 부끄러움. — 선사하고 또 베풀 때마다 자신의 얼굴을 보여 주는 것은 너그러운 마음이 없는 것이다. 선사하고 베풀더라도 자신의 이름과 자신의 호의는 감춰야 한다! 아니면 자연처럼 어떠한 이름도 갖지 말아야 한다! 자연에서 우리는 마침내, 베풀고 선사하는 자도 '자비로운 얼굴'도 더 이상 마주치지 않는다. 그래도 자연은 다른 모든 것보다도 더 우리의 원기를 되찾게 해 준다! 물론 그대들은 이렇게 되찾게 된 원기마저 미련하게 잃어버리고 만다. 왜냐하면 그대들은 이러한 자연 속으로 하나의 신을 밀어 넣었기 때문이다. 그러면서 이제는 모든 것이 다시 자유를 잃게 되었고 답답해지고 말았다! 어떻게 되었다고? 자기 자신과 홀로 존재하는 것이 이제 절대로 허용되지 않는다고? 감시받지 않고, 보호받지 않고, 이끌리지 않고, 선사받지 않는 것이 이제 더 이상 허용되지 않는다고? 만약 한 명의 타인이 항상 우리 주위에 있게 되었다면, 용기와 호의가 보여 줄 수 있는 최고의 것도 이 세상에서는 더 이상 불가능하게 되었다는 것을 의미한다. 하늘의 이러한 집요한 간섭에 대항하여, 피할 수 없는 이 초자연적인 이웃에 대항해서 우리는 정말 악마가 되고 싶지 않은가! 그러나 그럴 필요는 없다. 왜냐하면 그것은 그저 하나의 꿈이었을 뿐이니까! 이제 우리 깨어나도록 하자!

465.

어떤 만남에서. —

A: 어디를 바라보고 있는가? 자네는 벌써 오랫동안 여기에 조용히 멈춰서 있군.

B: 언제나 내가 바라보고 있는 것은 낡은 것과 새로운 것이라네! 어떤 하나의 사물에 나의 도움이 필요하다고 느끼면, 나는 그것에 끌려 너무나 넓고 또 너무나 깊게 들어가서 결국 그것의 밑바닥까지 도달하게 된다네. 그러고 나면 나는 그것이 그 정도로 도울 만한 가치가 있지 않다는 사실을 발견한다네. 그러한 모든 경험의 끝에는 일종의 슬픔과 경직이 기다리고 있다네. 이것을 나는 매일같이 아주 사소한 일에서도 세 번씩이나 체험하고 있다네.

466.

명성을 얻을 때 잃게 되는 것. — 알려지지 않은 자로서 사람들과 대화를 나눠도 좋다는 것은 얼마나 큰 이점인가! 신들이 우리에게서 익명성을 빼앗아 버리고 동시에 우리 자신을 유명하게 만들어 버린다면, '우리가 지닌 덕의 절반'을 빼앗아 간 것이 된다.

467.

두 번 참아야 한다! — "그렇게 함으로써 그대는 많은 사람들에게 고통을 주고 있다."[459] 나는 그러한 사실을 잘 알고 있다. 또한 내가 그 때문에 두 번이나 고통을 당해야 한다는 사실도 잘 알고 있다. 한 번은 그들의 괴로움에 대한 동정 때문이고, 또 한 번은 그들이 나에게 가하게 될 복수 때문이다. 그럼에도 불구하고 내가 행동하는 방식으로 행동하는 것은 적지 않게 필요하다.[460]

468.

아름다움의 나라가 더 크다. — 우리는 모든 것에서 그 고유한 아름다움을 발견하기 위해, 또 그 아름다움을 현장에서 붙잡기 위해 자연 속을 많은 계획을 가지고서 즐겁게 돌아다닌다. 때로는 햇볕 속에서, 때로는 폭풍우가 휘몰아칠 것 같은 하늘 아래서, 때로는 가장 창백한 황혼녘에 우리는 바위들과 바닷물이 넘실대는 항구와 올리브 나무들과 소나무들이 자라고 있는 저 해변의 한 부분이 완벽한 작품처럼 드러나는 것을 바라보게 된다. 이런 식으로 우리는 또한 사람들 사이를 돌아다녀야만 한다. 그때 우리는 그들을 발견하고 검사하는 자가 되어야 한다. 또한 그들이 갖고 있는 좋은 점과 나쁜 점을 증명해 내고, 이를 통해 어떤 이는 햇볕 아래서, 어떤 이는 폭풍우가 휘몰아칠 것 같은 날에, 어떤 이는 거의 밤이 다 되어서 또 비가 내

459 니체는 자신의 허무주의 철학이 많은 사람을 고통스럽게 만들 것이라는 사실을 잘 알고 있다. 희망을 가질 수 있는 사람들에게 마지막 희망마저 앗아 가는 잔인한 소리를 내놓기 때문이다. 최후의 보루라고 간주했던 신까지도 살해하는 최악의 철학이기도 하다. 기준을 상실하게 하고 스스로 허공 속에 매달리게 한다. 이제 그는 스스로 방향을 정해야 하고 스스로 모든 것을 책임지기도 해야 한다. 자기 삶 앞에서 '그래도 살아야 하는가?' 하는 질문을 끊임없이 쏟아놓게 한다. 왜냐하면 자기 자신의 삶이야말로 스스로 책임을 지고 살아야 하는 것이기 때문이다.

460 자기가 행동하는 방식대로 행동하기! 이것은 니체가 원하는 바다. 하지만 이렇게 행동하게 되면, 상대도 나도 상처를 받을 수 있다. 그래서 두 번에 걸쳐 고통을 견뎌 내야 한다. 한 번은 상대가 받을 고통에 대한 동정심 때문에 오는 고통이고, 다른 한 번은 나의 행동 때문에 상대가 나에게 가할 복수에서 오는 고통이다. 그렇게 두 번의 고통을 견뎌 내야 한다는 얘기다.

리는 하늘일 때 비로소 전개되는 그들의 고유한 아름다움이 나타나게 해야 한다. 악한 사람이 선량하게 법에 따라 처신한다고 해도, 그 악한 사람은 우리 눈에 왜곡된 그림이나 풍자화처럼 보이고 또 자연 속의 한 가지 오점으로서 우리에게 고통을 준다. 그렇다고 해도 이런 악한 사람을 나름의 대담한 곡선과 빛의 효과를 가진 거친 자연의 풍경으로 즐기는 것은 과연 금지된 것일까? 그렇다. 그런 것은 금지되어 있다. 지금까지는 오로지 도덕적으로 선한 것에 대해서만 아름다움을 찾는 것이 허용되어 왔다. 바로 이것이 우리로 하여금 아름다움을 거의 발견하지 못하게 했고, 또 발견한다고 해도 그저 뼈 없는 공상적인 아름다움만을 찾아 헤매게 했던 충분한 이유가 된다! 악한 사람에게는 유덕한 사람들은 전혀 예감하지 못하는 수백 가지 종류의 행복이 있다는 것이 확실하다. 이와 마찬가지로 악한 사람에게는 수백 가지 종류의 아름다움도 있다. 다만 아직까지 많은 부분이 발견되지 못했을 뿐이다.

469.

현자의 비인간적인 행위. ─ 불교의 노래에 '무소의 뿔처럼 혼자서 걷는' 현자가 등장한다. 그는 무거운 발걸음으로 모든 것을 으깨며 걸어간다. 하지만 그도 때로는 유화하고 부드러운 인정의 징표가 필요하다. 게다가 정신이 보여 주는 더 빠른 저 발걸음과 저 예절바르고 사교적인 유연함뿐만 아니라, 농담과 일종의 자기 자신까지 우스갯소리로 바꿔 놓는 행위, 심지어 세상 속의 모순, 즉 세상을 지배하고 있는 불합리에도 가끔 굴복하는 것이 때로는 필요하다. 숙명처럼 굴러가는 원통과 같은 존재가 되지 않기 위해, 현자는 자신을 아름답게 하기 위해 자신의 결함을 이용해야 한다고 가르친다.[461]

그는 '나를 경멸하라!'고 말함으로써 오만한 진리의 대변자가 될 수 있는 은총을 간청한다.[462] 그는 그대들을 산속으로 이끌고 들어가고자 한다. 그는 어쩌면 그대들의 삶을 위험 속으로 빠뜨릴지도 모른다.[463] 하지만 그

461 결함에 대한 인식이 아름다움을 위한 첫걸음이라는 논리다. 이것은 아리스토텔레스의 하마르티아(Hamartia) 이론과 비슷하다. '하마르티아'도 '결함'이라는 뜻을 품고 있다. 뭔가 부족한 그 현상이 비극의 원인이 된다고 한다. 모든 인간은 부족함을 지니고 있다. 그것이 보편적이어서 비극에 공감할 수 있게 되는 것이다. 하지만 사람은 그 부족한 부분을 채워 나가야 한다. 그때 요구되는 것이 미메시스(Mimesis), 즉 모방이다. 아리스토텔레스는 아무리 부족한 사람이라 해도 지속적인 미메시스를 통해 엔텔-에헤이아(Entelecheia), 즉 완벽의 경지로 나아갈 수 있다고 한다. 모든 사람은 자기 자신 안에 삶의 목적을 품고 있다고 한다. 그것을 실현시키며 사는 것이 행복한 삶이라는 것이다. 아리스토텔레스의 이런 이론은 스승 플라톤과 정반대의 이념으로 채워져 있다. 그의 스승은 이데아 이론을 펼쳤다. 플라톤은 이데아를 알아야 한다고 했다. 이데아를 아는 데는 훈련이 요구되는 것이 아니라 인식이 필요할 뿐이다. 기독교식으로 표현하자면 믿어야 하는 논리다. 아는 자가 행복한 자다. 모르는 자는 불행할 수밖에 없다. 이런 대립을 인식했던 이탈리아의 르네상스 화가 라파엘로는 〈아테네 학당(La Scuola di Atene)〉(1509-1510)이라는 그림 중앙에 플라톤과 아리스토텔레스를 세워 놓고 스승은 오른손 검지로 하늘을, 제자는 오른손 손바닥을 활짝 펼쳐서 대지를 향하게 그려 놓았다. 이를 통해 스승은 이상주의를, 제자는 현실주의를 상징하는 자세를 나타내 보여 준 것이다. 행복해지고 싶다면 인식하고 믿어야 한다는 이념과 행복해지고 싶다면 지속적인 훈련과 습득 그리고 공부를 하라는 이념이 서로 나란히 그리고 또 대등하게 맞붙어 있는 것이다.

462 니체는 일종의 '오만한 진리의 대변자'이다. 그의 말을 처음 듣는 자는 일단 마음부터 불편해진다. 그의 음성이 너무도 오만해서 쉽게 받아들일 수가 없어서다. 하지만 모든 진리는 오만하다는 것을 인정할 수 있다면 그의 목소리도 가르침으로 충만한 스승의 소리처럼 들려올 것이다. 하늘의 뜻을 가르치려는 이상주의나 대지의 뜻을 가르치려는 현실주의나 다 오만하다. 그런 오만함은 걸음걸이에 거슬리는 온갖 저항물을 으깨며 걸어가야 하는 현실에서 우러나온 것이다. 진리를 말하려면 오만해야 한다. 아니 오만해질 수밖에 없다. 니체는 그런 오만함을 잠언의 문체 속에 담아냈다. 그리고 *La Gaya Scienza*, 즉 『즐거운 학문』을 거쳐 『차라투스트라는 이렇게 말했다』에서 절정에 도달하게 된다. 『즐거운 학문』에서는 시의 형식을, 『차라투스트라는 이렇게 말했다』에서는 소설의 형식까지 빌려서 철학의 이념을 담아내는 데 성공을 거둔다. 그가 이토록 비유를 사용하는 장르에 집중했던 이유는 그가 전하고 가르치고자 하는 진리가 너무도 오만하기 때문이다. 아무도 '신은 죽었다'는 식의 발언을 쉽게 받아들일 수 없기 때문이다. 아무도 '허무주의'라는 소리 앞에서 배우고자 하는 자세를 쉽게 취할 수 없기 때문이다. 아무도 '몰락하라'는 그의 정언명령 앞에서 복종할 생각을 쉽게 가질 수 없기 때문이다.

463 이 대목은 차라투스트라의 목소리와 너무도 흡사하다. 그도 산속에서 이야기를 시작했다. 그리고 하산과 입산을 반복하여 이야기를 이어 나갔다. 그리고 만나는 사람마다 '차라투스트라의 동굴'을 찾아가라고 일러 주었다. 그리고 마지막 대목에 이르러 그는 또다시 자신의 동굴에서 새로운 아침을 맞이한다. 태양처럼 이글대는 얼굴을 하고서 새로운 '위대한 정오'를 희망하고 있는 것이다. 새로운 시작과 함께 차라투스트라의 가르침은 대미를 장식한다. 끝이 없는 이야기와 같다. 영원회귀의 이념이 이

Sanzio Raffaello, 〈아테네 학당〉, 1509–1510.

는 그 대신에 이전에도 또 이후에도, 즉 언제라도 기꺼이 그러한 인도자에게 복수를 하게 내버려 둔다. 그것은 앞서 나아가면서 누리게 되는 즐거움에 대한 대가일 뿐이다. 언젠가 그가 어두운 동굴을 지나 미끄러져 넘어지기 쉬운 길로 그대들을 데리고 갔을 때, 그대들의 마음속을 관통하며 떠올랐던 그 소리를 그대들은 기억하는가? 그대의 가슴이 활기차게 뛰면서 또 불만에 가득 차서 그대들 자신에게 뭐라고 말했었는지 기억하고 있는가?[464]

런 형식 속에도 담겨 있다.

464 스승과 제자의 관계에 대해 고민해 봐야 한다. 니체의 철학은 가르침으로 충만해 있다. 그래서 잠언이

"이 지도자는 이곳을 이리저리 기어 다니는 것보다 훨씬 더 나은 일을 할 수 있을 것이다! 그는 호기심 많은 게으름뱅이 같은 사람일 뿐이다. 우리가 그를 쫓아다님으로써 그의 가치를 인정하는 것처럼 보여 주는 것은 그를 위해서 이미 너무 많은 명예가 되는 것이 아닐까?"

470.

많은 사람이 함께 모인 향연 속에서. — 새들을 좀 더 자세히 관찰하지도 않고, 또 그 새들의 가치를 제대로 평가하지도 않고 새들에게 먹이를 주는 한 사람의 손에 길러진다면, 즉 우리가 그런 새들처럼 길러진다면, 우리는 얼마나 행복할까! 날아오고 또 날아가는 새처럼 살면 얼마나 행복할까! 어떤 이름도 부리에 물지 않고 사는 것은 얼마나 행복할까! 이렇게 많은 사람이 모인 향연 속에서 배부르게 먹는 것 자체가 나의 기쁨이다.

라는 문체를 선택했던 것이다. 잠언은 지혜로운 소리로 가득 채워져 있다. 지혜는 가르침이 내용이 된다. 진정한 스승은 제자에게 때가 되면 자기를 밟고 넘어서 주기를 바란다. "제자들이여, 이제 나 홀로 길을 가련다! 너희도 이제 한 사람 한 사람 제 갈 길을 가도록 하라! 나 그러기를 바라노라. / 나 진정 너희에게 권하노니, 나를 떠나라. 그리고 이 차라투스트라에 맞서 너희 자신을 지켜라! 더 바람직한 일은 이 차라투스트라의 존재를 수치로 여기는 일이다! 그가 너희를 속였을지도 모를 일이니. 깨친 사람이라면 적을 사랑할 줄 알 뿐만 아니라, 벗을 미워할 줄도 알아야 한다. / 영원히 제자로만 머문다면 그것은 선생에 대한 도리가 아니다. 너희는 어찌하여 내가 쓰고 있는 이 월계관을 낚아채려 하지 않는가"(『차라투스트라는 이렇게 말했다』, 130쪽)? 니체는 이 같은 소리를 『이 사람을 보라』에도 인용해 놓았다. 자신의 글을 반복해서 사용했던 것이다. 모든 반복은 강조의 의미를 지닌다. 그만큼 중요하다는 의미도 된다. 때로는 무릎을 꿇고 배우기도 해야겠지만, 또 때가 되면 결국에는 스승에 대한 불만도 허락되어야 한다. 힘이 없을 때는 길을 인도해 주는 자의 발걸음이 빠르게 느껴졌겠지만, 힘이 있을 때는 게으름뱅이의 속도처럼 느리게만 느껴질 수도 있다. 뒤따르는 것이 시간 낭비라고 생각될 때는 그 인도자를 떠날 줄도 알아야 하는 법이다.

471.

다른 종류의 이웃사랑. — 흥분 잘하고 소란스러우며 변덕스럽고 신경질적인 본성을 지닌 사람은 위대한 정열을 가진 사람과는 정반대가 되는 사람이다. 이러한 위대한 정열은 조용하고 우울한 불꽃처럼 항상 내면에서 불타고 있다. 그 정열은 그 내면에서 뜨겁고 열을 내는 모든 것을 모은다. 하지만 그 정열은 그러한 정열의 소유자를 외관상으로는 차갑고 무관심한 사람처럼 보이게 하며, 그의 얼굴 표정에는 일종의 냉정함을 새겨 놓는다. 이런 사람들도 경우에 따라서는 이웃사랑이 가능할 것이다.[465] 그러나 이 이웃사랑은 전혀 다른 형식의 것이다. 그것은 사람을 필요로 하는 사교성이나 다른 사람의 마음에 들려는 이들의 이웃사랑과는 완전히 다르다. 그것은 부드럽고 관조적이며 마음의 평정에서 우러나오는 친절이다. 이런 이웃사랑을 실천하는 사람들은, 말하자면 그들의 요새이고, 바로 이 때문에 감옥이기도 한 그런 성 안에서 바라보듯이 세상 밖을 내다본다. 그들의 시선은 낯선 것, 자유로운 것, 다른 것 속으로 향한다! 그런 시선이 그들에게는 그저 좋을 뿐이다!

465 이웃사랑도 이웃사랑 나름이다. 기독교가 가르치고 있는 이웃사랑은 대가를 바란 행동이다. 신이 가르친 대로 실천을 해야 구원받는다는 그 믿음 때문에 이웃사랑을 실천하는 것이다. 신을 믿는다는 그 오만함에서 자기 이웃을 불쌍한 눈으로 바라보는 것이다. 그런 연민의 자세가 구원을 약속해 준다고 굳게 믿고 있는 것이다. 하지만 니체는 다른 종류의 이웃사랑을 가르치고 있다. 속에서 우러나오는 진정한 이웃사랑이다. 어떤 대가도 바라지 않는, 신에게 인정받기 위한 그런 이웃사랑이 아니다. '위대한 정열'에 의해 실천되는 사랑 행위일 뿐이다. 이웃을 사랑의 대상으로 바라보는 것 자체가 위대한 정열의 증거다. 위대한 사랑은 위대한 정열을 전제한다. 그런 사랑이 디오니소스 축제를 가능하게 할 것이다. 그때 비극은 탄생할 것이고, 그때 비극은 우리가 알고 있는 형식을 뛰어넘어 신들의 이야기로 충만한 최고의 형식을 보여 주게 될 것이다.

472.

자신을 변호하지 않기. —

A: 그런데 어째서 그대는 자신을 변명하려 하지 않는가?

B: 이 경우에도 나는 수백 가지 사물들에 대해 나를 변명할 수 있을 것이네. 하지만 나는 변명 속에 존재하는 즐거움을 경멸할 뿐이라네. 왜냐하면 이 사물들은 내게 그다지 중요하지 않기 때문이라네. 오히려 저 사소한 사람들에게 악의에 찬 기쁨을 선사해 주는 것보다는 차라리 내 몸에 오점을 붙이고 있는 게 더 낫다고 생각하네. 그들은 멋도 모르고 이렇게 말을 할 것이라네. "하지만 그는 이 사물들을 매우 중요하게 여기고 있다!"고. 그러나 이것은 사실과는 전혀 상관이 없다네! 어쩌면 나는 내가 가지고 있는 나에 대한 잘못된 생각을 고쳐 바로잡는 것을 의무로 생각해야 할지도 모르지. 또 그러기 위해 나는 나 자신을 더 중요하게 여겨야 한다네. 그러나 나는 나 자신에 대해 너무나 무관심할 뿐만 아니라 무성의하기까지 하다네. 마찬가지로 나에 의해 일어나는 일들에 대해서조차 똑같다네.

473.

어디에 사람들은 집을 지어야 할까. — 만약 그대가 고독할 때 자신을 위대하고 생산적이라고 느낀다면, 사교는 그대를 작고 황폐하게 만들 것이다. 그리고 그 반대도 가능하다. 아버지의 힘찬 부드러움과 같은 기분이 그대를 사로잡는 곳에 그대의 집을 세워라. 혼잡 속에서든 정적 속에서든 상관없다. 내가 아버지인 곳, 그곳에 조국이 있다.

474.

유일무이하다는 그 길. — "변증법은 신적인 존재와 현상들의 베일 뒤에 도달하기 위한 유일무이한 길이다." 플라톤은 이렇게 말했다. 그것도 엄숙하고 열정적으로 역설했다. 여기에 쇼펜하우어는 변증법에 대해 정반대되는 내용을 주장했다. 하지만 두 사람 모두 틀렸다. 왜냐하면 그들은 어쨌거나 변증법을 통해 거기에 이르는 길을 보여 주고자 했으나, 바로 그 '거기'는 어디에도 존재하지 않기 때문이다. 그리고 인류 역사상 위대했다는 모든 열정은 지금까지 이와 같은 무를 향한 열정이 아니었을까? 그리고 또 인류 역사상 엄숙했다는 모든 축제도 이런 무를 둘러싼 축제들이 아니었을까?

475.

무거워진다 것. — 그대들은 그를 모른다. 그는 많은 무거운 짐들을 자신에게 매달 수 있고, 또 그는 그것들 모두를 공중에 높이 들어 올리기도 한다. 그런데 그대들은 자신의 작은 날갯짓을 기준으로 그를 평가하면서, 그가 이 무거운 것들을 매달고 있기 때문에 아래로 내려와 아래에 머물고 싶어 할 것이라고 추론한다!

476.

정신의 추수감사제. — 경험과 체험, 그것에 대한 생각 그리고 이 생각에 관한 꿈이 날마다 쌓이고 쌓여 넘쳐흐르고 있다. 이것은 측정할 수도 없고 그저 황홀하게 해 주는 최고의 재산이다! 그것을 바라보기만 해도 현기증이 날 지경이다. 왜 사람들이 정신적으로 가난한 자들이 복되다고 찬양할 수 있는지를 이제 나는 더 이상 납득할 수가 없다![466] 물론 때때로 피곤해질 때면 그들이 부럽기도 하다. 왜냐하면 저런 재산을 관리하는 것은 어려운 일이고, 또 그 어려움이 드물지 않게 모든 다른 행복을 압도해 버리기 때문이다. 그렇다, 그와 같은 재산은 단 한 번만 바라보아도 홀딱 반하기에 충분하다! 인식하는 일에 아주 인색한 사람이라면 더욱 그렇다!

477.

의심으로부터 구원된다는 것. —

A: 다른 사람들은 불쾌해지고 약해지고 으깨어지고 벌레 먹어 썩었을 뿐만 아니라 반쯤 물어뜯긴 채 일반적이고 도덕적인 의심으로부터 벗어나게 되지. 그러나 나는 다르다네. 나는 이전보다 더 용감해지고 더 건강해져서 그것으로부터 벗어난다네. 나는 거기서 벗어날 때 다시 획득한 본능까지 지니고 있다네. 살을 찢어 놓을 듯한 매서운 바람이 부는 곳, 파도가 높이 솟아오르는 바다, 참고 견뎌야 할 위험이 적지 않은 곳, 이런 곳에서 나는 오히려 기분이 좋아진다네. 나는 자주 벌레처럼 일을 하고 땅을 파고들어야 했지만, 그렇다고 벌레가 되지는 않았다네.

B: 그렇다면 자네는 의심하는 자이기를 포기한 것이로군! 왜냐하면 자네는 지금 부정하고 있기 때문이지!

A: 물론이지. 그러나 나는 부정하는 것과 함께 다시 긍정하는 것을 배웠다네.[467]

466 이것은 성경 구절을 패러디한 것이다. "심령이 가난한 자는 복이 있나니 천국이 그들의 것임이요"(마태복음 5:3). 마음이 가난한 자가 신을 만날 수 있다는 얘기다. 마음 대신 니체는 정신을 대체해 놓았을 뿐이다.

467 이것이 포용적 이분법이라는 것이다. 배타적 이분법에 길들여져 있는 이성에는 낯선 소리가 아닐 수

478.

이 또한 그냥 스쳐 지나가도록 하자! — 그를 소중히 다뤄라! 그를 자신의 고독 속에 내버려 두어라! 그대들은 그를 완전히 파괴시키려는가? 그는 갑자기 너무 뜨거운 어떤 것이 부어진 컵처럼 금이 갔다! 그리고 그는 너무나 귀중한 컵이었다!

479.

사랑과 진실성이라는 것.[468] — 우리는 사랑 때문에 습관적으로 범죄자 내지 도둑이 된다. 왜냐하면 우리는 사랑으로 인해 우리에게 진실처럼 보이는 것보다 더 진실되게 말을 함으로써 진리에 대해 악한 범죄자가 되어 버리기 때문이다. 그래서 사상가는 항상 사랑하는 사람들을 시간이 날 때마다 자주 몰아내야만 한다. 왜냐하면 그들이 반드시 사랑하는 사람들은 아닐 수도 있기 때문이다. 사랑하는 사람들을 몰아내야 하는 이유는 그들

없다. 긍정과 부정은 둘 다 필요하다. 긍정적 사고가 필요할 때도 있지만, 부정적 사고가 절실하게 필요할 때도 있다. 신과 악마에 대한 인식도 이러해야 한다. 신이 도움이 될 때도 있지만, 악마가 도움이 될 때도 있는 것이다. 음과 양, 파란색과 빨간색, 둘은 다 필요하다. 둘이 모두 함께 모여 있어야 태극이 완성되는 것과 같다. 쾌감을 위해서는 혐오의 감정도 필요하다. 만남의 기쁨을 맛보기 위해서는 이별의 쓴맛을 위해서도 마음의 문을 열어 놓아야 한다. 행복을 위해서는 불행도 필요하다. 빛을 위해서는 어둠도 필요하다. 사랑을 위해서라면 증오도 감수할 수 있어야 한다.

468 사랑과 관련해서는 늘 진실이 문제가 된다. 아무리 사랑에 빠졌다고 확신을 가졌어도 '나를 사랑하는가?' 혹은 '그를 진정으로 사랑하는가?'란 질문으로부터 자유로울 수가 없다. 이런 질문이야말로 진정한 형이상학적 질문에 해당한다. 사실 답이 없다. 그런데 이성적 존재는 알고 있다. 답이 있다는 것을 알고 있기 때문에 질문을 지속적으로 던지게 되는 것이다. 마찬가지로 신에 대한 질문도 이와 같은 문제를 품고 있다. 이성적 존재인 우리 모두는 '신은 존재하는가?' 혹은 '신은 존재하지 않는가?'란 질문으로부터 자유로울 수가 없다. 이성적 존재는 어쩔 수 없이 형이상학적 존재일 수밖에 없다. 머리를 가지고 생각을 하며 살아야 하기 때문이다.

이 더 이상 자신의 가시와 자신의 악의를 내보이지 못하게 하기 위함이고, 그를 유혹하지 못하도록 하기 위함이다. 바로 이 때문에 사상가의 호의는 매일 변하는 달의 모습처럼 증대할 수도 있고 감소할 수도 있는 것이다.

480.

불가피한 것. — 그대들이 무슨 체험을 하든지 간에 그대들을 좋아하지 않는 사람들은 그대들의 체험에서 어떤 방식으로든 그대들을 작은 사람으로 만들어 낼 기회를 찾아내고야 만다! 그대들이 심정과 인식의 가장 깊은 변화를 경험하고, 또 마침내 건강을 회복해 가는 자처럼 고통스러운 미소를 띤 채 자유와 밝은 정적 속에 도달한다고 하더라도 어느 누군가는 이렇게 말을 할 것이다. “여기 이 사람은 자신의 병을 자신의 생각에 대한 논거로 여기고 있으며, 자신의 무기력함을 모든 다른 사람의 무기력함에 대한 증거로 여기고 있다. 그는 괴로워하는 사람에 대해 우위를 느끼기 위해서 병이 들 정도로 허영심이 강하다.” 그리고 누군가가 자신의 족쇄를 끊어 버렸지만 그때 깊은 상처를 입었다고 하자. 그때도 어떤 사람은 놀려 대며 이렇게 말을 할 것이다. “그렇지만 그는 얼마나 서투른가!”라고. “자신의 족쇄에 길들어 있으면서도 그것을 끊어 버리려 할 정도로 어리석은 사람은 이렇게 된다!”라고.

481.

두 명의 독일인. — 만약 정신의 측면이 아니라 영혼의 측면에서 칸트와 쇼펜하우어를 플라톤과 스피노자, 파스칼, 루소, 괴테와 비교한다면, 앞에 언급한 두 사람은 불리해지고 만다. 왜냐하면 그들의 사상은 열정적인 영혼의 역사를 형성하고 있지 않았기 때문이다. 또 그들의 사상 속에는 어떠한 이야기도, 어떠한 위기도, 파국도, 그리고 죽음의 시간도 없기 때문이다. 동시에 그들의 사상은 한 영혼의 비자발적인 전기傳記가 아니다. 그들의 사상은, 칸트의 경우 하나의 두뇌의 전기에 불과하고, 쇼펜하우어의 경우 하나의 성격, 즉 '변할 수 없는 성격'의 서술과 반영일 뿐이며, 더 나아가 그에게는 '거울' 그 자체, 즉 탁월한 지성 자체에 대한 기쁨일 뿐이기 때문이다. 칸트는 그 사상 전체를 관통하며 빛을 발하고 최상의 의미에서 성실하고 존경할 만한 사람인 것처럼 보이지만 결코 그렇게 대단한 사람 같지는 않아 보인다. 왜냐하면 그에게는 넓은 폭과 더불어 권력에 대한 의식이 결여되어 있기 때문이다. 그는 많은 체험도 하지 않았으며, 그가 일하는 방식 또한 어떤 것을 체험할 수 있는 시간을 빼앗아 버렸다. 이에 반해, 나는 당연한 소리겠지만, 외부로부터 오는 거칠고 조잡한 '사건들'이 아니라 한가하면서도 사유의 열정으로 불타고 있는, 그러면서도 가장 고독하고 가장 조용한 삶에서도 일어날 수 있는, 그런 종류의 운명과 전율을 항상 염두에 두고 있다. 그나마 쇼펜하우어는 칸트보다는 조금 더 낫다. 왜냐하면 그는 적어도 자연에 대해서 격렬할 정도로 혐오감을 느끼고 있기 때문이다. 증오, 욕망, 허영심, 불신이라는 측면에서 그는 약간 사나운 측면도 보인다. 즉 그는 이러한 사나움을 위해서 여유로운 한가함도 갖고 있었던 것이다. 그러나 그에게는 '발전'이란 것이 결여되어 있었다. 그의 사상 전반에 걸쳐서 그 발전이란 것이 결여되어 있었던 것처럼, 그는 또한 어떤 '역사'도 갖고 있지 못했다.

482.

자신의 주변을 추구한다는 것. — 뜨겁게 타는 불 속에 넣었다가 적시에 꺼낸 군밤처럼 부드럽고 맛있고 영양이 풍부해진 사람들을 주변에 두고 싶어 한다면, 우리가 너무 많은 것을 추구하는 것일까? 삶으로부터 거의 아무것도 기대하지 않으면서도 그 삶을 자신들이 당연히 받아야 할 것으로 간주하지 않고, 새들과 벌들이 자신에게 보내 준 것처럼 그 삶을 선물로 주어진 것보다 더 사랑스럽게 받아들이는 사람들을 원하는 것이 지나친 욕심일까? 자기 자신과 함께 이미 보수를 받았다고 느끼기 위해서 너무도 긍지에 차 있는 그런 사람들을? 그리고 인식과 성실함의 정열 속에 있는 것이 너무도 진지해서 명성을 추구할 시간도 생각도 없는 그런 사람들을? 이런 사람들을 우리는 기꺼이 철학자라고 부르고 싶다. 그리고 그들이야말로 언제나 하나의, 지금보다 겸손한 이름을 발견하게 될 것이다.

483.

사람 앞에서 느끼는 역겨움. —

A: 인식하라! 그렇다! 그러나 언제나 사람으로서! 뭐라고? 언제나 똑같은 희극 앞에 앉아 있고, 또 언제나 똑같은 희극을 상연하고 있다고? 이 눈 외의 다른 눈으로는 사물들의 내부를 결코 들여다볼 수 없다고? 하지만 본질에 대해서는 얼마나 많은 종류가 존재할 수 있는지! 또 그 수많은 종류들이 지닌 감각기관들은 인식을 위해서라면 얼마나 더 좋은지! 이 모든 감각기관이 일궈 내는 그 인식 끝에서 인류는 무엇을 인식하게 될 것인가? 그것은 오로지 그들의 감각기관들뿐이다! 그리고 이것은 어쩌면 인식의 불가능성을 의미하는지도 모르겠다! 비참함과 역겨움뿐이로구나!

B: 그것은 좋지 않은 발작이라네. 이성이 자네를 발작하게 만들고 있다네! 그러나 내일이 되면 자네는 또다시 인식의 한가운데에 있을 것이라네. 동시에 그대는 또한 비이성의 한가운데에 있게 될 것이라네. 바로 인간적인 것에 대한 기쁨의 한가운데에 있을 것이라는 말일세. 그러니 걱정말고 바다로 가세나!

484.

자기 자신의 길. — 만약 우리가 결정적인 발걸음을 내딛고 또 이른바 '자기 자신의 길'로 들어서게 될 때, 우리에게 갑자기 하나의 비밀이 모습을 드러낸다. 즉 우리와 모든 점에서 친밀했고 신뢰했던 모든 사람은 지금까지 자신이 우리보다 우월하다고 생각했다는 것과 지금 그들은 감정이 상하게 되었다는 사실이다. 그들 중에서 가장 선한 사람들은 관대하고, 우리가 그 '올바른 길'을 다시 찾을 때까지 인내력을 가지고 기다려 둔다. 그들도 그러니까 그런 길이 있다는 사실을 잘 알고 있는 것이다! 다른 사람들은 우리를 향해 비웃기만 하고 마치 우리가 일시적으로 바보가 된 것처럼 대하거나, 아니면 악의적으로 우리를 타락시키는 자라고 불러 댄다. 더 나쁜 사람들은 우리를 허영심이 많은 바보라고 공언하고 우리의 동기들에 대해 악평을 내놓으려고만 한다. 그리고 가장 나쁜 사람들은 우리가 가장 나쁜 적, 즉 오랫동안 의존해 온 것에 대해 복수를 갈망한다는 것을 알아보고 우리를 두려워하기까지 한다. 그렇다면 우리는 어떻게 해야 할까? 나는 이렇게 조언하는 바이다. 즉 우리가 아는 모든 사람에게 모든 종류의 죄에 대해 일 년 동안의 사면을 미리 약속해 줌으로써 자신의 주권을 행사하기 시작하라고.

485.

멀리 거리를 두고 바라보는 것. —

A: 그런데 이 고독의 이유는 무엇일까?

B: 나는 아무에게도 화를 내지 않네. 그러나 나는 친구들과 친하게 함께 지낼 때보다 오롯이 혼자 있을 때 그들은 나를 한층 더 분명하고 아름답게 바라보는 것 같아. 내가 음악을 가장 사랑하고 또 온몸으로 느꼈을 때 나는 음악으로부터 멀리 떨어져 살고 있었다네. 그러니까 사물들에 대해 제대로 된 생각을 하기 위해 내게는 멀리 거리를 두고 바라보는 것이 필요한 것 같네.

486.

황금과 굶주림. — 만지는 모든 것을 금으로 변화시키는 사람은 어디에도 있다. 좋으면서도 나쁜 어느 날, 그는 바로 그 때문에 자기가 굶어 죽게 되었다는 사실을 알게 되었다. 그의 주변에는 온통 멋지게 광채를 띠고 이상적이지만 결코 가까이 할 수 없는 것들뿐이었다. 이제 그는 자신에 의해 절대로 황금으로 바뀔 수 없는 사물들을 갈망하게 되었다. 그는 그것을 얼마나 갈망했던가! 마치 배가 고파서 먹을 것을 찾아 헤매는 사람처럼! 그렇다면 이제 그는 무엇을 향해 손을 내밀고 붙잡아야 할까?

487.

수치심. — 저기 땅바닥을 날카롭게 할퀴고 있는 훌륭한 명마가 한 마리 서 있다. 이 명마는 거친 콧김을 내뿜고 씩씩거리며 한 명의 기수를 열망했고, 또 언제나 자기를 타고 달려 주는 그 사람을 사랑했다. 그러나 오, 얼마나 수치스러운 일인가! 오늘 그 사람은 뛰어올라탈 수가 없었다. 왜냐하면 그는 피곤했기 때문이다. 이것은 피곤한 사상가가 자기 자신의 철학에 대해 느끼는 그런 수치심이다.

488.

사랑을 낭비하는 것에 반대하여. — 우리가 격렬한 증오에 빠져 있다는 사실을 깨닫게 되면 우리의 얼굴은 빨개지지 않을까? 그러나 우리는 격렬한 애정에 빠져 있을 때도 역시 그 애정 속에 포함되어 있는 부당함 때문에 얼굴이 빨개져야 한다! 그렇다, 더 심한 경우는, 누군가가 다른 누군가에 대한 얼마간의 애착을 철회하는 만큼만 그들에게 애착을 보여 줄 때 가슴이 동여매인 듯이 답답하게 느끼는 그런 사람들도 있다. 즉 우리는 우리가 선택받았고 우대받고 있다는 소리를 듣게 될 때 그런 식으로 가슴이 답답해지는 느낌을 받게 된다! 아, 나는 이러한 선택에 감사하지 않는다. 나는 나를 그렇게 특별히 취급하려는 사람에게서 언제나 내가 불만을 품고 있다는 사실을 깨닫게 된다. 다른 사람들을 희생시키면서까지 나를 사랑해서는 절대로 안 된다![469] 나는 내가 나 자신의 힘으로 나 자신을 거뜬히 참고 견뎌 낼 수 있는지를 보고 싶을 뿐이다! 그리고 나는 자주 가슴이 충만해지고, 또

469 잘못된 사랑이 무엇인지를 말하고 있다. 자기가 사랑하는 사람을 최고라고 생각하는 것은 괜찮다. 하지만 그런 생각 때문에 다른 사람을 별로라고 생각하는 것은 잘못된 생각이다. 오로지 자기 애인만 최고라며 치켜세우는 것 자체는 아무런 상관이 없다. 오히려 그런 마음만이 진정한 사랑을 증명해 줄 뿐이다. 하지만 그런 마음 때문에 다른 사람들이 하찮게 보인다면 그것은 잘못된 태도이다. 결국 사랑도 사랑 나름이라는 얘기다. 선호하고 추구해야 할 사랑이 있는가 하면, 반대로 혐오하고 지양해야 할 사랑도 있다는 것이다.

그때마다 오만해질 근거를 갖게 된다.[470] 그런 충만한 가슴을 갖고 있는 사람은, 다른 사람들이 절실하게 필요로 하는 것, 즉 죽도록 필요로 하는 것이라 해도 거들떠보려 하지도 않는다!

489.

역경에 처한 친구. — 때때로 우리는 친구들 중 한 명이 우리보다는 다른 사람과 더 가까이 지내는 것을 목격하게 된다. 그때 그 친구는 자신의 예민한 감정 때문에 이러한 결정을 내린 것에 대해 스스로 괴로워하고 또 자신의 이기심이 이런 결정을 스스로 감당해 낼 수 있을 만큼 성숙하지도 못한 상태에 있다는 것을 깨닫게 된다.[471] 이때 우리는 그에게 모욕을 주어 쫓아버림으로써 그를 괴롭히고 있는 이러한 결정에 대한 부담을 덜어 줄 필요가 있다. 이것은 우리가 그에 대해 어떤 종류의 생각을 하더라도 똑같이 필요하다. 심지어 그에게 심한 상처가 되는 말이라 할지라도 반드시 해 주어야 한다. 그를 향한 우리의 사랑이 이렇게 행동하도록 시키는 것이다. 즉 우리가 불의를 행함으로써 그가 떳떳한 양심을 지닌 채 우리한테서 떠날 수 있도록 해 주는 것이다.

470 자기 자신을 위한 오만이라면 얼마든지 허용된다. 하지만 그 오만 때문에 타인이 하찮게 보인다면 인식에 문제가 있는 것이다. 그런 오만은 극복의 대상이 될 뿐이다.

471 이러지도 저러지도 못하는 딜레마에 빠진 친구의 모습을 떠올리면 이해하기 쉬울 것이다. 두 사람 사이에서 양심의 가책을 느끼며 스스로 괴로워하는 친구의 모습을 보게 될 때 '이렇게 처신하라!'는 식으로 니체는 행동 요령을 가르쳐 주고 있는 것이다.

490.

이 작디작은 진리들. — "그대들은 이 모든 것을 알고는 있지만, 그대들은 그것들을 단 한 번도 체험하지는 않았다. 그래서 나는 그대들의 증언을 수용할 수가 없는 것이다. 이 '작디작은 진리들'을 말이다! 이 진리들이 그대들을 작디작은 존재로 만들고 있다. 게다가 그대들은 이 진리들을 위해 뜨거운 피로 대가를 치르지도 않았다!" 그런데도 불구하고 사람들은 이 진리들을 위해 너무 많은 대가를 치렀기 때문에 그것들이 위대하다고 말하는데, 그것이 정녕 진실일까? 뜨거운 피가 언제나 지나친 요구란 말인가! "그대들은 이 말을 믿을 수 있겠는가? 피 얘기라면 그대들은 얼마나 인색한지를!"

491.

그러니까 또한 고독해야 한다! —

A: 그러니까 그대는 정녕 다시 그대의 사막 속으로 되돌아가려 하는가?

B: 나는 그렇게 재빠르지 못하다네. 나는 나 자신을 기다려야만 한다네.[472] 나의 자기 자신이라는 샘으로부터 물이 흘러나올 때까지는 언제나

472 "이히 무스 아우프 미히 바르텐(Ich muss auf mich warten, 나는 나를 기다려야만 한다)." 이 말이야말로 니체 철학의 진수라 할 수 있다. 기다림의 문제를 문학적 비유로 가장 잘 다룬 작가가 있다면, 그는 사무엘 베케트(Samuel B. Beckett, 1906-1989)이다. 그는 『고도를 기다리며』(1952, 초연 1953)라는 작품 속에서 이 문제를 실존주의적 입장에서 다루었다. 하지만 긍정적 기다림이 아니라 부정적 기다림을 주제로 삼았다. 그래서 이 작품의 장르는 부조리극이 된다. 고도를 기다리게 되면 그것은 부조리한 상황이 되고 만다는 것이다. 무대에는 등장하지 않는 인물, 고도(Godot)라는 이름은 수수께끼 같다. 마치 '신[Gott]'과 '죽음[Tod]' 혹은 '죽은[tot]'을 합쳐 놓은 단어처럼 보이기도 한다. 이 이름은 "고트 이스트 토트(Gott ist tot, 신은 죽었다)"라는 니체의 허무주의적 발언까지 연상케 한다. 죽은 신을 기다리면 안 된다는 메시지처럼 들리기도 한다. 물론 베케트는 이런 식으로 설명할 수 있는 여지를 남겨 놓

상당한 시간이 걸린다네. 그리고 자주 나는 내가 참고 견딜 수 있는 것보다도 훨씬 더 오랫동안 갈증을 참고 견뎌야만 한다네. 그래서 나는 저 고독으로 들어가려 하는 것이라네. 모든 사람을 위해 작은 물통에 받아 놓은 물을 마시지 않기 위해서 말이네. 많은 사람들 틈에 끼어 살게 되면 나는 그 많은 사람들처럼 살게 되고 결국 나에게 어울리는 방식으로 생각하지도 않게 되지. 이런 식으로 얼마간의 시간을 보내고 나면 나는 항상 이런 생각이 든다네. 즉 사람들이 나를 나 자신에게서 추방시키고, 또 나에게서 나의 영혼을 빼앗으려 한다는 그런 생각이 말일세. 그래서 그때마다 나는 모든 사람에게 악의를 품게 되고, 또 그 모든 사람을 두려워하게 되지. 다시 좋아지기 위해서 나에게는 저 사막이 반드시 필요하다네.

492.

따뜻한 남풍 아래에서. —

A: 나는 나 자신을 더 이상 이해하지 못하겠어! 어제까지만 해도 나의 내면에는 여전히 폭풍이 휘몰아치고 있었지. 그러면서도 동시에 아주 따뜻하고 태양까지 밝게 빛나고 있었다네. 그 밝기란 참으로 극단적이었다고 말할 수 있다네. 그런데 오늘은 어찌된 일인지! 모든 것이 조용해졌다네. 마치 베네치아의 포구처럼 넓고 우울하고 어둡기까지 하다네. 나는 아무것도 바라지 않는다네. 그저 숨을 깊게 내쉬고 있을 뿐이지. 그렇지만 나는 내가 이렇게 아무것도 원하지 않는 것에 대해 은밀한 화를 내고 있네. 이런 식으로 이리저리 때로는 오고 때로는 가며 물결이 일고 있다네. 나의 우울한 호

지 않았다. 고도가 누군지는 독자의 몫으로 남겨 놓은 것이다.

수에서 말일세.[473]

B: 자네는 지금 여기서 작고 유쾌한 병에 대해 말을 하고 있군. 하지만 바로 다음 순간에 불어닥칠 북동풍이 그것을 자네한테서 빼앗아 버릴 거야![474]

A: 도대체 왜 그래야만 하지!

493.

자기 자신의 나무 위에 앉아서. —

A: 나는 어떤 사상가의 생각에 대해서도 나 자신의 생각에서만큼 큰 기쁨을 느끼지 못한다네. 물론 이것은 내 생각의 가치와 관련해서는 아무것도 말을 해 주지 않지. 그러나 내게 가장 맛있는 과일들이 나의 나무에서 그저 우연하게 자란다는 이유만으로 그것들을 포기해야 한다면 나는 진정 바보일 것임에 틀림없어! 그런데 나는 과거 한때 이런 바보였다네.

473 호수는 공간 개념에서 바다보다 작다. 게다가 호수는 바다처럼 파도가 치지 않는다. 호수에는 살랑살랑 대는 정도의 물결이 일고 있을 뿐이다. 공간 개념을 쫓아가 보면 극단적으로 폭풍이 휘몰아치는 공간에서 조용한 베네치아의 항구로 좁혀졌다가 마지막에는 호수에 도달하게 된다는 뜻이 읽힌다. 사방이 온통 호수라는 인식이 들었을 때 니체는 차라투스트라를 낳기도 했다. 실바플라나라는 호수를 곁에 두고 있던 질스마리아에서의 일이었다. "여기 앉아 나는 기다리고 또 기다렸다 — 무(無)를, / 선악의 저편에서, 빛을 즐기고 / 또 그림자를 즐기며, 모든 것은 유희일 뿐 / 모든 것은 호수이고 정오이고 목표 없는 시간일 뿐. // 그때 갑자기, 나의 여인이여, 하나가 둘이 되었다 — / — 그리고 차라투스트라가 내 곁을 지나갔다…"(『즐거운 학문』, 414쪽 이하). 차분해진 마음 상태, 그 정적의 순간에 초인의 이념이 도래한다는 것이다. 호수는 바로 이런 정적의 내면 상태를 연결시켜 주는 비유가 된다.

474 인식은 파도의 성질을 닮았다. 인식은 왔다가도 쉽게 떠나간다. 사는 동안 인식을 추구해야 하는 이유가 여기에 있다. 영원한 인식의 세계 같은 것은 없다. 현실 세계에서는 늘 변하는 현상을 감당하며 살아야 한다. 때로는 남풍이 불어와 따뜻하게 해 주기도 하고, 또 때로는 북동풍이 불어와 모든 것을 차갑게 만들어 놓기도 한다. 행복과 불행은 순간의 의미를 부여해 주지만, 그 의미에 너무 연연할 필요는 없다. 불행이 닥치면 참고 견뎌 주고, 행복이 엄습하면 그 순간을 즐기면 되는 일이다. 하지만 행복할 때는 불행을 염두에 두고, 불행할 때는 행복에 대한 꿈과 희망을 잃지 않으면 되는 것이다.

B: 다른 사람들의 경우는 그 반대지. 그리고 이것도 그들의 생각의 가치와 관련해서는 아무것도 말을 해 주지 않는다네. 물론 그렇다고 이것이 그 생각의 가치에 반대하는 것도 전혀 아니라네.

494.

용기 있는 사람의 최후 논증. — "이 덤불 속에 뱀들이 있다." 좋다. 그렇다면 나는 이 덤불 속으로 들어가서 그것들을 죽여 버리겠다. "그러나 아마 너는 그때 희생당할지도 몰라. 그리고 그 뱀들은 결코 단 한 번이라도 너에게 잡히지 않을걸!" 그게 나와 무슨 상관이란 말인가![475]

495.

우리의 스승들. — 젊은 날에 우리는 스승과 길잡이를 우리가 살고 있는 바로 그 현재와 접하는 사람들 중에서 선택하게 된다. 왜냐하면 우리는 깊이 생각하지 않고 다음과 같은 확신에 차 있기 때문이다. 즉 이 현재가 다른 어떤 사람들보다도 우리에게 더 적합한 스승을 갖고 있으며, 또 오랫동안 찾지 않고도 그 스승을 찾아낼 것이라는 그런 확신 말이다. 하지만 어린아

475 "바스 릭트 안 미어(Was liegt an mir, 그게 나와 무슨 상관이란 말인가)." 이 말은 앞으로 니체가 즐겨 쓰는 문구가 된다. 언제나 어쩔 수 없다는 말을 하고 싶을 때 그는 이 문구를 적용한다. 가장 대표적인 예로 『차라투스트라는 이렇게 말했다』에 이런 구절이 있다. "이제 나의 망치는 저 형상을 가두어 두고 있는 감옥을 잔인하게 때려 부순다. 돌에서 파편이 흩날리고 있다. 무슨 상관인가?" 돌 속에 갇혀 있는 자기 자신을 해방시키기 위해 차라투스트라는 망치질을 멈출 수 없다는 얘기다. 『즐거운 학문』에서는 시적 형식 속에 이런 구절도 있다. "별이여, 예정된 길을 가는 네게 / 어둠이 무슨 상관인가?" 별이 가는 길은 운명이라는 얘기다. 마찬가지로 초인은 그저 해야 할 일을 할 뿐이다. 하지만 때로는 그것이 너무도 잔인하게 보일 수 있다. 그래도 어쩔 수 없다. 자기 자신을 짓밟고 올라서야 할 때 동정 따위는 보이지 않는다. 그것이 초인이 취해야 할 태도일 뿐이기 때문이다.

이들이나 가질 법한 이런 유치한 생각 때문에 사람들은 나중에 아주 큰 대가를 치러야만 한다. 우리 스스로 우리가 선택한 그 스승의 죄를 면해 줘야 하기 때문이다. 그러고 나서 우리는 아마도 참된 길잡이를 찾아서 이전 시대를 포함해서 전 세계를 방황하며 떠돌아다니게 될 것이다.[476] 그러나 그런 길잡이를 찾아낸다고 하더라도 아마 때는 이미 너무 늦을 것이다.[477] 혹시나 우리가 젊었을 때 이미 그들이 살고 있었는데 그들을 알아보지 못하고 놓쳤다는 사실도 발견하게 된다면, 정말 최악의 경우가 될 것이다.

496.

사악한 원리. — 플라톤은 어떻게 철학적 사상가가 모든 기존의 사회 중에서도 모든 흉악함의 전형으로 간주될 수 있는지를 훌륭하게 묘사해 주고 있다.[478] 왜냐하면 그는 모든 풍습을 비판하는 자로서 풍습을 따르는 모

476 스승을 찾는 일에 '이전 시대'도 포함된다는 말은 니체가 쇼펜하우어를 스승으로 간주했던 것을 예로 들 수 있다. 니체가 쇼펜하우어를 처음 접했을 때는 1865년 본(Bonn)대학에서 공부를 시작할 시점이었다. 하지만 쇼펜하우어는 이미 사망하고 난 뒤 5년이나 지난 시점이었다. 니체는 스승을 책으로 만난 것이다. 그는 그의 대표작 『의지와 표상으로서의 세계』를 14일 동안 치열하게 독파해 낸다. 그리고 위대한 발판을 얻게 된다. 니체는 쇼펜하우어에게서 세상을 바라보는 시각을 얻었고, 그 염세주의를 딛고 허무주의로 나아갈 수 있는 길을 찾게 된 것이다.

477 인식의 문제는 빠르면 빠를수록 좋다. 뒤늦은 인식은 언제나 후회를 동반하기 때문이다. 일찍 얻은 인식은 반대로 기쁨을 선사해 준다. 공자의 『논어』 첫 구절을 장식하는 '학이시습지 불역열호(學而時習之 不亦說乎, 배우고 때때로 익히면 또한 기쁘지 아니한가)'와 같은 깨달음의 소리이기 때문이다. 인식은 공부를 전제하고, 인식을 주는 공부는 기쁨만 동반될 뿐이다. 그런 공부라면 아무리 해도 부족함이 없을 것이다. '공부 다 했다!'는 식의 표현은 오로지 정해진 범위를 전제하는 시험공부에서나 적용될 수 있을 뿐이다. 인생 공부는 다 할 수 없다. 아니 죽을 때까지 해도 모자란다. 하지만 진정한 인식을 제공해 주기 때문에 기쁠 따름이다.

478 플라톤은 예를 들어 진선미 자체가 있다고 가르친다. 이런 말들의 이념, 즉 이데아가 존재한다는 것이다. 이런 맥락에서 칸트도 사물 자체, 즉 물자체를 설명하기도 했다. 하지만 이런 이상주의자들의 실수는 이데아 내지 이상을 높이 평가하는 반면, 현실을 무시하는 데 있다. 심지어 플라톤은 감각이 인식하고 있는 이 세계가 이데아의 그림자에 불과하다고 말하기까지 했다. 니체의 생철학적 입장에서

든 사람의 정반대 입장을 고수하기 때문이다. 게다가 그는 새로운 윤리의 입법자가 되는 것에 성공을 거두지 못했고, 인간들의 기억 속에 '사악한 원리'의 대명사로 남아 있기 때문이다. 이런 사실들을 고려하면 우리는 상당히 자유롭게 생각하기를 좋아하고 또 혁신하기를 좋아했던 도시 아테네가 플라톤이 살아 있는 동안 그의 명성에 어떻게 대응했는지 쉽게 추측해 낼 수 있다.[479] 플라톤 스스로 고백한 것처럼 '정치적 충동'을 지녔던 그가 시칠리아로 가서 세 번이나 실험했다는 것을 기적이라고 불러야 할까? 시칠리아에서는 당시 이미 범그리스적 지중해 국가를 형성하려고 애썼던 것처럼 보이기도 한다. 여기서 플라톤은 시칠리아의 힘을 빌려서 모든 그리스인을 위해, 마호메트가 아랍인을 위해 했던 것과 같은 일을 하려고 생각했던 것이다. 즉 중요하거나 사소한 관습들, 특히 모든 사람의 일상적인 생활방식을 규정해 놓으려 했던 것이다.[480] 마호메트의 사상이 실현 가능했던 것처럼 그의 사상도 실현 가능했을 것이다. 훨씬 더 믿을 수 없는 사상, 즉 기독교의 사상도 실현 가능한 것으로 증명되지 않았는가! 몇 가지 우연들이 좀 더 적었거나 몇 가지 다른 우연들이 좀 더 많았더라면 이 세계는 분명 유럽

보면 이것은 범죄 행위와 같다. 이 세상에서의 삶을 변호하고자 니체는 허무주의라는 철학을 선택할 수밖에 없었으며, "위험한 책"(『이 사람을 보라』, 115쪽)을 쓰는 위험한 철학자가 되기를 마다하지 않았던 것이다.

479 플라톤은 당시 주류가 아니었다. 그의 스승은 적국 스파르타의 정치 이념, 즉 아리스토크라티아(Aristokratia, 귀족정치)를 주장했기에 사형을 당할 수밖에 없었다. 아테네는 데모크라티아(Demokratia, 민주주의)가 주류를 이루고 있었다. 펠로폰네소스 전쟁(기원전 431-404년)에서 아테네는 패했다. 소크라테스가 독배를 마셔야 했던 399년은 아직도 아테네가 패전국의 수모를 안고 현실을 견뎌야 했던 힘든 시기이기도 했다. 이런 사실들을 고려해 볼 때 플라톤을 바라보는 아테네 시민들의 시선은 곱지 않았을 것이 틀림없다.

480 무엇이 옳은 것이라고 선을 그어 놓게 되면 그 선을 넘어서는 것은 틀린 것이라고 말할 수밖에 없게 된다. 무엇이 법이라고 말을 하게 되면, 그 외의 것은 모두 불법이 되고 만다. 내세를 옳은 세계라고 말하는 순간 현세는 틀린 세계가 되는 것과 같은 논리다. 플라톤은 이데아를 선호하면서 현상을 폄하하는 실수를 저지르고 있다. 니체는 바로 이 점을 지적하는 것이다.

의 남부 지방에서는 플라톤화를 체험했을 것이 틀림없다. 게다가 이런 상태가 오늘날까지 지속되었더라면 아마 플라톤의 그 '선한 원리'가 우리로부터 존경을 받고 있었을 것도 틀림없다. 그러나 그는 성공하지 못했다. 그리고 그에게는 환상가이자 유토피아주의자라는 평판만이 남아 있을 뿐이다. 더욱 혹독한 평가라면 그가 고대 아테네와 함께 몰락해 버렸다는 것이다.

497.

순수하게 만드는 눈. — 플라톤과 스피노자 그리고 괴테와 같은 이들은 성격과 기질로부터 정신을 쉽게 분리시킬 수 있는 사람들이다. 이들의 정신은 성격과 기질에 느슨하게 묶여 있어서 마치 그 정신이 날개가 달린 것처럼 성격과 기질을 훨씬 뛰어넘어 자기 자신을 고양시킬 수 있다. 이런 사람들을 우리는 아무런 거리낌 없이 '게니우스Genius'[481]라고 부를 수 있을 것이다. 이와는 반대로 자신들의 기질로부터 단 한 번도 벗어나지 못하면서도, 그 기질에 가장 정신적이고 가장 위대하며 가장 보편적인 표현을, 경우에 따라서는 우주적인 표현을 부여할 줄 알았던 사람들도 있다. 예를 들어 쇼펜하우어가 그런 사람 중의 하나다. 이런 사람들은 자신의 '천재성'에 대해서 가장 생생하게 말을 할 줄 알았던 것이다. 쇼펜하우어 같은 이런 천재들은 자기 자신을 뛰어넘어서 날아오를 수는 없었지만, 자신들이 어디로 날아가더라도 자기 자신을 만나고 또다시 발견할 수 있을 것이라고 굳게 믿는다. 이것이 그들에게는 '위대함'이고 또 위대함일 수 있다! 하지만 천재라는 이름이 본래의 의미로서 어울리는 다른 사람들은 순수한 눈과 순수하

481 "천재(天才)."

게 만드는 눈을 갖고 있다. 이 눈은 그들의 기질과 성격에서 자란 것 같지 않다. 이 눈은 그것들로부터 자유롭다. 이 눈은 오히려 대부분 그 기질과 성격에 부드럽게 모순을 일으키면서 한 명의 신을 바라보듯이 이 세상을 바라본다. 그리고 이 신을 사랑한다.[482] 이 눈은 또한 그 기질과 성격을 향해 단 한 번도 시선을 선사해 주지 않았다. 본다는 것에 있어서도 훈련과 예비교육이란 것이 필요하다.[483] 그리고 정말 운이 좋은 사람은 적당한 시기에 또한 순수하게 보는 법을 가르쳐 주는 스승도 발견하게 될 것이다.

498.

요구하지 않기! — 그대들은 그를 알지 못한다![484] 그렇다, 그는 자기 자신을 사람들과 사물들 앞에서 쉽게 그리고 자유롭게 굴복시키고 만다. 또한 그는 이 사람들과 사물들 둘 모두에게 호의적이다. 그의 유일한 소원은

482 니체의 신에 대한 이념이다. 그가 신으로 인정하는 존재는 이 세계와 관계하는 것이다. 감각이 전해주는 온갖 현상을 무시하지 않는다는 얘기다. 천재라 불리든 초인이라 불리든 이름은 아무래도 상관없다. 니체가 이상적인 인간으로 간주하는 그는 이 세상을 신처럼 숭앙하는 마음으로 바라본다는 점에 주목해야 한다. 세상, 자연, 대지, 이 또한 뭐라고 불리든 상관없다. 이런 단어가 지칭하는 곳이 어떤 곳인지만 정확히 인식하고 있다면 그만인 것이다. 이 세상을 품을 수 있는 신이라면 니체도 충분히 사랑한다. 니체도 신을 사랑한다. 그가 사랑하는 신이 어떤 신인지만 알면 아무 문제 없다.

483 본다고 다 보는 것이 아니다. 불교에서 말하는 관음(觀音)의 경지처럼 소리를 보는 경지도 있다. 시기는 서로 다르지만 니체처럼 루 살로메라는 여자를 사랑했던 시인 릴케도 『말테의 수기』(1910)에서 이와 비슷한 고백을 남겨 놓았다. "나는 보는 법을 배우고 있다. 왜 그런지는 모르지만 모든 것이 내 안 깊숙이 들어와서, 여느 때 같으면 끝이었던 곳에 머물지 않고 더 깊은 곳으로 들어간다. 지금까지는 모르고 있었던 내면을 지금 나는 가지고 있다. 이제 모든 것이 그 속으로 들어간다. 거기에서 무슨 일이 일어나는지 나는 모른다." 니체와 릴케는 간접적이기는 하지만 상당 부분 사상을 공유하고 있다고 볼 수 있다.

484 그가 누굴까? 사실 아무도 모른다. 게다가 이 잠언은 짧기도 하다. 그 안에서 그가 누군지 알아낼 수 있는 정보는 너무도 한정적이다. 하지만 그가 누군지 설명하려고 애를 쓴 니체의 흔적이 보인다. 그는 분명 우리가 알고 숙지해 두어야 할 인물이다.

조용히 쉴 수 있도록 내버려 두는 것이다. 하지만 오로지 사람들과 사물들이 복종을 요구하지 않는 한에서만 그러기를 바랄 뿐이다. 모든 종류의 요구는 그를 자랑스럽게 만들기도 하고, 그를 위축시키기도 하며, 또 그를 전투적으로 만들기도 한다.

499.

악한 사람. — "오로지 고독한 자만이 악하다!"라고 디드로가 외쳤다. 그러자 곧 루소는 치명상을 입은 것처럼 아파했다. 결과적으로 그는 디드로가 옳았다는 것을 인정했던 것이다. 사실이 그렇다. 사회와 사람들과의 관계에서 모든 악한 경향은 자신을 극도로 억압하고 아주 많은 가면을 쓴 채 매우 자주 자신을 덕이라 불리는 프로크루스테스의 침대[485] 위에 드러눕혀야 하기 때문이다. 그래서 우리는 지극히 정당한 의미에서 악인의 순교에 대해 말할 수 있는 것이다. 하지만 고독 속에서 이 모든 것은 사라지고 만다. 악한 자는 고독 속에서 가장 많이 그리고 또한 가장 탁월하게 악해진다. 그래서 어딜 가나 연극만을 보는 사람의 눈에는 가장 아름답게 보이기도 한다.

485 프로크루스테스(Prokrustes)는 그리스 신화에 나오는 인물로, 이름의 뜻은 '늘이는 자'이며 포세이돈의 아들이라고 한다. 그는 여행자들에게 침대 하나를 제공했는데, 그 침대에 비해 여행자가 너무 크면 다리를 자르고, 너무 작으면 다리를 늘여 죽였다고 한다. 자신의 기준으로 다른 사람의 생각을 억지로 자신에게 맞추려고 하는 독단을 비유적으로 말할 때 쓴다.

John Tenniel, 〈현대판 프로크루스테스의 침대〉, 1891. 영국의 풍자 만화 잡지 『펀치(*Punch*)』에 실린 삽화.
당시 사회적으로 논의되던 8시간 노동제를 풍자하고 있다.

500.

선線에 반대해서.[486] — 어떤 사상가는 수년 동안이나 정해진 선에 반대

486 선도 선 나름이다. 내면에서 우러나오는 원리와 규칙을 의미하는 선이라면 좋은 선이다. 별이 지나가야 하는 궤도처럼 운명적인 선이라면 인식의 대상이 될 수도 있다. 지천명의 의미처럼 자기 자신의 삶의 원리와 직결되기 때문이다. 그런 선이라면 당연히 지키는 것이 좋다. 하지만 선이 외부로부터 의무처럼 주어진 선이라면 생각해 봐야 할 일이다. 그것이 자기 자신에게 좋은지 나쁜지는 따져 봐야

해서 생각하도록 자신을 강제할 수 있다. 즉 그는 자신의 내면으로부터 우러나오는 생각을 따르지 않고 오히려 하나의 직책, 계획에 따라 정해져 있는 시간의 구분, 열심히 하려는 자의적인 종류의 근면 등이 그에게 의무로서 강요하는 생각을 따를 수 있다. 그러나 이런 생각을 지속할 경우 그는 결국 병에 걸리고 말 것이다. 왜냐하면 외면으로 드러나는, 즉 보여 주기식의 이러한 도덕적인 자제는 삶의 규칙이 되어 버린 방탕한 생활과 마찬가지로 그의 신경의 힘을 철저하게 파괴시켜 놓을 것이기 때문이다.

501.

죽어야 할 영혼들![487] — 인식과 관련해서 가장 유익한 업적이 있다면, 그

할 일이라는 얘기다. 그런 선에는 대부분 외부의 압력이 작용할 때가 많다. 늘 그런 식으로 또 그런 의미의 선을 그어 놓으면 문제가 발생할 수밖에 없다. 선을 지켜야 한다는 의무로 주어진 준법정신과 그런 의무감을 벗어던지고 선을 넘으려는 저항정신이 맞서기 때문이다. 선을 넘으려는 저항정신은 그러니까 다시 부정적일 때는 불법에의 의지로 나아갈 것이지만, 긍정적일 때는 창조에의 의지로 나아갈 수도 있다는 얘기다.

487 영혼이 죽는다, 아니 영혼은 죽지 않는다. 이 문제는 철학이 시작되던 시점부터 문제가 되었다. 이성은 생각을 가능하게 하고, 생각은 모든 것을 생각할 수 있으니, 영원도 무한도 천국도 지옥도 신도 악마도 별의별 것을 다 생각해 낼 수 있다. 영혼이 무엇인가? 죽음이 무엇인가? 이 질문조차 어떤 지점에서 바라보느냐에 따라 전혀 다른 대답이 형성될 수 있다. 감각을 기반으로 한 현상의 입장에서 보면 육체와 관련해서 과학적으로 대답을 형성해 낼 수 있다. 하지만 보이지 않는 것도 볼 수 있는 내면의 세계에서 보면 육체와 무관한 세계까지도 연결시켜 놓을 수 있는 그런 증명될 수 없는 대답이 형성되기도 한다. 그 대표적인 생각들이 종교적 발상들이다. 모든 종교는 내세를 인정한다. 죽고 나서도 산다는 그 세계를 이야기한다. 몸은 사라졌어도 영혼은 살아서 그 다음 생을 이어 간다는 것이다. 이런 생각이 가져다주는 위로의 힘은 대단하다. 그래서 '파스칼의 내기'도 무시하지 못한다. 신을 믿어도 잃은 것은 없다는 그 주장 말이다. 하지만 만약 신이 있다면 또 그것을 믿었다면 모든 것이 주어진다. 믿음은 사실 어려운 것이 아니다. 시간이 필요한 것도 아니고 훈련이 또 돈이 필요한 것도 아니다. 믿음은 그냥 믿으면 그만인 것이다. 그런데 그런 믿음 때문에 현상과 현실과 지금과 여기와 현세 자체가 무시되고 있다면 심각한 문제가 발생한다. 형이상학은 자연의 현상을 넘어선 것을 운운하는 학문이다. 생각하는 존재는 이런 학문을 무시할 수가 없다. 보이지 않는 것을 볼 수 있는 존재라서 그런 것이다. 하지만 보이지 않는 것을 실존의 의미로 받아들이고, 보이는 것을 그림자로, 또는 허상으로

것은 아마도 영혼의 불멸에 대한 믿음을 포기했다는 사실일 것이다. 이제 인류는 기다려도 된다. 이제 이 인류는 더 이상 예전에 그랬던 것처럼 성급하게 달려들어 절반도 검토되지 않은 사상들을 함부로 삼켜 버릴 필요가 없어졌다. 물론 과거에는 그래야만 했다. 왜냐하면 그 당시에는 불쌍하고 가련하지만 '영원한 영혼'의 구원이 오로지 짧은 인생 동안 그런 영혼을 인식하느냐 못하느냐 하는 것에 달려 있었고, 또 인식한다고 하더라도 하룻밤 사이에 빨리 결단을 내려야만 하는 사안이었기 때문이다. 그때는 '인식'이란 것이 정말 끔찍할 정도로 중요했다! 하지만 우리는 방황하기도 하고 실험도 하며 어떤 사실을 잠정적으로만 받아들일 수 있는 용기를 다시 획득했다. 사실 모든 것은 그렇게 중요한 것이 아니다! 그리고 바로 이 때문에 지금의 개인과 세대는 이전 시대에서처럼 하나의 광기로, 즉 천국과 지옥을 상대로 한 그런 미치광이 연극 놀이로 나타났을 과제, 저 위대한 척하는 과제를 주시할 수 있게 되었다. 우리는 우리의 자기 자신을 실험해도 된다! 그렇다, 그뿐만 아니라 인류 자체도 자기 자신을 실험해도 된다! 이런 실험을 계속해야 하는 이유는 아직까지 가장 위대한 희생들이 인식에 바쳐지지 않았기 때문이다. 물론 예전 같으면 신성모독이네 영원한 구원을 포기하는 것이네 하며 협박했을 것이다. 지금 우리가 앞서 나가며 행하고 있는 이런 실험 정신과 그 생각 자체를 바라보고 예감하는 것만으로도 이미 엄청난 대가를 치러야 했을 것이다.

간주한다면 문제가 심각해진다는 얘기다. 니체는 삶의 현장을 변호하고자 한다. 중세 천 년 동안 인류는 하늘만 바라보고 살아왔다. 이제 니체는 대지를 바라보게 한다. 지금과 여기에 집중해 주기를 바란다. 천 년을 채운 열정만큼 이 현실에 관심을 보여 주기를 바랄 뿐이다.

502.

세 가지 상이한 상태들을 위한 단 한 마디 말. — 어떤 사람은 정열에 사로잡힘으로써 야만적이고 끔찍할 정도로 무섭고 그래서 도저히 견뎌 낼 수 없는 동물의 모습을 갑자기 나타내기도 한다. 또 다른 어떤 사람은 똑같은 정도의 정열에 사로잡히지만, 오히려 고결하고 위대하며 화려한 모습으로 고양되기도 한다. 이런 고양된 모습과 비교하면 그 외의 다른 모든 존재는 그저 뭔가 부족하고 빈약한 것처럼 보일 뿐이다. 또 어떤 사람은 똑같은 정열을 통해서도 철두철미하게 고귀해지고, 결국에는 가장 고귀한 질풍노도까지 경험하게 된다. 그는 바로 이런 상태 속에서 야생의 아름다움을 갖춘 자연이 된다. 이 자연은 그가 일상 속에서 습관적으로 보여 주는 위대하고 조용하며 아름다운 자연보다 오로지 단 한 단계만 더 심원할 뿐이다. 그러나 그는 정열에 사로잡힘으로써 오히려 사람들에게 더 잘 이해받는다. 그리고 바로 이러한 순간 때문에 더 존경받게 된다. 이때 그는 그 사람들에게 한 걸음 더 가까이 다가서게 되고 친해질 기회를 얻는다. 사람들은 그의 정열에 사로잡힌 모습을 바라보며 황홀해짐과 동시에 경이로움을 금치 못하게 된다. 그때 사람들은 그를 앞에 두고 바로 이런 소리도 하게 된다. 그가 신과 같다고.[488]

488 다시 한번 신이라 써 놓고 니체가 말하는 신이 무엇인지 고민을 좀 해 보자. 신! 최고의 존재다. 생각할 수 있는 존재 형식들 중에서 가장 고귀한 형식이다. 신은 존재의 정점에 있다. 그 위에는 아무것도 없다. 그래야 신이라 말할 수 있는 것이다. 그런데 그 존재의 형식 속에 사람이 담겨 있다. 사람이라 써 놓고 신이라 읽어야 하는 상황이 펼쳐지고 있다. 가장 정열적인 사람, 가장 자연적인 사람, 그런 사람이 신이라면 니체도 이런 말을 하고 싶은 것이다. 신은 존재한다고. 신은 바로 여기 있다고. 니체는 "게라데 다(gerade da, 바로 여기)"라고 말했다. 바로 여기에 신성한 것이 있다는 얘기다. 그렇게 말을 해도 되는 양심이 형성된다면 아무 문제 없다.

503.

우정. ― 철학적인 삶에 대한 반박, 즉 철학적으로 살아감으로써 우리가 친구들에게 쓸모없게 되어 버렸다는 저 반박은 현대인에게서는 결코 제기될 수 없을 것 같다. 왜냐하면 그러한 반박은 그저 고대적인 것이기 때문이다. 고대에는 우정을 깊고 강하게 체험했고 철저하게 끝까지 생각했으며 거의 죽을 때까지, 즉 무덤 속으로까지 끌고 들어갔다. 이 점에 있어서 고대인은 우리보다 훨씬 우월했다. 이와는 반대로 우리는 그저 이상화된 육체적 사랑이 무엇인지 하는 정도만을 제시해 보여 줄 뿐이다. 고대인의 모든 위대한 탁월함은 남달랐다. 그들의 위대함은 늘 한결같이 남자 옆에 남자가 서 있고, 그리고 여성은 남자들이 사랑해야 할 가장 가까운 것, 최고의 것일 뿐만 아니라 유일한 것이라는 요구를 제기해서는 안 된다는 점에 근거하고 있었다. 이는 마치 그들이 느꼈던 그 열정이 무엇인지를 우리로 하여금 느끼도록 가르치고 있는 듯이 보이기도 한다. 그런데도 불구하고 어쩌면 우리의 나무는 그것에 휘감겨 있는 담쟁이와 포도 덩굴 때문에 그다지 높게 성장하지 못한 것이 아닌가 싶다.

504.

화해하라! ― 철학의 과제가 정말 어린아이가 배운 것과 어른이 인식한 것 사이에서 서로를 화해시키는 것이어야 할까? 청년이 어린아이와 어른 사이에 있는 중간적 존재이고, 또 그 사이에 낀 중간의 욕망을 갖고 있다는 이유로 정녕 철학이 바로 이 청년의 과제여야 할까? 철학자들이 현재 어떤 연령의 단계에서 자기 사상의 틀을 갖게 되는지 생각해 보면, 거의 이렇게 생각이 들기도 한다. 즉 철학자들이 자신의 사상의 틀을 갖게 되는 바로 그

때는, 그저 무엇인가를 무작정 믿기에는 너무 늦어 버렸고, 또 그렇다고 무엇인가 이로운 지식을 얻기에는 아직 너무 이른 어느 지점이라는 생각이.

505.

실무에 종사하는 실제적인 사람들. — 우리 사상가들은 모든 사물에서 어떤 맛이 좋은 맛인지[489]를 먼저 확인해 봐야 하고, 또 필요한 경우에는 그것을 알려주기도 해야 한다. 실무에 종사하는 실제적인 사람들은 결국 우리가 전해 준 그 맛에 대한 정보를 받아들이게 될 것이다. 우리에 대한 그들의 의존도는 믿을 수 없을 정도로 크다. 그런데도 불구하고 그들이 이러한 사실을 거의 깨닫지도 못한 채 비실제적인 우리들을 오만하게 무시하는 꼴은 세상에서 볼 수 있는 가장 우스꽝스러운 연극의 한 장면일 것이다. 그렇다. 만약 우리가 그들의 실제적인 삶을 사소한 것으로 경멸하면, 그들 역시 자신들의 실제적인 삶을 사소한 것으로 경멸하게 될 것이다. 우리는 가끔 여기저기서 아주 자그마한 복수를 하며 받게 될 즐거움을 맛보려고 그렇게 할 때도 있다는 사실을 고백하지 않을 수 없다.

506.

모든 선한 것은 건조시키는 과정이 필요하다. — 뭐라고? 하나의 작품을 시대가 배출해 낸 것처럼 파악해야 한다고? 하지만 우리는 하나의 작품을 그렇게 파악하지 않을 때 오히려 더 많은 기쁨과 더 많은 경이로움과 또 더

489 사물을 플라톤처럼 이성으로만 이해하지 말고, 감각적으로 인식하라는 의미이다.

많은 것을 배우게 된다! 그대들은 새롭고 좋은 모든 작품은 그것이 그 시대의 축축한 공기 속에 존재하는 한 가장 가치가 없어진다는 사실을 깨닫지 못하고 있는가? 왜냐하면 그런 공기 속에 있는 작품들은 시장에서 풍겨 오는 악취와 함께 적대 세력, 최근의 의견들 그리고 내일은 생각할 수도 없는 모든 무상한 것의 냄새가 너무나 많이 배어 있기 때문이다. 그래서 이런 작품은 나중에 건조시켜야 하고 그 과정을 통해 '시대성'을 완전히 사멸시켜야 한다.[490] 그때 비로소 그것은 깊은 곳에서 우러나오는 은은한 빛이 모습을 드러내고 또 좋은 느낌을 갖게 해 주는 향기도 뿜게 될 것이다. 만일 그 새롭고 좋은 작품이 영원의 조용한 눈을 추구하고 있었다면 그 눈 역시 얻게 될 것이다.

507.

진리의 독재에 반대한다. — 우리의 모든 의견을 진리로 간주할 정도에 멋진 경우에조차 우리는 이러한 의견들만 존재하기를 원하지는 않을 것이

490 시대성이 사라져야 불멸이 된다. 아니 이렇게 말하면 더 분명해질 것 같다. 모든 시대를 아우르는 그런 시대성을 품어 낼 수 있어야 불멸이 된다고. 하나의 작품 속에 시대성이 없을 수는 없다. 하지만 그 시대성은 시간적으로 한정되지 않고 인류의 차원으로 넓혀지고 증폭될 수 있어야 가치가 있다는 얘기다. 이런 가치를 품고 있는 책들이 고전(古典)이라 불린다. 옛날부터 늘 책상 위에 올려놓고 읽게 되는 그런 책이라는 뜻이다. '전(典)'이 바로 책상 위에 놓은 책들을 형상화하고 있기에 이런 말을 할 수 있는 것이다. 이 말은 또한 시간이 지나면 책상에서 사라지는 책도 있다는 얘기다. 사라질 것이면서도 잘 팔리는 책을 두고 우리는 베스트셀러라고 한다. 잠시 돈벌이를 위해서는 이로울 수 있다. 하지만 어떤 아량도 베풀지 않는 시간의 검증을 견뎌 주지 못한다면 그것은 시간도 자본도 모두 낭비하는 꼴이 될 뿐이다. 책을 쓰는 사람도 또 책을 만드는 사람도 모두 이런 고전을 만드는 데 집중을 해야 한다. 그런 책들이 쌓이고 쌓여 고급 문화가 탄생하게 되는 것이다. 그때가 되면 '비극의 탄생'도 얼마든지 담론의 주제가 될 수 있을 것이다. 그때가 되면 니체의 허무주의적 발언들도 전혀 어색함이 없을 것이다. 오히려 '신은 죽었다'는 말을 하며 좋은 생각도 할 수 있을 것이다. 좋은 생각, '에우다이모니아(Eudaimonia)', 우리는 그것을 '행복'이라 번역할 뿐이다.

다.[491] 나는 왜 진리가 단독으로 지배하고 전권을 갖고자 하는지 전혀 알 수가 없다. 내게는 진리가 위대한 권력을 갖고 있다는 그 자체만으로도 이미 충분하다.[492] 그러나 진리는 싸울 수 있어야 한다. 진리는 적대 세력을 갖고 있어야 한다. 그리고 때때로 진리에서 벗어나 비진리 속에서 건강을 회복할 수도 있어야 한다. 그렇지 않으면 그 진리는 우리에게 지루하고 무력하며 무미건조한 것이 되고 말 것이다. 그렇게 되면 그런 진리와 함께 우리 자신도 역시 바로 그런 존재가 되고 말 것이다.

508.

너무 격정적으로 받아들이지 않기. — 우리가 자신을 이롭게 하기 위해 하는 일에서는 타인으로부터도, 또 우리 자신으로부터도 그 어떠한 도덕적인 찬사를 받아서는 안 된다. 우리가 우리 자신을 기쁘게 하기 위해 하는 일도 역시 도덕적인 찬사를 받아서는 안 된다. 이롭게 할 때나 기쁘게 할 때,

491 늘 공존과 균형을 지향한다는 얘기다. 선(善)만 있다? 니체는 그것을 이상이라 말하지 않는다. 선이 가능하려면 악(惡)도 존재해 주어야 하기 때문이다. 빛과 어둠, 건강과 질병, 행복과 불행, 웃음과 눈물, 꽃피는 봄과 낙엽이 지는 가을, 뜨거운 여름과 추운 겨울, 위와 아래, 앞과 뒤, 남과 여 등 모든 사물은 상대가 있어야 한다. 사랑은 이런 이념 속에서만 가치를 얻게 된다. 이런 공존과 균형의 이념을 비유적으로 말하면, 그것이 바로 춤이 된다. 니체는 춤을 출 줄 아는 신이라면 얼마든지 믿겠노라고 고백하기도 했다. "나는 춤을 출 줄 아는 신만 믿으리라"(『차라투스트라는 이렇게 말했다』, 65쪽). 그의 진정 어린 신앙고백인 셈이다.

492 진리도 진리 나름이다. 홀로 독불장군처럼 군림하는 진리는 폭군에 지나지 않는다. 다른 세력, 특히 적대 세력까지 포용할 수 있는 진리가 진정한 진리다. 음과 양은 태극을 이루는 근본이 된다고 했다. 둘은 합쳐져서 하나를 일궈낸다. 그 총체적인 현상을 보이면서도 둘은 서로 섞이지 않는다. 둘은 그저 둘일 뿐이다. 다만 그 둘이 서로를 지향하고 있다는 것이 진실일 뿐이다. 선과 악? 둘 다 필요하다. 악을 지양하고 선을 지향한다? 이런 말이 배타적 이분법이다. 선도 악도 모두가 서로를 싸고돈다. 서로가 서로를 지양하고 서로가 서로를 지향한다. 이 말도 맞고 저 말도 맞다. 선은 분명하지만 그 선에 얽매이지는 않는다. 늘 선을 넘으려는 의지로 현상에 임하고 있을 뿐이다. 진리는 '위대한 권력'을 갖고 있다. 니체도 인정하는 바이다. 그 위대한 권력 때문에 진리가 매력적으로 보이는 것이다.

이 모든 경우에 상황을 너무 격정적으로 받아들이는 것을 거부하고, 또 자기 자신에게서 모든 격정적인 것을 내던지는 것은 모든 고귀한 사람의 선한 태도라 할 수 있다. 그리고 이러한 선한 태도에 익숙해진 자는 다시 소박함을 자기 자신에게 선사해 줄 수 있게 된다.

509.

제삼의 눈. — 뭐라고! 그대는 아직 극장이 필요하다고! 그대는 그럴 정도로 아직 젊다는 얘긴가? 영리해져라! 그리고 잘 공연되는 곳에서 비극과 희극을 찾아보아라! 그곳에서 흥미가 더해질 것이고 그에 따라 관심도 덩달아 더해질 것이기 때문이다! 그렇다, 바로 그런 곳에서 관객으로 머물 수 있다는 것은 쉬운 일이 아니다. 그러나 그것을 배워야 한다![493] 그러면 어렵다고 말하게 하고 고통을 느끼게 하는 거의 모든 장소에서도 그대는 즐거움으로 나아가는 작은 문을 발견하게 될 것이다. 게다가 그런 장소에서도 일종의 피난처를 갖게 될 것이다. 이것은 그대 자신의 정열이 그대 자신 위에서 내려다볼 수 있을 때 가능해진다. 그러니까 연극을 볼 때처럼 그대의

493 보는 법을 배워야 한다. 앞서 497번 잠언에서도 이와 비슷한 이야기를 한 적이 있다. '순수하게 만드는 눈'이 거기서 설명되었다. 이번에는 세상을 내려다볼 수 있는 그런 눈을 요구한다. 자기 자신을 극적 상황을 바라보듯이 그렇게 내려다봐 달라는 것이다. 삶이 미로처럼 여겨지는 것은 이런 시각이 결여되어 있기 때문이다. 이때는 모든 것이 벽처럼 느껴지기도 한다. 길이 있어도 늘 막다른 골목 같은 느낌이 드는 것이다. 하지만 삶의 현장에서 조금만 거리를 두고 바라보면 길이 보인다. 자기 자신이 그토록 절실하게 느끼는 고통조차도 한 걸음만 떨어지면 아름다운 그림처럼 보일 수 있다. 정열의 눈이 위에서 내려다볼 수 있을 때, 이런 기적과 같은 일이 벌어지게 되는 것이다. 생각하는 존재가 인식하는 세상은 생각이 만들어 낸 세상일 뿐이다. 삼라만상은 생각 속에서 천태만상을 연출해 낸다. 그것을 능동적으로 또 적극적으로 대응만 할 수 있다면 스스로 비극도, 희극도 연출해 낼 수 있을 것이다. 자기 삶의 주인공이 되는 것은 이런 눈의 존재 여부에 달려 있을 뿐이다. 이런 눈이 없으면 삶에 치여 늘 '힘들다!', '어렵다!'고 푸념 섞인 말만 늘어놓으며 아무런 죄 없는 삶을 악의에 찬 눈으로 바라보게 될 것이다.

눈을 열도록 하라! 그 위대한 제삼의 눈을 열어라! 다른 두 개의 눈을 통해 세계를 들여다보는 그 위대한 제삼의 눈을![494]

510.

자신의 미덕에서 버리고 도망가기. — 경우에 따라서 자기 자신의 미덕을 버리고 도망치는 방법을 알지 못한다면 그는 생각하는 사람이라고 말할 수 없다![495] 그는 그러니까 '단순히 도덕적 존재로만' 머물러 있어도 절대로 안 된다!

511.

유혹하는 여인. — 정직하다는 것은 모든 광신자를 사로잡는 위대한 유혹자다. 악마의 형태나 아름다운 여성의 형태로 루터에게 접근한 것처럼 보였던 것이나, 또 그가 저 조야한 방법으로 물리쳤던 것은 모두 한결같이 정직하다는 것이었다. 그런 정직은 좀 더 드문 경우에는 아마 진리이기도 했을 것이다.

494 이 제삼의 눈은 다른 두 개의 눈을 전제한다는 얘기다. 현실적인 두 눈을 반드시 필요로 한다는 얘기다. 다만 이 두 개의 눈만으로는 세계가 제대로 안 보인다는 것이 문제다. 이 두 개의 눈을 통해 세상을 바라볼 수 있는 제삼의 눈은 인식의 눈이다. 깨달음을 선사해 주는 눈이다. 그 눈은 연습과 훈련을 거듭해야 떠진다. 이런 눈을 갖기 위해서라면 금욕고행도 마다하지 말아야 한다.

495 생각하는 사람은 자신의 생각으로 미덕도 악덕도 모두 자유롭게 만들어 내고 버릴 수도 있어야 한다. 그래야 생각하는 자로서 생각의 주인이 되어 자기 생각에 임할 수 있기 때문이다. 생각을 하면서 어떤 절대적인 진리에만 연연한다면 그 생각은 그 진리의 노예가 되고 있을 뿐이다. 그런 생각으로는 절대로 주인이 될 수 없다. 니체는 자유로운 정신을 요구하며, 그 자유는 주인도덕에 의해서만 실현될 뿐이다.

512.

사실들에 대항하며 용감하게. — 자신의 본성상 사람들과 상대할 때는 사려 깊거나 두려움까지 느끼면서도 사실들에 대해서는 용기를 갖는 자는 새로운 사람들과 친밀해지는 것을 꺼리고, 또 이미 알고 있는 사람들과의 교제도 제한한다. 이것은 그의 익명성과 진리를 향한 그의 거침없는 태도를 성장시켜 주기 위함이다.

513.

제한과 아름다움. — 그대는 아름다운 교양을 지닌 사람을 찾고 있는가? 그렇다면 그대는 마치 아름다운 지역을 찾을 때처럼 제한된 전망과 제한된 관경에 만족해야만 할 것이다. 분명히 파노라마 같은 사람들도 존재하기 마련이다. 그들은 파노라마처럼 교훈적으로 가르쳐 주는 것도 많고, 또 경이롭기까지 할 것이다. 하지만 그들이 결코 아름답다고 말할 수는 없을 것이다.

514.

한층 더 강한 자들에게. — 그대, 한층 더 강하고 오만한 정신들이여 오로지 한 가지만 부탁하는 바이다. 우리 다른 종류의 정신들에 새로운 짐을 지게 하지 말고 우리의 짐들 중 약간을 그대들이 져 주기를 바라는 것이다. 왜냐하면 그대들이야말로 한층 더 강한 자들이니까! 그런데 그대들은 늘 정반대로 행하기를 좋아한다. 그대들은 높이 날아오르고 싶기 때문이다. 이 때문에 그대들의 짐마저 우리가 짊어져야 하는 일이 발생하고 만 것이다.

바로 이 짐들 때문에 우리는 이토록 힘들게 기어다니고 있는 것이다!

515.

아름다움의 증대. — 왜 아름다움은 문명과 함께 더불어 증대하는 것일까? 그 이유는 추함을 추구하게 만드는 다음의 세 가지 기회가 문명인에게 드물게, 시간이 흐를수록 더욱더 드물게 나타나기 때문이다. 그것들은 첫째, 감정의 가장 야성적이고 격렬한 폭발력이고, 둘째, 극단적일 정도의 육체적인 노동력이며, 셋째, 외모를 통해 공포감을 불러일으킬 필요성이다. 특히 이 필요성은 더 수준이 낮고 위험한 문화 단계에서는 너무나 크게 그리고 또 너무도 자주 당연하게 느껴지는 것이어서 행동방식과 생활의례까지 규정하고 거기서 더 나아가 추함을 의무로 만들어 놓기까지 한다.

516.

자신의 정령이 이웃 속으로 들어가게 하지 말라! — 우리 시대에도 여전히 호의와 친절은 좋은 인간을 구성하는 요소라는 생각이 남아 있다. 여기에 우리는 한 가지만 덧붙이고자 한다. '그가 무엇보다도 자기 마음과는 반대로 호의적이고 친절하게 생각한다!'고. 왜냐하면 이것이 없으면 — 즉 그가 자기 자신 앞에서 도망치고 자신을 증오하며 자신에게 해를 입히는, 이것이 전제되지 않는다면, 그는 분명히 좋은 인간이 아니기 때문이다. 그는 오로지 자기 자신한테서 도망치고 타인들 속으로 들어갈 때에만 자신을 구원한다. 그가 아무리 호의적으로 보이고 싶어도 그런 호의 때문에 바로 이 타인들이 해를 입히고 있지는 않은지 주의하는 게 좋다! 그러나 바로 이것, 즉 자기에게서 도망치고 자신을 증오하며 타인 속에서 타인을 위해 사는 것, 지금까지는 이것을 신뢰할 만한 것으로, '이타적인 것으로', 따라서 '좋은 것'으로 분별없이 말해 왔다!

517.

사랑하도록 유혹하기. — 자기 자신을 증오하는 자를 우리는 두려워한다. 왜냐하면 우리는 그의 분노와 복수의 희생자가 될 것이기 때문이다. 따라서 우리가 어떻게 하면 그로 하여금 자기 자신을 사랑하도록 유혹할 수 있는지 생각 좀 해 보자!

518.

체념. — 체념이란 무엇인가? 그것은 병자의 가장 편안한 상태다. 그는 그것을 찾기 위해 오랫동안 고통스럽게 떠돌아다녔고 그로 인해 지쳐 버렸다. 그리고 이제 그것을 또한 발견하고 만 것이다!

519.

기만하는 행위. — 한 행위자가 말했다. "그대들은 행위를 하려는 즉시 의심으로 향한 문을 닫아 놓아야만 할 것이다." 그러자 생각이 깊은 자가 대답했다. "그대는 이런 식으로 기만하는 자가 된다는 것이 두렵지 않은가?"

520.

영원한 죽음의 축제. — 무덤 앞에서 읊어지는 축사가 역사를 넘어서 계속 행해질 것이라고 우리는 믿는다. 말하자면 우리는 언제나 우리가 가장 사랑하는 것과 생각과 희망을 무덤 속에 묻어 왔고 지금도 묻고 있는 것이다. 그리고 우리는 그 대가로 긍지를 얻어 왔고 지금도 얻고 있다. 이런 긍지를 두고 글로리아 문디gloria mundi[496]라고, 즉 죽은 자의 시체를 위한 멋진 축사라고 말해도 된다. 이것으로 모든 것이 보상될 수 있다! 그리고 시체 앞에서 축사를 할 수 있는 자는 언제나 그렇듯이 공개적으로 선을 행하는 가장 위대한 자다!

521.

하나의 예외적인 허영심.[497] — 어떤 이는 스스로 위로할 수 있는 고귀한 성질을 하나 갖고 있다. 그 단 하나의 고귀한 성질이 자기 자신의 본성들 중 나머지를 압도해 버린다. 그런데 그 나머지야말로 자신이 지닌 다른 본성들 대부분에 해당한다![498] 그는 이 하나를 믿으며 나머지들을 경멸하듯이 바라보기도 한다. 그는 자신의 성전과 같은 고귀한 성질로 향할 경우, 자기 자신으로부터 자신을 회복시킬 수 있게 된다.[499] 그에게는 그곳으로 가는

496 "세상의 영광."

497 허영심도 허영심 나름이다. 허영심이 없는 사람은 없다. 허영심은 이성이 만들어 내는 대표적인 감정 상태이다. 이성 때문에 비교를 할 수밖에 없고, 비교를 할 수 있으니 더 나은 상태와 더 나쁜 상태를 구별할 수 있는 것이다. 능력도 안 되면서 능력 있는 척하는 것도 인간적이고, 있으면서도 없는 것처럼 행세하는 것도 인간적이다. 다만 문제가 되는 것은 타인을 속이기 위해 허영심을 동원하는 것이다. 타인에게 상처를 주기 위한 목적으로 이용된 허영심은 부정적이다. 그런 허영심은 지양되어야 한다. 니체가 지향하는 허영심은 자기 자신을 위한 허영심이다. 자기 자신을 위해 허영심을 갖는 것은 병들고 약해진 자기 자신을 위해 좋은 처방이 될 수도 있다. 절망과 좌절이라는 패배감에 휩싸여 있을 때는 허영심을 명약으로 취급할 줄도 알아야 한다. 자기 자신을 위해 선물을 제공할 줄 모르는 자는 초인이라 불릴 자격이 없다.

498 단 하나가 다른 모든 것을 이긴다는 얘기다.

499 허영심이 성전이다. 예외가 되는 허영심은 성스럽기까지 하다는 것이다. 허영심, 그 감정이 사람을 신

길이 그저 넓고 부드러운 계단을 올라가는 것처럼 편안하게 생각될 뿐이다. 그런데도 불구하고 그대들 잔인한 사람들은 바로 이 때문에 그를 허영심이 많다고 말하고 있는 것이다!

522.

지혜는 귀가 없다. — 우리에 대해 하는 말들을 매일같이 들어 준다는 것, 혹은 심지어 우리에 대해 생각하는 것들을 매일같이 찾아내고야 마는 것, 이런 행동은 가장 강한 사람까지도 끝내 파멸시키고 말 것이다.[500] 매일같이 우리에 대해 판결을 내리기 위해 우리를 살려 두는 그런 자들도 있다! 만약 우리가 그들에 대해 판결을 내리거나 혹은 판결을 내리고자 한다면 그들은 우리를 도저히 견뎌 내지 못할 것이다! 요약하면 이렇다. 모든 사람과 친하게 지내라는 말을 희생제물로 삼자. 그리고 우리에 대한 이야기라면, 그것이 칭찬이 되었든 비난이 되었든 혹은 기대나 희망을 들려주는 말이 되었든 상관하지 말고 귀를 기울이지 말자. 그리고 단 한 번이라도 그런 것에 대해 생각하지 않도록 하자!

적인 존재로, 또는 하나의 신으로 승화시키기도 한다는 것이다.

500 성경에도 이런 말이 있다. "사람들이 하는 모든 말에 네 마음을 두지 말라"(전도서 7:21). 그렇다. 모든 말을 다 들어 줄 필요는 없다. 들어 줄 귀가 있다고 해서 세상 사람들이 하는 모든 말을 들어야 할 의무는 없는 것이다. 다른 나름대로 의견을 가질 수 있고, 또 의견은 자유라는 미덕을 따라야 마땅하다. 다만 골라서 듣는 기술이 요구될 뿐이다. 남의 말을 다 듣고 또 그것을 마음에 두는 것은 미련한 짓이다. 그런 마음이 사람을 괴롭히는 것이다. 마음이 자기 자신을 괴롭히기 시작하면 한도 끝도 없다. 그런 마음이 자기 자신을 궁지로 몰고 간다.

523.

이면에 대해 묻기. ― 누군가가 자신을 아무리 다 내보이더라고 사람들은 이렇게 물을 수 있다. 무엇을 감추려 하는 것인가? 무엇으로부터 시선을 돌리게 하고 싶은 것인가? 어떤 편견을 자극하려고 하는 것인가? 그리고 더 나아가 이러한 위장의 정교함은 어디까지 미치고 있는 것인가? 그러니까 이런 질문을 받게 될 경우 그는 어떤 점에서 실패를 한 것일까?[501]

524.

고독한 사람들이 느끼는 질투심. ― 사교적인 사람들과 고독한 사람들 사이에는, 양자에게 모두 정신을 갖고 있다고 전제한다면 다음과 같은 차이가 있다! 전자는 어떤 사물이든지 간에 그것에 대해 다른 사람에게 전달할 수 있는 적절한 표현을 자신의 정신 속에서 발견하는 순간부터, 그 사물에 대해 만족하거나 혹은 거의 만족하는 상태에 이르게 된다. 이 만족하는 상태에서 그들은 악마와도 화해할 수 있게 된다! 그러나 고독한 사람들은 어떤 하나의 사물에 대해 무언의 환희와 함께 무언의 고통도 함께 느낀다. 그들은 자신들의 가장 내적인 문제들을 풍부한 정신으로 찬란하게 내보이며 전시하는 것을 혐오한다. 이것은 그들이 애인이 까다롭게 선택한 의상

501 다 보여 주지 말라는 것이다. 사람은 진짜 의도를 알고자 하는 본성을 지니고 있다. 사람은 사람을 잘 믿으려 하지 않는다는 특성을 갖고 있다. 이성적 존재는 말을 할 때 진실보다는 거짓을 말할 때가 더 많다. 아름답게 포장하려 하고, 상대방의 마음에 들려고 하는 마음에서 우러나오는 의도된 말들이 더 많기 때문이다. 그래서 더 이상 보여 줄 것이 없는 사람은 의심을 받기 마련이다. 그런 실수를 저지르지 말라는 것이다. 늘 새로운 질문에 대응할 수 있는 준비를 갖추고 살아야 한다. 이런 성경 구절을 좌우명으로 삼으면 어떨까. "대답할 것을 항상 준비"(베드로전서 3:15)하고 살라고.

을 혐오하는 것과 같다. 이때 그들은 우울한 시선으로 그 의상을 바라보게 된다. 혹시 그녀가 그런 의상을 통해 다른 사람들의 마음에 들고 싶어 하는 것이 아닌가 하는 의심을 품고 있기 때문이다! 이것은 모든 고독한 사상가와 열정적으로 꿈을 꾸는 자가 그런 정신에 대해 갖게 되는 질투심이다.

525.

칭찬의 영향. — 큰 칭찬을 받게 되면 어떤 사람들은 수치심을 느끼고, 어떤 사람들은 무례해진다.

526.

상징이기를 원하지 않는다. — 나는 군주들을 바라보면 마음이 아프다. 그들에게는 잠시라도 사교 생활에서 빠져나오는 것이 허락되지 않는다. 게다가 그들은 오로지 불편한 상황과 속임수를 통해서만 사람들을 접하게 된다. 늘 무엇인가를 의미해야 한다는 끊임없는 강제 때문에 그들은 결국 장엄한 그 무엇이 되지만, 그 내용은 텅 빈 무의 상태와 같다. 이것이 어떤 상징으로 존재하는 것에서 자신의 의무를 찾으려 하는 모든 사람에게서 일어나는 일이다.

527.

숨어 있으려는 자들. — 황홀한 마음마저 단단히 붙잡아 통제하고 또 절도라는 순결을 잃는 것보다는 차라리 침묵을 택하고야 마는 그런 사람들을 그대들은 아직도 본 적이 없는가? 그리고 또 그대들은 인정받으려 하지 않고, 모래에 찍힌 자신의 발자국들을 거듭해서 지우며, 다른 사람들뿐만 아니라 자기 자신 앞에서도 숨어 있으려 하는 그런 기만하는 사람들을, 저 불편하지만 흔히 너무나 좋은 본성을 지닌 그런 사람들을 아직도 본 적이 없는가?

528.

흔하지 않은 절제력. — 어떤 한 사람을 판단하려 하지 않고, 그 사람에 대한 생각을 삼가는 것은 종종 결코 사소하지 않은 인간성의 표시가 된다.

529.

사람들과 민족은 무엇을 통해 빛나게 되는가? — 어떤 행위를 하기 전에 그것들이 오해받게 될 부분을 미리 간파하거나 의심함으로써 얼마나 많은 순수한 개인적인 행위들이 포기되고 있는지! 그리고 이러한 행위들은 선과 악에 있어서 진정으로 가치가 있는 것들이다. 따라서 어떤 시대나 어떤 민족이 개인들을 좀 더 높이 평가하면 할수록, 그리고 그 개인들의 권리와 우위를 더 많이 인정하면 할수록, 그만큼 더 많은 저런 종류의 행위들이 빛 가운데로 나오려 할 것이다. 그리하여 마침내 선과 악에서 정직성과 진정성의 빛이 모든 시대와 민족 위로 넓게 펼쳐지게 되며, 그 결과 그런 행위들은 예를 들어 그리스인처럼 그들이 몰락한 후에도 수천 년 동안 계속 남아 수많은 별들처럼 빛나게 되는 것이다.

530.

사상가의 방랑길. — 많은 사상가들에게 있어서 그들의 전체적인 사유의 진행은 엄격하고 무자비하며 대담할 뿐만 아니라 간혹 자기 자신에 대해 잔인해지기도 한다. 그러나 세부적인 측면에서 보면 그들은 그저 온화하고 유연하기만 하다. 그들은 하나의 사물 주변을 열 번이나 돌고 또 돌지만, 언제나 호의적으로 주저하는 마음을 잃지 않으며, 자신의 엄격한 길을 끝까지 계속해서 걸어갈 뿐이다.[502] 그것은 많은 굴곡진 길이며 멀리 떨어진 곳에 휴식처를 가진 강과 같다. 이 강은 흘러가는 도중에 자기 자신과 숨바꼭질 놀이도 한다. 때로는 섬들 나무들 동굴들 또는 폭포들과 함께 어울리며 잠시 목가적인 풍경을 연출해 내기도 한다. 그 강은 다시 거대한 바위를 넘어서기도 하고 가장 단단한 암석도 뚫어 가면서 계속해서 흐르고 또 흘러갈 뿐이다.

531.

예술을 다르게 느끼다. — 우리의 삶은 은둔적인 것 같지만 결국에는 사교적이고, 소비하며 사는 것 같으면서도 결국에는 소비되고 있다.[503] 우리

502 끝까지 걸어간다는 것이 관건이다. 중간에서 대충 끝이라고 선언하는 것은 자기 핑계 아니면 자기 연민에 불과하다. 때로는 자기변명일 수도 있다. 니체는 도중에 포기하는 삶을 혐오한다. 그는 어떤 삶이 되었든 간에 끝까지 참고 견뎌 내며 걸어가 주기를 바랄 뿐이다. 삶은 끝까지 견뎌 냈을 때 진정한 인식을 선물로 선사해 준다. 생각하는 존재에게 그 인식의 선물은 영원한 매력과도 같다. 깨닫고 싶은 것은 생각하는 존재의 본성이라고 말해도 무방하다.

503 현대는 자본주의 시대다. 현대는 자본을 중심에 두고 살아가고 있는 시대를 지칭하는 말이다. 자본주의는 늘 이득과 성과에 주목한다. 돈을 벌어야 한다! 이 생각을 빼고 나면 남는 것이 아무것도 없다. 우리 모두가 현대인이라서 그 밖의 다른 생각을 갖지 못한다. 현대인에게 돈이 빠진 이야기는 허구이고 낭만이며 비현실이고 유치할 뿐이다. 현대인에게 자본주의는 모든 발전 중의 최고 정점을 의미할

는 깊고도 생산적인 사상을 갖게 되었고, 또 그런 생산적인 사상으로만 살아야 하는 시대가 된 뒤부터, 사람들은 이제 더 이상 예술로부터 아무것도 바라지도 않거나 이전과는 전혀 다른 것을 원하게 되었다. 즉 사람들의 취향이 바뀐 것이다. 이전의 사람들은 예술의 문을 통해 한순간만이라도 지속적으로 살아갈 수 있는 삶의 현장 속으로 침잠해 들어가기를 원했었다. 그때 사람들은 무엇인가를 예술을 통해 소유하게 되는 그런 멋진 환희 속으로 빠져드는 꿈을 꾸었다. 그런데 우리는 지금 그들이 꿈꾸었던 거의 모든 것을 소유하고 있다. 그렇다, 이제는 우리가 지금 소유하고 있는 것을 잠시 동안만이라도 내던져 버리고, 자신을 가난하게 만들며, 스스로 어린아이나 거지 혹은 바보로 꿈꿔 보는 것이 경우에 따라서는 우리를 더욱 황홀하게 만들 수 있다.

532.

사랑은 닮아 가게 만든다. — 사랑에 빠진 자는 자신이 사랑을 바치는 상대에게서 낯선 감정을 완전히 없애려 한다. 따라서 사랑은 스스로를 위장하게 하고, 그런 과정 속에서 서로 비슷해지기 시작한다. 사랑은 지속적으로 기만하게 하고, 실제로는 전혀 존재하지 않는 비슷함을 연기하게 한다. 그런데 이런 행위는 너무나 본능적으로 일어나기 때문에, 사랑에 빠진 여인들은 자신들이 이렇게 위장한 채 지속적으로 극히 섬세하게 기만하고 있

뿐이다. 그것을 한계로 인식하는 자는 아직 존재한 적이 없다. 현대는 극복되지 않았기 때문이고, 모두가 아직 현대인이기 때문이다. 이런 한계에 갇혀 있는 시각으로 니체의 철학을 접하면 허튼소리밖에 들리지 않는다. 스스로 아무것도 이해하지 못해서 자신의 귀에 아무 소리도 들리지 않는 그런 착각에 빠져 있는 것이다. 하지만 현대를 한계로 인식하기 시작하면 황혼이 저물 때처럼, 혹은 먼동이 틀 때처럼 세상이 전혀 다른 빛 속에 있음을 알게 될 것이다.

다는 사실을 부인하게 된다. 동시에 그들은 대담하게도 사랑은 닮아 가게 만든다고 주장하게 된다. 즉 그 사랑이 기적을 행한다는 것이다! 만약 어떤 한 사람이 사랑을 받고 있으며 그래서 자신을 위장할 필요를 전혀 느끼지 않고, 이러한 위장을 오히려 사랑에 빠진 그 다른 사람에게 맡겨야 할 때는 이 모든 것이 간단할 뿐이다. 그러나 두 사람 모두 서로에 대한 열정으로 가득 차 있고, 또 양쪽 모두 자신을 버리려고 하고, 그럼으로써 그 다른 사람과 닮아 가려 하게 될 때, 더 나아가 그 사람하고만 닮아지려 할 경우, 상황은 더 복잡해지고 꿰뚫어 보기 어려운 연극이 되고 만다. 그러다가 결국에 가서는 두 사람 중 어느 누구도 더 이상 무엇을 모방해야 할지, 자신을 어떤 것으로 위장해야 할지, 어떻게 처신해야 할지 등을 전혀 알지 못하는 상황에 빠지게 된다. 그러나 아름답고 어리석은 이러한 연극 짓거리는 바로 이 세계에서는 너무나 훌륭하게 평가되고 있으며, 사람들의 눈에는 너무나 미묘한 것이 되고 말았다.

533.

우리는 초보자들이다! — 어떤 배우가 다른 배우의 연기를 바라볼 때 그는 모든 것을 헤아려 내고 꿰뚫어 보게 된다! 그는 어떤 근육이 어떤 행동에서 제대로 움직여 주지 않는지도 금방 알아차린다. 그는 세세하게 그리고 냉정하게, 거울 앞에서 치열하게 연습된 것이지만 전체적으로는 결코 어울린다고 말할 수 없는, 또 전체적으로는 작은 것에 불과하지만 그래도 부자연스러운 동작들까지 꼼꼼하게 구별해 낸다. 그는 배우가 무대에서의 자신의 창작에 대해 놀라고 있는지 혹은 그가 그 놀람 속에서 그 장면을 망치고 있는지 등을 곧바로 인지해 낸다. 똑같은 방식으로 화가는 또 자신 앞에서 움직이는 사람을 얼마나 다른 방식으로 바라보고 있는지! 그는 지금 눈앞에 펼쳐지고 있는 것을 완전하게 만들어 내기 위해 그리고 자기 생각 속에서 전체적으로 구상하기 위해 즉각적으로 많은 것을 동시에 덧붙여서 바라보게 된다. 그는 머릿속에서 같은 대상을 여러 가지 방향에서 빛을 비춰 보고 그때마다 어떻게 보이는지 시험해 보기도 한다. 그는 자신이 덧붙이는 이런 대조를 통해 나타날 수 있는 효과 전체를 세세하게 나누어 보기도 한다. 배우와 화가들이 가지고 있는 이러한 눈을 우리가 인간 영혼이라는 이 영역에서도 가질 수만 있다면 얼마나 좋을까!

534.

조금씩. — 병에 걸린 몸을 가능한 한 깊은 곳까지 파고 들어가 근본적으로 건강을 회복하고 싶다면, 우리는 약을 아주 조금씩 그리고 또 장기간에 걸쳐서 지속적으로 복용해야 한다! 위대한 일은 단번에 성취될 수 없기 때문이다! 그래서 우리는 우리가 길들어 있는 도덕의 상태를 사물들에 대한 새로운 가치 평가와 한꺼번에 성급하고 폭력적으로 바꾸지 않도록 주의하고자 한다. 그러면 절대로 안 된다. 우리는 우리가 길들어 있는 그 도덕의 상태 속에서도 오랫동안, 아주 오랫동안 살고자 한다.[504] 그 새로운 가

504 니체는 도덕의 변화를 꾀해야 한다는 입장이지만, 문제는 그 변화의 속도다. 변해야 한다! 이 말만 읽으면 굉장히 성급하고 과격한 인상을 준다. 하지만 니체는 그런 식으로 말을 하고 있지 않다. 예를 들어 '신은 죽었다!'고 말을 할 때, 혹은 그렇게 말을 해야 할 때는 그에 수반되는 수많은 과정이 전제되는 중이고 또 전제되어 있어야 한다. 한순간에 일어난 변화는 아직도 우연의 수준에 머물러 있을 뿐 필연으로 받아들일 수는 없기 때문이다. 그것은 운명일 부를 수도 없는 것이다. 변화는 있어야 한다. 시간과 공간은 끊임없이 변화 속에 있기 때문이다. 다만 변화가 영원하다는 것이 인식되어야 한다. 영원회귀의 이념을 깨달아야 한다. 폭포 속의 물방울이 무지개를 만들어 낸다. 짧은 순간 허공 속에서 머물다가 몰락하는 그 물방울은 그 짧은 순간이라는 시간 동안 영원회귀에 속해 있었다. 존재의 형태가 달라지면 다시 그 형태로 영원회귀에 임하게 되는 것이다. 나무의 생애도, 나뭇잎의 생애도 다 큰 범위에서, 또 작은 범위에서 인식이 가능하고 그에 따라 설명도 가능하다. 요즈음 새롭게 심기는 나무

치 평가가 우리의 내면에서 우세한 권력을 꿰차게 되고, 또 우리가 이제부터 길들어져야만 하는 그 적은 분량들이 우리 내면에서 새로운 본성으로 자리 잡을 때까지는 아마도 시간이 많이 걸릴 것이다. 그때가 매우 늦게 실현되더라도 우리는 그때까지 오랫동안 그 길들어져 있는 도덕의 상태 속에서 살아가고자 하는 것이다. 더 나아가 우리는 또한 다음과 같은 사실까지도 통찰하기 시작한다. 즉 가치 평가들을 크게 변화시키려는 최근의 실험이나, 그리고 정치적인 영역에서 나타나는 '대혁명' 같은 그러한 실험까지도 결국에는 격정적이면서도 피투성이를 만들어 내는 엉터리 치료 이상의 것이 절대 아니었다는 사실이다. 이러한 엉터리 치료는 그저 갑작스러운 위기 상황을 통해 신앙심이 두터운 유럽에 갑작스러운 건강회복을 가져다줄 줄만 알았지, 유럽을 근본적으로 바꿔 놓지는 못했다. 게다가 이 갑작스러운 건강회복으로 인해 모든 정치적 병자가 안정을 찾기는커녕 바로 지금 이 순간까지도 초조하고 위태롭게 된 것이다.

535.

진리는 힘을 필요로 한다. — 진리 그 자체는 절대로 힘이 아니다. 아무리 진리에 아첨하는 계몽주의자가 그 반대로 말하는 데 익숙해 있을지라도! 진리는 오히려 힘을 자기편으로 끌어들이거나 힘의 편이 되어야 한다. 그렇지 않으면 그것은 언제나 다시 몰락하게 될 것이다! 이것은 이제 충분

를 보면 생각이 많아진다. 이 나무는 분명 나보다는 더 오래 살아갈 것이기 때문이다. 누가 뽑거나 베지 않는다면, 심각한 병에 걸리지 않는다면 이 나무의 수명은 남은 나의 시간보다 더 길 것이 틀림없기 때문이다. 그래서 시냇가에 어느 특정 나무는 형제나 자식처럼 간주하고 수많은 이야기들을 들려주고자 하기도 한다. 그리고 머지않은 그 어느 날을 위해서, 또 그때 기억을 공유하기 위해서 새로운 추억거리도 꾸준히 만들어 놓고자 한다. 이 모든 것은 변화를 알고 있기에 취하는 행동들이다.

히, 아니 지나칠 정도로 충분히 증명되었다!

536.

엄지를 조이는 고문. — 사람들이 자기가 좋아하는 약간의 개인적인 미덕을 우연히 그것들을 소유하고 있지 않은 타인들에게 잔인한 방식으로 강요하거나, 그들을 들볶거나 괴롭히는 것을 계속해서 보게 되면 누구나 할 것 없이 결국에는 화를 내지 않을 수 없게 될 것이다. 그래서 우리는 이런 일을 '성실에 대한 감각'을 가지고 인간적으로 진행시키고자 한다! 이 성실에 대한 감각이야말로 엄지손가락을 조이는 고문 도구와 같다는 사실은 아무리 말을 해도 부족함이 없을 것이다. 그것은 지금도 여전히 자신들의 신앙을 전 세계에 강요하려 하는, 위대한 척하지만 오로지 자기 자신만 아는 자들 모두를 극도로 괴롭힐 수 있는 도구인 것이다.[505] 우리는 그것을 우리 자신에게도 시험해 보았다!

505 자신의 의견을 타인에게 강요하는 행위는 나쁜 일이다. 앞서 449번 잠언에서도 니체는 이런 말로 탄식까지 했었다. "아! 타인에게 자신의 생각을 강요하는 것은 내게 얼마나 역겨운 일인지!" 자기가 옳다는 생각에서 벌어지는 잔인한 행동이기에 역겨운 것이다. 의견은 자유로워야 한다. 또 의견을 가진 자만이 의견을 바꿀 기회도 갖게 된다. 다음은 모두 『인간적인 너무나 인간적인』에서 인용한 문장들이다. 이를 통해 니체가 의견에 대해 어떤 생각을 갖고 있는지 확인해 보자. "의견의 자유는 건강과 마찬가지다." "나는 다양한 의견이 가능한 모든 것에 대하여 모든 사람이 다 자신의 의견을 가지고 있어야 한다고 믿는다." "넓은 자연. — 자연이 우리에 대하여 아무런 의견도 가지고 있지 않기 때문에, 우리는 그렇게 즐겁게 자유로운 자연 속에 있게 된다." 우리가 자연 속에서 휴식을 취할 수 있는 이유는 자연만큼은 의견으로부터 자유롭기 때문이다. 마치 속이 텅 빈 범종이 맑은 소리를 내는 것과 같다. 그런 소리가 삼라만상을 위로해 준다. 물론 가장 보편적인 그래서 가장 일반적이라 말할 수 있는 그런 의견이 없다고는 말할 수 없다. 생각하는 존재는 그런 이상적인 의견도 생각해 낼 수 있다. 자연처럼 '의견이 없다'는 생각으로 의견을 추궁해도 되고, 보편성으로 간주될 수 있는 이상적인 '의견이 있다'는 생각으로 의견을 추궁해도 된다. 길은 달라도 다 인간적인 소리를 찾을 수 있을 것이다. 신적인 너무나 신적인 생각은 소금에 절여 놓은 듯한 그런 소리가 바로 인간적인 너무나 인간적인 소리일 것이다.

537.

대가적 노련함. — 노련함의 경지는 사람들이 어떤 행동을 실행에 옮길 때 실수하지도 않고 망설이지도 않을 때 도달하게 된다.

538.

천재가 겪는 도덕적인 광기. — 어떤 종류의 위대한 정신들에서 우리는 보기가 민망하기까지 하고 부분적으로는 공포를 느끼게 하는 광경을 목격할 수도 있다. 그들의 가장 생산적인 순간들, 하늘 높이 날아올라 시선은 먼 곳으로 향하게 하는 그들의 비상은 그들의 전체적인 체질에 어울리지 않고 왠지 모르게 그들이 지닌 힘의 한계를 넘어선 것처럼 보일 때가 있다. 이런 위태로운 비상 뒤에는 언제나 어김없이 하나의 결함이, 또는 장기적으로는 기계 전체의 결함이 남게 된다. 여기서 문제시되는 것과 같은 결함, 이런 기계 전체에서 발생하는 그런 결함은 고도의 정신적인 사람들한테는 육체적인 병증에서보다 훨씬 규칙적으로 인식될 수 있다. 게다가 그 결함은 모든 종류의 도덕적이고 지적인 징후들에서도 발생하게 된다. 그들에게서는 일반 사람들은 도저히 이해할 수 없는 그런 종류의 불안, 허영심, 증오, 질투, 강박과 억압 등이 갑자기 밖으로 튀어나온다. 루소나 쇼펜하우어 같은 성격의 소유자들한테서 나타나는 저 지나치게 개인적이고 너무도 자유롭지 못한 증세는 필경 정기적으로 발생하는 심장 질환의 결과일 것이 틀림없다. 그러나 이런 종류의 심장 질환은 또한 그저 신경 질환의 결과일 뿐이고, 그래서 결국 신경 질환만이 남아 있을 뿐이다. 즉 결국 모든 것은 어떤 것의 결과일 수 있다는 얘기다. 하지만 우리는 다르다. 천재성이 우리 안에 살고 있는 한 우리의 심장은 역동적으로 뛸 것이다. 그렇다, 우리는 그 심장의 역동성과 함께 마치 미친 듯이 뛰어다닐 수도 있다. 그때 우리는 우리의 목숨 따위는 걱정도 하지는 않을 것이다. 그때 우리는 건강도 명예도 신경 쓰지 않을 것이다.[506] 우리는 낮에는 독수리보다 더 자유롭게 날아다니고, 어둠 속에서는 올빼미보다 더 안전하게 비상한다.[507] 그러나 갑자기 그 천재성이 우리에게서 떠나 버리게 된다면 깊은 공포가 우리를 덮치게 된다. 그때 우리는 우리 자신을 더 이상 이해하지 못하게 될 것이다. 그때 우리는 우리가 체험했던 모든 것 때문에 괴로워하고, 또 체험하지 못했던 모든 것 때문에 괴로워하게 될 것이다. 우리는 적나라하게 드러난 바위 밑에서 폭풍을 맞는 것처럼 느끼게 될 것이다. 동시에 덜컹대는 소리와 그림자를 두려워하는 불쌍한 아이의 영혼처럼 무방비 상태에 노출되는 그런 느낌을 받

506 천재는 남의 시선을 크게 의식하지 않는다. 아니 남의 시선을 갖고 놀 수도 있다. 때로는 남의 시선을 이끌고 간다. 천재의 행위는 필연적이고 운명적이다. 천재의 행위는 그렇게 행하지 않으면 안 되는 상황에서 실행되는 행위일 뿐이다. 천재의 행위는 전통적이거나 관습적이지 않다. 전통적이고 관습적인 행위는 명령과 복종의 이념을 잘 이해한 사람들의 것일 뿐이다. 천재는 스스로 명령권을 거머쥔 존재이며, 스스로 그 명령에 기꺼이 복종하고자 할 뿐이다. 천재가 자기 자신의 생각에서 한계를 느낄 때 직면하게 되는 좌절과 절망은 치명적이다. 그 좌절과 절망은 아무도 도와줄 수 없기 때문에 오는 것이다. 앞서 나간 선구자의 좌절과 절망은 아무도 상상도 예상도 할 수 없기 때문이다. 천재의 방황은 그래서 필연적이고 운명적이며 동시에 쓸쓸하고 고독하기만 하다. 그래도 그의 방황은 결코 의미 없는 것이 아니며, 그에 의해 밟히고 밟힌 것이 길이 되어 우리를 이끌게 될 것이기에 오히려 위대하다 할 것이다.

507 독수리와 올빼미는 철학적으로 유명한 비유가 될 것이다. 특히 독수리는 초인의 친구로 성장해 가는 동물이다. 차라투스트라는 독수리와 뱀을 친구 삼아 10년 동안 동굴 생활을 했었다. 그리고 그때 모은 인식의 꿀이 너무 많아서 이제 그것을 필요로 하는 사람들에게 나눠 주고자 하산하는 이야기가 『차라투스트라는 이렇게 말했다』의 첫 장면을 장식한다. 올빼미는 낭만주의 시대에 각광을 받은 동물이다. 독일이 프랑스의 라인동맹(1806)에 의해 통치를 받게 되었을 때, 즉 우리의 역사에 비유한다면 일제강점기 때, 독일의 지식인들은 현실을 암울하게 인식했던 것이다. 이런 암울한 시대에 헤겔의 변증법은 환영받았다. 역사는 정반합의 원리에 따라 반드시 전진하고야 말 것이라는 주장은 희망의 메시지로 들렸던 것이다. 그리고 훗날 헤겔은 이때의 경험들을 철학으로 승화시켜 자신의 『법철학』(1821) 서문에 이런 명언을 남겨 놓게 된다. "미네르바의 올빼미는 다가오는 어둠과 함께 비상을 시작한다." 진정한 지혜는 시대가 암울할 때 비상을 시작한다는 희망의 목소리였던 것이다. 그것은 역사에 의해 증명된 것처럼 받아들여졌다.

게 될 것이다. 이 세상에서 행해지는 악한 행동의 4분의 3은 공포감에서 일어난다.[508] 그리고 이 공포감은 무엇보다도 하나의 생리적인 과정에서 발생하는 하나의 현상에 지나지 않는다!

539.

그대들은 또한 그대들이 무엇을 원하고 있는지도 알고 있는가? — 그대들은 진실이라고 말할 수 있는 바로 그것을 인식할 능력이 없을지도 모른다는 그런 불안 때문에 괴로워해 본 적이 없는가? 그대들의 감각이 너무나 무디고, 시신경의 정교한 감각조차 너무나 조잡하다는 그런 불안 때문에? 그대들이 본다는 행위 배후에 어떤 종류의 의지가 작용하고 있는지 언젠가 한번 깨닫게 된다면 어떤 일이 벌어지게 될까? 예를 들어 그대들이 어제는 타인보다 더 많은 것을 보려 했지만, 오늘은 타인과 전혀 다르게 보기를 얼마나 원하고 있는지, 또는 인습적, 관습적인 것에 동의하거나 반대하는 것을 발견하려고 그대들이 본래 얼마나 갈망했는지 깨닫게 된다면 어떤 일이 벌어지게 될까 이 말이다! 오, 부끄럽기만 한 이 욕망들이여! 그대들은 얼마나 자주 강력한 흥분제를, 또 얼마나 자주 진정제를 찾아다녔던가! 그대들이 이런 것을 찾은 이유는 바로 지쳐 있었기 때문이다! 진리는 어떻게 형성되어 있어야만 한다고, 즉 그대들이 진리를 받아들일 수 있는 성질을 갖

508 공포를 느끼는 자들이 악한 행동을 한다. 두려움을 느끼는 자들이 그 두려움의 대상을 제거하려 한다. 무서움을 느끼는 자들은 늘 그 무서운 대상을 주시할 뿐이다. 이들은 모두 그 대상에 대한 원한감정을 결코 포기할 수가 없다. 늘 복수하려는 마음으로 일상에 임한다. 늘 기회만 엿보며 다른 생각은 절대로 하지 못한다. 그런 제한된 시각과 생각이 사람을 궁지로 몰아넣게 되고, 그런 상황 속에서 사람은 무리한 결심을 하게 된다. 모든 악한 행동은 이런 상황에서 밖으로 드러나게 된다. 약한 사람이 악해질 수 있는 기회가 더 많다. 그래서 약한 사람이 기득권을 가지면 사회가 엉망진창이 될 수 있다. 자격이 없는 사람이 권좌에 오르면 상황이 꼬이고 만다.

고 있지 않으면 안 된다고 한결같이 은밀하게 미리 규정해 버리고 있었기 때문이다! 그것이 아니라면 그대들은 당장 겨울의 밝은 아침처럼 얼어붙고 메말라 있는가? 또 그대들 마음에 걸리는 것이 아무것도 없는가? 그대들은 더 좋은 눈을 가지고 있는가? 그대들은 생각하는 일에서 정의로운 것들을 창조해 내기 위해 따뜻한 소리와 열광적인 소리를 듣고 있지 않은가?[509] 그리고 바로 이것이 본다고 하는 것이다! 그대들은 사람들과 교제할 때 전혀 다른 방식으로 생각하는 일에 임할 수 있는 것처럼 떠벌리고 있다! 그러나 사람들과 관계하는 이러한 교제에서도 그대들은 늘 동일한 도덕, 동일한 존경, 동일한 저의, 동일한 이완, 동일한 두려움을 품고 있을 뿐이다. 그대들의 이 사랑을 독차지하고 있고, 또 그래서 혐오스럽기까지 한 '나'가, 그런 자아 전체가 거기에 있는 것이다! 그대들의 육체가 피로를 느끼면 사물이 흐릿한 색깔로 보이고, 그대들이 독감으로 인해 열병을 앓고 있으면 사물이 괴물로 보이기도 한다! 그대들의 아침은 저녁과는 전혀 다르게 빛나지 않는가? 그대들은 모든 인식의 동굴에서, 그대들 자신의 허구를 유령처럼 다시 발견하게 되는 것을 두려워하지 않는가? 이것이야말로 하나의 끔찍한 희극이 아닌가? 그대들은 이 희극 속에서 깊이 생각해 보지도 않고 하나의 역할을 수행하려고 애를 쓰고 있는 것은 아닌가?

509 귀가 있다고 다 들리는 것이 아니다. 들어도 그게 무슨 소린지 알아듣지 못하는 소리가 더 많다. 그냥 흘려듣는 행위가 이런 것이다. 우리의 귀에 걸려들지 못하고 사라지는 소리가 얼마나 많을까? 같은 방식으로 눈이 있다고 다 볼 수 있는 것도 아니다. 눈에 보이지 않고 사라져만 가는 사물들이 또한 얼마나 많을까? 천재가 그려 놓은 그림 속에서 우리 범인(凡人)들은 가끔씩 시대를 만들어 낸 시선을 확인하기도 한다. 그런 확인조차 천재의 내면을 읽어 낼 수 있을 때에나 가능한 일이다. 대부분의 사람은 그 그림이 왜 시대를 대변하는 그림인지 인식조차 하지 못한다.

540.

배운다는 것. — 미켈란젤로는 라파엘로에게서 연구하는 자세를 보았고, 자신에게서는 자연적인 본성을 보았다고 한다. 그리고 또 라파엘로에게서는 배우는 자세를, 자신에게서는 천부적인 재능을 보았다고 한다. 그러나 이것은 옹졸한 견해다. 위대하지만 옹졸한 자 미켈란젤로에게 전적으로 경의를 표하지만 이렇게 말할 수밖에 없다. 도대체 천부적인 재능이란 것이 우리의 선조 혹은 훨씬 더 이전의 단계들에서 언급했던 배움, 경험, 연습, 동화, 섭취의 더욱 오래된 부분을 가리키는 하나의 이름 외에 무엇이란 말인가! 그리고 또한 배우는 자는 스스로 자기 자신에게 재능을 부여하는 자이다.[510] 다만 배운다는 것은 그렇게 쉬운 것이 아니며 또 선한 의지의 문제만도 아니다.[511] 사람은 배울 수 있어야 한다. 흔히 예술가의 경우에는 질투심이 자주 배움을 방해한다. 혹은 낯선 것을 느낄 때 곧장 자신의 가시를 세우면서 자신도 모르게 배우려는 자세 대신에 방어하는 자세를 취하게 하는

510 니체는 다양한 곳에서 배움에 대한 이념을 펼쳐 나간다. 그는 수많은 것을 배우라고 가르친다. 현상세계는 다양성으로 충만하니 무엇을 따로 배워야 한다는 식의 논리는 어울리지 않는다. 그냥 상황에 따라 적당하게 대응하고 행동할 수 있도록 늘 배우며 살아야 한다는 것이다. 몸을 다루는 것만 배워야 하는 것이 아니라, 생각하는 것도 배워야 한다. 때로는 낭만주의적으로 생각에 임해야 할 때도 있고, 또 때로는 사실주의적으로 살아야 할 때도 있는 법이다. 때로는 이상주의적으로, 또 때로는 현실주의적으로, 때로는 관념론적으로 때로는 생철학적으로, 때로는 염세주의적으로 때로는 허무주의적으로 생각할 수 있어야 한다. 플라톤의 이데아 이론도 매력적이다. 아리스토텔레스의 수사학도 그만큼 매력적이다. 어느 누구의 생각이 옳고 어느 누구의 생각이 틀리다는 식으로 공부에 임하면 안 된다. 사람을 사귈 때처럼 그저 마음의 문을 활짝 열어 놓을 수만 있다면 어떤 철학이든 자기 안으로 들어와 멋진 날개를 펼치게 될 것이다. 어떤 철학을 받아들이든 그것은 힘으로 작동할 수 있을 것이다. 그런 단계에 오를 때까지 배움에 매진해야 한다. 하루도 빠짐없이 늘 정진하는 자세로 살아야 한다. 극복의 이념은 멈춤이 없는 것이다. "사랑에는 멈춤이 없다"(『인간적인 너무나 인간적인』 제1권, 328쪽). 삶은 흐름 속에서 즉 변화 속에서 의미가 주어질 뿐이다. 삶은 살아 있을 때에만 삶이라 불릴 수 있는 것이다.

511 원한다고 배워지는 것도 아니라는 얘기다.

자존심이 그러한 배움을 방해하기도 한다. 라파엘로는 괴테와 마찬가지로 그런 질투심도, 그런 자존심도 없었다. 이 때문에 이들 둘은 위대한 배우는 자들이 될 수 있었던 것이다. 이들은 선조들의 역사를 체로 걸러내는 저 광맥의 단순한 착취자들이 아니었다. 배우는 자로서 라파엘로는 그의 위대한 경쟁자가 자신의 '자연적인 본성'이라고 지칭했던 것과 비교하는 한 우리의 눈앞에서 사라지고 말 것이다. 라파엘로는 매일 그 자연적 본성으로부터 한 조각씩 취했다. 이런 점에서 그는 가장 고귀한 도둑이라 할 수 있을 것이다. 그러나 아쉽게도 그는 미켈란젤로 전체를 자기 자신 안으로 운반해 옮겨 놓기 전에 죽고 말았다. 그리고 새로운 배움에 대한 계획을 품고 있고 그래서 새로운 시작이라고 말할 수 있는 그의 마지막 일련의 작품들은 비교적 덜 완전하며 또 덜 훌륭하다. 왜냐하면 이 위대한 배우는 자는 자신의 가장 어려운 과제를 수행하는 동안 죽음으로 인해 방해를 받았으며, 그리고 그가 진정으로 바라보았고 지향했던 궁극적 목표를 자신과 함께 저세상으로 갖고 가 버렸기 때문이다.

541.

어떻게 돌이 되어야 하는지. — 천천히, 천천히 보석처럼 단단해진다. 그리고 마지막에는 조용히 그리고 영원의 기쁨을 즐기며 머무른다.

542.

철학자와 노년. — 저녁이 되어서 낮에 대해 판단하는 것은 영리한 일이 못 된다. 왜냐하면 그때가 되면 자주 피곤함이란 것이 힘과 성공과 선한 의지에 대한 판관으로 군림하기 때문이다. 이와 마찬가지로 노년에 이르러 노년 자체를 바라보고 그 삶을 판단하는 일에는 최고의 신중함이 요구된다. 특히 노년은 저녁과 마찬가지로 새롭고 매력적인 도덕으로 변장하기를 좋아하고, 또 저녁놀, 황혼, 평화롭고 동경으로 가득 찬 고요함에 밀려 지나간 낮에 대해 수치심을 느끼게 할 수 있기 때문이다. 노인에게 갖게 되는 존경심으로 인해 우리는 자신의 정신이 늙어 버렸다는 사실을 제대로 보지 못할 때가 많다. 그가 늙은 사상가나 현자일 경우에 특히 그런 일이 자주 발생한다. 따라서 이러한 늙음이나 피곤의 징후를 숨겨진 상태에서 밖으로 드러내는 일, 즉 도덕적인 찬성 의견과 선입견의 배후에 존재하는 생리적 현상을 밖으로 나타날 수 있도록 드러내는 일은, 노인에 대한 존경심으로 인해 바보가 되지 않기 위해, 그리고 인식에 대해 해를 끼치는 자가 되지 않기 위해 항상 필수적인 일이 된다. 말하자면 노인이 하나의 위대한 도덕적 혁신과 재생이라는 광기에 빠지고, 이러한 감정 상태로부터 이제야 비로소 자신이 모든 것을 밝게 바라보는 통찰력을 갖게 된 것처럼 착각하여 자신의 삶이 일궈 낸 모든 업적과 그 과정에 대해 섣부른 판단을 내리는 일은 드물지 않게 발생한다. 하지만 이러한 유쾌한 감정과 확신에 찬 판단의 배후에는 대부분 거품을 만들어 내는 자, 즉 지혜가 아니라 피곤이란 것이 고집스럽게 버티고 서 있다. 이 피곤의 가장 위험한 특징은 아마 천재에 대한 신앙일 것이다. 이런 천재 신앙, 즉 예외적인 지위와 예외적인 권리에 대한 신앙은 삶의 한계에 이르러 정신의 일에서 위대함을 보여 주었던 사람들과 절반쯤 위대한 사람들을 엄습해 오는 경향이 있다. 이런 신앙을 은밀하게 추구해 온 사상가는 이제 자기 자신과 관련한 일들을 보다 경솔하게 취급하고, 아무것도 증명하지 않은 채 자기 자신을 천재로 선포하기도 한다. 마치 그런 일이 그에게 허용된다고 여기고 있는 것이다. 어쩌면 고통으로부터 완화를 추구하는 피곤을 느끼는 정신, 또 그런 정신을 느끼는 충동이야말로 아마도 이러한 천재 신앙을 가능하게 하는 가장 강력한 원천이 될 것이다. 이러한 충동은 시간의 흐름상으로 볼 때 늘 천재 신앙에 선행하기 마련이다. 물론 겉으로 보기에는 전혀 다른 것처럼 보일 수도 있지만 말이다. 그래서 이런 노년에 이른 사람들은 피곤하고 노쇠한 모든 사람의 향락욕에 굴복하면서, 자기 생각의 결과들을 다시 검토하고 전파하는 대신, 그저 그것들을 향유하는 것에서 만족할 뿐이다. 그리고 이를 위해 그 생각의 결과들을 자신의 입맛에 맞게 그리고 즐길 수 있게 만들어 놓는 것이 필요하고, 동시에 그것에서 무미건조함과 차가움과 김빠진 현상을 없애는 것이 요구될 뿐이다. 이렇게 해서 늙은 사상가는 겉으로 보기에는 자기 생애의 업적을 훌쩍 뛰어넘는 것처럼 보이지만 실제로는 그것을 혼란스럽기만 한 열광, 단맛, 쓴맛, 시적인 몽롱함과 신비로운 빛으로 뒤섞여 엉망진창이 된 존재가 되고 만다. 플라톤이 이런 지경에 이른 대표적인 사례라 할 수 있겠다. 엄밀한 학문들을 포용하고 제어하는 자로서 금세기의 독일인과 영국인 중 어느 누구도 그에게 필적할 수 없었던, 그래서 스스로 권리를 주장할 만한 자격을 갖춘 위대한 프랑스인, 오귀스트 콩트의 경우에도 결국 그런 지경에 빠지고 말았다. 이제 피로의 세 번째 징후에 대해서 이야기해 보겠다. 젊은 시절 위대한 사상가의 가슴속에서 용솟음치고 있었던 저 명예욕도 이제는 노쇠해지고 말았다. 과거에 이 명예욕은 아무것도 아닌 것 속에서도 만족을 느낄 줄 알았다. 하지만 그는 이제 더 이상 지체할 시간이 없는 사람처럼 서두르며 더 조잡하고 더 광범위한 만족의 수단들을 향해, 즉 활동적이고 주인처럼 행세하며 폭력적이고, 자기가 원하는 것은 무엇이든간에 정복하려는 본성들을 향해 손을 뻗는다. 지금부터 그는 자신의 이름으로 제도화된 기관을 세우려 한다. 그 외에는 더 이상 생각의 건축물을 세우려 하지 않는다. 이제 증명과 반박의 세계에서는 어떤 정기 넘치는 승리와 명예도 더 이상 아무런 의미를 갖지 못한다! 그에게는 이제 책 속에서 영원한 존재가 된 것도, 또 독자의 영혼을 전율시키는 환희조차도 아무런 의미를 갖지 못한다! 그는 스스로가 이런 것들에 대항하는 하나의 신전 자체가 되어 버린 것이다. 그의 이름으로 세워진 기관이 신전이 된 것이다. 물론 그는 이러한 사실을 누구보다도 잘 알고 있다. 그리고 돌로 튼튼하게 만들어진 이 신전이 부드럽고 희귀한 영혼의 희생제물이 가진 영향력보다 그가 섬기는 신의 목숨을 보다 더 안전하게 유지시켜 준다는 사실도 잘 알고 있다. 어쩌면 그는 이 노년의 시기가 되어서 비로소 처음으로 사람보다는 신에게 더 어울리는 저런 사랑을 발견하게 될지도 모르겠다. 그리고 그의 영혼은 이러한 신이라 불리는 태양 빛 속에서 마치 가을의 무르익은 과일처럼 부드러워지고 단맛을 갖게 되기도 할 것이다. 아니, 그는 더욱더 신적으로 변하고 더욱더 아름다워진다. 그럼에도 불구하고 이 위대한 노인이 이와 같이 성숙해지고 조용해져서도 여성의 찬란한 우상 숭배 속에서 안식하게 되는 것을 자신에게 허락하는 이유는 노년과 피곤 때문이다. 이제 이 노년에 이르러 자신이 이전에 가졌던, 자신의 자아를 넘어서려 했던 반항적인 열망, 진정한 제자들, 자신의 생각을 발전시켰던 자들, 진정한 적대자들에 대한 열망은 사라지고 말았다. 저 열망은 결코 약해지지 않는 힘으로부터 나왔다. 저 열망은 언제든지 자기 자신이 자신의 학설의 적대자이자 불구대천의 원수가 될 수 있다는 그런 의식적인 자긍심으로부터 발생했었다. 이제 그는 자신의 정당을 위한 결의에 찬 당원을 원한다.[512] 이제 그는 흔

512 니체가 말하는 정당은 아직까지 실현되지 못하고 있는 듯하다. 이 정당에 대한 이념은 『이 사람을 보라』에서도 언급이 된다. "이것은 어떤 상황에서든 나를 특징짓는 그런 중립성, 즉 삶의 모든 문제와 관련해서 어느 쪽도 편들 수 있는 그런 정동의 자유를 설명해 주고 있다." "그런 상황이 벌어질 수만 있다면 삶은 새로운 방식으로 펀드는 인생 정당이 대지 위를 다시 삶으로 충만하게 해 줄 수 있을 것이다." '인생 정당'은 독일어로 '파르타이 데스 레벤스(Partei des Lebens)'라고 한다. 말 그대로 '삶을 위한 정당'이다. 생철학의 이념을 중심으로 정치를 펼치는 그런 정당이라고 보면 된다. 니체가 지향하는 정당은 그러니까 어떤 추상적 이념을 중심으로 모인 자들의 모임이 아니다. 그는 생철학의 이념을 근간으로 하여 세워진 정당을 원한다. 삶과 사람을 중심으로 정치를 하는 그런 정치가를 원하는 것이다.

들리지 않는 단호한 동지, 지원군, 전령, 멋진 추종자를 원하는 것이다. 이제 그는 앞으로 날아가 앞에서 이끄는 모든 정신이 살고 있는 저 무서운 고립을 더 이상 견디지 못한다. 이제 그는 존경심, 공동체, 감동, 사랑의 대상으로 둘러싸이게 된다.[513] 그는 결국 모든 종교인처럼 즐기려 할 것이며 자신이 높이 평가하는 것을 공동체 내에서 함께 축하하려 하게 될 것이다. 그렇다. 그는 이에 덧붙여 하나의 종교를 고안해 내고자 할 것이다.[514] 이것은 오로지 그 공동체를 위해서 갖고자 하는 것일 뿐이다. 이제 저 현명한 노인은 그렇게 살아가면서, 슬픈 일이지만 자신도 모르게 승려나 시인의 탈선에 가까운 삶 속으로 동참하게 된다. 이런 경우에 처하게 되면 사람들은 자신의 현명하고 엄격했던 청년 시절, 당시의 두뇌가 지향했던 엄격한 도덕성, 영감과 열광에 대해 가졌던 진정으로 남성적인 수치심 등을 거의 기억할 수 없게 된다. 이전에 그가 보다 나이 든 다른 사상가들과 자신을 비교했던 것은 이제 자신의 약점을 그들의 힘과 진지하게 견주어 보고, 또 자기 자신에 대해 보다 냉정해지고, 보다 자유로워지기 위해서 이루어진 것이었다. 이제 그는 자기 자신의 광기에 도취하기 위해 그렇게 비교할 뿐이다.[515] 이전에 그는 다가올 미래의 사상가들을 신뢰할 수 있다고 생각했다. 그렇다. 그는 희열까지 느끼며 그들의 보다 충만한 빛 안에서 자신이 몰락하는 것을 바라보았던 것이다. 이제 그를 괴롭히는 것은 자신이 최후의 사상가로 존재할 수 없게 되었다는 사실이다. 이제 그는 그가 사람들에게 물려주게 될 유산과 함께 그들의 주체적인 생각까지도 강제로 제한하는 수단들에

513 새로운 한계가 형성되고 있는 시점이다. 허무주의의 도래가 바로 이런 현상일 것이다.

514 이번에는 정당을 넘어 종교까지 고안해 내고자 한다. 니체가 지향하는 종교는 사람이 신으로 승격될 수 있는 그런 종교로 보면 된다. 모든 종교는 결국 창시자가 있기 마련이다. 그것을 인정할 수 있다면 니체가 지향하는 종교도 얼마든지 수용 가능한 것이 아닐까 싶다.

515 즉 자기 자신이 원하는 광기다. 미치고 싶은 미침이다. 긍정적 의미의 광기다.

대해서까지 깊이 있게 생각하게 된다. 이제 그는 개인들의 정신들이 갖는 자긍심과 자유에 대한 갈망을 두려워하고 비방하게 된다. 이후의 사람들은 어느 누구도 자신의 지성을 완전히 자유롭게 전개하는 것을 허락하지 않으려 하며, 그 자신은 모든 생각의 파도가 부딪혀 부서지게 되는 단단한 바위가 되어 영구히 남아 있으려 한다.[516] 이것이 바로 그의 은밀한 바람일 것이다! 하지만 그것은 아마도 항상 은밀하게 머물러 있지는 않을 바람이다! 그러나 이러한 바람의 배후에는 아주 단호한 사실이 버티고 있다. 그것은 그 스스로가 자신의 가르침 앞에서 정지했다는 사실이며, 또 그 가르침 안에 자신의 한계를 알려 주는 경계석을, 즉 '너는 여기까지 그리고 더 이상은 안 된다'라는 글이 단호하게 새겨져 있는 그런 경계석을 세웠다는 사실이다.[517] 그는 자기 이름을 성자의 출석부에 스스로 이름을 올림으로써 자기 자신의 사망 증명서도 발급하게 될 것이다. 지금 이 순간부터 이제 그의 정신은 더 이상 발전을 허락하지 않는다. 그를 위해 주어진 시간은 이제 다 흘러가 버린 것이다. 자기 삶의 시곗바늘은 이제 멈춰 선 것이다. 만약 어느 위대한 사상가가 자기 자신으로부터 미래의 인류를 구속하는 제도를 하나 만들어

516 어쩌면 니체는 자기 자신의 철학까지도 이렇게 남겨 놓으려 했던 것이 아닐까. 수수께끼 풀이에 도전하듯이 그렇게 철학을 해 달라는 식으로. 늘 그는 말을 하면서 자기 자신을 숨겨 놓는 기막힌 전술을 사용했다. 늘 중요한 말을 해야 할 지점에 이르면 비유를 끌어들임으로써 그 내용을 밤하늘의 별처럼 허공 속에 떠 있게 했던 것이다. 따라오라고 그렇게 가르쳤으면서도 결국에는 스승을 버리고 떠나라는 말과 함께 제자를 사막 같은 현실 속에 던져 놓기 일쑤였던 것이다.

517 끝까지! 그 끝에서 우리 모두는 자기 자신을 알게 된다. 그 끝에 대한 신호는 그 누구도 알려 주지 않는다. 그 끝에 대한 신호는 오로지 자기 자신만이 알 수 있다. 자기가 자기 자신에게 이렇게 말하게 되는 것이다. "너는 여기까지 그리고 더 이상은 안 된다." 만약 누군가 타인이 이런 말을 하면 기분이 나쁠 것이다. 그런 말을 들을 힘이 있고 또 아직 일어서고 앞으로 나아갈 힘이 있다면 모욕으로 들리기까지 할 것이다. 오로지 자기 자신이 그런 말을 할 때까지 끝까지 걸어가는 것이 이 세상에 태어난 자의 책임이요 의무인 것이다. 그때가 되면 신이 했던 말이 의미를 갖게 된다. "그러나 끝까지 견디는 자는 구원을 얻으리라"(마태복음 24:13). 다만 그 구원자가 자기 자신이 된다는 것만 달라질 뿐이다. 자기 자신이 신으로 등극해 있다는 것이 달라져 있을 뿐이다.

내고 싶어 한다면, 그는 이미 자기 힘의 정점을 훌쩍 뛰어넘었으며, 그래서 그 스스로는 매우 피곤해하고 자신의 태양의 몰락에 매우 가까이 다가서 있다는 것을 확신해도 좋다.[518]

543.

정열을 진리의 논거로 삼지 말라! — 오, 그대들 선량하고 게다가 고귀하기까지 한 열광자들이여, 나는 그대들을 알고 있다! 그대들은 우리에 대해, 또한 그대들 자신에 대해, 무엇보다도 특히 자신에 대해 정당성을 확보하려 애를 쓰고 있다! 또한 민감하고 섬세한 양심의 가책으로 인해 그대들은 매우 자주 바로 자기 자신의 열광을 거역하려 한다! 이때 그대들은 이러한 양심을 교묘하게 속이고 마비시켜 버린다. 이런 점에서 그대들은 얼마나 지략이 뛰어난지! 그대들은 얼마나 정직한 사람들, 소박한 사람들, 순수한 사람들을 증오하고 있는지! 그대들은 얼마나 이들의 순진무구한 눈을 거부하고 있는지! 그대들은 얼마나 이들이 대표하는 더 나은 지식을 의심하고 있는지! 그대들은 그대들의 신앙을 의심하는 소리로서, 그대들의 내면에서 너무나 크게 울려 퍼지고 있는 훌륭한 지식을 그대들은 얼마나 나쁜 습관으로서, 이 시대의 질병으로서, 그대들 자신의 정신적인 건강을 경시하고 감염시키는 것으로서 의심하려 하고 있는지! 그대들은 이 지식을 의심하는 것에서 더 나아가 비판, 학문, 이성을 증오까지 하고 있다! 그대들은 결국 역사가 그대들을 위해 증언할 수 있도록 역사를 왜곡해야만 했다. 그대들

518 이 '태양의 몰락'에 대한 이념은 『즐거운 학문』을 거쳐 『차라투스트라는 이렇게 말했다』로 이어지는 대표적인 비유이다. 몰락이라 써 놓고 비상이라 읽어 낼 수 있는 것도 능력이라면 능력이다. 태양은 빛이 없는 곳에 빛을 주려 몰락하는 것처럼 보인다. 하지만 어둠 속에 있는 정신은 그 태양을 바라보며 태양이 솟아오르고 있다고 말하기도 하는 것이다.

은 그대들의 우상과 이상을 그늘 속에 내버려두지 않기 위해 그대들의 미덕을 부인해야만 했다! 합리적 논거가 필요한 곳에서 다채로운 그림을 그려 댔다! 지혜로운 문구가 필요했던 곳에서는 불꽃과 권력을 사용했다! 그러면서 모든 것을 은빛 안개로 덮어 놓았다! 신들의 식사가 이루어지는 감미로운 밤으로 치장해 놓은 것이다! 그대들은 빛을 비추면서도 어둡게 할 줄 알았다. 빛으로 어둡게 하는 법을 알고 있었던 것이다! 그리고 실로, 그대들의 정열이 미쳐 날뛰게 되면, 그대들은 자기 자신에게 다음과 같이 말하게 내버려둔다. 즉 이제 나는 떳떳한 양심을 획득하게 되었다고! 이제 나의 심장은 강력하게 뛰고 있고 용감해졌으며 자기 자신을 극복하고 관대해졌다고! 게다가 이제 나는 정직해졌다고! 그대들은 얼마나 이 순간을 갈망했던가! 이 순간에 그대들의 정열은 그대들 자신에게 완전하고 무조건적인 정당성을 부여하고 있으며, 동시에 무구함을 제공하고 있다. 이 순간에 그대들은 투쟁, 도취, 분노, 희망 속에서 자기 자신 밖으로 나가 망아의 상태에 빠지게 되면서 모든 의심을 넘어서고 있다. 이 순간에 그대들은 이런 말을 선포하게 된다. "우리들처럼 자기 자신 밖으로 나가 망아의 상태에 있지 않은 자는 진리가 무엇이고 어디에 진리가 있는지 전혀 알 수 없다!" 그대들은 얼마나 이러한 상태를 갈망했던가! 즉 지성이 타락한 상태에서 그대들과 동일한 믿음을 갖고 있는 사람들을 발견하려고 얼마나 안달했던가! 그리고 그대들은 얼마나 그대들의 장작에 불을 붙이려 애를 썼던가! 오 결국 그대들의 순교가 이겼다! 신성하게 표현된 그대들의 거짓말이 승리했다! 그런데 그대들은 스스로 그렇게 많은 고통을 자신에게 가해야만 했던가? 그렇게 해야만 했던가?

544.

요즈음 현대인들이 철학을 하는 방식. — 나는 다음과 같은 사실을 너무도 잘 알고 있다. 즉 철학을 공부하는 우리의 젊은이, 여성 그리고 예술가는 그리스인이 철학에서 받아들인 것과는 정반대의 것을 요구하고 있다는 사실을! 플라톤의 대화편에서 모든 말과 그 말에 대한 응수 방식을 관통하는 저 지속적인 환호 소리, 이성적인 생각이라는 이 새로운 발명에 대한 새로운 환호 소리를 듣지 못하는 사람이 플라톤에 대해서 무엇을 알아낼 수 있을 것이며 고대 철학에 대해서 무엇을 알아낼 수 있을 것인가? 당시의 개념들, 일반화, 반박, 엄밀한 제시라는 엄격하고 냉정한 유희가 추구되었을 때, 사람들의 영혼은 일종의 도취로 채워졌다. 하지만 이 도취는 고대의 위대하고 엄격하며 냉정한 대위법 작곡가들도 반드시 알고 있었을 것이 틀림없다. 당시 그리스인의 혀에는 오래전의 강력했던 다른 취향의 맛이 아직 남아 있었다. 그리고 이러한 취향의 맛에 비해 새로운 것은 마법처럼 나타났다. 사람들은 그것을 변증법이라 불렀고, 그것을 또 '신적인 기술'로 간주했으며, 모두들 마치 사랑의 광기 속에 빠진 사람처럼 그것에 대해 멋지게 노래를 하기도 하고 더듬거리며 말을 하기도 했다. 그러나 새롭게 등장한 이 생각의 형식은 과거의 모든 신의 세계를 구속하는 데 성공을 거두었다. 그것은 엄격하게 윤리적으로 통제되었다. 그 생각 속에는 오로지 이미 확정된 판단들, 이미 확정된 원인들만이 존재했고, 권위라는 근거 외에는 다른 근거가 전혀 존재하지 않았다. 따라서 이런 식으로 진행되는 행위는 일종의 따라 말하기에 불과했다.[519] 말과 대화의 모든 즐거움은 오로지 이런 형

519 '따라 말하기'로 번역한 독일어는 '나흐레덴(Nachreden)'이다. '나흐(Nach)'는 '쪽으로' 혹은 '향해서' 등의 뜻을 품고 있는 전치사이다. 하지만 그 방향 지시가 이미 사회적으로 규정이 되어 있는 것이라면

식 속에서만 존재해야 했다. 내용이 영원하고 보편타당하다고 생각되어야 하는 곳에서는 오로지 하나의 커다란 마법만이 존재해야 했다. 즉 변화하는 형식, 말하자면 유행의 마법만이 존재했던 것이다.[520] 물론 그리스인도 시적 표현들을 즐겼다. 하지만 그들은 호메로스 시대 이후 줄곧, 그리고 나중에는 조각가들마저 원조가 아니라 그것의 반대를 즐겼을 뿐이다. 그런데 소크라테스야말로 그것과는 정반대의 마법, 즉 원인과 결과의 마법, 근거와 귀결의 마법을 발견한 사람이었다. 우리 현대인은 모두가 하나같이 논리학

자유는 박탈당하고 만다. 생각에는 자유가 주어져야 마땅한데, 생각에 자유가 없다. 말을 하는 존재가, 즉 말을 하며 살아가야 하는 존재가 늘 같은 말을 반복하며 살아가고 있을 뿐이다. 창조적인 삶은 현대인에게 낯선 개념이 되고 말았다. 그저 돈 열심히 벌어 풍족하게 사는 것을 목적으로 두고 있다. 돈에 집중하는 한 기업 문화는 그 사회의 기득권이 되어 군림하게 될 것이다. 늘 새로운 상품을 쫓아가며 삶 자체를 상품처럼 만들어 버린다. 스스로 하나의 상품이 되면서 기업 문화의 형식 속에 갇히고 만다. 반복된 선전과 광고 효과로 습관이 되어 버린 말들이 자기 자신의 말인 것처럼 사용되고 있다. 현대 사회에서 사람들이 하는 말들은 이제 그저 '따라 말하기'라는 현상으로 나타나고 있을 뿐이다.

520 유행에 대한 비판은 『반시대적 고찰』(1873-1876)에서부터 시작되었다. 여기서 니체는 유행을 특히 여론과 묶어 함께 공격의 대상으로 삼는다. "여론에 따라 생각하는 사람들은 모두 스스로 눈을 가리고 귀를 막고 있다." "세상 사람들은 모두 풍속과 의견 뒤에 숨는다." 이렇게 사람들 속에서 하나가 되어 가면 개성은 사라지고 집단만 남게 된다. 모두가 똑같은 생각을 하면서도 그것이 자기 생각이라는 착각을 하게 되는 것이다. 모두가 똑같은 삶을 살아가면서도 그것이 자기 자신의 고유한 삶이라고 판단하는 커다란 오류에 휘말리고 마는 것이다. 니체는 이런 과정을 통해 생겨난 문화를 두고 '속물 문화'라고 혹평을 했다. 물론 이런 문화에도 즐거움은 있다. 그것을 인정하며 니체는 이렇게 풀어 나간다. "여기에는 행복과 도취가 있다. 나는 이 도취와 행복을 독일의 저널리스트, 소설, 비극, 가요, 역사 제작자들의 비길 데 없이 확신에 가득 찬 태도에서 느낀다. 이들이 같은 사회에 속해 있다는 것은 분명한데, 이 사회는 현대인의 여가 시간과 식후의 소화 시간, 즉 '문화의 기계들'을 장악하고 이 시간 동안 인쇄된 종이로 현대인을 마비시키자고 공모한 것처럼 보인다." 현대인은 마비된 사람들이다. 이미 규정되고 정해지고 확정된 판단들만 추종하는 데 마비가 되어 있는 것이다. 그래서 무엇을 생각해도 그것이 '시험에 나오는가?'를 따져 보는 것을 당연하게 생각한다. 이것을 좀 더 우아하게 표현해 봐야 '그것이 중요한가?' 정도로 완화될 뿐이다. 늘 시험 공화국에서 모범 시민으로 살아 보려는 심정으로 일상에 임하고 있다. 모두가 일사불란하다. 모두가 바쁘게 살아간다. 모두가 한눈팔지 않는다. 모두가 마음의 여유를 잃고 부지런히 앞만 보고 달려간다. 모두가 성공과 업적이라는 강박에 휩싸여 스스로 일의 노예가 되는 것을 양심으로 만들어 놓고 살아가고 있는 것이다. 니체는 이런 시대 정신에 정반대의 목소리를 들려주고자 한다. 그것이 그의 '반시대적 고찰'인 것이다.

이라는 필수품에 너무나 길들여져 버렸다. 우리 현대인은 그 논리에 의존하도록 교육받았기 때문에 우리의 혀는 그것을 정상적인 맛으로 느끼고 있을 뿐이다. 하지만 그러한 맛을 내는 논리학은 오로지 자기 자신의 열망으로 가득 찬 사람들이나 자긍심으로 똘똘 뭉친 사람들의 혀에는 거슬릴 것이 틀림없다. 그럼에도 불구하고 그러한 정상적인 맛에 저항하는, 그래서 예외적으로만 나타나는 맛이 이 현대인을 황홀하게 만들었던 것이다. 현대인은 보다 예민한 명예욕을 갖고 있기 때문에 자신의 영혼이 예외적이며, 변증법적이고 이성적인 존재가 아니라 예를 들어 '내적인 감각' 혹은 '지적인 직관'이 천부적으로 주어진 '직관적인 존재'라고 기꺼이 믿으려 한다. 그러나 무엇보다 그들은 머리에는 천재를 지니고 몸에는 초자연적인 정령을 지니기 때문에 이 세상과 저세상에서 특권, 특히 불가사의하다는 신들의 특권을 지닌 '예술적인 본성의 소유자'로 존재하고 싶어 한다. 이런 것을 현대 철학이 하고 있는 것이다! 자신들이 잘못을 범했다는 사실을 그들 스스로 언젠가는 깨닫지 않을까 하고 나는 우려한다. 그들이 원하고 있는 것, 그것은 바로 종교다![521]

521 종교가 되어 버린 철학, 그것이 현대 철학이라고 혹평을 하고 있는 것이다. 철학을 하면서 믿음을 갖는다. 잘못된 철학의 견본이다. 철학은 진리에 대한 믿음으로 실현되는 것이 아니다. 진리가 있다? 신이 있다? 길이 있다? 그러면 철학은 필요 없다. 있는 것을 따르면 된다. 있는 것을 찾는 것이 관건일 뿐이다. 그저 기계가 가르쳐 주는 대로 그렇게 추종하며 살아가면 될 일이다. 그런 삶은 편리할 수는 있어도 창조적이지는 않다. 마냥 편하게 살다가 어느 순간 창조적으로 살고 싶다고 생각하기 시작하면 막다른 골목에 들어선 듯이 당황스러워하는 것이 현대인의 모습이다. 돈으로 모든 것을 살 수 있다고 생각하는 정신은 창조 앞에서 돈이라는 신앙의 위력이 통하지 않는다는 것을 깨닫게 되는 것이다.

545.

그러나 우리는 그대들을 믿지 않는다! — 그대들은 기꺼이 사람에 정통한 자로 인정받기를 원한다. 그러나 우리는 그대들이 그런 식으로 은근슬쩍 빠져나가도록 내버려두지 않을 것이다! 그대들이 자기 자신을 실제의 자기 자신보다 더 많이 경험하고 더 깊이가 있으며 더 열정적이고 더 완전한 사람으로 보이려 한다는 사실을 우리가 모를 것 같은가? 우리는 어떤 화가가 자신의 붓을 손에 들고 어떤 방식으로 움직이는가에서 이미 그 화가가 오만한지 아닌지를 알아차릴 수 있다. 마찬가지로 우리는 어떤 음악가가 자신이 생각하는 주제를 어떤 방식으로 도입하는가에서 이미 그 주제를 실제보다 더 고상한 것으로 내보이고 싶어 하는지 아닌지를 알아차릴 수 있다. 그대들은 자신의 내면에서 역사를 체험해 보았는가?[522] 그대들은 자기 안의 역사 속에서 커다란 동요를, 커다란 지진을, 오랫동안 지속되는 커다란 슬픔을, 번개처럼 내리꽂힌 커다란 행복을 체험해 보았는가? 그대들은 크고 작은 바보들과 함께 바보처럼 살아 본 적이 있는가? 그대들은 선

522 니체는 자기 내면의 역사를 강조한다. 그래서 그는 "시비 스크리베레(Sibi scribere, 자신을 위해서 글을 쓴다)"(『인간적인 너무나 인간적인』 제2권, 103쪽)를 신조로 삼아 주기를 바랐던 것이다. 자기 자신을 위한 글의 형식으로 대표적인 예라고 하면 '자서전'이 될 것이다. 모두가 자서전을 쓰면서 자기 자신의 역사가가 되어 달라는 뜻이기도 하다. 허무주의 철학은 늘 자기 자신에게로 귀환하기를 바란다. "그저 『아침놀』이나 〈방랑자와 그의 그림자〉만 살펴보아도 이러한 '나에게로의 귀환'이 무엇이었는지 알 수 있을 것이다. 그것은 최상의 건강 회복 그 자체이다! 다른 것들은 오로지 여기서 파생되는 것들일 뿐이다"(『이 사람을 보라』, 174쪽). 자기 자신의 '나'는 귀환해야 할 지점이다. 그 지점이 인식되고 나면 이제 멋진 모험만이 인생의 숙제로 주어질 뿐이다. 현 위치가 인식되고 나면 자기 자신의 삶 전체가 멋진 지도처럼 여겨질 수도 있다. 자기 자신을 인식한 자에게는 온 세상이 멋진 여행지로 보일 것이다. 좋은 지도를 손에 들고 있는 한 여행은 더 이상 길을 잃고 방황하는 일로 힘들어하지 않을 것이다. 이제부터 여행을 그저 즐길 일만 남았다. 삶 자체가 멋진 여행인 것이다. 단테의 여정처럼, 지옥도 가고 연옥도 가고 심지어는 천국도 갈 수 있는 것이다. 온 세상이 다 여행지에 해당할 뿐이다. 자기 삶을 지옥으로 만들고 연옥으로 만들며 또 천국으로 만드는 것은 오로지 자기 자신의 책임이라는 사실만 인식해 주면 되는 것이다.

한 사람의 광기와 고통을 진심으로 체험해 보았는가?[523] 그리고 가장 나쁜 사람의 고통과 행복의 종류도 이에 덧붙여서 체험해 보았는가? 그렇다면 이제 내게 도덕에 대해서 말을 하라![524] 도덕 외에는 아무 말도 듣고 싶지 않다!

546.

노예와 이상주의자.[525] — 에픽테토스와 같은 사람은 지금 이상을 추구하

523 이 질문은 매우 중요하다. '선한 사람들의 광기와 고통', 이것을 체험의 대상으로 삼아야 한다는 것이다. 니체 철학을 좇아가다 보면 더 이상 발을 들여놓기가 애매한 상황을 접하게 된다. 마치 쇼펜하우어가 칸트의 철학을 좇아가다가 더 이상 갈 수 없는 곳에서 허공 속에 내버려진 듯한 느낌을 받는 것과 흡사하다. 아픈 것은 누구나 싫어한다. 가급적이면 고통 없이 살고자 한다. 그런데 니체는 고통을 적극적으로 받으라고 가르친다. 또 미치는 것은 누구나 싫어한다. 가급적이면 이성적으로 살고자 한다. 그런 삶이 바람직하다고 생각한다. 그런데 니체는 미쳐 보라고 권한다. 광인이 되어 살아 보라는 것이다. 광기로 삶에 임해 보라는 것이다. 그럴 수 있는가? 늘 이 질문을 자신에게 던지고 나면 대답하기를 망설이게 된다. 미치고 싶지 않다는 말을 하려고 애를 쓰고 있기 때문이다. 그런 반항이 니체를 받아들이지 못하게 한다. 그런 심리가 니체의 허무주의를 향해 마음의 문을 닫아 놓게 하는 것이다. 수영을 배우고 싶으면 물속에 들어가야 한다. 삶을 배우고 싶으면 생철학에 몸을 던져 보아야 한다. 허무주의가 전하는 삶을 위한 메시지를 깨닫고 나면 범종의 종소리처럼 속이 텅 빈 존재가 되어서도 삼라만상을 위로해 주는 소리를 낼 수 있다. 그 무로 채워진 허무함이 절대로 허무하지 않다는 깨달음의 소리가 세상을 채울 것이다.

524 니체가 듣고 싶어 하는 도덕은 무엇일까? 지금까지 존재한 적 없는 초인의 도덕이다. 주인도덕이다. 자기 삶에서 자기 자신이 주인이 되어 살아가는 것을 양심으로 형성하는 그런 도덕이다.

525 노예와 이상주의자, 둘 다 니체가 싫어하는 개념이다. 하지만 오해하지는 말아야 한다. 때로는 노예가 될 필요도 있고, 때로는 이상주의자가 되어야 할 필요도 있다. 그렇다고 그것이 좋은 개념이라고 말하는 것은 절대로 아니다. 사람은 극복할 줄 알아야 한다. 낙타처럼 노예정신으로 삶의 짐을 짊어지고 살아야 할 때도 있다. 하지만 낙타는 노예정신이라 불리지 않고 불굴의 정신이라 불린다. 삶의 짐에 짓눌려 사는 것이 아니라 그런 짐을 당당하게 짊어지는 태도를 보여 주기 때문이다. 일단 이 낙타의 단계를 이해하는 것이 관건이다. 낙타의 힘줄 같은 성질을 이해해야 한다. 낙타는 사막에서도 포기를 모른다. 물 한 방울 없는 곳에서도 목마름을 모른다. 낙타는 오아시스를 찾아 헤맨다. 이상을 좇는다. 하지만 그 이상에 머물러 있지 않는다. 사자로 거듭나야 하고 또 어린아이로 거듭나야 한다. 어린아이는 다시 낙타가 되어 새로운 정신으로 훈련을 거듭해야 한다. 그리고 또다시 사자로. 끝까지 거듭하며 살아야 한다. 끝까지! 그 끝에서 우리는 모두 자기 자신의 한계를 경험하게 될 것이고, 그 끝에서

는 사람들의 취향에는 분명히 어울리지 않을 것이다. 그의 본성은 지속적인 긴장을 추구한다. 그에게 있어서는 지칠 줄 모르고 내면으로 향하는 시선, 그의 눈이 일단 외부 세계로 향할 경우 그 눈의 닫혀 있음, 신중함, 자신을 알리지 않음, 더 나아가 침묵 혹은 짤막한 말, 이 모든 것이 가장 엄격한 용기의 징표들이 될 뿐이다. 이 모든 것, 무엇보다도 확장을 열망하는 우리의 이상주의자들에게 무엇을 의미할 것인가?[526] 이 모든 것에 덧붙여 에픽테토스와 같은 사람은 광신도처럼 살지 않는다. 그는 우리 시대의 이상주의자들이 보여 주는 그런 과시와 허풍을 증오한다. 그의 자부심은 아무리 높아도 다른 사람을 방해하려 하지 않는다. 그의 높은 자부심은 약간의 부드러운 접근을 허용하지만, 그때조차 다른 사람의 좋은 기분을 망치기 원하지 않는다. 그렇다, 그는 언제나 미소를 지을 수 있다! 그가 보여 주는 이러한 이상 속에는 고대인들이 지향했던 사람다움의 면모가 너무도 많이 존재한다! 그러나 그에게 있어서 가장 큰 아름다움으로 비춰지는 것은 그가 신 앞에서 절대로 겁을 내지 않았다는 것이고, 또 그가 엄격하게 이성을 믿었다는 것이며, 그리고 그가 단 한 번도 참회를 권유하는 설교자가 아니었다는 사실이다. 에픽테토스는 노예였지만, 그가 생각한 이상적인 사람은 계급이 없다. 아니 그 이상적 존재는 모든 계급에서도 잘 어울릴 수 있다고 말하는 것이 더 낫겠다. 왜냐하면 그는 모든 계급에서 능력을 발휘할 수 있는 존재이기 때문이다. 그러나 문제는 이런 이상적인 사람의 형식이 무

진정한 자기 자신을 만나게 될 것이다.

526 허무주의는 '확장을 열망'한다. 수면 위의 동그라미처럼, 나무가 품고 있는 나이테처럼, 자꾸만 밖으로 확대되어 나가기를 열망하는 것이다. 그 확장의 행위는 끝까지 이어질 것이다. 수명이 다할 때까지 지속될 것이다. 목숨이 다할 때까지! 그렇게 치열하게 사는 것이 자신에게 주어진 책임을 다하는 것이다. 삶을 선물로 받은 자가 자기 삶의 주인이 되어 그 삶을 도구로 하여 잘 사는, 그런 책임을 다하는 것이라는 얘기다.

엇보다도 낮고 비천한 곳에 머물러 있는 일반 대중에게 발견되어야 한다는 것이다. 그것도 전반적인 노예 상태에서도 조용하게 자족하는 사람으로 발견되어야 하고, 또 외부로부터 자신을 거뜬히 지켜 내며, 지속적으로 최고의 용기를 유지하는 그런 사람으로 발견되어야 한다는 것이다. 그는 기독교인과 분명하게 구별된다. 즉 기독교인은 희망 속에서 살아가는 사람들의 형식을 대변한다. 기독교인은 '형언할 수 없는 영광'이라는 위로 속에서 살아간다. 기독교인은 끊임없이 선물을 받도록 내버려두며, 그 선물 중에서 최상의 것을 자신에게서가 아니라 오로지 신적인 사랑과 은총으로부터 받게 된다고 기대하며, 또 오로지 그것으로부터만 받아들인다. 이에 반해 에픽테토스는 희망하지 않는다. 또 그는 자신의 최상의 것을 선물로 받도록 내버려두지 않는다. 그는 그것을 적극적으로 소유하고자 하며 그것을 용감하게 자신의 손으로 거머쥐고 놓으려 하지 않는다. 세계 전체가 그 손에 든 것을 그에게서 빼앗으려고 하면, 그는 그 세계 전체와 싸우기를 망설이지 않는다. 그런데 기독교는 노예를 원한다. 기독교는 고대와는 전혀 상관없는 다른 종류의 노예들을 위한 종교였다. 기독교는 의지도 약하고 이성도 약한 노예들을, 그러니까 노예들이라 불리는 위대한 집단을 위해 만들어졌다.

547.

정신의 폭군들. — 학문의 진행 과정은 이제 다음과 같은 우연한 사실, 즉 너무나 오랫동안 그래 왔던 것처럼 사람이 대략 70년 정도밖에 살지 못한다는 우연한 사실에 방해받지 않는다. 예전에 사람들은 삶의 여정이 진행되는 이 기간 동안 인식의 끝에 도달하고자 했다. 그리고 이러한 일반적인 열망에 따라 인식의 방법을 평가했다. 사소한 작은 질문들과 시험들은 경멸할 만한 것으로 간주되었다. 사람들은 가장 짧은 길을 원했다. 세상의 모든 것이 사람들에게는 이미 정해져 있는 것처럼 보였기 때문에, 또한 사람들은 사물들에 대한 인식 가능성도 이미 사람들이 살아가는 그 시간 동안에 정해져 있을 것이라고 믿었던 것이다.[527] 모든 것을 일격에, 즉 단 한마디로 해결하는 것이 은밀한 바람이었다. 고르디우스의 매듭[528]이나 콜럼버스의 달걀[529] 등의 상징 아래에서 사람들은 자신들의 과제를 생각했던 것이다. 사람들은 인식하는 일에서도 알렉산드로스나 콜럼버스의 방식으로 목표 지점에 도달하는 것이 가능다고 믿었다. 사람들은 그러니까 모든 문제를 단 하나의 답으로 처리하는 것이 가능하다는 사실을 의심하지 않았던 것이다. "수수께끼가 하나만 풀면 된다." 이런 식으로 삶의 목표를 설정했던 것이다. 그렇게 삶의 목표가 철학자의 눈앞에 출현했던 것이다. 처음에는 수수께끼가 발견되었고, 그다음에는 세계의 문제가 가장 단순한 이 수수께끼의 형태로 응집되어야 했다. 그러면서 '세계라는 수수께끼를 푸는

527 사람마다 인식할 수 있는 범위는 정해져 있다. 맞는 말이기도 하고 틀린 말이기도 하다. 누구나 다 언젠가는 죽어야 하니 인식 또한 그 죽음과 함께 결정될 것이니 맞는 말이다. 하지만 살아가는 동안 얼마나 열심히 인식하는 일에 집중했느냐에 따라 그 인식의 범위는 무한히 커질 수 있다. 운명은 있다. 맞는 말이다. 하지만 운명에 대해 얼마나 저항하고 도전하고 개척하며 살아왔는가? 그것이 삶을 결정할 것이다.

528 프리기아의 수도 고르디움을 세운 고르디우스 전차와 관련해서는, 끝을 찾을 수 없는 매듭으로 멍에가 묶여 있었는데 오로지 '아시아를 정복하는 사람만이 그 매듭을 풀 수 있다'는 말이 전하고 있었다. 그런데 기원전 333년 알렉산드로스 대왕이 아나톨리아 지방을 지나가던 중 고르디움에서 이 전차를 보았고, 그는 단칼에 그 매듭을 끊어 버렸다고 한다. 이처럼 '고르디우스의 매듭'은 대담하게 행동할 때만 풀 수 있는 문제를 일컫는 비유로 사용되고 있다.

529 콜럼버스는 1492년 아메리카를 발견한 이탈리아의 항해사다. 그는 항해를 떠나기 전에 부호들로부터 후원을 받을 요량으로 자신이 하는 일이 무엇인지 알려 주고 또 설명하기 위해 탁자 위에 달걀을 세우는 퍼포먼스를 보여 줬다고 한다. 이 메시지의 목적은 절대로 안 된다고 생각했던 것이 실현될 수 있다는 가능성을 보여 주는 데 있다. 생각이 바뀌면 모든 해결의 실마리를 찾을 수 있다는, 즉 불가능이란 없다는 것이다. 도전하면 그리고 포기만 하지 않는다면, 고생은 하겠지만 그래도 결국에는 해낼 수 있다는 희망의 메시지가 콜럼버스의 달걀에 담겨 있는 것이다. 특히 그 후원금으로 산 배 '산타 마리아'호는 신대륙과 신세계를 찾아가는 모험의 대명사로 여전히 회자되고 있다.

Giovanni Paolo Panini, 〈고르디우스의 매듭을 끊는 알렉산드로스〉, c.1718–1719.

자'라는 무한한 명예욕과 기쁨이 사상가의 꿈을 자아냈다. 더 가치 있는 일은 그에게 아무것도 없는 듯이 보였다! 모든 것을 그를 위해 끝까지 가져가 주는 그런 방법이 아니라면 그것이 무엇이 되었든 간에 노력할 만한 가치가 없는 것으로 간주되었던 것이다!

동시에 철학은 정신의 폭군을 위한 지배구조를 쟁취하려는 투쟁과 같은 것이 되고 말았다. 마치 그런 정신의 폭군을 위한 지배구조가 존재하고 있다는 듯이 여겼던 것이다! 그러면서 하나의 그러한 지배구조가, 아주 운이 좋고 정교하며 독창적이고 대담하며 강력한 어떤 한 사람, 유일무이한 그런 사람에게 맡겨져 있다는 것을 아무도 의심하지 않으려 했다. 그리고 대부분의 사람들은 결국 쇼펜하우어가 이 유일한 사람이라고까지 망상했던 것이다. 이러한 사실에서 분명하게 알 수 있는 것은 다음과 같은 것이다. 전체적인 것을 고려해서 볼 때 학문이란 것은 지금까지 그것을 수행하는 젊은이들 도덕적인 편협함으로 인해 뒤처져 있다는 사실이고, 그래서 그 학문은 지금부터 보다 높고, 보다 폭넓은 아량을 품은 감각, 그 근본적인 감각과 함께 추구되어야만 한다는 것이다. 미래에 나타날 사상가의 문 위에는 "그것이 나와 무슨 상관인가!"라고 씌어 있다.

548.

힘의 승리. — 지금까지 '초인적인 정신'과 '천재'로 숭배되어 온 것 모두를 고려해 보면 사람들은 인류의 지성이 대체로 매우 수준 낮고 빈약한 것이었음에 틀림없다는 슬픈 결론에 이르게 된다.[530] 저 인류의 지성을 넘어

530 초인 사상은 여기 『아침놀』에서 지속적으로 언급되는 주제들 중의 하나다. 다시 한번 상기시켜 보자. 초인은 극복하는 자다. 극복은 목적이 중요한 게 아니라 과정이 중요한 것이다. 극복의 이념은 넘어서고 있는 그 과정 자체를 주목하는 것이다. 극복에는 멈춤이 없다. 사랑에 멈춤이 없는 것과 같다. "사랑에는 멈춤이 없다"(『인간적인 너무나 인간적인』 제1권, 328쪽). 삶에는 멈춤이 없다. 쉬고 있어도 심장은 뛴다. 잠이 들어도 숨은 쉰다. 그냥 생각이 멈춤의 현상을 생각해 내고 있을 뿐이다. 가만있어도 새로

서서 스스로를 고양시키고 그것을 한계로 여기고 밖으로 나아가려는 감정으로 삶에 임했던 정신은 너무도 적었다. 아, '천재'가 얼마나 값싼 명성으로 취급되었는지! 그의 권좌는 얼마나 빨리 세워졌고, 또 그에 대한 숭배는 얼마나 빨리 관습적인 것이 되어 버렸는지! 여전히 사람들은 오래된 노예의 습관을 버리지 못하고 힘 앞에 무릎을 꿇으며 굴종의 자세를 취한다. 게다가 존경받을 만한 가치가 있는지 확정해야 할 경우에는 힘 속에 깃든 이성의 정도만이 결정적인 의미를 갖게 된다. 사람들은 힘이 어느 정도까지 높은 것에 의해 극복되었는지, 또 그 힘의 도구와 수단으로서 일을 해 왔는지를 측정해 내야 한다![531] 그러나 이렇게 측정할 수 있는 안목을 갖춘 사람들이 아직 너무도 적다는 것이 문제다. 아니, 아직도 천재를 언급하는 것조차 무례한 일로 간주할 때가 많다. 아마도 이러한 이유 때문에 가장 아름다운 것은 여전히 어둠 속에서만 모습을 드러내고, 탄생한다고 해도 그 즉시 영원한 밤 속으로 가라앉아 버리고 마는 것이다.[532] 이 경우 가장 아름다운 것

운 세포가 생겨나고 또 기존의 세포가 죽어간다. 눈에는 보이지 않지만 어느 순간 누구나 다 죽음이라는 문턱 앞에 서게 될 것이다. 다만 생각이 죽음을 싫어하고 영생을 자꾸 생각하다 보니 현실을 놓치고 있을 뿐이다. 초인은 이 현실감각을 초월하는 존재가 결코 아니다. 오히려 그 정반대가 초인이다. 생각하며 살아야 하는 존재가 형이상학에만 매달리지 않고 눈앞에 펼쳐지는 이 자연현상에도 눈을 뜨는, 아니 눈을 뜰 수 있는 능력을 지닌 자가 초인이다. 천국 가서 신과 영원한 사랑을 나누는 것보다, 살아 있는 동안 멈추지 않는 사랑에 몰두하는 것이 더 중요하고 더 낫다는 말이다.

531 살면서 얼마나 힘을 사용해 왔는가? 그것을 생각해 보라는 얘기다. 얼마나 열심히 살아왔는가? 그것이 중요하다는 얘기다. 살아 있는 생명체는 모두 힘이라는 것을 소유하고 있다. 이 물리적인 힘을 얼마나 사용했느냐에 따라 삶의 의미와 가치가 결정된다. 삶은 돌처럼 물처럼 그렇게 존재하는 것이 아니다. 삶은 이성과 더불어 감정도 갖고 있는 존재다. 몸만 지닌 존재 형태가 아니라는 얘기다. 동물처럼 영혼만 지닌 존재도 아니다. 사람이란 존재는 여러 가지가 복합적으로 고려되어야 한다. 그 여러 가지의 복합적인 것을 얼마나 활용하며 살았는가? 그것이 삶의 현 위치를 알려 줄 것이다. 그것이 지천명(知天命)의 내용이 될 것이다.

532 초인은 천재로 연결되었고, 천재는 다시 가장 아름다운 것으로 이어졌다. 우리는 아직도 초인을 입에 담는 것을 꺼리고 있다. 신을 죽인 살해자 정도로 여기고 있기 때문이다. 우리는 아직도 천재를 운운하는 것을 부끄러워한다. 어느 누구도 자기보다 더 나은 존재를 인정하고 싶지 않아서다. 신이 아닌 이상 사람들은 모두 동등해야 한다는 이념에 사로잡혀 있어서 그런 것이다. 평등사상! 그것도 만민평

이란 힘의 연극 자체이다. 여기서 말하는 힘은 천재의 작품이 아니라 작품으로서의 자신에 사용하는 범주에서 의미를 가질 뿐이다. 이 힘의 연극은 자기 자신을 구속하는 통제력, 자신의 환상을 순화시키는 과정, 쇄도하는 과제와 착상을 선택하고 거기서 하나의 질서를 세워 내는 과정 등을 의식적인 차원에서 연출해 낸다.[533] 위대한 사람은 존경을 요구하는, 바로 이 가장 위대한 점과 관련해서 너무도 멀리 떨어져 있는 별처럼 여전히 제대로 보이지도 않는다.[534] 힘의 승리를 볼 수 있는 눈은 여전히 존재하지 않으며, 따라서 그 승리를 위한 노래도 가수도 없다. 이 위대함의 위계질서는 과거의 모든 인류를 위해서도 여전히 확정되어 있지 않았다.

549.

'자기로부터의 도피.'[535] — 지적인 발작을 보이는 자들, 바이런 혹은 알프

등사상! 이것은 니체의 사상과는 어울리지 못한다. 현상 속에서 살아가는 모든 사람은 제각각이다. 원하는 것도 다르고 취향도 다르다. 세상이 그 다름을 인정하고 받아들일 수 있는 그런 세상으로 거듭나게 된다면 니체가 바라는 '지상천국'이 펼쳐지게 되는 것이다. "새 신앙인의 천국은 물론 지상의 천국이어야 한다"(『반시대적 고찰』 제2권, 205쪽). 초인은 신처럼 하나로, 하나의 의미로, 하나의 정답으로 설명될 수 없다. 초인은 다양성 속에서만 구현된다. 초인도 천재도 모두 다른 현상 속에서 모습을 드러내지만 그것이 무엇이 되었든 간에 가장 아름다운 것으로 인정받을 가치가 있는 것이다.

533 모든 것이 다르다 보니 위아래도 있기 마련이다. 누구는 누구보다 더 낫다. 누구는 누구보다 더 못하다. 당연하다. 세상에는 질서가 필요하다. 질서는 위도 아래도 포함하는 이념이다. 위는 아래가 될 수 없고 아래는 위가 될 수 없다. 위와 아래가 동등할 수도 없다. 태극 속의 음과 양처럼 둘은 서로 분명하고 확실하게 다르고 또 달라야 마땅하다. 위대한 현상에도 질서가 있다. 누구는 더 위대하고 누구는 덜 위대하다. 이것을 부정한다면 모든 것을 그저 이상적으로 다루려고 하는 의지의 결과물이 되고 말 것이다.

534 초인이라 불리든, 천재라 불리든, 가장 아름다운 것이라 불리든, 위대한 사람이라 불리든 그런 이름에 개념에 연연하지 말아야 한다. 이름은 중요하지 않다. 그 이름으로 불리는 그 사람이 누구인지를 알려고 해야 한다. 그 사람이 누구인지를 알고 나면 이름 따위는 문제되지 않는다. 오히려 사람을 알아보는 일에 있어서 이름이 선입견과 편견을 제공할 때가 더 많다.

535 낡은 자기는 버리고 새로운 자기를 갈망한다는 식으로 이해하면 된다. 낡은 자기 자신은 도피의 대상

레드 드 뮈세처럼 자기 자신에 대해 조급하고 음울한 자는 자신이 행하는 모든 점에서 미쳐 날뛰는 말[馬]처럼 온 사방을 헤매고 돌아다닌다. 그렇다, 그들은 자신의 창작 행위로부터 그저 혈관을 끊어 버릴 정도의 짧은 쾌감과 열정만을 획득한다. 그러고 나서 시간이 흐르면 흐를수록 더욱 추운 겨울의 황량함과 비애만이 남게 된다. 이런 사람들은 그들 자신 안에 머무르는 것을 어떻게 견뎌 내야 한단 말인가! 그들은 '자기 밖에 있는 것'으로 나아가기를 갈망한다.[536] 이러한 갈망을 가진 자가 기독교인이라면 그는 신에게서 삶의 숙제를 찾을 것이고, 또 그 신과 '완전히 하나가 되는 것'을 목표로 삼을 것이다.[537] 또 그런 사람이 셰익스피어라면 그는 가장 열정적인 삶의 형상 속으로 해소될 경우에만 비로소 만족하게 될 것이다. 그 자가 바이런 같은 사람이라면, 그는 행동을 열망할 것이다. 왜냐하면 이 행동이야말로 사상, 감정, 작품보다도 훨씬 더 우리 자신을 우리 자신으로부터 끌어내 주기 때문이다.[538] 그렇다면 행동에 대한 이런 충동이야말로 근본적으로

으로 간주하면 된다. 새로운 자기 자신을 획득하기 위해 우선 낡은 껍데기 같은 존재를 파괴할 수 있어야 한다. 결국 자기 자신으로부터 도피를 실천할 수 있는가? 그것이 문제가 된다. 늘 우리는 자기 자신을 잃어버리지 않으려고 애를 쓰며 살아간다. 하지만 정반대의 욕구를 일깨울 수 있는가? 그것이 관건이라는 얘기다. 자기 자신을 버리고 도망칠 수 있을 때 자신이 자신을 구원하는 구세주가 되는, 그런 논리를 이해할 수 있는가 그 말이다.

536 자기 밖으로 나간다는 말을 긍정적으로 표현한 개념이 황홀이란 단어다. 앞에서도 살펴봤듯이 그리스어로 '엑스타시스(Ekstasis)'는 '자기 자신에서 벗어나 자기 밖으로 나간 상태'를 의미한다. 소위 자기 자신을 모르는 경지에 이른 것이다. 자기가 누군지도 모르는 그 경지가 오히려 좋은 느낌으로 다가온다. 힌두교의 개념으로 바꿔 말하면, 그것이 바로 무아지경이 되는 것이다. 자기 자신이 무(無)로 변한 상황이다. 존재 자체가 무로 변했어도 행복하기만 하다. 그런 느낌이 '자기 밖으로 나간다'는 말로 형용되고 있는 것이다.

537 신과 함께, 신과 하나가 되는 것을 두고 기독교에서는 임마누엘(Immanuel) 사상이라 한다. 이것은 "하나님이 우리와 함께 계시다"(마태복음 1:23)라는 뜻이고, 또 신의 이름이 되기도 한다. 소위 '내가 너와 함께 하리라!', 이것이 신의 이름이 된다는 얘기다.

538 행동에 대한 찬양은 세르반테스가 돈키호테라는 인물을 통해 가장 이상적으로 잘 표현해 냈다. 또 괴테도 파우스트를 통해 행동의 의미와 가치를 잘 형상화해 냈다. 특히 그는 이 행동에 대한 이념을 성경 구절을 번역하는 장면에서 비유적으로 설명했다. "태초에 말씀이 계시니라"(요한복음 1:1). 이 구절을

는 자기 도피가 되는 것이 아닐까? 파스칼이라면 당연히 우리에게 그렇게 물을 것이다. 그리고 그것은 사실이다! 이러한 명제는 충동을 최고도로 구현한 예들을 통해서만 증명될 수 있을 것이다. 이 점에 관해서라면 미친 자들을 치료하는 의사의 지식과 그들의 경험에 귀 기울이는 것이 좋을 것이다.[539] 모든 시대를 통틀어 행동을 가장 열망했던 사람들 중에는 다음의 네 사람 정도로 추려질 것 같다. 즉 이름을 거론하자면, 알렉산드로스, 시저, 마호메트 그리고 나폴레옹이 그들이다. 그들은 모두 간질 환자였으며, 바이런 역시 이 병으로 인해 고통에 시달렸다.

550.

인식과 아름다움. — 만약 사람들이 여전히 상상력과 위장에 의한 작품들에 대해서만 숭배 감정과 행복에의 감정을 느낀다면, 그래서 그 사람들이 상상력과 위장에 정반대되는 것에 대해서 그저 차가움과 불쾌함만을 느끼게 되는 것은 전혀 놀라운 일이 아니다. 아무리 작은 발걸음이라도 인식이 확고하고 결정적인 진보를 이루었을 때에 접하게 되는 환희, 또는 오늘날 풍미하고 있는 이런 학문을 통해서 이미 너무나 많은 사람들이 풍부하게 맛보고 있는 이런 환희는 언젠가는 믿을 수 없는 것이 되고 말 것이다. 즉 그런 환희는 끊임없이 현실을 버리고 떠나는 행위 속에서, 또 가상의 깊은 곳으로 도약을 해 내려는 행위 속에서 환희를 느끼는 것에 길들여져 있

파우스트는 "태초에 뜻이 계시니라"로 수정했다가 만족하지 못하고, "태초에 힘이 계시니라"로 바꿨다가 이것에도 만족하지 못하고 "태초에 행동이 계시니라"로 변화를 준다. 행동보다 더 나은 말을 찾지 못하고, 번역을 거기서 멈춘다. 결국에는 행동이 관건이라는 메시지다.

539 바로 이런 점에서 니체의 철학은 광기의 철학이라 불릴 수 있을 것이다. 자기 자신을 구원하는 광기를 연구하고, 또 그 구원의 길을 찾고 있는 철학이 허무주의라는 얘기다.

는 그 모든 사람에게는 믿을 수 없는 것이 되고 말 것이라는 얘기다. 이들은 모두 현실이 흉측하다고 생각한다. 그러나 그들은 가장 흉측한 현실에 대한 인식도 아름답다고 간주하지는 않는다. 마찬가지로 그들은 자주 그리고 많이 인식하는 그 자가 결국에는 그 흉측한 현실로부터 아주 멀리 떨어져 있다고 생각하지도 않는다. 현실 자체가 위대한 전체일 뿐이다. 그 현실을 발견하는 것이야말로 항상 행복을 준다. 하지만 도대체 '그 자체로 아름다운' 것이 존재할까? 인식하는 자의 행복이 세계의 아름다움을 증대시킬 뿐이다. 또 그 행복이 존재하는 모든 것을 햇빛으로 충만하게 만들 뿐이다. 인식하는 행위가 이 세상의 아름다움을 사물 속에 부여한다. 그뿐만 아니라 그런 인식 행위가 지속될 때 그 아름다움 자체가 사물들 안에 깃들게 되는 것이다. 미래의 인류는 이러한 명제에 대해 증언해 주어야 할 것이다! 가끔 우리는 예전에 했던 경험 하나를 떠올린다. 플라톤과 아리스토텔레스는 근본적으로 서로 다른 종류의 사람들이다. 그런데 그들은 무엇이 최고의 행복인지에 대해서는 의견이 일치했다. 그들 자신뿐만 아니라 모든 사람, 더 나아가 신에 대해서조차 궁극적인 지복이 무엇인지에 대해서 의견이 일치했던 것이다. 그들은 모두 한결같이 그 행복을 인식 속에서, 즉 발견하고 발명하는 숙련된 지성의 활동 속에서 발견했던 것이다. 그러니까 그들이 그 행복을 찾았던 것은 독일의 어중간한 신학자들과 완전한 신학자들처럼 '직관'에서도 아니고, 신비주의자들처럼 환상에서도 아니며, 모든 실습자처럼 창작에서도 아니라는 것이 관건이다. 데카르트와 스피노자 역시 이와 비슷하게 판단했었다! 그들 모두는 인식하는 일에서 얼마나 즐거움을 찾았던가! 그리고 이 때문에 사물에 대한 찬송이 이루어져야 했던 것은 그들의 정직성에 얼마나 큰 위험이 되어야 했던가!

551.

미래의 덕들에 관하여. — 세계가 개념적으로 파악되면 될수록 모든 종류의 장엄함이 감소할 수밖에 없었던 이유는 무엇 때문일까? 그것은 모든 미지의 것, 신비한 것 앞에서 우리를 엄습하고, 또 파악될 수 없는 것 앞에서 우리를 낮추고, 또 거기서 은총을 구하라고 가르친 저 경외의 근본 요소가 공포였기 때문일까? 게다가 우리가 공포를 덜 느끼게 됨으로써 우리가 세계에 대한 매력도 덩달아 상실했기 때문일까? 또 우리의 두려움과 함께 우리의 고유한 존엄과 장엄함도 우리 자신의 두려운 면도 더불어 더 작아져야만 했기 때문일까? 그것은 어쩌면 우리가 세계와 우리 자신에 대해 용감하게 사유하게 된 이후 그 세계와 우리 자신을 더 하찮게 평가하게 되었기 때문일까? 그것은 어쩌면 사유의 용기가 극단적인 오만으로서 사람들과 사물들을 초월해 있다고 느낄 정도로 증대되는 미래, 즉 현자가 가장 용감한 자로서 자기 자신과 존재를 대부분 자기 밑에 두고 바라보게 되는 그런 미래가 존재하기 때문일까? 이런 종류의 용기, 먼 곳으로 방황하면서까지 품으려 하는 관용에 가까운 이런 위대한 용기는 지금까지 인류에게 결여되어 있었다. 오, 한때 시인들이 그랬던 것처럼 다시 그런 존재가 되기를 원한다면 얼마나 좋을까! 그들이야말로 가능한 어떤 것에 대해 이야기해 주는 진정으로 보는 자가 아니었던가! 지금이 기회다! 이 시인들의 손에서 현실이라고 하는 것과 과거라고 하는 것이 점점 더 빠져나가고, 또한 빠져나갈 수밖에 없는 지금이야말로 좋은 기회이다! 왜냐하면 순진하기만 했던 가짜 동전의 시대[540]는 끝났기 때문이다! 이 시인들이 우리로 하여금 미래의 덕

540 '동전'은 현대 문명, 자본주의를 비유하는 것으로, '가짜 동전'은 니체의 『디오니소스 송가』에서 현대인을 비판하는 개념으로도 사용된다.

에 대해 무언가를 미리 느끼게 해 준다면 얼마나 좋을까! 혹은 이 대지 위에는 어디에도 존재하지 않지만, 이 세상 어디엔가는 존재할 수 있는 그런 덕에 대해, 말하자면 아름다움의 보랏빛으로 작열하는 별자리들과 은하수 전체에 대해 무언가를 미리 느끼게 해 준다면 얼마나 좋을까! 그대들은 어디에 있는가? 그대들 이상의 천문학자들은 어디에 있는가?

552.

이상적인 자기애. — 임신한 상태보다 더 신성한 상태가 또 있을까? 우리 안에서 생성하고 있는 것에 대해 우리가 행하는 모든 것이 어떤 방식으로든 도움이 될 것임에 틀림없다는 그런 무언의 믿음 속에서 그러한 것들을 행하는 것보다 더 신성한 상태가 또 있을까! 그것은 비밀로 가득 찬 가치를 드높여 준다! 그것에 대해 생각하는 것만으로도 우리는 황홀감을 느끼게 된다! 이 순간이 되면 우리는 심하게 자신을 강제하지 않고서도 많은 것을 길 밖으로 내보낼 수 있게 된다! 이 순간이 되면 우리는 격렬한 말은 억제하고 화해의 손길을 내밀게 된다. 왜냐하면 가장 부드럽고 가장 좋은 것에서 아기가 탄생하고 성장해야 하기 때문이다. 우리는 우리 자신의 날카로움과 갑작스러움에 몸서리를 친다. 이것들은 마치 낯설지만 가장 사랑스러운 사람의 삶이라는 술잔 속에 한 방울의 재앙을 떨어뜨리는 것과 같기 때문이다! 모든 것은 은밀하게 감춰져 있지만, 모든 것은 예감으로 가득 차 있다. 우리는 이 모든 것이 어떻게 진행될 것인지에 대해 아무것도 모른다. 우리는 그저 기다리고만 있다. 우리는 그저 늘 준비되어 있기를 바랄 뿐이다. 이 순간 우리의 내면은 마치 막으로 가려진 연극 무대 앞에 앉아 있는 관객의 내면처럼, 어떤 상황이 펼쳐져도 책임감을 운운하지 않는, 그런 깊은 무책임성으로 순수하게 만드는 감정이 지배한다. 아기는 성장해 나갈 것이다. 그는 자신의 날들 속으로 걸어 나갈 것이다. 우리의 손에는 이 아이의 가치와 이 아이의 시간에 대해 결정할 수 있는 것이라고는 아무것도 주어져 있지 않다. 우리는 오로지 축복을 주거나 보호하는 모든 직접적인 영향에 대해서만 존재할 뿐이다.[541] '여기서 자라고 있는 이 아기가 우리보다 더 위대하다'고 말할 수 있는 것이 우리가 품고 있는 가장 은밀한 희망이 된다. 우리는 이 아기가 순조롭게 세상에 나올 수 있도록 모든 것을 적당하게 준비해 둔다. 유용한 모든 것뿐만 아니라 우리 영혼의 진실함과 고귀함도 준비해 둔다. 이렇게 예배를 드리는 듯한 신성한 상태에서 우리는 살아야 한다![542] 우리는 충분히 그렇게 살 수 있다! 그리고 이때가 되면 기대되는 것이 사상이든 행동이든 상관하지 말고, 오로지 모든 본질적인 완성에 대해서만 집중해야 한다. 이때 우리는 임신이란 상태 외에는 다른 어떤 것과도 관계를 갖지 말아야 한다. 게다가 '욕망'이나 '창조'에 관해서 언급될 수 있는 온갖 오만한 말들은 바람 속에 날려 버려야 한다. 이것이야말로 진정으로 이상적인 자기애다. 항상 신중에 신중을 거듭하고, 항상 주의하고 또 주의하며, 항상 영혼이 고요하게 머물 수 있도록 배려해야 한다. 그런 식으로 우리의 출산이 아름답게 끝에 이르도록 해야 한다! 이와 같이 간접적인 방식으로 우리는 모든 사람의 이익을 위해 배려하고 깨어 있어야 한다. 그리고 우리가 살아가고 있는 분위기, 즉 이 긍지에 차 있으면서도 부드럽기 짝이 없는 이 분위기, 이것은 우리 주위에 있는 불안한 영혼들 위로 먼 곳까지

541 임산부의 행동과 비교하면 쉽게 이해될 수 있다. 임산부는 배 속에 잉태된 아기를 위해 모든 것에 신중한 태도로 임하게 된다. 먹는 것도, 걷는 걸음걸이도 모두 아이를 보호하기 위한 목적으로 진행될 뿐이다. 그렇다고 그 아이의 운명을 결정할 수 있는 것은 아무것도 없다.

542 "춤추는 별 하나를 탄생시키기 위해 우리는 혼돈을 품어야 한다"(『차라투스트라는 이렇게 말했다』, 24쪽). 춤추는 별은 니체가 말하는 신을 상징한다. "나는 춤을 출 줄 아는 신만을 믿으리라." 사람은 신을 잉태할 수 있고 또 신을 탄생시킬 수 있는 존재다. 신을 죽여야 하는 삶에 임해야 할 때도 있지만, 이렇게 신을 탄생시켜야 하는 신성한 순간을 살아야 할 때도 있다.

퍼져나가는 기름이다. 하지만 모든 임신한 자는 기적과 같다! 우리도 기적과 같은 존재가 되도록 하자. 그리고 또 타인이 그렇게 기적처럼 살아가야 한다고 해도 그들에 대해 기분 나빠하지 말자! 결과가 나쁘고 위험한 것이 될지라도 우리는 그 생성하고 있는 자에 대해 외경심을 품도록 하자! 그리고 판사와 사형 집행인에게도 임신부에게 손을 대지 못하게 하는 이런 세상의 정의에 있어서 뒤처지지 않도록 하자!

553.

우회로 위에서. ― 이 철학 전체는 이 모든 우회로와 함께 도대체 어디로 나아가려 하는 것일까?[543] 이 철학은 말하자면 우회로들과 함께 하나의 지속적이고 강력한 충동을 이성 속으로 옮겨 놓는 것보다 더 많은 일을 하고 있다는 것을 알고 있는가? 이 하나의 충동은 수많은 다양한 사물을 추구한다. 부드러운 태양, 맑고 투명하며 생동감으로 충만한 공기, 남쪽의 식물들, 바다의 숨결, 생선과 계란과 과일로 이루어진 가벼운 식사, 뜨거운 음료수, 며칠 동안 이어지는 조용한 산책, 말수를 줄이는 것, 드물지만 신중하게 이루어지는 독서, 고독하게 살아가기, 청결하고 단순하며 거의 군인처럼 규칙적으로 살아가는 생활 습관, 간단히 말해 나의 취미에 가장 적합하고 내

543 니체의 철학적 텍스트 속에는 수많은 우회로가 있다. 관념론자들의 글에서처럼 논리가 있는 것도 아니다. 하지만 그의 글에서는 모든 다양한 것에 직면하여 그때그때 적응할 수 있도록 배려해 놓은 듯한 의도가 엿보인다. 이성에 익숙한 현대인은 그래서 늘 당황스러워한다. 니체를 접하면 정답이 뭔지부터 알려고 한다. 이렇다는 얘긴지, 아니면 저렇다는 얘긴지 똑 부러지게 대답해 주기를 바란다. 하지만 삶의 현장은 그렇게 단답식으로 진행되는 일이 거의 없다. 그렇다 해도 허무주의 역시 하나의 철학이다. 니체도 한 명의 철학자다. 그의 글 속에 논리가 없다고 해서, 진심도 진리도 길도 없다고 말을 하면 안 된다. 니체의 진심이 무엇인지, 그가 말하는 진리는 또 무엇인지, 그리고 그가 인도하는 길에는 무엇이 보이는지 등을 끊임없이 묻고 따져 봐야 할 뿐이다. 그것이 독자로서 우리가 해야 할 일들이다.

게 가장 도움이 되는 모든 것에 대한 충동을 느끼고 있는 것이다. 하나의 철학은 근본적으로 개인이 건강해지는 방법에 대해 충동을 느끼는 그런 본능이 아닐까? 이것은 나의 공기, 나의 수준, 나의 기후, 나의 방식에 따른 건강을 두뇌라는 우회로를 통해 추구하려는 본능이 아닐까? 물론 다른 많은 철학들, 그리고 분명히 더욱 높은 숭고한 철학들도 존재한다. 그리고 또 나의 철학보다 더 우울하고 더 까다로운 철학들도 존재한다. 어쩌면 이 모든 철학도 이러한 개인적인 충동들의 지성적인 우회로에 불과한 것은 아닐까? 그러는 사이 나는 지금 하나의 새로운 눈으로 나비 한 마리가 은밀하고 고독하게 바위로 된 해안가를 날아다니는 것을 바라보고 있다. 이 해안가에는 훌륭한 식물들도 많이 자라고 있다. 나비는 자신이 단지 하루밖에 더 살지 못할 것이라는 사실을, 그리고 또 밤이 자신의 허약한 날개에 너무 차가울 것이라는 사실을 걱정도 하지 않고 이리저리 날아다닌다. 어쩌면 나비를 위해서도 하나의 철학이 발견될 수 있지 않을까. 비록 그것이 나의 철학이 아니어도 상관없다.

554.

선구자의 발걸음. — 우리가 진보를 찬양할 때, 우리는 그저 실천적인 운동을 찬양하는 것이다. 즉 우리를 그 자리에 머물러 있지 못하게 하는 것을 찬양하는 것이다. 이런 운동과 함께 우리는 경우에 따라 많은 것을 행하기도 한다. 만약 우리가 고대의 이집트인과 함께 살고 있다면 이런 운동은 또 다른 특별한 의미를 지니게 될 것이다. 그러나 이 활동적인 유럽에서 우리가 사람들이 말하는 것처럼 '스스로 이해되는' 이 운동에 대해 조금이라도 이해한다면 얼마나 좋을까! 만약 내가 선구자의 발걸음, 즉 앞서 나아가는 자들을 찬양한다면, 그것은 자기를 거듭 추월하면서 자기를 뒤에 남겨 놓고 떠나는 자들을 찬양한다는 것이고, 또 그러면서도 다른 누군가가 자신을 따라오는지 전혀 고려하지도 않는 자들을 찬양한다는 것이다. "내가 정지하는 이곳에서 나는 나 혼자만을 발견한다. 그런데 왜 내가 정지해야만 한단 말인가! 사막은 아직도 크기만 하다!" 앞서 나아가는 사람은 그렇게 느끼고 있을 뿐이다.

555.

가장 사소한 것으로도 이미 충분하다. — 아무리 사소한 사건이라 해도 충분히 강한 인상을 받을 수 있다. 이것을 알고 있다면, 이런 사건을 일으킬 수 있는 것들을 아무리 사소하게 보여도 길에서 치워 놓아야 한다. 그러나 아무리 길을 치워 놓아도 우리는 그러한 사건들을 피해 갈 수 없다. 따라서 사상가는 자신이 체험하려 하는 모든 사물에 대해, 그리고 그것이 내적으로 지닐 수밖에 없는 전형들에 대해 대략적으로라도 알고 있어야 한다.

556.

네 가지 미덕. — 우리 자신과 우리 친구에 대해서는 솔직함을, 적에 대해서는 용기를, 패자에 대해서는 아량을, 그리고 매사에 공손할 것을, 우리는 언제나 이 네 가지 주요한 덕을 원한다.

557.

적을 향해 나아갈 때. — 우리가 적을 향해 행진할 때에는 허접한 음악과 허접한 이유들이 얼마나 훌륭한 소리를 내는지!

558.

그러나 덕도 숨기지 말라! — 나는 속이 훤히 들여다보이는 투명한 물과 같은 사람들을 사랑한다. 이런 사람들은, 포프의 말을 빌리자면, '흘러가는 자신의 강물 밑바닥에 깔려 있는 불순물까지도 보여 주는' 그런 자들이다. 그러나 그런 사람들이라 해도, 드물고 승화된 종류의 것이긴 하지만 하나의 허영심이 존재하기도 한다. 즉 그들 중 몇 사람은, 우리가 그 불순물만을 바라보고, 그것을 드러내는 물의 투명함에 대해서는 무시해 주기를 바란다. 바로 부처가 "그대들의 죄를 사람들 앞에 보이고 그대들의 덕은 감추라!"라는 방식으로 이러한 소수의 사람들만이 가질 수 있는 허영심을 고안해 냈다. 그렇다 해도 이것은 세상에 어떤 훌륭한 연극도 제공해 주지 못한다. 오히려 그것은 취향을 거스르는 하나의 죄가 될 뿐이다.

559.

'과도함을 피할 것!' — 힘이 최고의 수준으로 긴장했을 때 성취해 낼 수 있는 것은 보통 때는 절대로 도달할 수 없는 것이다. 그런데도 불구하고 사람들은 얼마나 자주 자신의 힘을 넘어서는 목표를 세우라고 권하고 있는가! 그러나 그것이 정말 바람직한 일일까? 이러한 가르침에 따라 사는 최상의 사람들과 최상의 행위들은 너무 많은 긴장을 포함하고 있기 때문에 불가피하게 과장되고 또 비틀어져 있는 것이 아닐까? 이런 것들 때문에 세상에는 성공할 수 없다는 음울한 빛이 이토록 널리 퍼져 있는 것이 아닐까? 이 세상에서는 그래서 늘 투쟁하는 선수와 거창한 몸짓만 발견되고 있을 뿐, 월계관을 쓰고 진정으로 승리감에 도취되어 있는 승자는 그 어디서도 보이지 않는 것이 아닐까?

560.

우리가 자유롭게 취급할 수 있는 것. — 우리는 정원사처럼 우리의 충동을 다룰 수 있다. 분노, 동정, 심사숙고, 허영심과 같은 싹들을 격자 울타리 안에서 키워 아름다운 과일처럼 생산적이고 유용한 것으로 만들어 낼 수 있다는 사실은 소수만이 알고 있는 사실이다. 우리는 정원사의 좋은 취미와 나쁜 취미를 통해 그렇게 할 수 있다. 말하자면 프랑스식이나 영국식이나 네덜란드식이나 중국식으로 정원을 가꿀 수도 있다. 우리는 또한 자연도 그런 식으로 취급할 수 있다. 다만 이곳저곳만을 약간 꾸미고 깨끗이 청소해 놓는 정도로 자연을 다룰 수도 있다는 얘기다. 결국 우리는 아무런 지식도 생각도 없이 식물들로 하여금 자연 그대로의 혜택과 장애 속에서 자라게도 하고 또 서로 싸우게도 할 수도 있다. 그렇다, 우리는 그러한 야생 상태에서도 살아 있다는 기쁨을 느낄 수 있다. 게다가 어떤 곤경을 겪게 되었을 때 이러한 기쁨을 느끼기를 원할 수도 있다. 이 모든 것이 자유롭게 다룰 수 있도록 우리에게 주어져 있다. 하지만 우리가 이와 같은 것을 자유롭게 취급할 수 있다는 사실을 도대체 얼마나 많은 사람들이 알고 있을까? 대부분의 사람들은 자기 자신을 완전히 자라 버린 사실 그 자체라고 믿고 있지 않는가? 위대한 철학자들은 아직도 성격의 불변성에 대한 학설을 가지고 이러한 편견 위에 그들의 봉인을 찍어 놓지 않았던가?

561.

자신의 행복도 빛나게 하기. — 화가들은 실제 하늘의 깊고 빛나는 색깔을 결코 실현할 수가 없기 때문에 풍경을 그려 내야 할 때 필요한 모든 색을 자연이 보여 주는 것보다 조금씩 낮춰서 색깔을 사용할 수밖에 없다. 화가들은 이러한 기교를 통해 다시 유사한 광채와 자연 속에서 어울리는 색깔들의 조화에 도달하게 된다. 이와 마찬가지로 시인들과 철학자들 역시 행복의 빛나는 광채에 도저히 도달할 수 없다고 판단될 경우, 이 유사한 방법으로 도움의 손길을 내밀어야만 한다. 즉 그들이 모든 사물을 실제보다 조금씩 어둡게 색칠함으로써 그들이 보여 주고자 하는 빛은 오히려 거의 태양처럼 완전한 행복의 빛과 유사하게 작용한다. 모든 사물에 가장 어둡고 음울한 색깔을 부여하는 염세주의자는 그저 불꽃과 번개, 천국의 영광과 휘황찬란하게 빛나는 모든 것과, 사람들을 눈부시게 하여 맹목적인 상태로 만드는 모든 것만 사용한다. 그에게 있어서 빛은 오로지 두려움을 증대시키기 위해서, 사물들이 실제 가지고 있는 것보다 더 끔찍한 성격을 많이 갖고 있다고 느끼게 하기 위해서만 존재한다.

562.

멈춰 있는 자들과 자유로운 자들. — 겨우 하계下界에서야 비로소 우리는 오디세우스와 그와 유사한 모험가들 주위에 영원한 바다의 빛처럼 존재하는 행복의 음울한 이면을 보게 된다. 즉 사람들이 일단 한번 본 뒤에는 더 이상 잊지 못하게 되는 그런 이면을. 오디세우스의 어머니는 자식에 대한 비통함과 그리움 때문에 죽었다! 한 사람은 여기저기 돌아다니기 바쁘고, 정주해 있는 다른 연약한 사람은 바로 그 때문에 가슴이 찢어진다. 항상 그런 것이다! 그들이 가장 사랑하는 사람이 그들의 의견과 믿음을 버리는 것을 체험한 사람들은 슬픔 때문에 가슴이 찢어진다. 이 같은 것은 자유로운 정신들이 만드는 비극에 속하며, 그들도 때로는 이러한 비극을 알고 있다! 그래서 그들도 역시 오디세우스처럼 언젠가 죽은 자들에게 내려가서 그들의 슬픔을 없애 주고 그들의 연약한 마음을 달래 주어야만 할 것이다.

563.

세계 안에 윤리적인 질서가 존재한다는 광기의 소리. — 영원한 필연성은 그 어디에도 결코 존재하지 않는다. 모든 죄에는 이미 그에 준하는 대가를 치를 것이 요구되어 있다는 말도 헛소리에 불과하다. 그런 영원한 필연성이 존재한다는 광기의 소리는 끔찍하면서도 극히 작은 범위에서만 유용한 것이었다. 이것은 모든 것이 하나의 죄이고, 모든 것이 그런 죄로서만 느껴진다고 말하는 광기의 소리와 같다. 이렇게 말할 때, 존재하는 것이 있다면 그것은 사물이 아니라 결코 존재하지 않는 사물, 즉 신에 대한 의견일 뿐이다. 이 의견이 사람들을 이토록 혼란스럽게 만들고 있는 것이다.

564.

경험의 바로 곁에서! — 위대한 정신들조차 오로지 그들의 다섯 손가락 넓이만큼의 경험만을 가질 수 있을 뿐이다. 바로 그 곁에서 그들의 생각은 멈추고 만다. 그리고 거기서부터는 그들의 끝없이 펼쳐져 있는 텅 빈 공간과 그들의 어리석음이 시작된다.

565.

늘 함께 묶여 있는 위엄과 무지. — 우리는 무엇을 이해하는 곳에서는 겸손해지고 행복해지며 창의적이 되기도 한다. 또 우리는 충분히 배우고 동시에 우리의 눈과 귀를 충분히 열어 놓게 되는 곳이라면, 그곳이 어디가 되었든 간에 언제든지 우리의 영혼은 더 많은 유연함과 더 많은 우아함을 보여 준다. 그러나 우리는 아는 것이 거의 없고, 또 제대로 배우지도 못한 상황이라면 어떤 사태를 포용적으로 끌어안아 주거나 또 그러면서 자기 자신을 사랑스러운 존재로 만드는 것이 매우 어려워지고 만다.[544] 오히려 우리는 도시, 자연, 역사를 무뚝뚝하고 무감각하게 통과하면서도, 마치 이러한 태도와 차가움이 우월함의 결과인 것처럼 상상하기도 한다. 그렇다, 우리의 무지와 우리의 빈약한 지식욕은 서로 잘 어울려 다닌다. 이것들은 때로는 위엄으로 때로는 성격으로 가장하고 속이면서 스스로를 거만하게 만들기도 한다.

566.

저렴하게 산다. ― 가장 저렴하고 가장 해롭지 않게 사는 삶의 방식은 사상가의 삶이다. 왜냐하면 그는 다른 사람들이 가볍게 평가하고 버리는 바로 그런 사물들을 가장 많이 필요로 하기 때문이다. 이것이 바로 사상가의 삶에서 가장 중요한 것이다. 그러니까 그는 어떤 상황에서도 쉽게 즐거움을 찾아낸다. 그리고 즐겁게 살기 위한 값비싼 수단은 알지 못한다. 그가 하는 일은 그것이 무엇이 되었든 간에 힘들지 않으며, 말하자면 남국적인 풍경을 연상케 한다. 그의 낮과 그의 밤은 양심의 가책을 통해 절대로 망쳐지지 않는다. 그는 움직이고 먹고 마시고 잔다. 이 모든 것을 그는 자신의 정

544 니체가 원하는 이상형은 포용적인 사람이라 할 수 있다. 포용적인 태도는 자기 스스로가 능력이 될 때 가능해진다. 끌어안을 수 있을 때 모든 것은 아름답고 귀엽고 사랑스럽게 보인다. 끌어안을 수 없을 때 모든 사물은 흉측하게 변하고 만다. 세상에 존재하는 모든 사물은 바로 이 포용 능력에 따라 긍정적인 빛을 띨 수도 있고 부정적인 의미로 비춰질 수도 있다. 세상을 사악한 것으로 바라보는 염세주의자들은 세상이 감당이 안 되어서 그렇게 바라보는 것이다. 니체와 같은 허무주의자는 염세주의적으로 세상을 바라볼 때도 있고, 이상주의적으로 세상을 바라볼 때도 있다. 그는 자신의 시각과 관점을 의도적으로 전혀 다른 형식으로 바꿔 놓을 수도 있다. 그는 늘 이럴 수도 있고 저럴 수도 있다는 생각의 놀이에 잘 훈련이 되어 있는 것이다. 놀 수만 있다면 인생은 아무 문제 없다. 놀 수가 없어서 삶이 힘들어지는 것일 뿐이다. 포용할 수만 있다면 자신의 삶이 어떤 형편에 있든 전혀 상관없다.

신이 점점 더 조용해지고 강력해지며 맑아질 정도로만 행동으로 옮긴다. 그는 자신의 육체에 대해 기뻐한다.[545] 그 육체의 현상에 대해 두려움을 느낄 어떤 이유도 갖지 않는다. 나중에 그는 때때로 자신의 고독을 좀 더 사랑스럽고 부드럽게 포옹하기 위한 사교만 필요로 할 뿐, 그 외에는 그 어떤 사교도 필요로 하지 않는다. 그는 살아 있는 자들 대신 죽은 자들과 맞서고, 친구들 대신 자기 자신과 맞선다. 또 지금까지 살았던 최고의 사람들을 친구로 취한다. 정반대의 욕망과 습관 때문에 사람들의 삶이 값비싸게 만들어졌고, 바로 그 때문에 살기 힘들어진 것은 아닌지, 바로 그 때문에 삶이 견딜 수 없을 정도로 힘들어진 것은 아닌지 고민 좀 해 봐야 한다. 다른 의미로 보면 물론 사상가의 삶이야말로 가장 값비싼 삶이다. 그에게는 자신을 위해 좋은 것이라고는 아무것도 없다. 게다가 최고의 것이 없다는 것이야말로 여기서는 진정으로 참고 견디기 어려운 결핍이 될 것이다.

545 참으로 어려운 요구다. 대부분의 사람은 늙고 병들어 가는 자신의 모습을 좋아하지 않는다. 흰머리가 늘어나고 주름살이 깊어질수록 자기 자신에 대한 관심은 줄어들기만 할 것이다. 나이가 들었다는 그 현상에 대해 긍지를 갖는 자는 극히 드물다. 늘 사진 찍기를 좋아하는 세대는 젊은이들뿐이다. 자신의 육체적 현상에 수치심을 느끼는 것은 일반적이다. 이것을 성경적으로는 원죄로 연결시켜 설명해 놓기도 했다. 이야기는 이렇다. 에덴동산에 생명의 나무와 선악을 알게 하는 나무가 있었는데, 신은 유독 선악을 알게 하는 나무의 열매를 먹지 말라고 명했다. 그것을 먹는 날에는 "반드시 죽으리라"(창세기 2:17)고 가르쳐 주기도 했다. 그런데 최초의 사람들은 그것을 먹고 말았다. 그리고 이후 한 행동이 무화과나무 잎을 엮어 치마로 삼아 성기를 가리는 것이었다. 즉 자기 몸의 일부분을 부끄러워 가리는 행위가 나타난 것이다. 자기 육체에 수치심을 느끼는 것 자체는 신의 시각으로 바라볼 때 이미 죽은 것이나 다름없다. 왜냐하면 신은 그 열매를 먹으면 반드시 죽을 것이라고 말했기 때문이다. 하지만 이것은 신의 시각이다. 이제 인간적인 시각을 고민해 봐야 할 시점이다. 생로병사! 이것이 부끄러운 일인가? 삶이 후반부로 갈수록 수치심을 느껴야 마땅한 일인가? 그런 감정이 커지면 커질수록 죽음 앞에 당도했을 때 드는 감정은 말 그대로 허무함 그 자체일 것이다. 이런 허무함에 저항하자고 니체는 허무주의를 가르치고 있었던 것이다.

567.

전쟁터에서.[546] — "우리는 사물들을 실제보다 더 재미있게 받아들여야 한다. 우리는 그것들을 오랫동안 실제보다 더 진지하게 받아들여 왔기 때문이다." 인식의 용감한 전사들은 이렇게 말한다.

568.

시인과 새. — 불사조가 시인에게 불에 타 재가 되어 가고 있는 두루마리 하나를 보여 주었다. "놀라지 말라!"라고 불사조가 말했다. "이것은 그대의 작품이다! 이것은 시대의 정신을 갖고 있지 않다. 게다가 이것은 시대에 저항하는 자들의 정신은 더더욱 가지고 있지 않다. 따라서 이것은 불에 태워져야 한다. 그러나 이것은 하나의 좋은 징후다. 많은 종류의 아침놀들이 존재한다."[547]

569.

고독한 사람들에게. — 만약 우리가 다른 사람들의 명예를 공개된 장소

546 니체는 싸움이니 투쟁이니 전쟁이니 하는 개념들을 자주 사용한다. 하지만 언제나 그것들은 자기 자신과의 싸움에 적용될 뿐이다. 때로는 지금처럼 인식의 전쟁터에서 요구되는 개념으로 적용되기도 한다. 생각하는 존재는 생각으로 전쟁을 펼칠 줄 알아야 한다. 인식하는 존재는 인식의 전쟁터에서 전사로 행동할 줄 알아야 한다. 누가 적인지 누가 친구인지 가려낼 줄도 알아야 한다. 자기에게 주어진 무기는 또 무엇인지, 그 무기를 잘 다룰 수는 있는지 등도 잘 알고 있어야 한다. 이 인식의 전쟁터가 무섭다고 돌아설 수도 없다. 생각하는 힘을 갖고 태어난 이상 언젠가는 이 전쟁터에 목숨을 걸고 치열하게 싸우며 살아 줘야 한다. 그것이 사람으로 태어난 자의 책임과 의무이다.

547 이것은 이 책의 모토를 기억나게 한다. "아직도 밝아 오지 않은 / 아침놀이 너무나 많다." 수많은 것들이 새로운 빛으로 밝혀져야 한다. 과거의 빛은 낡았다. 이제 새로운 빛이 필요하다. 인식을 위한 새로운 빛이 요구되고 있는 것이다.

에서 존중해 주는 것처럼 자신과 대화하는 장소에서 존중해 주지 않는다면, 우리는 단정치 못한 자들이다.

570.

상실들. — 우리의 영혼이 어떤 것을 상실했을 때, 비탄을 쏟아 놓기보다는 높고 검은 측백나무 아래에서처럼 침묵하며 걷게 되며, 그런 식으로 영혼에게 숭고함을 전해 주는 그런 상실들도 있다.

571.

영혼의 야전 약국. — 세상에서 가장 강력한 약은 무엇일까? 그것은 승리다.

572.

삶이 우리를 쉴 수 있게 해 주어야 한다. — 사상가처럼 습관적으로 사색과 감정의 커다란 강물의 흐름 속에 살고, 또 밤의 꿈조차 이러한 강물의 흐름을 따라 흐르고 있다면, 사람들은 삶으로부터 휴식과 고요함을 갈망하게 된다. 이에 반해 다른 사람들은 명상에 자신을 내맡기려 하고, 삶으로부터 떨어진 채 편히 쉬고 싶어 한다.

573.

허물벗기. — 허물을 벗을 수 없는 뱀은 죽는다. 자신의 의견을 바꾸는 것을 방해하는 정신들도 마찬가지다. 그것들은 정신이기를 그만두고자 하기 때문이다.

574.

잊지 말라! ― 우리가 높이 올라가면 올라갈수록, 우리는 날 수 없는 사람들에게 더욱 작게 보인다.

575.

우리는 정신의 비행사들! ― 멀리, 가장 먼 곳까지 날아가는 이 모든 대담한 새들. 이들은 더 이상 날아갈 수 없게 되어 돛이나 황량한 절벽 위에 내려앉을 것이 분명하다! 하지만 이 비참한 숙소에 대해서도 진심으로 감사하리라! 그러나 이러한 사실에서 그 누가 과연 추론할 수 있을까? 그들 앞에 그들이 날 수 있는 거대하고 자유로운 어떤 길도 이제 더 이상 남아있지 않다고, 또 그들이 날 수 있는 만큼 멀리 날아왔다고. 우리의 모든 위대한 스승과 선구자는 결국에는 멈춰 서고야 말았다. 이들 피로한 사람들은 가장 고귀하면서도 가장 우아한 몸짓으로 멈춰 선 것도 아니다. 나도 그대도 그렇게 될 것이다! 그러나 그것이 나와 그대에게 무슨 상관이란 말인가! 다른 새들은 계속해서 날아갈 것이다! 우리의 이러한 통찰과 믿음은 그들과 경쟁하면서 멀리 그리고 높이 날아가고 있다. 이 통찰과 믿음은 곧바로 우리의 머리와 그것의 무력함을 넘어 높은 곳으로 올라가고 있다. 그리고 그곳에서 먼 곳을 바라보고, 우리보다 훨씬 더 강력한 새들의 군단을 바라본다. 이 새들도 우리가 추구했던 곳을 향해, 온통 바다, 바다, 바다인 곳을 향해 날아가게 될 것이다! 그러면 우리는 도대체 어디로 날아가려 하는

가? 우리는 바다를 넘어서고자 하는 것일까? 어떠한 욕망보다도 우리에게 더 중요한 이 강력한 욕망은 우리를 어디로 데려가는가? 그것도 왜 하필 바로 이 방향으로, 즉 이제까지 인류의 모든 태양이 몰락했던 곳을 향해서? 아마도 언젠가 사람들은 이렇게 말하지 않을까? 우리도 서쪽으로 항해하면서 인도에 도달하고자 했다고, 그러나 무한에 좌초당한 것이 우리의 운명이었다고. 그렇지 않은가, 나의 형제들이여? 그렇지 않은가?

작품 해설

죽음의 위기를 넘기고 권력과 힘의 감정을 느끼고 있는
철학자 니체의 생명력 넘치는 증언으로서의 『아침놀』

‘아침놀’은 날이 밝아 올 때 아침 햇살로 하늘이 벌겋게 물드는 현상을 일컫는 말이다. 어둠을 몰아내는 빛의 등장은 말 없는 축제의 현장이 된다. 빛의 등장과 함께 온갖 망상은 사라지게 된다. 어둠 속에서 활개를 치던 악령들도 사라진다. 태양이 떠오르면서 모든 것은 반전을 거듭하게 된다. 근대를 이끌었던 르네상스인은 중세를 향해 어둠의 시대, 즉 암흑기라 불렀고, 자신들을 빛과 함께 등장하는 신세대라 칭했다.

빛은 어둠을 이겨 냈다. 근대는 중세를 이겨 냈다. 휴머니즘 정신이 신학의 아성을 무너뜨렸다. ‘인간적인 너무나 인간적인’ 것이 ‘신적인 너무나 신적인’ 것을 밀어냈다. 사람의 관심을 사람에게로 향하게 하는 데 양심의 가책을 느끼지 않아도 된다. 신을 생각하고, 신을 믿으며, 신을 사랑하고, 신에게 모든 것을 맡겨야 했던 중세인들의 사고방식을 극복하는 데 천 년이란 세월이 소요되어야 했다. 빛과 함께 인간의 이성이 자유를 선언한다.

니체의 『아침놀』은 승리감으로 충만해 있다. 이겨 냈다. 극복해 냈다. 포기하지 않았다. 주저앉을 수도 있었지만 끝까지 걸었다. 불안과 두려움을 모두 견뎌 내고 지평선과 수평선 너머로 조금씩 모습을 드러내는 여명과 함께 이제 곧 태양이 뜰 것이라는 예감까지 갖게 되었다. 파우스트가 절망감에 빠져서 독배를 들려고 할 때 들려오는 천사의 합창 소리가 이런 것일까. 세상은 아직 어둡지만 그렇다고 빛이 전혀 없는 것도 아니다.

니체의 철학적 이념을 감각적 차원으로 접근하기 위해 리하르트 슈트라우스의 교향곡 〈차라투스트라는 이렇게 말했다〉를 들어 보면 어떨까. 이 음악이 들려주는 첫 부분의 음은 멀리서 다가오는 '아침놀'의 빛줄기를 연상케 한다. 아폴론의 화살이 목표 지점을 향해 정확하게 날아와 꽂히듯이 빛은 그 줄을 따라 존재를 밝혀 주고 현실이라는 공간을 연출해 낸다. 그 빛과 함께 인식의 그물이 엮어지는 듯하다. 인식의 그물, 그것은 빛 없이는 결코 엮어질 수가 없다. 외로운 나팔 소리와 곧이어 심장의 고동처럼 빵빵거리며 울려 퍼지는 합주 소리 그리고 날카로운 인식의 소리를 전하는 듯한 팀파니 소리, 이것이 몇 번 반복되며 날은 밝아 온다. 빛이 보인다. 눈을 뜨고 있다는 그 감각이 전하는 쾌감이 느껴진다. 이 곡은 1896년 11월 27일 프랑크푸르트의 시립극장에서 처음 연주되었다. 철학이 음악으로 전환을 이루는 역사적인 사건이었다. 니체가 아직 살아 있을 때의 사건이다. 생철학자 니체가 광기의 세계에서 먼 곳으로 시선을 던지고 있을 때였다.

잠언으로 글을 쓰는 사람은 읽히는 것에 만족하지 않고 외워지고, 거기서 더 나아가 되새김질이 이어지기를 바란다. 주야로 묵상하는 대상이 되어야 한다는 것이다. 하나님의 말씀을 가지고 "주야로 묵상"(시편 1:2)하는 행위는 진정한 행복의 증거가 되듯이, 니체의 잠언을 붙들고 밤낮으로 생각에 잠겨 보는 것이야말로 니체가 인도해 주는 구원의 지름길을 걷는 일이다. 하지만 생각이란 그릇 안에 생철학적인 말들로 채워 넣는 것은 독서를 통해 끊임없이 훈련을 거듭해야 가능한 일이다.

니체는 『인간적인 너무나 인간적인』부터 잠언이라는 문체로 글을 쓰기 시작했다. 그리고 건강상의 문제로 10년 동안 유지해 오던 교수직을 내려놓고 자유롭게 글을 쓰는 신분이 되었다. 36살! 아버지가 돌아가신 나이에, 니체 또한 죽음 직전까지 가는 경험을 한다. 아버지의 삶과 자신의 삶을 혼동하며, 소위 죽다 살아난 것이다. 그 죽음의 문턱에서 겨우 살아 나온 것이다. 이제부터 삶은 새롭게 주어진 선물과도 같다. 살아 줘서 고맙다. 이제부터 다시 사는 것이다.

아직도 살아 있다는 느낌은 승리감과 행복감으로 충만해 있다. 두려움은 극복되고 희망을 품은 정신은 빛을 따라간다. '살아 있음'은 '이미 있음'보다 강력하다. '이미 있음'은 신, 도덕, 양심, 가치, 걱정거리, 두려움의 대상 등 다양한 이름으로 사람의 삶을 구속하고 힘들게 했다. 그런데 정신은 살아 있음을 깨닫고 있는 것이다. 죽지 않고 살아남았다. 죽음 직전까지 갔다가 삶으로 전환을 일궈 냈다. 최악의 상황을 견뎌 낸 것이다. 이제부터 삶은 죽음 경험이 가져다준 선물과도 같다. 하지만 그 선물로 마냥 만족할 수만은 없었다. 생각하는 존재는 생각으로 살아남아야 한다는 거창한 숙제를 떠안아야 한다.

니체의 철학 하기는 수수께끼 풀기와 같다. 그 수수께끼는 스핑크스의 질문처럼 삶 자체의 영역에서 맴돌고 있다. "아침에는 네 발로, 점심에는 두 발로, 저녁에는 세 발로 걷는 것이 무엇인가?" 사람이다. 사람이 정답인 이 수수께끼를 스핑크스는 사람에게 묻는다. 대답하면 통과시키고, 대답을 못하면 잡아먹었다는 괴물이다. 사람을 먹잇감으로 삼는 괴물, 그가 스핑크스다. 사람이 정답인 문제를 수수께끼 형식으로 사람에게 묻는 괴물이다. 이 신화의 메시지는 심오하다. 대답을 할 수 있으면 살아남을 수 있지만, 그렇지 못하면 죽은 목숨이라는 그 잔인함이 느껴지기 때문이다.

사람은 삶을 알아야 한다. 삶은 사람의 책임이고 의무이다. 사람은 살면서 자기 몫을 다하게 되는 것이다. 자기는 자기 자신을 알아야 한다. 나는 나를 알아야 한다. 아폴론 신전에도 '너 자신을 알라!'라는 문구가 적혀 있었다. 이 말이 신의 명령으로 선택될 수 있었던 이유는 사람들이 자기 자신을 모르고 살아갈 때가 더 많기 때문이다. 사람이 삶을 모르고 전혀 다른 것을 앎이라 선언하며 살아갈 때가 태반이기 때문이다. 그것을 뭐라고 말해야 할까? 우상? 허상? 망상? 헛된 생각? 헛된 꿈? 도대체 우리는 무엇을 보고 있는가? 니체의 글들은 우리를 거울 앞에 세워 놓는다. 그리고 우리 자신을 깨달아 주기를 간절하게 바라고 있다.

『인간적인 너무나 인간적인』에서부터 니체는 잠언으로 철학을 하는 모범을 보여 주기 시작했다. 그리고 그 잠언이라는 문체는 『아침놀』로 이어지고 있다. 앞선 책이 조금 심각했다면, 이번에는 밝음으로 충만하다. 새벽 동틀 녘에 산을 오르는 마음 같다. 곧 대낮이 되리라는 확신으로 발걸음은 가볍다. 생철학이라는 커다란 산을 오르고 있어서 그런 것이다. 이 책을 읽어내면 시를 쓰는 철학자의 힘찬 언어 『즐거운 학문』을 감당할 수 있게 될 것이고, 또 이 '즐거운' 책을 넘어서고 나면 그의 대표작이라 일컬어지는 『차라투스트라는 이렇게 말했다』가 읽히는 기쁨을 맛볼 수 있을 것이다.

개개의 잠언들은 벽돌과 같다. 그것을 쌓아서 어떤 건물을 지을지는 쌓는 자의 몫이다. 그의 능력과 취향 그리고 이상에 따라 결과물은 천차만별의 양상을 보일 것이다. 누구는 성을 쌓고, 누구는 궁전을 쌓고, 누구는 탑을 쌓고, 또 누구는 새로운 신상을 만들어 낼 수도 있다. 니체의 글들은 잠언의 형식으로 쓰여 논리를 지양하고 삶의 다양성을 있는 그대로 보여 주고자 애를 쓴다. 사물을 있는 그대로! 이것이 니체가 바라보는 시선이다. 사물이 이성을 관통하지만 어떤 왜곡도 일어나지 않게 하는 것이 그의 눈이다. 훈련에 훈련을 거듭해야 얻을 수 있는 관음觀音의 경지다. 소리를 보는 그런 경지 말이다. 소리까지도 볼 수 있는 그런 눈은 깨달음의 눈을 의미한다.

『아침놀』은 모두 5권으로 이루어져 있지만, 각 권의 주제가 없다. 제목도 필요하지 않다. 그저 벽돌을 가득 실은 수레가 다섯 대 있을 뿐이다. 그 벽돌들은 작지만 하나같이 독립된 형태를 취하며 전체로 해석되기를 기대한다. 그것들이 어디에 놓이고 어떻게 쓰이느냐에 따라 의미와 가치가 다양하게 결정될 뿐이다. 잠언은 지혜가 담겨 있는 글이다. 그 지혜를 다룰 수 있는 기술과 힘을 기르고자 한다면 니체의 글들은 도움의 손길을 뻗어 올 것이다.

무궁무진하다. 바다와 같다. 심연 같다. 때로는 사막과도 같다. 경우에 따라서는 길 없는 숲속으로 들어가는 느낌이 들기도 한다. 이 모든 것이 니체의 책 앞에서 느끼는 감정들이다. 니체의 글들은 끝이 안 보이는 우물과 같다. 솟구치는 물줄기가 보이는 듯도 하고, 멈추지 않고 흐르는 샘물과 같이 느껴지기도 한다. 이를 두고 함부로 이건 이거다 저건 저거다 하고 단정하고 규정하는 순간, 이미 그의 글에 쇠사슬을 채워 감옥 안에 가둬 놓는 실수를 범하게 된다. 에톤이라 불리는 독수리가 날마다 날아와 그 날카로운 부리로 거인의 간을 파먹듯이, 그렇게 거인에게 고통을 주고 있는 것이다. 헤파이스토스가 만들었다는, 그 끊어지지 않는 쇠사슬에 묶여 버린 결과다.

밤하늘의 무한한 별들을 바라보듯이 그렇게 니체의 잠언들을 바라보면 얼마나 좋을까. 기존의 이름을 망각의 강물로 띄워 보내 버리고 우리의 시인처럼 "별 하나에 아름다운 말 한마디씩 불러" 보면 얼마나 좋을까. 지나간 사랑의 이름들을 떠올리며 행복을 소환하는 시간이 되어 주면 이 또한 얼마나 소중한 순간이 될까. 분명 니체의 글들은 끝까지 가는 치열함을 선보인다. 하지만 그 끝에서 언제나 새로운 날개를 달아 줄 것이다. 그 끝에서 새로운 항해를 시작하는 명장면을 연출해 줄 것이다. 믿고 따라가 보는 신앙심이 요구된다. 허무함 속으로 이끌고 가는 니체의 정신을 따라가 보자.

니체의 글들과 함께 노래하고 춤추기 위해서는 말을 하면서도 말을 하지 않고, 말을 하지 않으면서도 말을 하는 기술을 터득해야 한다. 정적의 날들 속에서 태어난 주옥같은 말들을 하나의 실로 엮어 내는 것은 독자의 몫이지만, 그 주옥을 알아보는 데는 수많은 시간을 훈련으로 보내야 한다. 훈련은 힌두교에서 종교생활의 모범으로 제시하기도 한다. 아스케제, 이 말은 일반적으로 금욕고행으로 번역된다. 욕망을 금지시키고 힘든 일을 한다는 뜻이다. 힘들어하는 일이 무엇인지 알아보는 능력이 전제된다. 그리고 그 힘든 일을 향해 도전하는 정신도 요구된다. 훈련이라는 말이 전하는 메시지는 다양하다.

현상계는 휘황찬란하다. 너무 다양해서 정신을 차릴 수도 없다. 무엇이 무엇인지 도무지 알아차릴 수가 없다. 때로는 이것이, 때로는 저것이 가치를 운운한다. 정해진 가치도 없다. 정해진 길도 없다. 현상이라 써 놓고 삶이라 읽어 내는 순간, 모든 것은 빛 속에 들어오게 된다. 만약 정신이 훈련되지 않은 상태라면, 니체의 말들은 의미 없는 북소리가 되고 만다. 메시지가 실리지 않은 천둥소리가 되기도 한다. 하지만 고된 훈련을 마친 뒤라면, 그래서 정신이 만반의 준비를 해 둔 상태라면, 그의 언어는 초인의 힘을 발휘하게 될 것이다. 그가 보여 주는 빛과 함께 그의 잠언들은 온갖 기회의 언어로 둔갑을 할 것이다.

현상은 감각의 대상이다. 감각이 전해 주는 세상이 현상계이다. 육체를 갖고 살아야 하는 인간에게 현상은 운명처럼 주어져 있다. 현상은 대지 위에 존재하는 사람만큼이나 다양하게 존재한다. 한 사람조차 때로는 이런 세상이, 때로는 저런 세상이 눈앞에 펼쳐진다. 때로는 미친 듯이 좋아서 날뛰고, 때로는 죽을 듯이 눈물을 흘리며 오열하기도 한다. 때로는 신선한 공기를 폐 속에 가득 채우며 "야호!"를 외치기도 하고, 때로는 가슴이 답답하다고 한탄을 쏟아내기도 한다. 똑같은 현상 앞에서 우리는 너무도 많은 것을 경험하고 있는 것이다. 그 현상의 다른 말이 삶의 현장이다.

삶의 다른 말은 지금과 여기다. 삶을 인정한다는 것은 지금과 여기를 받아들인다는 얘기다. 지금은 시간의 의미이고, 여기는 공간의 의미이다. 시간과 공간은 현상의 원리이다. 시간과 공간의 의미가 대지의 뜻이다. 중세 천 년 동안 필연으로 충만한 하늘의 뜻에 연연하며 살았다. 이제부터는 우연으로 흘러넘치는 대지의 뜻에 귀를 기울여 보자. 우연은 가능성의 다른 이름일 뿐이다. 무한한 가능성 앞에 당당하게 서 보자는 것이다. 니체에게 큰 영향을 받았던 카뮈는 『시지프스 신화』를 시작하는 곳에 모토로 이런 글을 적어 놓았다.

> "오, 사랑하는 이여, 불멸의 삶을 갈망하지 말고, 오로지 가능성의 들판을 끝까지 내달려라."

이 말은 또한 생철학의 이념을 펼쳤던 시인 괴테의 말로도 소급된다.

> "영원히 질주하고 싶으면 유한한 곳에서 모든 방향으로 나아가라."

끝까지 달려야 하는 것도, 또 모든 방향으로 나아가는 것도, 모두 쉬운 일이 아니다. 그 어려운 일을 시키고 있는 것이다. 생철학은 그것이 바로 사는 일이라고 가르치고 있을 뿐이다.

모든 선명한 이론은 잔인한 칼날이 되어 사람의 정신을 벤다. 모든 인간적인 위로의 소리는 침묵이 키워 낸 말들로 채워진 범종의 소리를 닮았다. 사랑해, 사랑한다, 사랑합니다, 이런 사랑의 소리는 모든 것을 허용하는 소리다. 무엇을 빼놓기 위한, 소위 배타적인 소리가 아니다. 사랑의 소리는 모든 것을 포용하는 소리다. 나무가 나이테를 만들면서 성장하듯이, 생각하는 존재는 속이 새카맣게 타들어 가는 소리를 품으며 더 큰 존재로 거듭나게 되는 것이다. 허무주의는 이런 소리를 들을 수 있는 귀를 위한 철학이다. 공과 무로 채워진 종소리를 인식의 소리, 깨달음의 소리, 해탈의 소리로 들을 수 있는 귀가 요구되는 철학이다. 『인간적인 너무나 인간적인』과 『아침놀』 그리고 『즐거운 학문』은 세 개의 다리가 되어 『차라투스트라는 이렇게 말했다』를 떠받치고 있다.

『아침놀』의 메시지는 분명하다. 아침이 다가오고 있다. 밤은 곧 끝장날 것이다. 빛이 나타나고 있다. 어둠은 곧 꼬리를 감추고 말 것이다. 시간이 흘러 날이 밝았다. 모든 것이 한눈에 들어온다. 길이 보이면 걸어갈 일만 남았다. 새로운 날이 주어졌다. 날이 주어지면 살아갈 일만 남았다. 어떻게 살아야 할까? 무슨 일을 하며 시간을 보내야 할까? 무슨 생각을 하며 삶으로 주어진 이 소중한 생명의 순간들을 보내야 할까? 니체의 철학이 고민하는 질문이다.

니체는 수수께끼를 내고, 또 그 수수께끼를 스스로 풀며 철학을 한다. 자기 자신을 위한 수수께끼다. 그런 수수께끼를 내는 것도 능력이다. 스스로 문제 앞에 세워 놓는 것도 지혜다. 없던 문제도 만들어 내며 살아야 한다는 것이 스핑크스가 전하는 신화의 메시지다. 신들의 이야기가 들려주고자 하는 지혜의 소리다. 스스로 스핑크스도 되고 스스로 오이디푸스도 되어야 한다. 삶에서 얻어지는 온갖 내용들을 수수께끼 형식으로 대한다는 것 자체가 철학에 임하는 행위와 같다. 늘 사람을 묻고 삶을 묻는다. 중세 천 년 동안 신을 묻고 천국을 물었다면, 그 정반대의 현상과 정신을 추궁하고 있는 것이다. 낯설다. 신에게 익숙해져 있어서 그런 것이다. 그래도 중세를 암흑기로 선언할 수 있는 정신은 니체가 말하는 아침놀을 바라볼 수 있을 것이다.

니체의 철학에 대한 이름은 다양하다. 첫째는 생철학이다. 삶과 사람이 주로 다뤄지는 철학이다. 영생과 하나님에 대한 철학은 이제 그의 관심사가 아니다. 죽어야 할 운명적 존재로서의 사람과 그 제한된 삶에서도 영원히 변치 않는 가치를 구현하는 데 주력을 할 뿐이다. 니체는 삶을 위한 변호인이 되고자 한다. 사람은 아무런 죄도 없다. 사람이 이렇게 생긴 것에 대해서는 수치스러운 일이 아니다. 성기는 무화과나무 잎으로 가려야 할 대상이 아니다. 성생활은 성스러운 일이다. 신들의 이야기는 이런 성스러운 일들로 가득하다. 사람을 사랑하는 것은 죄가 아니다. 한 사람만 사랑하는 것이야말로 독단이요 배타이며 횡포가 되는 것이다. 신의 아들이라 불리는 그 유일신만을 동경하는 것이야말로 정신을 우물 안에 가둬 놓는 실수를 범하게 되는 것이다. 이런 소리를 들려주는 철학이 생철학이다.

둘째, 니체 철학은 허무주의라 불린다. 이성은 이상을 원한다. 이상은 이성의 문제라는 얘기다. 이상의 다른 말은 신이다. 이성은 신을 필요로 한다는 얘기다. 신은 이성적 존재에게는 운명이 된다. 신 없이는 살 수가 없다. 사람에게는 신이 있어야 한다. 하지만 어느 하나의 이상을 옳다고 말하는 순간, 다른 모든 이상은 틀린 것으로 규정되고 만다. 니체는 이런 배타적인 규정에 대해 허무함을 느낀다. 허무함은 감당해야 할 미덕이다. 그것이 감당되면 한계는 극복될 수 있다. 속이 텅 빈 범종이 위로의 소리를 쏟아 낼 수 있듯이 허무가 감당되는 정신은 인류를 위해 영원한 위로의 소리를 들려줄 수 있게 된다. 다만 그 소리를 인식해 줄 관음의 경지에 도달한 눈과 귀가 없다는 것이 문제일 뿐이다. 소리를 볼 수 있는가? 스스로 검증해야 할 시간이 되었다. 눈을 감고 하늘을 바라보자. 천국의 소리를 들을 수 있다? 그것은 아무나 할 수 있는 일이다.

아침은 새날의 시작 지점이다. 아침은 밤을 전제한다. 지난밤은 길었다. 긴 밤이 있었다. 제대로 휴식도 취하지 못했다. 우리의 시인처럼 '등불을 밝혀 어둠을 조금 내모는 정신'으로 버텼다. 빛을 대체할 등불을 마련하는 것도 지혜다. 등불이 굳이 디오게네스의 등불일 필요는 없다. 대낮에 시장 바닥에서 사람을 찾았다는 그 철학자의 등불 말이다. 디오게네스의 존재 가치를 깨달은 라파엘로는 〈아테네 학당〉의 진정한 주인공으로 만들어 놓았다. 계단에 비스듬히 앉아 글을 읽고 있는 그의 자태는 우아하기까지 하다. 그의 주변에는 아무도 범접하지 못한다. 모두가 하늘을 바라볼 때 그는 대지의 뜻에 집중할 뿐이다.

가슴이 벅차다. 가슴이 뛴다. 격앙된 흥분 상태를 일컫는 말들은 무수히 많다. 그리고 그 밤이 사라지고 날이 밝아 온다. 눈을 가진 존재는 이런 순간을 희망적으로 바라본다. 하지만 빛도 빛 나름이다. 실제적인 빛이 있는가 하면, 실제로는 전혀 존재하지 않는 상상의 빛도 있다. 사람은 생각하는 존재라서 눈에 보이지 않는 빛도 생각해 낸다. 그것이 문제다. 신을 '이미 있음'으로 선언할 수 있는 그 정신이 문제인 것이다. 있지도 않은 빛을 보며 신성을 부여하고 거기서 두려움까지 느낀다. 사람이라서 이런 일들이 벌어지는 것이다. 귀신을 보는 것도 사람이라서 그런 것이다.

눈을 가진 존재에게 빛은 신의 속성을 의미한다. 신도 좋아하는 것이 있다면 그것은 빛이다. "빛이 하나님이 보시기에 좋았더라"(창세기1:4). 빛이 좋다! 라틴어로 '발데 보나Valde bona'라고 한다. 이 말이 왜 이토록 유명한 말이 되었을까? 이 말을 신의 말로 선택한 이유는 무엇일까? 생각을 거듭할수록 눈과 빛의 관계가 어렴풋이 보이기 시작한다. 신이 좋아한다는 그 빛이 세상을 밝혔다는 그 의미가 전해지기 시작한다. 빛은 신의 창조물이 되어서 찬양까지 받는 행운을 거머쥔다. 아무도 빛 앞에서 두려워하지 않는다. 그 앞에서 신의 사랑을 확인할 뿐이다. 사랑으로 충만한 느낌은 빛과 함께 실현되었다. 하지만 르네상스 시대는 과거 선배들의 시대를 중세라 불렀다. 천 년이 넘는 세월 동안 세상에는 중세라 불리는 암흑시대가 있었다. 빛을 잃고서도 빛을 보고 있다는 환상 속에 살았던 것이다. 중세는 신 중심 시대였다. 신이 주인공인 시대였다. 모든 권력은 교회가 꿰차고 있었다. 교회를 벗어난 삶은 의미가 없었다. 교회는 진리까지도 독점하고 있었다. 그런 어둠 속에서 구원에 대한 열정이 절정에 달했다.

하지만 르네상스도 뜻했던 바를 이루지 못했다. 모든 노력은 헛수고가 되고 말았다. 죽어가던 교회는 종교개혁을 통해 다시 살아났다. 현대에도 교회는 건재하다. 신성은 진리와 함께 공존하며 사람의 삶을 옥죄고 있다. 양심을 제공하면서 양심의 가책을 느끼게 해 놓았다. 천국을 보여 주면서 지옥을 원망하게 만들어 놓았다. 전지전능한 하나님을 보여 주면서 생로병사의 굴레에 묶여 있는 삶의 현상을 한탄하게 만들어 놓았다. 기독교와 함께 원한 감정은 정점을 찍게 했다. 한의 민족에게는 지극히 매력적인 가치관이 아닐 수 없다. 늘 '나를 버리고 가시는 님은 십 리도 못 가서 발병이 난다'는 저주로 일관하는 민족에게는 기독교의 정신이 주는 위로의 힘을 거부할 수조차 없었다. 그토록 치명적이다.

이제 니체는 르네상스도 일궈 내지 못한 혁명을 꾀한다. 그것이 『아침놀』의 메시지다. 모든 가치를 바꿔 놓으려는 시도가 여기서 이뤄진다. '모든 가치의 가치전도', 이것은 훗날 니체가 자신의 철학적 이념을 표현해 내는 개념으로 등장한다. '아침놀'과 함께 신의 빛을 세상에서 거두어들이고 인간의 빛을 세상에 드리우고자 하는 그런 '인간적인 너무나 인간적인' 시도가 진행된다. 신을 죽이고 인간을 살리고자 한다. 신이 죽고 인간이 산 지금, 이제 두려울 게 없다. 죽은 자 앞에서 겁을 내는 이유는 산 자의 생각이 장난을 치기 때문이다. 어둠 속에서 활개를 치던 환영들은 빛의 등장과 함께 순식간에 사라지고 말았다. 한눈에 다 보인다. 모든 것이 분명하다. 인식은 이런 느낌이다.

인식의 기원은, 「창세기」에 따르면 에덴동산으로 소급된다. 인식은 악마의 개입과 함께 최초의 인간들에게 주어진 것이다. 신이 허락한 것이 아니다. 인식은 악마 때문에 생겨난 재앙일 뿐이다. 하지만 인간은 그 인식의 능력을 가지고 살아야 한다. 설명이야 어떻게 되었든 간에, 인간은 인식하는 존재일 뿐이다. 인식의 다른 말은 깨달음이다. 생각하는 존재는 깨달음을 최고의 경지로 간주할 수밖에 없다. 깨달음은 모든 것이 빛 속에 있는 듯한 황홀지경과도 같다. "두려워하지 말라!" 니체도 신처럼 이런 말을 거듭하고 있다. 예전에는 단 한 번도 경험해 보지 못한 빛이라 해도 겁먹지 말고 당당하라고 가르치고 있는 것이다.

『아침놀』은 위기가 끝나고 건강이 회복을 될 때 쓰였다. 긴 터널을 빠져나온 기분이다. 야호! 하고 외치고 싶은 심정이다. 이악코스Iakchos(디오니소스의 별명, 전쟁을 할 때 전의를 다지기 위해 지르는 함성, 의성어)를 외쳐 대고 싶기도 하다. 이악코스! 야호! 소리를 따라해 보면 뭔가 리듬이 비슷하다는 느낌이 든다. 시간과 공간이 달라도 행복감을 표현해 내는 소리는 닮았다는 얘기다. 이제 전쟁이다! 살아 있어서 전쟁을 피할 수 없는 것이다. 삶은 온갖 것으로부터 도전을 받고 있다. 생각하는 존재는 온갖 생각으로부터 공격을 받고 있다. 생각하는 존재는 생각 하나만으로 어떤 상황에서도 살아남아야 한다. 삶이여 어서 오라! 우리 한번 멋지게 살아 보자! 죽음이여 오라! 너 아니면 나다! 죽을 각오가 되어 있다면 무엇이 두려우랴! 이런 식이다. '아침놀'과 함께 죽음 직전까지 갔던 정신이 삶의 중심으로 다시 되돌아왔다.

새로운 시작을 알리는 『아침놀』은 죽음 경험이 낳은 결과물이라고 했다. 1881년, 니체의 나이 36살 때의 일이라고 했다. 아버지의 나이로는 이미 죽은 목숨이다. 이제부터는 아버지가 경험해 보지 못한 시간들이다. 낯선 곳으로 발을 들여놓는다. 새로운 세계를 향해 거보巨步를 내딛는다. 한 걸음 한 걸음 모두 위대한 의미가 부여될 것이다. 이제는 아버지에 대한 그림자 없이 모든 것을 홀로 감당해야 한다. 아버지의 흔적을 확인할 수 없는 시간이 펼쳐지게 될 것이다. 아니 아들은 자신에게 새로운 시간이 주어지고 있음을 확신하고 있다.

삶은 살아야 한다. 살아야 삶이라 불릴 수 있는 것이다. 사람은 삶을 통해서만 의미를 찾을 수 있다. 삶은 과정이며 그 어디에서도 멈출 수 없다. 잠을 자는 동안에도 심장은 뛸 것이고, 숨은 쉴 것이다. 단 한 순간도 멈출 수 없는 것이 피의 흐름이다. 삶은 멈출 수 있는 그런 것이 아니다. 『아침놀』과 함께 위대한 시간이 의식 속에 자리 잡게 된다. 이제부터 모든 한 걸음은 낯설음을 향한 위대한 모험인 동시에 증언이 된다. 힘과 용기가 없으면 안 되는 일이다.

니체는 선배들이 선호했던 관념론에 저항하며 생철학을 선택했다. 깔끔한 논리로 설명해 주는 본질보다는, 이유를 알 수 없고 수수께끼 같은 다양한 현상을 선택했다. 필연만을 말하는 성경 같은 이야기를 거부하고, 우연으로 충만한 삶의 이야기를 선택했다. 신이 빛이라던 과거의 논리를 거부하고, 삶이라 불리는 새로운 태양을 선보이고자 한다. 이제 모든 것이 힘들어질 것이다. 진리가 진리가 아닌 것으로 판명났기 때문이다. 길이라고 생각했던 것이 길이 아닌 것으로 밝혀지고 말았기 때문이다. 한계라고, 그래서 운명이라고 판단했던 것이 더 이상 한계가 아닌 것으로 인식되고 말았다. 이제부터 무엇이 되었든 간에 스스로 길을 가야 한다. 길이 없으면 길을 만들어서라도 나아가야 한다. 운명이 아니라면 운명을 개척하며 힘차게 나아가야 한다. 한계가 아니라면 넘어설 일이다.

이성은 늘 선명한 설명을 요구한다. 하지만 그런 선명한 해설이 이성을 틀에 가둬 놓는다. 틀에 갇힌 이성이 선입견과 편견을 양심의 형식으로 바꾸고, 거기서 편안함을 느끼게 한다. 위험한 편안함이라고 할까. 에우포리아euphoria, 즉 증상은 치명적인데 느끼는 감정이 쾌감으로 전해지는 그런 위기상황이라고 할까. 하나님과 사랑에 빠진 황홀함에서 니체는 정신을 차리게 해 준다. 하늘만 바라보며 걸을 때 돌부리에 걸려 넘어질 수 있기 때문이다. 니체가 보여 주고자 하는 아침놀은 또 다른 의미에서의 밝음에 대한 신호이다. 이성의 틀을 깨는 힘으로서의 이성의 또 다른 논리이다. 논리의 한계를 넘어서는 곳에서 경험하게 되는 새로운 논리의 세계이다. 이것을 바라볼 눈이 있는가? 춤추는 철학자의 가벼운 발놀림이 보이는가? 펜으로 춤을 추는 정신의 화려한 동작이 보이는가?

늘 전통에 익숙한 정신들, 그래서 전통을 고수하는 정신들은 끊임없이 설명을 요구한다. 니체가 생각하는 것을 설명하라고. 그것도 간단하게 설명하라고. 니체의 말을 들으려 하지 않고 깔끔한 설명만을 들으려 하는 게으른 정신들이 있다. 그런 간단한 설명을 두고 쉬운 책이라며 호들갑을 떤다. 니체의 책은 읽지 않고, 해설서로 만족하며 니체를 이해했다고 난리법석이다. '쉬운 책이 잘 팔린다'는 인식으로 책을 만드는 그런 장사꾼들이 있다. 니체는 그런 이들을 위해 글을 쓰지 않았다. 그는 오히려 쉽게 이해될 수 있는 것들이 삶을 어렵게 만들고 있음을 잘 알고 있었다. 지름길이 삶을 오지로 끌고 갈 수 있음을 잘 알고 있었던 것이다.

『아침놀』은 모두 5권으로 이루어져 있다. 그 각 권마다 주제를 밝혀 달라는 요구가 떨어지면 답답함을 느낀다. 그와 같이 구성된 논리가 없어서이다. '그래도 논리가 있지 않겠냐?' 하고 달려든다. '무슨 생각이 있어서 그렇게 나눠 놓지 않았겠느냐?'는 식의 발상이다. 신의 뜻이 있을 것이라고 생각하며 신의 뜻을 추궁하는 것과 같다. '이미 있음'이 분명히 있을 것이라고 믿으며 달려드는 것과 같다. '길이 정해져 있을 테니 길을 알려 달라', '시험에 나올 문제를 알려 달라!'는 요구와 같다.

그래도 독자의 요구를 피해 갈 수가 없어서 대충 눈에 띄는 잠언들의 내용을 중심으로 각 장에 대한 주제를 언급해 보기로 한다. 이는 하나의 예일 뿐임을 밝혀 둔다. 다른 장에는 그런 소리가 없느냐고 따지면 할 말이 없다. 경계가 있는 듯하기도 하고 또 없는 듯하기도 하다. 나비가 장주의 꿈을 꾼 것일까, 아니면 장주가 나비의 꿈을 꾼 것일까? 사실 그런 구분이 무슨 의미가 있을까? 장자도 이런 것을 가르치기 위해 비유를 들어 가며 철학을 했던 게 아닐까. 그런 것을 구별하려 하지 말고, 함께 더불어 생각하며 살아 달라고 애원하며 철학을 했던 것이 아닐까.

제1권에서는 풍습에 대해서 자주 언급된다. 인간은 풍습의 윤리에 속박되어 있다는 것이다. 종교적 인간은 변증법적 논증에 대한 욕망으로 충만해 있다. '모든 것은 다 말로 설명할 수 있다'는 환상 속에 갇혀 있다. 종교적 인간은 믿는 사람, 신앙적 존재 등으로 설명될 수 있다. 그런 사람은 자기 자신을 믿는 것이 아니라 자기 자신이 결코 아닌 다른 존재를 믿고 있다. 그 다른 존재를 뭐라고 불러야 할까? 철학에서는 그것을 이념이라고 말할 뿐이다. 하지만 그런 개념에 주눅 들 필요는 없다. 그냥 생각의 산물 정도로 봐도 무방하다. 생각하는 존재가 스스로 생각해 낸 것을 믿는다고 말해도 된다. 그것이 이념을 믿는다는 말이 된다. 그것을 자신감으로 전환시키는 오류를 범하고 있는 것이다. 신과 함께라면 뭐든지 하겠다는 식이다. 이런 사람은 다른 사람을 죽이면서도 신이 시켜서 했다고 판단하고, 거기서 일말의 양심의 가책도 느끼지 않을 수 있다. 신앙인이 가장 잔인할 때이다. 조직에 충성하는 자가 보여 주는 잔인함이다.

제2권은 도덕과 비도덕, 이성과 비이성 등과 같은 대립 개념에 대한 고민이 자주 등장한다. 우리는 무엇을 두고 '도덕적 판단'이라고 말하고 있는가? 도덕이 마치 '이미 있음'의 현상처럼 여겨지기도 한다. 그런 판단을 운운할 때 우리는 틀림없이 기존의 어떤 기준을 떠올릴 수밖에 없다. 기준을 정해 놓고 판단할 때 생각은 어느 쪽으로 치우치기 마련이다. 그때 누구는 의도치 않게 승리의 기회를 얻게 되고, 또 누구는 억울한 상황에 처해지고 마는 것이다. 마찬가지로 무엇이 이성적이란 말인가? 이 질문 또한 이성적인 것이 '이미 있음'의 그 무엇쯤으로 간주되고 있다는 사실을 증명하고 있을 뿐이다. '이것이 이성적이다!'라고 말하는 순간, 그 외의 온갖 상황은 비이성적이라는 오명을 쓰게 될 수밖에 없다. 니체는 이런 상황을 밝혀 내려고 애를 쓴다. 도덕의 기원에 대해 "오, 수치스러운 기원이여!"(102번 잠언) 하고 외칠 수 있을 때, 우리는 새로운 가치를 바라볼 수 있게 되는 것이다.

제3권에서 눈에 띄는 이야기는 '양심'과 '양심의 가책'이라는 대립 구조에 대한 설명들이다. 사실 니체는 끊임없이 양심과 양심의 가책에 대해서 설명을 하고 있다. 사람은 양심의 동물이다. 사람은 양심이 있는 존재이다. 하지만 그 양심의 기원은 또한 어떤 것인가? 무엇이 좋은 마음이란 말인가? 어떤 마음을 좋은 것이라고 정하는 순간, 똑같은 실수가 벌어지고 만다. 다른 마음들은 모두 좋지 않다는 판단이 서기 때문이다. 양심의 가책? 니체는 이것이야말로 극복되어야 할 대상으로 삼는다. 양심이야말로 허무함으로 대처해 주기를 바라는 것이다. 물론 정말 좋은 양심이 있는 반면, 말도 안 되는 양심이 있기도 하다. 이런 '말도 안 되는 양심'이 사람을 괴롭히는 것이다. 자기 안에 이런 양심이 있어서 삶이 힘들다면 그것을 망치로 깨 달라고 요구하고 있는 것이다. "양심의 가책이라는 이 끔찍한 짐은 이 세상으로부터 제거되어야만 한다"(164번 잠언).

제4권에는 예술과 예술가에 대한 예사롭지 않은 언급이 등장한다. 니체는 끊임없이 같은 말을 반복한다. 그는 우리 모두가 자신의 삶을 예술 작품처럼 간주하고, 예술가처럼 살아 주기를 바란다. 사실 『비극의 탄생』에서부터, 니체가 철학을 시작하는 그 지점에서부터, 그는 예술에 대한 논쟁을 거듭해 왔다. 그에게 예술은 아름다움을 창출해 내는 기술에 해당한다. 삶, 세계, 그 대상이 어떤 것이 되었든 간에 좋은 것을 찾아내려는 의지가 예술가적인 기질인 것이다. 거인 프로메테우스도 사람을 만들어 내는 기술자였다. 그 프로메테우스를 『비극의 탄생』 표지 모델로 삼았던 것은 큰 의미가 있다. 기술이 있어야 창조를 해 낼 수 있다. 좋은 것이 없다면 만들어 낼 수도 있어야 한다. 그런 능력을 갖추기 위해 사람은 철학을 공부해야 하는 것이다. "나는 모든 사람이 적어도 다음과 같은 예술가적인 힘을 갖기를 바란다. 즉 모든 사람은 자신의 약점을 통해 자신의 덕을 확실하게 알게 되고 또 자신의 약점을 통해 우리로 하여금 그의 덕을 열망하는 법을 알게 되었으면 한다"(218번 잠언).

제5권은 마지막 권이다. 무엇보다도 이 책을 마감하는 마지막 잠언이 『아침놀』의 전체적 이미지를 가장 선명하게 보여 주고 있다. 우리는 모두 "정신의 비행사들"(575번 잠언)이다. 정신을 가지고 하늘을 날 줄 알아야 한다. 정신을 가지고 시궁창에 빠져 하염없이 헤매고 있으면 안 될 일이다. 정신을 차리고 살아야 하는 우리들은 정신이 직면하는 바다도 인식해야 하고, 거기서 어떻게 어느 방향으로 항해를 해야 하는지에 대해서도 고민을 해야 한다. 바다가 안 보인다면 바다를 만들어 낼 줄도 알아야 한다. 그것이 한계를 인식해 내는 능력인 것이다. 한계가 인식되었다면 이제는 그 한계 안에서 머무를 것인가 아니면 넘어설 것인가가 관건이 된다. '아침놀'에 대한 인식은 새로운 힘의 감정으로 충만해지게 한다. 이제 항해하는 일만 남았다. 수평선 너머에 지옥이 있다고? 중세인들은 이런 믿음으로 생각 자체를 감옥 속에 가둬 놓는 실수를 저지르고 말았다. 이제 니체의 허무주의 정신이 선장으로 있는 배를 타고 중세인들이 믿었던 지옥으로 여행을 하면 되는 것이다. 단테가 그런 여행으로 르네상스라는 새로운 시대를 열었다. 지옥 여행은 천국으로 가는 첫 관문이 될 뿐이다. 천국 가고 싶으면 지옥 구경부터 해야 하는 것이다. 성공은 도전하는 자의 것이고, 승리는 싸우는 자의 것이다.

니체는 '아침놀'을 보고 있다. 그의 책과 그의 글 속에서 태양의 의미를 체험하고 싶으면 태양을 바라봐야 한다. 설명에 의존하지 말고 자기 생각에 긍지를 가져야 한다. 현상을 설명하는 순간 이미 현상은 말이라는 형식에 갇히고 만다. 그리고 그것을 듣는 자의 생각은 또다시 자신의 상상 속에서 왜곡된다. 니체를 공부하는 대부분의 독자는 그런 실수를 저지르고 있다. 니체는 빛이 등장하며 보이게 된 것을 '있는 그대로' 보여 주고 있을 뿐이다. 이제 귀를 닫고 귀를 열자. 눈을 감고 눈을 뜨자. 번개가 남겨 놓은 천둥소리를 듣겠다는 마음으로 니체의 목소리에 귀를 기울여야 한다. 1900년에 니체는 숨을 거두었다. 그의 숨결이 남겨 놓은 천둥소리를 들어 보자는 얘기다. 설명에 의존하는 게으름을 거둬들이고 직접 니체의 목소리에 마음의 문을 열어 보자.

여기서 해설을 마감하자니 또 마음에 걸린다. 니체처럼 '나를 이해했는가'를 물어봐야 할 것만 같다. 나름대로 그동안 지속적으로 받아 온 질문들에 대해 대답을 형성해 보았다. 니체 철학에 대한 대표적인 오해들과 이에 대한 설명이다. 짧은 호흡으로도 읽어 낼 수 있도록 행을 빠르게 나눠 보았다. 니체를 처음 접하는 독자를 위한 배려이니 이해해 주기 바란다.

1. '**신은 죽었다**'는 말은 비극의 시작을 알리는 신호이다.
   니체는 '신은 죽었다'고 말했지,
   '신은 존재하지 않는다'고 말하지 않았다!
   니체는 무신론자가 아니다!
   니체는 스스로 신이 되는 철학을 전수하려 했다.
   스스로 신이 된 자가 극복을 하려면
   신이 된 자기 자신을 넘어서야 한다.
   자기 자신을 넘어서며 하는 말,
   그것이 바로 '신은 죽었다'라는 선포인 것이다.

자기 자신을 향해 '넌 죽었어, 인마!' 하고
자신을 죽이고 자신이 되살아나는 그런 말인 것이다.

2. **허무주의**는 니체 철학의 이름이다.
니체는 허무주의의 이념을 주장했지
'삶이 허무하다'고 말하지 않았다!
만약 허무주의에 얼굴이 있다면
그것은 공허하면서도 단호할 것이다.
모든 것을 버림으로써
모든 것을 얻어 버린
신비로운 표정을 짓고 있을 것이다.
허무에도 신성이 있다!
허무라 말하면서 신성한 힘을 느낄 수도 있다!
공과 무로 채운 범종이 맑은 소리를 낸다!
텅 빈 것이 힘으로 인식될 수 있어야
공기空氣의 참뜻을 이해할 수 있다!
공기로 채운 범종의 소리가 삼라만상을 위로한다!
허무하다고 말하면서도 편안함과 자유를 느낄 수 있다.
모든 것을 잊고서도 그 잊고 있는 주체는
인식의 주체로 남게 된다.
불교식으로 말하면,
욕망의 불이 다 꺼져 버린 해탈의 순간도 이와 같다.
하지만 니체의 자유정신은 또다시 현실로 돌아온다.
허무주의는 도래해야 하고
동시에 허무주의는 극복되어야 한다.

'허무하다!'는 말을 하며
돌아서야 할 때도 있고,
'허무하다!'는 말을 극복하고
현실을 끌어안아야 할 때도 있다.
니체는 끊임없이 허무한 감정을 가지고
어떻게 살아야 하는지를 설명한다.
허무주의는 니체가 지향하는 철학의 이념이지,
삶 자체가 허무하다는
말을 하기 위해 사용된 것이 결코 아니다.

3. **초인**은 니체의 철학적 인물이다.
니체는 초인을 가르치려고 애를 썼지,
비현실적인 인간을 가르치려 하지 않았다!
초인은 극복하는 인간을 지칭하는 말이지
초자연적인 능력을 발휘하는 그런 영웅은 아니다!
초인은 대지의 뜻이라 했다.
그의 두 발은 대지 위에 굳건하게 버티고 서 있다.
현실 인식
한계 인식
운명을 아는 것
이 모든 것이 초인의 조건에 해당한다.
초인도 사람이다.
다만 끊임없이 한계를 인식하고
또 그 한계를 넘어서려는 의지로
삶을 선택할 뿐이다.

4. **기독교**는 종교 중의 종교다.

니체는 기독교를 비판했지,
부정하지 않았다!
기독교는 명실상부 인류 최고의 종교다.
생각하는 존재에게 생각의 훈련으로써
기독교의 교리보다 더 나은 훈련은 없다.
기독교의 가르침은 미궁과 같다.
미궁 안에는 어떤 형식으로든 괴물이 살고 있다.
자기 자신이라는 괴물을 만나야 하고
그와 싸워
반드시 이겨야 하는 숙제가 주어져 있을 뿐이다.
기독교가 만나게 해 주는 신이야말로
가장 잔인한 자기 자신이라는 괴물이다.

5. **형이상학**은 필요한 학문이다!

니체는 형이상학을 극복하라 했지,
거부하지 않았다!
형이상학은 이성적 존재로 살아가야 하는 우리 모두가
반드시 이해하고 넘어가야 할 학문으로 간주했다!
사람은 눈에 보이는 것만 보는 존재가 아니다.
사람은 귀신도 보는 존재이다.
태초, 종말, 천국, 지옥, 우주, 선, 악 등
생각하는 존재는 뭐든지 생각해 낼 수 있다.
아직 생각해 내지 못한 것은 있을 수 있어도
생각이 불가능한 것은 존재하지 않는다.

형이상학은 이런 생각을 위한 존재에게
필연적인 학문이 될 뿐이다.

6. **성경**은 반드시 읽어야 한다!
니체는 성경을 읽을 때 장갑을 끼라 했지,
읽지 말라고 하지 않았다!
성경 그 자체는 해로운 것이 결코 아니다!
성경을 읽고 독단적으로 해석하고
그 해석을 독점하려는 자세가 문제인 것이다!
성경의 구절들이 내면에서 살아 움직이고 있어야
니체의 말들이 생명력을 얻게 된다.
성경의 구절들이 내면의 수면을 건드릴 수 있어야
파장이 일어나고
동그라미가 형성되며
자꾸만 커져 가는
허무주의의 철학을 체험할 수 있게 된다.

7. **교회**는 유용하다!
니체는 교회를 비판했지,
교회 다니지 말라고 하지 않았다!
교회는 생각하는 존재가
살기 위한 조건으로 유용하다고 했지
교회 자체를 부정한 것은 아니다!
다만 교회가
인간 중심의 복음을 근간으로 하여

바뀌어야 한다고 주장했다!
신을 위해 기도하는 집이 아니라,
인간을 위해 기도하는 집으로
거듭나야 한다는 것이다!
니체는 인간적인 교회를 기대했던 것이다.

8. **권력에의 의지**는 인간 본연의 문제이다.
니체는 자기 자신을 극복하기 위해 권력을 지향하라고 했지,
타인을 지배하기 위해 권력을 지향하라고 하지 않았다!
니체는 욕망의 불을 끄지 말고 더 크게 살리라고 했지,
탐욕과 욕심을 부리라고 가르치지 않았다!
권력은 힘의 다른 말이고,
힘은 생명력과 정신력이라는 두 개의 다리를 필요로 한다.
두 가지의 힘들 사이에서 균형을 잘 잡고 살아야 한다.
몸과 마음은 둘 다 필요하다.
이들이 균형을 잡아 준 삶이야말로
예술 작품으로 거듭날 기회를 얻게 된다.

9. **영원회귀** 사상은
세상 만물이 계절의 변화처럼
돌고 돈다는 얘기지
악순환을 이야기하는 것이 아니다.
존재의 수레바퀴는
때로 진흙탕을 지날 때도 있고
하늘처럼 가장 높은 곳에 가 있을 때도 있다.

정신을 차리고 일을 해야 할 때도 있고

정신조차 뿌리치고 황홀지경에 빠질 때도 있다.

자기 자신을 알고 있는 것이 좋을 때도 있고

무아지경처럼 자기 자신을 잊어버리는 것이 좋을 때도 있다.

생각하는 존재는

그 생각의 변화 속에서 주체가 되는 것을

영원한 숙제로 인식해야 할 뿐이다.

눈물의 바다로 인식되었던 고해苦海를

영원히 떠나고, 또 영원히 돌아오는 그 파도를

영원한 웃음의 파도로 대할 줄만 알면 된다.

10. **싸움/전쟁**은 사람 사는 곳에 있을 수밖에 없는 문제이다.

다양한 사람들이 모여 살다보니 갈등은 피할 수 없다.

하지만 니체는 에너지와 열정을

오로지 자기 자신에게 쏟아 주길 바란다.

사는 동안 싸워야 할 대상이 있다면,

그것은 오로지 자기 자신일 뿐이다.

니체는 자기 자신과 싸우라고 가르쳤지,

타인과 싸우라고 하지 않았다!

11. **사람/인간**은 생철학의 주인공이다.

니체는 신이 되라고 가르쳤지,

사람으로 머물라고 하지 않았다!

사람이라고 다 사람이 아니라고 말했지,

사람이라고 다 가치 있는 존재라고 주장한 것은 아니다!

니체는 신 대 사람/인간으로,
배타적으로 세상을 바라본 적이 없다!
자기 자신을 찾고 스스로 신이 되라고 가르쳤지
신을 제거의 대상으로만,
그렇게 일방적으로만 말한 적은 단 한 번도 없다!
신을 보았다면 감격하는 것에만 만족하지 말고
'신은 죽었다!'고 선포할 수 있을 때까지
자기 자신과 싸워야 한다.

12. **몰락**은 극복을 위한 조건이다.
태양처럼 몰락하라!
비상하기 위해 몰락할 뿐이다.
태양의 몰락은
빛이 없는 곳에 빛을 주러 가는 인간애의 실천이다!
니체는 태양처럼 몰락하라고 했지,
삶을 포기하고 몰락하라고 하지 않았다!
오르려면 밟혀야 하는 자기 자신도
인정할 수 있어야 한다.
넘어서려면 넘고, 등을 보이지 말아야 하는
그 냉정함도 가져야 한다.

13. **광기**는 이성적 존재가 지향하는 최고의 경지다.
미치고 싶은 미침이 있다!
미쳐야 사랑이다!
미치지 않고 사랑할 수는 없다.

사랑의 논리는 모든 형식을 파괴하면서도
행복감을 느낀다는 데 있다.
모든 것을 다 내주면서도
모든 것을 다 얻는다는 데 있다.
자신의 모든 것을 버리면서도
온 세상을 다 얻는다는 데 있다.
니체가 말하는 광기의 세계에는
그의 이상향의 이념이 스며있다.
팝송에도 폴 앵카가 부르는
〈크레이지 러브〉가 있다.
일상이 있어서 일탈을 꿈꾸고
선이 그어져 있어서 선을 넘으려 하는 것이다.

14. **비극**은 삶의 이야기다.
슬픈 이야기에서 그치는 것이 아니라,
디오니소스 축제를 위한 예술이다!
『비극의 탄생』은
삶에 대한 예술적 이해를 이야기한다.
인류 역사상 최초로 비극을
철학적으로 연구한 아리스토텔레스도
자기를 알아주지 않은 아테네로 돌아올 때
『시학*Poietike*』을 들고 왔다.
스승 플라톤의 대표작
『국가』에 맞설 수 있는
최고의 무기를 들고 온 것이다.

스승이 이상향으로서의 국가를 꿈꿨다면,
제자는 비극을 통해 카타르시스를 경험할 수 있는
예술의 세계를 알려 주었다.
아리스토텔레스는 예술을 위한 존재,
즉 개인의 능력과 감정에 집중했던 것이다.
비극은 현실이다.
비극의 주인공은 차라투스트라이다.
차라투스트라는 철학적 인물인 동시에
삶의 전형을 보여 주는 인물이다.
비극 속에 철학이 있다.
철학 속에 비극이 있다.
니체 철학에서 배워야 할 것이 있다면 웃는 법이다.
비극이라는 형식 속에서 웃음으로 내용을 채워야 한다.

15. **춤**은 움직일 수 있는 존재가 즐길 수 있는 행위이다.
춤은 놀이의 원리를 지향한다.
노래하고 춤추며 할 수 있는 일은 노는 일뿐이다.
그래서 예전에는 '춤바람 난다!'는 말이
격언처럼 사용되기도 했다.
니체가 말하는 춤은
불륜, 춤바람, 불결한 춤을 의미하는 것이 아니다!
그가 지향하는 춤은
무아지경과 황홀지경으로 인도하는
기술과 능력을 일컫는다!
두 다리를 가지고 살아야 하는 존재는

넘어지고 쓰러질 수도 있는 법이다.
하지만 언제나 다시 일어서고 걸어야 한다.
마냥 누워 있을 수만은 없는 법이다.
때로는 걷는 것조차 힘들 때도 있다.
중력의 악령을 다스리는 진정한 춤꾼은
야자나무처럼 다리 하나만으로도
멋진 춤을 출 수 있다.
두 다리를 다 가지고도 춤을 추지 못하는 정신은
전혀 이해할 수 없는 그런 춤도 출 것이다.
그때 이 춤꾼은 이렇게 노래를 부르고 있으리라.
'비틀대는 게 아니야, 춤추고 있잖아!'

16. **광대**의 철학은 니체의 철학이다.
광대의 표정에는 두 가지가 모순된다.
하나는 눈 밑으로 흘러내리는 눈물이고,
다른 하나는 입가에 드리운 미소이다.
눈물을 흘리지 않을 수 없는 것이 삶이라지만,
눈물로 세월을 허비할 수만은 없다!
오히려 눈물이 흘러 줘서
사물이 깨끗하게 보이기도 한다.
'우는 게 아니야! 웃고 있잖아!'
희망을 만들고
결국에는 웃게 해 주는 것이
니체가 걸어가는 철학의 목적지다.

17. **선악의 저편**은 니체의 이상향이다.

저편은 세상의 다른 편을 말한다.

저편은 종교적 개념이다.

'저세상'을 일컫는 철학적 개념이다.

앞으로 올 세상, 즉 내세이다.

그런데 니체에게 있어서 이 개념은

정반대의 의미로 사용된다.

중세 천 년 동안 사람들은

천국을 마치 실존의 의미처럼 여기고

마치 이미 구원받은 존재인 것처럼 생각하며

그곳을 '지금과 여기'로 간주했던 것이다.

반대로, 니체는 천국의 모래 속에 박아 놓은 머리를

빼내고 허무한 세상을 깨닫게 해 주고 싶어 한다.

그리고 그동안 사랑받지 못한 대지로

시선을 돌리게 하고 싶은 것이다.

이성은 아는 것보다 모르는 것이 더 많다.

아는 것을 지키기 위해 배타적으로 사는 것보다

모르는 것이 스스로 다가올 수 있도록

마음의 문을 활짝 열고 사는 것이 더 바람직하다.

오히려 그 아는 것을 대범하게 버림으로써

그보다 더 많은 것을 얻게 되는 것이다.

대지가 지상천국이다.

소위 현세적 내세관이라고 말할까.

현세와 내세가 서로 어울린다.

서로 어울릴 수 없는 개념들이 합쳐진 꼴이다.

대지의 뜻이 초인이라 했다.
그 대지의 뜻을 선악의 저편으로 이해해도 된다.
지금과 여기의 이념이 선악의 저편이다.
저편이라 말하면서 이편을 생각해 낼 수 있는
전환의 기술이 요구된다.
신이라 말하면서 사람을 생각해 내는 것과 같은 이치이다.
발상의 전환 말이다.
생각을 바꿀 수 있는 한
언제든지 젊음을 증명할 수 있다.

18. **모든 가치의 가치전도**는 희망의 원리이지
다 깨부수겠다는 무지막지한 발상이 아니다!
발상의 전환을 떠올려도 좋겠다.
생각이 바뀌면 다 바뀐다.
순식간에 모든 것이 새로운 측면을 보여 줄 수도 있다.
절망 속에서도 희망을 품을 수 있다.
희망을 품고 안 품고는 자기 자신의 몫이다.
신이 있어서 '너는 희망을 품어라!' 하고
희망을 선물처럼 주는 것이 아니다.
가치전도는 다른 사람이 대신해 줄 수 없다.
가치를 창출하는 것은 생각의 몫이다.
생각하며 살아야 하는 생각하는 존재는
어떤 상황에서도 가치를 창출해 내는
생각의 달인이 되어야 한다.
결국 니체의 철학은

'나에게로 향하는 길'을 밝혀 주고 있을 뿐이다.

아침놀은 허공을 바라보며

그 빈 공간을 채우고 있는 자기 자신을 인식하게 해 준다.

그림 출처

1. 인상, 해돋이(마르모탕 모네 미술관)

https://ko.m.wikipedia.org/wiki/%ED%8C%8C%EC%9D%BC:Claude_Monet,_Impression,_soleil_levant.jpg

2. 오디세우스에게 잔을 내미는 키르케(올덤 미술관)

https://commons.wikimedia.org/wiki/File:Circe_Offering_the_Cup_to_Odysseus.jpg

3. 그리스도의 변용(바티칸 피나코테카)

https://commons.wikimedia.org/wiki/File:Transfigurazione_(Raffaello)_September_2015-1a.jpg

4. 판도라(개인 소장)

https://commons.wikimedia.org/wiki/File:John_William_Waterhouse_-_Pandora,_1896.jpg

5. 성 테레사의 법열(산타 마리아 델라 빅토리아)

https://commons.wikimedia.org/wiki/File:Ecstasy_of_Saint_Teresa_September_2015-2a.jpg

6. 프로메테우스(귀스타브 모로 박물관)

https://commons.wikimedia.org/wiki/File:Prometheus_by_Gustave_Moreau.jpg

7. 렘노스섬에 버려진 필록테테스(개인 소장)

https://commons.wikimedia.org/wiki/File:Philoctetes_on_Lemnos_by_Gerard_Francksz._van_der_Kuijl,_1647.jpg

8. 벨베데레의 아폴론(바티칸 미술관)

https://commons.wikimedia.org/wiki/File:Apollo_of_the_Belvedere.jpg

9. 살라미스 해전(바이에른 주립 회화 컬렉션)

https://commons.wikimedia.org/wiki/File:Kaulbach,_Wilhelm_von_-_Die_Seeschlacht_bei_Salamis_-_1868.JPG

10. 파우스트와 그레트헨(피나코테카 두 이스타두 상파울루)

https://commons.wikimedia.org/wiki/File:Pedro_Am%C3%A9rico_-_Faust_and_Gretchen_-_Google_Art_Project.jpg

11. 네 명의 마녀들(게르만 국립박물관)

https://commons.wikimedia.org/wiki/File:D%C3%BCrer_-_The_Four_Witches.jpg

12. 아테네 학당(바티칸 미술관)

https://commons.wikimedia.org/wiki/File:La_scuola_di_Atene.jpg

13. 현대판 프로크루스테스의 침대

https://commons.wikimedia.org/wiki/File:The_Modern_Bed_of_Procustes_-_Punch_cartoon_-_Project_Gutenberg_eText_13961.png

14. 고르디우스의 매듭을 끊는 알렉산드로스(월터스 미술관)

https://commons.wikimedia.org/wiki/File:Giovanni_Paolo_Panini_-_Alexander_the_Great_Cutting_the_Gordian_Knot_-_Walters_37516.jpg

아침놀

_도덕적 선입견에 대한 생각들